Eberwein (Hrsg.) · Handbuch Integrationspädagogik

Handbuch Integrationspädagogik

Kinder mit und ohne Behinderung lernen gemeinsam

Herausgegeben von Hans Eberwein

4. Auflage

Beltz Verlag · Weinheim und Basel

Über den Herausgeber:

Hans Eberwein, Jg. 1937, Prof. Dr. phil., Hochschullehrer an der FU Berlin, FB Erziehungswissenschaft, Psychologie und Sportwissenschaft

3., aktualisierte und erweiterte Auflage 1994
4., unveränderte Auflage 1997 (Neuausgabe)

Lektorat: Peter E. Kalb

© 1988 Beltz Verlag · Weinheim und Basel
Satz: Filmsatz Unger & Sommer, Weinheim
Druck: Druckhaus »Thomas Müntzer«, Bad Langensalza
Umschlaggestaltung: Federico Luci, Köln
Printed in Germany

ISBN 3-407-83139-0

Vorwort zur dritten Auflage

Seit dem Erscheinen der ersten Auflage dieses Handbuches sind fünf Jahre vergangen. In dieser Zeit konnten wichtige Erfahrungen und teilweise neue Erkenntnisse gewonnen werden. Insofern war es notwendig geworden, vor allem die empirischen Beiträge zu überarbeiten und zu aktualisieren sowie Literaturergänzungen vorzunehmen.

Das Handbuch ist außerdem um vier Aufsätze erweitert worden, einmal um psychologische Aspekte der Integration, zum anderen um sozialpädagogisch orientierte Gesichtspunkte und drittens um einen Beitrag, der sich mit der Integration von Schwermehrfachbehinderten befaßt. Außerdem werden in einem weiteren Aufsatz Fragen zur Arbeit im Team reflektiert sowie Grundsätze für ihr Gelingen aufgestellt.

Die integrative schulische Entwicklung hat sich in den letzten Jahren fortgesetzt, wenn auch mit verlangsamtem Tempo, teilweise bedingt durch die Aufgabe der deutschen Vereinigung. Die damit verknüpfte finanzpolitische Anstrengung wird von Politikern gerne dazu benutzt, Integration als angeblich nicht mehr finanzierbar zu verschleppen, zu verhindern oder sukzessiv wieder zurückzunehmen. Dies ist deshalb unverständlich, als es keine volkswirtschaftliche Vergleichsuntersuchung von Sonderschulen und Integrationsschulen gibt, in der nachgewiesen wird, daß das sehr kostspielige Sonderschulwesen den Steuerzahler weniger Geld kostet als integrative Einrichtungen.

Trotz der verschlechterten politischen Rahmenbedingungen sowie der dadurch bedingten Erschwernisse bei der flächendeckenden Ausbreitung von Integrationsschulen gibt es unter den alten Bundesländern, außer Bayern, kein anderes Land mehr, in dem nicht wenigstens Schulversuche zum gemeinsamen Lernen von Behinderten und Nichtbehinderten genehmigt wurden. In Berlin, Hessen, Schleswig-Holstein und im Saarland gehört es sogar zum gesetzlichen Auftrag der *allgemeinen* Schule, Kinder mit Behinderungen zu fördern. In den neuen Bundesländern ist bisher lediglich in Brandenburg die integrative Beschulung im Schulgesetz geregelt. CDU-regierte Länder sperren sich noch gegen die Verwirklichung von Integration und verweigern somit Menschen mit Behinderungen die vollen Grundrechte. Der Initiativkreis „Gleichstellung Behinderter" fordert deshalb zurecht, ein Diskriminierungsverbot zugunsten Behinderter in die Verfassung aufzunehmen. Danach soll der Artikel 3 GG durch die Formulierung ergänzt werden: „Niemand darf wegen einer körperlichen, geistigen oder seelischen Beeinträchtigung benachteiligt werden".

Widerstände gegen die gemeinsame Erziehung von Behinderten und Nichtbehinderten gibt es nach wie vor auf seiten der Berufsorganisation der Sonderschullehrer/innen (VDS) sowie der für das Sonderschulwesen zuständigen Administration in den Ministerien; denn seit Einführung des bedingten Wahlrechts der Eltern zwischen allgemeiner Schule und Sonderschule (das nur als eine Übergangslösung angesehen werden kann) sind beispielsweise in Berlin die Sonderschuleinweisungen um bis zu 50% zurückgegangen, was bedeutet, daß die Sonderschule in ihrer Existenz bedroht ist. Um diese Entwicklung aufzuhalten, wird seitens des VDS der Versuch unternommen, Sonderschulen dadurch attraktiv zu machen, daß man sie in sog. „sonderpädagogische Förderzentren" umbenennt und ihnen eine erweiterte Funktion zuweist, sowohl hinsichtlich der Einbeziehung der Frühförderung als auch der ambulanten Beratung und Betreuung sowie der Durchführung von Förderausschüssen. Damit wird das Bemühen all jener Politiker und Pädagogen untergraben, die das gemeinsame Lernen als ethische, gesellschaftspolitische und daher pädagogisch verpflichtende Aufgabe vertreten und Aussonderung schrittweise überwinden wollen.

Demgegenüber sind seit kurzem — besonders in Berlin — Bestrebungen erkennbar und realisierbar geworden, in Schulen für Lernbehinderte jährlich fortschreitend Integrationsklassen aufzunehmen, um so den Sonderschulcharakter allmählich zu überwinden und zunehmend den Status einer Grundschule anzunehmen.

Zur Verwirklichung von Integration bieten wissenschaftliche Erkenntnisse ausreichend Argumente, sowohl bezogen auf die Nachteile und geringen Erfolge der eigenständigen Sonderbeschulung als auch bezogen auf die Vorteile und guten Erfolge des integrativen Unterrichts in der sozialen und kognitiven Förderung aller Schüler. Hinzu kommt die große Akzeptanz der Integrationsklassen durch die Eltern von Kindern mit Behinderungen sowie zunehmend auch durch Eltern Nichtbehinderter, da sie das gemeinsame Lernen nicht nur als eine Bereicherung menschlicher Erfahrungen ansehen, sondern auch die durch den integrativen Unterricht veränderten Lehr-/Lernformen besonders positiv einschätzen; außerdem gehen ihre Kinder in Integrationsklassen besonders gerne zur Schule.

Als ein Problem hat sich die Arbeit von Förderausschüssen zur Feststellung des besonderen Förderbedarfs einzelner Kinder erwiesen. Dieses Instrument ist aufwendig, schwerfällig und belastet die beteiligten Fachleute zeitlich sehr stark. Über Kinder mit spezifischen Bedürfnissen sollten deshalb künftig keine Gutachten mehr mit dem Ziel geschrieben werden, auf diese Weise zusätzliche Mittel für die integrative Arbeit in der allgemeinen Schule genehmigt zu bekommen. Wenn wohnortnahe Integration der Regelfall wird, dann muß jede Schule über einen bestimmten Pool von Stellen verfügen können, d. h. von vornherein personell und materiell so ausgestattet werden, daß sie ihrer Aufgabe hinsichtlich besonderer Lern-, Sprach- und Verhaltensprobleme gerecht wird. Dann bedarf es auch keiner Etikettierung von Kindern mit Behinderungen mehr. Förderkonzepte können sich sodann auf ihre eigentliche Funktion beschränken, nämlich Wege zur individuellen Unterstützung von Schülern aufzuzeigen. Die Erstellung von Legitimationsgutachten und die Einberufung von Förderausschüssen hierfür könnte damit entfallen. Dies heißt freilich nicht, daß künftighin Gespräche aller mit dem Kind befaßten Pädagogen sowie den Eltern im Sinne einer förderdiagnostisch orientierten Kind-Umfeld-Analyse überflüssig wären.

Ein weiteres Problem ist die Fortführung der Integration im Sekundarbereich. Darüber liegen bisher wenig Erfahrungen vor. Dies wird jedoch in den kommenden Jahren eine wichtige Aufgabe sein, soll integrative Beschulung nicht auf die Grundschulen beschränkt bleiben, was einem amputierten Integrationsverständnis gleichkäme. Unabdingbar auch in der Sekundarstufe ist der Grundsatz des zieldifferenten Lernens, hier hauptsächlich bezogen auf den binnendifferenzierten Fachunterricht. Beim Stand bisheriger Erfahrungen scheint das Team-Kleingruppen-Modell, wie es an Gesamtschulen praktiziert wird, dafür die besten Voraussetzungen zu bieten.

Die erste Phase der Integrationsforschung war hauptsächlich durch Untersuchungen zum Leistungsvergleich sowie zur sozialen Integration gekennzeichnet. Heute sollten Untersuchungen (z. B. Fallanalysen) zur Persönlichkeitsentwicklung von Kindern sowie die institutionellen Rahmenbedingungen für integrative Maßnahmen stärker im Mittelpunkt stehen. Vor allem wären wissenschaftliche Untersuchungen (z. B. teilnehmende Beobachtungen und Befragungen) im Bereich der Didaktik notwendig, insbesondere hinsichtlich Konzepten der inneren Differenzierung sowie des Verhältnisses von individualisiertem Lernen und sozialem Miteinander, d. h. bezüglich des Spannungsverhältnisses von zieldifferentem und gemeinsamem Lernen. Besondere Bedeutung erhält dieser Forschungsschwerpunkt angesichts der zu beobachtenden Tendenz, daß zunehmend mehr Kinder mit geistigen und anderen schweren Beeinträchtigungen in Integrationsschulen aufgenommen werden.

Wenig Fortschritte gab es bisher hinsichtlich der integrationspädagogischen Qualifizierung von Lehrern im Rahmen ihrer Ausbildung. Die Vermittlung entsprechender Grundlagenkenntnisse blieb weitgehend auf die Lehrerfortbildung beschränkt. Lediglich an der Freien Universität Berlin wurden zwei Lehrstühle aus dem Bereich der Sonderpädagogik (mit den Schwerpunkten Lernbehinderten- und Verhaltensgestörtenpädagogik) als Teil des erziehungs- und sozialwissenschaftlichen Studiums zur integrationspädagogischen Ausbildung aller Lehrer dem Institut für Grundschulpädagogik und Allgemeine Unterrichtswissenschaft zugeordnet. Dies ist ein erster wichtiger Schritt auf dem Wege zur Re-Integration der Sonderpädagogik in die Allgemeine Pädagogik. Hier sind dringend weitere Maßnahmen wie z. B. die Änderung der Lehrerbildungsgesetze erforderlich, denn Integration beginnt eigentlich schon bei der Ausbildung der Lehrer. Das ist bisher zu wenig bedacht worden.

Die Tatsache, daß in den meisten Bundesländern Sonderschullehrermangel herrscht, wird von Schulverwaltungsbehörden vielfach zum Anlaß genommen, die Einrichtung von Integrationsklassen zu verhindern. In diesem Zusammenhang wird der beruflichen Qualifikation von „Sonder"pädagogen zu viel Gewicht beigemessen; denn in integrativ arbeitenden Grundschulen gibt es erfahrene und engagierte Lehrer/innen, die sich umfangreiche Kompetenzen angeeignet haben oder durch eine entsprechend organisierte Lehrerfortbildung erwerben könnten. Hier bedarf es künftig einer flexiblen Handhabung von überholten Vorstellungen zum Einsatz von speziellen Lehrern/innen in Integrationsschulen. Auch der Sonderpädagoge ist nicht „Spezialist" in jedem Einzelfall. Dieses Problem macht deutlich, wie dringlich eine integrationspädagogische Ausbildung *aller* Lehrer/innen ist.

Berlin, Herbst 1993   *Hans Eberwein*

Vorwort zur zweiten Auflage

Das Erfordernis einer weiteren Auflage innerhalb von zwei Jahren kann als Hinweis darauf verstanden werden, daß das Interesse an integrationspädagogischen Fragestellungen in letzter Zeit stark zugenommen hat. Eng damit verbunden ist die Tatsache, daß gemeinsames Lernen von Behinderten und Nichtbehinderten als schulpolitische Zielsetzung zunehmend an Bedeutung gewinnt. In Berlin z. B. ist die Integration Behinderter im Jahre 1989 zu einer zentralen bildungspolitischen Aufgabe erklärt worden. Eine Änderung des Schulgesetzes zielt darauf ab, daß Schüler mit besonderem Förderbedarf ab dem Schuljahr 1990/91 nicht mehr in Sonderschulen unterrichtet werden müssen.

Entwicklungen in dieser Richtung sind in den einzelnen Bundesländern zwar unterschiedlich weit vorangekommen, grundsätzlich wird die Integrationsforderung jedoch von keiner Landesregierung mehr in Frage gestellt. Auch bei der Interessenvertretung der Sonderschullehrer/innen in der Bundesrepublik, dem Verband Deutscher Sonderschulen, hat ein Umdenken eingesetzt. Es scheint sich die Erkenntnis durchzusetzen, daß die Erhaltung des bisherigen Sonderschulwesens pädagogisch und gesellschaftspolitisch nicht mehr begründbar ist.

Die Integrationspraxis der letzten Jahre hat allerdings gezeigt, daß die Pädagogen/innen auf diese neue Aufgabe gezielt vorbereitet werden müssen. Seitens der Universitäten sind diesbezüglich besondere Anstrengungen notwendig, um künftig alle Sozialpädagogen/innen und Lehrer/innen mit integrationspädagogischen Grundkenntnissen vertraut zu machen. Inhaltlich geht es dabei vor allem um lern- und verhaltenstheoretische sowie entwicklungspsychologische Grundlagen, um Theorie und Praxis der Förderdiagnostik, um Kenntnisse bezüglich der Formen offenen Lernens sowie um Möglichkeiten der inneren Differenzierung und der Individualisierung, aber auch um die Gestaltung gemeinsamen Unterrichtens.

Berlin, Sommer 1990   Hans Eberwein

Inhaltsverzeichnis

11

Vorbemerkungen

Das „Handbuch der Integrationspädagogik" kennzeichnet den Beginn einer neuen historischen Epoche in dem Bemühen um Erziehung, Unterricht und Eingliederung von Kindern und Jugendlichen mit Behinderungen sowohl in Vorschule und Schule, als auch im nachschulischen Bereich.

Der heute im Hinblick auf die Durchsetzung von Integration erreichte Bewußtseins- und Entwicklungsstand erlaubt die Prognose, daß sich die einhundertjährige Geschichte des eigenständigen Sonderschulwesens ihrem Ende zuneigt. Die Zahl der integrativen Kindergärten und Schulen wird in den nächsten Jahren deutlich zunehmen.

Der Allgemeinen Pädagogik stellt sich in diesem Zusammenhang die Aufgabe, Zuständigkeit und Verantwortung für soziale Randgruppen zu übernehmen, die von ihr jahrzehntelang ausgegrenzt wurden. Ziel muß die Überwindung der Trennung von Allgemeiner Pädagogik und Sonderpädagogik in Theorie und Praxis sein. Als Konsequenz daraus ergibt sich nicht nur die Forderung nach Einrichtung integrativer Kindergärten und Schulen sowie eine damit verbundene organisationsstrukturelle Veränderung von Regeleinrichtungen, sondern auch ein anderes Selbst- und Aufgabenverständnis der beteiligten Pädagogen und Institutionen, eine veränderte Ausbildung von Lehrern und Sozialpädagogen, eine neue Begriffsbildung sowie die Einbeziehung sonderpädagogischer Ausbildungsstätten in interdisziplinäre Einrichtungen innerhalb der Hochschulen.

Frühere Verwaltungsgerichtsentscheidungen haben die Notwendigkeit der Einweisung in eine Sonderschule mit dem Hinweis auf Art. 2 Abs. 1 GG begründet, wonach die Rechte anderer nicht verletzt werden durften, was zu einer „Entlastung" der Regelschule von Schülern führen sollte, die andere in ihrem Lernfortschritt vermeintlich hemmen. Durch die Nichtaussonderung werden nun erstmals auch in der Bundesrepublik behinderten Menschen die Grundrechte auf gleiche Behandlung sowie auf freie Entfaltung der Persönlichkeit zugestanden.

Mit dieser Überwindung sozialer Benachteiligungen werden wichtige Voraussetzungen geschaffen für die Unterstützung einer Initiative aller Mitgliedstaaten der Europäischen Gemeinschaft, welche die Förderung der schulischen Integration zum Ziele hat. Die Diskussion um die Nichtaussonderung von Behinderten ist damit an einem Wendepunkt angelangt.

Bisher stand die Einrichtung von Modellversuchen sowie die Rechtfertigung und Beweisführung für Integration im Vordergrund bildungspolitischer Entscheidungen. Jetzt geht es um die Übertragung der gewonnenen Erfahrungen und Erkenntnisse auf den „normalen" schulischen Alltag und die Schaffung der erforderlichen schulrechtlichen Voraussetzungen. Der Integrationsentwicklung kommt mit diesem Schritt eine neue Qualität zu.

In dem Handbuch werden die bei der Verwirklichung von Integration im In- und Ausland bisher gesammelten Erfahrungen dokumentiert. Darüber hinaus werden Perspektiven für die weitere pädagogische sowie bildungspolitische und schulrechtliche Durchsetzung der Forderung nach Integration entwickelt. Das Handbuch wird so für alle, die sich mit Integration auseinandersetzen (Sozialpädagogen, Lehrer, Schulpsychologen, Eltern, Politiker), zu einem wichtigen Nachschlagewerk, das grundlegende Informationen liefert sowie neue Forschungsergebnisse und -methoden vermittelt. Es zeigt Wege für inhaltliche und organisatorische Veränderungen sowie kooperatives Handeln auf und gibt Hilfestellungen für die pädagogische Arbeit in integrativen Einrichtungen; außerdem werden die Rolle des eigenständigen Sonderschulwesens und die sonderpädagogische Begriffsbildung kritisch analysiert.

Berlin, Herbst 1988   Hans Eberwein

Nichtaussonderung
als gesellschaftspolitischer Auftrag

Jakob Muth

Zur bildungspolitischen Dimension der Integration

1. Der positive Sinn der Kulturhoheit der Länder

Ob behinderte Kinder und Jugendliche für die Dauer ihrer Schulpflicht für sich bestehende Sondereinrichtungen besuchen oder ob alle Kinder und Jugendlichen, die behinderten und die nichtbehinderten, gemeinsam unterrichtet und erzogen werden, daß ist abhängig von den Auffassungen, die in der Bildungspolitik vorherrschend sind. Deshalb ist es sehr wohl möglich, daß in den Ländern der Bundesrepublik unterschiedliche Auffassungen hinsichtlich der schulischen Förderung von Behinderten bestehen. Zum Beispiel dominiert in Bayern und in Baden-Württemberg die Separation der behinderten Schüler in besonderen Schulen, in Hamburg und im Saarland aber ist die Gemeinsamkeit von Behinderten und Nichtbehinderten im allgemeinen Schulwesen auf den Weg gebracht. Abhängig ist die jeweilige schulische Praxis und ihre gesetzliche Regelung von der Regierungsmehrheit in einem Bundesland und ihrer Bildungspolitik, denn die Bundesrepublik ist, was die legislative Zuständigkeit für das Bildungswesen betrifft, föderalistisch strukturiert.

Als „Kulturhoheit der Länder" wird diese politische Gegebenheit bezeichnet und im allgemeinen kritisch beurteilt. Die Argumente für eine Zentralisierung auch im Bildungswesen wie etwa in der Verteidigungs- und der Außenpolitik sind bekannt: Es fehle in der Bundesrepublik die Einheitlichkeit der Lehrpläne, die Übereinstimmung in der Gliederung des Schulwesens, die Vergleichbarkeit der Anforderungen und der Abschlüsse usw. Nur eine Überwindung des Föderalismus zugunsten einer stärker zentralistischen Ausrichtung des Bildungswesens könne Abhilfe schaffen.

Vielleicht kommen in der Bundesrepublik in dem Verlangen nach einer zentralistischen Bildungsstruktur auch heute noch totalitäre Grundzüge zum Ausdruck, die latent in unserer Volksseele schlummern. Zum Wesen des Totalitarismus gehört das Streben nach Einheitlichkeit, nach Uniformität aller Lebensbezüge und Lebensbereiche. Totalitäre Tendenzen sind immer darauf gerichtet, historisch gewordene und aktuelle Mannigfaltigkeit in den Lebensverhältnissen zu nivellieren und zu erdrücken.

Von solchen Überlegungen her erscheint es konsequent, dem Föderalismus im Bildungswesen, der im Grundgesetz nicht ausdrücklich fixiert ist, aber durch ein Urteil des Bundesverfassungsgerichts im Jahre 1957 offiziell festgestellt wurde, einen positiven Sinn abzugewinnen. Föderalistische Strukturen im Bildungswesen ermöglichen Freiräume für die Bundesländer. Eine einzelne reformerische Maßnahme, die sich in einem Bundesland durchsetzen kann und öffentliche

Aufmerksamkeit und Zustimmung findet, entwickelt im Laufe der Zeit einen so starken Seitendruck auf andere Bundesländer, daß sie sich auf die Dauer dem reformerischen Impetus nicht verschließen können. Eine ganze Anzahl von Beispielen aus dem Veränderungsprozeß des Bildungswesens in der Bundesrepublik in den letzten Jahrzehnten ließe sich dafür anführen. Sie reichen von der allmählichen Durchsetzung der Koedukation als der gemeinsamen Erziehung von Jungen und Mädchen bis zur Entkonfessionalisierung des Schulwesens.

Zu den Problemen, die in diesen beiden Beispielen zum Ausdruck kommen, hat sich bezeichnenderweise die Ständige Konferenz der Kultusminister nicht geäußert. Dieses Gremium der Bildungspolitik war schon vor der Verabschiedung des Grundgesetzes als freiwillige Arbeitsgemeinschaft der Kultusminister und -senatoren am Ende der vierziger Jahre ins Leben gerufen worden. Es „behandelt Angelegenheiten der Kulturpolitik von überregionaler Bedeutung mit dem Ziel einer gemeinsamen Meinungs- und Willensbildung und der Vertretung gemeinsamer Anliegen". Da sich die Kultusminister in der Geschäftsordnung für ihre Konferenz selbst darauf festgelegt haben, daß alle Beschlüsse einstimmig gefaßt werden müssen, besteht die Notwendigkeit, jedes Problem so lange zu diskutieren, bis Einmütigkeit erreicht ist oder aber Themenstellungen, die zum Problem werden könnten, überhaupt nicht auf der Tagesordnung vorzusehen. Deshalb sind reformerische Impulse für die Schule zu keiner Zeit von der Kultusministerkonferenz ausgegangen. Vielleicht kann auch ein Gremium, dessen Verantwortlichkeit vornehmlich am Exekutiven orientiert ist, nicht an der Spitze des reformerischen Bemühens stehen. Jedenfalls ist feststellbar, daß Schul- und Bildungsverwaltungen im allgemeinen konservativ sind.

Diese Feststellung trifft auch für die beiden gewichtigen Äußerungen der Kultusministerkonferenz „Zur Ordnung des Sonderschulwesens" zu: das Gutachten aus dem Jahre 1960 und die Empfehlung von 1972. Mit diesen Äußerungen soll „die Eigenständigkeit der Arbeit in den Sonderschulen gewährleistet" werden (KMK 1960, S. 8). Diese Position wurde 1972 noch verstärkt, was u. a. Aussagen zur Größe von Sonderschulen zeigen: „Die Einrichtung von zweizügigen Schulen ist anzustreben. Auch dort, wo aus zwingenden Gründen kleine Schulen nicht zu vermeiden sind, werden sie als selbständige Schulen geführt" (KMK 1972, S. 9) und nicht etwa in eine Kooperation mit allgemeinen Schulen gebracht. Selbst in den neuerlichen Äußerungen der Kultusministerkonferenz zur Frage der Integration dominiert die konservative Grundeinstellung. Im Jahre 1983 nämlich haben die Kultusminister in einem Bericht eine Bewertung der Schulen vorgenommen, in denen am Beginn der achtziger Jahre Behinderte und Nichtbehinderte gemeinsam unterrichtet wurden. Sie kommen zu folgendem Schluß: „In keinem Fall sollte die *nachweisbar* (Hervorhebung durch den Verf.) erfolgreiche Förderung in Sonderschulen aufgegeben werden, solange nicht gewährleistet ist, daß den besonderen Förderbedürfnissen Behinderter in Regelschulen in gleicher Weise entsprochen werden kann" (KMK 1983).

Darüber hinaus werden in diesem Bericht „wissenschaftlich begleitete Modellversuche" zur Gemeinsamkeit von behinderten und nichtbehinderten Schülern vorgeschlagen. Schulversuche waren in der Vergangenheit in der Bildungspolitik immer wieder ein Instrument, um Veränderungen, die im Bildungswesen in die Diskussion kamen und die sich den politisch Verantwortlichen aufdrängten, aus dem Wege zu gehen. Häufig wird eine konservative Einstellung durch die Einrichtung von Schulversuchen kaschiert. Ein Beispiel dafür ist die Diskussion um die Gesamtschule und um die Einrichtung von Gesamtschulen in den siebziger Jahren. Wer sich in der Integration von Behinderten in die allgemeinen Schulen engagiert, der wird bedacht sein müssen, daß er nicht der Verführung des „Instruments der Schulversuche" verfällt.

Solche kritischen Anmerkungen können nicht darüber hinwegtäuschen, daß die weitgehende strukturelle und inhaltliche Übereinstimmung im Bildungswesen der Bundesrepublik der Kultusministerkonferenz als Verdienst anzurechnen ist. Dennoch wird es in der Bildungspolitik darauf ankommen, zu sichern, daß der positive Sinn des Föderalismus im Bildungswesen durch die Vereinbarungen der Kultusminister nicht gestört wird. Mancher Bildungspolitiker einer Landtagsfraktion versteht sich heutzutage nur noch als Vollstrecker dessen, was ihm die Minister vorgegeben haben.

2. Beratungsgremien in der Bildungspolitik

Schon am Beginn der fünfziger Jahre, also in den ersten Jahren des Bestehens der Bundesrepublik, wurde offensichtlich, daß die koordinierende Aufgabe der Kultusministerkonferenz und die jeweils an die politische Aktualität ihrer Länder gebundene Verantwortlichkeit der Minister es unmöglich machte, längerfristige Perspektiven zu entwerfen, ohne die eine Entwicklung des Bildungswesens in einem Industriestaat nicht auskommen kann. Bund und Länder kamen aus diesem Grunde 1953 überein, den „Deutschen Ausschuß für das Erziehungs- und Bildungswesen" zu konstituieren, dessen Aufgabe es sein sollte, „die Entwicklung des deutschen Erziehungs- und Bildungswesens zu beobachten und durch Rat und Empfehlung zu fördern". Ausdrücklich hieß es in der Satzung dieses Beratungsgremiums: „Innerhalb dieser Aufgabenstellung bestimmt der Ausschuß selbst sein Arbeitsprogramm und gibt sich die Richtlinien für seine Arbeitsweise" (*Deutscher Ausschuß* 1966, S. 966). Darin kann man den Anfang einer unabhängigen Politikberatung im Bildungsbereich in der Bundesrepublik sehen. Solche Unabhängigkeit eines Gremiums muß notgedrungen für die aktive Politik, die in einer parlamentarischen Demokratie von Parteien getragen wird und von Kontroversen bestimmt ist, immer dann unbequem werden, wenn die Empfehlungen und Ratschläge sich nicht in formulierte politische Programme und Konzeptionen einfügen. Daraus wird es erklärlich, daß der unabhängigen Politikberatung in der Bundesrepublik schon 1975 das Licht ausgeblasen wurde.

Der Deutsche Ausschuß war 1965 aufgelöst worden. Er hatte insgesamt 29 Empfehlungen und Gutachten vorgelegt. Trotz seiner umfassenden und für die Konsolidierung des Bildungswesens der Bundesrepublik in der Nachkriegszeit verdienstvollen Tätigkeit muß für unseren Zusammenhang festgestellt werden: Er hat das Sonderschulwesen, die Probleme der Behinderten im Bildungswesen, die Sonderpädagogik nicht in seine Arbeit einbezogen. Das blieb dem Deutschen Bildungsrat vorbehalten, der auf der Grundlage eines Bund-Länder-Abkommens im Jahre 1965 zustande kam. Während dem Deutschen Ausschuß keine politisch Verantwortlichen angehörten, wurden für den Deutschen Bildungsrat zwei Kommissionen gebildet: eine Bildungskommission und eine Regierungskommission. Jede dieser beiden Kommissionen hatte achtzehn Mitglieder. Während der Bildungskommission im wesentlichen Sachverständige aus verschiedenen Bereichen angehörten, wurde die Regierungskommission im wesentlichen von den Kultusministern der Länder und Mitgliedern der Bundesregierung gebildet. Sachverstand und Politik waren demnach im Deutschen Bildungsrat in Kooperation gebracht. Drei Aufgaben kamen dem Deutschen Bildungsrat dem Bund-Länder-Abkommen zufolge zu. Er sollte

— Bedarfs- und Entwicklungspläne für das deutsche Bildungswesen entwerfen;
— Vorschläge für die Struktur des Bildungswesens machen und den Finanzbedarf berechnen;
— Empfehlungen für eine langfristige Planung des Bildungswesens aussprechen.

Der Bildungskommission des Deutschen Bildungsrates kam es zu, die im Bund-Länder-Abkommen formulierten Aufgaben wahrzunehmen. Dazu konnte sie Fachausschüsse bilden, die ihr sozusagen zuarbeiteten. Von 1970 an beschäftigte sie sich mit der schulischen Förderung von Behinderten. Sie berief einen Ausschuß mit der Bezeichnung „Sonderpädagogik". Ihm gehörten namhafte Wissenschaftler sonderpädagogischer Disziplinen an, außerdem die Dezernenten für das Sonderschulwesen aus den Schulverwaltungen der Länder. In einem Entwicklungsprozeß von drei Jahren, der für jedes einzelne Mitglied des Ausschusses ein Lernprozeß war, entstand die Empfehlung „Zur pädagogischen Förderung behinderter und von Behinderung bedrohter Kinder und Jugendlicher". In ihr ist das erste offizielle Dokument zu sehen, das in der Bundesrepublik die Gemeinsamkeit von Behinderten und Nichtbehinderten im allgemeinen Schulwesen empfiehlt. Zurückhaltend ist in dieser integrativen Empfehlung formuliert, „daß so viel gemeinsamer Unterricht wie möglich durchgeführt wird und daß eine isolierte Förderung der behinderten Kinder nur vorgenommen wird, wo sie notwendig ist" (*Deutscher Bildungsrat* 1973, S. 74). In der Diskussion um die Empfehlung ist diese Formulierung besonders von Befürwortern der Integration kritisiert worden. Sie ist jedenfalls nicht so auszulegen, als wolle sie den Zustand und das Nebeneinander der allgemeinen Schule und der Sonderschule der sechziger Jahre und der siebziger Jahre in die Zukunft hinein stabilisieren. Isolierte Förderung ist schon gegeben, wo zum Beispiel einem legasthenischen Kind in der Grundschule neben dem allgemeinen Unterricht eine zusätzliche, auf seine Schwierigkeiten bezogene Hilfe zuteil wird; aber auch in dem Fall, in dem zum Beispiel ein schwer verhaltensgestörtes Kind zeitweise in eine stationäre Therapie überwiesen wird. Man muß diese Weite der Formulierung sehen, um ihre Abstraktheit angemessen auszulegen.

Für die Gemeinsamkeit von Behinderten und Nichtbehinderten im Schulwesen wird in der Empfehlung des Deutschen Bildungsrates politisch argumentiert. Wörtlich heißt es: „Die Begründung der neuen Konzeption ist für die Bildungskommission vor allem darin gegeben, daß die Integration Behinderter in die Gesellschaft eine der vordringlichen Aufgaben jedes demokratischen Staates ist. Diese Aufgabe, die sich für Behinderte und Nichtbehinderte in gleicher Weise stellt, kann nach der Auffassung der Bildungskommission einer Lösung besonders dann nahegebracht werden, wenn die Selektions- und Isolationstendenz im Schulwesen überwunden und die Gemeinsamkeit im Lehren und Lernen für Behinderte und Nichtbehinderte in den Vordergrund gebracht werden; denn eine schulische Aussonderung der Behinderten bringt die Gefahr ihrer Desintegration im Erwachsenenleben mit sich" (*Deutscher Bildungsrat* 1973, S. 16).

In der Zeit der Großen Koalition war es zu einer Novellierung des Grundgesetzes gekommen. Der Artikel 91 b räumte dem Bund und den Ländern die Möglichkeit des Zusammenwirkens in der Bildungsplanung ein. Daraufhin kam es im Jahre 1970 zur Konstituierung der „Bund-Länder-Kommission für Bildungsplanung". Die Bildungspolitik in der Bundesrepublik hatte dadurch die Kultusministerkonferenz als Gremium zur Koordinierung des Bildungswesens in den Ländern, den Deutschen Bildungsrat als Beratungsgremium und die Bund-Länder-Kommission als das Gremium gesamtstaatlicher Bildungsplanung. Innerhalb von drei Jahren erarbeitete dieses neue Gremium den sogenannten Bildungsgesamtplan, „eine Gesamtkonzeption für die Gestaltung des Bildungswesens bis zum Jahre 1985" (*Bund-Länder-Kommission* 1973, Bd. I, S. VIII).

Zur Integration von behinderten Kindern in das allgemeine Schulwesen heißt es im Bildungsgesamtplan: „Bei der Einrichtung des Sonderschulwesens ist eine möglichst enge Verzahnung mit dem allgemeinen Bildungswesen anzustreben. Art und Grad der Behinderung entscheiden über das Ausmaß der möglichen Integration und der notwendigen Differenzierung in pädagogischer und institutioneller Hinsicht. Insgesamt wird also die Sonderpädagogik nicht mehr auf das Sonderschulwesen begrenzt sein" (*Bund-Länder-Kommission* 1973, Bd. I, S. 35). Der Ausschuß Sonderpädagogik des Deutschen Bildungsrates hatte zur Zeit der Veröffentlichung des Bildungsgesamtplans seine Arbeit noch nicht abgeschlossen. Dennoch war er soweit, daß er konkrete Formulierungshilfe für den Bildungsgesamtplan leisten konnte. Selbst für den Kenner der schulpolitischen Szenerie des Anfangs der siebziger Jahre wird es ein Rätsel bleiben, wie es möglich sein konnte, daß die Kultusminister in ihrer Empfehlung zur Ordnung des Sonderschulwesens (16. 3. 1972) der eigenständigen Sonderschule das Wort reden konnten, wenige Monate später als Ländervertreter in der Bund-Länder-Kommission im Zwischenbericht zum Bildungsgesamtplan und ein Jahr später im Bildungsgesamtplan selbst (15. 6. 73) für die Gemeinsamkeit von Behinderten und Nichtbehinderten im allgemeinen Schulwesen stimmten und wiederum einige Monate später bei der Verabschiedung der Empfehlung des Deutschen Bildungsrates als Regierungskommission dieses Gremiums durch ihren Präsidenten die Glückwünsche für die integrative Konzeption überbringen lassen konnten (14. 12. 73).

3. Integration als politisches Phänomen

Was für die Schule Integration inhaltlich meint, das läßt sich so beschreiben: Sie ist die gemeinsame Erziehung und Unterrichtung von behinderten und nichtbehinderten Kindern und Jugendlichen in den Einrichtungen des Bildungswesens.

Diese Begriffsbestimmung zeigt, daß Integration ein politisches Phänomen ist. Sie richtet sich auf das Zusammenleben der Menschen, auf den einzelnen Menschen in seiner Gemeinsamkeit mit anderen, sie bezieht sich auf den Menschen als *zoon politicon*. So hatte Aristoteles in der Antike das Verständnis des Menschen für das Abendland verbindlich erschlossen. Zusammenleben der Menschen, Gemeinsamkeit aller, das sind humane Selbstverständlichkeiten. Wo sie nicht gegeben sind, wo sie Störungen unterliegen und deshalb hergestellt oder wieder hergestellt werden sollen, da wird politisch gehandelt. Aus solchen Überlegungen ergibt sich, daß das Bemühen um Integration ebenso in den Zusammenhang der Politik gehört wie die Praxis der Aussonderung der Behinderten.

Das wird deutlich, wenn man sich der Geschichte der letzten beiden Jahrhunderte erinnert. In unserem heutigen Sinne wurde das humane Zusammenleben der Menschen von der zweiten Hälfte des 18. Jahrhunderts an diskutiert, also von der Epoche der Aufklärung an. Aufklärung als Prozeß, vor zweihundert Jahren begonnen, dauert noch heute an. Wir sind Kinder der Aufklärung. Auf eine Jahreszahl gebracht läßt sich sagen: Seit 1789 wurde für Europa das Zusammenleben der Menschen thematisiert. Die Französische Revolution markiert den Aufbruch in eine Zeit, die dem einzelnen Menschen Brüderlichkeit im Zusammenleben mit den anderen Menschen verheißt. Brüderlichkeit, *fraternité*, meint die humane Gemeinsamkeit aller. Im Kontext der Französischen Revolution beginnt der Prozeß der Demokratisierung. Die Verfassungen der Demokratie, ihre Regelungen und Gesetze sind immer gerichtet auf das humane Miteinander der Menschen. Dieses Verständnis impliziert den Abbau von Vorrechten einzelner sozialer Gruppen oder Schichten, die Respektierung der Menschenwürde jedes einzelnen, die gleichen Rechte für alle Bürger und, entsprechend den Idealen der Revolution, die brüderliche Verbundenheit aller. Letztlich ist Demokratisierung ein andauernder Integrationsprozeß. Deshalb kann Integration nicht als ein Problem verstanden werden, dessen Für und Wider diskutiert werden sollte, sondern sie ist eine Aufgabe, die den Menschen in einer demokratischen Gesellschaft aufgegeben ist.

Demokratie ist kein abgeschlossener Zustand, sondern seit dem Ende des 18. Jahrhunderts ein in der Ausbreitung begriffener Prozeß. Wir sind in unserer Gesellschaft immer noch dabei, die Ideale der Revolution zu verwirklichen. In diesen Kontext gehört im Bildungswesen der Bundesrepublik beispielsweise das Bemühen um die Einrichtung von Integrierten Gesamtschulen im Bereich der Sekundarstufe I, nachdem zu Beginn der Weimarer Zeit die Grundschule als vierjährige Gesamtschule eingerichtet worden war. Dazu gehört aber auch die in Ansätzen realisierte Praxis zur Integration von Allgemeinbildung und Berufsbildung in der Sekundarstufe II. Was ist das Bemühen um die gemeinsame Erziehung von Jungen und Mädchen in den vergangenen Jahrzehnten anderes als ein Integrationsprozeß? Auch die Integration von Kindern ausländischer Mitbürger gehört in diesen Zusammenhang. Die Diskussion beispielsweise um die türkischen Kinder läßt neuerdings selbst im öffentlichen Bewußtsein deutlich werden, daß Integration nicht die Nivellierung individueller Eigenarten meint, sondern ihre Respektierung im Zusammenleben, nicht die Leugnung ethnischer Profile, sondern das Wissen darum, daß Gemeinsamkeit nur hervorgebracht werden kann in der Wahrnehmung der Unterschiede.

Demokratie will gelebt sein. Deshalb darf sich niemand mit der verfaßten demokratischen Ordnung zufriedengeben. Wichtiger als die Fixierung in Verfassungen und Gesetzen ist die Ausbreitung demokratischen Bewußtseins in den Köpfen der Menschen. Demokratisierung problematisiert das Hoch und Nieder, das Oben und Unten, und sie beginnt in unserer Zeit das Zugelassensein und das Ausgeschlossenwerden in Frage zu stellen. Gemeinsamkeit aller und die Gemeinsamkeit des Einzelnen mit den Anderen ist ein Grundrecht demokratischer Lebensauffassung, ein Grundrecht des Menschseins. Diese Feststellung ist eigentlich der Koinzidenzpunkt, in dem alle Überlegungen zur politischen Dimension der Integration zusammenlaufen.

Deshalb sind alle Schulversuche, die der Frage nachgehen, ob Integration möglich ist oder ob sie nicht möglich ist, eigentlich problematisch. In solchen Schulversuchen wird so getan, als müßte die Einlösung eines Menschenrechts empirisch belegt und begründet werden. Als vergleichbare Feststellung läßt sich auf die Durchsetzung der Koedukation, der gemeinsamen Erziehung von Jungen und Mädchen, zurückgreifen. Darauf machte *Jutta Schöler* vor einiger Zeit aufmerksam. Man stelle sich vor, die gemeinsame Erziehung von Jungen und Mädchen hätte in Schulversuchen begründet und erprobt werden müssen. Ihre Einführung stünde ganz sicher heute noch als Aufgabe an oder wäre für eine nicht absehbare Zeit unmöglich gemacht. Die Durchsetzung der Koedukation war in der Vergangenheit eine Sache politischen Wollens. Nicht anders ist es in der Gegenwart und der nahen Zukunft mit der Einführung der Gemeinsamkeit von Behinderten und Nichtbehinderten, in der es ebenfalls um Koedukation geht, um gemeinsame Erziehung. Damit soll nicht gesagt sein, daß wir im Zusammenhang der Integration von Behinderten in die allgemeine Schule keine Schulversuche brauchen. Die Gemeinsamkeit von Behinderten und Nichtbehinderten bedarf vielfältiger Versuche zu ihrer Effektivierung, zumal nicht an die Abschaffung der Sonderschule von heute auf morgen gedacht werden kann. Schulversuche zu ihrer Begründung allerdings braucht die Integration nicht. Wo die Auffassung vertreten wird, es sei unumgänglich, die Gemeinsamkeit von Behinderten und Nichtbehinderten zu begründen, da hat sich ein Bewußtsein breitgemacht, das keine Kritik an der Schule, so wie sie heute ist, üben möchte.

Als Konsequenz der Überlegungen zur politischen Dimension der Gemeinsamkeit von Behinderten und Nichtbehinderten ergibt sich, daß Integration unteilbar ist. Sie läßt keine Ausnahme zu. Gemeinsamkeit aller ist eben nicht möglich, wenn nicht alle die allgemeinen Bildungseinrichtungen besuchen können. Immer wieder wird der Versuch unternommen, eine Gruppe von Behinderten zu definieren, die nicht integriert werden kann, einen vermeintlichen „harten Kern" von Behinderten abzugrenzen, der von der Integration ausgenommen werden müsse. Das gehört in den Zusammenhang eines Denkens, dem es darum geht festzustellen, was ein Kind nicht kann. Immer noch stehen Defizite im Vordergrund, statt daß umgekehrt von dem ausgegangen wird, was ein Kind kann, um es von da aus zu fördern und von da aus auf den Weg des Lernens mit ihm zu gehen. Pädagogisch sinnvoll ist es deshalb zu fragen, wenn ein behindertes Kind in eine allgemeine Schule aufgenommen werden soll, wie die Verhältnisse in der Schule arrangiert werden können, daß das Kind auf den Weg des Lernens kommt und Geborgenheit in der Schule erfährt. Die primäre Frage richtet sich also nicht auf die Integrationsfähigkeit des Kindes, sondern auf die Integrationsfähigkeit der Schule. Dazu gehört es zum Beispiel, daß nicht alle Schüler einer Klasse auf die gleichen Lernziele festgelegt werden. Das Lernen in den Schulklassen muß dem didaktischen Prinzip der Individualisierung der Lernprozesse folgen. Das bedeutet, daß dem einzelnen Kind die Möglichkeit eröffnet wird, seinem individuellen Lernvermögen gemäß an den Prozessen des Lehrens und Lernens teilzunehmen.

Literatur

Bund-Länder-Kommission: Bildungsgesamtplan, Bd. I/II. Stuttgart 1973.
Deutscher Ausschuß für das Erziehungs- und Bildungswesen: Empfehlungen und Gutachten. Gesamtausgabe. Stuttgart 1966.
Deutscher Bildungsrat: Zur pädagogischen Förderung behinderter und von Behinderung bedrohter Kinder und Jugendlicher. Bonn 1973.
Konferenz der Kultusminister: Gutachten zur Ordnung des Sonderschulwesens. Bonn 1960.
Konferenz der Kultusminister: Empfehlung zur Ordnung des Sonderschulwesens. Bonn 1972.
Konferenz der Kultusminister: Bericht über Bedingungen und Grenzen des gemeinsamen Unterrichts von lernbehinderten und nichtbehinderten Schülern in allgemeinbildenden Schulen. Bonn 1983.
Muth, J.: Integration von Behinderten. Über die Gemeinsamkeit im Bildungswesen. Essen 1986.

Helga Deppe-Wolfinger

Integration im gesellschaftlichen Widerspruch

1. Bildung und Gesellschaft

„Bildung ist ein ebenso mächtiges Instrument der Veränderung wie sie Instrument von Stabilisierung ist." (*Heydorn* 1973, 12). Diese Aussage gilt für die Geschichte der Bildungsinstitutionen ebenso wie für die über Bildung vermittelten Inhalte. Welcher Seite sich Bildung zuneigt, ob sie die Herausbildung autonomer, handlungsfähiger Subjekte eher behindert oder aber deren Entfaltung ermöglicht, hängt von den gesellschaftlichen Umständen ab: von den Arbeits- und Lebensformen, den politischen Verhältnissen und der Kultur eines Landes. Nicht selten in der Geschichte waren die Instrumente, denen die Menschen unterworfen waren, zugleich Instrumente, die ihre Freiheit begünstigten. Für die Schule gilt dieser Gedanke allemal.

Auch die Schule der Gegenwart ist eine Institution gesellschaftlicher Herrschaft. Sie perpetuiert den Widerspruch von höherer und niederer Bildung in Form des viergliedrigen Schulsystems. Die mit Einführung der allgemeinen Schulpflicht im 19. Jahrhundert erfolgte Trennung von Bildung und Ausbildung besteht ungebrochen fort. Von Beginn an bis heute hat Schule für den Arbeitsprozeß zu qualifizieren und Bewußtsein zu bilden. Seit eh und je steht sie im Spannungsverhältnis von Restauration und Reform. Auch die jüngste bildungspolitische Reformbewegung, die gemeinsame Erziehung von behinderten und nichtbehinderten Kindern, ist nicht frei von allgemeinen gesellschaftlichen Widersprüchen.

2. Die Zukunft der Arbeit oder: Integration im Spiegel veränderter qualifikatorischer Anforderungen

So verschieden die im letzten Jahrzehnt entstandenen integrativen Klassen auch im besonderen sein mögen, es gibt grundlegende Gemeinsamkeiten: Die Homogenität der Schülergruppe und die Lehr- und Lernzielgleichheit, wichtige Pfeiler der allgemeinbildenden Schule, werden aufgegeben zugunsten größerer Vielfalt. In welchem Zusammenhang steht die Offenheit der Lernziele und Lernformen mit den Anforderungen der gesellschaftlichen Praxis an die Qualifikationsfunktion der Schule?

Die Mitte der siebziger Jahre einsetzende Wirtschaftskrise beförderte zwei Trends, die für die Schule bedeutsam werden können. Zum einen nimmt angesichts der hohen und andauernden Arbeitslosigkeit die Bedeutung schulischer

Qualifikation für den Arbeitsprozeß ab, zum zweiten erfordern die technologischen Veränderungen andersartige Qualifikationen für den zukünftigen Produktionsarbeiter als sie Schule heute noch vermittelt. Bei dem ersten Trend handelt es sich um eine tendenzielle Entkoppelung von Bildungs- und Beschäftigungssystem, die sich darin ausdrückt, daß ein bestimmter Schulabschluß längst nicht mehr einen Anspruch auf eine entsprechende berufliche Position konstituiert. Je größer die Zahl der Arbeitslosen und der in wechselnden Tätigkeiten Beschäftigten wird, umso geringer ist der Bedarf an spezialisierter Wissensvermittlung durch die Schule. Wenn aber Schule weitgehend darauf verzichten kann, ein konkretes und spezialisiertes Arbeitsvermögen herzustellen, dann werden die vermittelten Inhalte relativ beliebig. An die Stelle der Lehrzielgleichheit kann eine stärkere Individualisierung und Differenzierung treten.

Neben dem Widerspruch von Arbeit und Nicht-Arbeit ist es die Produktivkraftentwicklung, die überkommenes schulisches Lernen infragestellt. Die Einführung neuer, auf die Mikroelektronik gestützter Informationsverarbeitungs-, Steuerungs- und Regelungstechniken und deren Vernetzung hat zur Folge, daß detaillierte Wissensvermittlung in der Schule an Bedeutung verliert, „wenn es gleichzeitig gelingt, angemessene Konzepte und Übersichten über die Struktur des Wissens und den Umgang mit Wissen zu vermitteln" (Zukunftsperspektiven Gesellschaftlicher Entwicklung 1983).

Die technologische Entwicklung erfordert ein verändertes Qualifikationsprofil der abhängig Beschäftigten. *Kern/Schumann* (1984) erwarten eine Aufwertung lebendiger Arbeit im Sinne eines auf Ganzheitlichkeit und professionelle Autonomie gerichteten Arbeitsbegriffes. An die Stelle von Erfahrungslernen muß Grundlagenwissen treten, das es den Arbeitenden erlaubt, die technische Entwicklung mitzuvollziehen. Für *Baethge/Oberbeck* umschließt Qualifikation „Momente intellektueller Beweglichkeit, die meist schon in frühen Sozialisationsprozessen ausgebildet und nur begrenzt noch in der Berufsbildung erworben werden" (*Baethge/Oberbeck* 1986, S. 33 f.). Während sich im Arbeitsprozeß selbst eine Wiederangleichung von Hand- und Kopfarbeit vollzieht, verlagert sich der Widerspruch von Qualifikation und Dequalifikation auf das soziale Verhältnis zwischen Arbeitenden und Arbeitslosen.

Schule muß langfristig auf beide Entwicklungslinien reagieren: auf die Aufwertung menschlicher Arbeit durch die Produktivkraftentwicklung und auf die Entwertung lebendiger Arbeit durch Arbeitslosigkeit.

In den integrativen Klassen sind einige Momente einer zukünftigen Schule vorweggenommen: ein hohes Maß an Flexibilität (alle Kinder werden auf ihrem jeweiligen Entwicklungsniveau gefördert), Beweglichkeit hinsichtlich des Lernstoffes und des Lerntempos, Annäherung von Kopf- und Handarbeit durch handelnden Unterricht, Ganzheitlichkeit im Sinne einer Integration von kognitivem, affektivem und sozialem Lernen. Die allgemeine Schule verschließt sich heute noch weitgehend diesen Reformvorstellungen, weil sie relativ eigenständig gegenüber allen anderen Lebensbereichen agiert und weil sich ihr gesellschaftlicher Auftrag nicht auf die Vermittlung berufsrelevanter Qualifikationen beschränkt. Gerade weil sich das Bildungs- und Beschäftigungssystem tendentiell entkoppeln, muß Schule verstärkt auf das Leben außerhalb der Arbeit vorbereiten. Dabei gerät sie selbst in den Strudel gesellschaftlicher Modernisierungsprozesse.

3. Die Zuspitzung gesellschaftlicher Widersprüche oder: Integration im Spannungsfeld von Individualisierung und Vergesellschaftung

Die bürgerliche Gesellschaft im ausgehenden 20. Jahrhundert ist gekennzeichnet durch einen Prozeß zunehmender Individualisierung *und* zunehmender Vergesellschaftung. Individualisierung meint die Herauslösung der Menschen aus traditionellen Lebenswelten und Sozialformen und den Zwang zur Ausbildung einer selbstverantwortlichen Persönlichkeit. Schutz und Vertrautheit der Lebensumstände nehmen ab, die je eigenen Gestaltungsmöglichkeiten wachsen (*Beck* 1986). Für Kinder und Jugendliche sind die Sozialisationsbedingungen offener, chancenreicher, aber auch krisenanfälliger geworden. Veränderte Familienformen und Erziehungsstile haben zur Folge, daß junge Menschen im Vergleich zu früheren Generationen mehr entscheiden *können*, aber auch mehr entscheiden *müssen*. Neben den äußeren Zwang tritt der Selbstzwang, an die Stelle des Hineinwachsens ins kollektiv vorbestimmte Lebensschicksale tritt die „Selbstsozialisation" (*Heitmeyer/Olk* 1990).

Dieser Anspruch und Zwang zum „eigenen Leben" findet statt innerhalb einer zunehmenden Standardisierung der Existenzformen. Festgefügte Zeitraster bestimmen das Leben von Kindern und Erwachsenen, die Medialisierung des Alltags begrenzt die Möglichkeiten je individuell gelebter Erfahrung. Verrechtlichung, Bürokratisierung und weltweite Verflechtung von Politik und Ökonomie schreiten voran und verstärken die Ohnmacht des Einzelnen im Verhältnis zu den gesellschaftlich Mächtigen.

Der Prozeß der Vergesellschaftung umfaßt nicht nur die gesellschaftlichen Strukturen, sondern auch deren ideologische Fundamente. So ist das die kapitalistischen Produktionsverhältnisse abstützende Leistungsprinzip, nach dem Ungleichheit zwischen den Menschen das Ergebnis ungleicher Begabung und ungleicher Anstrengung ist, zur universellen Ideologie avanciert, seitdem es weltweit kaum noch alternative Gesellschaftskonzepte gibt. Zwar ist das Dogma „Wer es nicht schafft, ist selber schuld" angesichts der hohen Zahl von Menschen, die trotz erheblicher Anstrengung keinen Arbeitsplatz finden, brüchig geworden. Dennoch ist Ellenbogenmentalität die vorherrschende Umgangsform in einem Land, in dem es trotz großen gesellschaftlichen Reichtums eine nicht unerhebliche Armut gibt (Armutsbericht des Paritätischen Wohlfahrtsverbandes 1989).

Im Prozeß der Individualisierung gehen traditionelle Sicherheiten im Hinblick auf Handlungswissen und leitende Normen verloren, im Prozeß der Vergesellschaftung wächst die Fremdbestimmung durch Medien und gesellschaftliche Mächte bei nach wie vor ungleichen Ressourcen, über die die Menschen verfügen. Im Schnittpunkt beider Entwicklungen liegt die Anforderung an den einzelnen Menschen, seine Biographie selbstverantwortlich zu gestalten. Beschränkt sich diese Gestaltung auf Eigennutz und Konkurrenzverhalten, so ist erheblicher sozialer Sprengstoff impliziert. Der Ausstieg aus sozialen Gemeinschaften, auch aus dem demokratischen Konsens über mitmenschliches Verhalten, findet gegenwärtig Ausdruck in rassistisch geprägten Gewalttätigkeiten gegen Ausländer, Behinderte und Andersgläubige.

Freilich gibt es auch Gegenbewegungen. Die Geschichte der Bonner Republik hat Bürgerbewegungen hervorgebracht für Chancengleichheit und Bildung, für

Frauenemanzipation, für den Schutz der Umwelt, für Abrüstung usw. Alle diese Bewegungen haben zur Ausbreitung eines demokratischen Bewußtseins beigetragen, welches auf Toleranz im Zusammenleben von verschiedenen Menschen abzielt. Aus der DDR ist ein größeres Bewußtsein für Gemeinsinn und Solidarität überkommen, welches in demokratische Prozesse eingebracht werden kann. Nicht zuletzt steht die weltweite Verflechtung von Industrie, Handel und Wissenschaft dem Wiedererstarken eines dumpfen Nationalismus entgegen.

Für den einzelnen Menschen bedarf es in einer Zeit zugespitzter gesellschaftlicher Widersprüche, in der sich die soziale Wir-Ich-Balance stetig zur Seite des Individuums neigt (*Elias* 1991, 209ff.), eines hohen Maßes an Autonomie, um Eigeninteresse und Gemeinsinn miteinander verbinden zu können. Wo aber können Kinder und Jugendliche jenes Maß an Autonomie lernen, welches sie zur Bewältigung diskontinuierlicher Lebensentwürfe benötigen? Stellt die Schule das soziale Netzwerk dar, welches Identität stiftet, nachdem Familie und Milieu für viele junge Menschen an Bedeutung verloren haben? Zweifellos kommt der Schule verstärkt die Aufgabe zu, Schülerinnen und Schüler darin zu unterstützen, ein stabiles Selbstbild aufzubauen, für sich und mit anderen leben und lernen zu lernen. Hierzu bedarf es schulischer Lernformen, die Kinder und Jugendliche mit ihren je verschiedenen Kompetenzen anerkennen, sie auf ihrem jeweiligen Entwicklungsniveau fördern und ihnen Handlungsräume eröffnen, in denen sie sich mit Kopf, Herz und allen Sinnen einbringen können.

In integrativen Klassen sind einige der Forderungen an eine humane und demokratische Schule bereits verwirklicht: Sie wollen nicht selektieren, sondern gemeinsames Lernen für Kinder mit unterschiedlichen Voraussetzungen ermöglichen. Sie wollen nicht Leistung über Konkurrenz erzwingen, sondern Lernprozesse über gegenseitige Anregungen und Hilfen, über ein Zusammenfassen der vielfältigen Kompetenzen der Kinder, über ein tätiges Miteinander eröffnen. Warum stoßen integrative Klassen auf große Widerstände in Schule und Gesellschaft?

4. Die Zukunft der Schule oder: Integration im Widerstreit von bildungspolitischer Restauration und Reform

Schule ist eine Institution gesellschaftlicher Herrschaft. Sie verfügt über erhebliches Beharrungsvermögen und sperrt sich in unserem Lande mehr noch als anderenorts gegen Reformen. Während in nahezu allen europäischen Ländern die gemeinsame Schulzeit für alle Kinder acht oder neun Jahre beträgt und die äußere Schulreform der Integration vorausging, hat sich Integration bei uns innerhalb überkommener Schulstrukturen zu bewähren.

Integrative Klassen waren über ein Jahrzehnt nur gegen erhebliche Widerstände und mit kämpferischem Einsatz von Eltern und PädagogInnen durchzusetzen. Sie siedelten an den Rändern des herkömmlichen Schulsystems, boten Fluchtpunkte für schulische Gegenkultur. Erst gegen Ende der achtziger Jahre traf die Forderung nach gemeinsamer Erziehung von behinderten und nichtbehinderten Kindern auf breitere Resonanz in der Bildungspolitik. Mehr oder weniger integrationsfreundliche Gesetze in den alten Bundesländern (mit Ausnahme Bayerns und Baden-Württembergs) sowie in Brandenburg und eine mehr oder minder dichte Ausbreitung integrativer Klassen bzw. einzelintegrierter Kinder in der Grundschule waren die Folge. Integrationsklassen in der Sekundarstufe werden noch heute überwiegend als Modellversuche geführt.

Welches waren die Gründe für den „Durchbruch" integrativer Lernformen, welche Hemmnisse stehen ihrer Verbreitung noch immer entgegen? Bildungspolitik in der BRD schwankt zwischen Stillstand und Bewegung. Die Forderung nach Chancengleichheit und besserer Bildung in der Bildungsreformphase Ende der sechziger Jahre brachte die Gesamtschule als Angebotsschule neben den traditionellen weiterführenden Schulformen hervor. Auch wuchs die Nachfrage nach höheren Bildungsabschlüssen in der Bevölkerung. Weitergehende Reformvorstellungen wurden freilich durch die krisenhafte Entwicklung der bundesrepublikanischen Wirtschaft seit Mitte der siebziger Jahre und die konservative Wende in Bonn im Jahre 1982 in ihre Schranken verwiesen.

Weniger der Ruf nach Reformen als vielmehr die veränderte Schülerschaft selbst war es, die die Schule und die Bildungspolitik in den letzten Jahren veranlaßte, über das Selbstverständnis der Schule nachzudenken. Lehrer und Lehrerinnen in allen Schulformen beklagen die zunehmende Schulmüdigkeit und Disziplinlosigkeit der Kinder. SchülerInnen seien selbstbewußter, eigenwilliger und unselbständiger geworden, von persönlichen Problemen belastet und auf mehr Zuwendung angewiesen. Die Gruppe und das Miteinander verlieren an Bedeutung, Leistung und Sozialverhalten differieren in immer größerer Spannbreite. Die Schule sieht sich also unvermittelt mit den Folgen der individualisierten Lebenslagen der Kinder konfrontiert. Je weniger Sicherheit die Familie in bezug auf Handlungswissen und leitende Normen vermittelt, umso mehr muß die Schule zu einem stabilen Lebensraum werden, in dem die Kinder Kompetenzen für ein selbstverantwortliches Leben erwerben können. Schritte auf dem Weg der Schule zu einem verläßlichen Ort in der Lebensplanung der Kinder sind der Ausbau von Schulen zu vollen Halbtags- bzw. Betreuungsschulen, zu Ganztags- und/oder Gemeinwesenschulen.

Angesichts enger finanzieller Spielräume sind der äußeren Schulreform Grenzen gesetzt. Stattdessen setzt eine dem gesellschaftlichen Wandel verpflichtete Bildungspolitik zunehmend auf innere Reformen. Es zeichnet sich ein Trend zur Dezentralisierung von Verantwortlichkeiten im Bildungswesen ab. Innerhalb der Schulverwaltung werden Kompetenzen nach unten verlagert, auch erhalten die Schulen größere Freiräume hinsichtlich der Gestaltung des Unterrichts (Profilbildung, klassen- und jahrgangsübergreifende Lernformen, Projekt- und Epochalunterricht usw.). Diese der Reformpädagogik entlehnten Unterrichtsformen finden vor allem in der Grundschule Anwendung, in jener Schulform also, die schon immer eine heterogene Schülerschaft unterrichtete.

Auch die integrativen Klassen sind Teil einer inneren Schulreform, wenn auch ohne zusätzliche personelle und sachliche Ausstattung nicht realisierbar. Sie beanspruchen erstmals in der Geschichte der Schule, *alle* Kinder mittels binnendifferenzierter Unterrichtsformen gemeinsam zu unterrichten.

Der Vielfalt kindlicher Entwicklung Raum zu geben, darf allerdings nicht dazu verführen, die Tendenz zur sozialen Desintegration in unserer Gesellschaft zu befördern. Vielfalt ist nicht zu verwechseln mit Beliebigkeit, auch nicht mit einer Akzeptanz der Vereinzelung und Vereinsamung von Kindern in unserer Gesellschaft oder dem Fatalismus gegenüber gesellschaftlichen Ungleichheiten.

Nur wenn integrative Pädagogik Partei nimmt für Menschenwürde, Gleichheit und demokratische Kultur, wirkt sie identitätsstiftend im Sinne eines erfüllten Lebens für sich und andere.

Das Konzept integrativer Erziehung entspricht den Anforderungen des gesellschaftlichen Modernisierungsprozesses, weil es Selbständigkeit und Selbstverantwortung für die eigene Biographie stärkt. Seine Sprengkraft liegt darin, den Humanitätsanspruch radikal zu generalisieren und neue Sichtweisen im Umgang der Menschen miteinander zu eröffnen (*Reiser* 1991). Damit rüttelt es an den Säulen des selektiven Schulsystems und stößt deshalb noch immer auf große Widerstände. Sie zu überwinden, bedarf es nach wie vor erheblicher politischer Anstrengungen, denn „die Geschichte verschenkt nichts" (*Heydorn* 1973, S. 3).

Literatur

Armutsbericht des Paritätischen Wohlfahrtsverbandes für die Bundesrepublik Deutschland: „...wessen wir uns schämen müssen in einem reichen Lande...". In: Blätter der Wohlfahrtspflege 136 (1989) S. 269–348.

Beck, U.: Risikogesellschaft. Auf dem Weg in eine andere Moderne. Frankfurt/M. 1986.

Baethge, M./Oberbeck, H.: Zukunft der Angestellten. Neue Technologien und berufliche Perspektiven in Büro und Verwaltung. Frankfurt/M. 1986.

Elias, N.: Die Gesellschaft der Individuen. Frankfurt/M. 1991.

Heitmeyer, W./Olk, T. (Hrsg.): Individualisierung von Jugend, Gesellschaftliche Prozesse, subjektive Verarbeitungsformen, jugendpolitische Konsequenzen. Weinheim 1990.

Heydorn, H. J.: Zum Widerspruch im Bildungsprozeß. In: Das Argument 80, Sonderband 1973.

Kern, H./Schumann, M.: Das Ende der Arbeitsteilung? Rationalisierung in der industriellen Produktion: Bestandsaufnahme, Trendbestimmung. München 1984.

Reiser, H.: Integration – ein Weg zu einer pädagogischen Reform? In: *Chassé, K. A./ Drygalla, A./Schmidt-Noerr, A. L. (Hrsg.):* Randgruppen 2000. Bielefeld 1992, S. 79–89.

Zukunftsperspektiven Gesellschaftlicher Entwicklung. Bericht der Kommission „Zukunftsperspektiven gesellschaftlicher Entwicklung", erstellt im Auftrag der Landesregierung von Baden-Württemberg. Stuttgart 1983.

Entwicklung und Kritik des eigenständigen Sonderschulwesens

Erwin Reichmann-Rohr

Formen der Ausgrenzung in historischer Sicht

1. Problematik: Ausgrenzung als Entwertung und Unterdrückung

Selbst in den neuesten erziehungswissenschaftlichen Handbüchern und Grundlagenwerken wird der Ausgrenzung immer noch kein für Darstellung und Analyse fundamentaler, geschweige kritischer Stellenwert eingeräumt (z. B. *Roth* 1991), ein bedeutsamer Mangel, der eng zusammenhängt mit der Problematik der Ausgrenzung, die das vorherrschende Selbstverständnis der Pädagogik infragestellt. Ich spreche von Ausgrenzung (auch Absonderung, Ausschließung, Aussonderung, Ausstoßung) bei fehlender bis geringer Beteiligung von Kindern, Jugendlichen, erwachsenen Männern und Frauen, alten Leuten an durchschnittlich herrschenden Arbeits-, Lern-, Lebens- und Genußverhältnissen. Diese Ausgrenzung geschieht unter räumlichen, wirtschaftlichen, sozialen, geschlechtlichen und kulturellen Gesichtspunkten in jeweils bestimmten Gesellschaften, Kulturen, Klassen usw., wenn Menschen (ich nenne Bettler, Vagabunden, Besitz- und Arbeitslose, Verbrecher, politisch Auffällige, „Dirnen", „Wüstlinge", mit „Lustseuchen" Behaftete, Sonderlinge, Alkoholiker, „Verrückte", „Krüppel", „Nigger" u. a.) sich der Welt der Normalen und Normalität aufgrund körperlicher Schäden, Unterschreitung durchschnittlicher Leistungsanforderungen, Überschreitung als „richtig" gesetzter Handlungsweisungen usw. widersetzen, sich nicht einpassen können, nicht zugelassen werden u. a. m. (*Szabo* 1984; *Vaskovics* 1989; *Bichler* 1989; *Reichmann-Rohr* 1990; *Kuhne* 1992). Mir ist aus der neueren Geschichte nicht bekannt, daß Ausgegrenzte aus statusniedrigen Sozialgruppen ihrer strukturellen und institutionellen Ausgrenzung freiwillig zugestimmt hätten; bekannt sind mir dagegen Zwang und Gewalt, mit denen „Betroffene" niedergehalten und entwertet wurden. Die Entwertung gilt jenen Menschen, die das Gegenteil von dem verkörpern, was der entwertenden Gesellschaft wert(voll) ist. Das heißt, Ausgegrenzte werden für eine „Gemeinschaft" oder für das „Volkswohl" aus den verschiedensten Gründen als fremdartig und/oder unnütz eingeschätzt. Nutzlosigkeit und Fremdheit sind die beiden wichtigsten Abwertungs- und Ausgrenzungsdimensionen auch für behinderte Menschen (*Dörner* 1984; zu Fremden siehe *Burisch* 1992). Ausgrenzungen wurden im allgemeinen von Nichtbehinderten durchgeführt, ich betone das scheinbar Selbstverständliche. Historische Belege dokumentieren das Einverständnis der Ausgrenzer(innen) mit ihrem ausgrenzenden Tun; seltene Kritiker wurden gleichfalls der Ausgrenzung unterworfen. Führende Persönlichkeiten und Kräfte aus bevorrechteten Schichten (Adel, Bildungs- und Besitzbürgertum, Beamtentum, Geistlichkeit) verfüg(t)en über Macht, Geld und Einfluß, waren (und sind) mit den Machtzentren von Staat, Gesellschaft und Wirtschaft verbunden und schufen (und schaffen) ausgrenzende Einrichtungen, die ohne wirksame Gegenmacht behinderter Menschen herausgebildet wurden. Ausgrenzung ist seit der Mitte des vorigen Jahrhunderts immer „normaler" geworden (*Blasius* 1986). Eine Vielzahl von Rechtfertigungen fasse ich in dem schlichten Satz zusammen: für behinderte Menschen werde gerade durch Aussonderung das „Menschenmögliche" und „Beste" getan. Was insofern sogar richtig ist, weil und insofern HelferInnen sich als humanitäre Anwälte der Isolierten bestimmen und sich zusprechen, deren Bedürfnisse ungeprüft selbst festlegen zu dürfen.

Ausgrenzung erfolgt gewöhnlich durch Konzentration betroffener Menschen in Institutionen, was einhergeht mit dem Verlust des Selbstbestimmungsrechtes. Aus diesem Grund gehören Ausgrenzung und Unterdrückung zusammen; nur wer beim Studium der Geschichte der Behindertenbetreuung (*Jantzen* 1982) mit Idealisierungen arbeitet, wird Gegenteiliges behaupten können. Utopisten und Menschenfreunde formulieren als pädagogisches Ideal für jegliche Kindheit und Jugend Förderungen und Entwicklungen (*Hofmann* 1989); doch zumeist fanden sich bei behinderten Kindern und Jugendlichen Not, Ungerechtigkeit, Willkür, Entwicklungslosigkeit, Gewalt. Es gibt eine Bilanz mehrhundertjährigen negativen Wirkens in den Bereichen der Pädagogik, Medizin, Psychiatrie usw.; dieser Hauptstrang ausgrenzenden Tuns in Gestalt von Zwangsjacke, chirurgischen Eingriffen wie Unfruchtbarmachung, medikamentöser Behandlung, Prügel, Demütigungsritualen, brutalen Zensurierungen, Zuschreibung negativer Merkmale, Festsetzung allgemeiner Bildungs- und Entwicklungsunfähigkeit, der gewaltsamen Beendigung des Lebens selber u. a. m. (beispielhaft für die „Taubstummen" *Biesold* 1988) wird durch entgegenstehende Handlungen unmittelbarer persönlicher Menschlichkeit und wahrhaftigen Helfertums keinesfalls außer Kraft gesetzt.

Aussetzen und Verlassen, Verstümmelung und Mord, räumliche Vereinzelung, Herabwürdigung durch Armut, Arbeitslosigkeit und Sozialhilfe, Einschränkung der politischen und rechtlichen Teilhabe, bildungspolitische und erziehliche Diskriminierungen sind entwürdigende Ausgrenzungsformen; diese Feststellung wird keinerlei Einwände hervorrufen. Zur Ausgrenzung gehören jedoch ebenso die Formen der Duldung, Unterstützung und des Schutzes; sie erfordern zwar vielfältige und unterschiedliche Bewertungen, jedoch ihre kritiklose Stilisierung zu „guten Taten" verbietet sich angesichts von Massenunterbringung, starrer Alltagsroutine, totaler Versorgung und sozialer Isolation. Die „Einkreisung" helfender Absichten und Handlungen durch Funktionen und Strukturen ausgrenzender Einrichtungen bringt ein Regelwerk hervor, das maßgeblich in Herrschaftsausübung besteht, wie feinsinnig und hilfsbereit diese sich immer auch darstellen mag. Politische Ökonomie mit ihren systemübergreifenden Kategorien (Gewinn, Konkurrenz, Leistung, Konsum usw.) erklärt ursächlich und letztlich Ausgrenzung, die vor allem seit dem vorigen Jahrhundert fundiert wird durch kapitalorientierte Produktions- und Arbeitsbedingungen; (auch als sozialistisch bezeichnete staatskapitalistische Systeme haben diese Strukturen unverändert fortgeführt). Behinderte Menschen verfügen in diesen Gewinn- und Leistungssystemen zumeist über eine geringe(re), oftmals über keinerlei Verwertbarkeit ihrer Arbeitskraft. Dieser ökonomische Tatbestand (neben rechtlichen, moralischen und anderen „Faktoren", die zu Störungen der Ordnung führen) wird in sämtliche Verhältnisse hineingenommen, in Einrichtungen, Organisationen, Verbände, Schulen usw., in die Berufsinteressen der Betreuungspersonen ... Deren wichtigste Funktionsbestimmung ist folglich die (Wieder)Herstellung von Arbeitskraft oder die Verwahrung der nicht arbeitsfähigen Menschen, aber selbst dies unter dem Gesichtspunkt, daß sie mögliche Träger von Arbeitsvermögen werden sollen.

2. Faschismus: Bürokratisierung von Ausrottung und Verstümmelung

Der Vorwurf der Einseitigkeit für vorstehende Überlegungen wird mir seit langem vorgehalten, doch gerade der deutsche Faschismus mit seiner gezielten Planung, Organisierung und Durchführung der Ausgrenzung behinderter Menschen „enthüllt" das Kernproblem der Behindertenbetreuung. Denn es war dies kein Umschwung; es kam zu einer Zuspitzung, zu einer Verschärfung bereits vorhandener Strukturen und Tendenzen, Vorstellungen und Handlungen; das bereits vor 1933 Vorhandene gegen alles, was sich nicht mit den Begriffen gesellschaftlicher Normalität und Funktionalität fassen ließ (Rassenhygiene, Vererbung, Euthanasie, Lehre von den psychopathischen Minderwertigkeiten, siehe *Bastian* 1981; *Weingart* 1988; *Pollak* 1990), wurde von den Machthabern in ihre Apparaturen aufgenommen, zusammengefaßt und mit legalisiertem Zwang durchgesetzt. Es war höchstens ein Umschwung derart, daß die Ausrottungspraktiken eine andere Qualität gegenüber früheren erhielten, als die Entscheidung über das Leben eines behinderten Menschen zu einer bürokratischen Aktion auf dem Wege von Verordnungen wurde (*Dörner* 1989a, *Dörner* 1989b). Formalisierte Verfahren wie Beantragung, Begutachtung, Instanzenweg, Erbgesundheitsgericht redeten fälschlich Rechtskultur und Wissenschaftlichkeit ein (*Ganssmüller* 1987). Die Vernichtung „unwerten" Lebens wurde sogar im Namen der Menschlichkeit durchgeführt, nämlich als Gnade für bemitleidenswerte Menschen, um ihnen das Vegetieren in Anstalten zu ersparen. Die abstrakten Zielsetzungen der Rassenhygiene wurden zur obersten „moralischen" Instanz, körperliche Verstümmelung und Vernichtung zur (sozial)politischen Kategorie, körperliche Gewaltanwendung (neben Ausgabensenkungen für Sozialfürsorge und Pädagogik, Eheschließungsverboten usw.) zum Kern des Gesundungsprogramms: Heilung des sozialen Körpers erfolgt in dem Maße wie Kranke, Schwache, Unangepaßte, Invalide, rassisch Minderwertige, politische Gegner...als „Überflüssige" („leere Menschenhülsen", „negative Existenzen", „Träger minderwertigen Erbguts", als „Untermenschen") ausgegrenzt wurden (*Seidler/Rett* 1988; *Reyer* 1991; *Segal* 1991). Nur Gesunde und Taugliche, die über Fortpflanzungs-, Arbeits- und Militärkraft verfügten, waren erwünscht. Solche Kosten-Nutzen-Modelle, Konstruktionen einer Leistungsgemeinschaft mit absoluten Ordnungswerten der „Brauchbarkeit" wurden gerechtfertigt und verstärkt durch längst vor 1933 ausgedachte rassistische Heilsutopien in einer Politik, in der zugunsten eines „höherwertigen Volksganzen" nur noch unterschieden wurde zwischen Gesunden und Toten. Die ursächliche Lösung der sozialen Probleme wurde vorangetrieben durch eine von Skrupeln freie Geisteselite, die mit „Verkrustungen" aufräumte, eben durch Beseitigung alles Ungesunden, Fremden, Störenden. Hilflose Benennungen wie „dämonisch", „Menetekel des Bösen" oder „dunkle Stunde" enthalten keinerlei notwendigen Aufweis über den objektiven Zusammenhang der Umwidmung von Sozial- und Bildungskosten in Rüstungskosten: steigende Ausgaben für die Vorbereitung und Durchführung des Krieges einerseits, perfekte Isolierung, Unfruchtbarmachung in „großem Stil" und Massentötung behinderter Menschen andererseits. Überzeugender Beleg hierfür ist die methodisch planvolle Mordung der nicht arbeits- und militärfähigen „überflüssigen Esser" mit der Entfesselung des Krieges. In diesem Sinne führten die von Kapitalinteressen ausgehenden faschistischen Gruppierungen zwei Kriege: einen nach außen, einen nach innen; ihr Gemeinsames war die Grenzenlosigkeit.

Eine ideologische Mystifikation weise ich energisch zurück, nämlich diese: Ausgrenzung sei eine sich von selber durchsetzende Struktur; nein, sie ist ausschließlich gebunden an tätige Subjekte aus beiden Geschlechtern. Zu erörtern ist der Verfall helfender Zuwendung und die Aushöhlung einer eigenwertigen pädagogischen Unterstützung (*Kupffer* 1984), zu verweisen auf rapide zunehmende Selbstentwertung und Selbstfunktionalisierung der Helfergruppen für rassistische und eugenische Zwecksetzungen, letzteres in Form direkter Beteiligung zumindest bei Funktionären. Ideologische Verbindungslinien sind schlecht zu leugnen; falsch ist allerdings, für die „Masse" der Helfer(innen) umstandslos eine reale Mitwirkung zu behaupten. Gleichwohl, Vermittlungen hat es gegeben, auch bei Sonderpädagogen (Hilfsschullehrern), welche nicht zu bruchlosen Verteidigern der ideellen Logik von humaner Vorbildhaftigkeit und menschenfreundlicher Verbindlichkeit wurden. Gegenteilige Behauptungen stellen eine Fabel dar; denn seit ihren ersten Bestrebungen um eine eigenständige Hilfsschule wurden Kinder und Jugendliche zu Objekten standes- und berufspolitischer Interessen der sich herausbildenden Lehrerschaft, die „ihre" Institution wollten. *Wolfensberger* (1991) nennt die Unterlassung des Widerstandes aus Unwissenheit, aus Furcht vor Repressalien oder wegen stillschweigender Billigung die indirekteste Stufe des Totmachens entwerteter Menschen. Verallgemeinerungen sind gewiß aufgrund der widersprüchlichen und unzulänglichen Quellenlage unzulässig, einfache und eindeutige Erklärungen versagen; trotzdem bin ich skeptisch zu Lobpreisungen über aussondernde Pädagogen, die sich um „Rettung" ihrer Hilfsschule bemühten. Ich sage, aufgrund der Geschichte dieses Berufsstandes, einem ohne liberale, sozialdemokratische oder gewerkschaftliche Tradition, wurden seine Angehörigen wohl selten nur widerständig für „ihre" SchülerInnen.

3. Historisches Gedächtnis und Aussonderungsgeschichte nach 1945

Die Vernichtung von behinderten Kindern und Jugendlichen gehört untrennbar zur Geschichte der deutschen Pädagogik in diesem Jahrhundert (*Möckel* 1988). Wurde dies nun in der deutschen Nachkriegsgeschichte aufgearbeitet? Nein, die vorhergegangene Realität öffentlich zu bedenken, war unangenehm, denn sie hätte die Mittäterschaft deutlich gemacht. So beispielhaft bei *Gustav Lesemann*, einem wichtigen Protagonisten der eigenständigen Sonderpädagogik und Sonderschule, der kein Wort der Beschämung, Reue oder Trauer fand, sondern die

Technik des Vergessens und der Entwirklichung in seinen führenden berufsständischen Funktionen im Bereich der Sonderpädagogik meisterhaft handhabe (*Reichmann-Rohr* 1991). Erinnerungen an ihre schändlichen Werke drängten die machtverfügenden konservativen Kräfte zurück, die allermeisten machten weiter, als sei nichts geschehen; sie verfälschten, verdrehten, verschleierten, verharmlosten und entwickelten erstaunliche Fertigkeiten in der Verdrängung der Aussonderungs- und Vernichtungsgeschichte, nämlich indem in Fachliteratur, öffentlicher Meinungsbildung, in Behinderteneinrichtungen die Gemordeten und Geschundenen in eine Vergangenheit außerhalb jeder geschichtlichen Erinnerung gestoßen wurden. Die führenden Persönlichkeiten der Sonderpädagogik und der Sondereinrichtungen hätten sich an Wiedergutmachungsaktionen und historischer Aufklärung beteiligen können und müssen; sie taten dies nicht. Kritiker mit Fragen nach subjektiver Verantwortlichkeit in organisierten Massenvernichtungen waren unwillkommen (*Giordano* 1987; *Mitscherlich* 1990, *Heimannsberg* 1988); bis weit in die 70er, Anfang der 80er Jahre wurde diese Nichtaufarbeitung durchbrochen nur von „radikalen" Einzelgängern (so verdienstvoll von Ernst Klee) und Minderheiten und ist trotz umfangreicher Forschungen seitdem unabgeschlossen bis heute, denn Information und Dokumentation bewirken nichts ohne öffentliche und innere Auseinandersetzung. Diese Nichtaufarbeitung grub sich tief ein in den Alltag der „helfenden" Personen, festigte sich in Organisationen und Einrichtungen und vermochte sogar aufgrund des Schweigens und Nichtwissens den Eindruck zu erwecken, als ob eine neue Tötungsbewegung hierzulande undenkbar sei. Viele aktuelle Überlegungen (Töten neugeborener Behinderter, Erlösungstod für alte und „unheilbar" kranke Menschen, unfreiwillige Sterilisation, Abtreibungsdebatte, Gen-Technologie, Bio-Ethik ...) gründen indessen auch in diesen unaufgearbeiteten Aussonderungstraditionen (*Siemen* 1982; *Bruns* 1990; *Stein* 1992). Gewiß, so naiv bin ich nicht, daß ich die deutlich erkennbaren Änderungen und Unterschiede zur vorherigen Epoche leugnete, mit Zurücknahme körperlicher Zerstörungen, mit Neufassungen und Erlassen zu gesetzlichen Regelungen, mit Netzen finanzieller und institutioneller Stützen. Ob aber tatsächlich eine Neuorientierung stattgefunden hat?, oder ob hinter der Oberfläche des vorherrschenden Selbstbildes von Fürsorglichkeit immer noch die traditionell abwertende Grundhaltung existiert (siehe hierzu die Bibliografie *Beck* 1992)? „Ausbau der Hilfen für Behinderte" wurde Aussonderung in der Sprache der Politik genannt. Mit der rapiden Ausweitung der Sonderschulbereiche, der unmäßigen Spezialisierung der Sondereinrichtungen, der zunehmenden und gehäuften Ausgrenzung vieler Abweichungen wurde in der Bundesrepublik aber an den allgemeinen Strukturen der Aussonderungsgeschichte festgehalten, bis Anfang der 80er Jahre beinahe ohne praktische Gegentendenzen. (Dies gilt auch für die abgeschaffte DDR, wo ebenfalls differenzierte Ausgrenzungssysteme beharrlich beibehalten wurden). Wohl kaum sonst im westlichen Europa versuchten sich die Verantwortlichen so systematisch in der Korrektur jeglicher Abweichungen und Abnormalitäten. In gängigen historischen Darstellungen und Argumentationen, immer noch mit Entstellung der demokratischen Tradition und unzulänglichen Bewältigungsversuchen der faschistischen Vergangenheit werden aussondernde Entwicklungen, Funktionen und Strukturen weiterhin als humanisierende Kraft behauptet. Es gilt jedoch; erst nach deren Überwindung kann Pädagogik den Kern ihrer aufklärerischen Materie verwirklichen: Allen

Kindern des „Volkes" in gemeinsamen Einrichtungen zur Entfaltung ihrer positiven Fähigkeiten zu verhelfen. Erst dann tritt Pädagogik, im demokratisch verfaßten Gemeinwesen, aus dem „Schatten der Aussonderungsgeschichte" heraus und wird zur Emanzipationswissenschaft; demokratische Verallgemeinerungen dieser Art bedürfen allerdings des Kampfes und der Auseinandersetzung mit den beharrenden Kräften.

Literatur

Bastian, T.: Von der Eugenik zur Euthanasie. Bad Wörishofen 1981.
Beck, C.: Sozialdarwinismus, Rassenhygiene, Zwangssterilisation und Vernichtung „lebensunwerten Lebens". Bonn 1992.
Bichler, T.: Stigmatisierung. In: *Lenzen, D.* (Hrsg.): Pädagogische Grundbegriffe. Reinbek 1989, Bd. 2, S. 1449–1453.
Biesold, H.: Klagende Hände. Betroffenheit und Spätfolgen in bezug auf das Gesetz zur Verhütung erbkranken Nachwuchses, darg. am Bsp. der „Taubstummen". Solms-Oberbiel 1988.
Blasius, D.: Umgang mit Unheilbarem. Bonn 1986.
Bruns, T. u. a. (Hrsg.): Tödliche Ethik. Hamburg 1990.
Burisch, W.: Fremde. In: *Bauer, R.* (Hrsg.): Lexikon des Sozial- und Gesundheitswesens. München 1992, S. 695–698.
Dörner, K.: Bürger und Irre. Frankfurt 1984.
Dörner, K.: Tödliches Mitleid. Gütersloh 1989a.
Dörner, K. u. a. (Hrsg.): Der Krieg gegen die psychisch Kranken. Frankfurt 1989b.
Ganssmüller, C.: Die Erbgesundheitspolitik des Dritten Reiches. Köln 1987.
Giordano, R.: Die zweite Schuld oder Von der Last Deutscher zu sein. Hamburg 1987.
Heimannsberg, B./Schmidt, C. J. (Hrsg.): Das kollektive Schweigen. Heidelberg 1988.
Hofmann, F.: Studien zur Geschichte der bürgerlichen Didaktik. Berlin 1989.
Jantzen, W.: Sozialgeschichte des Behindertenbetreuungswesens. München 1982.
Kuhne, D.: Minderheiten. In: *Bauer, R.* (Hrsg.): Lexikon des Sozial- und Gesundheitswesens. München 1992, S. 1351–1353.
Kupffer, H.: Der Faschismus und das Menschenbild der deutschen Pädagogik. Frankfurt/M. 1984.
Mitscherlich, A. u. M.: Die Unfähigkeit zu trauern. Leipzig 1990.
Möckel, A.: Geschichte der Heilpädagogik. Stuttgart 1988.
Pollak, M.: Rassenwahn und Wissenschaft. Frankfurt/M. 1990.
Reichmann-Rohr, E.: Normalität. In: *Sandkühler, H. J.* (Hrsg.): Europäische Enzyklopädie zu Philosophie und Wissenschaften. Hamburg 1990, Bd. 3, S. 584–588.
Reichmann-Rohr, E.: Gustav Lesemann. In: Behindertenpädagogik 30 (1991) S. 98–137.
Reyer. J.: Alte Eugenik und Wohlfahrtspflege. Freiburg 1991.
Segal, L.: Die Hohenpriester der Vernichtung. Berlin 1991.
Seidler, H./Rett, A.: Rassenhygiene. München 1988.
Siemen, H. L.: Das Grauen ist vorprogrammiert. Psychiatrie zwischen Faschismus und Atomkrieg. Gießen 1982.
Stein, A.-D. (Hrsg.): Lebensqualität statt Qualitätskontrolle menschlichen Lebens. Berlin 1992.
Szabo, G.: Segregation. In: *Reichmann, E.* (Hrsg.): Handbuch der kritischen und materialistischen Behindertenpädagogik. Solms-Oberbiel 1984, S. 553–556.
Vaskovics, L.: Segregation. In: *Endruweit, G./Trommsdorff, G.* (Hrsg.): Wörterbuch der Soziologie. Bd. 3. Stuttgart 1989, S. 565–566.

Weingart, P. u. a.: Rasse, Blut und Gene. Geschichte der Eugenik und Rassenhygiene in Deutschland. Frankfurt/M. 1988.

Wolfensberger, W.: Der Neue Genozid an den Benachteiligten, Alten und Behinderten. Gütersloh 1991.

Andreas Möckel

Die Funktion der Sonderschulen und die Forderung der Integration

1. Einleitung

Die Integrationsforderung hat das starre Verhältnis, das lange Zeit zwischen dem Schulwesen im ganzen und dem Sonderschulwesen bestand, aufgelockert. Die Forderung, behinderte Kinder in den Unterricht der Regelschulen zu integrieren, ist häufig mit der Vorstellung verbunden, Sonderschulen seien ein Beweis für Aussonderung.

Mit „Integration" und „Aussonderung" werden jedoch zwei Begriffe gegenübergestellt, die auf verschiedenen Ebenen liegen und daher für sich allein zur Analyse der Geschichte wenig geeignet sind. „Integration" vereinigt als Forderung die Gleichgesinnten, „Aussonderung", eine komplementäre Umformulierung von Integration, wird pejorativ den Gegnern vorgeworfen. Die Begriffe Integration und Aussonderung scheiden Freund und Feind. Das ist ihre Funktion. Wie kann man den Integrationsbefürwortern heute grundsätzlich zustimmen, gleichwohl aber auch der Geschichte der Pädagogik gerecht werden?

Es empfiehlt sich, einen engeren und einen weiten Begriff der Integration zu unterscheiden, so daß er sich zur Beschreibung und zum Vergleich unterschiedlicher Formen in verschiedenen Zeiten eignet. Ich schlage vor, von Integration in der Geschichte der Pädagogik dann zu sprechen, wenn behinderte Kinder öffentliche und solidarische Beachtung als Schüler gefunden haben. Integration hat demnach drei Bestimmungsstücke: Sie ist − erstens − öffentlich, − zweitens − praktisch wirksam und erfolgt − drittens − in das Schulwesen hinein. Solidarität ist aktive Hilfe für die Mitglieder einer Gruppe, der jemand sich zugehörig fühlt. Die Geschichte muß also daraufhin untersucht werden, welche Gruppen von behinderten Kindern öffentlich, zum Beispiel in der Presse, in den Ministerien, in den Landtagen, beachtet und in das Schulwesen einbezogen worden sind. Als nicht integriert sollen in diesem Aufsatz alle Kinder gelten, für deren Einbeziehung in das Schulwesen sich keine Hand gerührt hat. Die Untersuchung gilt hierbei besonders der Funktion der Schulen.

Danach lassen sich in der Geschichte integrierte und nicht integrierte Gruppen von behinderten Kindern und begrenzte und umfassende Formen der Integration im Schulwesen unterscheiden. Begrenzt ist eine Integration, wenn nicht alle Kinder einer Gruppe integriert sind; umfassend, wenn für alle behinderten Kinder einer Gruppe Schulplätze im öffentlichen Schulwesen geschaffen werden. Schließlich ist noch zu unterscheiden, ob in das Schulwesen, in Schulen und in den Unterricht integriert wird. Die Integration in das Schulwesen gilt als Vorbedingung für die Integration in Schulen und diese als Vorbedingung für die Integration in den Unterricht. Der Hauptgesichtspunkt der Gliederung ist der erstmalige Eintritt von Gruppen behinderter Kinder in das öffentlich geförderte Schulwesen. Er ist immer mit der Entstehung neuer pädagogischer Institutionen und Berufe verbunden.

2. Integration im Zeitalter der Aufklärung

Die Integration gehörloser und blinder Kinder in das Schulwesen hat im 18. Jahrhundert begonnen. Einzelunterricht für gehörlose und blinde Kinder gab es schon vorher, aber erst die philanthropische Bewegung im Zeitalter der Aufklärung griff die Frage des Schulunterrichts für gehörlose und blinde Kinder öffentlich auf. Einige Schulen entstanden auf handwerklich-kommmerzieller Basis mit Unterstützung aus den Privatschatullen der Fürsten oder aus besonderen Fonds. Bezeichnend für die Hindernisse, welche diesen philanthropisch-kommerziellen Bestrebungen entgegen standen, ist ein Schreiben des Berliner Oberschulamtes an das Ministerium, als Ernst Adolph Eschke im Jahre 1788 in Berlin eine Taubstummenanstalt zu seiner eigenen Existenzsicherung gründen wollte. Das Oberschulamt schlug dem König vor, „den Fond, den Höchstdieselben für die Schulen auszusetzen beschlossen haben, lieber solchen Schulen ungeteilt allergnädigst zufließen zu lassen, welche so zahlreichen Haufen von Kindern zu bilden bestimmt sind"[1]. Erst um 1900 erließen die deutschen Staaten Schulgesetze, in denen die Schulpflicht für gehörlose, blinde und blödsinnige Kinder angesprochen wurde (z. B. Sachsen 1873, Braunschweig 1894, Baden 1902, Preußen 1911). Damit verpflichteten sich die Staaten indirekt zur Bereitstellung von Schulplätzen. Geistigbehinderte Kinder wurden in den Gesetzen zwar erwähnt, aber wenn überhaupt, dann wenig konsequent berücksichtigt.

Was war das Hauptmotiv für die Integration in das Schulwesen? Bürger hieß im 18. Jahrhundert derjenige, der sich in der Gesellschaft nützlich machte. Gesellschaftlicher Nutzen ist im 18. Jahrhundert keine platte Leistungsforderung, vielmehr ein politisches Schlagwort von umwälzender Wirkung. Adelige und Geistliche galten als Drohnen, Bürger als fleißige Arbeitsbienen. Den Bürgern gehört deshalb die politische Macht im Staat. Daß Bürger in dieser Zeit die Adelsherrschaft bekämpften und daß gerade damals der Schulunterricht Gehörloser und Blinder begann, steht in einem inneren Zusammenhang. In beiden Fällen siegte der emanzipierte Bürger. Hier liegt freilich auch die Grenze der Integration in das Schulwesen: Geistig behinderte Kinder, straffällig gewordene, verwahrloste Kinder und Jugendliche gebrechliche Kinder konnten sich nicht nützlich machen. Diese Kinder, die entweder in Familien meist ein kümmerliches Dasein fristeten oder in Zuchthäusern verkamen, als gesellschaftlich integriert zu bezeichnen, geht nicht an. Es fehlte ihnen sowohl die öffentliche Beachtung als auch konkrete Hilfe.

3. Integration im Zeitalter der Restauration

Nach den napoleonischen Kriegen richtete sich die öffentliche Aufmerksamkeit zum ersten Mal auf Kinder, die wegen Straftaten in Zuchthäusern verdarben. Die Rettungshausbewegung schuf für verwahrlost umherziehende Kinder und Jugendliche Erziehungsheime, die mit Schulunterricht und landwirtschaftlicher oder handwerklicher Arbeit verbunden waren. Johannes Falk veröffentlichte 1818 „19 Actenstücke aus Weimarischen Ämtern, Pfarreien und Gerichtsstuben über verwilderte Kinder, die dem bürgerlichen Tod der Criminalgefängnisse und Zuchthäuser durch eine practisch christliche Volkserziehung glücklich entzogen worden sind" (*Autorenkollektiv* o. J., S. 2). Die Rettungshausbewegung deutete den Vorgang der Straffälligkeit in unterlassene Hilfeleistungen der Gesellschaft um. Die Schulpflicht galt zwar für jedermann. Viele Kinder brauchten aber nicht nur öffentlichen Unterricht, sondern auch Erziehung. Die Schule allein konnte viele Kinder nicht davor bewahren, straffällig zu werden. In der Rettungshausbewegung mobilisierten konservativ-christliche Vereinigungen (zum Beispiel „Freunde in der Not" in Weimar, „Deutsche Christentumsgesellschaft" in Basel/Beuggen, „Gesellschaft der Menschenfreunde in Deutschland", Overdyk), die christlichen Gemeinden und forderten Solidarität mit den an ihrem Unglück unschuldigen Jugendlichen. Johann Hinrich Wichern war nicht nur der Gründer des Rauhen Hauses (1833) sondern auch der „Inneren Mission" (1849). Diese war der Versuch, die evangelische Kirche zur Solidarität mit den Armen zu drängen. In Württemberg gründete ein Wohltätigkeits-Verein nach 1818 Hunderte von öffentlichen Industrieschulen, ferner Waisenhäuser und rund 45 Heimschulen „für Kinder, welche, wie z. B. Blinde, Taubstumme etc. wegen körperlicher Gebrechen eine ungewöhnliche Sorgfalt erfordern"[2].

Diese Bewegung im Umkreis der evangelischen Kirche ergriff später auch die katholischen Teile in Deutschland, war aber begrenzt. „Innere Mission" und „Caritas" blieben überörtliche Organisationen neben den Kirchengemeinden. Die größte Leistung ist darin zu sehen, daß hier zum ersten Mal dorfartige Gemeinschaften mit einem Kern von Mitarbeitern entstanden, welche zusammen mit den Kindern lebten. Zu den Einrichtungen gehörte jeweils ein großer Kreis von Unterstützenden, und sie hatten oft eine weite Ausstrahlung (Bethel bei Bielefeld, Neuendettelsau in Mittelfranken, Stetten im Remstal, Mariaberg auf der Schwäbischen Alb). Die Rettungshausbewegung war das Modell für Schuleinrichtungen der nächsten Epoche, der Heime für geistig behinderte Kinder.

4. Die Verallgemeinerungsbewegung

In der Restaurationszeit entstand im Anschluß an die Ausbreitung der Taubstummen- und Blindenanstalten die „Verallgemeinerungsbewegung". Unter Verallgemeinerung ist die Verbreitung der Kenntnisse zu verstehen, welche ein Lehrer haben muß, um gehörlose und blinde Kinder, wenn nicht anders möglich, dann zusammen mit vollsinnigen Kindern, zu unterrichten. Befürworter waren Elementarschulpädagogen (Heinrich Stephani, Johann Baptist Graser, Wilhelm Harnisch), weniger Taubstummenlehrer. An Orten mit Lehrerbildungsanstalten entstanden Taubstummenschulen, in denen angehende Lehrer hospitieren sollten. Die Verallgemeinerungsbewegung wurde von einigen deutschen Staaten unterstützt, z. B. von Preußen, Bayern, Württemberg, Hessen-Nassau, (*Heese* 1954, S. 341). Einen eindrucksvollen Niederschlag hat die Verallgemeinerungsbewegung in einem Erlaß der Nassauischen Landes-Regierung an die herzoglichen Schulinspektoren, „die Aufnahme der blinden und taubstummen Kinder in die

Ortselementarschule sowie die Aufnahme derselben in das Taubstummeninstitut zu Camberg, resp. in die Blindenschule zu Wiesbaden betreffend" gefunden (25. Juli 1862)[3]. Wo der bessere Schulplatz für blinde oder taubstumme Kinder sei, in einem Elementarbereich oder in einer Anstalt, war der Landesregierung klar. Die Volksschule könne im allgemeinen für den Unterricht der blinden und taubstummen Kinder nur vorbereiten. Die Verallgemeinerungsbewegung wurde daher gegenstandslos, als die deutschen Staaten die Notlösung einer Integration in die Elementarschulen aufgaben und Heimsonderschulen für alle blinden und gehörlosen schulpflichtigen Kinder einrichteten. Wer hier von Aussonderung spricht, gerät in die Irre. Das Ziel einer allgemeinen und beruflichen Ausbildung ließ sich damals in den Anstalten besser verwirklichen als in den Volksschulen. Dort saßen nicht selten 80, 100 oder noch mehr Kinder. Die Anstalten nahmen nur bildungsfähige Kinder auf. Hier hatte die Solidarität ihre Grenzen. Die Schulbehörden sahen nicht, daß auch geistig behinderte und erst recht gebrechliche Kinder bildungsfähig waren, weil niemand wußte, wie sie unterrichtet werden sollten.

5. Die heilpädagogische Bewegung im Vormärz

Zu Beginn des 19. Jahrhunderts fanden auch geistig behinderte Kinder öffentliche Beachtung (*Meyer* 1973), allerdings ohne daß ihnen geholfen worden wäre. 1801 erschien der erste, 1807 der zweite Bericht von Jean Itard über Victor von Aveyron. In Paris, wo die Heilpädagogik mit der Gehörlosen- und Blindenerziehung einen solch starken Anfang gemacht hatte, veröffentlichte 1846 Edouard Séguin das erste große Werk über die Erziehung geistig behinderter Kinder. In mehreren Staaten Europas entstanden für sie Heil- und Erziehanstalten. Es handelte sich hierbei um Heime mit Schulen, später auch mit Werkstätten für erwachsene Behinderte, oft verbunden mit Landwirtschaft. Anders als in der Rettungshausbewegung überwogen in den Trägervereinigungen nicht konservativ-christliche, sondern liberal-demokratische Kräfte. Diese wandten sich mit ihren Forderungen nicht nur an christliche Gemeinden, sondern forderten den Staat auf, Einrichtungen zu schaffen, um die geistig behinderten Kinder in das Schulwesen zu integrieren. Die Staaten entzogen sich dieser Aufgabe allerdings noch für über hundert Jahre fast ganz. Die Situation geistig behinderter Kinder außerhalb der Heil- und Erziehungsanstalten wird in der Literatur zuweilen beschönigt. Sie hat mit schulischer Integration nichts, mit gesellschaftlicher Integration wenig zu tun. Die neuen Internate waren ein erster Schritt der Gesellschaft auf diese Kinder zu und eine Hilfe für die Eltern. Der preußische Staat empfahl 1859 den Regierungen in einem Erlaß, „die Gründung derartiger Anstalten vorzugsweise der Privattätigkeit zu überlassen und die Mitwirkung der Provinzialstände sowie wohltätiger Vereine zu diesem Zwecke als Beihilfe eventuell zur Begründung von Freistellen in Anspruch zu nehmen" (nach *Klink* 1966, S. 107). Julius Disselhoff hatte mehr erhofft. Vielen galt der Kretinismus als „Entartung des menschlichen Geschlechts". Bedeutende Ärzte parallelisierten die Cretinen mit den niedrigsten Menschenrassen, der Gattungscharakter des Menschen werde ausgerottet[4]. Hier ist zu erkennen, welch eine Leistung auf dem Wege zur Integration die ersten Heime für geistig behinderte Kinder waren.

Die Isolation der körperbehinderten Kinder vor der Einrichtung von Schulen wird von Theodor Hoppe, dem Leiter des Oberlinhauses in Nowawes, beschrieben. Die Schwestern fanden in den Häusern der Stadt bei ihren Besuchen Kinder in gebrechlichem Zustand, für welche die Familien nicht zweckentsprechend sorgen konnten. In die bestehenden Anstalten nahm sie niemand auf. Sie waren „geistig normal, körperlich unnormal, gelähmt, gekrümmt, bucklich, verkrüppelt" (*Hoppe* 1899, S. 35).

Die Solidarität war zunächst auf wenige Kinder regional begrenzt. Die Integration geschah in eine Diakonieanstalt hinein, die ein Krankenhaus und ein Heim hatte und eine neue Schule baute. Dies war ein erster Schritt zur Integration in das Schulwesen. Es dauerte noch lange, bis die Größe der Aufgabe ins Bewußtsein der Öffentlichkeit drang. Noch weitere siebzig Jahre dauerte es, bis die Länder der Bundesrepublik akzeptierten, daß jedes körperbehinderte Kind als schulpflichtig angesehen werden muß.

Für alle älteren Sonderschulen gilt, daß die Bedingung für Schulen die Errichtung von Heimen war. Dadurch erhielten behinderte Kinder zum ersten Mal in der Geschichte öffentlichen Schulunterricht. Ohne Heime gab es für diese Kinder keine Integration in das Schulwesen. Hier wurden die Unterrichtsmethoden gepflegt und weiterentwickelt. Tatsache aber ist es, daß das Sonderschulwesen nur gut begabte Schüler förderte und regional begrenzt war.

6. Die jüngeren Sonderschulen vor und nach dem Ersten Weltkrieg

Ich fasse die Hilfsschule, die Schwerhörigenschule, die Sehbehindertenschule, die Sprachheilschule, die Beobachtungsklassen und die Schule für Verhaltensgestörte mit der Bezeichnung jüngere Sonderschulen zusammen. Sie entstanden in der Zeit zwischen 1880 und 1920, also im Laufe von etwa zwei Generationen, sämtlich unter ärztlicher Befürwortung im Aufwind einer schulhygienischen Bewegung, die mit dem „Jahrhundert des Kindes" (*Ellen Key*) Gedanken sozialer und biologischer Art eigenartig verknüpfte. Ihrer Einrichtung gingen harte Diskussionen und Konflikte zwischen den alten und den neu entstehenden Sonderschulen voraus. Die behinderten Kinder, welche damals aus alten in neue Sonderschulen überwechselten, wurden entweder in den älteren Sonderschulen oder in der Volksschule unterrichtet. Waren sie vorher integriert und nachher nicht mehr? Sie waren, um es modern auszudrücken, hier wie dort ausgesondert. Es ging also um einen anderen Konflikt. Die Leiter und Lehrer der Internate mißtrauten den Hilfsschulen, den Schwerhörigenschulen und den Sehbehindertenschulen. Die Sprachheilschulen und die Beobachtungsklassen für verhaltensgestörte Kinder hatten mit älteren Sonderschulen keine Schwierigkeiten. Sie mußten sich nicht gegen Internate durchsetzen. Ihr Problem war und ist die eigentümliche Fixierung der Volksschulen auf Unterricht, die schon J. Falk festgestellt hatte. Bis zum heutigen Tag fühlen sich viele Lehrer in der Grundschule unzuständig, wenn Eltern wegen Schulsorgen zu Kinderärzten gehen. Als die jüngeren Sonderschulen entstanden, waren gerade die ersten Lehrervereinigungen zum Zwecke der Fortbildung und Standesvertretung gegründet worden, u.a. 1898 der Verband der Hilfsschulen Deutschlands. Seither wird das Sonderschulwesen aller Fachrichtungen auch von Standesinteressen mitgeprägt, und es gibt oft nicht mehr nur eine einzige Lösung, um einem behinderten Kind Unterricht zu ermöglichen, sondern jeweils zwei und mehr Lösungen. Jetzt erst konnte zum ersten Mal ernsthaft an schulische und unterrichtliche Integration gedacht werden. Das Mannheimer Schulsystem und die Berliner Nebenklassen waren Wege zur Lösung eines alten Problems aus der Perspektive schulischer Integration.

Die neueren Sonderschulen waren institutionelle Alternativen. Die Mitbestimmung von Eltern lag hierbei noch ganz fern. Wenn im Einzelfall gefragt werden mußte, wo ein Kind unterrichtet werden solle, entschieden Schulämter, nicht Eltern. Immerhin, zum ersten Mal wurde nicht nur nach der Eignung der behinderten Kinder für eine Schule, sondern auch nach der Eignung von Schulen für behinderte Kinder gefragt. Die Sach- und Standeskämpfe gingen um die höhere Kompetenz, und zwar zwischen Sonderschulen untereinander und zwischen ihnen und der Volksschule. Da in Zweifelsfällen die Entscheidung bei den Staatlichen Schulämtern lag, waren nur auf der Ebene der Verwaltung Schulen für behinderte Kinder und Volksschulen zu einer konzeptionellen Einheit verknüpft.

7. Die Integrationsbewegung nach dem Zweiten Weltkrieg

Integration im engeren Sinne meint den Unterricht von behinderten Kindern in örtlichen Pflichtschulen. Dies ist eine konsequente, aus der Geschichte der Pädagogik verständliche Forderung. Unterrichtsverfahren, -organisation und -bedingungen, wie zum Beispiel die Klassenstärke, haben sich verbessert. Warum soll es nicht möglich sein, mit wenigen Schülern in kleinen Klassen mit guter personeller Ausstattung zu erreichen, was bisher nur in besonderen Klassen gelungen ist?

Die Integrationsforderung im engeren Sinne will keine Abschaffung der Sonderschulen. Die neue Aufgabe kann von zwei Seiten her beschrieben werden. Kindergärten und Grundschulen sollen die Sonderschulen so weit als möglich entbehrlich machen. Diese Richtung entspricht der Forderung der Normalisation, wonach im Sinne der Verhältnismäßigkeit der Mittel jeweils solche Institutionen und Maßnahmen im Leben von behinderten Kindern bevorzugt werden sollen, die den üblichen am nächsten kommen. Wenn ein Kind die Grundschule besuchen kann, soll es keiner Sonderschule zugewiesen werden; wenn es eine Tagesschule besuchen kann, keinem Internat. Die Aufgabe läßt sich aber auch anders beschreiben. Kindergärten und Grundschulen sollen grundsätzlich auch heilpädagogische Schulen sein und durch zusätzliche personelle Ausstattung jederzeit in die Lage versetzt werden, ein ortsansässiges behindertes Kind aufzunehmen. Integration meint, daß Kinder immer am Heimatort unterrichtet werden sollten. Nicht die Schüler sollen in Spezialschulen aufgeteilt werden, sondern Speziallehrer sollen Klassen zugeteilt werden. Die Kompetenz für den Unterricht behinderter Kinder soll von der Ebene des Schulamtes auf die Ebene der Schule verlagert und Schulklassen sollen demgemäß ausgestattet werden. Die Geschichte der Pädagogik zeigt eine große Zahl von Versuchen, die Solidarität für behinderte Kinder unbegrenzt und überregional, möglichst weltweit wirksam werden zu lassen. Die Tendenz führt zu einer Stärkung des Elternrechts. Das Elternrecht hat in der Erziehung behinderter Kinder bis zur Gründung der Bundesvereinigung Lebenshilfe

e. V., wenn überhaupt, dann nur eine geringe Rolle gespielt. Von der Meinungsbildung in Elternvereinigungen wird in Zukunft für die Integration behinderter Kinder in Kindergärten und Grundschulen viel abhängen, und zwar auch von denen, die nicht in erster Reihe zur Unterstützung behinderter Kinder gegründet worden sind. Die zahlreichen Versuche zur Integration behinderter Kinder verdanken der Unterstützung von Elternvereinigungen entscheidende Hilfen.

Die Anstöße zu einer Revision des bestehenden Konzepts in der Behindertenpädagogik sind nach 1945 in der Bundesrepublik hauptsächlich von Hochschulen ausgegangen. Anregungen, die aus anderen Staaten Europas und aus den USA kamen, sind von ihnen am entschiedensten vertreten worden. Die Lehrervereinigungen und Schulverwaltungen haben auf neue Impulse in grundlegenden Fragen der Schulorganisation zurückhaltend reagiert. An vielen Stellen in der Bundesrepublik haben Verbindungen von Eltern, aufgeschlossenen Lehrern/Lehrerinnen und Hochschullehrern und -lehrerinnen zu Initiativen geführt. Seit einigen Jahrzehnten melden sich zunehmend auch Verbände von Behinderten zu Wort. Die Situation hat sich gegenüber der Jahrhundertwende damit noch einmal verändert. Die Mitbeteiligung von Betroffenen, von Eltern und Hochschulen hat zu einer Ausweitung der öffentlichen Beachtung und der solidarischen Unterstützung geführt. Die Erziehung behinderter Kinder wird in größerem Umfang bedacht als vor und nach dem Ersten Weltkrieg. Von der Kluft zwischen den Erörterungen allgemeiner pädagogischer Fragen einerseits und Erziehungsfragen von behinderten Kindern andererseits geben die Protokolle der Reichsschulkonferenz von 1920 Zeugnis. Auch die Tatsache, daß Peter Petersen mit seinen Äußerungen zur Hilfsschule auf großes Unverständnis bei der Redaktion der Zeitschrift „Die Hilfsschule" stieß (Die Hilfsschule 1928, S. 90/91), ist auf diese Kluft zurückzuführen. Das bessere, freilich immer noch unbefriedigende Verständnis von Problemen der Erziehung behinderter Kinder an Hochschulen, in den Schulverwaltungen und im öffentlichen politischen Leben ist auch als Antwort auf die Erfahrungen der Nazizeit zu sehen, in der geistig behinderte Kinder an den Rand gedrängt, ausgesondert und ermordet worden sind. Die neue qualitative Stufe einer Erziehung behinderter Kinder in Kindergärten und Grundschulen ist keine modische Bewegung, sondern mit der Geschichte der Heilpädagogik tief verbunden, gerade weil sie sich eine Aufgabe stellt, die zu lösen bisher nicht gelungen ist.

Anmerkungen

1 Zentrales Staatsarchiv der DDR in Merseburg, Rep. 76 alt Abt. I Nr. 541 „Acta des Königl. Ober-Schul-Collegi" wegen des in Berlin retablierten Taubstummen-Instituts 1788–1798 Vol I, p. 6.

2 Staatsarchiv Ludwigsburg E 191 Nr. 4 „Öffentliche Rechenschaft der Centralleitung des Wohltätigkeits-Vereins" im Jahre 1821, Stuttgart o. J., S. 12.

3 Generallandesarchiv Karlsruhe 235 Nr. 37956, „Die Statistik der Taubstummen und Blinden des Großherzogtums", 1864, Erlaß S. 3.

4 Zentrales Staatsarchiv der DDR in Merseburg, Rep. 76 VIII A Nr. 3600 Acta betr.: „Die Heil- und Erziehungsanstalten für blödsinnige Kinder, Cretinen etc. in der Provinz Ostpreußen", p. 11.

Literatur

Autorenkollektiv: Johannes Falk 1768–1826, Schriftsteller, Freund in der Not, Sozialpädagoge in Weimars klassischer Zeit. Weimar o. J.

Die Reichsschulkonferenz 1920. Amtlicher Bericht, erstattet vom Reichsministerium des Inneren. Leipzig 1921.

Disselhoff, J.: Die gegenwärtige Lage der Cretinen, Blödsinnigen und Idioten in den christlichen Ländern. Ein Not- und Hilferuf für die Verlassensten unter den Elenden an die deutsche Nation. Bonn 1857.

Heese, G.: Über Verallgemeinerungsbestrebungen in der Geschichte der Schwerhörigenbildung. In: Neue Blätter für Taubstummenunterricht 8 (1954) S. 341–345.

Hoppe, Th.: Die ersten 25 Jahre. Geschichte der Diakonissenanstalt „Oberlinhaus" zu Nowawes vom 30. November 1874 bis 30. November 1899. Nowawes 1899.

Key, E.: Das Jahrhundert des Kindes. Königstein 1978; erste Auflage 1900.

Klink, J.-G. (Hrsg.): Geschichte der Heilpädagogik. Bad Heilbrunn 1966.

Malson, L.: Die wilden Kinder. Frankfurt 1972.

Möckel, A.: Integration, Unterrichtskompetenz und Schulaufsicht. In: Behindertenpädagogik in Bayern 29 (1986) S. 285–299.

Möckel, A.: Geschichte der Heilpädagogik. Stuttgart 1988.

Meyer, D.: Erforschung und Therapie der Oligophrenien in der ersten Hälfte des 19. Jahrhunderts. Berlin 1973.

Petersen, P.: Der Kleine Jenaplan. Weinheim/Berlin [5]1968; erste Auflage 1927.

Solarová, S. (Hrsg.): Geschichte der Sonderpädagogik. Stuttgart 1983.

Sieglind Ellger-Rüttgardt

Kritiker der Hilfsschule als Vorläufer der Integrationsbewegung

1. Einleitung

Die Diskussion um die allseits beschworene Legitimationskrise der Sonderschule für Lernbehinderte bzw. Förderschule läßt allzu oft unberücksichtigt, daß Kritik an dieser Sonderschule nicht erst ein Phänomen unserer Tage ist, sondern sich seit Anbeginn ihrer Existenz vor nunmehr einhundert Jahren für die verschiedenen Epochen der Hilfsschulentwicklung nachweisen läßt. Denn obgleich die Hilfsschule als soziale und pädagogische Errungenschaft ihrer Zeit gefeiert wurde, gab es doch immer wieder einzelne Stimmen, die diese neue Schulform radikal in Frage stellten (vgl. *Ellger-Rüttgardt* 1980; 1981; 1987). Aufgrund bisheriger Erkenntnisse hat es zumindest zwei Hauptgruppen von Kritikern gegeben: die Eltern der Hilfsschüler sowie Professionelle aus dem Kreise der Allgemein- und Heilpädagogik; ob weitere Gruppen eine ablehnende Haltung gegenüber der Hilfsschule einnahmen — etwa Repräsentanten der Arbeiterbewegung — muß angesichts fehlender Forschungsergebnisse offen bleiben.

Im folgenden werden wir die pädagogisch-professionelle Diskussion innerhalb jener beiden Städte nachzeichnen, in denen eine breitere Fachdiskussion um die Hilfsschule geführt wurde: Berlin und Hamburg. In diesen beiden Städten formierte sich zwischen ausgehendem 19. Jahrhundert und dem ersten Jahrzehnt dieses Jahrhunderts ein nennenswerter Widerstand gegen die Hilfsschule, der zwar weder von langer Dauer noch mit Erfolg gekrönt war, der aber im Hinblick auf die heutige Diskussion um die Lernbehindertenschule von überragender Bedeutung ist.

2. Berliner Kritik an der Hilfsschule

Im Unterschied zum übrigen Reichsgebiet gründete Berlin zunächst keine selbständigen Hilfsschulen, sondern richtete 1898 sogenannte Nebenklassen ein, die den Gemeindeschulen angeschlossen waren und ein zweifaches Ziel verfolgten: Einerseits sollten die Nebenklassen die zurückgebliebenen, aber normal intelligenten Kinder nach entsprechender Förderung so schnell wie möglich in die Normalschule zurückversetzen. Andererseits sollten jene Schüler, die sich im Laufe der Zeit als schwachsinnig herausstellten, einer Idiotenanstalt — wir würden heute von Einrichtungen für geistig Behinderte sprechen — überwiesen werden. Verfechter des Nebenklassengedankens waren der Direktor der Berliner Idiotenanstalt in Dalldorf, *Piper*, sowie der Volksschulrektor *Hintz*.

Für *Piper* bedeuten die Hilfsschulen nicht etwa pädagogischen Fortschritt, sondern „Rückgang" (*Piper* 1890, S. 29), da sie weder den intelligenzgeschädigten noch den langsam lernenden Kindern gerecht werden. *Piper* erblickt in der Vermischung der Begriffe schwachsinnig und schwachbefähigt den Hauptfehler in der Argumentation der Hilfsschullehrer und bemüht sich, durch Zuordnung der beiden Schülergruppen zu dem Anstalts- bzw. Volksschulwesen die Sinnlosigkeit der Hilfsschulen nachzuweisen.

Piper erkennt zwar an, daß die Hilfsklassen in einem gewissen Sinne „Humanitätsanstalten" sind, die einem offenkundigen Notstand begegnen wollen, hält sie aber dennoch für „ganz verfehlt", da sie sehr unterschiedliche Kategorien von Kindern aufnehmen. Im Gegensatz zu den Hilfsschullehrern ist für *Piper* das „Schwachbegabtsein" kein krankhafter, unveränderlicher Zustand infolge eines Gehirndefekts, sondern nur „ein zeitweiliges Zurückbleiben hinter den Besserbegabten". Mit eindringlichen Worten mahnt *Piper* die Volksschullehrerschaft, nicht vorschnell ihre schwächeren Schüler aufzugeben:

„Was soll nun mit den schwachbegabten, schwachbefähigten Kindern geschehen? Sie bleiben bei den gutbegabten, gutbefähigten Kindern. Das Zusammenleben, das Arbeiten, das Spielen mit diesen erhält sie obenauf, es wird ihnen der Mut nicht genommen. Nachhilfestunden oder Arbeitsstunden ... gegeben von einer freundlichen, nachsichtigen Lehrkraft, die die betreffenden Kinder nicht betrachtet als Faulenzer und träge Menschen, sondern als solche, die einem gewissen schädlichen Einflusse unterstehen, werden daneben in den meisten Fällen den gewünschten Erfolg erzielen (...) Je langsamer und ruhiger wir auf der Unterstufe den Grund legen, desto sicherer werden wir aufbauen und auch Bausteine mit kleinen Fehlern ohne Nachteil verwenden können; je gewissenhafter der Unterrichtende individualisiert, je weniger er seine Schüler summarisch behandelt, desto mehr kettet er sie an sich, desto lieber werden sie ihm. Haben diese Kinder die Mittelstufe erreicht, so ist das Ziel gewonnen, welches die Hilfsschule den schwachbefähigten Kindern stellt. Es sind diese Kinder von den übrigen Schülern nicht abgesondert worden, sie durften mit diesen Arbeit und Freuden teilen, sie blieben Schüler der Volksschule und erreichten unter den günstigsten Verhältnissen dasselbe, ja wohl mehr" (1897, S. 136f.).

Nicht anders als *Piper* spricht *Hintz* den Hilfsschulen jede Daseinsberechtigung ab, da nach seiner Auffassung wirklich schwachsinnige Kinder in Anstalten bzw. Tagesanstalten besser aufgehoben sind, schwachbegabte oder nur vernachlässigte Schüler dagegen in der Volksschule zu fördern sind. Es ist daher erklärte Absicht des Berliner Rektors, möglichst viele Kinder vor der Einweisung in die Hilfsschule zu bewahren. Der Hauptkritikpunkt von *Hintz* liegt in dem Vorwurf, daß die Hilfsschulvertreter grundsätzlich alle Arten von Schulversagen in ihre Schulen aufnehmen, und zwar schwachsinnige, schwachbegabte und zurückgebliebene Kinder. In Übereinstimmung mit anderen Kritikern des Hilfsschulwesens und genau im Gegensatz zur Hilfsschullehrerschaft verweist *Hintz* auf den qualitativen Unterschied zwischen Schwachsinn und Schwachbefähigung, wobei er letztere zum Bereich der geistigen Normalität rechnet.

Daß bereits um die Jahrhundertwende „schwache Begabung" durchaus als eine schulorganisatorische Größe verstanden wurde, belegt die folgende Bemerkung des Berliner Rektors:

„Die Frage, ob ein Kind schwach oder normal begabt sei, läßt sich nicht immer absolut richtig beantworten, weil die sich berührenden Grenzen der geistigen Zustände ineinander übergehen. Ihre Beantwortung wird sich gewöhnlich nach dem Durchschnittsmaß der an die Schule gestellten Anforderungen richten müssen. Je höher die Anforderungen sind, desto größer ist die Zahl der Schwachbegabten; je weniger auf die Leistungsfähigkeit der Kinder Rücksicht genommen wird, desto mehr muß sich die Differenz zwischen den Leistungen schwachbegabter und geistig normaler Kinder steigern" (a.a.O., 821).

Eine schulpolitische Alternative zur Hilfsschule liegt nach Ansicht von *Hintz* allein in einer grundlegenden Reform der Volksschulorganisation. *Hintz* sieht das Ideal der Allgemeinen Volksschule nur dann verwirklicht, wenn es gelingt, nicht nur den begabten, sondern auch den schwachen Gliedern der Volksschule zu ihrem Recht zu verhelfen:

„Wer die Volksschule heben will, trachte nicht danach, die schwächeren Elemente auszuscheiden, sondern bemühe sich vielmehr, dafür zu sorgen, daß den Befähigtesten unter den Volksschülern die Wege von der Volksschule zu den höheren Bildungsanstalten mehr geebnet werden, als dies leider bisher geschehen ist. Die Änderung in der Organisation der Gemeindeschulen erstrecke sich aber zugunsten der Schwachbegabten vor allem auf eine Herabsetzung der Klassenfrequenz, eine zweckmäßige Verminderung des Lehrstoffes in allen aufsteigenden Klassen und eine angemessene Verteilung auf sieben beziehungsweise acht Stufen, namentlich auf eine größere Beschränkung des Pensums und eine größere Vereinfachung der Unterrichtsmethode" (a.a.O., S. 822).

Daß *Hintz* Bildungspolitik in einen größeren gesellschaftspolitischen Zusammenhang stellt, wird erkennbar, wenn er auf jene Gruppe von normal begabten Schülern zu sprechen kommt, die „infolge äußerer ... Verhältnisse", durch „längere Schulversäumnisse, häufige Umschulungen, schlechte Ernährungszustände, Krankheiten, Überbürdungen der Kinder durch häusliche und gewerbliche Beschäftigungen und dergleichen mehr ... hinter ihren Altersgenossen zeitweilig oder dauernd zurückbleiben" (ebenda). Der Berliner Volksschulrektor glaubt durchaus, diesen Kindern auch durch schulische Maßnahmen wie ärztliche Untersuchungen und speziellen Nachhilfeunterricht helfen zu können, benennt aber zugleich in aller Deutlichkeit die Grenzen, die allen pädagogischen Einflußmöglichkeiten gesetzt sind.

Das starke Engagement von *Hintz* und *Piper* bewirkte, daß Berlin später als andere Städte des Deutschen Reiches Hilfsschulen einrichtete. Der Versuch, die Schulversager unterschiedlichster Provenienz in Nebenklassen zu betreuen, war jedoch nicht von langer Dauer. Auf Drängen der Hilfsschullehrer, aber auch breiter Kreise der Volksschullehrerschaft, wurden die Nebenklassen 1910 aufgehoben und an ihrer Stelle selbständige Hilfsschulen errichtet.

3. Die Gegnerschaft Hamburger Pädagogen gegenüber der Hilfsschule

Neben Berlin war Hamburg einer der wenigen Orte, an denen überhaupt eine ernsthafte Debatte um Fragen der richtigen Beschulung schulleistungsschwacher Kinder geführt wurde. Vor dem Hintergrund der allgemeinen positiven Einschätzung der Hilfsschule durch die Hamburger Lehrerschaft erschien in der Ausgabe der „Pädagogischen Reform" von 1890 ein Artikel des Lehrers *Armack*, in dem dieser aufs schärfste gegen die Hilfsschule Stellung bezog. *Armack*, der sich „gegen jedes Sortieren der Kinder" wendet, lehnt die Beschulung der schwächeren Schüler in besonderen Klassen ab, weil sie dem Ideal der Allgemeinen Volksschule widersprechen:

„Wo sind im Leben die Menschen überhaupt nach ihren Fähigkeiten gesondert? Ist nicht jeder darauf angewiesen, Rücksichten zu nehmen und solche zu fordern? Warum soll der befähigte Schüler nicht angehalten werden, auf den minder befähigten Rücksicht zu nehmen? Die Volksschule ist für die Gesamtheit da, nicht allein für die Befähigteren" (*Armack* 1890, Nr. 44).

Armack erkennt zwar an, daß die Befürworter einer speziellen Unterrichtsorganisation für Schwachbegabte auch von humanitären Motiven geleitet werden, gibt aber gleichzeitig zu bedenken, daß ebenso eigennützige Beweggründe die Aussonderung leistungsschwacher Schüler begünstigen:

„Gewiß haben diejenigen, die öffentlich für eine Absonderung der schlechten Schüler eintreten, nur das Wohl dieser im Auge, aber wer kann sich wohl so weit von allen Vorurteilen und menschlichen Schwächen frei machen, daß nicht auch andere Motive bisweilen mit unterlaufen ..." (ebenda).

Nach Ansicht dieses hamburgischen Kritikers könnte die Volksschule auf die Auslese der langsamer Lernenden verzichten, wenn sie ihr Gewicht nicht so sehr auf den Erwerb von Wissen als vielmehr auf eine formale Bildung legte, die „Lust zum Lernen" weckt und nicht erstickt. Seine pädagogisch und sozialpolitisch motivierte Kritik an dem Verhalten der Volksschule gegenüber ihren schwächsten Gliedern faßt *Armack* in folgendem Fazit zusammen:

„Gute Schulen dadurch zu schaffen, daß man sich gute Schüler aussucht, ist wenig ehrenvoll. Der Einfluß, den die Schüler wechselseitig aufeinander ausüben, darf nicht zerstört werden. Das Ziel der Volksschule darf nicht künstlich geschraubt werden, denn die Volksschulbildung soll nicht den Abschluß, sondern die erste Stufe der Ausbildung bezeichnen. Die Kinder sind keine Schulware, die man in Prima- und Sekundaware und in Ausschuß teilen kann".

Armack verurteilt nicht nur die bereits geschilderte Entlastungsfunktion der Hilfsschule, sondern er meldet auch Zweifel an, ob die Hilfsschule tatsächlich „zum Wohle der Kinder und im Interesse der Eltern" errichtet wurde. Indem *Armack* zu bedenken gibt, daß „schwache Befähigung recht oft mit ungünstigen häuslichen Verhältnissen zusammenfällt", verweist er auf den Zusammenhang von sozialem Milieu und Hilfsschulstatus:

„Die schlechte Befähigung, oder richtiger die geringe Leistungsfähigkeit in der Schule, ist in den seltensten Fällen angeboren, in der Regel ist sie anerzogen oder im Gefolge von Krankheiten, drückender Armut und üblen Gewohnheiten. Will man also den zurückgebliebenen Kindern wirklich dienen, so muß man den Ursachen nachgehen, also das Übel bei der Wurzel erfassen (...) Bequemer allerdings ist es, körperlich und geistig zurückgebliebene Schüler kurzweg nach Hilfsschulen zu versetzen, aber es ist meiner Ansicht nach nicht human gehandelt" (a.a.O., Nr. 49).

Armack erinnert daran, daß selbst Lehrer und Ärzte der Hilfsschule eingestehen, „daß der Schwachsinn sich äußerlich selten bemerkbar macht, daß Jahre dazu nötig sind, denselben festzustellen", daß es „ferner ebenfalls schwer ist, die Grenze festzustellen, wo der Schwachsinn aufhört und die Begabung anhebt". Eingedenk dieser ungelösten Fragen folgert *Armack*, daß „Fehlgriffe und Ungerechtigkeiten gar nicht zu vermeiden" sind.

Die Erfahrung, daß die schwachbegabten Kinder „in der Hilfsschule etwas mehr lernen" vermag nach *Armack*s Ansicht nicht den Nachteil aufzuwiegen, daß diese Kinder von ihren Altersgenossen getrennt werden und damit das Ziel der sozialen Eingliederung in Frage gestellt ist:

„Will man einen Menschen das Schwimmen lehren, so bringt man ihn ins Wasser; soll ein Mensch lernen, mit Menschen umzugehen, so darf man ihn nicht absondern. Das aber tut die Hülfsschule. Wir sollten uns bemühen, einen Ausgleich zwischen den Befähigten und Schwachen zu bewirken; die Hülfsschule dagegen errichtet einen Wall zwischen beiden, den mancher sein Lebtag vor sich sehen wird" (ebenda).

Hilfe für die schwachbefähigten Kinder bedeutet für *Armack* deren Förderung im Rahmen der Volksschule — einer Volksschule allerdings, die durch Veränderung ihrer Organisationsstruktur im Sinne einer „sozialpädagogisch" orientierten Schule dieser Aufgabe auch tatsächlich gewachsen wäre:

„Meinem Ideal würde es entsprechen, wenn jede Volksschule zugleich Heim und Hort für diese Schüler würde. Besonders in der Großstadt gibt es viele Kinder, die der häuslichen Aufsicht entbehren, weil Vater und Mutter dem Broterwerb nachgehen müssen und die jetzt zum großen Teil auf der Straße verwahrlosen. Diesen Kindern müßten sich die Türen der Schule nach Schluß des Unterrichtes wieder öffnen, damit sie zu stiller, selbständiger Beschäftigung, z. B. Lösung der Schulaufgaben, Lesen und dergleichen angehalten würden; ganz besonders müßte das Spiel auf dem Hofe und in der Turnhalle gepflegt werden; auch Spaziergänge ins Freie wären nicht ausgeschlossen. Dadurch könnte nicht nur der schwachen Befähigung, sondern noch manchem andern Übelstande wirksamer entgegengearbeitet werden, als durch die Hülfsschule" (ebenda).

Der Aufsatz von *Armack* fand in der pädagogischen Öffentlichkeit keine Resonanz — bereits zwei Jahre später richtete Hamburg die erste Hilfsklasse ein. Erst nahezu zwanzig Jahre später, als in Hamburg ein neuer Organisationsplan nach dem Prinzip der Einheitsschule für das gesamte Schulwesen diskutiert wurde, entflammte plötzlich ein heftiger Streit um die Hilfsschule. Während die Unterrichtskommission des Hamburger Lehrervereins erneut die Errichtung selbständiger Hilfsschulen vorschlug, lehnte eine Minderheit unter den Hamburger Lehrern — ihr Wortführer war Lehrer *Funke* — die Hilfsschule aus pädagogischen Gründen ab und forderte im Interesse einer engen Verbindung zur Volksschule lediglich die Einrichtung von Hilfsklassen.

Angesichts der heftigen Reaktion der Hamburger Hilfsschullehrer stellte *Funke* einen neun Punkte umfassenden Katalog von Gründen auf, die nach seiner Meinung für die Errichtung von Hilfsklassen im Rahmen der Volksschule sprechen: Es sind dies die Achtung vor dem Selbstwertgefühl der betroffenen Kinder und Eltern; die Vorbereitung der gesellschaftlichen Integration bereits während der Schulzeit; die Erfahrung, daß Hilfsschüler gegenüber Absolventen der Volksschule im Wirtschaftsleben benachteiligt sind; die Möglichkeit der Förderung von Schülern — vor allem der „einseitig begabten" — innerhalb der Normalschule; der Wunsch, die betreffenden Kinder nicht noch zusätzlich im außerschulischen Bereich zu isolieren; die bessere Möglichkeit zur Umschulung von der Hilfsklasse in die Regelschule; rücksichtsvolleres Eingehen der Lehrer auf die schwachen Kinder, da die Lehrer besser zwischen gut und schwachbegabten Schülern zu unterscheiden lernen; die negativen Auswirkungen der Sonderstellung des Hilfsschülers auf sein späteres Berufsleben und die Kostenersparnis durch Unterbringung der Hilfsklassen im Volksschulhause (vgl. *Funke* 1911, Nr. 28).

Nicht anders als in der Berliner Volksschullehrerschaft war in Hamburg eine Gegnerschaft auf breiterer Basis nur von kurzer Dauer. Hatte *Funke* die Versammlung der Hamburger Volksschullehrer noch 1911 für seine Überzeugungen gewinnen können, so war ihm schon nach einem Jahr kein Erfolg mehr vergönnt. Der Hamburger Lehrerverein beschloß 1912 ein Organisationsmodell nach dem Prinzip der Einheitsschule, das der Hilfsschule wiederum den Status einer selbständigen Schule zuerkannte.

4. Zusammenfassung und Ausblick

Angelpunkt in der von Berliner und Hamburger Pädagogen formulierten Kritik an der Hilfsschule ist die unklare Begriffsbestimmung des Typus Hilfsschulkind. Ausgehend von einer radikalen politisch-pädagogischen Position weisen die Gegner darauf hin, daß das Entstehen von Schulversagen maßgeblich von sozialen Faktoren bestimmt wird und daß „Schwachsinn" ein relativer Begriff ist, der maßgeblich von den jeweiligen schulorganisatorischen Bedingungen abhängig ist. Die Hilfsschule als eigenständige Schulform wird aus pädagogischen und sozial-politischen Gründen abgelehnt, da sie den schulleistungsschwachen Kindern keine optimale Förderung zuteil werden läßt und zudem die gesellschaftliche Integration der Betroffenen erschwert bzw. vereitelt. Nach Ansicht der Opponenten widerspricht die Hilfsschule dem Ideal der Allgemeinen Volksschule, die nicht allein eine Schule für die Fähigen, sondern zugleich die Bildungsstätte für die Minderbegabten und Benachteiligten sein muß. Angeprangert wird die Volksschullehrerschaft, die allzu gern die schwierigen Fälle in die Hilfsschule „abschiebt", aber auch die Hilfsschullehrerschaft, die in einer Mischung aus berufsständischem Egoismus und ständestaatlichem Gesellschaftsbild kein Interesse an einer Veränderung der bestehenden gesellschafts- und bildungspolitischen Verhältnisse zeigt.

Als Alternative zur Hilfsschule wird eine grundlegende Reform der Volksschulorganisation gefordert, die sowohl den leistungsstarken als auch den schwachbegabten Schülern zu ihrem Recht verhelfen soll: Senkung der Klassenfrequenzen, Reduzierung und inhaltliche Veränderung des Lehrplans, methodische Verbesserungen, Verlängerung der Schulzeit, Umgestaltung der traditionellen Lernschule in eine sozialpädagogisch orientierte Schule, Förder- und Nachhilfeunterricht sowie „Kernunterricht" für alle Kinder und schließlich Einsatz von Hilfsschullehrern in den Grundschulen sind Forderungen, die alle dem Ziel dienen sollen, Kinder vor der Einweisung in die Hilfsschule zu bewahren.

Die historische Analyse ließ erkennen, daß die in der gegenwärtigen Diskussion gegen die Lernbehindertenschule ins Feld geführten Argumente keineswegs neu sind. Die pädagogischen und sozialen Einwände gegen die Hilfsschule sind so alt wie diese Einrichtung selbst; sie gehören zu den verschütteten, unwirksam gebliebenen historischen Tatbeständen der Sonderpädagogik, aber auch der allgemeinen Pädagogik. Geschichte als Aufklärungsinstrument in einer fragwürdig gewordenen Gegenwart könnte helfen, deutlich werden zu lassen, daß es in Zukunft nicht mehr darum gehen kann, altbekannte Argumente für oder gegen die Hilfsschule zu sammeln und zu verteidigen, sondern daß endlich in der Praxis überprüft werden muß, durch welche Form der Schulorganisation eine optimale individuelle Förderung und soziale Integration für all jene zu erreichen ist, die in das Durchschnittsmaß der z. Zt. existierenden Regelschule nicht passen. Im Unterschied zur Vergangenheit ist die Mehrheit der Sonderpädagogen durchaus bereit, die einst freiwillig gewählte Isolation aufzugeben, sie kennt allerdings bislang keine befriedigende Antwort auf die Frage, wie die angestrebte Integration zu verwirklichen sei, mit welchen Schwierigkeiten zu kämpfen ist, welche Bedingungen erfüllt sein müssen, was realistischerweise überhaupt erreicht werden kann. Hierauf eine Antwort zu finden, wird erst möglich sein, wenn man sich entschließt, das mühsame Geschäft der praktischen Annäherung an bildungspolitische Ziele zu beginnen.

Quellen

Armack, E.: Über Einrichtung resp. Klassen für Schwachbefähigte. In: Pädagogische Reform 14 (1890), Nr. 44 und 49.

Funke, A.: Was lehrt uns der Hülfsschultag in Lübeck? In: Pädagogische Reform 35 (1911), Nr. 28.

Hintz, O.: Hilfsschulen oder Anstalten für schwachsinnige und schwachbegabte Kinder. In: Pädagogische Zeitung 26 (1897) S. 233–237.

Hintz, O.: Welche pädagogischen Maßnahmen eignen sich für den Unterricht und die Erziehung solcher Kinder, welche durch die Volksschule nicht genügende Förderung erfahren? In: Pädagogische Zeitung 26 (1897) S. 783–786, 798–802, 821–824.

Piper, H.: Ein Wort, die „Hilfsklassen" oder „Hilfsschulen" betreffend. In: Zeitschrift für die Behandlung Schwachsinniger und Epileptischer 6 (1890) S. 26–29, 49–52.

Piper, H.: Die Fürsorge für die schwachsinnigen Kinder. In: Die Deutsche Schule 1 (1897) S. 129–137.

Literatur

Ellger-Rüttgardt, S.: Der Hilfsschullehrer. Sozialgeschichte einer Lehrergruppe (1880–1933). Weinheim 1980.

Ellger-Rüttgardt, S.: Widerstände gegen die Braunschweiger Hilfsschule. In: Braunschweiger Werkstücke. Reihe A, Bd. 17: Heinrich Kielhorn und der Weg der Sonderschulen. 100 Jahre Hilfsschulen in Braunschweig. Braunschweig 1981, S. 69–91 und 235–266.

Ellger-Rüttgardt, S.: „Die Kinder, die waren alle so lieb ..." Frieda Stoppenbrink-Buchholz: Hilfsschulpädagogin, Anwältin der Schwachen, Soziale Demokratin. Weinheim 1987.

Hans Eberwein

Integrationspädagogik als Weiterentwicklung (sonder-)pädagogischen Denkens und Handelns

> „Wir haben den scheinbar Nichtbehinderten klarzumachen, daß ihre Unfähigkeit, Behinderte als Gleiche zu begreifen, ihre eigene Behinderung ist."　　(Ernst Klee)

Der Begriff „Integrationspädagogik" steht für eine neue Sichtweise zur Erziehung und Unterrichtung Behinderter sowie für einen veränderten Auftrag in Vorschule und Schule. Er impliziert eine Erweiterung und Vertiefung des bisherigen pädagogischen Handlungsverständnisses.

Das gemeinsame Lernen von Behinderten und Nichtbehinderten fordert zu inneren Reformen im Kita- und Regelschulbereich heraus. Was in den ersten Jahrzehnten unseres Jahrhunderts der Reformpädagogik nicht gelungen ist, scheint durch die Forderung nach Integration realisierbar zu sein; denn seit Einführung der Schulpflicht im 19. Jahrhundert waren die äußeren Rahmenbedingungen für eine Veränderung von Schule noch nie so günstig wie heute.

„Integrationspädagogik" ist ein Substitutionsbegriff; in ihm ist die Aufhebung der Sonderpädagogik begriffslogisch enthalten. Als Ziel verfolgt Integrationspädagogik die Überwindung aussondernder Einrichtungen sowie deren pädagogischer Konzeptionen zugunsten gemeinsamen Lernens und Lebens. Damit verbinden sich weitreichende strukturelle Veränderungen im Schul- und Bildungswesen der Bundesrepublik. Erstmals nach einhundert Jahren stehen eigenständige Sonderschulen grundsätzlich zur Disposition.

„Integrationspädagogik" beinhaltet gesellschaftspolitische Implikationen mit programmatischem Charakter, denn die Nichtaussonderung von Behinderten als sozial- und schulpolitisches Ziel ist bisher nur ansatzweise in das Bewußtsein der politisch Verantwortlichen gedrungen; sie bedarf in den kommenden Jahren der Verankerung im Schul- und Sozialrecht.

1. Zum Verhältnis von Anspruch und Wirklichkeit in der Sonderpädagogik

Die Sonderpädagogik hat in ihrer Geschichte immer das Ziel der gesellschaftlichen Integration Behinderter angestrebt. Problematisch und umstritten war jedoch von Anfang an der methodische Weg zur Erreichung dieses Zieles. Die Auffassung, soziale Integration durch schulische Separation bewirken zu können, wurde empirisch widerlegt. Eingliederung kann nicht durch Ausgliederung erreicht werden. Diese Aufgabe mußte auch am gesellschaftlichen Auftrag und der Selektionsfunktion von Schule scheitern. Demokratische Bestrebungen in unserer Gesellschaft zur Verwirklichung von Grundrechten für *alle* ihre Mitglieder sowie Bemühungen um den Abbau von sozialen Benachteiligungen berechtigen jedoch zu der Hoffnung, daß künftig auch Menschen mit Behinderungen gleichwertig und gleichberechtigt am gesellschaftlichen Leben teilhaben können.

Schwierig gestaltet sich das Umdenken in den Erziehungswissenschaften, vor allem in der Sonderpädagogik. Diese tut sich schwer, mit einer Entwicklung Schritt zu halten, die von ihr nicht initiiert, sondern ihr von außen, hauptsächlich von Eltern Behinderter, aufgezwungen worden ist. Dies ist um so erstaunlicher, als sich doch gerade Sonderpädagogen als „Anwälte" Behinderter für deren Rechte und Interessen in besonderem Maße einsetzen müßten. Daß sie sich subjektiv so verstehen und verhalten, soll hier nicht bestritten werden, die Frage ist jedoch, ob ihr Selbst- und Berufsverständnis mit den Bedürfnissen und Erwartungen der Behinderten selbst (vgl. *Daoud-Harms*)* sowie mit wissenschaftlichen Erkenntnissen in Einklang steht. An dieser Stelle sind Bedenken angebracht.

Das im letzten Drittel des 19. Jahrhunderts entstandene Sonderschulwesen, das keineswegs nur Befürworter fand (vgl. *Ellger-Rüttgardt*), hat sich nicht zuletzt durch die berufsständischen Interessen der Sonderschullehrer in den vergangenen Jahrzehnten so verselbständigt und verfestigt, daß Sonderschulen sich als klar umschriebener und allgemein akzeptierter Bestandteil unseres (viergliedrigen) Schulsystems begreifen konnten. Diese Annahme entspricht jedoch nicht der internen Realität. Zumindest die Schule für Lernbehinderte, die von ca. 80% aller als „behindert" Definierten besucht wird, ist seit ihrer Gründung immer wieder Anfechtungen und Krisen ausgesetzt worden. So ist die Lernbehindertenpädagogik beispielsweise bis heute nicht in der Lage, „Lernbehinderung" zu bestimmen. Sie kann lediglich die Definition aufstellen: „Lernbehindert ist der, der die Schule für Lernbehinderte besucht" (*Bleidick* 1977).

Die kritische Diskussion im Bereich wissenschaftlicher Sonderpädagogik lief indes asynchron zur organisatorischen Entwicklung und Verbreitung von Sonderschulen. Erkenntnisse aus anderen Wissenschaften sowie Forschungsergebnisse der Sonderpädagogik selbst wurden von Vertretern sonderpädagogischer Disziplinen jedoch nie dazu benutzt, eine integrative Erziehung und Unterrichtung von Kindern mit Behinderungen zu fordern und zu begründen. Dies ist insofern unverständlich, als es keine Theorie der Sonderschule gibt und besonders in der Lernbehindertenpädagogik seit vielen Jahren empirische Untersuchungen zur Ineffizienz der Sonderbeschulung vorliegen, d. h. zur Frage einer reduktionistischen Didaktik und Methodik in Sonderschulen und ihren Auswirkungen, zur Stigmatisierung und sozialen Benachteiligung sog. Lernbehinderter sowie zur mangelnden Rückschulung von Sonderschülern in die Regelschule (vgl. *Sander* 1982).

Die Ergebnisse sind eindeutig negativ und widerlegen den Anspruch sowie die Legitimität einer *besonderen* Pädagogik so offenkundig, daß sich die Frage aufdrängt, wodurch das Festhalten an der Institution „Sonderschule" noch gerechtfertigt ist. Bremen hat als erstes Bundesland daraus Konsequenzen gezogen. Dort werden seit Beginn des Schuljahres 1987/88 keine Schüler mehr in eine Schule für Lernbehinderte eingewiesen.

---

* Autorennamen ohne Angabe des Erscheinungsjahres beziehen sich auf Beiträge in diesem Band.

Kanter sprach bereits 1974 von einem „Paradox pädagogischer Individualisierungsbemühungen" (S. 154), da die ursprüngliche Absicht, in der Sonderschule individuelle, intensivierte und gezielte pädagogische Hilfen anzubieten, über die organisatorische Verwirklichung eines eigenständigen Jahrgangsklassensystems für Schulversager in ihr Gegenteil verkehrt worden sei.

Die fälschlich angenommene Intelligenz- und Leistungshomogenität hat vielfach den Blick für die individuellen Lernvoraussetzungen und das unterschiedliche Lernverhalten jedes einzelnen Schülers verstellt. Die Konsequenzen daraus sind u. a. Frontalunterricht und Sitzenbleiberprobleme auch in Sonderschulen; denn die mit dem Ziel der Komplexitätsreduktion aus Regelklassen ausgesonderten „Schulversager" wurden zu Schülergruppen mit hochgradiger Heterogenität zusammengefaßt.

Das Auswahlkriterium „Schulleistungsversagen" stellt nach *Kanter* (1974, S. 122) „ein extrem unpräzises und in dieser Form praktisch unbrauchbares, weil willkürlich zu handhabendes Kriterium" dar. Auch die Diskussion um die Frage der Intelligenzminderung betrachtet er als ein Sekundärproblem (1977, S. 35; 47). Eine Intelligenzuntersuchung sei lediglich dann von Bedeutung, wenn sie zu einer differenzierten Abklärung von Lernschwierigkeiten eines Schülers sowie zur Entwicklung von Fördermaßnahmen beitrage. Es gebe keine globale Lernfähigkeit des Menschen und insofern auch keinen allgemeinen Mangel an Lernfähigkeit im Sinne einer generellen Lernbehinderung, sondern nur aufgabenspezifische Schwierigkeiten.

Fragt man nach den Folgerungen aus dieser lerntheoretischen Erkenntnis, dann ist es wissenschaftlich nicht mehr haltbar und schulorganisatorisch nicht mehr vertretbar, Schüler nach ihrem Lernvermögen einzustufen. Sie können nur im Hinblick auf bestimmte Anforderungen und bestimmte Lernbedingungen beurteilt werden (*Klauer* 1975, S. 3). In Weiterführung dieses Gedankens läßt sich folgern: Das Phänomen Lernschwierigkeiten stellt sowohl ein mit dem Lernen inhärent gegebenes Aneignungsproblem als auch ein Problem der didaktisch-methodischen Vermittlung dar. Wenn aber „Lernbehinderung" nicht mehr als allgemeines und konstitutionelles Persönlichkeitsmerkmal angesehen werden kann, sondern als Ergebnis der Lehr-/Lernorganisation sowie schulischer Interaktionsprozesse, dann muß die Frage nach einer anderen Pädagogik als der bisher gelehrten und praktizierten gestellt werden (vgl. *Begemann; Hellbrügge; Heyer/Meier; Iben; Jetter; Manske*). Auf dem Hintergrund des veränderten Verständnisses von Lernen läßt sich der traditionelle, am medizinischen Paradigma orientierte Behinderungsbegriff nicht mehr aufrechterhalten (vgl. *Sander; Schöler*).

Die Behinderungstheorien werden noch immer durch die Lehre von den „Kinderfehlern" des 18. Jahrhunderts, dem ideengeschichtlichen Ursprung der Heilpädagogik, bestimmt. Sie vernachlässigen nach *Bleidick* (1985, S. 254 f.) den Definitionsaspekt, wonach Behinderung das Produkt sozialer und gesellschaftlicher Vorurteile und Zuschreibungsprozesse ist, ebenso wie die Relativität von Behinderung in den Bezugssystemen Familie, Schule, Beruf usw. (vgl. *Hildeschmidt/Sander*).

Die Orientierung am biologisch-medizinischen Erklärungsmodell veranlaßte Paul *Moor* (1965, S. 273) zu der Formulierung: „Heilpädagogik ist Pädagogik und nichts anderes". – Die Sonderpädagogik hat trotz dieser Klarstellung Mitte der 60er Jahre den notwendigen Paradigmenwechsel von der defektorientierten zur pädagogischen Betrachtungsebene bis heute nicht ausreichend verwirklicht, weder begriffstheoretisch noch hinsichtlich der Aufgabenstellung und Persönlichkeitsbeurteilung. Den Wandel vom medizinischen zum erziehungswissenschaftlichen Verständnis von Behinderung in Theorie und Praxis zu vollziehen, ist somit der Integrationspädagogik als wichtigste Funktion aufgetragen.

Die dargelegten Erkenntniszusammenhänge sind nicht ohne Einfluß auf das erziehungsphilosophische Denken in der Sonderpädagogik geblieben. So ist nach Auffassung *Bleidick*s (1988, S. 43 f.) „der geläufigen Anthropologie der Behinderten ... der Vorwurf nicht zu ersparen, sie verfestige die Sonderstellung des Behinderten dadurch, daß sie seiner Abweichung verdinglichende Attribute verleihe: biologischer Defekt, soziale Insuffizienz, psychisches Anderssein ... Fraglos aber wird dadurch der Status der Behinderten festgeschrieben, Normalisierung als natürlicher Prozeß verhindert ... Anthropologie als Festsetzung der Sonderstellung des Behinderten, als Hinweis auf seinen Personenwert, seine Eigenart, seine Würde hat darum trotz besten gegenteiligen Wollens affirmativen Charakter."

Menschen mit Behinderungen dürfen nicht länger nur unter symptomorientierten Gesichtspunkten betrachtet und behandelt werden. Sie sind als Ganzheit zu begreifen in all ihren subjektiven Seinsschichten, in ihrer biographischen Gewordenheit sowie in ihren lebensweltlichen und gesellschaftlichen Bezügen. Diese ganzheitliche Sichtweise verbietet Kategorisierungen, Einstufungen und Ausgrenzungen. Als Pädagogen haben wir anzuerkennen, daß es normal ist, verschieden zu sein (*Kanter* 1988, S. 3), und daß die Gemeinsamkeit Voraussetzung ist, um Verschiedenheit akzeptieren zu können (*Antor* 1988, S. 16).

2. Zur Notwendigkeit eines veränderten Selbst- und Aufgabenverständnisses der „Sonder"-Pädagogen sowie der allgemeinen Schule

Die Grundschule wurde in der Weimarer Verfassung und im Grundschulgesetz von 1920 als „Eine für alle Kinder gemeinsame Schule" konzipiert. Sie hat sich in den Jahrzehnten danach aufgrund verschiedener Entwicklungen und unterschiedlicher Selektionspraktiken immer stärker vom Grundkonzept einer Gesamtschule entfernt. Dieser Sachverhalt führte zur Einrichtung von immer mehr Sonderschulen. Es besteht jedoch heute die große Chance, den historischen Fehler zu korrigieren, der vor rund 100 Jahren mit der Gründung eigenständiger Sonderschulen begangen wurde, indem man bestimmte Kinder aus den zu großen Klassen der Grundschule ausgesondert und damit äußere Differenzierung praktiziert hat, statt die Schul- und Unterrichtsstrukturen der allgemeinen Schule zu verändern.

Bei der Überweisung von Schülern in Sonderschulen stand immer schon die Entlastung der allgemeinen Schule im Vordergrund und weniger das Erfordernis einer besseren Alternative für Schüler mit Lernproblemen. Orientierungspunkt war dabei die Fiktion des sog. Durchschnittsschülers, den es in der Realität nicht gibt, da jedes

Kind „individuell spezifisch lernfähig" ist (vgl. *Begemann*). Trotzdem entwickelten die Schulverwaltungen das Auslesekriterium der „hinreichenden Förderung" (vgl. *Eberwein* 1987).

Nach der derzeitigen Betrachtungsweise in den Schulpflichtgesetzen muß ein Schüler dann in die Sonderschule überwiesen werden, wenn sich die Grundschule für die erfolgreiche Beschulung eines Schülers als ungeeignet erweist. Dieser Sachverhalt ist zwar verwaltungstechnisch richtig, aber pädagogisch fragwürdig, denn er unterstellt, daß die Sonderschule in jedem Falle die bessere, d. h. erfolgreichere Schule ist, in der ausgesonderte Schüler „hinreichend gefördert" werden können. Diese Annahme stimmt in dieser Ausschließlichkeit nicht; sie steht im Widerspruch zu vorliegenden Erfahrungen in Sonderschulen aller Behindertensparten sowie hinsichtlich der Persönlichkeits- und Leistungsentwicklung von Sonderschülern (vgl. *Kniel* 1979). Auch in der Sonderschule gibt es ein Sitzenbleiberelend, Leistungsselektion und Entlassungen ohne Schulabschluß. Darüber hinaus kommen für als behindert definierte Schüler der Verlust der bisherigen personalen und sozialen Identität, Stigmatisierungs- und Diskriminierungseffekte sowie geringere Berufsaussichten hinzu. Im übrigen haben sich sowohl die Anwendung besonderer Lehrmethoden als auch die den Sonderschullehrern zugesprochenen therapeutischen Möglichkeiten und besonderen Fördermaßnahmen weitgehend als Mythos herausgestellt (vgl. *Eberwein* 1988). Die in den Schulpflichtgesetzen enthaltene und von den Verwaltungsgerichten bisher benutzte Formel von der „hinreichenden Förderung" muß deshalb durch das Prinzip der „individuellen Förderung" ersetzt werden. Auf dieser Grundlage hat die allgemeine Schule ihre Zuständigkeit auch für Kinder mit Behinderungen anzuerkennen. Damit wird die Grundfrage, ob Schüler sich starren Strukturen und Normen der Schule anzupassen haben oder ob Schule sich auf die unterschiedlichen Voraussetzungen der Schüler flexibel einstellen muß, eindeutig zugunsten der Kinder entschieden. Wenn aber als Prämisse akzeptiert und zu einem allgemeinen Erkenntnisprinzip erhoben wird, daß das individuelle Lernverhalten als Ausgangspunkt für pädagogisches Handeln zu sehen ist, um darauf aufbauend besondere Fördermaßnahmen zu entwickeln, ist eine solchermaßen verstandene Pädagogik eine „besondere", weil individuumbezogene Pädagogik. Indem sie aber grundsätzlichen und allgemeinverbindlichen Charakter trägt, verliert sie das Besondere. „Sonder"-Pädagogik wird zur Pädagogik und „sonder"-pädagogische Förderung zur pädagogischen Förderung.

Die Widerstände gegen eine solche Sichtweise sind groß. Der Versuch beispielsweise, die Bezeichnung „Schule für Lernbehinderte" in „Förderschule" umzubenennen, erschwert die genannten Entwicklungen im Bereich der allgemeinen Schule. Auch aus anderen Gründen gehen solche Bemühungen an der Wirklichkeit vorbei. Umbenennungen von Sonderschulen hat es in der Geschichte der Sonderpädagogik mehrfach gegeben, zuletzt am Beginn der 60er Jahre, als der Begriff „Hilfsschule" ausgetauscht worden ist. Es zeigte sich regelmäßig, daß durch bloße Namensänderung das Ziel, Stigmatisierungen zu verhindern sowie das Ansehen dieser Schule zu heben, nicht erreicht werden kann. Strukturelle und konzeptionelle Unzulänglichkeiten lassen sich nicht durch begriffliche Änderungen bewältigen. Hier wird wider besseres Wissen und unter Mißachtung von Erfahrungen an einer Schulart festgehalten, die pädagogisch nicht zu rechtfertigen ist.

Anhänger der traditionellen Sonderpädagogik können sich lediglich zu der Option durchringen, „das bestehende Sonderschulwesen, verkleinert und verbessert, beizubehalten und wenn nötig in Zielbereichen auszubauen (so für Schwerstbehinderte)" (*Bleidick* 1988, S. 141). Sie gehen also davon aus, daß es künftig zwei Klassen von Behinderten geben wird: integrierbare und nicht integrierbare. Letztere sollen der „Sonder"-Pädagogik und der Sonderschule als Klientel erhalten bleiben. Integration ist jedoch prinzipiell unteilbar! Jede von diesem Grundsatz abweichende Auffassung schafft neue Gruppen von Behinderten sowie Benachteiligten und kann weder pädagogisch noch unter humanen und sozialen Gesichtspunkten legitimiert werden. Der Integrationsansatz schließt jedoch nicht aus, daß Kinder mit schweren Beeinträchtigungen zusätzlich fachspezifisch betreut werden.

Ein weiterer Versuch, das Bemühen um Integration zu erschweren und zu verhindern, ist die Installierung eines sogenannten „Ambulanzlehrersystems". Auch diese Konzeption ist lediglich dazu geeignet, den Besitzstand der Sonderpädagogik zu wahren. Die bereits gesammelten Erfahrungen bestätigen, daß das Ambulanzsystem überwiegend Nachteile hat (vgl. *Eberwein* 1988).

Schließlich soll das Überleben der Sonderpädagogik dadurch gesichert werden, daß sich die Sonderschule als „Angebotsschule" präsentiert. Eltern sollen frei wählen können, in welche Schule sie ihr Kind schicken möchten. Nach *Bleidick* (1988, S. 149) müssen integrative Schulen zeigen, daß sie genauso gut sind wie Sonderschulen. Diese Aussage impliziert die Notwendigkeit von Vergleichsuntersuchungen. *Bleidick* (1988, S. 132) macht aber generelle methodische Einwände gegenüber Effektivitätsprüfungen geltend und wendet sich gegen den „naiven positivistischen Glauben" an sog. exakte wissenschaftliche Untersuchungen.

Dies heißt aber: Integration ist empirisch weder verifizierbar noch falsifizierbar. Hier handelt es sich um eine politische und eine ethische Grundentscheidung (vgl. *Schönberger*), bei der die Wissenschaftskriterien des Kritischen Rationalismus keine Leitfunktion übernehmen können. Dieser Sachverhalt spricht freilich nicht gegen die Notwendigkeit von empirischen Untersuchungen in Form von teilnehmenden Beobachtungen, offenen Interviews, biographischer Diagnostik, Fallanalysen usw. (vgl. *Bächtold; Eberwein; Langfeldt; Podlesch; Maikowski; Preuss-Lausitz; Reiser; Wocken*), um die individuellen Lernbedürfnisse zu ermitteln.

3. Neues Verständnis von Lernen und Behinderung sowie Veränderung der Lehr-/Lernorganisation

Integrative Pädagogik und Didaktik implizieren einen veränderten Lernbegriff. Der Unterricht wird vor allem durch das dialektische Verhältnis von Differenz und Gleichheit geprägt. Jeder Schüler kann sich seinen Fähigkeiten und Möglichkeiten entsprechend entfalten, frei von Aussonderungsängsten. Die Kinder lernen nicht mehr als einzelne und nicht im Wettbewerb, sondern in Kooperation. Die Kommunikation läuft nicht mehr allein über den Lehrer. Er gibt seine Führungsfunktion teilweise auf, delegiert Verantwortung und verhält sich eher anregend, beratend, informierend. Den Schülern werden Freiräume gewährt, um

Eigeninitiative und Selbsttätigkeit entfalten sowie selbständiges Handeln einüben zu können. Die Zerstückelung des Lernens in kognitive, emotionale und psychomotorische Ziele wird durch ganzheitliches Lernen überwunden, denn Denken, Fühlen, Erleben und Wollen bilden eine Einheit, die im Lerngeschehen nicht zu trennen ist.

Lehrer, die an der herkömmlichen Unterrichtspraxis resignieren, erfahren unter den veränderten Bedingungen von Schule, wie die Lethargie des Alltags zu überwinden und Selbstvertrauen, Engagement sowie Freude am Beruf zurückzugewinnen sind. Eine wesentliche Zielsetzung bisheriger Integrationsversuche war es, herauszufinden, wie das Verhältnis von individueller Förderung und gemeinsamem Lernen in der Praxis zu gestalten ist. Sowohl an der Uckermark-Grundschule in Berlin als auch im Hamburger Schulversuch ist die Erfahrung gemacht worden, daß gemeinsames Lernen auch dann möglich ist, wenn nicht alle Kinder zur gleichen Zeit am gleichen Gegenstand lernen. ,,Auch wenn sie in einem Klassenraum zeitgleich ganz unterschiedlichen Aktivitäten nachgehen, kommt es zu einer Fülle wechselseitiger Begegnungen und Anregungen" (*Müller* 1988, S. 8).

Wenn es ein wesentliches Merkmal der heutigen Kindheit ist, daß sowohl Familie als auch Schule nur noch eingeschränkte soziale Erfahrungsmöglichkeiten für Kinder bieten, dann wäre es wichtig, das Miteinander- und Voneinanderlernen in der Schule auch in jahrgangsübergreifenden Lerngruppen zu organisieren, so wie es schon von Berthold Otto und Peter Petersen praktiziert worden ist und wie es z. B. die Richtlinien und Lehrpläne in Nordrhein-Westfalen vorsehen.

Auf altersgemischte Lerngruppen ist vor allem in integrativen Schulen nicht zu verzichten. In der Montessori-Schule in München und in der Uckermark-Grundschule in Berlin hat es sich bewährt, lernschwache Kinder als Helfer einzusetzen und ihnen zeitweise Förderaufgaben zu übertragen, die sich auf Schüler einer niedrigeren Klassenstufe beziehen. Dies stärkt ihr Selbstvertrauen und nimmt ihnen das Gefühl, daß immer nur *ihnen* geholfen werden muß (*Heyer* 1989, S. 68 f.). Auch andere Kinder erfahren beim Lernen in altersgemischten Gruppen wichtige Impulse für ihre soziale Entwicklung. Von Größeren Hilfe erfahren, Kleineren einen Rat geben, sein Wissen bereitwillig mit anderen zu teilen, führt dazu, sich anerkannt und gebraucht zu fühlen. Kinder erleben so auch, ,,daß man erst das, was man gut erklären und an andere weitergeben kann, selbst richtig verstanden hat" (*Claussen/Gobbin-Claussen* 1989, S. 162 f.).

In solchen Lernsituationen verliert auch die herkömmliche Notengebung als normorientierte Leistungsbewertung ihren Sinn. Sie steht im Widerspruch zu den pädagogischen Prinzipien integrativer Erziehung. ,,Hier geht es nicht um 'gerechte' Bewertungen im Leistungsvergleich, sondern um eine jedem einzelnen Kind gerecht werdende Bewertung seines Lernverhaltens und seiner Arbeitsergebnisse" (*Müller* 1988, S. 8). Dies bedeutet, der Schüler ist in erster Linie, gemessen an seinem eigenen Lernfortschritt, mit sich selbst zu vergleichen. Der Vergleich mit den Mitschülern hat sekundäre Bedeutung. In Integrationsschulen werden deshalb die Ziffernzeugnisse durch verbale Beurteilungen ersetzt. Die Berichte enthalten Aussagen sowohl über die individuelle Lernentwicklung als auch über das Verhältnis der erbrachten Leistung zu den Anforderungen der Lehrpläne.

Das in Integrationsschulen erprobte Lernmodell berücksichtigt, daß *alle* Kinder mit Behinderungen in integrative Grundschulen aufgenommen und dort gefördert werden können. *Jedes* Kind soll die Möglichkeit haben, die Schule seines Wohnbezirks zu besuchen.

Stigmatisierende Sondereinrichtungen und unnötige „Schonräume" schränken die Kommunikations- und Persönlichkeitsentwicklung von Kindern ein und stellen die Grundlage für soziale Isolation dar. Es ist deshalb nicht länger zu vertreten, Kinder im Sinne des medizinischen Krankheitsmodells von ihren natürlichen Lebenszusammenhängen auszugrenzen, um „Behinderungen" beheben zu wollen. Hier werden Symptome absolut gesetzt und als Personwerte verkörpert, Kinder aber als ganzheitliche Wesen mit ihren Gefühlen, Ängsten, Sorgen und Fähigkeiten geraten aus dem Blick.

Behinderung ist kein a priori vorhandenes Persönlichkeitsmerkmal, erst die gesellschaftliche Bewertung, das Normensystem, Zuschreibungsprozesse machen einen Behinderten zum Behinderten. Ein Schüler ist nur behindert in Relation zu bestimmten Lernarrangements, Erwartungshaltungen und Beurteilungsmaßstäben von Schule und Lehrern. In Integrationsschulen arbeitende Lehrer haben sich mit diesem systemtheoretischen Behinderungsbegriff auseinanderzusetzen, um die defektorientierte Sichtweise zu überwinden. Auch in Schülerbeurteilungen sollen statt negativer Typisierungen im Sinne einer symptomorientierten Defizitdiagnostik die *Fähigkeiten* eines Schülers und seine *Entwicklungsmöglichkeiten* erfaßt werden. Voraussetzung sind kontinuierliche Lernprozeßbeobachtungen sowie andere förderdiagnostische Maßnahmen (vgl. *Belusa/Eberwein*). Die Tatsache, daß es Kinder mit Lernproblemen gibt, soll damit nicht negiert werden. Die Schwierigkeiten müssen aber von Lehrern *beschrieben* werden, denn eine formale Klassifizierung mit den traditionellen Behinderungsbegriffen gibt weder Auskunft über die pädagogische Problemsituation noch über Handlungsmöglichkeiten.

In integrativen Schulen wird für Kinder mit körperlicher, geistiger oder Sinnesbeeinträchtigung je nach Bedarf auch therapeutisches, psychologisches und medizinisches Fachpersonal herangezogen. Sinnvoll ist nur die Einrichtung von Förderzentren, die den Grundschulen die Möglichkeit bieten, zusätzliche pädagogische oder andere Hilfen wie Beratung oder Betreuung in Anspruch nehmen zu können. Förderzentren mit eigenen Schülern sind Sonderschulen und blockieren daher die Integration.

In integrativen Grundschulen müssen neue Formen der Unterrichtsgestaltung entwickelt werden. Die Einbeziehung von Kindern mit Behinderungen erzwingt offenere, flexible und differenzierende Maßnahmen im System Schule und innerhalb einer Klasse. Was in den ersten Jahrzehnten unseres Jahrhunderts der Reformpädagogik nicht gelungen ist, scheint durch die Forderung nach Integration realisierbar zu sein.

Mit der Aussonderung von Schülern aus den Klassen der Grundschule um die Jahrhundertwende begann die Praxis der *äußeren* Differenzierung. Für eine *integrative* Grundschule stellt sich hingegen die Frage, wie über eine flexible Lehr-/ Lernorganisation, d. h. über verschiedene Formen der inneren Differenzierung, die individuelle Lernfähigkeit von Schülern hinsichtlich des Schwierigkeitsgrades, des Umfangs sowie der Reihenfolge und zeitlichen Dauer einer Aufgabenstellung so berücksichtigt werden kann, daß nicht jeder Schüler auf dem gleichen Wege und zur gleichen Zeit das gleiche Ziel erreichen muß. In der Verwirklichung *zieldifferenten* Lernens liegt die eigentliche Chance zur unterrichtlichen

Integration von Schülern mit Behinderungen begründet. Wenn jedem Kind das Recht auf die eigene Lernentwicklung und auf den eigenen Lernweg zugebilligt wird, muß Schule auch akzeptieren, daß jedes Kind — ob behindert oder nicht-behindert — spezifische Sozialisationserfahrungen gesammelt sowie eigene Interessen und Bedürfnisse entwickelt hat. In diesem anthropologischen Verständnis kann es deshalb nicht länger Zielsetzung von Schule sein, daß sich Behinderte an die Normen der Nichtbehinderten anzupassen haben, sondern daß sie in ihrem Sosein und Anderssein anerkannt werden.

Bereits vorliegende Erfahrungen aus integrativen Grundschulen zeigen, daß vor allem projektorientiertes Lernen, Freie Arbeit und die Freinet-Pädagogik, aber auch andere Unterrichtsformen wie Morgenkreis, Wochenplanarbeit, Tutorensystem, Förderung in Kleingruppen, besonders geeignet sind, die herkömmliche Lernschule zu überwinden. Solche offenen Lernkonzeptionen schöpfen bewußt die Spielräume aus, die Lehrern durch die *Rahmenpläne* und die methodische Gestaltung von Unterricht gegeben sind. Sie suchen im Sinne gemeinwesenorientierten Lernens auch Lernorte außerhalb der Schule auf (vgl. *Iben*). Außerdem beziehen sie aktuelle und persönliche Erfahrungen von Schülern mit ein, denn Kinder finden sich mit ihren Erlebnissen und Problemen nur selten in den durch die fachwissenschaftliche Systematik vorgegebenen inhaltlichen Strukturen der Schulfächer wieder. Um im gemeinsamen Unterricht individuelles Lernen zu ermöglichen, ist die Umgestaltung des Klassenzimmers mit vielfältigen Materialangeboten Voraussetzung. Diese reicht von der Freinetdruckerei über die Bücherecke bis zu Montessorimaterialien.

Anzuerkennen, daß Schüler sowohl verschieden als auch Verschiedenes lernen, bedeutet die Überwindung der Egalisierungspädagogik mit den bekannten negativen Folgen wie Jahrgangsklassen, Frontalunterricht, Schulreifeprüfungen, kompensatorische Erziehung, „Lift"-kurse, Über- und Unterforderung sowie Sitzenbleiben und Sonderschuleinweisung. Die Entwicklungs- und Testpsychologie der letzten Jahrzehnte hat durch die Klassifizierung von Entwicklungsstandards Normierungen geschaffen, die gleichzeitig als Legitimation für die Aussonderung dienten (vgl. *Fölling-Albers* 1989, S. 40f.). Sowohl in der Pädagogik als auch in der Psychologie scheint „das Jahrhundert des Kindes" *(Ellen Key)* erst jetzt anzubrechen.

4. Zur Integrationsentwicklung in der Bundesrepublik Deutschland

Im Zusammenhang mit der Einrichtung von Gesamtschulen und den dadurch ausgelösten reform- und gesellschaftspolitischen Auseinandersetzungen um diese Schulreform wurde 1970 erstmals die Frage nach der Einbeziehung von Sonderschulen in „Gesamt"-Schulen gestellt (vgl. *Eberwein* 1970; 1973; 1977). Damit begann die erste Phase der Integrationsdiskussion innerhalb der Sonderpädagogik. Sie dauerte etwa bis Mitte der 70er Jahre und war vor allem durch theoretische Auseinandersetzungen mit Problemen der Integration bestimmter Behindertengruppen in additive und integrative Gesamtschulsysteme gekennzeichnet, aber auch durch erste Beteiligungen von Sonderpädagogen an Beratungsmodellen und Förderkonzepten mit dem Ziel der Reduzierung von Sonderschulbedürftigkeit sowie der Integration Körperbehinderter in allgemeine Schulen.

Darüber hinaus existierten in den Jahren 1970–1975 unterschiedliche Ansätze sonderpädagogischer Förderung im Rahmen von Gesamtschulen. Es handelte sich hierbei im wesentlichen um Maßnahmen zur Verhinderung von Sonderschulbedürftigkeit, die sich vor allem auf verhaltensauffällige Schüler bezogen und teils im regulären Unterricht, teils außerhalb oder zusätzlich nachmittags in verschiedener Form durchgeführt wurden: als Beratung und Therapie; als Spielgruppen; Förderkurse (hauptsächlich zur Sprachschulung); Kleinklassen; sonderpädagogische Stützmaßnahmen; Einzelfallberatung; heilpädagogische Gruppenarbeit und an schwedischen Schulkliniken orientierte Förderung. Zur Durchführung der einzelnen Maßnahmen wurden in den meisten Fällen Sonderschullehrer eingesetzt.

Die zweite Phase der Integrationsdiskussion und Entwicklung integrativer Schulen, die auch von der 1973 veröffentlichten Bildungsrat-Empfehlung bestimmt wurde, begann in der zweiten Hälfte der 70er Jahre und dauerte bis zum Jahre 1982. Sie war durch die Verlagerung der Integrationsforderung und -erwartung von der Gesamtschule auf die Grundschulen und die Kooperation von Grund- und Sonderschulen bestimmt; außerdem durch die Teilintegration Behinderter in Grundschulen, die Einrichtung von integrativen Klassen in Grundschulen sowie die Integration Körperbehinderter und Sehbehinderter in allgemeine Schulen.

Da der größte Anteil der Sitzenbleiber in die beiden ersten Schuljahre fällt und mehr als 90% der Sonderschulüberweisungen während der Grundschulzeit erfolgen, mußte die Sonderpädagogik ihr Interesse an der (amputierten) Gesamtschule notgedrungen verlieren und sich einer Veränderung der Grundschule stärker zuwenden (vgl. *Eberwein* 1975 und 1977). Im Zusammenhang mit dem Überwechseln von Integrationsklassen aus Grundschulen in die Sekundarstufe I werden jedoch die Gesamtschulen erneut mit der Integrationsforderung konfrontiert.

Die Integrationsbewegung ist im Vorschulbereich am stärksten verankert. Die ersten Anstöße zur Integration kommen fast immer von Einzelpersonen, von Eltern behinderter Kinder, aber auch von Vertretern in Jugend-, Gesundheits- und Sozialbehörden sowie von medizinisch-therapeutischen Einrichtungen (BMBW 1982, S. 16f.). Die insgesamt positiven Erfahrungen, die in den letzten 15 Jahren von integrativen Kindergärten gesammelt wurden, sind – wie die Praxis zeigt – für die meisten Eltern Anlaß, die Fortführung der gemeinsamen Erziehung behinderter und nichtbehinderter Kinder auch im Primar- und Sekundarbereich zu fordern und durchzusetzen. So ist schon in naher Zukunft mit einer starken Ausweitung integrativer Grundschulen zu rechnen. Auf diese Weise wird nicht nur die Allgemeine Pädagogik, sondern auch die Sonderpädagogik zu einer Auseinandersetzung gedrängt, der sie sich nicht länger entziehen können.

Die zweite Phase der Integrationsdiskussion ist vor allem durch Schulversuche mit Integrationsklassen an Grundschulen (z. B. Fläming-Schule in Berlin, Evangelische Grundschule in Bonn-Friesdorf und Gorch-Fock-Schule in Schenefeld) charakterisiert. Hier hat in der Integrationsentwicklung eine qualitative Verbesserung derart stattgefunden, daß es nun nicht mehr nur um die Reduzierung von Sonderschulbedürftigkeit geht, sondern um die Einrichtung integrativer Klassen, die als geschlossene Gruppen (verschiedenartig Behinderte zusammen mit Nichtbehinderten) aus einem integrativen Kindergarten in die Grundschule übernommen werden.

Die dritte Phase in den Integrationsbestrebungen hat mit einer erneuten qualitativen Veränderung 1982 durch den Schulversuch an der Uckermark-Grundschule in Berlin begonnen (vgl. *Eberwein* 1984). Damit wurde erstmals in der Bundesrepublik eine ganze Schule in ein Integrationskonzept einbezogen und ein organisations-strukturelles Niveau in der Integrationsentwicklung erreicht, das als vorläufiges konzeptionelles Endstadium eines mehr als 15 Jahre dauernden Integrationsprozesses angesehen werden kann.

Nach dem Uckermark-Modell arbeiten inzwischen weitere Integrationsschulen. Künftig wird es darauf ankommen, diese Reformschulen aus ihrem Sonderstatus herauszuführen sowie zusätzliche pädagogische und personelle Verbesserungen durchzusetzen. Die Schulen müssen hierbei auch versuchen, offene Lernstrukturen zu schaffen und unterschiedliche pädagogische Ansätze in die schulpraktische Arbeit zu integrieren (vgl. *Kleber*). Mit der Verwirklichung all dieser Zielsetzungen hat die Integrationspädagogik einen wichtigen historischen und politischen Auftrag zu erfüllen.

In diesem Zusammenhang ist es unerläßlich, daß die beteiligten Lehrer ihr bisheriges Rollenverhalten überdenken und neue Verhaltensmuster aufbauen (vgl. *Kreie; Quitmann; Zielke*). Die Ausgangsbasis verschiedener Lehramtsstudiengänge sowie die Orientierung am traditionellen Selbst- und Aufgabenverständnis haben sich als Erschwernis für die Kooperation von Grund- und Sonderschullehrern in integrativen Schulen erwiesen (vgl. *Eberwein* 1984, 1988). Hier sind neue Ausbildungscurricula sowie veränderte und erweiterte Handlungskompetenzen der Lehrer erforderlich (vgl. *Heyer/Meier*).

Integrationspädagogik, d. h. die theoretische Grundlegung und organisationsstrukturelle Verwirklichung gemeinsamen Lernens von Behinderten und Nichtbehinderten, bietet die Möglichkeit, die in der Allgemeinen Pädagogik sowie in der Sonderpädagogik gewonnenen Erfahrungen und entwickelten Konzepte im dialektischen Sinne auf eine höhere Qualitätsstufe von Erziehung und Unterricht zu führen.

Mit dem in den letzten Jahren neu eingeführten Elternwahlrecht liegen erste Erfahrungen aus verschiedenen Bundesländern vor. Danach bevorzugen nur ca. 50 % der Eltern eine Sonderbeschulung. In der Konsequenz bedeutet dies ein allmähliches „Austrocknen" der Sonderschulen. Befürworter des Sonderschulsystems konnten deshalb eine Einschränkung des Elternwahlrechts durchsetzen, d. h. der Wunsch nach integrativer Beschulung wird nun von den finanziellen Rahmenbedingungen abhängig gemacht. Das Elternwahlrecht wird damit zur Farce. Da es nicht einklagbar ist, können die Schulbehörden den Elternwunsch jederzeit mit dem Hinweis auf fehlende personelle und materielle Ressourcen zurückweisen.

Parallel dazu wurden in mehreren Bundesländern Sonderschulen in sogenannte „sonderpädagogische Förderzentren" mit erweiterter Aufgabenstellung umbenannt, um so das Stigma, das dieser Schulart anhaftet, abzustreifen und diese für Eltern attraktiv zu machen. Dadurch soll das Sonderschulwesen in seinen Grundzügen aufrecht erhalten werden.

Gleichzeitig wurde von der Schuladministration der Begriff „Sonderschulbedürftigkeit" durch „sonderpädagogischen Förderbedarf" ersetzt. Sieht man einmal davon ab, daß damit zugunsten von individueller Förderung auf die bisher übliche Zuschreibung von bestimmten Persönlichkeitsmerkmalen (...ist lernbehindert; ...ist sprachbehindert) verzichtet wird, was einen bedeutsamen Fortschritt darstellt, so wird dennoch der Versuch erkennbar, den Einfluß der „Sonder"pädagogik festzuschreiben und zu sichern.

Im übrigen geht es bei Schülern mit besonderem Förderbedarf nicht um Bedarfsdeckung im volks- oder betriebswirtschaftlichen Sinne, sondern um die Anerkennung individueller Bedürfnisse. Man sollte deshalb lieber von „Kindern mit spezifischen Bedürfnissen" sprechen. Aber auch dies nur so lange, bis der noch andauernde pädagogische „Ausnahmezustand" überwunden ist.

Die Förderung von Kindern mit Behinderungen in Regelschulen ist immer noch etwas Besonderes und muß deshalb entsprechend ausgewiesen und bezeichnet werden. Erst wenn wir einmal so weit sind, daß dies als etwas Normales angesehen wird, brauchen wir auch keine besonderen Begriffe mehr. Wenn es normal ist, anders zu sein (jeder von uns ist anders!), wenn also die Vielfalt als Normalität angesehen wird, dann brauchen wir bestimmte Menschen nicht mehr auszusondern und dann bedarf es auch keiner „Sonder"pädagogik mehr.

Aber dadurch, daß die Erziehung und Unterrichtung von Kindern mit Behinderungen gegenüber den Schulbehörden immer noch *besonders* begründet und hinsichtlich der Zuweisung von Mitteln genehmigt werden muß und so ein ständiger Legitimationszwang besteht, werden auch immer wieder *besondere* Begriffe kreiert. In diesem Zusammenhang kommt es dann zu so grotesken Formulierungen wie „Gutachtenkinder" oder „Förderkinder".

Es gibt heute kein Bundesland mehr, in dem die Integration kein schulpolitisches Thema wäre. Die Einrichtung von integrativen Grundschulen ist jedoch in den einzelnen Bundesländern unterschiedlich ausgeprägt. Hier gibt es ein deutliches Nord-Süd- und West-Ost-Gefälle.

Es bleibt unverständlich, warum nach 20 Jahren Integrationsdiskussion und -entwicklung sowie nach den gewonnenen Erfahrungen in vielen Bundesländern und im Ausland an Sonderschulen noch immer festgehalten wird. Auch wenn im Zusammenhang mit der Integrationsforschung noch manche Fragen offen und weitere wissenschaftliche Untersuchungen erforderlich sind, so kann doch beim gegenwärtigen Erkenntnisstand die Feststellung getroffen werden, daß die anfängliche Skepsis gegenüber dem Gelingen der Integration unbegründet war. Wir wissen heute, daß Nichtaussonderung — ungeachtet ihrer ethischen und gesellschaftspolitischen Begründung — pädagogisch geleistet werden kann. Weder werden die „Nichtbehinderten" in ihrem Lern- und Leistungsvermögen beeinträchtigt, noch hat sich die Befürchtung bestätigt, daß Schüler mit Behinderungen sozial isoliert werden. Außerdem fällt das Urteil der Eltern von behinderten und nichtbehinderten Kindern so positiv aus, daß allein daraus entscheidende Impulse für die Weiterentwicklung integrativer Einrichtungen im Schul- und Vorschulbereich zu erwarten sind.

Das Zusammenleben von behinderten und nichtbehinderten Kindern muß bereits im Elementarbereich beginnen. Kinder begegnen in diesem Alter dem Phänomen „behindert" unbefangen. Hier vollzieht sich gemeinsames Lernen am natürlichsten. Dies stellt eine wichtige Voraussetzung dar, damit Behinderte und Nichtbehinderte in späteren Lebensabschnitten unvoreingenommen, ohne Vorurteile, Angst und Abwehr miteinander umgehen (vgl. *Hössl*). Der integrationspädagogische Ansatz muß daher im Primar- und Sekundarbereich weitergeführt werden.

Die Bundesrepublik stellt im europäischen Vergleich ein integrationspädagogisches Entwicklungsland dar; deshalb bedeutet die Verwirklichung der Integrationsforderung die wichtigste schul- und bildungspolitische Reform auch für die 90er Jahre.

Literatur

Antor, G.: Zum Verhältnis von Gleichheit und Verschiedenheit in der pädagogischen Förderung Behinderter. In: Z.f.Heilpäd. 39 (1988) S. 11–20.

Bleidick, U.: Historische Theorien: Heilpädagogik, Sonderpädagogik, Pädagogik der Behinderten. In: *Bleidick, U.* (Hrsg.): Theorie der Behindertenpädagogik. Handbuch der Sonderpädagogik, Bd. 1. Berlin 1985, S. 253–272.

Bleidick, U.: Betrifft Integration: behinderte Schüler in allgemeinen Schulen. Berlin 1988.

Bundesminister für Bildung und Wissenschaft (Hrsg.): Ein Kindergarten für behinderte und nichtbehinderte Kinder. Kleve 1982.

Claussen, C./Gobbin-Claussen, Ch.: Soziales Lernen in altersgemischten Lerngruppen. In: *Fölling-Albers, M. (Hrsg.):* Veränderte Kindheit — Veränderte Grundschule. Frankfurt 1989, S. 159–170.

Eberwein, H.: Die Sonderschule als Integrationsfaktor der Gesamtschule — ein pädagogisch-soziologisches Problem. In: Z.f.Heilpäd. 21 (1970) S. 311–327.

Eberwein, H.: Separierung und Stigmatisierung oder Integration und emanzipatorische Sozialisation — Zur Frage der Einbeziehung von Lernbehinderten in die Gesamtschule. In: *Keim, W.* (Hrsg.): Gesamtschule — Bilanz ihrer Praxis. Hamburg 1973, S. 127–145.

Eberwein, H.: Zur Integration sog. lernbehinderter und verhaltensgestörter Schüler in die allgemeine Schule oder das neue Aufgaben- und Selbstverständnis des Sonderschullehrers. In: *Iben, G.* (Hrsg.): Heil- und Sonderpädagogik — Einführung in Problembereiche und Studium. Kronberg 1975, S. 72–96.

Eberwein, H.: Integrative Beschulung von Kindern mit abweichendem Lern- und Sozialverhalten in Gesamtschulen und Grundschulen. In: *Schindele, R.* (Hrsg.): Unterricht und Erziehung Behinderter in Regelschulen. Rheinstetten 1977, S. 112–142.

Eberwein, H.: Zum Stand der Integrationsentwicklung und -forschung in der Bundesrepublik Deutschland. Dargestellt am Beispiel der Uckermark-Schule in Berlin, der ersten integrativen Grundschule ohne Aussonderung. In: Z.f.Heilpäd. 35 (1984) S. 677–691.

Eberwein, H.: Zum Problem der „hinreichenden Förderung" von Kindern mit Behinderungen in Grundschulen und Sonderschulen oder Der Einsatz „behinderungsspezifischer Hilfsmittel" muß auch in der Grundschule möglich sein. In: Z.f.Heilpäd. 38 (1987) S. 328–337.

Eberwein, H.: Konsequenzen der Integrationsentwicklung für die Sonderpädagogik — Das Ambulanzsystem als sonderpädagogische Überlebensform? In: *Meißner, K./ Heß, E.* (Hrsg.): Integration in der pädagogischen Praxis. Edition Diesterweg-Hochschule, Bd. 3. Berlin 1988, S. 53–64.

Eberwein, H.: Zum gegenwärtigen Stand der Integrationspädagogik. Gemeinsames Lernen von behinderten und nichtbehinderten Kindern in einer reformpädagogisch veränderten Grundschule. In: Grundschule 21 (1989) S. 10–15.

Fölling-Albers, M.: Kindheit — entwicklungspsychologisch gesehen. In: *Fölling-Albers, M. (Hrsg.):* Veränderte Kindheit — Veränderte Grundschule. Frankfurt 1989, S. 40–51.

Heyer, P.: Unterricht und Schulleben. In: *Heyer, P./Preuss-Lausitz, U./Zielke, G.:* Wohnortnahe Integration. Abschlußbericht des Schulversuchs an der Uckermark-Grundschule in Berlin. Berlin (PZ) 1989, S. 51–79.

Kanter, G. O.: Lernbehinderungen, Lernbehinderte, deren Erziehung und Rehabilitation. In: *Deutscher Bildungsrat* (Hrsg.): Gutachten und Studien der Bildungskommission. Sonderpädagogik 3: Geistigbehinderte — Lernbehinderungen — Verfahren der Aufnahme. Stuttgart 1974, S. 117–234.

Kanter, G. O.: Lernbehindertenpädagogik — Gegenstandsbestimmung, Begriffsklärung, sowie: Lernbehinderungen und die Personengruppe der Lernbehinderten. In: *Kanter/Speck* (Hrsg.): Handbuch der Sonderpädagogik, Bd. 4: Pädagogik der Lernbehinderten. Berlin 1977, S. 7–64.

Kanter, G. O.: Gemeinsame Unterrichtung. Behinderte und nichtbehinderte Kinder und Jugendliche in einer sich verändernden Welt. In: Geistige Behinderung 27 (1988) S. 1–3.

Klauer, K. J.: Lernbehindertenpädagogik. Berlin [4]1975.

Kniel, A.: Die Schule für Lernbehinderte und ihre Alternativen. Eine Analyse empirischer Untersuchungen. Rheinstetten 1979.

Moor, P.: Heilpädagogik. Ein pädagogisches Lehrbuch. Bern 1965.

Müller, H.: Der Hamburger Schulversuch „Integration behinderter Kinder in der Grundschule". Hamburg 1988 (Mskr.).

Sander, A.: Schulschwache Kinder in Grundschule oder Sonderschule. Untersuchungen zur unterrichtlichen Effizienz der Lernbehindertenschule. In: *Reinartz, A./Sander, A.* (Hrsg.): Schulschwache Kinder in der Grundschule. Weinheim 1982, S. 121–139.

Veränderte Begriffsbildung und Begründung eines integrationspädagogischen Verständnisses

Emil E. Kobi

Was bedeutet Integration?
Analyse eines Begriffs

Falsche Begriffe führen zum Krieg
(Chinesisches Sprichwort)

1. Wort und Begriffsfeld

Der Baseler Mathematiker *Jakob Bernoulli* (1654–1705) führte den Begriff „Integral" im 17. Jahrhundert in die Mathematik ein. Das Verb „integrieren" findet vom 18. Jahrhundert und zunehmend dann im 20. Jahrhundert Eingang in den Sprachschatz: zunächst in der Philosophie, dann, in verschiedenen Bedeutungsschattierungen, in zahlreichen anderen Wissenschaftsbereichen und schließlich, seit rund zwei Dezennien, z. T. in inflationärer Weise, auch in die Alltagssprache.

Grundworte sind das lat. Verbum „integrare" (svw. „ergänzen") und das Adjektiv „integer" (svw. „unberührt", „ganz"), die ihrerseits zurückgeführt werden können auf die Stammwörter „tangere" (= berühren); „tactus" (= Berührung); „intactus" (= unberührt, ganz).

2. Begriffsinhalte in außerpädagogischen Wissenschaftsbereichen

Seine gesellschaftspolitische Bedeutung erlangte der Integrationsbegriff über die Philosophie des 19. Jahrhunderts und vor allem dann durch Soziologie, Psychologie und Bildungspolitik der Neuzeit. Er machte dabei zahlreiche Bedeutungswandlungen durch.

2.1 Philosophie

Im Werk des englischen Philosophen und Soziologen *Herbert Spencer* (1820–1903), der als einer der Hauptrepräsentanten des philosophisch-erkenntnistheoretischen Evolutionismus gilt, spielen die Begriffe Integration und Differenzierung eine zentrale Rolle. – Spencers Lehre liegt der Gedanke eines alle Erscheinungen umfassenden Entwicklungsgeschehens zugrunde. Die organisch-biologische wie auch die soziale Welt unterliegen einem evolutiven Prozeß differenzierender Integration und integrativer Differenzierung. Die durch Differenzierung bewirkten Spezifizierungen kommen durch zunehmende Verknüpfung zugleich in einen engeren Bezug. Diese Dialektik verhindert den Extremfall absoluter/einseitiger „Zerstreuung" bzw. „Anhäufung". – Gegenbegriff zu Integration ist somit *nicht* Differenzierung, sondern Desintegration, verstanden als Auflösung eines übergeordneten Ganzen in Teilsysteme und Elemente bei gleichzeitigem Verlust des gegenseitigen Bezuges. *Klaus, G./Buhr, M.* (1964)[1] definieren in diesem Sinne Integration wie folgt:

„Prozeß der Bildung eines Systems höherer Ordnung aus relativ selbständigen Systemen niederer Ordnung (bzw. Elementen), wobei die das System konstituierenden Teilsysteme (Elemente) in wechselseitige Abhängigkeiten treten, so daß ihre Selbständigkeit und Unabhängigkeit herabgesetzt wird". ... „Integration ist immer mit Differenzierung verbunden, da durch die neuen Relationen bestimmte, zwischen den Teilsystemen bestehende Unterschiede aufgehoben werden. Integration bewirkt jedoch gleichzeitig, daß die sich neu herausbildende Struktur neue Differenzierungen setzt, so daß jede Art und Stufe der Integration die ihr gemäße Art und Stufe der Differenzierung aufweist".

... „Je nach Ausmaß und Intensität der wechselseitigen Abhängigkeit der Teilsysteme besitzen Systeme einen höheren oder geringeren Integrationsgrad".

„Im Prozeß der Integration resultiert sowohl eine qualitativ neue Ganzheit als auch, in Abhängigkeit von den neuartigen Relationen, ein qualitativ neuartiges Verhalten der Elemente und Teilsysteme. Diese realisieren neuartige Funktionen, indem bestimmte ihrer latenten Möglichkeiten aktualisiert und andere, bereits aktualisierte, unterdrückt werden".

Im nachstehenden *Schema*, in welchem Integration in polare, extreme und exklusive Gegensatzpaare gestellt wird, sind denn auch formaliter die Spannungen und Konflikte bereits umrissen, die uns auf der Inhaltsebene sozialpolitischer und pädagogischer Integrationsbemühungen begegnen.

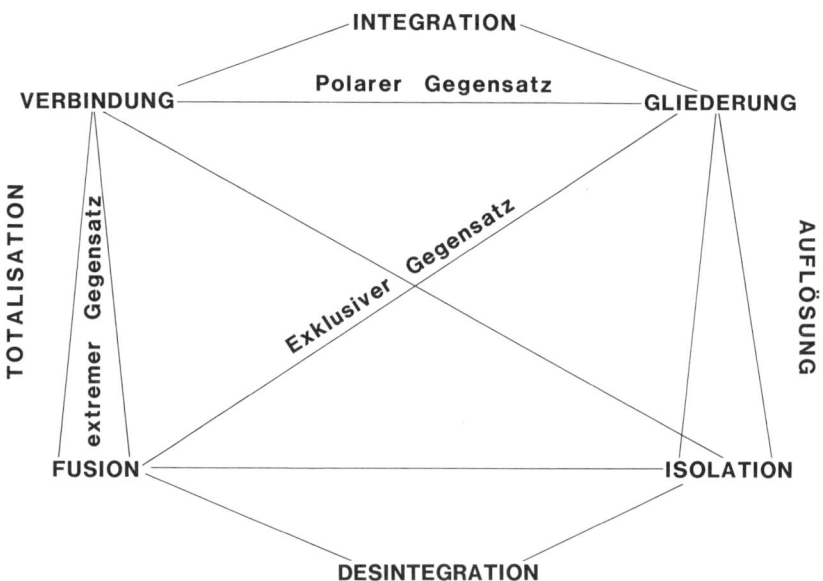

2.2 Staatsphilosophie

Im Zusammenhang mit der Entstehung demokratisch-nationalstaatlicher und völkischer Gebilde wird hier die integrative Bedeutung der Staatsidee hervorgehoben, wie sie in der Staatsverfassung, in der Staatsbürgerlichkeit und in vielfältig symbolisch-emblematischer Weise zum Ausdruck gelangt. Integration manifestiert sich in der Herausbildung eines einheitlichen Volkswillens und -bewußtseins. — Seit dem Zweiten Weltkrieg trat, im Zusammenhang mit Demokratisierungsbestrebungen, allerdings mehr die pragmatische Komponente in den Vordergrund. Dies in Bemühungen um praktizierte Solidarität in verschiedenen Gesellschaftsbereichen. So sind denn die pädagogischen Integrationsdebatten auch vor dem Hintergrund bürgerrechtlicher Basisbewegungen (Erziehungsgewerkschaften; Vereinigungen der Eltern behinderter Kinder etc.) zu sehen.

2.3 Psychologie

In der Psychologie des 20. Jahrhunderts taucht der Integrationsbegriff in verschiedenen Zusammenhängen auf:

2.3.1 Persönlichkeitspsychologie: Hier wird die (transzendentale) Person als Integral der sich in ihren Um- und Mitweltsbezügen entfaltenden (empirischen) Persönlichkeit aufgefaßt, welche diese objektiv als zusammengehörige Einheit (integrales System) erfahren und subjektiv als mit sich selbst kongruent und stimmig erleben läßt. Verdeutlicht wird dies im Vis-à-vis einer desintegrierten Persönlichkeit, die objektiv und/oder subjektiv nicht (mehr) als erlebnis-, verhaltens- und repräsentationsmäßige Sinneinheit aufgefaßt und in ihren Lebensbereich eingeordnet werden kann und die in der Folge als „ver-rückt", „krank" bezeichnet zu werden pflegt.

2.3.2 Neuropsychologie/Neurophysiologie: Integration bezeichnet hier die Fähigkeit des Nervensystems, zeitlich und räumlich getrennte Reize zu informationstragenden Erregungsmustern zu vereinigen. Dementsprechend ist in der Neuropathologie von cerebral- bzw. neuralbedingten Integrationsstörungen die Rede: Ein Begriff, der im Zusammenhang mit sogenannten Teilleistungsstörungen hirngeschädigter Kinder auch in der Heilpädagogik sowie in der neurophysiologisch orientierten Occupational Therapy angloamerikanischer Konvenienz verwendet wird.

2.3.3 Entwicklungspsychologie: Integration bezeichnet hier ein Merkmal (ontologischer) Entwicklungsprozesse, wodurch sich vereinzelte Fähigkeiten zu einer organischen/organisierten und mithin effizienteren Ganzheit zusammenschließen. Integration bildet dabei eine dialektische Einheit mit Differenzierungsprozessen.

2.4 Soziologie

In der Soziologie des ausgehenden 19. und 20. Jahrhunderts bezeichnet Integration den organisatorischen Zusammenschluß verschiedener Bereiche des kulturellen Lebens zu einem System innerer Verbundenheit der Wechselwirkungen. Es geht um die Vergesellschaftung Einzelner, im weiteren dann aber auch von Gruppen und Teilsystemen (wie Familien und Sippen) zu übergeordneten gesellschaftlichen Gebilden. Der Kooperation wird eine hohe integrative Bedeutung zugemessen. Als Integrationskerne gelten gemeinsame Geschichte, Sprache sowie Wert- und Zielvorstellungen (religiöser, ideologischer, politischer ... Art).[2]

Auf die Begriffsinhalte in anderen Wissenschaftsdisziplinen, so der Mathematik und Elektronik, der Biologie, der Ökonomie und der Linguistik, soll hier nicht eingegangen werden, da sie zum pädagogischen Begriffsfeld kaum einen Bezug aufweisen.

3. Integration im Erziehungsbereich

3.1 Pädagogik

In der Pädagogik wurde die Bezeichnung Integration zunächst ausschließlich im persönlichkeits- und entwicklungspsychologischen Sinne gebraucht. Erst von den sechziger Jahren weg dringt sie, vor einem didaktischen Sinnhorizont, auch in Curriculumsdiskussionen ein. Der Begriff findet ferner Verwendung im Zusammenhang mit kritischen Auseinandersetzungen um das Selektionswesen in vertikal gegliederten Schulsystemen. Der Sache nach beschäftigten sich Pädagogen allerdings schon wesentlich früher mit Fragen einer ganzheitlichen Erziehung und Bildung. Die Differenzierungen im Schulwesen — konfessioneller, geschlechtlicher, altersmäßiger, rassischer, leistungsmäßiger etc. Art — weckten immer wieder integrative Gegenkräfte und lieferten damit ein Beispiel für das oben erwähnte dialektische Verhältnis von Integration und Gliederung. Unter Bezeichnungen wie Ganzheitlicher, Erlebnis-, Gemeinschafts-, Gesamt-Unterricht, Exemplarisches Lehren und Lernen etc. war Integration nicht nur in ihrer sozialen, sondern auch in ihrer personalen (ich-identitätsbegünstigenden) Bedeutung ein durchgehendes Anliegen pädagogischer Reformbestrebungen. Insbesondere für den Volksschulgedanken und die Idee der Elementarbildung, wie sie sich seit dem 17./18. Jahrhundert durchzusetzen begannen, gab Integration, wenngleich unausgesprochen, den Gestaltungsrahmen ab. In Verbindung mit staatsphilosophischen Integrationslehren des 19.–20. Jahrhunderts wurde der Schule (und ebenso der Armee) auch die Funktion einer „Bildungsstätte der Nation" zugesprochen.

In neuerer Zeit verlagerte sich das Gewicht mehr auf den innerschulischen, d. h. den lern- und lehrpsychologischen Bereich. Bemühungen um ein „integrated curriculum" (im Gegenzug zu Fächerung) und ein „integrated learning system" (verstanden als Verbundsystem verschiedenartiger Lehr-/Lernformen in Ausrichtung auf ein gemeinsames Ziel), und eine „comprehensiv school" erfuhren in der Nachkriegszeit via USA und Skandinavien, zum Teil auch über das sozialistische Schulwesen (vgl. z. B. den „Polytechnischen Unterricht") auch im deutschsprachigen Kulturraum eine Wiederbelebung. Dies nachdem derartige Bestrebungen zur Zeit der Schulreformen zwischen 1890–1914/33 bereits einmal in Blüte gestanden hatten. Zu erinnern ist diesbezüglich an Vorbilder wie *P. Petersen* (Jenaplan), *G.Kerschensteiner* (eingebundener Handarbeitsunterricht), *R. Steiner* (Epochenunterricht) u. a.

3.2 Heilpädagogik

Der Begriff „Soziale Integration" bezog sich in der Pädagogik zuerst auf rassische/ethnische Minderheiten (so hauptsächlich in den USA), später auf Gastarbeiter (-kinder) und erst in jüngerer Zeit akzentuiert auch auf Behinderte. Daß die Heil- und speziell die Sonderschul-Pädagogik diesbezüglich nicht Vorreiterdienste leistete, mag zunächst erstaunen, hängt nach meiner Interpretation der geschichtlichen Entwicklung jedoch damit zusammen, daß die Sonderpädagogik der Nachkriegszeit ihre Identität zunächst in der Restauration und im weiteren Ausbau des organisatorisch und in weiten Bereichen auch ideell darniederliegenden Systems besonderer/besondernder Zielsetzungen, Methoden und Institutionen suchte und daß in einer nachfolgenden Phase Sonderung zwar nicht mehr unbedingt als Ziel, wohl aber weiterhin als Methode zur (allfälligen) Rehabilitation Behinderter betrachtet wurde. — Diese geschichtlichen Entwicklungen sind mit ein Grund dafür, daß die Begriffe Rehabilitation und Integration in Theorie und Praxis bis dato noch stark ineinander übergehen.

Ich will im folgenden die wichtigsten Positionen, die wir derzeit im Umfeld der Diskussionen um die (schulische) Integration Behinderter antreffen, kurz erläutern, mich dabei jedoch auf den thematischen Rahmen der Begrifflichkeit beschränken.

3.2.1 Prozeß vs. Zustand: In Erfahrungsberichten über Integrationsversuche — zumal solchen, die aus segregativen Verhältnissen heraus angestellt wurden — wird regelmäßig darauf hingewiesen, daß Integration als gegenseitiger psychosozialer Annäherungs- und Lernprozeß zwischen Integratoren und Integranden aufzufassen sei. In diesem Prozeß würden auch immer wieder neue Facetten bzw. Problemstrukturen hervortreten, so daß er nie als endgültig abgeschlossen erklärt werden könne. Integrationsprozesse sind zwar planbar und auch steuerungsbedürftig, enthalten jedoch stets verschiedene Unsicherheitskomponenten, so daß sie den „unstetigen Erziehungsvorgängen" im Umfeld der „Begegnung" (sensu *Bollnow*, 1959)[3] zuzuordnen sind. — Integration als Zustand von einiger Dauer und Beständigkeit betrifft demgegenüber mehr nur äußerliche, objektivierbare und relativ personunabhängige Tatbestände administrativer, terminologischer, ökologischer, organisatorischer Art. Integration kann demgemäß als homöostatisches, labiles Fließgleichgewicht bezeichnet werden, das in jedem Moment durch Interaktion neu hergestellt werden muß. Der jeweilige, dynamisch wechselnde Integrationsgrad wäre somit abzulesen am Umfang, an der Intensität sowie der Häufigkeit sozialer Austauschprozesse.

3.2.2 Methode vs. Ziel: In bezug auf diese Gegenüberstellung vermittelt das Schrifttum zur praktizierten Integration Behinderter ein besonders zwiespältiges Bild:
Soweit Integration (Integriertheit) als mehr oder minder begründetes *Ziel* (heil-) pädagogischer und sozialpolitischer Bestrebungen herausgehoben wird, stellt sich die Frage nach den hierzu tauglichen Methoden. Die Antworten führen dabei fast zwangsläufig in tautologische — Integration (als Ziel) soll durch Integration (als Methode) erreicht werden — oder in paradoxe — Integration soll durch (vorlaufende) Separation erreicht werden — Sackgassen. Bezüglich eines teleologischen Integrationsbegriffs kann sinnvollerweise nur ideell, standpunktlogisch und in Ausrichtung auf ein bestimmendes Menschenbild oder eine Gesellschaftsdoktrin, debattiert werden.
Soweit Integration als *Methode* verstanden wird, stellt sich die Frage nach deren Ziel. Ein solches wird zumeist in einer breiteren und höheren (u.a. auch sozialen) Kompetenz des Integranden, seltener in einer reichhaltigeren allgemeinen Lebensqua-

lität auch der Integratoren gesehen. — In Konsequenz zu derartigen Vorstellungen pflegen entsprechend angelegte Projekte auf ihren „Erfolg" überprüft zu werden. Auch diesbezüglich entstehen nicht selten Widersprüche, indem zwar dem bestehenden Schulsystem ein rigides Leistungsdenken und ein entsprechender Selektionismus zum Vorwurf gemacht werden, (gesteigerte) Leistungsfähigkeit gleichzeitig jedoch zum Qualitätsmaßstab der (erfolgreichen) Integrationsversuche gemacht wird.[4]

3.2.3 Individuale vs. soziale Angelegenheit: Hierzu ist zu vermerken, daß eine Integration *einzelner* behinderter Kinder ins Regelsystem seit je stattfand, ohne daß ein besonderes Aufheben davon gemacht wurde und auch ohne daß der Integrationsbegriff dafür Verwendung fand (es sei diesbezüglich z. B. an Poliokinder früherer Jahrzehnte erinnert).

Unter den erwähnten Nachwirkungen der bis Anfang der siebziger Jahre die Auseinandersetzungen bestimmenden Rehabilitationsbemühungen stand dann vor allem die Integrabilität der jeweiligen Integranden zur Debatte. In deren Ausrichtung sollen behinderte Kinder durch ein vorangehendes Training, durch Therapien und durch den Erwerb bestimmter Techniken instand gesetzt werden, eine Regelschule zu besuchen. Auch gegenwärtig spielt eine Zurüstung Behinderter für die normalschulischen Anforderungen unter der Bezeichnung „Einzelintegration" eine wesentliche Rolle. Den Integrationsbemühungen wird unter dieser individualen Perspektive keine grundsätzlich (schul-) systemverändernde Kraft bzw. Aufgabe beigemessen. Das behinderte Kind (als Integrand) hat sich dem gegebenen (Schul-)System (als Integrator) ein- und unterzuordnen, was freilich ein gewisses Entgegenkommen nicht auszuschließen braucht.

Drei kritische Einwände gegen diesen noch stark dem Rehabilitationsgedanken verhafteten Integrationsbegriff verschaffen sich jedoch zunehmend Gehör:

— Integration ist als ein Prozeß gegenseitiger Anverwandlung von Integranden und Integratoren aufzufassen. Der Integrationsfähigkeit der ersteren hat die Integrationswilligkeit der letzteren entgegenzukommen. Einseitige Anpassungsleistungen erfüllen das Postulat integrativer Zielsetzungen nicht.
— Einzelintegration in Form normalisierender Zurüstung zeitigt lediglich Grenzverschiebungen und wirkt sich desintegrativ/isolierend auf den harten Kern der als nicht integrierbar erachteten Behinderten aus. Integration Einzelner ist eine Alibiübung auf Kosten der erneut Ausgesonderten; selektive Integration ist ein Widerspruch in sich selbst.
— Die Integrationschancen der primär und akzentuiert in ihren Aneignungsprozessen behinderten Kinder (Lern- und Geistigbehinderte) sind unter diesem individualistischen Ansatz gering, wie dies exemplarisch aus den minimalen Rückgliederungsquoten von Hilfsschülern in die Normalschule abzulesen ist.

Wird Integration hingegen primär als soziale und sozialpolitische Angelegenheit aufgefaßt, dann bedeutet dies, daß die gesellschaftlichen Systeme und so auch die Bildungsinstitutionen sich zu öffnen und zu verändern hätten, damit behinderte Kinder auch in der Rolle als Schüler grundsätzlich und vorbehaltlos darin Aufnahme finden können.

3.2.4 Vorgabe vs. Aufgabe: Die heilpädagogischen und sozialpolitischen Integrationsdebatten der vergangenen zwei Dezennien lassen deutlich werden, daß heute zwischen zwei grundsätzlich verschiedenen, inkommensurablen Integrationsbegriffen unterschieden werden muß. Ich nenne sie, vereinfacht, „Unbedingte Integration" und „Bedingte Integration". *Unbedingte Integration* stellt sich nicht nur in einen polaren, sondern in einen exklusiven Gegensatz zu Separation. Integration ist ein Programmpunkt innerhalb eines umfassend egalitären Bildungssystems, wie es erstmals (freilich unter einer religiösen Perspektive und aus einem im Vergleich zum heutigen wesentlich anderen gesellschaftspolitischem Kontext heraus) von *J. A. Comenius* (1592–1670) in Konsequenz seiner „Pansophia" (‚Allwissen') gefordert wurde: „Omnes omnia omnio docere" (Alle sollen allen alles lehren). – Integrative Erziehung und Bildung ist dem Menschen wesensgemäß; jeder Vorbehalt verletzt sein existentielles Grundrecht auf ein Mitsein. Integration ist Vorgabe, nicht nur Aufgabe; sie ist nicht bloß Möglichkeit, sondern Notwendigkeit. Das Wesen des Menschen ist unteilbar, nicht sonder-bar. Integration ist Voraussetzung, nicht (mehr oder minder erreichbares) Ziel jeder als menschenwürdig zu bezeichnenden Erziehung.[5] Unbedingte Integration hebt sich in letzter Konsequenz selbst auf. Wo jede Separation aufgelöst bzw. verunmöglicht wird, da macht die Unterscheidung von Separation/Integration, behindert/nichtbehindert, pädagogisch/sonderpädagogisch keinen Sinn mehr: alle bilden von vornherein einen ganzheitlichen Verein von Unterganzen; „Behinderung" ist eine Seinsform in der unendlichen Vielfalt des Auch-Möglichen. *Bedingte Integration* stellt sich dagegen in ein polares Verhältnis zu Separation. Integrative bzw. segregative Maßnahmen werden aufgrund einer die örtlichen, zeitlichen und personalen Verhältnisse berücksichtigenden Indikation, d. h. nach Maßgabe der Integrationsfähigkeit und der Integrationswilligkeit des betreffenden (behinderten) Menschen und des involvierten Kollektivs, getroffen.

In dieser Perspektive können denn auch verschiedene Ebenen und Stufen der Integration unterschieden werden.

3.2.5 Parzellierbare vs. ganzheitliche Daseinsform: Aus der Sicht eines bedingungslosen Integrationismus erscheint es paradox, von „Teil-Integration", Möglichkeiten und Grenzen der Integration zu sprechen; Integration steht im Gegensatz zu jeder Teilhaftigkeit. Aus dieser Position leiten sich denn auch Forderungen nach einer „vielseitigen Schule für alle Kinder"[6] und mithin nach einer Aufhebung des Sonderschulwesens in einem umfassenderen, integrativ angelegten Schulrahmen ab. Angestrebt wird *eine* Schule, verstanden als Ort gemeinsamen, systematisch-programmatischen Lehrens und Lernens, begrenzt allein durch ein bestimmtes Einzugsgebiet.[7]

Wo in der Weise *alle* Kinder, ohne Ansehen der Person, Aufnahme finden in *der* Schule, entfallen konsequenterweise „spezielle" Integrations-Maßnahmen; wo Integration herrscht, muß eine solche nicht erst angestrebt werden. Was als didaktisch-methodische Aufgabe freilich bleibt, sind verschiedenartige und unterschiedlich weit verlaufende Aneignungsweisen der einzelnen Schüler, denen durch das Prinzip einer individualisierenden Binnendifferenzierung des Unterrichts gerecht zu werden versucht wird. Durch diesen Miteinbezug von Differenzierungsprozessen kommt diese Auffassung in bemerkenswerter Weise (wieder) in Übereinstimmung mit dem Integrationsbegriff von *H. Spencer* (vgl. 2.1)

3.2.6 Struktur vs. Wert: Integration und Differenzierung sind primär wertfreie, rein deskriptive und formale Begriffe. Auch wenn sie auf Sach- und Personverhalte oder ideelle Konfigurationen bezogen werden und damit eine inhaltliche (z. B. heilpädagogische) Bedeutung und Konkretisierung erfahren, bleiben sie zunächst wertfrei. Eine Sinnstiftung erfolgt aufgrund eines personalen Aktes der Be-Sinnung innerhalb eines bestimmten Gestaltungsrahmens, von einem bestimmten Standpunkt aus und in Ausrichtung auf eine als „besser" erachtete Gestalt. Einem solchen Vorgang gilt es im Bereich einer komparativen Wissenschaft, wie der der Pädagogik, Beachtung zu schenken, weil daselbst ursprünglich deskriptive Begriffe oft unbesehen eine präskriptive Verwendung finden. — Ein Beispiel dazu liefert der Integrationsbegriff, dem, zumal unter dem Postulat einer Unbedingten Integration, ein nicht weiter rekurrierbares Credo zugrundeliegt. Integration repräsentiert hier das schlechthin Gute und Richtige.[5]

In der strukturell-organisatorischen Begriffsfassung kommt Integration dagegen mehr nur eine vermittelnde („mediatorische") Bedeutung zu: Es handelt sich diesbezüglich nicht um einen Maximierungs-, sondern um einen Optimierungsprozeß. Dies kommt vor allem in Bestrebungen zum Ausdruck, flexible Sowohl-als-auch-Organisationsformen zwischen separativer und integrativer Erziehung und Schulung behinderter/nichtbehinderter Kinder zu entwickeln.

3.2.7 Intentionale vs. koexistentielle Lebens- und Daseinsgestaltung: Die vorgestellten begriffsinhaltlichen Gegensatzpaare lassen sich letztlich auf *eine* Gegenüberstellung verdichten:

— auf einen intentionalen Integrationsbegriff, der zum Ausdruck bringt, daß als integrativ bezeichnete Zielsetzungen und Maßnahmen etwas über sie Hinausweisendes und Erstrebenswertes bewirken oder doch ermöglichen sollen (Leistungssteigerung, intensivere Sozialkontakte, Selbstbestätigung u. a. m.). Integration liegt damit eine *seinsverändernde*, meliorative Intention zugrunde, andererseits
— auf einen koexistentiellen Integrationsbegriff, der zum Ausdruck bringt, daß Integration ihre Erfüllung in sich selbst findet, bar jedes medialen Zwecks. Integration bezeichnet demzufolge eine *seinsbestätigende* Koexistenzform. Integration bestätigt ein Behindertsein in all dessen Auswirkungen, schafft Behinderung nicht per definitionem beiseite, verschweigt und beschönigt sie auch nicht. Interessengegensätze zwischen Behinderten und Nichtbehinderten werden nicht aufgehoben, sondern durchsichtig gemacht, wodurch praktizierte Integration zweifellos auch schmerzvolle Erfahrungen in den zwischenmenschlichen Beziehungen enthält.[5] Integration bedeutet eine Absage an die geläufige „Irrelevanzregel" (wir tun, als ob nichts wäre) und verzichtet in dieser Perspektive auch auf sekundär, indirekt Menschlichkeit zubilligende, „Auch-Formeln" (Neger, Zigeuner, ... Geistigbehinderte etc. sind *auch* Menschen, *auch* sie dürfen, sollen ...). Ein integrierter Neger bleibt ein Schwarzer, ist jedoch kein Nigger mehr. Ein integrierter Behinderter ist desgleichen kein disqualifizierter Sonderling mehr, sondern repräsentiert eine durchaus statthafte Existenzform, die eine Ausweitung und Variabilität des Gestaltungsrahmens zwischenmenschlicher Interaktionsformen erfordert. Integration verändert nicht das Sein, sondern das Dasein, nicht die Behinderung, sondern das psychosoziale Gefüge des Behinderungszustandes[8] und mithin den *Status* des Einzelnen.

Zusammenfassend erweist es sich daher als sachnotwendig, immer wieder auf den trivialen Tatbestand hinzuweisen, daß

— Integration keine Methode, kein Heilverfahren darstellt, das nach irgendwelchen Erfolgskriterien evaluiert (falsifiziert/verifiziert) werden könnte, sondern daß

— Integration eine Lebens- und Daseinsform (hier im speziellen Fall zwischen Behinderten und Nichtbehinderten) bezeichnet, für oder gegen die sich die Gesellschaft und deren Untersysteme (wie schulische Institutionen z. B.) *entscheiden* können und die daher als solche situativ und temporal auch frei wählbar bleiben muß.

Anmerkungen

1 *Klaus, G./Buhr, M.*: Philosophisches Wörterbuch auf marxistisch-leninistischer Grundlage. Leipzig 1964, S. 529f.
2 In exemplarischer Weise zeigte *E. Durckheim* (1858–1917) in: Le suicide. Paris 1897, daß und wie auch scheinbar extrem individualistisch-intrapersonal bedingte Akte wie der Freitod in das Gesellschaftsganze eingebettet und daher auch von diesem her zu interpretieren sind.
3 *Bollnow, O. F.*: Existenzphilosophie und Pädagogik. Stuttgart 1959.
4 vgl. z. B. *Kniel, A.*: Die Schule für Lernbehinderte und ihre Alternativen. Rheinstetten 1979.
5 vgl. z. B. *Feuser, G.*: Integration. In: *Reichmann, E.* (Hrsg.): Handbuch der kritischen und materialistischen Behindertenpädagogik. Oberbiel 1984, S. 300.
6 *Preuss-Lausitz, U.*: Fördern ohne Sonderschule. Weinheim 1981.
7 vgl. z. B. die Uckermark-Schule in Berlin.
Preuss-Lausitz, U. et al. (Hrsg.): Integrative Förderung Behinderter in pädagogischen Feldern Berlins. Berlin 1985, S. 92.
8 *Kobi, E. E.*: Grundfragen der Heilpädagogik. Bern [4]1983.

Franz Schönberger

Die Integration Behinderter als moralische Maxime

Die bildungspolitische Entscheidung für die institutionelle Integration behinderter Kinder und Jugendlicher setzt schon eine *ethische Entscheidung* voraus. Deren Klärung ist notwendig, damit die Integrationsdebatte als vernunftgeleiteter Diskurs geführt und einer „Ethik der Kooperation" (*Schönberger* 1987) gerecht werden kann.

1. Das Problem: Behindertsein

Zu dieser Klärung gehört es, offenzulegen, mit welchem Verständnis von Behindertsein man in den Diskurs eintritt:

Behindert ist, wer
1. infolge einer *Schädigung*
   in seinen *Funktionen* so *beeinträchtigt* ist,
2. daß er in seiner *Lebenswelt*, deren *Werte und Normen* für ihn und seine Bezugspersonen Geltung haben,
3. nur unter *außergewöhnlichen Bedingungen*
   zu einem *menschenwürdigen*
   (d.h. durch kulturelle Teilhabe,
   personale Selbstbestimmung
   und soziale Mitbestimmung gekennzeichneten)
   und *glücklichen Leben* findet
4. und daher *lernen* muß, jene *Werte und Normen*
   auch seiner Beeinträchtigung gemäß *zu beurteilen* und
   an der *Veränderung* ihrer Entstehensbedingungen
   mitzuwirken.

Nach diesem Verständnis (vgl. *Schönberger* 1974, S. 209 und 1982, S. 87) können also *geschädigte*, in ihren physischen, psychischen und sozialen Funktionen *beeinträchtigte* Menschen nur dann als *behindert* gelten, wenn *außergewöhnliche Bedingungen* geschaffen werden müssen, damit sie würdig und glücklich leben können. Die Definition beinhaltet, als eine pädagogische, zugleich ein *Erziehungs- und Bildungsziel*: der Behinderte soll lernen, an der Schaffung solcher Bedingungen selbst mitzuwirken. Dieses Ziel setzt voraus, daß der einzelne nicht nur berechtigt, sondern sogar verpflichtet ist, das, was ihm *persönlich* die Aneignung jener Werte und Normen erschwert, als Kriterium ihrer *allgemeinen* Beurteilung geltend zu machen.

Damit büßen nicht nur *einzelne Normen* etwas ein von ihrer stabilisierenden Kraft: *Durchschnitts*normen (wie die der altersgemäßen Entwicklung), *Rechts*normen (wie die der Schulpflicht) und *Ideal*normen (wie die vom abstrakt Denkenden). Die *Normen als solche* verlieren an Wert. An Wert gewinnen hingegen *ethische Prinzipien*. Sie werden von manchen als „Grundnormen" bezeichnet und sollen „die Bedingungen der Möglichkeit interpersonaler Kommunikation" fassen (*Riedel* 1979, S. 77). Denn an diesen Prinzipien hat sich das *normenverändernde und wertschöpfende Handeln*, die „praktische Urteilskraft" der Bürger (vgl. *Pleines* 1983, S. 168 f.) zu orientieren, die sich bemühen, Probleme, die sie betreffen, einvernehmlich zu lösen: in einem „praktischen Diskurs", in dem „die Teilnehmer davon ausgehen, daß im Prinzip alle Betroffenen als Freie und Gleiche an einer kooperativen Wahrheitssuche teilnehmen, bei der einzig der Zwang des besseren Arguments zum Zuge kommen darf" (*Habermas* 1986, S. 19).

Voraussetzung und Folge solcher Diskurse ist demnach *Demokratisierung* in „demokratischen Konsensbildungsverfahren" (*Apel* 1984, S. 622). Denn eine „universalistische Moral ... bedarf einer gewissen Übereinstimmung mit Sozialisations- und Erziehungspraktiken" und „mit solchen politischen und gesellschaftlichen Institutionen, in denen postkonventionelle Rechts- und Moralvorstellungen bereits verkörpert sind" (*Habermas* 1986, 28 f.). In diesem Zusammenhang steht die *Frage, ob die gemeinsame Erziehung und Bildung behinderter und nichtbehinderter Kinder aus ethischen Gründen gefordert werden muß.*

2. Die Leitidee: Freiheit

Wenn jeder Bürger verpflichtet ist, seine individuellen Voraussetzungen für ein würdiges und glückliches Leben zur Geltung zu bringen, so kann sich der *Umfang* dessen *ausweiten*, was eine Gesellschaft als *gewöhnliche Bedingungen* von Menschenwürde und Menschenglück schafft. Diese Ausweitung stößt nicht nur auf den Widerstand der Privilegierten, sondern auch an die zwar keineswegs unverrückbaren, immer jedoch zu beachtenden Grenzen des menschlichen Verstandes; denn dieser kann die Bedingungen des Handelns immer nur bis zu einem gewissen Grad der Komplexität ordnen. So erleben wir in unseren Tagen neben den — insgesamt vorherrschenden — Prozessen der Ausweitung auch gegenläufige Prozesse neuer Ein- und Ausgrenzungen. Daraus folgt:

Erstens, daß mit zunehmender Demokratisierung *einige Behinderungsformen seltener werden* müßten. Dies begründet auch die Hoffnung, daß durch eine „Gesamtschule" mit einer „emanzipatorischen Didaktik" vor allem schichtspezifische Ursachen von Behinderungen beseitigt werden können. — *Zweitens* folgt, daß das Ungewöhnliche, zu dem definitionsgemäß auch das *Behindertsein* gehört, *sich nicht abschaffen läßt*. Folglich müssen wir auch immer mit den auf das Ungewöhnliche antwortenden *spontanen „Initial-Reaktionen und -Aktionen"* rechnen. Verändern lassen sich allenfalls die *längerfristigen Verarbeitungsprozesse* dieser Schock- und Hemmungserlebnisse, wenn sich die kulturellen und gesellschaftlichen Bedingungen wandeln (vgl. *Schönberger* 1978, bes. S. 106–110).

Die *Integration Behinderter* ist also nur zu verwirklichen im Prozeß der *Demokratisierung* von Bewußtsein und Gesellschaft. Denn *ganz allgemein bedeutet*

Integration, daß es Menschen und Menschengruppen, die wegen einer diskriminierenden funktionellen Beeinträchtigung gegenwärtig sozial isoliert sind, zukünftig ermöglicht wird, sich das kulturelle Erbe als gleichwertige Menschen anzueignen und sich am gesellschaftlichen Leben als gleichberechtigte Bürger zu beteiligen. Eine solche normenüberschreitende kulturelle Aneignung und gesellschaftliche Beteiligung setzt die („transzendentale") *Idee* (das „regulative Prinzip". − *Kant* IX, S. 92) der prinzipiellen, in ihrer Freiheit wurzelnden Gleichwertigkeit aller Menschen voraus. Aus ihr folgt die Gleichberechtigung aller Bürger. Diese Idee hat Sinn nur in der Annäherung an eine Gemeinschaft freiheitsbewußt und freizügig kooperierender Partner, welche die ganze Menschheit umfaßt (vgl. *Jetter* 1986, S. 9 f.). Aus der Idee der Freiheit und Gleichheit folgt zwingend das *Recht auf Erziehung und Bildung* (vgl. *Kant* IX, S. 443 und *Hegel* 7, S. 344 f.). Alle neuzeitlichen demokratischen Verfassungen setzen diese anthropologisch-ethische Idee voraus (vgl. *Grundgesetz für die Bundesrepublik Deutschland*, 1949, bes. Artikel 2 und 6).

Wer sich also auf das Grundgesetz beruft, argumentiert notwendigerweise in dem aufgezeigten ethischen Verweisungszusammenhang. Denn schon dessen erster Satz: *„Die Würde des Menschen ist unantastbar"*, sagt nichts anderes als der „*kategorische Imperativ*", „woraus ... alle Gesetze des Willens" − vor allem die „Maximen" des einzelnen − „müssen abgeleitet werden können": *„Handle so, daß du die Menschheit in deiner Person, als in der Person eines jeden andern jederzeit zugleich als Zweck, niemals bloß als Mittel brauchst"* (*Kant* IV, S. 429). Als die sozial Schwächeren stehen Behinderte eher in Gefahr, von Nichtbehinderten als bloße Mittel mißbraucht zu werden, als umgekehrt: zum Zwecke materieller oder ideeller Bereicherung.

Der Artikel 2 des Grundgesetzes begrenzt die Freiheit des einzelnen durch die Gleichheit aller Bürger vor dem Gesetz sowie durch das „Sittengesetz". Das ist ganz im Sinne *Kants*, der allerdings darlegt, daß dieses *„allgemeine Rechtsgesetz"* nicht verlange, es sich zur *moralischen Maxime* zu machen; es beziehe sich nur auf die „äußeren Handlungen". Die Achtung vor der Freiheit des anderen auch „im Herzen" zu tragen, „ist eine Forderung, die die Ethik an mich tut" (*Kant* VI, S. 231).

Wenn wir also die *Integration Behinderter als Gegenstand einer moralischen Maxime* betrachten, so erheben wir sie über das, was rechtlich einklagbar ist. Diese *ethische Überhöhung des Rechtlichen* ist geboten, wenn geltende Gesetze den Grundwerten zu widersprechen scheinen, von denen sie getragen werden. Dann bedürfen Gesetzesänderungen des moralischen Impetus. Dieser entsteht jedoch nur bei Menschen, die überzeugt sind, daß die pragmatische Anpassung der gewohnten Ordnungen das menschliche Leben nicht mehr zuverlässig sichert (vgl. *Schulz* 1974, S. 720 ff.). Daher wird auch die Frage der Integration der Behinderten nur für jene zu einer ethischen, die deren Separation als Teilproblem der ihnen selbst unerträglichen „ganz ‚normalen‛ Desintegration der menschlichen Gesellschaft" verstehen (vgl. *Jetter* 1986, S. 14 f.).

Die Integrationsforderung ist mit pragmatischen Argumenten nicht zureichend zu begründen; denn sie greift über das, was Menschen als zweckmäßig erfahren können, grundsätzlich hinaus. So wirksam daher auch empirische (ökonomische wie erziehungswissenschaftliche) Begründungen für die psychologische *Motivation* und die soziale *Durchsetzung* des Integrationsgedankens sind:

seine *Geltung* können sie nicht beweisen. Diese erschließt sich nur aus der (transzendentalpragmatischen) Reflexion darauf, was seine Verfechter — wie auch die meisten seiner Widersacher — immer schon in Anspruch nehmen: die Leitidee der Freiheit aller Menschen und der Gleichheit aller Bürger. *Denjenigen, die sich — für oder wider die Integration Behinderter argumentierend — auf das Grundgesetz berufen und sich bewußt oder unreflektiert auf das ihm zugrundeliegende Ethos stützen, ist zu zeigen, daß die Integration Behinderter in der Konsequenz ihrer eigenen ethischen Prinzipien liegt.* Sie müssen allerdings jene „strikt reflexive Einstellung" einnehmen, die sichert, daß das „in Anspruch genommene Handlungswissen vom Argumentierenden ... in die theoretische Erörterung miteinbezogen wird" (*Kuhlmann* 1984, S. 588).

Eine strikt reflexive theoretische Erörterung nützt also der *institutionellen „Realisierung integrativer Erziehung und Bildung"*, welche *Feuser* (1986, S. 55f., Hervorhebungen im Original) so bestimmt:

> „*Integration zu realisieren heißt* in gleicher Weise *für Kindergarten und Schule, daß*
> — *alle Kinder*
> — *an / mit einem gemeinsamen Gegenstand / Inhalt / Thema*
> — *in Kooperation miteinander*
> — *auf ihrem jeweiligen Entwicklungsniveau*
>   *spielen und lernen."*

Diese Bestimmung schließt den Irrtum aus, man könne von einem „Gegenstand an sich" sprechen, als stünde er dabei nicht schon als Gegenstand handelnder und denkender Aneignung zur Rede. Denn *Feuser* bindet Spielen und Lernen an das Entwicklungsniveau der gemeinsam Tätigen. Folglich gilt auch: „Nicht der Gegenstand als ein vermeintlich ‚objektiver' verbindet die gemeinsam tätigen Menschen, sondern die Gemeinsamkeit der ‚subjektiven' Erfahrung dieses Gegenstandes. (...) Die Gemeinsamkeit der subjektiven Erfahrung irgendeines Gegenstandes entsteht aus dem individuellen Erkennen von dessen kultureller Bedeutung, die sich die einzelnen bereits angeeignet haben müssen" (*Jetter* 1986, S. 11). Dies ist von großer moralischer Bedeutung, weil niemand zu Handlungen verpflichtet werden kann, die sein Vermögen übersteigen („ultra posse nulla obligatio").

Kooperation ist nur möglich, „wenn die einzelnen ihre Tätigkeit auf ein gemeinsames Ziel hin koordinieren" (*Jetter* ebd.). Diese Koordination ist aber gebunden an eine Reihe von *Voraussetzungen* im Erkennen und Wollen der Handelnden wie in der Situation, die sie vorfinden. Daher kann *Kooperation* nie als erreichter Zustand, sondern immer nur *als zu schaffende Qualität des gemeinsamen Handelns* begriffen werden. Die *institutionelle Integration* ist zu verstehen *als eine in der Regel förderliche Voraussetzung dafür*, daß diese Qualität des gemeinsamen Handelns geschaffen werden kann. Die *Erkenntnis, ob unter den gegebenen Voraussetzungen kooperatives Handeln zu ermöglichen sein wird*, ist Gegenstand eines *pragmatischen Urteils*, nicht eines *ethischen*; diesem hingegen obliegt *(1) die Entscheidung, ob eine für möglich gehaltene Kooperation auch verwirklicht werden soll und (2) die Entscheidung, ob versucht werden soll, die Voraussetzungen zu schaffen für eine Kooperation, die noch nicht möglich zu sein scheint.*

3. Die Maxime: Integration

Sittliche Grundsätze, nach denen der einzelne Mensch in konkreten Situationen tatsächlich handelt, nennen wir mit *Kant „Maximen"*: „*Maxime"* ist das subjektive Prinzip ..., nach welchem das Subjekt *handelt,* das Gesetz aber ist das objektive Prinzip, gültig für jedes vernünftige Wesen, ... nach dem es *handeln soll,* d.i. ein Imperativ" (IV, S. 420ff.). Die Maxime eines Verfechters des Integrationsgedankens könnte lauten: „*Ich will die Erziehung und Bildung behinderter und nichtbehinderter Kinder in gemeinsamen Kindergartengruppen und Schulklassen mit allen wirksamen Mitteln fördern!"* Sie wandelt in dieser Form das berühmte kantische Beispiel vom „Depositum" inhaltlich ab (V, 27f. – Zu dessen Problematik: *Hegel* 2, S. 458–463; *Patzig* 1983, S. 154–157; *Habermas* 1986, S. 16f., 25f.).

Damit soll zu allererst ausgesagt sein, daß die Forderung der *institutionellen* Integration – und selbstverständlich auch Separation – *nicht wie das objektive Gesetz der Vernunft selbst,* sondern nur wie *ein subjektiver Grundsatz des vernünftigen Handelns* zur Geltung gebracht werden darf. Denn sowohl die institutionelle Integration als auch die institutionelle Separation von Einzelmenschen und Menschengruppen sind fallweise – bei Epidemien etwa – als *Mittel* des individuellen und des gesellschaftlichen Wohls unverzichtbar.

Aber die Diskussion, ob *Quarantäne* eine geeignete Maßnahme sei gegen die Ausbreitung einer Seuche, zeigt den juristischen und ethischen Unterschied zwischen Integration und Separation: Selbst wenn die Wirksamkeit von Quarantänemaßnahmen sicher ist, muß *die institutionelle Separation in jedem Einzelfall als unvermeidliche Ausnahme von der im allgemeinen garantierten institutionellen Integration rechtlich und sittlich begründet werden.* Dies wird auch von jenen nicht bestritten, die für Quarantänemaßnahmen eintreten. Während jedoch ihre Gegenspieler ethische Argumente bevorzugen, vertreten sie einen eher legalistischen Standpunkt.

Solche Unterschiede der Einstellung gibt es, weil Maximen immer nur „den Bedingungen des Subjekts gemäß (öfters auch der Unwissenheit und den Neigungen desselben)" (*Kant* IV, S. 421) vernunftbestimmt sind. *Wie die ethischen Leitideen dem geschichtlichen Wandel unterworfen sind, so die Maximen dem biographischen.* Daraus folgt, daß der Handelnde – mittels seiner „praktischen Urteilskraft" (*Kant* V, S. 69f.) – zu prüfen hat, ob er die Maxime, der er im Entscheidungsfalle zu folgen geneigt ist, auf „Grundannahmen" zurückführen kann, die „diskursiver Prüfung zugänglich sind". Denn nur dann darf er annehmen, daß seine Maxime „von jedermann gewählt werden kann". Dabei hat er zu respektieren, daß diese „Maximenwahl" ein Akt nicht nur seiner eigenen Freiheit ist, sondern auch der seiner Diskurspartner (*Riedel* 1979, S. 86–88).

Für die Entscheidung, ob ein bestimmtes behindertes Kind eine bestimmte Regel- oder eine bestimmte Sondereinrichtung besuchen soll, gilt also: Entscheidungsträger, die sich die Förderung der institutionellen Integration Behinderter zur Maxime gemacht haben, sind zwar keineswegs entbunden von der Pflicht, die Gültigkeit ihrer Maxime im Einzelfall zu überprüfen; aber sie können es tun in der Gewißheit, daß *die Integrationsmaxime in der Konsequenz der Freiheitsidee liegt; einer Grundannahme also, auf die sich auch ihre Widersacher berufen müssen, wenn sie die Separation begründen, ja sobald sie sich überhaupt an einem vernunftgeleiteten Diskurs beteiligen wollen.* Die langdauernde separative

Praxis hat diesen ethischen Maßstab verschoben. So bewahrt das „Überweisungsverfahren" zur Sonderschule zwar formal noch jene Grundannahme; denn die Separation muß als Ausnahme begründet werden und nicht die Integration als ideale Regel. Nachdem jedoch die Separation Behinderter zur realen Regel geworden ist, verhalten sich deren Verwalter, als verföchten sie das Ideal.

Solche Erfahrungen, vor allem aber die Vernichtung „unwerten" Lebens während der Zeit des Nationalsozialismus lassen erkennen, *daß (1) jede Eingrenzung der Idee von einer alle Menschen umfassenden Kooperationsgemeinschaft zur fortschreitenden Ausgrenzung von Einzelmenschen und Menschengruppen führt und daß (2) diese Ausgrenzungspraxis jene Idee aushöhlt und damit wirkungslos macht.* Sie lassen also das Prinzip erkennen, daß man nicht *einen* Menschen aus der Menschheit ausgrenzen kann, ohne *jeden* Menschen — und damit auch *sich selbst* — als prinzipiell ausgrenzbar zu bewerten: was eigentlich niemand wollen könnte.

„In unserer Zeit wäre es wider die Überlebensinteressen der Menschheit ..., die Definition des Menschlichen eng zu fassen" (*Schönberger* 1988). Die Umwertung der separativen Rehabilitation von einer zu begründenden Ausnahme zur selbstverständlichen Regel läßt die Gefahr erkennen, die in jeder *institutionellen Aussonderung* von Diskriminierten liegt. Sie fördert die Vorstellung, es gebe vollwertige und minderwertige Menschen; diese Vorstellung aber *engt die Definition des Menschlichen ein.*

Es widerspricht diesem Prinzip nicht, *daß institutionelle Separation in Ausnahmefällen dazu dienen kann, die Definition des Menschlichen zu erweitern.* Sie ist immer dann die einzige Chance behinderter Menschen, wenn in den regulären Institutionen eine normenüberschreitende Praxis der Zusammenarbeit nicht möglich und eine Änderung nicht durchzusetzen ist. Diese Freiheit wird eben häufig nur separierten Institutionen eingeräumt. Obwohl sie sich unschwer als „Narrenfreiheit" erkennen läßt, ist es nicht zu bezweifeln, daß sie einige Grenzerfahrungen des Lernens und Lehrens, ja der Kommunikation und Kooperation schlechthin ermöglicht hat, die den Gedanken der institutionellen Integration bestimmter behinderter Kinder und Jugendlicher erst denkbar gemacht haben.

Sobald allerdings die Hoffnung begründet ist, daß eine normenüberschreitende Zusammenarbeit — vielleicht sogar die zeitweilige „sensumotorische Kooperation" mit Schwerstmehrfachbehinderten (vgl. *Praschak* 1987) — in Regelinstitutionen *möglich* wäre, ist es aber auch ethisch geboten, sie zu *verwirklichen.* Jeder Entscheidungsträger ist sogar *verpflichtet, Modelle der institutionellen Integration zu studieren* in der Absicht, daraus für die Schaffung einer Praxis zu lernen, die so integrativ ist, wie irgend möglich, und nur so separativ, wie unbedingt nötig. Nicht erlaubt ist es, Einzelpersonen, seien sie behindert oder nicht, als bloße Mittel bildungspolitischer Zwecke zu gebrauchen. Jede ethische Entscheidung ist allerdings mit einer Güterabwägung und folglich mit Verzichtleistungen verbunden. Daß diese Verzichte häufig nicht von den Betroffenen selbst, sondern für sie geleistet werden, ist das Kernproblem jeder „*advokatorischen Ethik*" (vgl. *Schönberger* 1988)

Den für das menschliche Zusammenleben kennzeichnenden *Zusammenhang zwischen Gefühl und Pflicht* hat *Kant* in einem Spätwerk, der „Metaphysik der Sitten" (1797), herausgearbeitet:

Zu den Gefühlen des Mitleids und der Mitfreude mit anderen sei zwar keiner *direkt* verpflichtet. Weil wir jedoch ohne jene Gefühle nicht imstande seien, der Pflicht zur „tätigen Teilnehmung an ihrem Schicksale" zu genügen, ist es eine *indirekte* „Pflicht unter dem Namen der *Menschlichkeit* (humanitas)", „mitleidige natürliche … Gefühle in uns zu kultivieren … — So ist es Pflicht: nicht die Stellen, wo sich Arme befinden, … die Krankenstuben, oder die Gefängnisse der Schuldener u. dergl. zu fliehen, um dem schmerzhaften Mitgefühl … auszuweichen: weil dieses doch einer der in uns von der Natur gelegten Antriebe ist, dasjenige zu tun, was die Pflichtvorstellung für sich allein nicht ausrichten würde" (VI, S. 456ff. — Hervorhebung im Original).

Gegen diesen ethischen Grundsatz verstößt eine separative Praxis insofern, als sie die behinderten Menschen den anderen „aus dem Auge — aus dem Sinn" schafft. Die damit fast zwangsläufig verbundene Anhäufung von Menschen, die alle von den stabilisierenden Normen des Zusammenlebens erheblich abweichen, behindert die — nicht nur von *Kant*, sondern von der gesamten ethischen Tradition des Abendlandes — geforderte „Kultivierung der Gefühle" nicht nur bei den Menschen „draußen", sondern auch bei den „drinnen" tätigen Fachkräften: das emotionale „ 'Ausgebranntsein' (burn out) vieler Mitarbeiter" (*Praschak* 1987, S. 200) beeinträchtigt somit die ihnen vom Grundgesetz verbürgte freie Entfaltung der Persönlichkeit. Dies wird sich nur durch die konsequente, dem Ideal der Integration schrittweise sich annähernde Öffnung separativer Einrichtungen verhindern lassen.

Literatur

Apel, K.-O.: Ist die philosophische Letztbegründung moralischer Normen auf die reale Praxis anwendbar? In: *Apel, K.-O./Böhler, D./Rebel, K.* (Hrsg.): Studientexte 2, Funkkolleg Praktische Philosophie/Ethik. Weinheim 1984, S. 606–634.

Grundgesetz für die Bundesrepublik Deutschland. Bundesgesetzblatt 1949, Nr. 1 (23. Mai 1949).

Habermas, J.: Moralität und Sittlichkeit. Treffen *Hegels* Einwände gegen *Kant* auch auf die Diskursethik zu? In: *Kuhlmann, W.* (Hrsg.): Moralität und Sittlichkeit. Das Problem *Hegels* und die Diskursethik. Frankfurt/M. 1986, S. 16–37.

Hegel, G. W. F.: Werke. 20 Bände. Frankfurt 1970.

Jetter, K.: Idee, Möglichkeit und Wirklichkeit der gesellschaftlichen Integration Behinderter aus der Sicht der Kooperativen Pädagogik. In: *AG Integration Würzburg* (Hrsg.): Wege zur Integration. Würzburg 1986, S. 7–19.

Kant, I.: Kants Werke. Akademie-Textausgabe. Bd. I–IX. Berlin 1968.

Kuhlmann, W.: Ist eine philosophische Letztbegründung moralischer Normen möglich? In: *Apel/Böhler/Rebel* (Hrsg.), a. a. O., 1984, S. 572–602.

Patzig, G.: Ethik ohne Metaphysik. Göttingen ²1983.

Pleines, J. E.: Praxis und Vernunft. Zum Begriff praktischer Urteilskraft. Würzburg und Amsterdam 1983.

Praschak, W.: Grundzüge einer Kooperativen Pädagogik Schwerstbehinderter. In: *Schönberger, F./Jetter, K./Praschak, W.*: Bausteine der Kooperativen Pädagogik. Teil 1. Stadthagen 1987, S. 199–220.

Riedel, M.: Norm und Werturteil. Grundprobleme der Ethik. Stuttgart 1979.

Schönberger, F.: Sozialpsychologie im Kontext einer handlungsorientierten Pädagogik der Körperbehinderten — Ein Grundriß, verdeutlicht an der Erstbegegnung zwischen Körperbehinderten und Nichtbehinderten. In: *Fachbereich Sonderpädagogik der Pädagogischen Hochschule Reutlingen* (Hrsg.): Handlungsorientierte Sonderpädagogik. Rheinstetten 1978, S. 98–113.

Schönberger, F.: Körperbehinderungen — Ein Gutachten zur schulischen Situation körperbehinderter Kinder und Jugendlicher in der Bundesrepublik Deutschland. In: *Deutscher Bildungsrat* (Hrsg.): Gutachten und Studien der Bildungskommission, Band 35, Sonderpädagogik 4. Stuttgart 1974, S. 199–283.

Schönberger, F.: Kooperative Didaktik. Stadthagen [3]1987.

Schönberger, F.: Kooperation als Leitidee einer pädagogischen Ethik. In: *Schönberger/Jetter/Praschak* (Hrsg.), a.a.O., 1987, S. 101–139.

Schönberger, F.: Sind Geistigbehinderte amoralische Wesen? Randbemerkungen zur abendländischen Vernunftethik. In: *Blickenstorfer, J./Dohrenbusch, H./Klein, F.* (Hrsg.): Von der Ethik in der Sonderpädagogik. Festschrift zum 65. Geburtstag von *H. Bach*. Berlin 1988, S. 279–300.

Schulz, W.: Philosophie in der veränderten Welt. Pfullingen [2]1974.

Günther F. Seelig

Erziehungspsychologische Überlegungen zu Aussonderung und Integration von Schülern

Aus schul- und erziehungspsychologischer Sicht sollen im Folgenden einige psychologische Argumente für das gemeinsame Lernen aller Schüler zusammengetragen werden, so aus der psychologischen Diagnostik, aus der Lerntheorie und aus der Motivationsforschung.

1. Psychologische Diagnostik und „Begabung"

Der erfahrungswissenschaftliche (intersubjektive und wertfreie) Ansatz der Psychologie wird in ihrem diagnostischen Instrumentarium sinnfällig. Psychologische Diagnostik wird zur Feststellung individuellen Förderbedarfs einzelner Schüler herangezogen. Von der Schule besonders gefragt sind Verfahren zur Prüfung von „Begabung" als vermuteter Grundlage von Lernfähigkeit. „Begabung" wird in der Psychologie seit etwa einhundert Jahren unter der intervenierenden Variablen „Intelligenz" beforscht. Bekanntlich wurden Intelligenzprüfungen zunächst (von *Binet/Simon* 1908) entwickelt, um Schüler, deren speziellen Förderbedarf die Schule nicht decken konnte, auszusondern, bis man gelernt hat, alle Schüler zu fördern. Die Bemühungen um Operationalisierung des hypothetischen Konstrukts „Intelligenz" bis zur Meßbarkeit, stehen für die Exaktheit, mit der sich die empirisch orientierte Psychologie erfolgreich bemüht hat, Persönlichkeitseigenschaften − *traits* − festzustellen und meßbar zu machen. Definition wie Theorie der Intelligenz und auch die Verfahren zu ihrer Messung sind erfahrungs- und lernunabhängig konzipiert worden. Dennoch wurden sie in Pädagogenkreisen häufig als wichtigster Garant für Schulerfolg angesehen. Daß eine günstige intellektuelle Grundausstattung allein bereits Schulerfolg sichere, kann aber keineswegs angenommen werden.

Die Diskussion der Intelligenz und der Methodologie ihrer Erfassung war lange wichtiges Thema im Disput der Psychologen. Intelligenztests gehören zu ihren am besten standardisierten Instrumenten. Verfahren zur Überprüfung von Schulleistungen sind an den für die Intelligenzmessung entwickelten Methoden orientiert. Dennoch darf nicht vergessen werden, daß die Schulleistung kein „überdauerndes Persönlichkeitsmerkmal" ist. Sie soll sich ja durch den Besuch der Schule ändern, ist also vielmehr als Merkmal des Unterrichts zu sehen, der diese Schulleistung hergestellt hat bzw. nicht herstellen konnte (vgl. *Aurin* [Hrsg.] 1990). Die erforderliche, und gelegentlich ja auch schon „angedachte" Curriculumrevision bietet der Schule die Chance zur Nachbearbeitung ihrer pädagogischen Zielsetzung und zum Ausgleich ihrer eigenen Lerndefizite.

Die Erfahrungen der Psychologie bei der Intelligenzmessung konnten zur Erforschung weiterer „traits" genutzt werden. Schlechterdings werden aber mit einzelnen Verfahren meist nur einzelne Funktionen gemessen. Persongerechte Diagnostik muß jedoch zumindest Kombinationen solcher Verfahren einsetzen (vgl. *Eggert* [Hrsg.] 1975; *Kornmann* [Hrsg.] 1975; *Lück* et al. [Hrsg.] 1984; *Schulte* [Hrsg.] 1974). Ebenso wie die moderne Psychologie dabei ist, den nur eigenschaftsorientierten Ansatz zu überwinden, muß die Schule für ihre diagnostischen Aufgaben lernen, ihren defektorientierten Behinderungsbegriff preiszugeben.

Aussonderung ist zwar nach objektiven und reliablen, nicht aber nach pädagogisch-prognostisch als valide gesicherten Kriterien möglich. Dies spricht für die gemeinsame Unterrichtung aller Schüler einschließlich der zwar „aussonderbaren", jedoch auch gleichermaßen förderbaren. Diagnostische Anwendungen sollten stets funktional und prozessorientiert auf individuelle Erziehungs- und Entwicklungsverläufe bezogen sein. Schulpsychologie kann zum Entwurf von Fördermaßnahmen helfen oder − im Sinne der Systemberatung (*Gaude* 1992) − bei der Auswahl oder Herstellung geeigneter Klassen oder Lerngruppen. Schulpsychologische Prognosen über den Erfolg verschiedener erzieherischer Maßnahmen können zur Verbesserung pädagogischer Einzelförderung herangezogen werden. Zu integrativer Pädagogik gehört Toleranz gegenüber Ungleichheit der Schüler und Distanzierung von starren implizierten Persönlichkeitstheorien zu Gunsten eines offeneren, differenzierteren Menschenbildes, das individuelle Variationen nicht nur zuläßt, sondern begrüßt.

2. Lernen

Bei der psychologischen Erforschung von Lernprozessen durch den Behaviorismus geht es vor allem um das bekannte Prinzip der Verstärkung, die die Auftretenswahrscheinlichkeit erfolgreichen Verhaltens steigert. Was als Verstärker wirkt, wird − wiederum durch Verstärkungsprozesse − gelernt. Wer aber in der Schule lernt, auf „falsche" Verstärker zu antworten und unrealistische Belohnungen zu erwarten, wird seltener Verstärkung für gute Leistung bzw. eigene Anstrengung erleben.

Für zielerreichendes Lernen (*Bloom* 1969) brauchen Schüler unterschiedlich viel Zeit. Die Forderung, daß alle Schüler gleichen Alters die geforderten Lernprozesse in gleicher Zeit abgeschlossen haben müßten, ist unrealistisch. Der Versuch der Schule, lerntempo*gleiche Schülergruppen* zu konstituieren, kann allenfalls näherungsweise gelingen; erfolgversprechender dürfte stattdessen die Konstruktion lerntempo*differenten Unterrichts* sein. Das unterschiedliche Lerntempo der Schüler erzwingt aber nicht nur den Verzicht auf „geistigen Gleichschritt" der Schulklassen, sondern unter Umständen auch den Verzicht auf die Forderung, daß alle Schüler am Ende einer Unterrichtseinheit oder eines Schuljahres genau Gleiches gelernt haben müßten. Auch aus dem „Regelschul-Unterricht" entnehmen nicht immer alle Schüler immer die gleichen Inhalte. Da Schüler an ihre unterschiedlichen Lerngeschwindigkeiten und -kapazitäten in quantitativer wie qualitativer Hinsicht gebunden sind, entstehen stets trotz gleicher Ziele divergente Lernergebnisse.

Nach der sozial-kognitiven Theorie des „Lernens am Modell" (*Bandura* 1979) können in der sozialen Umgebung beobachtbare Verhaltensweisen übernommen werden. Die Beispiele, an denen Schüler lernen, entscheiden über Flexibilität und Erfolg künftigen Handelns. Besonders das Verhalten von Mitschülern kann Modellcharakter gewinnen. Da kaum vorhersagbar ist, welche Personen bzw. welches Verhalten für einen Lernenden zum Vorbild werden, müssen Schülern möglichst viele verschiedene („positive") Handlungsbeispiele angeboten werden (vgl. *Mutzeck/Pallasch* [Hrsg.] 1987). Aufmerksamkeit auf Modelle für soziales Lernen, soziale Wahrnehmung und Konzentration, Merkfähigkeit und Gedächtnis werden durch die Diversifikation in der Peergroup optimiert. Deshalb sollten Behinderte nicht ausschließlich mit Menschen gleicher Behinderung zusammenleben. In leistungsgleichen Schülergruppen mit möglichst identischen Lernvoraussetzungen und Problemlösungsstrategien mindern sich die in der sozialen Umgebung entstehenden Lernanreize. Schüler mit besonderem Förderbedarf müssen Gleichaltrige erleben können, die sich lerneifrig, sozialkompetent und erfolgreich verhalten. Gerade auch Geistigbehinderten können nichtbehinderte Mitschüler demonstrieren, daß auch komplexes Geschehen zumindest teilweise „verstanden" bzw. „geistig bewältigt" werden kann (vgl. *Matt* et al. 1992; *Mühl* 1987). Schließlich liefert Gemeinschaft auch für unbelastete Schüler Förderimpulse sozialen Lernens; so kann Wahrheit werden, daß die Schüler in der Schule (wo sonst?!) auf das Leben in einer Gesellschaft vorbereitet werden, die auch ihre Minderheiten trägt und mit deren Benachteiligungen solidarisch ist.

3. Motivation

Lernprozesse entwickeln sich nicht zuletzt bei der Suche nach Erklärungen für Divergenzen zwischen kognitiven Elementen. Aktuelle Situationen mit kognitiven Dissonanzen regen die Lernenden zum Suchen von Antworten an. Je vielfältiger schulische Umgebung gestaltet wird, desto mehr Chancen ergeben sich für das Entstehen von Fragen, von Interessen, − von Lernmotivation. Insbesondere die Verschiedenheit von Kontaktpartnern wird mit Motiven zu sozialem Lernen beantwortet.

Die Leistungsmotivation entsteht demgegenüber (nach *Heckhausen* 1963) bereits im dritten Lebensjahr; Ausprägungsgrad und Zielrichtung sind jedoch auch später noch formbar. Zur Leistungsmotivation gehört die Auseinandersetzung mit einem individuellen Anspruchsniveau, einem persönlichen Gütemaßstab, den Schüler an der Gruppe Gleichaltriger orientieren. Kompetition im sozialen Kontext motiviert zu Einsatz und Steigerung der eigenen Leistung − sie birgt allerdings auch das Risiko des Mißerfolgs.

Bei Schülern, die viele Mißerfolge erleben, muß der sehr lerneinschränkenden Neigung entgegengewirkt werden, zu niedrige oder zu hohe Leistungsforderungen an sich selbst zu entwickeln (vgl. *Herz* 1982). In sozialer Isolation werden Mißerfolge leicht verwischt, und Erfolglose werden über eine Phase emotional-affektiver Stabilisierung hinaus in überbehütender Weise fortdauernd gegen Realität abgeschirmt (vgl. *Trabandt* 1979; *Wachtel/Wittrock* 1992). Verwöhnung behindert die Entwicklung von Leistungsmotivation und selbstwertsteigernder Lernerfolgserfahrungen. Schüler werden damit erst recht von ihren individuellen

Erfolgs- und Lernchancen abgeschnitten. Mißerfolgserfahrene brauchen pädagogische Unterstützung zu realistischer Anspruchsniveausetzung, die die individuellen Möglichkeiten und Erfolgschancen besser einschätzt (vgl. *Bowlby* 1983), und zur Entwicklung eines individuell angemessenen Gütemaßstabs, der sich notfalls durch Rollendistanz und Ambiguitätstoleranz (*Krappmann* 1982) auch von der Bindung an fremdgenormte Leistungsforderungen befreien kann.

Für die Lernmotivation und vor allem für die Steuerung der Leistungsmotivation sind die Kausalattribuierungen besonders wichtig, mit denen sich Schüler ihre Erfolge oder Mißerfolge erklären: Bei intern-variabler Attribuierung werden Leistungsergebnisse vorwiegend auf persönliche Anstrengung bezogen. Schüler sollten daran gewöhnt werden, die Ursachen für ihre Leistungserfolge oder -mißerfolge weder in äußeren noch in persönlich-unveränderlichen Faktoren (wie z. B. in „mangelnder Begabung") zu suchen; vielmehr sollten sie erkennen, daß sie ihren Erfolg durch das Instrument der eigenen Bemühung selbst beeinflussen können. Gemeinsame Erziehung erleichtert — vor allem durch die Möglichkeit sozialen Lernens am Modell der Mitschüler — auch behinderten Kindern Attribuierungen, die sowohl die Fähigkeiten und Fertigkeiten der eigenen Person berücksichtigen als auch am Leistungsverhalten der Peergroup orientiert sind. So gewinnen sie die Chance zur Setzung von auf die Gruppe bezogenen und dennoch persönlich adäquaten Anspruchsniveaus und entwickeln (im Erfolgsfall, der von der Schule herzustellen ist) durch volle Ausschöpfung ihrer individuellen Leistungsmöglichkeiten ein sich akzeptierendes Selbstkonzept, mithin positives Lebens- und Selbstwertgefühl durch Verwirklichung ihrer Identität (vgl. *Haupt* 1983). Dazu muß die Schule persönliche Anstrengung und eigenen Einsatz als lohnend erlebbar machen.

Zusammenfassung

— Integrative Pädagogik nutzt Methoden der psychologischen Diagnostik zu nicht diskriminierender Differenzierung von Schülerbedürfnissen, und

— sie vermeidet die Überschätzung der Intelligenzdimension schulischer Lerntätigkeit sowie starre Lernzielfixierung und entwickelt individuell angemessene, nicht überfordernde Formen von Unterricht und Erziehung.

— Integration statt Aussonderung verändert Lernchancen, indem sie das Erlernen der „richtigen" Verstärker sichert oder verbessert, sie verzichtet auf Normierungen und toleriert individuelle Unterschiede, und

— sie erhöht die Anzahl sozialpositiver Modelle („Vorbilder") und erweitert dadurch die Lernsituation.

— Aus motivtheoretischer Überlegung verweist integrative Erziehung auf kognitive Dissonanzen, stellt sie teilweise her und erzeugt damit Lernanlässe,

— sie fördert Lern- und Leistungsmotivation Behinderter in der Kompetition mit Nichtbehinderten und hilft mißerfolgserfahrenen Schülern zu realistischer Anspruchsniveausetzung, und

— sie setzt Impulse zu adäquater Attribuierung, ermutigt zum Entwurf angemessener Erwartungen und eröffnet Chancen zu einem sich akzeptierenden Selbstkonzept.

Erziehungspsychologisch orientierte Integrationspädagogik beantwortet den Auftrag zur Gestaltung gemeinsamen sozialen Lernens sowie individueller Förderung und Entfaltung der persönlichen Chancen jedes einzelnen Kindes im Sinne der Anleitung zu individueller Selbstverwirklichung durch Herstellung integrativer Prozesse in einer pluralistischen Gesellschaft, deren Bildungsziele von Kompetenz, Autonomie und Solidarität und deren Werthaltungen von Freiheit, Gleichheit und Brüderlichkeit geprägt sind.

Literatur

Aurin, K. (Hrsg.): Gute Schulen — worauf beruht ihre Wirksamkeit? Bad Heilbrunn 1990.

Bandura, A.: Sozial-kognitive Lerntheorie. Stuttgart 1979.

Bloom, B. S.: Lernen, kognitive Organisation und Intelligenz. In: *Haseloff, O. W.* (Hrsg.): Lernen und Erziehung. Berlin 1969, S. 93–119.

Bowlby, J.: Verlust, Trauer und Depression. Frankfurt/Main 1983.

Eggert, D. (Hrsg.): Beiträge zur sonderpädagogischen Forschung. Berlin 1975.

Gaude, P.: Schulpsychologie als Systemberatung. In: Der Jugendpsychologe 18 (1992) S. 19–23.

Haupt, U.: Grundschule. In: *Haupt, U./Jansen, G. W.* (Hrsg.): Pädagogik der Körperbehinderten. Handbuch der Sonderpädagogik (Bd. 8), Berlin 1983, S. 139–149.

Heckhausen, H.: Hoffnung und Furcht in der Leistungsmotivation. Meisenheim 1963.

Herz, O.: Verzagen heißt Versagen. Weinheim 1982.

Kornmann, R. (Hrsg.): Diagnostik bei Lernbehinderten. Rheinstetten 1975.

Krappmann, L.: Soziologische Dimensionen der Identität. Stuttgart 1982.

Lück, H. E./Miller, R./Rechtin, W. (Hrsg.): Geschichte der Psychologie. München 1984.

Matt, H./Podlesch, W./Schmitt, B. (Hrsg.): Integration von Kindern mit geistiger Behinderung und Kindern mit schweren Mehrfachbehinderungen. Wissenschaftliche Begleitung des landesweiten Schulversuchs (Bd. 1, 1990/91). Pädagogisches Zentrum. Berlin 1992.

Mühl, H.: Integration von Kindern und Jugendlichen mit geistiger Behinderung. Gemeinsame Erziehung mit Nichtbehinderten in Kindergarten und Schule. Berlin 1987.

Mutzeck, W./Pallasch, W. (Hrsg.): Integration von Schülern mit Verhaltensstörungen. Weinheim 1987.

Schulte, D. (Hrsg.): Diagnostik in der Verhaltenstherapie. München 1974.

Trabandt, H.: Wem hilft die Sonderschule? Kronberg 1979.

Wachtel, P./Wittrock, M.: Lebensproblemzentrierung als Gestaltungsprinzip für Erziehung und Unterricht. Vortrag auf dem Sonderpädagogischen Kongreß in Berlin 1992.

Annedore Prengel

Zur Dialektik von Gleichheit und Differenz in der Integrationspädagogik

Seit Eröffnung der ersten Integrationsklassen[1] Ende der siebziger Jahre lernen in der Geschichte unseres Bildungswesens erstmals geistig behinderte gemeinsam mit den anderen Schülerinnen und Schülern in einem explizit für die Bedürfnisse aller konzipierten Unterricht der Regelschule.

Zentrale Merkmale dieses Unterrichts sind der Verzicht auf gleichschrittiges Lernen, auf einheitliche Leistungsziele und hierarchisierende Einordnung der Leistungen durch Notenziffern. Mit Hilfe der Didaktik des offenen Unterrichts sollen vielmehr *gleichberechtigte* Beziehungen in der heterogenen Kindergruppe entwickelt werden, die das Lernen auf *verschiedenen* Niveaus in der Klassengemeinschaft ermöglichen. In der Integrationspädagogik wird damit eine neue Form des Verhältnisses von Gleichheit und Differenz in der Schulbildung entwickelt[2]. Es entsteht, und das ist historisch neu, eine Schule für alle Kinder, die eine allgemeine Bildung vermittelt, ohne daß dabei von vornherein eine Kindergruppe ausgeschlossen wäre.

1. Historischer Hintergrund

Einige stichwortartige Anmerkungen zur historischen Bedeutung der Dialektik von Gleichheit und Differenz sollen den Hintergrund dieser Entwicklung erhellen.

Gleichheit und Differenz sind seit der Antike zentrale Begriffe, wenn es um die Legitimation von gesellschaftlicher Ungleichheit geht, sie sind aber auch Leitideen für Emanzipationsbewegungen.

Vereinfachend läßt sich sagen, daß in konservativen Theorien die Unterschiede zwischen Menschen dazu dienen, ihre Unterordnung in gesellschaftlichen Hierarchien zu legitimieren. So wurden in den meisten traditionellen politischen Theorien Frauen, besitzlose Männer, Angehörige stigmatisierter (Sub-)Kulturen und Ethnien und marginalisierte Gruppen, wie Behinderte und Kranke von Macht, Besitz und weiteren Rechten ausgeschlossen (*Benhabib/Nicholson* 1987). Diese ungleiche Verteilung von Rechten und materiellem Vermögen wurde ontologisierend gerechtfertigt mit dem „natürlichen" Wesen der Menschen. So war, zum Beispiel im Mittelalter, Gleichheit ein „gruppeninterner Identifizierungsbegriff". „Gleich bedeutete standesgleich." Bei diesem Verständnis von Gleichheit „wurde die gegebene Sozialordnung vorausgesetz, ihre Abgrenzung nicht überschritten, sondern bestätigend festgehalten ... Als das Natürliche und Vernünftige galt eine Ordnung der gestuften Rechte und Vollkommenheiten" (*Dann* 1975, S. 1004).

In einer den konservativen Legitimationen von Ungleichheit entgegengesetzten Tendenz wird das Ideal einer universellen Gleichheit aller Menschen zur Rechtfertigung von Emanzipationsbestrebungen gesellschaftlicher Klassen propagiert. Diese Art der abstrakt-universellen Gleichheitsforderungen ist mit der Geschichte des Bürgertums, mit seinem gesellschaftlichen und politischen Aufstieg eng verbunden (*Marx*, MEW 23, 1971, S. 182). Das naturrechtlich begründete Menschenrecht der Gleichheit diente nicht der allgemeinen Emanzipation, sondern mit der Abschaffung von Adelsprivilegien und der Herstellung der formalen Gleichheit vor dem Gesetz den partikularen Interessen des Bürgertums. Emanzipatorische Gleichheitsforderungen wurden erst nach und nach auch von nichtbürgerlichen Schichten und von den Frauen aufgegriffen (*Dann* 1975, S. 1024).

Da traditionell Unterschiede zwischen Menschen zur Begründung von Entwertung und Unterdrückung herhalten mußten, versuchten unterprivilegierte Gruppen ihren Anspruch auf gleiche Rechte durch den Beweis ihrer Gleichartigkeit zu begründen. In einer solchen Logik haben Behinderte keinen Platz.

Dennoch zeigt die Diskussion um das Normalisierungskonzept, daß auch in der Integrationsbewegung zunächst eine Orientierung am Gleichheitsprinzip vorherrschte und die Einsicht in die Wichtigkeit des Differenzprinzips, also die gleiche Berechtigung und die gleiche Wertigkeit des Anders-Seins erst nach und nach gewonnen wurde[3] (*Thimm* u.a. 1985).

2. Gleichheit und Differenz in der Bildung

Die bürgerliche Emanzipation war ohne bürgerliche Bildung nicht denkbar. Das Konzept der Allgemeinbildung ging aus dieser Tradition hervor. Die Arbeiterbewegung war ohne die letztlich an der Emanzipation der männlichen Lohnarbeiter orientierte Arbeiterbildung nicht denkbar, dieser sozialistischen bzw. sozialdemokratischen Bildungstradition entsprach das Konzept der Einheitsschule, das den Arbeiterkindern ein gemeinsames Lernen mit den Kindern der höheren Schichten ermöglichen sollte. Die beiden genannten Bildungskonzepte beanspruchen mit der Begründung universeller Gleichheit der Menschen Allgemeingültigkeit. Sie müssen daraufhin untersucht werden, ob sie ihrem Anspruch gerecht werden, ob nicht ihr Universalismus ein „falscher Universalismus" ist. Als vom falschen Universalismus geprägt bezeichne ich all jene Bildungstheorien, die, während sie Allgemeingültigkeit propagieren, den partikularen Interessen einer Gruppe dienen und die partikularen Interessen anderer Gruppen ignorieren oder bekämpfen.

Allgemeinbildung beabsichtigt, eine übergreifende pädagogische Zielkategorie zu sein, die für alle pädagogischen Einzelaktivitäten übergeordnete Orientierungs- und Beurteilungskriterien liefert. Dieser Bildungsbegriff entspricht dem universellen Gleichheitsbegriff, denn er beansprucht für eine „ganze Gesellschaft", „letztlich" für „die Menschheit im Ganzen" (*Klafki* 1985, S. 17) gültige Kriterien zu liefern. Er ist bis in seine jüngsten Aktualisierungen hinein von den Widersprüchen der bürgerlichen Emanzipation, also von ihrem demokratischen Impuls und zugleich von ihrem elitären, anderen Gruppen ausgrenzenden Charakter geprägt.

Die reformpädagogische Einheitsschulbewegung war mit der Leitidee „Bildung für alle Kinder" von universalistischen Idealen beflügelt. Die Gleichheitsforderungen der Arbeiterbewegung kamen in ihr zum Ausdruck und sollten zugleich durch sie realisiert werden. Charakteristisch für das Konzept der Einheitsschule ist aber die Betonung der „Verschiedenartigkeit, nicht -wertigkeit der Menschen" (vgl. *Karsen* 1921, S. 111). In der Betonung der Verschiedenheit artikuliert sich die Kritik am falschen Universalismus, sie bewirkte, daß auch die Interessen von Kindern armer und ärmster Schichten, die in Schulen versagten, berücksichtigt werden konnten. Die Bildungsinteressen der behinderten, insbesondere der geistig behinderten Kinder aber kamen hier überhaupt noch nicht ins Blickfeld (*Muth* 1986)[4].

Die Bemühungen der Bildungsreform der frühen siebziger Jahre waren mehr noch als die Einheitsschulbewegung vom universalistischen Gleichheitsideal geprägt. Das Ziel der Chancengleichheit sollte durch so unterschiedliche pädagogische Anstrengungen wie kompensatorische Erziehung, Koedukation, Grundschulreform, Förderstufe und Gesamtschule erreicht werden, die allesamt zugleich am Prinzip der homogenen Jahrgangsklassen und einer Verwissenschaftlichung des Unterrichts orientiert sind. Plausibel und realisierbar erschienen die bildungsreformerischen Ziele der Erziehung zur Mündigkeit als Bildung für alle mit Hilfe von Förderkonzepten und Präventionsmaßnahmen aufgrund wissenschaftlicher Analysen vor allem der soziokulturellen Defizite proletarischer und subproletarischer Kinder und Jugendlicher sowie der Schule als Mittelstandsinstitution. So sehr die Bildungsreform Kinder aller Schichten tatsächlich gefördert hat (*Klemm* u. a. 1985), so sehr ist mittlerweile das Scheitern an den ursprünglichen Zielen deutlich: Auf die Unterschiedlichkeit der aufgenommenen Kinder wurde mit einem strikten innerschulischen Selektionssystem reagiert, dem alle Fördermaßnahmen im Grunde dienten.

3. Impulse der Integrationspädagogik

Die integrative Pädagogik stellt eine massive Kritik am falschen Universalismus der fortschrittlich-egalitären Bildungskonzepte dar. Sie macht deutlich, wie unter den universalistischen Leitideen der „Allgemeinbildung" und der „Bildung für alle Kinder" die individuell und (sub-)kulturell partikularen Interessen bestimmter Schüler/innengruppen ignoriert wurden: Die Konzepte der Einheitsschule und der Allgemeinbildung haben behinderte Kinder und Jugendliche immer ausgeschlossen. Die Integrationspädagogik ist aber zugleich ohne die demokratischen Gleichheitspostulate der Bildungsreform nicht denkbar. Im Gegenteil: Sie ermöglicht vielmehr eine Annäherung an das Ziel der Bildung für alle, gerade indem sie die partikularen Interessen behinderter und soziokulturell abweichender Schüler/innen nicht mehr ausgrenzt, sondern als Aufgabe der allgemeinen Regelschule ins Spiel bringt. Eine solche nichtausgrenzende Pädagogik meint die Utopie eines dialektischen Prozesses: Erst auf der Basis gleicher Rechte ist ein nichthierarisches „Miteinander des Verschiedenen" (*Adorno*) möglich (*Prengel* 1984, S. 143–146). Indem die Integrationspädagogik die egalitäre Tradition der Bildungsreform fortsetzt und hinsichtlich der Freiheit zur Verschiedenheit weiterentwickelt, unterscheidet sie sich von allen konservativen Versuchen (*Fetscher* 1983), Unterschiede zwischen Menschen zur Rechtfertigung von Hierarchien heranzuziehen.

Die integrative Pädagogik ist in Zusammenhang mit weiteren pädagogischen Richtungen zu sehen als Ansatz einer paradigmatisch neuen Offenheit für Heterogenität, in der universelle Gleichheitsrechte und partikular besondere Qualitäten miteinander vermittelt werden: die feministische Pädagogik, die interkulturelle Erziehung, die pädagogischen Selbsterfahrungsansätze und die ökologische Pädagogik. Alle intendieren eine Erziehung zur Gleichberechtigung, durch welche Frauenfeindlichkeit, Ausländerfeindlichkeit, Behindertendiskriminierung, Antisemitismus, Naturzerstörung und die psychischen Verdrängungsmechanismen, die ihnen zugrundeliegen, abgebaut werden sollen (*Becker 1986; Prengel 1986; Preuß-Lausitz 1986; Oubaid 1986; Nieke 1986; Reiser 1986; Schmid 1986*).

Die Integrationspädagogik hebt auf der Ebene der Theoriebildung die Trennung zwischen Allgemeiner Pädagogik und Sonderpädagogik auf. Aber eine Bildungstheorie, die in ihr Allgemeinbildungskonzept wirklich die partikularen Interessen aller Schülerinnen- und Schülergruppen aufnehmen könnte, existiert noch nicht. Der Unterricht in Integrationsklassen hingegen kommt der Utopie der gleichberechtigten Bildung aller Kinder näher, in welcher ihre Vielfalt und Individualität als bereichernd erfahren werden können.

Das gleiche Recht auf Verschiedenheit schließt die Freiheit aller Schülerinnen und Schüler zur Entfaltung ihrer Fähigkeiten auf allen denkbaren Leistungsniveaus mit ein. Integration erlaubt also auch den schnell lernenden Kindern, die im Regelunterricht wegen seiner Festlegung auf eine schmale Bandbreite des Lernniveaus gebremst werden, eine ungehemmte eigenaktive Leistungsentwicklung. Verschiedenheit meint hier aber auch die emotionalen Erlebnisqualitäten, die in Schulen ohne Aussonderung für alle möglich werden, zum Beispiel: Die Freude an selbstreguliertem Lernen, an Lernfortschritten auf welchem Niveau auch immer, an persönlichem Wachstum; die Achtung vor der Individualität jedes und jeder Einzelnen ohne den Zwang zu hierarchisierendem Vergleichen; die Erfahrung von Körperlichkeit und Sinnlichkeit, die Trauer um menschliche Beeinträchtigungen, die Auseinandersetzung mit Schmerz und Leid, in manchen Situationen sogar mit dem Tod. Die integrative Pädagogik fordert also zur Auseinandersetzung mit in der Moderne gesellschaftlich ausgegrenzten existentiellen Erfahrungen in der schulischen Sozialisation heraus (*Prengel* 1984; *Böhme/ Böhme* 1983).

Anmerkungen

1 In diesem Artikel ist nur von Integration im engeren Sinne die Rede, das heißt, es sind jene Schulversuche gemeint, die nicht prinzipiell eine Gruppe von Behinderten ausschließen.
2 Die Integration der Behinderten in die Regelschule wirkt sich nicht nur aus auf der Ebene der Kinder, sondern auch auf den Ebenen des Lehrens und der Schulverwaltung: Lehrkräfte mit verschiedenen Qualifikationen müssen lernen zu kooperiern und sich dabei in ihrer Verschiedenheit anerkennen. Die in der Verwaltungshierarchie getrennten Bereiche der Regelschulen und Sonderschulen müssen in Kontakt zueinander treten.

3 Die ausschließlich Gleichheit anstrebende Strömung der Frauenbewegung zum Beispiel läuft Gefahr, Emanzipation ausschließlich in der Anpassung der Frauen an männliche Normen zu sehen und damit die historisch gewordenen Qualitäten der weiblichen Existenzweise weiterhin zu entwerten (*Prengel* 1987). Ein ähnliches Problem tritt bei solchen Auffassungen von Normalisierung auf, die die Behinderten lediglich zu einem als normal gedachten Lebensideal hinführen wollen und nicht die Bedeutung ihrer besonderen Interessen gelten lassen.

4 Der Beitrag von *Sieglind Ellger-Rüttgardt* in diesem Buch zeigt, daß die frühen Kritiker der Hilfsschule die Frage der Nichtaussonderung der geistig Behinderten noch *nicht* im Auge hatten.

Literatur

Adorno, Th. W.: Negative Dialektik. Frankfurt 1980.

Becker, E.: Pädagogischer Universalismus in den neuen sozialen Bewegungen. In: *Tenorth* 1980, S. 251–266.

Benhabib, Seyla/Nicholson, Linda: Politische Philosophie und die Frauenfrage. In: *Fetscher, I./Münkler, H.*: Pipers Handbuch der politischen Ideen. Zürich 1987, S. 513–562.

Bleidick, U.: Freiheit und Gleichheit im Bildungswesen für Behinderte. In: *Thalhammer, M.* (Hrsg.): Gefährdungen des behinderten Menschen im Zugriff von Wissenschaft und Praxis. München 1986, S. 13–37.

Dann, O.: Gleichheit. In: *Brunner, O./Conze, W./Koselleck, R.* (Hrsg.): Geschichtliche Grundbegriffe. Historisches Lexikon zur politisch-sozialen Sprache in Deutschland, Bd. 2. Stuttgart 1975, S. 997–1046.

Dick, L. v./Keese-Philipps, H./Preuss-Lausitz, U. (Hrsg.): Ideen für grüne Bildungspolitik. Weinheim 1986.

Fetscher, I.: Neokonservative und ‚Neue Rechte‘. München 1983.

Flitner, A.: Gerechtigkeit als Problem der Schule und als Thema der Bildungsreform. In: Zeitschrift für Pädagogik 31 (1985) S. 1–26.

Karsen, F.: Einheitsschule. Leitsätze und Vorberichte. 2. Berichterstatter. In: Die Reichsschulkonferenz 1920. Leipzig 1921, S. 98–113.

Kehl, Ulla: Bildungspolitische Diskussionen und Entscheidungen im Hamburger Sonderschulwesen 1970–1983. In: *Wocken, H.*: Integrationsklassen in Hamburg. Erfahrungen Untersuchungen Anregungen. Oberbiel 1987, S. 27–62.

Klafki, W.: Neue Studien zur Bildungstheorie und Didaktik. Weinheim 1985.

Klemm, K./Rolff, H. G./Tillmann, K.-J.: Bildung für das Jahr 2000. Reinbek 1985.

Marx, K.: Das Kapital, *MEW* Bd. 23. Berlin 1971.

Muth, J.: Integration von Behinderten. Über die Gemeinsamkeit im Bildungswesen. Essen 1986.

Nieke, W.: Multikulturelle Gesellschaft und interkulturelle Erziehung. Zur Theoriebildung in der Ausländerpädagogik. In: Die deutsche Schule 78 (1986) S. 462–473.

Oubaid, Monika: Bildung verändern — aus der Perspektive von Frauenpolitik. In: *Dick/Keese-Philips/Preuss-Lausitz* 1986, S. 42–55.

Prengel, Annedore: Schulversagerinnen. Versuch über diskursive, sozialhistorische und pädagogische Ausgrenzungen des Weiblichen. Gießen 1984.

Prengel, Annedore: Erziehung zur Gleichberechtigung — eine vernachlässigte Aufgabe der Allgemeinen und der Politischen Bildung. In: Die deutsche Schule 78 (1986) S. 417–425.

Prengel, Annedore.: Gleichheit und Differenz der Geschlechter. Zur Kritik des falschen Universalismus der Allgemeinbildung. In: Zeitschrift für Pädagogik, 21. Beiheft (1987) S. 221–230.

Preuss-Lausitz, U.: Bildungspolitische Perspektiven für die neunziger Jahre – Grundlagen eines grünen Bildungsbegriffs. In: *Dick/Keese-Philips/Preuss-Lausitz* 1986, S. 13–28.

Reiser, H.: Ökologisches Denken und Integration Behinderter. MS Frankfurt 1986.

Reiser, H./Klein, G./Kreie, G./Kron, M.: Integration als Prozeß. In: Sonderpädagogik 16 (1986) S. 115–122; S. 153–160.

Schlömerkemper, J.: Bildung für alle – Über das Verhältnis von Egalität und Bildung. In: Die deutsche Schule 78 (1986) S. 405–416.

Schmid, Pia: Das Allgemeine, die Bildung und das Weib. In: *Tenorth* 1986, S. 202–214.

Tenorth, H. E. (Hrsg.): Allgemeine Bildung. Analysen zu ihrer Wirklichkeit. Versuche über ihre Zukunft. Weinheim 1986.

Thimm, W./Ferber, C. v./Schiller, B./Wedekind, R.: Ein Leben so normal wie möglich führen. Zum Normalisierungskonzept in der Bundesrepublik Deutschland und in Dänemark. Marburg 1985.

Alfred Sander

Behinderungsbegriffe und ihre Konsequenzen für die Integration

1. Vorbemerkung

Im Gespräch mit ausländischen Fachkollegen habe ich öfter wahrgenommen, daß das bei uns verbreitete Bestreben nach ausführlichen Begriffs-„Klärungen" am Beginn von Untersuchungsberichten und Abhandlungen Erstaunen oder auch stille Heiterkeit auslöst. Umständliche terminologische Erörterungen über Sachverhalte, von denen jeder Experte ein hinreichend klares Vorverständnis hat, gelten vielleicht sogar als „typisch deutsch". In handlungsorientierten Wissenschaften wie der Pädagogik sollte die Verbesserung der Handlungsfähigkeit im Vordergrund stehen; die Erörterung von Begriffen und Bezeichnungen sollte demgegenüber nur in instrumenteller Absicht erfolgen und beim Schreiber wie beim Leser nicht mehr Kraft verbrauchen als wirklich erforderlich.

Gemäß dieser Vorgabe will ich die folgende Begriffsdiskussion so knapp und so schlicht wie möglich halten. Daß sie überhaupt erforderlich ist, ergibt sich daraus,

— daß es keinen einheitlichen, allgemein anerkannten Behinderungsbegriff gibt;
— daß die verschiedenen Behinderungsbegriffe unterschiedliche Folgen für die betroffenen Personen hinsichtlich ihrer Integration (im weitesten Sinne) haben; und
— daß ich einen die Umfeldbedingungen berücksichtigenden Begriff hervorheben möchte, der integrationsorientiertes Denken und Handeln begünstigt.

2. Zur Herkunft des Behinderungsbegriffes in der Sonderpädagogik

Begriff und Bezeichnung „Behinderung" sind in der Pädagogik und ihren Nachbardisziplinen noch nicht sehr alt. Die ältere Heilpädagogik kannte den Begriff nicht. Im „Enzyklopädischen Handbuch der Heilpädagogik" von 1911 (*Dannemann* u. a. 1911, S. 258) gibt es kein Stichwort „Behinderung", „behindert" oder ähnlich. Ein umfassender Oberbegriff war damals nicht erforderlich, da die junge Heilpädagogik die medizinische Terminologie übernommen und noch keine eigene Theorie entwickelt hatte. Auch in der Rechts- und Verwaltungssprache war ein Oberbegriff nicht vonnöten, da die Bestimmungen sich jeweils auf einzelne Behinderungsarten erstreckten, die einzelbegrifflich bezeichnet wurden. Die enge Orientierung an der älteren Medizin mit ihrer Krankheitsklassifikation führte auch in der Heilpädagogik zu einer die „Abnormität" betonenden und damit die Integration erschwerenden Sichtweise.

Selbst in der 3., bislang letzten Auflage des „Enzyklopädischen Handbuches", 1965–1969 sukzessive erschienen (*Heese/Wegener* 1969), taucht „Behinderung" noch nicht als Stichwortartikel an der alphabetischen Stelle auf; es gab dort nur ein Verweisstichwort „Behindertenvereinigungen" (S. 253) und erst im Nachtrag 1969 einen Stichwortartikel „Behinderung" (*Bleidick* 1969, S. 3877). Der Begriff war damals bereits üblich, aber er schien wegen seines vermeintlich eindeutigen Inhaltes zunächst noch keines Handbuchartikels würdig. Er ist seit den 20er Jahren in der deutschen Heilpädagogik und Fürsorgeverwaltung aufgetreten, zunächst in der Zusammensetzung „Körperbehinderter" (statt „Krüppel"), dann in Zusammensetzungen, die andere Behinderungsarten bezeichneten, schließlich auch als Oberbegriff (vgl. *Heese/Solarová* 1973, S. 26; *Möckel* 1982, S. 30). Im Reichsschulpflichtgesetz des Nazi-Regimes von 1938 ist Paragraph 6, der den Besuch der verschiedenen Sonderschultypen erstmals reichseinheitlich regelte, überschrieben: „Schulpflicht geistig und körperlich behinderter Kinder" (*Gesetz* 1938, § 6). Das Adjektiv „behindert" mußte damals noch durch den Zusatz „geistig und körperlich" eindeutig bestimmt werden. Inzwischen ist das nicht mehr erforderlich; die Bezeichnung „Behinderter" ist heute ohne Zusatz sowohl in der Alltagssprache wie in der Rechtssprache eindeutig.

Wesentlichen Anteil an dieser Entwicklung hatte das „Bundessozialhilfegesetz", das in erster Fassung 1961 verkündet wurde. Dort ist ein für die praktische Sonderpädagogik wichtiger Unterabschnitt mit „Eingliederungshilfe für Behinderte" überschrieben (BSHG 1961, §§ 39–47). Behinderung oder Behinderter wurde im ursprünglichen BSHG zwar nicht definiert, aber gleich am Anfang dieses Unterabschnittes wurde der Personenkreis aufgezählt, dem Eingliederungshilfe für Behinderte zu gewähren war; so war der Begriff „Behinderter" enumerativ eben doch bestimmt. Da die Begriffsbestimmung im Kontext mit Eingliederung (Integration) erfolgte, wird der Passus von 1961 hier wiedergegeben:

„Unterabschnitt 7. Eingliederungshilfe für Behinderte
§ 39 Personenkreis und Aufgabe

(1) Eingliederungshilfe ist zu gewähren
1. Körperbehinderten oder von einer Körperbehinderung bedrohten Personen,
2. Blinden, von Blindheit bedrohten oder nicht nur vorübergehend hochgradig sehschwachen Personen,
3. Personen, die durch eine Beeinträchtigung der Hörfähigkeit nicht nur vorübergehend wesentlich behindert oder von einer solchen Behinderung bedroht sind,
4. Personen; die durch eine Beeinträchtigung der Sprachfähigkeit nicht nur vorübergehend wesentlich behindert oder von einer solchen Behinderung bedroht sind,
5. Personen, deren geistige Kräfte schwach entwickelt sind.

Körperbehindert im Sinne des Satzes 1 Nr. 1 sind Personen, die in ihrer Bewegungsfähigkeit durch eine Beeinträchtigung ihres Stütz- oder Bewegungssystems nicht nur vorübergehend wesentlich behindert sind oder bei denen Spaltbildungen des Gesichts oder des Rumpfes bestehen.
(2) Anderen Personen mit einer körperlichen, geistigen oder seelischen Behinderung kann Eingliederungshilfe gewährt werden ..."

Behindert im Sinne des Gesetzes ist also, wer eine Beeinträchtigung nach Absatz 1 Nummer 1 bis 5 aufweist; als behindert kann darüber hinaus anerkannt werden, wer gemäß Absatz 2 eine vergleichbare Beeinträchtigung aufweist. Die Behinderungsmerkmale sind hier in jedem Falle an der betreffenden Person zu suchen — unabhängig von ihrem Lebensumfeld.

3. Sonderpädagogische Behinderungsbegriffe

Dieser aus dem Sozialrecht kommende, unbestimmte Behinderungsbegriff hat sich in der Bundesrepublik Deutschland alltagssprachlich durchgesetzt. Er konnte jedoch wissenschaftlichen Ansprüchen der theoretischen Sonderpädagogik nicht genügen. Aus der Vielzahl sonderpädagogischer Fassungen des Behinderungsbegriffes seit Ende der 60er Jahre seien hier nur einige kurz dargestellt, die besonders oft zitiert werden. Im übrigen wird auf die differenzierte Fachliteratur verwiesen (z. B. *Bericht* 1976; *Bleidick* 1983, S. 72 ff.).

Die früheste unter den bis heute verbreiteten Definitionen stammt von Heinz *Bach*, der 1969 seine Begriffssystematik der Sonderpädagogik vorzustellen begann (z. B. *Bach* 1970). Für ihn ist Beeinträchtigung der logische Oberbegriff und Behinderung eine unter mehreren möglichen Ausprägungsformen der Beeinträchtigung. In seiner zuerst 1975 erschienenen „Sonderpädagogik im Grundriß" — bisher in mehr als 10 Auflagen verbreitet — definiert er:

„*Behinderungen* sind individuale Beeinträchtigungen, die
— *umfänglich* (d. h. mehrere Lernbereiche betreffend) *und*
— *schwer* (d. h. graduell mehr als ein Fünftel unter dem Regelbereich liegend) *und*
— *langfristig* (d. h. in zwei Jahren voraussichtlich nicht dem Regelbereich anzugleichen) sind" (*Bach* 1975, S. 9).

Auf die kritikwürdigen Operationalisierungsansätze in den Klammern soll hier nicht eingegangen werden. Die Behinderungsmerkmale sind nach dieser Definition an der betreffenden Person zu suchen; Behinderung ist eine „individuale" Beeinträchtigung. Neben weiteren individualen Beeinträchtigungsformen nennt *Bach* jedoch auch „Beeinträchtigungen der Gesellschaft", die für die Entstehung, Beibehaltung oder Steigerung individualer Beeinträchtigungen verantwortlich sind (ebd., S. 10). Der Zusammenhang zwischen Behinderung und gesellschaftlichem Umfeld wird also durchaus gesehen; er kann aber in der von *Bach* damals entwickelten Systematik nicht zentral thematisiert werden. Erst bei anderer Herangehensweise kommt der Autor neuerdings in einem weniger verbreiteten, gleichwohl gewichtigen Text zur Herausstellung des genannten Zusammenhangs: „Behinderung ist ihrem Wesen nach keine Eigenschaft, sondern *eine Relation* zwischen individualen und außerindividualen Gegebenheiten" (*Bach* 1985, S. 6).

1972 erschien in erster Auflage als theoretisches Hauptwerk von Ulrich *Bleidick* die „Pädagogik der Behinderten". In diesem Werk, das inzwischen in der 5. Auflage vorliegt, wird der Behinderungsbegriff weit ausholend und ausführlich diskutiert (*Bleidick* 1972, S. 75 ff.), allerdings nicht in einer knappen Formel zusammengefaßt. Behinderung ist für *Bleidick* kein Begriff der Pädagogik; die Behindertenpädagogik muß jedoch auf genuin erziehungswissenschaftlichen

Grundbegriffen aufgebaut werden. „Behinderung wird erst dadurch pädagogisch relevant, daß sie als entscheidende intervenierende Variable in der Erziehung auftritt ... Nur jene Gebrechen fallen unter den Begriff der Pädagogik der Behinderten, die den üblichen Weg der Erziehung im jeweils vorhandenen Schulsystem mit seinen momentan gegebenen pädagogischen Möglichkeiten verstellen" (*Bleidick* 1972, S. 84). Erziehung wird hier eingeschränkt auf schulische Erziehung und Bildung. Ein Kind mit einer Sehschädigung z. B. gilt dann als behindert, wenn die Sehschädigung den in der betreffenden Kultur üblichen schulischen Bildungsweg versperrt. Der erziehungswissenschaftliche Behinderungsbegriff muß also die „Bildungsbehinderung" zum Gegenstand haben. *Bleidick* (1972, S. 120) gliedert in „Bildungsbehinderung aufgrund von Sehschädigung (Blindheit und Sehbehinderung)", „... aufgrund von Hörschädigung (Gehörlosigkeit und Schwerhörigkeit)", „... aufgrund von Sprachschädigung" usw. Eine Kritik dieses Ansatzes habe ich an anderer Stelle vorgetragen (*Sander* 1985, S. 20 f.). Im hiesigen Zusammenhang sei vor allem auf das Konzept „Behinderung aufgrund von ...-Schädigung" hingewiesen, das weiter unten wieder aufgegriffen wird.

Bach, Bleidick und andere namhafte Vertreter der bundesdeutschen Sonderpädagogik wirkten im Ausschuß „Sonderpädagogik" des Deutschen Bildungsrates bei der Erarbeitung der vielzitierten Empfehlung „Zur pädagogischen Förderung behinderter und von Behinderung bedrohter Kinder und Jugendlicher" zusammen, die im Oktober 1973 verabschiedet und seither mehrfach wiederaufgelegt wurde. Die Empfehlung enthält ein Definitionskapitel; darin heißt es eingangs:

„Als behindert im erziehungswissenschaftlichen Sinne gelten alle Kinder, Jugendlichen und Erwachsenen, die in ihrem Lernen, im sozialen Verhalten, in der sprachlichen Kommunikation oder in den psychomotorischen Fähigkeiten so weit beeinträchtigt sind, daß ihre Teilhabe am Leben der Gesellschaft wesentlich erschwert ist. Deshalb bedürfen sie besonderer pädagogischer Förderung" (*Deutscher Bildungsrat* 1979, S. 32).

Der Bildungsrat beschränkt sich also wie *Bleidick* ausdrücklich auf einen erziehungswissenschaftlichen Behinderungsbegriff und verwendet wie *Bach* das Wort „beeinträchtigt" als Oberbegriff zu „behindert". Die im letzten Satz genannte „besondere pädagogische Förderung" umfaßt viel mehr als spezielle pädagogische Förderung in Sonderschulen und anderen Sondereinrichtungen, sie umfaßt im Sinne der Bildungsratsempfehlung zunächst und vor allem spezielle pädagogische Förderung in Regelschulen und vorschulischen Regeleinrichtungen. Denn die Empfehlung stellt ausdrücklich „der bisher vorherrschenden schulischen Isolation Behinderter ihre schulische Integration entgegen" (ebd., S. 16).

Im Definitionskapitel der Empfehlung wird im Anschluß an den oben zitierten Absatz festgestellt, daß Behinderungen „ihren Ausgang nehmen (können) von Beeinträchtigungen" des Sehens, des Hörens, der Sprache, der Stütz- und Bewegungsfunktionen, der Intelligenz, der Emotionalität, des äußeren Erscheinungsbildes sowie von bestimmten chronischen Krankheiten (ebd., S. 32). Die Formulierung läßt das oben bereits erwähnte Konzept durchscheinen, daß Behinderung aufgrund von Schädigungen oder von Beeinträchtigungen wichtiger menschlicher Funktionen entsteht. Die Behinderung eines Menschen ist nicht identisch mit seiner — medizinisch oft genau faßbaren — Schädigung, und sie ist auch nicht linear abhängig von der Schädigung; vielmehr wird sie von anderen, außerindividualen Bedingungen wesentlich mitbestimmt.

4. Zum Behinderungsbegriff der WHO

Die Weltgesundheitsorganisation (WHO) hat nach langen Vorarbeiten 1980 eine „International Classification of Impairments, Disabilities, and Handicaps" vorgelegt, die die außerindividualen Bedingungen systematisch berücksichtigt. Zudem wird darin der Zusammenhang zwischen Schädigung und Behinderung thematisiert. In der deutschen Fachliteratur sind allerdings unterschiedliche, teils widersprüchliche Übersetzungen der eng beieinander liegenden Begriffe impairment, disability und handicap zu finden (einige Beispiele s. Tabelle 1), so daß hier vorab die Festlegung auf eine Übersetzung erfolgen muß.

Tab. 1: Übersetzungen der zentralen WHO-Begriffe ins Deutsche

WHO 1980	impairment	disability	handicap
Bundesminister für Arbeit	Schädigung	Beeinträchtigung	Behinderung
Jantzen 1985	Schädigung	Leistungs-minderung	Behinderung
Mittelsten Scheid 1985	Schaden, Beschädigung	Behinderung	Benachteiligung

Obgleich die Übersetzung durch den *Bundesminister* für Arbeit und Sozialordnung (1983, S. 4) als die offizielle gelten kann, bevorzuge ich die von *Jantzen* (1985, S. 106) gewählte, unter anderem weil das Wort „Beeinträchtigung" in der deutschen Fachsprache — zum Beispiel durch die oben angeführte verbreitete Begriffssystematik von *Bach* — schon mit anderer Bedeutung verwendet wird. Die von *Mittelsten Scheid* (1985, S. 261 f.) vorgeschlagene Übersetzung ist kein singulärer Fall, sondern findet sich so auch schon bei *Bärsch* (1973, S. 7); von den heutigen Definitionen der WHO her erscheint diese Übersetzung aber nicht sinnvoll.

Die WHO definiert unter Berufung auf ihre Erfahrungen im Gesundheitswesen wie folgt:

— „an impairment is any loss or abnormality of psychological, physiological, or anatomical structure or function" (WHO 1980, S. 47); vom *Bundesminister* (1983, S. 4) herausgegebene Übersetzung: „Schädigung: Jeder Verlust oder jede Anomalie einer psychologischen, physiologischen oder anatomischen Struktur oder Funktion"
— „a disability is any restriction or lack (resulting from an impairment) of ability to perform an activity in the manner or within the range considered normal for a human being" (WHO 1980, S. 143); Übersetzung: „Leistungsminderung: Jede (auf eine Schädigung zurückgehende) Einschränkung der Fähigkeit oder die Unfähigkeit, eine Tätigkeit so und im Rahmen dessen auszuüben, was für einen Menschen als normal gilt" (*Bundesminister* a.a.O.)

— "a handicap is a disadvantage for a given individual, resulting from an impairment or a disability, that limits or prevents the fulfilment of a role that is normal (depending on age, sex, and social and cultural factors) for that individual" (WHO 1980, S. 183); vom *Bundesminister* (a. a. O.) herausgegebene Übersetzung, in der ich wieder das Wort „Beeinträchtigung" durch „Leistungsminderung" ersetze: „Behinderung: Eine auf eine Schädigung oder Leistungsminderung zurückgehende Benachteiligung, die einen bestimmten Menschen teilweise oder ganz daran hindert, eine Rolle auszufüllen, die für ihn nach Alter, Geschlecht und sozio-kulturellen Faktoren normal wäre".

Behinderung kann man also im Prinzip auf einer sozialen bzw. soziologischen Ebene angesiedelt sehen (vgl. *Jantzen* 1976, S. 432), während Leistungsminderung schwerpunktmäßig auf einer individuellen, psychologischen Ebene sich abspielt und Schädigung auf der organischen, biologischen Ebene besteht (vgl. auch *Jantzen* 1985, S. 106 f.). Behinderung als die Erschwerung oder Unmöglichkeit, eine „normale" Rolle auszufüllen, fällt auf die soziale Umwelt zurück, da sie die Rollen bestimmt. Ideal ist eine Umwelt denkbar, die so vielfältige Rollenerwartungen hegt, daß auch ein Mensch mit Schädigung und Leistungsminderung gesellschaftlich akzeptierte Rollen ausfüllen kann. Dieser Mensch wäre trotz Schädigung und Leistungsminderung im Sinne der WHO-Begriffe frei von Behinderung.

Der Fall ist als Nr. 4 in Tabelle 2 schematisch dargestellt.

Tab. 2: Beziehungen zwischen den drei WHO-Begriffen

	Schädigung	Leistungsminderung	Behinderung
Fall 1	[x] ⟶	[x] ⟶	[x]
Fall 2	[x] ————————————⟶		[x]
Fall 3		[x] ⟶	[x]
Fall 4	[x] ⟶	[x]	

Die Fälle 1–3 ergeben sich unmittelbar aus den zitierten Definitionen der WHO. Fall 1 – aus einer Schädigung resultiert eine Leistungsminderung, aus der Leistungsminderung entsteht im sozialen Kontext die Behinderung – kann als Grundmodell der WHO-Definition bezeichnet werden (vgl. auch WHO 1980, S. 11). Die WHO-Definitionen sind für integrationsorientiertes Nachdenken über den Behinderungsbegriff anregend und hilfreich.

5. Ein ökosystemischer Behinderungsbegriff für die Integrationspädagogik

Wenn man Behinderung konsequent nicht als Eigenschaft bestimmter Personen versteht, sondern als sozial bedingte Folge von Schädigung oder Leistungsminderung, als eine ungünstige „Relation zwischen individualen und außerindividualen Gegebenheiten" (*Bach*, s. Abschn. 3), so gewinnen die außerindividualen

Gegebenheiten sehr an Bedeutung. Während die bisherige Sonderpädagogik vom „medizinischen Modell" geprägt ist, also vor allem die (defektiven) Eigenschaften der Person untersucht und auf dieser Diagnose ihren pädagogischen Behandlungsplan aufbaut, erfordert das neue Verständnis von Behinderung in jedem Fall auch die sorgfältige Erfassung der Umfeldgegebenheiten und ihre Einbeziehung in den pädagogischen Handlungsplan. Sonderpädagogisches Handeln im neuen Verständnis geht nicht von der Schädigungsdiagnose, sondern von der Behinderungsdiagnose aus.

Jeder Mensch lebt in einem sozialen und materiellen Umfeld, das neben kulturell und epochal bedingten allgemeinen Zügen auch weniger allgemeine Züge aufweist: subkulturelle, vom Soziotop bestimmte, familiale bis hin zu ganz individuellen Zügen und Lebensumständen. Diese vielschichtigen „ökologischen" Faktoren bestehen meist nicht unabhängig von dem betreffenden Menschen, sondern stehen mit ihm in einem Systemzusammenhang. Die Behinderung eines Kindes mit einer Schädigung oder Leistungsminderung läßt sich nur beurteilen, wenn man das konkrete Kind-Umfeld-System kennt. Dieser „ökosystemische Ansatz" (vgl. *Christ* u. a. 1986; *Sander* 1987) impliziert einen Behinderungsbegriff, der dem der WHO nahesteht und integrationsorientiertes Denken unterstützt.

Behinderung als soziale Folge einer Schädigung oder Leistungsminderung zeigt sich — das liegt auf der Hand — in gestörter Integration des betreffenden Menschen in sein Umfeldsystem. Integration muß jedenfalls dann als gestört gelten, wenn sie intersubjektiv durch ein diagnostisches Team als ungenügend beurteilt wird. Beratung und Beurteilung durch ein diagnostisches Team aus Bezugspersonen des behinderten Menschen, aus Experten, die ihn und Teile seines Umfeldes persönlich kennen, und möglichst unter Mitwirkung des behinderten Menschen selbst, ist eine typische Verfahrensweise im ökosystemischen Ansatz. Nur so kann es gelingen, die „Umfeld-Diagnose" hinreichend breit durchzuführen und abzusichern (vgl. auch *Hildeschmidt/Sander* in diesem Band).

Gestörte oder ungenügende soziale Integration ist unter diesem Begriffsverständnis nicht nur ein Erscheinungsbild von Behinderung, sondern sie ist, wenn und soweit sie infolge von Schädigung oder Leistungsminderung entstanden ist, die Behinderung selbst. Die Behinderung besteht in ungenügender Integration. Wir können definieren: *Behinderung liegt vor, wenn ein Mensch auf Grund einer Schädigung oder Leistungsminderung ungenügend in sein vielschichtiges Mensch-Umfeld-System integriert ist.*

Ein solcher ökosystemischer Behinderungsbegriff hat den Vorteil, daß er den Blick unmittelbar auf den Prozeß der Integration des betreffenden Menschen in sein konkretes Umfeld lenkt und damit pädagogische Handlungsmöglichkeiten öffnet. Denn selbst wenn sich — wie es häufig der Fall ist — die Schädigung und die Leistungsminderung der pädagogischen Beeinflussung entziehen, kann doch an der Behinderung, d. h. an der ungenügenden Integration, pädagogisch gearbeitet werden. Die Umfeldbedingungen können so verändert werden, daß der betreffende Mensch weniger behindert ist als zuvor. Zum Beispiel können für ein sechsjähriges Kind mit einer Schädigung und Leistungsminderung pädagogische Bemühungen unternommen werden, das örtliche Umfeld Schule so zu verändern, daß das Kind die Grundschule seines Wohnbezirkes besuchen kann und dort optimale Förderung, spezifische Unterstützung in sozialer Akzeptanz erfährt. Dann ist dieses Kind weniger behindert, als wenn es eine Sonderschule für seine Schädigungsart besuchen würde.

Behinderung wurde in der bisherigen Sonderpädagogik hauptsächlich dadurch angegangen, daß Spezialisten „an" dem betreffenden Kind gearbeitet haben. In ökosystemischer Sichtweise wird Behinderung auch dadurch beeinflußbar, daß an den konkreten Umfeldbedingungen integrationsorientiert gearbeitet wird. Für den handelnden Pädagogen, aber auch für das mithandelnde Kind tun sich hier aussichtsreiche Perspektiven auf.

Literatur

Bach, H.: Umfang und Struktur der Sonderpädagogik (Heilpädagogik). In: Zeitschrift für Heilpädagogik 21 (1970) S. 361–366.

Bach, H.: Allgemeine Sonderpädagogik. In: *Bach, H.* u. a.: Sonderpädagogik im Grundriß. Berlin 1975, S. 5–78.

Bach, H.: Grundbegriffe der Behindertenpädagogik. In: *Bleidick, U.* (Hrsg.): Theorie der Behindertenpädagogik (Handb. d. Sonderpäd., Bd. 1). Berlin 1985, S. 3–24.

Bärsch, W.: Der Behinderte in der Gesellschaft. In: Behinderte − inmitten oder am Rande der Gesellschaft. Berlin 1973, S. 7–23.

Bericht über das Kolloquium „Zum Begriff der Behinderung". In: Zeitschrift für Heilpädagogik 27 (1976) S. 393–446.

Bleidick, U.: Behinderung, Behinderte, Pädagogik der Behinderten. In: *Heese, G./Wegener, H.* (Hrsg.): Enzyklopädisches Handbuch der Sonderpädagogik und ihrer Grenzgebiete. Berlin [3]1969, Spalte 3877–3885.

Bleidick, U.: Pädagogik der Behinderten. Berlin [4]1983.

BSHG: Bundessozialhilfegesetz vom 30.6.1961. In: Bundesgesetzblatt I 1961, S. 815–842.

Bundesminister für Arbeit und Sozialordnung (Hrsg.): Weltaktionsprogramm für Behinderte (Jahrzehnt der Behinderten der Vereinten Nationen 1983–1992). Bonn 1983.

Christ, K./Hildeschmidt, A./Meister, H./Sander, A./Theis, C.: Ökosystemische Beratung (Arbeitsbericht Nr. 35). Saarbrücken (Universität) 1986.

Dannemann, A./Schober, H./Schulze, E. (Hrsg.): Enzyklopädisches Handbuch der Heilpädagogik. Halle 1911.

Deutscher Bildungsrat (Hrsg.): Empfehlungen der Bildungskommission: Zur pädagogischen Förderung behinderter und von Behinderung bedrohter Kinder und Jugendlicher. Stuttgart [3]1979.

Gesetz über die Schulpflicht im Deutschen Reich (Reichsschulpflichtgesetz) vom 6.7.1938. In: Reichsgesetzblatt I 1938, S. 799–801.

Heese, G./Solarová, S.: Behinderung und soziale Devianz. In: Behinderte − inmitten oder am Rande der Gesellschaft. Berlin 1973, S. 25–60.

Heese, G./Wegener, H. (Hrsg.): Enzyklopädisches Handbuch der Sonderpädagogik und ihrer Grenzgebiete. Berlin [3]1969.

Jantzen, W.: Zur begrifflichen Fassung von Behinderung aus der Sicht des historischen und dialektischen Materialismus. In: Zeitschrift für Heilpädagogik 27 (1976) S. 428–436.

Jantzen, W.: Der Beitrag der Soziologie zur Sonder- und Heilpädagogik. In: *Gerber, G./Kappus, H.* u.a. (Hrsg.): Der Beitrag der Wissenschaften zur interdisziplinären Sonder- und Heilpädagogik. Wien (Universität) 1985, S. 105–119.

Mittelsten Scheid, E.: Jedem Behinderten die richtige Arbeit. In: International Journal of Rehabilitation Research 8 (1985) S. 259–271.

Möckel, A.: Arbeit am Behinderten? — Die Barbarei beginnt mit der Sprache. In: *Schmidtke, H.-P.* (Hrsg.): Sonderpädagogik und Sozialpädagogik. Heidelberg 1982, S. 27–37.

Sander, A.: Zum Problem der Klassifikationen in der Sonderpädagogik — Ein ökologischer Ansatz. In: Vierteljahresschrift für Heilpädagogik und ihre Nachbargebiete 54 (1985) S. 15–31.

Sander, A.: Zur ökosystemischen Sichtweise in der Sonderpädagogik. In: *Eberwein, H.* (Hrsg.): Fremdverstehen sozialer Randgruppen. Berlin 1987, S. 207–221.

WHO: International Classification of Impairments, Disabilities, and Handicaps. Genf (World Health Organization) 1980.

Jutta Schöler

Nichtaussonderung von „Kindern und Jugendlichen mit besonderen pädagogischen Bedürfnissen"

Auf der Suche nach neuen Begriffen

1. Kinder mit Behinderungen im Kindergarten und in der Schule

In unserer Gesellschaft gibt es eine lange Tradition im Umgang mit „Behinderten". Diese Tradition ist jedoch die der Absonderungen. Als normal gilt es, behinderte Menschen von den normalen Menschen zu trennen (*Mürner* 1982).

In einer Gesellschaft, die behinderte Menschen absondert, wird die gesamte Persönlichkeit des von einer Behinderung betroffenen Menschen auf die Tatsache „Behinderung" reduziert. Die Mitmenschen beginnen in dem Augenblick der medizinischen oder psychologischen Diagnose eines Defizites mit dem Prozeß der Aussonderung (zumindest in ihren Erwartungen).

Wo Integration praktiziert wird, müssen auch die alten Begriffe überprüft werden – damit sich ein neuer Sprachgebrauch entwickeln kann. Verallgemeinerungen und falsche Differenzierungen im Zusammenhang mit dem Begriff „Behinderung" müssen überwunden werden.

Ein Beispiel:
Es hat sich herumgesprochen: In der Nachbarschaft wird eine Familie mit ‚einem Behinderten' einziehen. Keiner weiß, ob „es" ein Junge oder ein Mädchen – eine erwachsene Frau oder ein Mann sei. Ist „es" geistig behindert oder taub, blind oder auf einen Rollstuhl angewiesen? Niemand weiß solche Details. Es ist die Familie mit *dem Behinderten*!

Das ♿ -Symbol reduziert den Menschen mit einer Behinderung auf ein geschlechtsloses, passives Wesen mit einem i-Punkt als Kopf.

Vor kurzem begrüßte mich ein Schulleiter: „Wir wollen uns über dieses sicherlich sehr interessante Thema – Integration von Behinderten – informieren. Aber Sie sehen es selbst. Bei den vielen Treppenstufen, die wir in unserer Schule haben, muß es für uns eine theoretische Diskussion bleiben." – „Behinderte" = „Rollstuhlfahrer", obwohl RollstuhlfahrerInnen * nur einen verschwindend geringen Anteil aller SonderschülerInnen ausmachen. (SchülerInnen an Körperbehindertenschulen nach Einschätzung der KMK von 1972 = 0,2%, davon sind – zumindest nach meinen Beobachtungen in Berlin, weniger als 50% auf einen Rollstuhl angewiesen.)

---

*) Wenn ich bewußt machen möchte, daß weibliche *und* männliche Individuen an einer Handlung beteiligt sind, dann wähle ich die Schreibweise: RollstuhlfahrerIn, SchülerIn, PädagogIn usw.

108

Jenem Schulleiter habe ich vorgeschlagen, daß wir die etwa 0,1% aller SchülerInnen, für die die Treppenstufen seiner Schule ein Hindernis wären, bei der anschließenden Diskussion vernachlässigen und uns gemeinsam Gedanken darüber machen, wie die übrigen etwa 5% der SchülerInnen, die 1984 in der Bundesrepublik Deutschland tatsächlich die Sonderschulen besuchten, in die Regelschulen zu integrieren seien.

Verallgemeinerung, Ängste und Unwissenheit kennzeichnen die Diskussion an Regelschulen, wenn es um die Integration der unbekannten „Behinderten" geht.

Differenzierung kennzeichnet die Diskussion an Sonderschulen: Mit welchem Sehrest ist ein Kind noch sehbehindert oder schon blind? Mit welchem Hörrest noch hörbehindert oder schon gehörlos? Ist die Sprachbehinderung auf verringertes Hörvermögen, auf eine Entwicklungsverzögerung, auf eine geistige Behinderung oder auf eine Körperbehinderung zurückzuführen?

Die betroffenen Kinder und ihre Eltern haben viele Vorstellungsgespräche und Testverfahren hinter sich, bevor über die „Schulzuweisung" entschieden wird. Am schwierigsten ist die Situation der mehrfach behinderten Kinder.

Welches ist der richtige Kindergarten/die richtige Schule für ein Mädchen, das als Vierjährige die folgende Diagnose erhielt: „Stark hörbehindert, blind, körperbehindert, Sprachentwicklung gering — geistige Behinderung kann nicht ausgeschlossen werden"?

Weder die Verallgemeinerungen der RegelpädagogInnen noch die Differenzierungen der SonderpädagogInnen dürfen die Integrationsdiskussion bestimmen. In der pädagogischen Fachdiskussion sollte der Begriff: „Behinderte" ersetzt werden durch: „Kinder/Jugendliche mit Behinderungen". Die Tatsache der Behinderung prägt nicht die gesamte Persönlichkeit sondern: eine Behinderung ist eines — von vielen — Persönlichkeitsmerkmalen des Menschen.

Behinderung liegt — orientiert an der Definition von *Sander* in diesem Band — nicht mehr vor, wenn im Zusammenhang mit pädagogischen Reformen die Schule so verändert wird, daß auch Kinder mit Schädigungen in ihr normales Umfeld integriert sind und dort die Gelegenheit erhalten, selbst bei geminderter Leistungsfähigkeit eine akzeptierte soziale Rolle zu finden (vgl. *Schöler* in: *Heyer* u.a., 1993)

Ein Kind mit einer Behinderung ist in seiner eigenen Wahrnehmung vor allen anderen, es selbst bestimmenden Persönlichkeitsmerkmalen, *ein Kind* und *kein Erwachsener*. Für ein von früher Kindheit an blindes, taubes oder körperbehindertes Kind ist es „normal", andere Formen der Aneignung von Kulturtechniken zu entwickeln als die Mehrheit der gleichaltrigen Kinder. Ein blindes oder taubes, ein körperbehindertes und jedes „normale" Kind erlebt sich selbst *in der ständigen Auseinandersetzung mit anderen Kindern*, wenn die Erwachsenen es nicht von den anderen Kindern trennen. Therapeutische und sonderpädagogische Angebote können das Kinderspiel ergänzen. Die Normalität des Kindes mit einer Behinderung kann sich jedoch nur in der Normalität der Lebensrealität entwickeln, in der alle anderen Kinder desselben Kulturkreises sich zur selben Zeit auch entwickeln.

Zur Verdeutlichung drei Beispiele, auf die ich im folgenden Text öfter zurückgreifen werde:

I. Ein Streit auf dem Spielplatz: Wer darf den begehrten Posten des Torwartes einnehmen? „Du bist doch blöd, Du kennst ja nicht einmal die Regeln!" — „Bist wohl behindert? — hau ab!" Wütend schießt der so Angesprochene den Ball quer über den Platz.

Er achtet nicht darauf, daß ein Mädchen aus der Nachbarschaft mit wackeligen Schritten – auf einen Puppenwagen gestützt – in den Weg kommt. „Kannste nicht mal aufpassen, siehst Du nicht, daß die behindert ist?"

II. Ein blinder Junge ist Schüler der 9. Klasse einer Gesamtschule. Der Schulleiter, nach der Lehrprobe einer Referendarin: „Das hätte ich nie für möglich gehalten – der blinde Junge war eine Bereicherung für den Unterricht."

III. Eine Gesamtschullehrerin spricht mich in der Pause an: „Daß Sie die Rollstuhlfahrerin in unsere Schule integriert haben, ist ja ganz gut und schön. Die meisten haben hier aber ganz andere Probleme. Soll ich die Jugendlichen erst zu Behinderten erklären, um Unterstützung zu bekommen? Eine meiner Schülerinnen geht nicht mehr nach Hause: Mutter und Tochter reden nicht mehr miteinander, der Stiefvater trinkt ständig. Augenblicklich kümmert sich um das Mädchen nur ein Zuhälter. *Das* sind die wirklichen Probleme für uns Lehrer und nicht die Behinderten."

Die beiden Jungen in der ersten Episode benutzen oft die abwertende Kurzformel: „Bist wohl behindert!" Das ihnen vertraute spastisch behinderte Mädchen aus der Nachbarschaft wird von ihnen beschützt.

Der Begriff „behindert" wird in unserer deutschen Sprache vielfältig gebraucht. Mit dem „Grad der Behinderung" wird für Erwachsene die „Minderung der Erwerbfähigkeit" (MdE) festgelegt. Wenn es um die Höhe von „Hilflosenpflegegeld" oder die Beiträge für den Kindergarten geht, ist der „Grad der Behinderung" für die Eltern behinderter Kinder wichtig.

Im Zusammenhang mit Schule dient der Begriff „behindert" bisher der Begründung von Verwaltungsentscheidungen, die für die Kinder zur Absonderung von den „normalen" Kindern führt. Integrationspädagogik strebt dagegen an: *Das Zusammenleben von Menschen mit und ohne Behinderung ist Normalität!* Durch *Verwaltungsentscheidungen* muß festgelegt werden, in welcher Form die besonderen pädagogischen Bedürfnisse der Kinder mit Behinderung Berücksichtigung finden sollen. Dies geschieht seit Beginn der 90er Jahre in zahlreichen Bundesländern durch die Förderausschüsse, so z. B. in Berlin, Brandenburg, im Saarland und in Schleswig-Holstein (vgl. *Zielke* in: *Heyer* u. a., 1993).

In den USA z. B. wird für die Kinder, die nicht ohne weitere Unterstützung im „mainstream", d. h. im „Hauptstrom" der Gesamtschülerschaft hinreichend gefördert werden können, ein „Individuelles Erziehungs-Programm" formuliert (*Rutte* 1984).

In Italien wird unterschieden zwischen den *Schülern mit Behinderungen und Lernschwierigkeiten und den Schülern, bei denen die Lernschwierigkeiten mit Benachteiligungen verbunden sind* (s. *Schöler* 1987, S. IX). „Träger einer Behinderung" erhalten in Italien ein Gutachten – „certificato", womit die Verringerung der Klassenfrequenz und die Zuteilung von Stützlehrerstunden automatisch verbunden ist. Alle weiteren Maßnahmen entscheiden die beteiligten LehrerInnen. Für SchülerInnen, deren Lernschwierigkeiten auf Benachteiligungen zurückzuführen sind, können in Italien – zeitlich begrenzt – zusätzlich unterstützende Maßnahmen bei der Schulverwaltung beantragt werden.

In der Bundesrepublik Deutschland beharren die Schulverwaltungen auf dem Begriff *„Kinder mit sonderpädagogischem Förderbedarf"* (vgl. Schulgesetze, Verordnungen und Erlasse in Berlin, Brandenburg, Bremen, Hamburg, Hessen, Niedersachsen, Schleswig-Holstein und Saarland sowie: „Bericht zum Unterricht für Schüler und Schülerinnen mit sonderpädagogischem Förderbedarf", der von der Kultusministerkonferenz im September 1991 zustimmend zur Kenntnis genommen wurde). Diese Begrifflichkeit: „sonderpädagogischer Förderbedarf" wird schulpolitisch mit der Sicherung zusätzlicher Lehrerstundendeputate begründet, birgt aber zugleich die Gefahr einer „Sonderpädagogisierung" der Regelschulen. D. h., Kinder und Jugendliche, die nicht in das Bild eines „normalen" Schülers, einer „normalen" Schülerin passen, werden (vor-)schnell einer besonderen Behandlung unterworfen, ohne daß die Gestaltung des schulischen Lebensraumes den Bedürfnissen aller Kinder und Jugendlichen angepaßt wird.

In den Beispielen sind der blinde Jugendliche und die Schülerin im Rollstuhl „TrägerIn einer Behinderung". Die medizinische Diagnose ist eindeutig. Pädagogisch-psychologische Gutachten hätten bei nicht-aussondernder Erziehung festzulegen, ob für das Mädchen ein rollstuhlgerechtes Schulgebäude ausreiche oder ob darüber hinaus andere Regelungen notwendig seien. Es wäre durchaus möglich, daß sie weder Stützlehrer noch ein verändertes System der Leistungsbewertung benötigte.

Für den blinden Jungen wird vieles organisatorisch festgelegt werden müssen: Welche verringerte Klassenfrequenz ist ihm zuzumuten? Wie viele Wochenstunden erhalten die beteiligten LehrerInnen Ermäßigung, um die Mehrarbeit auszugleichen?

Für wie viele Wochenstunden stehen ausgebildete PädagogInnen zur Verfügung? Für welche Zeit wird ein/e Sozialpädagoge/in den gemeinsamen Lernprozeß der LehrerInnen, SchülerInnen und des blinden Jugendlichen selbst beobachtend, beratend und begleitend unterstützen?

Es scheint so, daß es in der Bundesrepublik Deutschland in den nächsten Jahren möglich wird, daß Kinder, die Träger einer Behinderung sind, in die „normalen" Schulen integriert werden können. In den mehrheitlich von der CDU regierten Bundesländern wird Kindern die „Integrationsfähigkeit" abgesprochen, die mit abweichenden Lernzielen unterrichtet werden müßten. Die Kennzeichnung des Kindes mit einer Behinderung als „nicht integrationsfähig" ist jedoch eine Umkehrung der Verhältnisse: Die Gesellschaft — hier: Das Schulsystem — erweist sich als nicht integrationsfähig!

2. Benachteiligte Kinder im Kindergarten und in der Schule

Benachteiligte Kinder leben zumeist in Familien, in denen soziale und ökonomische Nachteile emotional nicht ausgeglichen werden können. Kulturelle und sprachliche Unterschiede können von den Kindern nicht als anregende Bereicherung an Erfahrungen verarbeitet werden, sondern sind mit mangelnden intellektuellen und emotionalen Anregungen verbunden. Auch die Kinder, die trotz sicherer ökonomischer Rahmenbedingungen der Familie keine stabile emotionale Zuwendung von Erwachsenen erfahren, werden von mir als benachteiligte Kinder bezeichnet. Bisher entledigte sich die „normale" Schule dieser Kinder, indem sie zu „Lernbehinderten" oder „Verhaltensauffälligen" erklärt wurden.

Es wird eine der strittigen Fragen unter den IntegrationsbefürworterInnen sein, ob auch diese — bisher als lernbehindert und verhaltensauffällig bezeichneten und in die entsprechenden Sonderschulen abgeschobenen Kinder — zu „Gutachtenkindern" erklärt werden sollen oder nicht. Die Beantwortung dieser Frage ist in hohem Maße davon abhängig, wie aussondernd das Schulsystem insgesamt auf jegliche Form von Abweichungen reagiert. Solange alle in der Schule bedroht werden mit Ziffernzensuren, Sitzenbleiben, Schulreifetests, Überweisungsverfahren, Fachleistungskursen und gestaffelten Abschlüssen am Ende der Schulpflicht, wird es notwendig sein, einigen Kindern ein Gutachten auszustellen, in dem die „besonderen pädagogischen Bedürfnisse" benannt werden. Die Eltern der betroffenen Kinder müssen entscheiden können, ob sie den „großen goldenen Käfig" der Sonderschule oder den je einzelnen kleinen beschützenden Korb für ihr Kind mit besonderen pädagogischen Bedürfnissen wünschen.

Die Festlegung *individueller* Entwicklungspläne und die Genehmigung, daß *einzelne* Kinder verbale Beurteilungen erhalten, scheint dagegen in der Bundesrepublik sowohl für Einzelintegrationsmaßnahmen als auch bei der Genehmigung von Schulversuchen notwendig.

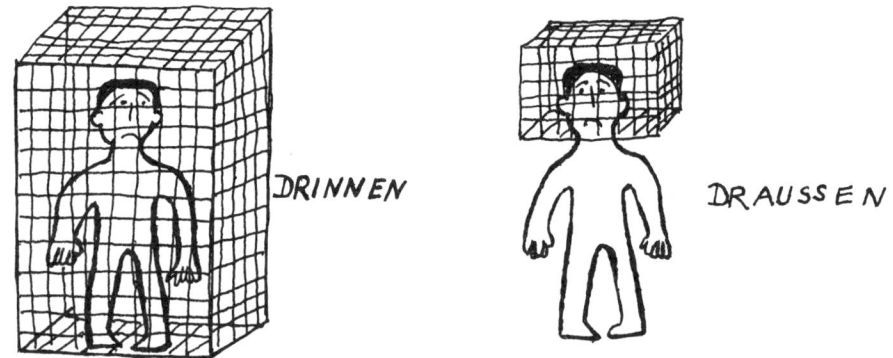

Zeichnung aus: Klaus *Hartung* „Die neuen Kleider der Psychiatrie"

Im Rahmenplan der italienischen Grundschule heißt es dagegen: „Die erzieherische und didaktische Planung (soll) so gegliedert und entwickelt werden, daß der Aufbau und die Verwirklichung von individuellen schulischen Lernwegen vorgesehen ist. Die Planung soll, unter Berücksichtigung der verschiedenen Ausgangsniveaus, eine Reihe von nachprüfbaren, orientierten Lernzielen festsetzen" (*Schöler* 1987, S. IX).

Zur Verdeutlichung wieder zurück zu den Eingangsbeispielen: Für die Gesamtschülerin, die für die Bewältigung ihrer sozialen Probleme dringend eine besondere Unterstützung bräuchte, sollte diese von der Lehrerin vorübergehend beantragt werden können, ohne daß das Mädchen deshalb zur „Behinderten" erklärt wird.

Und wenn der eine Fußballspieler tatsächlich in seinen Denkmöglichkeiten so eingeschränkt wäre, daß er sich Rechtschreib- oder Fußballregeln nicht merken könnte, dann bräuchte er deshalb nicht zum „Lernbehinderten" erklärt zu werden, sondern wird — gemeinsam mit dem Nachbarjungen — in einer Klasse unterrichtet. Kooperation in einer gemeinsamen Lernsituation kann stattfinden, „wenn nicht von jedem Schüler erwartet wird, daß er mit einem gemeinsamen Gegenstand auch dieselben Fertigkeiten, Kenntnisse, Erkenntnisse und Qualifikationen gewinnt, also dieselben Ziele erreicht" (*Feuser* 1987, S. 35).

3. Kinder mit schweren Behinderungen im Kindergarten und in der Schule

Einige Kinder haben so große Defizite, daß sie nicht in der Lage sind, die Lernziele aller anderen SchülerInnen auch nur annähernd zu erreichen. Dennoch gibt es keine Begründung dafür, ein Kind als nicht lernfähig zu bezeichnen. Man würde diesem Menschen das Menschsein absprechen. Je schwerer die Behinderung ist, um so notwendiger braucht ein Kind die vielfältigen Anregungen der nichtbehinderten Kinder:

— deren Bewegungen es mit den Augen verfolgen kann,
— deren Geräusche es mit den Ohren wahrnimmt,
— deren Gerüche es mit der Nase unterscheiden lernt,
— deren Hände es am eigenen Körper spürt.

Je schwerer das Kind behindert ist, um so notwendiger braucht dessen Familie die Entlastung und die Unterstützung durch die Gesellschaft, damit die Familie das Kind annehmen und behalten kann.

Das spastisch behinderte Mädchen aus dem Beispiel, das ich zu Beginn geschildert habe, hat auf dem Spielplatz mit den anderen Kindern gemeinsam die Regeln gelernt, wann und wo es dazwischenlaufen darf, wann es mitspielt und wann nicht. Tagsüber besucht es eine Geistigbehindertenschule; nach Auskunft der LehrerInnen können dort die meisten Ballspiele nicht gespielt werden, weil die Kinder sich die Regeln nicht merken. Eine Gruppe von schwer behinderten Kindern wird gemeinsam kaum zu einem Regelspiel gelangen. Mit entsprechender Unterstützung und Anleitung kann ein einzelnes dieser Kinder in Gemeinschaft mit den nichtbehinderten Kindern ungeheuer viel lernen — mit großer Wahrscheinlichkeit jedoch nicht — eventuell sogar *nie* dasselbe wie die anderen gleichaltrigen Kinder (*Schöler*: Nadja — die Entwicklung eines schwer mehrfach behinderten Mädchens. In: *Schöler* 1987b, S. 231–240).

Schwere Behinderungen in der Schule sind nicht unbedingt an die Schwere der medizinischen oder psychologischen Diagnose für ein einzelnes Kind gebunden (*Cuomo* 1988). Eine schwere Behinderung für den Entwicklungsprozeß eines Kindes kann in der Tatsache begründet sein, daß die Erwachsenen es psychisch nicht ertragen können, mit einem Kind umzugehen, dessen Entwicklung nicht zeitgleich zur Entwicklung aller anderen Kinder verläuft. Diese Schwierigkeit ist vor allem beim Umgang mit den Kindern zu bewältigen, die als „geistig behindert" bezeichnet werden, z. B. bei Kindern mit Down-Syndrom oder bei Kindern mit hirnorganischen Störungen (vgl. *Schöler*: Francesco und Lorenzo — beide wären in Deutschland auf einer Geistigbehindertensonderschule. In: *Schöler* 1987b, S. 221–230). Für diese Kinder müssen abweichende Lernziele formuliert und vor allem von allen Beteiligten auch die kleinsten Fortschritte akzeptiert werden.

Ich fasse zusammen: Grundlage jeglicher Integrationspädagogik ist der unteilbare und nicht begrenzbare Anspruch jedes Kindes auf gemeinsames Spielen und Lernen (*Feuser* 1982). Daraus folgt, daß jedes Kind das Recht hat, in den gemeinsamen Kindergarten und die gemeinsame Schule in der Nachbarschaft zu gehen, die alle anderen Kinder auch besuchen, unabhängig von seinem je individuellen Entwicklungsprozeß.

1. *Kinder mit Behinderung* haben den Anspruch auf zusätzliche sonderpädagogische Betreuung, eine verringerte Klassenfrequenz und die Finanzierung all derjenigen technischen und personellen sowie organisatorischen Hilfen, die notwendig sind, um das Defizit auszugleichen oder um die − die Kommunikationsmöglichkeiten einschränkenden − Auswirkungen des Defizits zu verringern (z. B. Audioportanlagen für Hörbehinderte, Punktschrift-Schreibmaschinen für Blinde, Elektrorollstuhl und rollstuhlgerechtes Gebäude für Körperbehinderte, Computer-Schreibhilfen, Pflegepersonal auch in der Regelschule usw.). Für diese Kinder gelten prinzipiell dieselben Rahmenpläne und Lernziele wie für alle anderen Kinder; für einzelne Fächer können Befreiungen/Modifikationen von Prüfungsbedingungen u. ä. beschlossen werden.

2. Für *„benachteiligte Kinder"*, die zwar nicht Träger einer Behinderung sind, die jedoch erheblich in ihren Möglichkeiten eingeschränkt sind, mit anderen Menschen angemessen zu kommunizieren und/oder sich die Kulturtechniken anzueignen − werden aufgrund von Gutachten zusätzliche unterstützende Maßnahmen für die in der Klasse unterrichtenden LehrerInnen bewilligt. Ob solche zusätzlichen Mittel zur Verfügung gestellt werden, sollte in einem gemeinsamen Gutachterprozeß erfolgen, an dem ExpertInnen − vor allem auch die Eltern des Kindes − beteiligt sind. Am Ende des diagnostischen Prozesses stünde jedoch nicht die Entscheidung über die Alternative: Sonderschule oder nicht, sondern: Das Gutachten legt fest, welche zusätzlichen − überwiegend personellen − Maßnahmen die LehrerInnen beanspruchen können (sonderpädagogische Beratung, Förderunterricht für kleine Gruppen, Zweipädagogenunterricht, stundenweise zusätzliche Betreuung durch SozialpädagogInnen usw.). Für die Kinder bleibt der Anspruch, daß sie die Inhalte desselben Rahmenplanes erlernen und sich an denselben Zielen orientieren wie alle anderen Kinder. Es wird ihnen ein eigenes Tempo zugestanden; Klassenwiederholungen sind möglich, jedoch nur dann, wenn diese Entscheidung von allen Beteiligten als positiv für die gesamte Persönlichkeitsentwicklung des Kindes eingeschätzt wird.

3. *Kinder mit schweren Behinderungen* werden aus der Gemeinschaft der gleichaltrigen Kinder auch dann nicht ausgesondert, wenn für sie abweichende Lernziele festgelegt werden müssen. Aufgrund von medizinisch/psychologischen Gutachten sind die notwendigen personellen und technischen Hilfen zur Verfügung zu stellen, um die „Integrationsfähigkeit" von Kindergarten, Schule, Familie und Nachbarschaft zu erhöhen und um dem betreffenden Kind zu seinem individuellen Höchstmaß an Autonomie zu verhelfen.

In Westeuropa wie in den USA, in Kanada, Australien und Neuseeland entwickelten sich die Schulsysteme seit den siebziger Jahren mehr in die Richtung einer gemeinsamen Schule für alle Kinder eines Wohngebietes, d. h. auch für Kinder mit Behinderungen.

Wenn in einer Schule für alle Kinder die Individualität und die ganz persönliche Biographie jedes Kindes geachtet werden, dann benötigen wir nicht mehr die Klassifizierung einzelner Kinder als „Kinder mit Behinderungen". Dann ist es lediglich eine Verwaltungsentscheidung, wie die Ressourcen zugewiesen werden, die nichtaussonderndes Lernen ermöglichen. Jedes Kind kann je individuell förderliche Unterstützung in seiner Umgebung erhalten, um seine Zone der nächsten Entwicklung zu erreichen. Alle Kinder brauchen eine Lernumgebung, in der sie in sozialer Verantwortung lernen, menschliches Leben zu respektieren und Anderssein nicht auszugrenzen.

Literatur

Cuomo, N.: Die Integration — Gelegenheit für Lernprozesse. In: Behindertenpädagogik 26 (1987) S. 234–238.
Cuomo, N.: „Schwere Behinderungen" in der Schule. Bad Heilbrunn 1988.
Feuser, G./Meyer, H.: Integrativer Unterricht in der Grundschule, Solms-Oberbiel 1987.
Hartung, K.: Die neuen Kleider der Psychiatrie. Berlin 1980.
Heyer, P./Preuss-Lausitz, U./Zielke, G.: Wohnortnahe Integration. Gemeinsame Integration behinderter und nichtbehinderter Kinder in der Uckermark-Grundschule in Berlin. Weinheim 1990.
Heyer, P. u. a.: Zehn Jahre wohnortnahe Integration. Frankfurt (Arb. Krs. Grundschule) 1993.
Jantzen, W.: Persönlichkeitstheorie und materialistische Behindertenpädagogik. In: Demokratische Erziehung 4 (1978) S. 398–403.
Mürner, C.: Normalität und Behinderung. Weinheim 1982.
Rutte, V.: Mainstreaming — Strategie der Normalisierung — Gegenwärtige Maßnahmen zur schulischen Integration in den USA. In: Sonderpädagogik 14 (1984) S. 160–166.
Schöler, J.: Die Arbeit von Milani-Comparetti und ihre Bedeutung für die Nicht-Aussonderung behinderter Kinder in Italien und in der Bundesrepublik Deutschland. In: Behindertenpädagogik 26 (1987a) S. 2–16.
Schöler, J.: „Italienische Verhältnisse" — insbesondere in den Schulen von Florenz. Berlin 1987b.
Schöler, J.: Einzelintegration — Alternative oder Lückenbüßer? In: *Meißner, K./Heß, E.* (Hrsg.): Integration in der pädagogischen Praxis. Berlin 1988, S. 112–124.
Schöler, J.: Integrative Schule — Integrativer Unterricht. Reinbek 1993.
Wocken, H./Antor, G. (Hrsg.): Integrationsklassen in Hamburg. Solms-Oberbiel 1987.

Rechtliche Grundlagen
integrativer Erziehung und Bildung

Lutz Dietze

Integration behinderter Schüler und Verfassungsrecht

1. Integration: Begriffsklärung als verfassungsrechtliche Vorfrage

1.1 Der Mensch als Träger und Adressat von Integration

Der Mensch als Gemeinschaftswesen (zoon politikon – Aristoteles –) hat das Recht und die Pflicht, sich selbstbestimmend und mitverantwortlich zu bilden und zu entfalten. Bei einem solchen normativ verbindlichen Freiheitsverständnis gelten insbesondere die Grundrechte der Mitmenschen sowie vorrangige Rechtsgüter des Gemeinwesens als Schranken[1]. *Auf das Menschenbild des Grundgesetzes*[2] wird im Gesundheitsrecht und seinen benachbarten Gebieten das „Leitbild des gesunden Menschen"[3] bezogen. Von jenem werden im Bildungsrecht die landesverfassungs- oder schulgesetzlichen Erziehungsziele abgeleitet[4]. Der sowohl über seine Integration bestimmende wie integrierte Mensch gilt als „Normal-Fall". Darum entspricht das rehabilitationsrechtliche Normalisierungsprinzip als rehabilitationsrechtlicher Grundnorm dem hier skizzierten Verfassungs-Verständnis. Es geht um ein materiales Gewährleistungsprinzip der Verfassung, und nicht um Idealbilder von Lebensentwürfen[5].

1.2 Auch Differenzierung meint Integration

Die Aufgabenfelder des Schulwesens werden durch Bildung, Erziehung, Allokation (Beeinflussung der Grundrechtsverwirklichung durch den Einsatz von öffentlichen oder privaten Sach- wie Dienstleistungen) bestimmt[6]. Wo Landesverfassungen bestimmte Schularten oder -formen voraussetzen oder erwähnen, unterliegen diese keiner Bestandsgarantie. Insofern ist ein äußerlich differenziertes Schulsystem ebenso legitimiert wie ein intern gegliedertes[7].

1.3 Verfassungsrechtliche Legitimationskrise des Sonderschulwesens

In Literatur und Rechtsprechung wird für selbstverständlich gehalten, daß Sonderschulen zur Entlastung der anderen Schularten und -formen ebenso wie im Förderungsinteresse des behinderten Schülers gerechtfertigt und notwendig sind (vgl. *Füssel* in diesem Band). In dieser und jener Hinsicht stützt man sich auf tradierte Behauptungen der Sonderpädagogik[8]. Der Beweis überlegener sonderpädagogisch begründeter Absonderung ist empirisch angreifbar[9] und damit als ideologisch zu bezeichnen, seit das Integrationsproblem als Einheit von Weg und Ziel, Bildung und sozialer Beteiligungsfähigkeit, begriffen wird. Erst seit sonderpädagogische Fachfragen auf ihre verfassungsrechtlich bestimmbaren Entsprechungsnormen bezogen werden[10], wird hinsichtlich des Integrationsbegriffs erkennbar, daß es sich um ein Passe-partout handelt; eines allerdings, das erst zu passen scheint, wenn es nicht mehr gebraucht wird.

Daher wird hier im Gegensatz zu den herrschenden juristischen Auffassungen die Meinung vertreten, daß nur jene Teile des Sonderschulwesens verfassungsrechtlich legitimierbar sind, die als „Therapiestätten auf Zeit" konzipiert werden und die für eine gewisse Übergangszeit noch auf (möglichst geringfügige) Absonderungen angewiesen sind[11].

1.4 Eigener Vorschlag zum Integrationsbegriff

Nicht jede rechtlich begründete Absonderung ist damit schon Desintegration. Individuelle Behinderung allein rechtfertigt sie nicht, kann sie aber bewirken. Wenn dieser Gefahr vorgebeugt oder entgegen gearbeitet werden soll, und sich hiernach die Fördermaßnahmen wie die institutionellen Bedingungen, unter denen sie erbracht werden sollen, zu bemessen haben, dann verliert der Integrations-Begriff seine wie auch immer geartete normative Verbindlichkeit. Gemeint ist doch der lebensgeschichtliche Prozeß einerseits und andererseits das Recht auf die Chance sich selbst zu verwirklichen und zu bestimmen und das Recht auf die Chance, da zu sein, wo die anderen auch sind. Genau das versteht man unter Normalisierung. Sie ist „eine Chance für uns alle" (Bundestagspräsident *Dr. Jenninger*)[12].

2. Verfassungsgeschichtliche Aspekte

2.1 Weimarer Republik und ihre Nachwirkungen

Nach der Weimarer Reichsverfassung lag die Zuständigkeit für die Ordnung des Schulwesens bei Reich und Ländern. Vereinbart und in Kraft getreten sind im sogenannten *Weimarer Schulkompromiß* nur Bestimmungen über die Grundschule als integrierter aber nicht differenzierter Gesamtschule. In Ländergesetzen, z. B. dem Preußischen SchulpflichtG von 1927, sind Bestimmungen über Schulpflicht behinderter Schüler und ihre Befreiung von der Schulpflicht enthalten gewesen, bis das Reichsschulpflichtgesetz von 1938 in etwa die preußische Regelung übernahm[13].

Das Grundgesetz von 1949 hat den Ländern die Hoheit über das Kultur- und damit das Schulwesen eingeräumt. Die zum Teil erheblichen Abweichungen in der Ländergesetzgebung (vgl. *Füssel* in diesem Band) haben nichts daran geändert, daß man (wie auch in der DDR) dem Grundmuster des Reichsschulpflichtgesetzes verhaftet geblieben ist. Darum wird im Sonderschulwesen behinder*ungs*spezifisch, nicht behinder*ten*-gerecht differenziert. Der methodische Ansatz der Sonderpädagogik folgt nicht diesem, sondern jenem Kriterium. Ihr Hauptcharakteristikum ist somit Verwaltungskonformität[14], der hierauf gegründete Stolz[15] objektiv latent behindertenfeindlich und subjektiv Überhebung.

2.2 Gleichheitssatz als Diskriminierungsgebot

Die meisten Landesverfassungen billigen jedem Schüler ohne Unterschied allein aufgrund seiner Begabung das gleiche Recht auf Zugang zu öffentlichen und insbesondere weiterführenden Schulen zu[16]. Danach konnte aufgrund des Gleichheitssatzes als Differenzierungsgebot[17] und in Verbindung mit dem verfassungskräftigen Leistungsprinzip[18] das Sonderschulwesen recte solange differenziert und ausgebaut werden, wie dies dem ideologischen Stand sonderpädagogischer Erkenntnis entsprach. Mit dem Erfolg, daß auch geistig Behinderte für „praktisch bildbar" und damit schulpflichtig gehalten wurden[19].

Der Gleichheitssatz enthält aber auch das *Diskriminierungsverbot*[20]. Die verfassungsrechtlich entscheidende Frage lautet nicht, ob die Absonderung mit dem Prinzip der Chancengerechtigkeit (iustitia distributiva) zu vereinbaren sei bzw. der Chancengleichheit (iustitia communitativa), sondern, ob und inwieweit sich die Absonderung Behinderter bei materialer Betrachtung als Differenzierung oder als Diskriminierung erweist. Aufgrund der internationalen Erfahrungen mit der Integration sowie den in den etwa 200 westdeutschen Integrations-Modellen erhobenen Befunden[21] ist empirisch belegbar: der gemeinsame Schulbesuch von Behinderten und Nichtbehinderten hilft jenen, sich in einer Welt, die von den Nichtbehinderten geprägt wird, besser zu behaupten; sie lernen also und leisten mehr als ihnen in den Sonderschulen zugetraut wird. Die nichtbehinderten Kinder lernen von vornherein Rücksichtnahme und werden so charakterlich gefördert.

3. Einweisung in die Sonderschule als Ausnahme von der Normalschulpflicht

3.1 Vorrang der Normalschulpflicht

Nach der — inzwischen aufgegebenen — herrschenden Meinung war die Einweisung in die Sonderschule für ein behindertes Kind eine „Rechtswohltat" und damit ein zulässiger Eingriff ins Elternrecht. Nunmehr gilt sie als eine „Beschwer". Die Einweisung in die Sonderschule darf nur in Betracht gezogen werden, wenn dies im *Förderungsinteresse* des Kindes *unabweislich* ist. Die Einweisung in die Sonderschule ist damit Ausnahme von der Regel. Ausnahmen bedürfen stets besonderer Rechtfertigung. Schulpflichtige aber noch nicht schulreife Kinder können vom Schulbesuch auf ein bis zwei Jahre zurückgestellt werden. Ggf. können sie eine ergänzende Einrichtung (Schulkindergarten) bzw. die Eingangsstufe von Grundschulen besuchen.

In Zweifelsfällen ist immer die Grundschulpflicht maßgeblich. Da z.B. Lernbehinderung insbesondere durch einen Leistungsrückstand von zwei Schuljahren definiert wird, kann m.E. Kindern, die so eingeschätzt werden, der Besuch der normalen Grundschule auch nicht verweigert werden. Ein über das Prinzip der pädagogischen „Binnendifferenzierung" hinausgehender Anspruch auf Förderung besteht nicht. Doch ist dies eine Frage pflichtmäßiger (d.h. stets wohlwollender)[22] Ermessensausübung. Zu beachten ist ferner, daß ohne umfassende Anamnese, sorgfältig und wissenschaftlich korrekt vorgenommene Diagnose, schließlich auch nach der hier vertretenen Auffassung eine sehr hohe *Prognose-sicherheit* zu fordern sein wird: sie kann nur aufgrund der Erfahrungen in der Normalschule gewonnen werden. Andernfalls besteht die Gefahr, daß Unterforderungen oder Fehlförderungen in der Sonderschule als prognostische Grundlage *mißdeutet* werden. Die *herrschende Praxis*[23] läßt diese Gesichtspunkte nur dann gelten, wenn trotz der Behinderungen die *Intelligenzleistungen* des Behinderten sich in den Schulleistungen im wesentlichen so niederschlagen, wie sie für Nichtbehinderte zur Versetzung gefordert werden[24].

3.2 Grundrechte anderer

Zwar bleiben die Erziehungsrechte der Eltern nichtbehinderter Kinder bei deren Koedukation mit behinderten in der Regel gewahrt. Doch verdient das Saarland Zustimmung, wenn es die gemeinsame schulische Bildung und Erziehung von der Zustimmung aller betroffenen Eltern abhängig macht[25] (Grund: Das Integrationsproblem kann praktisch so gelöst werden).

Bemerkenswert ist z. B., daß in der Schweiz Kinder mit PCM-Syndrom (es äußert sich in Hypermotorik und autismusähnlichen Zügen) zu 80% in den Normalschulen unterrichtet werden, während sie in der BRD fast immer aufgrund dieses Erscheinungsbildes und trotz durchschnittlicher oder überdurchschnittlicher Intelligenz als geistig behindert eingestuft werden[26].

Lehrer können sich bei der Weigerung, behinderte Kinder zu unterrichten, nicht auf Grundrechte, sondern nur auf persönliche und fachliche Inkompetenz berufen. Da der Lehrer zur beruflichen Fortbildung verpflichtet ist[27], hat der Dienstherr im Rahmen seiner Fürsorge- und Obhutspflicht, die er den Lehrern wie den Schülern schuldet, im Wege einer Rechtsgüterabwägung zu prüfen, ob die Verweigerung integrativer Leistungen auf Unvermögen beruht oder als Dienstpflichtverletzung disziplinarrechtlich zu ahnden ist. Die − stets zumutbare − Zusammenarbeit mit behindertenpädagogischen Fachkräften zu verweigern, ist somit immer Dienstpflichtverletzung (gegenüber Schülern und Eltern ggfs. Amtspflichtverletzung).

3.3 „Unmöglichkeit" hinreichender Förderung in Normalschulen: Beweislast

Ohne Änderung der Schulgesetze wäre jeder Kultusminister befugt, die in den Sonderschulen konzentrierten pädagogischen Dienstleistungen zugunsten der Normalschulen umzuwidmen, wo hingegen für die Sachmittel meist die Gemeinden oder Landkreise zuständig sind. Insoweit bedarf es des Einvernehmens. Dies herbeizuführen ist Aufgabe pflichtmäßiger Ermessens-Handhabung (Eine besondere Rechtslage besteht hinsichtlich der Privatschulen in freier Trägerschaft und auch der durch die Landschaftsverbände in NRW verwalteten Schulen[28]). Sofern ein behindertengerechter Förderungsbedarf außerschulischer Art anerkannt ist, kommen weitere Reha-Träger in Betracht. Im Zweifel ist gemäß § 44 Bundessozialhilfegesetz (BSHG) der örtliche Träger der Sozialhilfe vorleistungspflichtig.

Die Beweislast für die Förderungsbedürftigkeit liegt somit nicht beim Behinderten oder seinen Eltern und ist fürs Schulwesen nicht von der Anerkennung nach § 3 des Schwerbehindertengesetzes (SchwbG) abhängig. Vielmehr hat die Bildungsverwaltung den Nachweis zu erbringen, daß sie zugunsten der schulischen Integration die erforderlichen pädagogischen Förderungen nicht bewirken kann. Hinsichtlich des therapeutischen nichtpädagogischen Personals ist die Schulverwaltung meist nur indirekt (mit)verantwortlich. Ob Logopäden, Krankengymnastiker, Sozialarbeiter, Psychologen, Schulassistenten, Ergotherapeuten etc. überhaupt in den staatlichen Schulen eingesetzt werden dürfen, ist Ermessensfrage.

Bei all dem gilt aber das *Prinzip grundrechtsfreundlicher Auslegung*. Förderungserlaubende Vorschriften sind weit, grundrechtseinschränkende gemäß dem Grad der Intensität des Grundrechtseingriffs *verhältnismäßig eng* auszulegen.

4. Gesetzesvorbehalt

4.1 Grundsätzliches

Die soeben skizzierte Erkenntnis liegt auch der herrschenden Auffassung vom sogenannten Gesetzesvorbehalt[29] zugrunde.

Nach Artikel 80 Absatz 1 Satz 2 GG, der nach der absolut überwiegenden Rechtsprechung auch für die Gesetzgebung der Länder gilt, muß das Gesetz die Grundrechtseingriffe nach Inhalt, Zweck und Ausmaß selbst vorab bestimmen, und zwar umso „regelungsdichter", je wichtiger der Grundrechtseingriff für die Verwirklichung des Grundrechts ist (Der Ausdruck „Regelungs-Dichte" ist qualitativ, und nicht quantitativ gemeint).

Überträgt man die unstrittigen Ergebnisse der höchstrichterlichen Rechtsprechung zum Gesetzesvorbehalt auf das Sonderschulwesen, zu dem noch Entscheidungen nicht ergangen sind, ergibt sich, daß derzeit (Mai 1988) in keinem Bundesland bzw. in Berlin das Sonderschulrecht rechtsstaatlich einwandfrei geregelt ist[30]

4.2 Notwendige Regelungsdichte (Gesetzesvorbehalt)

Es handelt sich einmal um die positiven Merkmale des jeweiligen Schultypus bzw. der Schulform: Aufbau, Gliederung, schulformspezifische Bildungsziele, organisatorische und inhaltliche Abweichungen (Versuchsschule, Ganztagsschule), Zeugnis- und Versetzungsordnung, Erziehungsstrafen, Schulverfassung, Begründung der Schulpflicht und deren Ende; entsprechendes gilt für den zumutbaren Schulweg (für Grundschüler), die Sicherung des Datenschutzes im Schulwesen. Letztere ist gemäß dem vom Bundesverfassungsgericht geschaffenen „Grundrecht auf informationelle Selbstbestimmung"[31] nur in Bremen[32] vorhanden.

Lediglich Art. 9 des Bayerischen Gesetzes über das Erziehungs- und Unterrichtswesen (EUG) entspricht hinsichtlich der Bildungsziele von Sonderschulen („Schulen für Behinderte und Kranke") dem rechtsstaatlich zu fordernden Minimum[33]. Ansonsten werden Sonderschulen in den Landesgesetzen summarisch und nach ihrer Zielsetzung nur negativ definiert: Sonderschulen oder Schulen für Behinderte sind für die Schüler bestimmt, die im Regelschulwesen *nicht hinreichend gefördert* werden können. (Im Klartext: von denen die Schulverwaltung nicht will, daß sie in Normalschulen hinreichend gefördert werden). Das ist unzureichend.

Soweit die Gesetze ausdrücklich eine Rückführungsmöglichkeit Behinderter an Normalschulen erwähnen, bleibt unbestimmt, unter welchen Voraussetzungen sie in Betracht kommen kann, da die Zeugnis- und Versetzungsordnungen für Sonderschulen auch dann regelmäßige Abweichungen zulassen, wenn nach dem normalen Lehrplan unterrichtet wird, wie z. B. in den Schulen für Körper- oder Sprachbehinderte; hingegen sind die Ausnahmebestimmungen in den Zeugnis- und Versetzungsordnungen der Normalschulen nicht auf Behinderte zugeschnitten. All das ist rechtsstaatlich mangelhaft.

4.3 Sonderschulaufnahme-Verfahren und Datenschutz

So lange, wie rechts- bzw. verfassungswidrige Bestimmungen nicht gerichtlich für rechts- und verfassungswidrig erklärt worden sind, bleiben sie anwendbar; darüber hinaus auch für eine Übergangszeit[34]. Wie lange sie dauern kann, ist unbestimmt. Doch sollte sie sich nach dem jeweils in Frage stehenden Rechtsgut und dem Grundsatz der Verhältnismäßigkeit so bemessen lassen, daß sämtliche Vorschriften darunter fallen, die älter als fünf Jahre sind. Die obersten Schulaufsichtsbehörden des Landes besitzen ein sogenanntes *„Selbsteintritts-Recht"* in einzelnen Notfällen[35], falls die Vorschriften für die Sonderschuleinweisung wegen Veraltung nicht mehr gelten sollten. – Ein nur für den Notfall geltendes Recht. –

Für die Länder, die das Verfahren für die Aufnahme oder Überweisung in eine Sonderschule durch Erlasse geregelt haben, die nur im Amtsblatt und nicht im Gesetz- und Verordnungs-Blatt veröffentlicht sind, gilt, daß sie materiell-rechtlich als Rechtsverordnungen zu behandeln sind.

Trotz gewisser länderspezifischer Abweichungen verläuft das Verfahren[36] in der Regel so: Antrag der Erziehungsberechtigten bei der zuständigen Normalschule oder Sonderschule bzw. Antrag der Normalschule; dann aber auch Anhörung der Eltern. Die Schule leitet an die untere Schulaufsichtsbehörde folgende Unterlagen weiter: den Schülerbogen, Unterlagen über die Schulfähigkeitsuntersuchung, Abschriften bisheriger Zeugnisse, ggf. vorliegende ärztliche Untersuchungsbefunde oder sonstige gutachterliche Stellungnahmen, Mitteilung über die Auffassung der Eltern. Die untere Schulaufsichtsbehörde beauftragt eine geeignete Sonderschule bzw. für geeignet gehaltene Sonderpädagogen mit der Erstellung eines wissenschaftlichen Fachgutachtens, in das die Anamnese einzuarbeiten ist. Der oder die Gutachter führen psychodiagnostische und andere, z. B. Leistungs- und Intelligenz-Tests durch; den Erziehungsberechtigten (Eltern) ist Gelegenheit zur Stellungnahme zu geben (Gegenvorstellung als formloser Rechtsbehelf). Der Beamte der unteren Schulaufsichtsbehörde prüft die Vollständigkeit der Unterlagen, die Wissenschaftlichkeit der Diagnose, die Schlüssigkeit der Prognose und prüft damit, ob der Empfehlung des oder der sonderpädagogischen Gutachter zu folgen sei. Gegebenenfalls holt er zusätzliche Informationen durch den Schulpsychologischen Dienst, den Amtsarzt, das Jugendamt ein. Er bietet den Eltern Gelegenheit zur Stellungnahme. Der anfolgende Bescheid der Schulbehörde ist, wenn der Auffassung der Eltern nicht gefolgt wird, hinlänglich zu begründen und mit Rechtsbehelfs-Vermerk zu versehen.

Nach der derzeitigen Rechtslage sind − Bremen, wie erwähnt, ausgenommen − die Eltern nicht verpflichtet, ihre Privat-, geschweige denn ihre Intim-Sphäre, zu offenbaren, doch wird hierdurch das Verfahren nicht wirkungsvoll blockiert. *Ausdrücklich* darauf hinzuweisen ist, daß entgegen der Auffassungen bei Sonderpädagogen, Schulaufsichtsbeamten, Gerichten die hauptsächlich angewandten standardisierten Tests wissenschaftlich fragwürdig, die Testanwender und − auswerter wissenschaftlich überwiegend inkompetent sind[37]. Danach ist jedes zweite sonderpädagogische Gutachten unschlüssig (inkonsistent) und von dem verbleibenden Rest steht oft zu vermuten, daß sich dessen Unrichtigkeit erweisen lassen dürfte. Daran würde sich auch vorläufig dann nichts ändern, wenn der Gesetzgeber selbst und in Gänze das Sonderschulüberweisungsverfahren regeln würde.

Anmerkungen

1 *Hesse* 1985, S. 308 ff.; *Dietze/Schönwälder* 1985, S. 397 ff.

2 BVerfGE (Entscheidungen des Bundesverfassungsgerichts) 4, S. 7 ff. (S. 15); *Hesse* a. a. O., S. 116.

3 *Schmitt* 1985, S. 52 ff.

4 *Evers* 1979.

5 Vgl. das Stichwort *„Rehabilitationsrecht und Normalisierungsprinzip"*; *Dietze*: 1987 a, S. 7 ff.

6 *Rittstieg* 1984, Art. 12 Rz. 12 ff.; *Dietze/Schönwälder* 1985, S. 398 ff. (S. 401 f.).

7 *Richter* 1984, Art. 7 Rz. 53; *Heckel/Avenarius* 1986, S. 25 ff.

8 *Bleidick* 1983.

9 Nachweise bei *Dietze* 1987 a, S. 27 ff.; vgl. *Schuchardt* 1987; s. auch unten 2.2.

10 Vgl. *Muth* 1985, S. 162 ff.; *Sander/Christ* 1985, S. 170 ff.

11 S. *Dietze* 1987 a, S. 136 ff.

12 *Dr. Ph. Jenninger*, Präsident des Deutschen Bundestages, Referat anläßlich der Eröffnungsveranstaltung des Kongresses „Normalisierung − eine Chance für Menschen mit geistiger Behinderung", Montag, 14. Oktober 1985, Hamburg, Kongreßzentrum, Typoskript, auszugsweise abgedruckt bei *Dietze* 1987 b, S. 250.

13 Einzelheiten bei *Dietze* 1987 a, S. 10 f.

14 *Haeberlin* 1977, S. 723 ff.; dag. krit. *Sander* 1985, S. 15 ff.

15 *Bleidick* 1985.

16 *Heckel/Avenarius* 1986, S. 41 ff., S. 326 ff.

17 BVerfGE 4, S. 114 ff. (S. 155); *Dürig* 1973, Art. 3, Rdn. 22 ff.

18 *Dietze/Schönwälder* 1985, S. 403 f.

19 *Feuser/Bohl* 1984, S. 249 ff.

20 *Dürig* 1973, Art. 3, Rdn. 3.

21 *Muth* 1986 a, b; integrationskritisch *Haupt* 1985, S. 152 ff.

22 Vgl. *Maurer* 1985, S. 89 ff.; *Alexy* 1986.

23 Vgl. für *NRW Dietze* 1987 a, S. 13 f.; weitere Hinweise S. 66 ff.

24 *OVG* Berlin v. 30. 4. 1987, Az. *OVG* 3 S 11.87.

25 Verordnung − Schulordnung − über die gemeinsame Unterrichtung von Behinderten und Nichtbehinderten in Schulen der Regelform (Integrations-Verordnung) vom 4. August 1987, ABl. *Saarland* S. 972 und Verordnung zur Änderung der Fünften Verordnung zur Durchführung des Gesetzes über die Schulpflicht im *Saarland* (Schulpflichtgesetz) vom 4. August 1987, ebenda, S. 975; vgl. *Sander* u. a. 1987.

26 Vgl. *Städeli* 1984.

27 *Battis* 1979, § 74 Rdn. 2, § 79 Rdn. 2 b.

28 Vgl. *Dietze* 1987a, S. 63f.
29 *BVerfGE* 33, S. 1ff.; 47, S. 46ff. (S. 79f.); Deutscher Juristentag (DJT) Kommission Schulrecht 1981, S. 25ff.; *Niehues* 1983, S. 42ff.; *Heckel/Avenarius* 1986, S. 166ff.
30 Das gilt auch für den Entwurf der Kommission Schulrecht des *DJT.* Meine früher geäußerte gegenteilige Auffassung habe ich aufgegeben.
31 *BVerfGE* 67, S. 1ff.
32 *Freie Hansestadt Bremen*, Gesetz zum Datenschutz im Schulwesen vom 8. September 1987, BGl. S. 247.
33 Problematik verkannt bei *Falckenberg/Schiedermair/Amberg* 1983, S. 85f.
34 *S. Niehues* 1983, S. 57f.
35 Vgl. *Wolff/Bachof* 1967, S. 26.
36 *Kaldewei* 1985, S. 181ff.; *Dietze* 1986, S. 151ff. (S. 159ff.).
37 *Ammann* 1985.

Literatur

Alexy, R.: Ermessensfehler. In: Juristenzeitung 41 (1986), S. 701–716.
Ammann, W.: Schullaufbahn mit Umwegen. Rücküberweisungen aus der Sonderschule. Universität Oldenburg 1984.
Battis, U.: Bundesbeamtengesetz. München 1979.
Bleidick, U.: Pädagogik der Behinderten. Grundzüge einer Theorie der Erziehung behinderter Kinder und Jugendlicher. Berlin [4]1983.
Bleidick, U.: Die besondere Förderung Behinderter im Bildungswesen. Zur aktuellen bildungspolitischen Diskussion um die pädagogische Förderung Behinderter und zu einigen regierungsamtlichen Stellungnahmen. In: Zeitschrift für Heilpädagogik 36 (1985) S. 344–354.
Deutscher Juristentag: Schule im Rechtsstaat, Band I. Entwurf für ein Landesschulgesetz. Bericht der Kommission Schulrecht des Deutschen Juristentages. München 1981.
Dietze, L.: Das Recht des behinderten Kindes auf Besuch der allgemeinen Grundschule und das Elternrecht – Eine Argumentationshilfe. In: Behindertenpädagogik 25 (1986) S. 151–168.
Dietze, L.: Integration! Oder: Wie verfassungswidrig sind Sonderschulen in NRW? Das rehabilitationsrechtliche Normalisierungsprinzip gilt auch für das Schulwesen. Rechtsgutachten zum Integrationskonflikt. Im Auftrag der Dortmunder Elterninitiative Gemeinsam leben, gemeinsam lernen e. V., Dortmund 1987a.
Dietze, L.: Behinderte und Caritas – Oder: Wer für Wen? In: Behindertenpädagogik 26 (1987) S. 243–252.
Dietze, L./Schönwälder, H.-G.: Zum verfassungskräftigen Leistungsprinzip als Förderung und Auslese. In: Recht der Jugend und des Bildungswesens 33 (1985) S. 397–424.
Dürig, G.: In: *Maunz, Th./Dürig, G.* (Hrsg.): Grundgesetz. Kommentar. München 1958ff.
Evers, H.-U.: Die Befugnisse des Staates zur Festlegung von Erziehungszielen in der pluralistischen Gesellschaft. Berlin 1979.
Eyermann, E./Fröhler, L.: Verwaltungsgerichtsordnung. Kommentar. München [9]1988.
Falckenberg, D./Schiedermair, W./Amberg, H.: Bayerisches Gesetz über das Erziehungs- und Unterrichtswesen. Kommentar. München 1983.
Feuser, G./Bohl, G.: Geistige Behinderung. In: *Reichmann, E.* (Hrsg.): Handbuch der kritischen und materialistischen Behindertenpädagogik und ihrer Nebenwissenschaften. Solms-Oberbiel 1984.
Haeberlin, U.: Identität und Behinderung. In: Zeitschrift für Heilpädagogik 29 (1978) S. 723–735.

Haupt, U.: Die schulische Integration von Behinderten. In: *Bleidick, U.* (Hrsg.): Theorie der Behindertenpädagogik (Handbuch der Sonderpädagogik, Band 1). Berlin 1985, S. 152–197.

Heckel, H./Avenarius, H.: Schulrechtskunde. Neuwied [6]1986.

Hesse, K.: Grundzüge des Verfassungsrechts der Bundesrepublik Deutschland. Heidelberg [15]1985.

Kaldewei, D.: Bildungsangebote für behinderte Kinder und Jugendliche – die Aufgabe des Staates und das Verfahren der öffentlichen Verwaltung. In: Recht der Jugend und des Bildungswesens 33 (1985) S. 181–187.

Kopp, F. O.: Verwaltungsgerichtsordnung. München [7]1986.

Maurer, H.: Allgemeines Verwaltungsrecht. München [4]1985.

Muth, J.: Sonderschule oder Integration. In: Recht der Jugend und des Bildungswesens 33 (1985) S. 162–170.

Muth, J.: Verzeichnis der Projekte zur Integration Behinderter in Schulen der Bundesrepublik Deutschland. In: Im Brennpunkt. Gewerkschaft Erziehung und Wissenschaft, Hauptvorstand (Hrsg.), Frankfurt 1986a.

Muth, J.: Integration von Behinderten. Über die Gemeinsamkeiten im Bildungswesen. Essen 1986b.

Niehues, N.: Schul- und Prüfungsrecht. München [2]1983.

Redeker, K./Von Oertzen, H.-J.: Verwaltungsgerichtsordnung mit Nachtrag zum Beschleunigungsgesetz. Stuttgart [8]1986.

Richter, I.: In: Alternativ-Kommentar zum Grundgesetz. Neuwied 1984.

Rittstieg, H.: In: Alternativ-Kommentar zum Grundgesetz. Neuwied 1984.

Sander, A.: Zum Problem der Klassifikationen in der Sonderpädagogik: Ein ökologischer Ansatz. In: Vierteljahresschrift für Heilpädagogik und ihre Nachbargebiete. Freiburg (Schweiz) 54 (1985) S. 15–38.

Sander, A. u. a.: Schulische Integration behinderter Kinder und Jugendlicher im Saarland – Jahresbericht 1986. Saarbrücker Beiträge zur Integrationspädagogik Band 1. Saarbrücken (Universität) 1987.

Sander, A./Christ, K.: Sonderschule oder Integration – zur gegenwärtigen rechtlichen und tatsächlichen Situation in der Bundesrepublik Deutschland. In: Recht der Jugend und des Bildungswesens 33 (1985) S. 170–181.

Schmitt, W.: Die Befreiung vom Krankheitsbegriff. Vom Leitbild des einsatzfähigen Arbeiters zum Leitbild des gesunden selbstverantwortlichen Bürgers. In: Medizinrecht 1985, S. 52–59.

Schuchardt, E.: Schritte aufeinander zu. Soziale Integration Behinderter durch Weiterbildung. Zur Situation in der Bundesrepublik Deutschland. Bad Heilbrunn 1987.

Städeli, H.: Die leichte frühkindliche Hirnschädigung. Diagnostische und therapeutische Probleme. Ein Leitfaden aus der Praxis für die Praxis. Bern 1984.

Wolff, H. J./Bachof, O.: Verwaltungsrecht II. München [4]1976.

Hans-Peter Füssel

Schulrechtliche Grundstrukturen für das Sonderschulwesen und Möglichkeiten ihrer Veränderung

1. Das Grundgesetz der Bundesrepublik Deutschland (GG) geht vom Prinzip der Länderzuständigkeit aus; nur dort, wo ausdrücklich vorgesehen, hat der Bund die Regelungskompetenz.

Ein Bereich, in dem mangels besonderer Zuweisung dem Bund nur geringe Kompetenzen zustehen, ist das Bildungswesen. Hier sind die Länder autonom, eigene, auch von anderen Bundesländern abweichende Regelungen zu treffen: „Die *Kulturhoheit*, besonders aber die Hoheit auf dem Gebiet des Schulwesens, (ist) das Kernstück der Eigenstaatlichkeit der Länder"[1]. Hieraus ergibt sich, daß in jedem der sechzehn Bundesländer eigene schulrechtliche Regelungen bestehen.

1.1. Vereinheitlichungen innerhalb des jeweiligen schulrechtlichen Gestaltungsspielraumes der einzelnen Bundesländer ergeben sich einmal aus den Vorgaben des Grundgesetzes. Auch für das staatliche Schulsystem (Art. 7 Abs. 1 GG) gelten die *Grundrechte* von Eltern und Kindern. Darüber hinaus entfalten die *Staatszielbestimmungen* der Demokratie, des Sozialstaates und des Rechtsstaates (Art. 20 Abs. 1 GG) Wirkung. Aus diesen Normen lassen sich unter Einbeziehung der hierzu ergangenen Rechtsprechung, namentlich von Bundesverfassungs- und Bundesverwaltungsgericht, für das Schulwesen Grundsätze ableiten, die auch für das Sonderschulwesen von Bedeutung sind:

— In Anbetracht unterschiedlicher, individueller und jeweils verfassungsrechtlich geschützter Positionen von Eltern und Schüler/innen müssen mit dem Ziel des Ausgleichs in der staatlichen Schule die Grundsätze von *Pluralismus* und *Toleranz* gelten (wie dies im übrigen auch in einer Reihe von Länderverfassungen ausdrücklich verankert ist);
— die staatliche Schule ist verpflichtet, allen Kindern grundsätzlich *gleiche Chancen* und *gleichen Zugang* zu verschaffen;
— ein Mindestmaß an Bildung ist staatlicherseits für jeden bereitzuhalten (*„Recht auf Bildung"*);
— grundlegende (*„wesentliche"*) *Entscheidungen* im Schulwesen, insbesondere mit Grundrechtsrelevanz für Schüler/innen und Eltern, sind aus Gründen des Demokratie- und des Rechtsstaatsprinzips vom Gesetzgeber zu treffen und dürfen nicht der Schulverwaltung überlassen bleiben[2].

1.2. Eine weitere, stärker inhaltliche Vereinheitlichung der schulrechtlichen Regelungen der Bundesländer geschieht durch *Länderabsprachen*, etwa im Rahmen der Kultusministerkonferenz. Hier ist für den Bereich der Sonderschulen nach wie vor die „Empfehlung zur Ordnung des Sonderschulwesens" vom 16. März 1972 zu nennen, die eine weitgehend angenäherte Fassung der Schulgesetze der einzelnen Bundesländer bewirkt.

Diese Anlehnung der schulgesetzlichen Länderregelungen erlaubt es, die Regelungen der einzelnen Bundesländer in ihren Grundzügen im folgenden zusammenfassend darzustellen.

2. Die Schulgesetze der meisten Bundesländer stellen nach wie vor die Sonderschulen/Schulen für Behinderte den allgemeinen Schulen gegenüber. Das hierin zum Ausdruck kommende Prinzip der *Separation* der Sonderschulen von den allgemeinen Schulen entspricht der gegenwärtigen schulischen Realität.

Gleichzeitig sind jedoch Tendenzen erkennbar, dem Ziel der *Integration* behinderter und von Behinderung bedrohter Kinder und Jugendlicher auch in der Schule näher zu kommen. Ausdruck findet diese Absicht etwa in schulgesetzlichen Regelungen, die die gemeinsame Unterrichtung von behinderten und nichtbehinderten Kindern für den Regelfall in den allgemeinen Schulen vorsehen; den Sonderschulen kommen dann fördernde und unterstützende Aufgaben zu. Aber auch bei diesen schulrechtlichen Regelungen bleibt − zumindest als Ausnahme − die Möglichkeit erhalten, behinderte Kinder den Sonderschulen zuzuweisen, etwa weil die „organisatorischen, personellen und sächlichen Voraussetzungen" in der allgemeinen Schule eine dortige schulische Betreuung behinderter Kinder nicht erlauben (vgl. etwa die Regelungen im Niedersächsischen Schulgesetz − 1993 − oder im Förderschulgesetz Thüringen − 1992 −).

Trotz dieses Beginns eines Perspektivenwechsels bleiben jedoch erkennbar die Sonderschulen in einem spezifischen Verhältnis zu den allgemeinen Schulen, das jedoch mit der einheitlichen Bezeichnung als „Sonderschulen"/„Schulen für Behinderte" nicht ausreichend aufgedeckt wird; vielmehr bedarf es innerhalb der einzelnen Arten der Sonderschulen Differenzierungen, um deren jeweiliges Verhältnis zu den allgemeinen Schulen näher zu bestimmen.

Ebenso wie innerhalb des auf Selektion ausgerichteten Schulsystems Gymnasium, Realschule und Hauptschule in einem *Hierarchieverhältnis* zueinander stehen, so befinden sich auch die Schule für Lernbehinderte und die Schule für Geistigbehinderte in eben diesem Hierarchieverhältnis: das historisch überlieferte Kriterium des Versagens in der allgemeinen (Grund- oder Haupt-)Schule stellt bis heute den Anlaß für die Einleitung eines Überprüfungsverfahrens in die Schule für Lernbehinderte/Förderschule dar[3]. Und wer in der Schule für Lernbehinderte „versagt", der wird auf die Schule für Geistigbehinderte überwiesen.

Demgegenüber orientieren sich andere Schulen für Behinderte, etwa diejenigen für Sinnesgeschädigte, regelmäßig an den Lernzielen der allgemeinen Schulen und verleihen auch deren Abschlußqualifikationen[4]. Diese Sonderschulen stehen insoweit den allgemeinen Schulen gleich.

Die Unterschiedlichkeit der einzelnen Sonderschularten bedeutet, daß die in den Schulgesetzen der Länder vorgenommene Zusammenfassung der verschiedenen Schulen für Behinderte unter dem einheitlichen Begriff der „Sonderschulen" nicht der jeweils spezifischen Form des Verhältnisses zu den allgemeinen Schulen gerecht wird. Aus dem rechtsstaatlichen Erfordernis der Klarheit und Eindeutigkeit rechtlicher Normen sind daher Klarstellungen der entsprechenden Vorschriften in den Länderschulgesetzen zu verlangen.

3. Zentrales Kriterium für eine Zuweisung zur Sonderschule ist nach den Schulgesetzen der Länder die Tatsache, daß ein behindertes Kind in der allgemeinen Schule nicht hinreichend gefördert wird bzw. – so in einigen Ländern – dem Unterricht der allgemeinen Schule nicht folgen kann und insoweit Mitschüler/innen erheblich hemmt oder stört.

Aufgrund von Entscheidungen des Bundesverwaltungsgerichts[5] fand der Grundsatz, daß dem Staat nur ein Recht der *„negativen Auslese"* zustehe, er also nur Schüler von der für sie nicht geeigneten Schule soll verweisen dürfen, breite Anerkennung im deutschen Schulrecht. Das Recht der *„positiven"* Bestimmung der Schullaufbahn soll „wegen der Verantwortung der Eltern für den Gesamtplan der Erziehung ihrer Kinder"[6] den Eltern aus ihrem Elterngrundrecht (Art. 6 Abs. 2 GG) zustehen[7].

Ob und inwieweit dieses Prinzip auch für die Überweisung zur Sonderschule mit gleicher Konsequenz gilt, ist unklar. Die Formulierungen mancher Länderschulgesetze deuten eher auf eine Form staatlicher „positiver Auslese" hin, und auch in der Literatur scheint eine Bereitschaft zu bestehen, bezogen auf behinderte Schüler/innen eine solche staatliche „Auslese" zu akzeptieren[8].

4. Die in den Schulgesetzen der Bundesländer benannten Kriterien für die Zuordnung einzelner Schüler/innen zu bestimmten Schulen für Behinderte sind unter verfassungsrechtlichen Gesichtspunkten nach wie vor als überwiegend nicht ausreichend zu bezeichnen. Die bloße Aufzählung der Sonderschularten reicht insoweit nicht aus; vielmehr müssen die Voraussetzungen für die Zuweisung zu einer bestimmten Sonderschule zumindest in den Grundzügen im Gesetz festgelegt werden[9].

5. Auch das für die Überprüfung einer Sonderschulbedürftigkeit vorgesehene *Überprüfungsverfahren* bedarf einer rechtsstaatlich ausreichenden Ausgestaltung. Es muß in seinen „wesentlichen" Grundstrukturen gesetzlich geregelt sein[10]. Namentlich die mit diesem Überprüfungsverfahren verbundenen Grundrechtseingriffe, etwa bei ärztlichen oder psychodiagnostischen Untersuchungen, bedürfen einer ausreichenden – gesetzlichen – Ermächtigungsgrundlage[11].

6. Gegenwärtig liegt, wie ausgeführt, den schulgesetzlichen Regelungen der meisten Bundesländer das klare Prinzip der *Separation* zugrunde. Für diese grundlegende schulorganisatorische Festlegung ergibt sich die staatliche Kompetenz aus Art. 7 Abs. 1 GG, verstanden als „die Gesamtheit der staatlichen Befugnisse zur Organisation, Planung, Leitung und Beaufsichtigung des Schulwesens"[12]. Ansprüche von Eltern aus deren Grundrecht aus Art. 6 Abs. 2 GG ebenso wie solche von Schülern aus deren Grundrechten aus Art. 2 Abs. 1 und Art. 12 Abs. 1 GG vermögen ebensowenig wie ein Bezug auf die Staatszielbestimmungen des Grundgesetzes, eine verfassungsrechtliche Pflicht für die Schaffung bzw. für die Beibehaltung einer bestimmten schulorganisatorischen Struktur zu begründen[13].

Verlangt werden können staatliche *Maßnahmen kompensatorischer Art* bezogen auf den/die einzelne/n Schüler/in, um gleiche Chancen zu schaffen, d.h. etwa Förder-, Stütz- und Ausgleichsmaßnahmen für Benachteiligte[14]. Auch ein *Mindestmaß an Bildung* hat der Staat zu gewährleisten, und zwar gerade auch für behinderte Schüler/innen[15].

Ein verfassungsrechtlicher Anspruch auf Schaffung integrierter Einrichtungen für behinderte Schüler/innen besteht danach nicht, ebensowenig wie ein solcher auf Beibehaltung des gegenwärtigen separierenden Schulsystems[16], denn: „Das Grundgesetz gibt keinen Maßstab für die pädagogische Beurteilung von Schulsystemen"[17].

Hieraus folgt, daß es staatlicher politischer Entscheidung obliegt, die schulorganisatorische Grundstruktur für die schulische Betreuung von behinderten Kindern festzulegen. Hierbei sollen nach Meinung des Bundesverfassungsgerichts auch die Ergebnisse der Bildungsforschung einbezogen werden.

7. Gegenwärtig unterliegt das Prinzip der *Separation* in den bildungspolitischen Debatten verstärkt Vorbehalten, die sich auch bereits auf die entsprechenden schulrechtlichen Normierungen auswirken. Neuere Schulgesetze ebenso wie Neufassungen von Rechtsverordnungen oder von Richtlinien der Länderkultusverwaltungen betonen die Möglichkeiten einer weitergehenden gemeinsamen Unterrichtung von behinderten und nichtbehinderten Kindern (so etwa in Baden-Württemberg oder im Saarland), schaffen Regelungen für intensivierte Formen der Kooperation zwischen Grund- und Sonderschulen (in Baden-Württemberg, in Bremen oder in Niedersachsen), lassen weitere Schulversuche mit gemeinsamem Unterricht für behinderte und nichtbehinderte Kinder zu oder versuchen, das Regel-Ausnahme-Verhältnis für die schulische Unterrichtung behinderter Kinder zwischen der allgemeinen und der Sonderschule zu verändern.

Dabei werden bildungspolitische Initiativen aufgenommen, die namentlich von Eltern, aber auch von Lehrern und Lehrerinnen, aus der Wissenschaft oder von Gewerkschaften oder politischen Parteien vorangetrieben werden und auf die schrittweise Überwindung eines auf Separation gerichteten Sonderschulwesens zielen.

Hierunter fallen gesetzliche Regelungen (wie im Hessischen Schulgesetz – 1992), die den Eltern behinderter Kinder ein grundsätzliches Wahlrecht zubilligen zu entscheiden, ob ihr behindertes Kind eine allgemeine oder eine Sonderschule besuchen soll; zwar ist auch hier eine Widerspruchsmöglichkeit gegen die elterliche Entscheidung durch die staatliche Schulverwaltung aus den bereits oben erwähnten – räumlichen, personellen, sächlichen oder allgemeinen pädagogischen – Gründen vorgesehen, jedoch soll dann in einem besonderen Verfahren unter Beteiligung von Fachleuten, aber auch der Eltern eine Lösung gefunden werden. Ein staatliches Letztentscheidungsrecht bleibt jedoch auch in dieser neuen, gesetzlichen Regelung erhalten.

In gleiche Richtung zielen Versuche, die mit der Schaffung von *„integrativen Regelschulen"* für bestimmte Sonderschularten deren Aufgaben in der allgemeinen Schule vorsehen, wobei dann die fachliche Kompetenz der bisherigen Sonderschullehrer/innen in den allgemeinen Schulen genutzt wird (so das Modell in Hamburg[19]); Überlegungen gehen dahin, auf der Grundlage entsprechender schulrechtlicher Absicherung dieses Modell flächendeckend einzuführen[20].

Notwendig einher geht mit derartigen Maßnahmen einer verstärkten schulischen Unterrichtung von behinderten Kindern in der allgemeinen Schule eine inhaltliche Veränderung der bisherigen Sonderschulen hin zu Beratungs- und Förderzentren; dies hat notwendig dann auch schulorganisatorische Konsequenzen, die auch auf der schulverwaltungsrechtlichen Ebene durch Veränderungen in den gesetzlichen Vorgaben ihre Entsprechung finden müssen.

Die Frage der Organisationsstruktur eines Schulsystems für behinderte Kinder ist primär eine solche bildungspolitischer Art. Daher bedarf es zu einer Veränderung der gegenwärtig vorherrschenden Struktur einer (bildungs-)politischen Debatte und einer Entscheidung durch den jeweiligen Landesgesetzgeber. Bei der Umsetzung der getroffenen Grundsatzentscheidung in entsprechend veränderten Landesschulgesetzen beschreibt das Grundgesetz dann nur, wie dargestellt, die äußeren Rahmenbedingungen.

Anmerkungen

1 *So das Bundesverfassungsgericht*, BVerfGE 6, 309 (346 f.).
2 Vgl. hierzu z. B. *Heckel/Avenarius* 1986, S. 19 ff. (m. w. N.).
3 Ausführlich *Füssel* 1987, S. 261 ff.
4 Vgl. *Füssel* 1985, S. 188 f.
5 BVerwGE 5, 153 und 164.
6 *Bundesverfassungsgericht*, BVerfGE 34, 165 (183).
7 Hierzu *Heckel/Avenarius* 1986, S. 327 f.; kritisch: *Richter* 1973, S. 61.
8 Vgl. etwa *Hemmrich* 1985, Rdnr. 13; *Kaldewei* 1985, S. 185; auch *Füssel* 1987, S. 268 ff. (m. w. N.).
9 Ebenso der *Verwaltungsgerichtshof Kassel* DÖV 1983, S. 858; *Dietze* 1986, S. 119; *Füssel* 1987, S. 278 f.
10 Vgl. nur *Dietze* 1986, S. 129.
11 *Fehnemann* 1976, S. 147 f., und 1979, S. 273 f.
12 So die Formel der Rechtsprechung von *Bundesverwaltungsgericht* und *Bundesverfassungsgericht*, etwa in BVerwGE 6, 101 (104), und BVerfGE 34, 165 (182).
13 Vgl. *Bundesverfassungsgericht*, BVerfGE 53, 185 (197).
14 Dazu *Oppermann* 1976, S. C 24; *Niehues* 1983, S. 153; *Richter* 1984, S. 232.
15 So ausdrücklich das *Oberverwaltungsgericht Münster*, SPE II A IX, S. 81 (81 a); auch *Füssel* 1987, S. 291 f. (m. w. N.).
16 Ebenso *Richter* 1976, S. M 37; *Sander/Christ* 1985, S. 173 f.
17 So das *Bundesverfassungsgericht*, BVerfGE 34, 165 (185), und 53, 185 (197).
18 BVerfGE 34, 165 (184).
19 Dazu *Füssel/Kretschmann* 1993, S. 62 ff., 111 ff.
20 Etwa *Füssel/Kretschmann* 1993, s. 105 ff.

Literatur

Dietze, L.: Integration! – oder: Wie verfassungswidrig sind Sonderschulen in NRW? Dortmund 1986.
Fehnemann, U.: Rechtsfragen des Persönlichkeitsschutzes bei der Anwendung psychodiagnostischer Verfahren in der Schule. Berlin 1976.
Fehnemann, U.: Schultests im Schulrecht – Verfassungsrechtliche Fragen der Testanwendung in der Schule. In: Recht der Jugend und des Bildungswesens 27 (1979) S. 266–278.
Füssel, H. P.: Das Recht der Eltern auf Sonderung – das Recht der Eltern auf Integration. In: Recht der Jugend und des Bildungswesens 33 (1985) S. 187–197.

Füssel, H. P.: Elternrecht und Sonderschule — Ein Beitrag zum Umfang des Elternrechts in der Schule für Lernbehinderte. Berlin 1987.

Füssel, H. P./Kretschmann, R.: Gemeinsamer Unterricht für behinderte und nichtbehinderte Kinder — Pädagogische und juristische Voraussetzungen. Witterschlick/Bonn 1993.

Heckel, H./Avenarius, H.: Schulrechtskunde. Neuwied-Darmstadt [6]1986.

Hemmrich, U.: Kommentierung zu Art. 7 GG. In: *Münch, I. v.* (Hrsg.): Grundgesetz-Kommentar. Band 1. München [3]1985.

Kaldewei, D.: Bildungsangebote für behinderte Kinder und Jugendliche — die Aufgabe des Staates und das Verfahren der öffentlichen Verwaltung. In: Recht der Jugend und des Bildungswesens 33 (1985) S. 181–187.

Niehues, N.: Schul- und Prüfungsrecht. München [2]1983.

Oppermann, T.: Nach welchen rechtlichen Grundsätzen sind das öffentliche Schulwesen und die Stellung der an ihm Beteiligten zu regeln? München 1976.

Richter, I.: Bildungsverfassungsrecht. Stuttgart 1973.

Richter, I.: Nach welchen rechtlichen Grundsätzen sind das öffentliche Schulwesen und die Stellung der an ihm Beteiligten zu regeln? In: *Deutscher Juristentag* (Hrsg.): Sitzungsbericht M zum 51. Deutschen Juristentag 1976, S. M 10–39. München 1976.

Richter, I.: Verfassungsrechtliche Grundlagen des Bildungswesens. In: *Baethge, M./Nevermann, K.* (Hrsg.): Organisation, Recht und Ökonomie des Bildungswesens. Stuttgart 1984, S. 226–243 (Enzyklopädie Erziehungswissenschaften, Band 5).

Sander, A./Christ, K.: Sonderschule oder Integration — zur gegenwärtigen rechtlichen und tatsächlichen Situation in der Bundesrepublik Deutschland. In: Recht der Jugend und des Bildungswesens 33 (1985) S. 170–181.

Lutz Dietze

Rehabilitationsrecht und Normalisierungsprinzip – praktische Bedeutung für die Integrationspädagogik

1. Personenkreis, Lebenssituation

1986 wurde das Schwerbehindertengesetz (SchwbG) novelliert, mit ihm *eine* (aber maßgebliche) Begriffsbestimmung und das statistische Erhebungsverfahren. Damit werden mehr als vorher individuelle Behinderungen als Sozialtatbestände von Behinderungen im jeweiligen Kontext rehabilitationsrechtlicher Spezialbestimmungen so auseinander fallen, daß die Zahl jener relativ steigt, die Zahl dieser sinkt: unter anderem deshalb, weil nun alterstypische Dauerbehinderungen nicht mehr zu den nach dem SchwbG anerkennbaren gerechnet werden. Alterstypische, sich auf die berufliche Leistungsfähigkeit auswirkende Gesundheitsschäden werden damit nur noch als Krankheiten gewertet.

Die gesetzliche Beschäftigungspflicht für Arbeitgeber mit mehr als 15 Arbeitnehmern kann durch eine steuerabzugsfähige Ausgleichsabgabe von 150,– DM (Effektivbelastung: 60,– bis 90,– DM pro Monat) abgelöst werden und wird es meist. Denn so werden die Kosten für die den Schwerbehinderten und Gleichgestellten zustehenden zusätzlichen Urlaubstage von einer Arbeitswoche eingespart. Die Arbeitslosenquote bei Schwerbehinderten liegt um 50% über dem jeweiligen Durchschnitt. Die Mehrzahl der knapp 0,9 Mill. Beschäftigten Schwerbehinderten ist beruflich überqualifiziert, aber auch überdurchschnittlich arbeitsmotiviert und leistungsfähig (*Wiedermann* 1985); angesichts des Risikos, den Dauerarbeitsplatz zu verlieren, verschleißen immer mehr von Behinderung bedrohte Arbeitnehmer vorzeitig ihre Gesundheit (*Dietze* 1986a u. b).

Von den derzeit 7,5 Mill. statistisch erfaßten Behinderten sind fast 2/3 (= 8,5% der Wohnbevölkerung) anerkannt schwerbehindert. Hierfür maßgeblich sind die „Anhaltspunkte für die ärztliche Gutachtertätigkeit im sozialen Entschädigungsrecht und nach dem Schwerbehindertengesetz" von 1983. Legt man deren Maßstäbe zugrunde, beträgt die Zahl der schwerbehinderten Schüler 1,2% eines Jahrgangs (bei 5% der nach schulrechtlichen Kriterien als behindert eingestuften, von denen 80% (= 4% absolut) sonderschulpflichtig sind.

2. Rehabilitationsrecht als Sammelbegriff

Bei der „Eingliederung Behinderter oder von Behinderung Bedrohter in Beruf, Gesellschaft und Familie" ist Rehabilitationsrecht der Sammelbegriff für alle Vorschriften, die die Integration Behinderter zum Gegenstand haben. Solche Vorschriften finden sich in etwa 70 Gesetzen, entsprechend vielen Verordnungen und in einer unbestimmbaren Vielzahl ergänzender Verwaltungsvorschriften (vgl. im Literaturverzeichnis die *Gesetzessammlungen*).

Gesetzgebungskompetenzen des Bundes sind auf fünf Ministerien verteilt; wegen der rehabilitationsrechtlichen Schwerpunktbildung auf dem beruflichen und medizinischen Sektor liegen qualitativ die meisten Kompetenzen beim Bundesminister für Arbeit und Sozialordnung (BMA) sowie beim Bundesminister für Jugend, Frauen, Familie und Gesundheit (BMJFFG).

Der Kompetenzwirrwarr vergrößert sich durch die konkurrierende wie ausführende Zuständigkeit der Länder und aufgrund der Autonomie der Gemeinden und Kreise sowie der Rehabilitationsträger und der Träger von Einrichtungen der Rehabilitation; der Fachausdruck der Behinderten-Verwaltung für diesen Rechtszustand heißt „gegliedertes System der Rehabilitation". Diese offensichtlichen Strukturmängel, die häufig zu unangemessener Schematisierung und Fehlsteuerung von Integrationsbemühungen führen, sind insbesondere historisch bedingt.

Traditionell unterscheidet man zwischen Versicherung, Versorgung und Fürsorge:

Merkmal des Versicherungsprinzips, das der Sozial- und Krankenversicherung (sowie der Unfall-, Renten- und Knappschaftsversicherung bzw. der Altershilfe für Landwirte etc.) zugrunde liegt, ist die *Risikogemeinschaft* der Versicherten. Angestrebt ist der Risikoausgleich unter den Mitgliedern. Zwischen Beitrag und Leistung einerseits sowie zwischen Versicherten und dem Versicherungsträger besteht ein Gegenseitigkeits-Verhältnis.

Beim *Versorgungsprinzip* (-typisches Beispiel: Bundesversorgungsgesetz (BVG)-) ist die Risikogemeinschaft die der Abgaben- und Steuerzahler. Ansprüche werden nach Art und Umfang gesetzlich vorab bestimmt; sie hängen nicht vom Nachweis individueller Bedürftigkeit oder von der Abgaben- oder Steuerzahlung ab.

Demgegenüber sind Leistungen aufgrund des *Fürsorge-Prinzips* (z. B. der Sozialhilfe) *nachrangig*.

In „Rein-Kultur" existieren die drei Groß-Bereiche schon lange nicht mehr. Es gibt eine Vielzahl von Abweichungen und Durchlöcherungen.

3. Definitionen — Vertypungen

In den meisten gesetzlichen Bestimmungen werden die Tatbestandsvoraussetzungen, die durchaus auf einen gemeinsamen Kern zurückgeführt werden könnten, unterschiedlich und einander überschneidend formuliert und zudem mit einer entsprechend divergenten Vertypung auf der Rechtsfolgen-Seite vermengt (vgl. §§ 1 bis 3 SchwbG, § 1 Rehabilitationsangleichungsgesetz, § 10 Sozialgesetzbuch Allgemeiner Teil, § 39 Bundessozialhilfegesetz (BSHG), § 30 Abs. 1 BVG).

Die gängige, verwaltungs- und nicht behinder*ten*-konforme Vertypung betrifft auch die seit 1986 geltende Einteilung nach GdB (= „Grad(en) der Behinderung"). — Früher hatte es (noch irreführender) MdE (= „Minderung der Erwerbsfähigkeit") geheißen. Man hat den Begriff, der fast 100 Jahre im Gebrauch war, deshalb fallen gelassen, weil eine Behinderung über die *berufliche Leistungsfähigkeit* nicht entscheiden muß. Eine Einteilung nach GdB taugt aber nur für die Gewährung oder Gewährleistung von Nachteilsausgleichen im Sinne des *Normalisierungsprinzips* (s. unten 5.). Aber weder muß ein querschnittgelähmter Rollstuhlfahrer mit einem GdB von 100% dadurch in seiner beruflichen Leistungsfähigkeit eingeschränkt sein, noch ist er dadurch in jeder Hinsicht behindert.

Die *World Health Organization (WHO)* unterscheidet zwischen *Impairment* (Schaden), *Disability* (Funktionsbeeinträchtigung) und *Handicap* (Nachteil). Diese rehabilitationsrechtlich neutrale Unterscheidung kann nicht nur für den medizinischen Bereich gute Dienste leisten, sondern auch für eine behinder*tenge*-rechte Betrachtungsweise (im Gegensatz zur protektionistischen aber verwaltungskonformen). Denn sie erschwert das falsche Schließen vom äußeren Erscheinungsbild auf die Gleichartigkeit der Ursachen und erschwert die Vergeudung von Sach- und Dienstleistungen beim üblichen Fünf-Phasen-Verlauf der Rehabilitation, bei dem es sich eher um zuständigkeitsabhängige Konstruktionen als um „Rehabilitation aus einem Guß" aus der Sicht und im Interesse des Behinderten handeln wird: medizinische, Überleitung in die berufliche, soziale und familiäre Rehabilitation müssen nicht zwingend zeitlich eine Abfolge bilden. Die gesetzliche Unfallversicherung (GUV) arbeitet oft *besonders kostengünstig und leistungsfähig,* weil sie mit den Maßnahmen zur beruflichen Rehabilitation bereits beginnt, bevor die medizinische Phase abgeschlossen ist.

Hingegen ist dem Grunde nach richtig, wenn meist mit der beruflichen Rehabilitation auf die soziale und familiäre geschlossen wird. Höchst fraglich ist dabei nur, *ob* die berufliche Rehabilitation *optimal im Sinne des Behinderten* ausfällt: Das ist, wie gleich zu zeigen sein wird, *regelmäßig nicht der Fall.*

4. Kausalität − Finalität − Normalisierung

Nach dem rehabilitationsrechtlichen *Kausalitätsprinzip* soll nicht jeder tatsächlich Behinderte, sondern nur derjenige Ansprüche auf Rehabilitation erwerben, der entweder zum Kreis der Versorgungsberechtigten oder zum Kreis der Versicherten gehört. Historisch hat es sich in erster Linie um Kriegsopfer und Zivilgeschädigte, d. h. um die Opfer von Arbeitsunfällen bzw. von anerkannten Berufskrankheiten, gehandelt. Das *Sonderschulrecht beruht auf dem Primat des Kausalitätsprinzips für die Sonderschulpflicht.*

Nach dem *Finalitätsprinzip* spielt für die Rechtsfolgen-Seite nur die *Behinderten-Eigenschaft,* nicht aber die rechtliche Anspruchsvoraussetzung, eine Rolle. Das Faktum der Behinderung löst bereits die Ansprüche aus. Das Finalitätsprinzip gilt im Schulrecht für alle fördernden Leistungen unabhängig von der Schulpflicht und unabhängig davon, ob der behinderte Schüler Inhaber eines Schwerbehinderten-Ausweises ist.

Der Idee nach werden durch das Finalitätsprinzip alle Maßnahmen zusammengefaßt, die Integration bewirken oder Desintegration vorbeugen sollen. Da unbestimmt bleibt, was unter Integration zu verstehen sei − Art, Richtung, Reichweite, Intensität und Zielsetzung (Zweck) der Integration können unterschiedlich bestimmt werden (s. den Beitrag des Verf. über „Integration behinderter Schüler und Verfassungsrecht" sowie den Beitrag von *Füssel* in diesem Band) − führt dies praktisch dazu, daß ein gesetzlich definiertes Integrationsminimum bereits als „optimale Rehabilitation" gilt: Etwa, wenn geistig Behinderte in Werkstätten einen Arbeitsplatz gefunden haben, ein Minimum an wirtschaftlich verwertbarer Arbeit verrichten, gleichwohl aber beruflich (und sozial) isoliert bleiben, wobei ihnen auch noch (und wieder auf maßgebliches Betreiben kirchlicher Kreise!) durch die letzte Novellierung des SchwbG weiterhin der Arbeitnehmer-Status vorenthalten wird (gesetzlich versichert sind sie allerdings). Allein die zeitliche Befristung bei berufsfördernden Maßnahmen auf höchstens drei Jahre führt dazu, daß nur beim Zusammentreffen besonders günstiger Umstände die „optimale Rehabilitation" nicht den sozialen Abstieg (*Meyer* 1981) einleitet.

Hinzu kommt, daß die Finalität auf der Rechtsfolgen-Seite von der Anspruchsgrundlage und deren Zielsetzung abhängig ist: die Zielsetzungen des Berufsbildungsgesetzes, des Arbeitsförderungsgesetzes, der Reichsversicherungsordnung (und dort im II. oder IV. Buch) sind jeweils andere, während es dem Behinderten ausschließlich darauf ankommt, in einen Beruf zu gelangen, der sowohl seinen Neigungen und Fähigkeiten entspricht, und der sich auch als ein Dauerarbeitsplatz mit Aufstiegschancen erweist. Berechtigte aber nicht durch das Normensystem vertypte und anerkannte integrative Maßnahmen fallen selbst dann aus dem Reha-System heraus, wenn sie mit dem Finalitätsprinzip vereinbar wären. (Typisches Beispiel): Unterricht im Mundablesen für einen taubstummen Berufstätigen dient seiner sozialen Beteiligungsfähigkeit (Integration), gilt aber als pädagogische Maßnahme, für die nicht einmal die Sekundärzuständigkeit irgend eines Reha-Trägers gegeben ist (Entscheidung des Bundessozialgerichts (BSGE) 42, S. 70). – Würde die fehlende Fähigkeit zu einer neurotischen Erkrankung führen können, wäre der krankenversicherungsrechtliche Tatbestand gegeben.

Bei der *Normalisierung* geht es um Vorbeugung oder Heilung einerseits, Linderung oder Kompensation (Entschädigung, Nachteilsausgleiche) andererseits; kurz: *materiale Gleichstellung* mit Nichtbehinderten. Sofern sich die individuelle wie soziale Lage des Behinderten normalisiert hat, stellt sich die Frage nach seiner Integration dann nicht mehr. Denn er hat die Chance, über sich selbst zu bestimmen und sich in Familie, Beruf, Gesellschaft mitbestimmend zu behaupten. Für das so verstandene Normalisierungsprinzip bilden somit die Grundrechte (Leben, Gesundheit, Freiheit etc.) den einen verfassungsrechtlichen Bezugspunkt; der Gleichheitssatz als Differenzierungsgebot und Diskriminierungsverbot bzw. das *Leistungsprinzip* den anderen.

Nach der hier vertretenen rehabilitationsrechtlichen Position ist das gesamte Rechtsgebiet *fehlkonstruiert*. Es „integriert" tendenziell die Behinderten in ein Sonderrechts-System und damit in ein zusätzliches System von Abhängigkeiten, Anpassungszwängen und Fremdbestimmungsmöglichkeiten.

5. Einzelheiten

Es gibt kaum Lehrbücher des Rehabilitationsrechts, und nur das von *Mroczynski* (1986) ist aktuell. Der sich für Spezialfragen interessierende Leser sei daher auf das *Literatur-Verzeichnis* verwiesen. Anfolgend werden nur die Aspekte hervorgehoben, die für ein besseres Verständnis des bereits Skizzierten Bedeutung haben können.

5.1 Anerkennung

Mit dem Antrag auf Anerkennung als Behinderter oder Schwerbehinderter entsteht der behindertenrechtliche Schutz, doch ist eine solche Entscheidung nur vom Behinderten selbst bzw. seinen gesetzlichen Vertretern zu treffen (BSGE 60, S. 284). Der Behinderten-Ausweis ist nicht konstitutiv. Er hat Beweisfunktion.

5.2 Medizinische Rehabilitation

Die Übergänge zwischen sozialer Benachteiligung, Krankheit und Behinderung sind fließend. Soziale Randgruppen-Lage (z. B. in Folge von Dauerarbeitslosigkeit: *Jahoda/Lazarsfeld* 1933) ist ein Risikofaktor ersten Ranges. Maßnahmen der medizinischen Rehabilitation, zu der auch die Krankheits-Vorbeugung gehört, fallen überwiegend in den Zuständigkeitsbereich der Krankenversicherung.

5.3 Schulische Rehabilitation, Erziehungshilfe

Für pädagogische Fördermaßnahmen sind die Kultusverwaltungen, für andere fördernde Hilfen die Schulträger zuständig. In Zusammenhang mit dem Fürsorgeprinzip, aber auch *darüber hinaus* können nach dem Jugendwohlfahrtsgesetz (JWG) Ansprüche auf Erziehungshilfe und andere Leistungen geltend gemacht werden, z. B. für private Nachhilfe oder Unterricht am Krankenbett, sofern die zuständige Schule oder Schulbehörde trotz Antragstellung nicht unverzüglich (d. h. *ohne schuldhaftes Zögern*) tätig wird. Zur Vorleistungspflicht nach § 44 BSHG s. unten 5.7.

5.4 Berufliche Rehabilitation und nachgehende Hilfe im Arbeitsleben

Hauptsächlich zuständig ist die Bundesanstalt für Arbeit (BA); vgl. BMA, Leitfaden für Behinderte, Bonn 1987, S. 114 ff. Dort auch weitere rehabilitationsrechtliche Hinweise und Gesetzestexte (Die Broschüre kann kostenlos bezogen werden).

5.5 Nachteilausgleiche

Sie beruhen im wesentlichen auf § 48 SchwbG und werden im Sinne des Finalitätsprinzips (§ 10 SGB AT) gewährt; solche zugunsten persönlicher und sozialer Mobilität (§§ 59 ff. SchwbG) nach dem Kausalitätsprinzip.

Finanzämter gewähren *auf Antrag* der Erziehungs- oder Sorgeberechtigten Steuererleichterungen bis zu 7.200,– DM pro Jahr, in begründeten Ausnahmefällen darüber. Anspruchsberechtigter ist das behinderte Kind, so daß der Anspruch auf die Eltern übertragen werden muß.

138

5.6 Der Fortfall der Behinderten-Eigenschaft

(§ 38 SchwbG) ist anzeigepflichtig. Entsprechendes gilt bei einer erheblichen Rückbildung der Behinderung. Für die Rückforderung von Leistungen gilt nicht das allgemeine Verwaltungsverfahrensgesetz, sondern SGB X (besonderer Schutz des guten Glaubens des Leistungsempfängers).

5.7 Allgemeine Grundsätze der Normalisierung

— *Vorbeugung*
— *Gleichstellung*. Der von Behinderung Bedrohte wird dem Behinderten gleichgestellt. Behinderte mit einem GdB von 30% können auf Antrag Schwerbehinderten (mit einem GdB von mindestens 50%) gleichgestellt werden.
— „Normalisierende" (= optimale) „unbürokratische Rehabilitation aus einem Guß". Zur Kritik siehe oben 4. Eine tendentielle Annäherung an das mit dem Normalisierungsprinzip Gemeinte kann durch anspruchskonforme Feststellung des anspruchsauslösenden Sachverhalts bzw. durch weite Auslegung der Anspruchsgrundlagen und Verfahrensbestimmungen gewonnen werden.
— *Beratung* (Wichtige Adressen in: BMA, S. 79 ff.).
— *Mitwirkungspflicht der Behinderten*. Der Behinderte ist von vornherein, d. h. schon beim Eintritt in das Beratungsverhältnis, verpflichtet, alles in seinen Kräften Stehende zu tun, um das Ziel optimaler Rehabilitation zu erreichen (§§ 60 ff. SGB AT). *Das Sozialgeheimnis* ist nach SGB X besonders geschützt.
— *Integration vor Separation; Rehabilitation vor Rente.*
— *Angleichung der Leistungen*. Jeder Träger hat nach dem Gesetz eine *subsidiäre Leistungspflicht*, sofern die Behinderung anerkannt worden ist; der jeweils leistungsfähigste Träger (bei Abtretung der Ansprüche gegen den primär zuständigen) kann in Anspruch genommen werden.
— Rehabilitation „aus einem Guß" (Zusammenarbeit der Reha-Träger, Vorleistungspflicht). Hier hat sich in den letzten Jahren ein Wandel zum Besseren eingestellt. Einmal, weil die Träger zur Zusammenarbeit verpflichtet sind; zum anderen, weil der Behinderte unter den etwaigen *möglichen* Anspruchs-Adressaten nicht mehr gehalten ist, den letztlich zuständigen selbst ausfindig zu machen.

Vorleistungspflichtig ist bei medizinischen Leistungen im weitesten Sinne des Wortes der Träger der Rentenversicherung, bei allen berufsfördernden Maßnahmen das Arbeitsamt, bei nachgehenden Hilfen im Arbeitsleben die Hauptfürsorgestelle, bei ergänzenden Leistungen zur Rehabilitation der bereits vorleistungspflichtige Träger. Hervorzuheben ist die Vorleistungspflicht nach § 44 BSHG des örtlichen Trägers der Sozialhilfe, dessen primäre Zuständigkeit fürsorgerechtlich begründet und insoweit nachrangig ist. Medizinische und andere therapeutische Hilfen, die die schulische Integration sichern sollen, können nach § 44 BSHG beantragt werden.

— „Hilfe zur Selbsthilfe". Dieser — *dem Normalisierungsprinzip am ehesten entsprechende* — Grundsatz wird deshalb an letzter Stelle erwähnt, weil er praktisch *nur für die Aufstockung* von Leistungen zur Rehabilitation als Anspruchsnorm gilt. Ob sie geboten wird, ist Ermessensfrage (auch des Kosten-Nutzen-Kalküls). Rentenversicherungsträger, Krankenkassen und insbesondere das Arbeitsamt (die BA) sind in nicht seltenen Einzel-Fällen engagiert, wobei die mehreren Beträge für Mehrfach- und Schwerstbehinderte aufgewandt werden. Wegen der erwähnten *subsidiären Leistungspflicht* aller Reha-Träger wird deren Gewährung von aufstockenden Leistungen vor allem dann in Betracht kommen, wenn dadurch dargelegt werden kann, inwieweit künftig entstehende voraussehbare höhere Inanspruchnahmen des zuständigen Leistungsträgers erheblich gemindert werden können.

6. Praktischer Gebrauchs-Nutzen für Rehabilitations- und Integrations-Pädagogen

Die geschilderten Einzelheiten und Grundprinzipien des Reha-Rechts, die stets auf das *Normalisierungsprinzip* bezogen werden müssen, mögen erkennen lassen, daß dem Grunde nach das rechtliche Instrumentarium für eine behinder*ten*gerechte Rehabilitation so genutzt werden kann, daß schulische Integration (Schulunterricht für Behinderte in Normalschulen) als notwendiges und wesentliches Element der „Rehabilitation aus einem Guß" und eines (möglichst) „nahtlos" ablaufenden Rehabilitations-Verfahrens („Gesamtplan") begriffen werden kann.

Soweit die dieser Integration/Rehabilitation entgegen stehende Schulpolitik und Schuladministration schulrechtlich abgefedert wird, ist zu bedenken, daß damit in den *Gesamtplan der Rehabilitation* störend und kontraproduktiv eingegriffen wird.

Die *optimale Ausschöpfung* aller rehabilitationsrechtlich gebotenen fördernden Leistungen und Maßnahmen der Prävention und Integration können schon jetzt bei konsequenter Anwendung und Ausschöpfung so früh und hinreichend umfassend einsetzen, daß zumindest ein tragendes Argument der Schulverwaltungen für die Notwendigkeit der Absonderung außer Kraft gesetzt werden kann: das von der Förderungs-Unmöglichkeit in Normalschulen.

Und wo der Besuch der Normalschule zum rehabilitationsrechtlich begründeten tragenden Bestandteil der „Rehabilitation aus einem Guß" gehört und entsprechend medizinisch-therapeutisch begründet werden kann, bleibt der Verwaltung für Separations-Notwendigkeit nur das (widerlegliche) Argument, mit der schulischen Integration des Behinderten würden vitale Bildungsinteressen der Nichtbehinderten erheblich *und* dauernd bzw. es würde der Schulbetrieb empfindlich *und* fortwährend gestört.

Für den *Integrations-Pädagogen* erwächst somit durch die Kenntnis rehabilitationsrechtlicher Grundlagen sowie der präventiv und therapeutisch dienlichen speziellen Anspruchsnormen einschließlich ihrer Sachverhaltsvoraussetzungen und Verfahrensnormen die Möglichkeit, die antragsberechtigten Eltern zu beraten und die eigenen pädagogischen Beurteilungen, Empfehlungen, Entscheidungen zusätzlich *rehabilitationsrechtlich zu fundieren.*

Birk, U. A. u. a.: Bundessozialhilfegesetz. Lehr- und Praxiskommentar (LPK-BSHG). Weinheim 1985.

Bley, H.: Sozialrecht. Frankfurt am Main ⁵1986.

Bundesarbeitsgemeinschaft für Rehabilitation (Hrsg.): Die Rehabilitation Behinderter. Frankfurt 1984.

Burghardt, A.: Kompendium der Sozialpolitik. Allgemeine Sozialpolitik. Lohnpolitik. Arbeitsmarktpolitik. Politik der Sozialversicherung. Berlin ²1979.

Dietze, L.: Rehabilitationsrechtliche Probleme bei der Eingliederung Behinderter durch Bildungsmaßnahmen. In: Recht der Jugend und des Bildungswesens 27 (1979) S. 476–481.

Dietze, L.: Behindertenpolitik. In: *Reichmann, E.* (Hrsg.): Handbuch der kritischen und materialistischen Behindertenpädagogik und ihrer Nebenwissenschaften. Solms-Oberbiel 1984a, S. 103–108.

Dietze, L.: Rehabilitationsrecht. Ebenda. 1984b, S. 513–518.

Dietze, L.: Jugendhilferecht. Ebenda. 1984 c, S. 328–334.

Dietze, L.: Nutzlose Korrekturen. Die geplante Reform des Schwerbehindertengesetzes hilft weder Betroffenen noch Arbeitgebern. In: Leben und Weg. Der Körperbehinderte 26 (1986a) S. 18–20.

Dietze, L.: Schwerbehindertengesetz, Finalität und Normalisierungsprinzip. In: Behindertenrecht. Fachzeitschrift für Fragen der Rehabilitation 25 (1986b), S. 80–84.

Fabricius, F. u. a.: Betriebsverfassungsgesetz. Gemeinschaftskommentar. Neuwied und Darmstadt ⁴1987.

Fischer, T.: Berufliche Rehabilitation Behinderter. Dortmund 1987.

Francke, E./Hart, D./Prigge, R.: Probleme des Gesundheitssystems und Arbeitnehmerinteressen. Akademie für Arbeit und Politik an der Universität Bremen. Arbeiterkammer Bremen. Universität Bremen 1987.

Fussau, H. M.: Lexikon des Arbeits- und Sozialrechts. München 1983.

Gagel, A. u. a.: Arbeitsförderungsgesetz. Kommentar. Loseblattausgabe. Stand Juli 1987. München 1987.

Gemsjäger, W./Dill, M.: Arbeits- und Berufsförderung von Behinderten. Stuttgart 1977.

Elsner, W./Pelikan, W.: Rehabilitationsangleichungsgesetz. Kommentar. Köln 1977.

Gottschick, H./Giese, D.: Das Bundessozialhilfegesetz. Kommentar. Köln ⁹1985.

Grüner, H./Dalichau, G.: Sozialgesetzbuch (SGB). Kommentar. Loseblattausgabe. 8 Bde. Stand 1. Dez. 1987. Percha 1987.

Gesetzessammlungen: *Aichberger, F.:* Sozialgesetzbuch. Reichsversicherungsordnung. Textsammlung. Loseblattausgabe. Stand April 1987. München; Angestelltenkammer Bremen: Schwerbehinderte und ihr Recht. Bremen 1987; Bundesminister für Arbeit und Sozialordnung: Leitfaden für Behinderte. Bonn 1987;

Grunsky, W.: Arbeitsgerichtsgesetz. Kommentar. München ⁵1985.

Haeser, A.: Entwicklungslinien und gesellschaftliche Bedingungen der Behindertenpolitik in Deutschland. Zur Sozial-Geschichte und Soziologie der Rehabilitation. Konstanz (Diss.) 1975.

Hellmann, D.: Schwerbehindertengesetz. München ¹¹1986.

Jahoda, M. u. a.: Die Arbeitslosen von Marienthal. Ein soziographischer Versuch. (1933) Frankfurt ⁴1982.

Jürgens, A.: Pflegehilfe für Behinderte. Köln 1986.

Jung, K.: Gesetzliche Grundlagen. In: *Jochheim, K. A./Scholz, J. F.:* Rehabilitation. Bd. I: Gesetzliche Grundlagen, Methoden und Maßnahmen. Stuttgart 1975, S. 186–260.

Jung, K./Cramer, H. H.: Schwerbehindertengesetz. Kommentar. München ³1987.

Kittner, M.: Arbeits- und Sozialordnung. Ausgewählte und eingeleitete Gesetzestexte. Köln ¹²1987.

Kolb, R. A.: Rehabilitationsrecht. Kommentar. Münster 1985.

Krause, P.: Sozialgesetze. Textausgabe mit einer Einführung. Neuwied ³1987.

Krauskopf, D.: Soziale Krankenversicherung. Kommentar. München ²1986.

Lessner, S.: Rechtsprechung des Bundessozialgerichts und des Bundesverwaltungsgerichts zur Rehabilitation. Auswahl in Leitsätzen. Frankfurt 1981.

Lipinski, Ch. G. u. a. (Hrsg.): Behinderte Kinder im Heim. Heimunterbringung und soziale Integration behinderter Kinder und Jugendlicher. München 1983.

Lotze, R./Schoch, H.: Rehabilitation 2000. Chancen und Erwartungen körperbehinderter Menschen. Freiburg 1987.

Luber, F.: Deutsche Sozialgesetze. Sammlung des gesamten Arbeits- und Sozialrechts der Bundesrepublik. 3 Bde. Stand 1. Dez. 1987. Percha 1987.

Majerski-Pahlen, M./Pahlen, R.: Mein Recht als Schwerbehinderter. München 1987.

Mergler, O. (Bearb.): Bundessozialhilfegesetz (BSHG) '87. ... Vorschriftensammlung. Köln ³⁰1988.

Meyer, J. A. E.: Sozialgerichtsprotokolle. Neuwied 1981.

Meyer-Ladewig, J.: SGG. Sozialgerichtsgesetz mit Erläuterungen. München ³1987.

Münder, J. (Hrsg.): Frankfurter Kommentar zum JWG. Weinheim ³1985.

Mroczynski P.: Rehabilitationsrecht. München ²1986.

Narr, H.: Arzt − Patient − Krankenhaus. Kassenärztliche Versorgung. Behandlungsvertrag. Privatliquidation. Aufklärungspflicht. Haftung. Schweigepflicht. Sterbehilfe. Schwangerschaftsabbruch. Heilpraktiker. München 1987.

Niess-Mache, Ch./Schwammborn, J. (Hrsg.): Demontage des Sozialstaats. Verfassungsrechtliche Grenzen staatlicher Sparpolitik. Köln 1986.

Oppl, H./Weber-Falkensammer, H. (Hrsg.): Sozialarbeit und berufliche Rehabilitation. Bedarf. Maßnahmen. Durchführung. Rechtliche Grundlagen. Forschungsergebnisse für die Praxis. Freiburg 1985.

Pickel, H.: Lehrbuch des Sozialrechtlichen Verwaltungsverfahrens. Wiesbaden ²1985.

Quambusch, E.: Das Recht der Geistigbehinderten. Stuttgart ²1985.

Rauschelbach, H. H.: Der MdE-Begriff und WHO-Definition der Behinderung. In: Der medizinische Sachverständige 4/1984, S. 78−79.

Schaub, G.: Arbeitsrechts-Handbuch. Systematische Darstellung und Nachschlagewerk für die Praxis. München ⁶1987.

Schellhorn, W./Jirasek, H./Seipp, P.: Kommentar zum Bundessozialhilfegesetz. Neuwied ¹³1987.

Schicke, L.: Ökonomie des Gesundheitswesens. Grundriß der Sozialwissenschaft. Bd. 29. Göttingen 1981.

Schieckel, H. u. a.: Bundesversorgungsgesetz (BVG). Kommentar. Loseblattausgabe. 5 Bde. Stand 31. 12. 1985. Percha ⁵1985.

Schieckel, H./Oestreicher, E.: Berufsbildungsgesetz (BBiG). Kommentar. Loseblattausgabe. 5 Bde. Stand 1. Sept. 1987. Percha 1987.

Schlageter, E.: KB-Helfer, Freiburg ³⁶1988.

Schmitt, W.: Die Befreiung vom Krankheitsbegriff. Vom Leitbild des einsatzfähigen Arbeiters zum Leitbild des gesunden selbstverantwortlichen Bürgers. In: Medizinrecht 3 (1985), S. 52−59.

Scholler, H.: Zur Frage der Notwendigkeit der Darstellung des Rehabilitationsrechts in Lehre und Forschung. In: Rehabilitation 22 (1983) S. 40−48.

Schulin, B.: Sozialversicherung der Behinderten. Gutachten erstellt im Auftrag des Deutschen Sozialgerichtsverbandes e. V. Universität Freiburg 1980.

Schulin, B.: Sozialversicherungsrecht. Düsseldorf ²1985.

Schulte, B./Trenk-Hinterberger, P.: Bundessozialhilfegesetz (BSHG) mit Erläuterungen. München ²1986.

Seewald, H.: Schwerbehinderte 1985. In: Wirtschaft und Statistik 9 (1986) S. 755–759.

Siebert, G./Degen, B./Becker, K.: Betriebsverfassungsgesetz '72. Kommentar für die Praxis. Frankfurt am Main ⁶1987.

Sticken, R. J.: Die Entwicklung des Krankheitsbegriffs der gesetzlichen Krankenversicherung — Ursachen und Auswirkungen der Veränderung. Bremen (Diss.) 1985.

Thieler, H. S.: Die Anerkennung als Schwerbehinderter. Köln 1984.

Thieler, H. S.: Das Schwerbehindertengesetz. Kommentar. Köln 1987.

Thieler, H. S.: Sozialrecht. Köln ²1987.

Thust, W.: Recht der Behinderten. Eine systematische Darstellung für Studium und Praxis. Weinheim 1980.

Verband der Kriegs- und Wehrdienstopfer, Behinderten und Sozialrentner Deutschlands e. V. (VdK): Handbuch des Behindertenrechts. Bonn ¹1986; *Ders.*: Das neue Kriegsopferrecht. Bonn 1986.

Verband Deutscher Rentenversicherungsträger (Hrsg.): RVO. Viertes und Fünftes Buch. Loseblattausgabe. 3 Bde. Stand 1. Jan. 1987. Weinheim 1987.

Verband Deutscher Rentenversicherungsträger (Hrsg.): Leitfaden für die Sozialmedizinische Begutachtung in der gesetzlichen Rentenversicherung. Stuttgart ⁴1986.

Wertenbruch, W. (Hrsg.): Bochumer Kommentar zum Sozialgesetzbuch. Allgemeiner Teil. Berlin 1979.

Wiedermann, H.: Kündigungsschutz und Kündigungsschutzpraxis bei schwerbehinderten Arbeitnehmern im Land Bremen. Überblick über die wichtigsten Ergebnisse der Kündigungsschutzverfahren nach §§ 12 bis 18 des Schwerbehindertengesetzes bei der Hauptfürsorgestelle Bremen im Jahre 1985. Typoskript des Senators für Arbeit der Freien Hansestadt Bremen. Fassung vom 1. 8. 1986

Wilbrodt, H./Neumann, D.: Schwerbehindertengesetz. Kommentar. München ⁷1987.

Zacher, H.: Sozialgesetzbuch. Textausgabe mit Hinweisen und Materialien. 3 Bde. Loseblattausgabe. Stand 1. 7. 1987. Percha 1987.

Integration in Vorschule, Schule sowie im nachschulischen Bereich

Alfred Hössl

Entwicklungen integrativer Erziehung im Elementarbereich

1. Vorbemerkung

Nirgendwo im Bildungsbereich haben sich bisher in der Bundesrepublik Formen der gemeinsamen Erziehung von behinderten und nichtbehinderten Kindern in solchem Umfang in der Praxis verbreiten können wie im Elementarbereich.

Dabei bietet sich jedoch von Bundesland zu Bundesland ein sehr unterschiedliches Bild, sowohl in bezug auf das bestehende Praxisangebot als auch in bezug auf die politischen Rahmenbedingungen. Insgesamt ist jedoch die Entwicklung an einem Punkt angelangt, wo die integrative Betreuung aus dem Modellstadium herausgetreten ist und Fragen ihrer Gestaltung als Regelangebot sowie eines damit verbundenen Strukturwandels im Elementarbereich immer stärker an Bedeutung gewinnen. Vor diesem Hintergrund ist es an der Zeit, das bisher Geschehene und Erreichte einer Zwischenbilanz zu unterziehen.

2. Die Bedeutung des Elementarbereichs im Rahmen der integrativen Gesamtentwicklung

Die Forderung „Gemeinsam von Anfang an" bezieht sich einmal auf die Erkenntnis, daß die erforderlichen Kommunikationsprozesse, die als Voraussetzung für mehr Selbstverständlichkeit im Zusammenleben zwischen Behinderten und Nichtbehinderten anzusehen sind, im frühen Kindesalter sich am natürlichsten vollziehen und damit eine wichtige Basis darstellen, um Voreingenommenheit, Unsicherheit, Abwehr und Angst im gegenseitigen Umgang in späteren Lebensabschnitten abzubauen. Abgesehen davon, daß kleine Kinder ohnehin mit dem Phänomen „behindert sein" sehr unbefangen umgehen, eröffnet das Zusammensein im Kindergarten die Chance für eine frühzeitige und spielerische Auseinandersetzung mit dem „Anderssein" von Kindern, begünstigt die Identitätsfindung durch das Kennenlernen von eigenen Beschädigungen und Schwächen in der Begegnung mit anderen Kindern. Auch Phasen der Ablehnung und Aggression können hier einen wichtigen Stellenwert im Rahmen des notwendigen frühen Kommunikationsprozesses zwischen behinderten und nichtbehinderten Kindern haben (vgl. *Klein* u. a. 1987, S. 34 ff.).

Darüber hinaus kann man nach den umfangreichen vorliegenden Praxiserfahrungen davon ausgehen, daß eine frühzeitige gemeinsame Erziehung im allgemeinen günstigere Entwicklungschancen für behinderte Kinder bietet als die Betreuung in reinen Sondereinrichtungen, sofern die individuell erforderlichen pädagogischen und therapeutischen Maßnahmen gesichert sind. Dies gilt insbesondere dann, wenn die von den nichtbehinderten Kindern ausgehenden Lern- und Motivationsanreize genutzt werden (vgl. *Miedaner* 1986, S. 297 ff.).

Ein wichtiges Bindeglied zwischen den Bildungsbereichen Kindergarten und Schule sind sicherlich die Eltern behinderter Kinder, die, bestärkt durch ihre positiven Erfahrungen mit integrativen Betreuungsformen im Kindergarten, eine entsprechende Fortsetzung in der Schule anstreben. So gehen viele der örtlichen Elterninitiativen, die die Gründung von integrativen Schulklassen durchgesetzt haben, auf den Elementarbereich zurück. Für immer mehr Eltern bedeutet die gemeinsame Betreuung ihres behinderten Kindes mit Nichtbehinderten im Kindergarten eine soziale Errungenschaft, die man für den weiteren schulischen bzw. beruflichen Werdegang des Kindes erhalten möchte.

Für die Verbreitung des Integrationsgedankens in allen Bildungsbereichen ist die Brücke einer umfassenden Elternbewegung umso wichtiger, als auf der politisch-administrativen Ebene derzeit kaum übergreifende Konzepte zu erwarten sind. Wo auf Landesebene integrative Betreuungsformen im Elementarbereich konkret unterstützt werden, sind, von einer Ausnahme (Saarland) abgesehen, immer Sozialministerien bzw. Behörden zuständig, deren Kompetenz sich nicht auf den schulischen Bereich erstreckt.

3. Theoretische und konzeptionelle Grundlagen

Integration im Elementarbereich verdankt ihren heutigen Bestand im wesentlichen einem Entwicklungsprozeß auf der Praxisebene. Die konzeptionellen Grundlagen gemeinsamer Erziehung gehen einmal zurück auf ein Verständnis von menschlichem Zusammenleben, nach dem sich die Aussonderung Behinderter mit einem christlichen, humanen oder demokratischen Menschenbild nicht vereinbaren läßt. Zum anderen stützen sie sich auf konkrete Praxiserfahrungen, die im Kontext integrativer Gruppenarbeit, aber auch im Rahmen der pädagogischen Arbeit mit reinen Sondergruppen gewonnen, diskutiert und weitergegeben wurden. So ist bezeichnend, daß viele Anstöße und Initiativen für eine gemeinsame Betreuung von Sonderpädagogen kamen, die mit den Gegebenheiten und Möglichkeiten der Sonderförderung unzufrieden waren.

In Ermangelung fertiger, übertragbarer Modelle wurden integrative Praxiskonzepte häufig von Mitarbeitern speziell für ihre eigene Einrichtung erarbeitet, wobei oft auch Eltern oder Vertreter des Trägers beteiligt waren. In der Regel lehnte man sich dabei an bereits in der Einrichtung praktizierte oder sonst gängige kindergartenpädagogische Ansätze an. Auch wenn die vorhandenen Praxismodelle oft keine explizite theoretische Grundlage aufweisen, ist den zahlreich vorliegenden Konzeptpapieren und Praxisberichten doch zu entnehmen, daß auf der Ebene der jeweils beteiligten Einrichtungen eine fundierte Auseinandersetzung über die Gestaltung gemeinsamer Erziehung schon wegen des vorhandenen Legitimationsdrucks, etwa gegenüber dem Träger, den Behörden u.a., stattgefunden hat. Ferner zeigt sich, daß erfolgreiche Integrationspraxis nicht an einen bestimmten pädagogischen Ansatz gebunden ist, sondern daß es sich sogar eher als zweckmäßig erwiesen hat, die Elemente verschiedener Ansätze in die Arbeit einzubeziehen. Insgesamt haben sich jedoch drei pädagogische Ansätze herauskristallisiert, die im Zusammenhang mit integrativer Betreuung im Elementarbereich bestimmenden Charakter haben:

— *Die Montessoripädagogik* wird von ihren Anhängern als besonders geeignet für die Förderung behinderter Kinder erachtet, weil sie Anregungen und Hilfen (Materialien) bietet, um Kinder ihrer jeweiligen Entwicklungsstufe und ihren Interessen entsprechend individuell zu fördern und — bei richtiger Anwendung — die Handlungsfähigkeit und -freiheit zu unterstützen. Bedeutung hat die Montessoripädagogik in diesem Zusammenhang vor allem durch die ersten populären integrativen Einrichtungen erlangt, die von *Hellbrügge* in München ins Leben gerufen wurden und die wegweisend für viele weitere einschlägige Initiativen und Einrichtungsgründungen waren (vgl. Beitrag in diesem Handbuch). Praxisbefragungen haben ergeben, daß Montessoripädagogik jedoch nur selten in orthodoxer Form, sondern fast immer modifiziert Anwendung findet (vgl. *Miedaner* 1986, S. 92 ff.).

— *Integrative Kindergartenpädagogik nach der Aneignungstheorie* beinhaltet das Postulat, das pädagogische Geschehen so zu gestalten, „daß jedes Kind entsprechend *seiner momentanen Handlungskompetenz* (mit Möglichkeiten seiner dominierenden Tätigkeit) am kooperativen Spiel- und Lernprozeß kompetent beteiligt sein kann", wobei *alle* Kinder möglichst an/mit einem *gemeinsamen* Gegenstand spielen und lernen. Die praktische Relevanz dieses Ansatzes findet ihren Nachweis vor allem im Rahmen eines Begleitforschungsprogramms, das vom Diakonischen Werk in Kooperation mit der Universität Bremen in integrativen Einrichtungen in Bremen durchgeführt wird (*Feuser* 1984, S. 31).

— *Der Situationsansatz* als Basis integrativer Arbeit betrachtet den Kindergarten als Lebensraum für alle Kinder eines Wohnbereichs. „Die integrative Gruppe kann als Situation aufgefaßt werden, in der Kinder mit unterschiedlichsten Voraussetzungen und Bedürfnissen Erfahrungen mit sich selbst, mit dem Zusammenleben mit anderen und mit ihrer Sachumwelt machen können" (*Dichans* 1987, S. 29). Aus diesem Anspruch ergibt sich ein Vorrang elementarer Sozialerziehung vor kognitivem Lernen. „Gemeinsame Erziehung will nicht die bessere Therapierung der Beeinträchtigung, sondern sie legt den Schwerpunkt auf jene Lernprozesse, die notwendig sind, damit ein Zusammenleben zustande kommt, in das sich jeder nach seinen Möglichkeiten einbringen kann" (ebda). Gerade die Auseinandersetzung mit dem Situationsansatz war und ist für relativ viele Einrichtungen Anreiz und Anlaß, sich mit Fragen der integrativen Erziehung zu befassen.
Eine richtungsweisende Bedeutung für die weitere Entwicklung erhält dieser Ansatz möglicherweise durch einen Modellversuch, der im Auftrag des Landes Nordrhein-Westfalen vom Sozialpädagogischen Institut in Köln durchgeführt wird und die Eignung eines situationsbezogenen Arbeitskonzeptes für gemeinsame Betreuungsformen untersucht (*Dichans* 1987, S. 29 ff.).

Eingang in die integrative Arbeit finden auch immer wieder Elemente von verhaltenstherapeutisch und psychoanalytisch orientierten Konzeptionen, die hauptsächlich im Zusammenhang mit Fragen der therapeutischen Versorgung herangezogen werden.

Im Zuge der integrativen Entwicklung, die vor allem von der Praxis selbst gesteuert wurde, hat sich in der Bundesrepublik erst nach und nach eine praxisbegleitende Forschung etabliert, deren Bedeutung für die konzeptionelle Gestaltung integrativer Pädagogik vor allem für die weitere Entwicklung relevant sein dürfte. Gleichwohl haben sich daraus bereits jetzt Ansätze einer integrativen Theorie herausgebildet, wie sie etwa dem Begleitforschungsprojekt in Bremen (vgl. *Feuser* 1984) oder der Untersuchung integrativer Prozesse in hessischen Kindergärten (vgl. *Klein* u. a. 1987) zugrunde liegen.

Ein Überblick über die derzeit existierenden theoretischen bzw. konzeptionellen Grundlagen zeigt, daß diese hinsichtlich bestimmter pädagogischer und struktureller Elemente zwar durchaus unterschiedliche Gewichtung aufweisen, daß sie aber andererseits von wesentlichen gemeinsamen Grundforderungen geprägt sind, als deren wichtigstes Merkmal ein „ganzheitliches Integrationsverständnis" anzusehen ist:

— Integration versteht sich bei der Bestimmung der Zielgruppe als ganzheitliches Konzept, bezieht also im Grundsatz alle Kinder ein und lehnt dementsprechend eine Unterscheidung nach „integrierbaren" und „nichtintegrierbaren" Kindern ab. Sie geht von einem *Miteinander* ganz *unterschiedlicher* Kinder in einer Gruppe aus und akzeptiert Ungleichheiten bezüglich Fähigkeiten und Entwicklungsstand als gleichrangig.
— Integration beschränkt sich nicht auf das Zusammensein von behinderten und nichtbehinderten Kindern an gemeinsamen Spiel- und Lernorten, sondern schließt in ihre Anforderungen ein *gemeinschaftliches Betreuungsangebot* ein, das Elemente von Pädagogik und Therapie zu einem curricularen Konzept von neuer Qualität zusammenfügt, mit dem auf die *individuellen Bedürfnisse* aller Kinder angemessen eingegangen werden kann.
— Integration beinhaltet den Anspruch auf die *Einbeziehung aller Lebensbereiche.* Als gemeinsamer Betreuungsort für alle Kinder eines Wohngebietes hat der Kindergarten nicht nur integrative Aufgaben im sozialen Umfeld des Kindes und seiner Familie zu erfüllen, sondern ist eingebunden in eine umfassende Forderung nach gemeinsamer Erziehung und Bildung. Offenheit und Kooperation mit anderen Betreuungs- und Bildungsinstitutionen sind deshalb wesentliche Bestandteile integrativer Kindergartenarbeit.

Diese idealtypischen Grundforderungen münden auf der Ebene der Operationalisierung in Entwicklungen, die im wesentlichen unter den Begriff der *Normalisierung* des Betreuungsangebots und damit der Lebensbedingungen für behinderte Kinder subsumierbar sind. Im einzelnen sind in diesem Zusammenhang folgende Aspekte zu nennen (vgl. *Graf-Frank* 1986):

— *Die Regionalisierung bzw. Dezentralisierung* des Betreuungsangebots soll behinderten Kindern ermöglichen, eine Einrichtung in ihrem Wohngebiet zusammen mit den anderen Kindern zu besuchen.
— *Die Entspezialisierung* der Einrichtungen soll die getrennte Zuständigkeit für behinderte Kinder (Sondereinrichtungen einschließlich ihrer zusätzlichen Spezialisierung für verschiedene Behinderungsarten) und für nichtbehinderte Kinder (Regelkindergarten) aufheben.
— *Die Individualisierung* des Betreuungsangebots soll es ermöglichen, bei einer heterogenen Zusammensetzung einer Kindergruppe auf die individuellen Bedürfnisse und Fähigkeiten der einzelnen Kinder einzugehen, was insbesondere eine Verknüpfung von pädagogischen und therapeutischen Elementen voraussetzt.

Im Widerstreit mit dem ganzheitlich orientierten Konzept steht gegenwärtig ein leistungsbezogenes Integrationsverständnis, das Integration vor allem im Kontext einer Angleichung des behinderten Kindes an den allgemeinen Entwicklungs- und Leistungsstand einer Gruppe sieht und akzeptiert. Die Betreuung in speziellen Sondereinrichtungen wird dabei häufig als integrative Maßnahme verstanden, weil sie der späteren Wiedereingliederung eines Kindes in einen normalen Klassenverband dient. Diese Sichtweise bindet den Integrationsbegriff an eine Hierarchie, die in der Gleichheit auf der Ebene des Lernens gipfelt (vgl. *Kobi* 1983). Sie beinhaltet zwangsläufig die Unterscheidung nach integrierbaren und nichtintegrierbaren Kindern und setzt zugleich die Schwelle des Zugangs zu allgemeinen Bildungseinrichtungen für behinderte Kinder um so höher, je mehr der Leistungsaspekt in den Vordergrund rückt. Sicherlich bedeutet die Eingrenzung des Integrationsbegriffes auf einen vorwiegend leistungsbezogenen Ansatz im wesentlichen ein Festhalten am Grundsatz einer gesonderten Förderung behinderter Kinder, da hier das Selektionsprinzip bestenfalls auf eine andere Ebene verlagert wird und gemeinsame Erziehungsformen lediglich als Nischen im Bildungsangebot toleriert werden.

In diesem Sinne muß hier die Verwendung des Begriffs „Integration" als widersprüchlich und mißverständlich angesehen werden, wenn man ihn an dem umfassenden bildungs- und gesellschaftspolitischen Anspruch der Integrationsbewegung mißt, die letztlich für den derzeitigen konzeptionellen Bestand integrativer Betreuungsinitiativen verantwortlich ist.

Ungeachtet dessen beeinflußt natürlich dieses eingeschränkte Integrationsverständnis auch die gegenwärtige Praxis gemeinsamer Betreuung in starkem Maße, da es an die Grundlagen der etablierten und immer noch vorherrschenden Sonderbetreuung angelehnt ist und damit die gesamte Förderung behinderter Kinder prägt, zudem integrative Betreuungsformen häufig in Sondereinrichtungen entstanden sind und deshalb in ihren Entwicklungsprozessen Kompromissen unterliegen, die von dem traditionellen strukturellen und konzeptionellen Bestand des Sonderbetreuungswesens diktiert werden.

4. Formen integrativer Erziehung

Das bestehende Angebot an gemeinsamer Betreuung im Elementarbereich ist im wesentlichen zwei Grundformen zugeordnet, die derzeit in der Fachöffentlichkeit diskutiert werden:

— Mit der *integrativen Kindergruppe* hat sich neben den traditionellen Regelgruppen und Sondergruppen eine neue Gruppenform mit spezifischer Qualität herausgebildet, die sich die gemeinsame Erziehung von behinderten und nichtbehinderten Kindern zur dauerhaften Aufgabe gemacht hat. Sie hat eine durchschnittliche Gruppengröße von 12–15 Kindern, davon sind ca. 3–5 Kinder behindert. Sie ist in der Regel altersgemischt und wird mindestens von zwei ständigen Kräften betreut (vgl. *Hössl/Pelzer* 1988).

— Unter *Einzelintegration im Regelkindergarten* versteht man, wenn ein allgemeiner Kindergarten bei Bedarf einzelne Kinder aufnimmt und betreut.

Beide Formen verfolgen mit der Überwindung einer getrennten Betreuung von behinderten und nichtbehinderten Kindern das gleiche Ziel, haben aber eine unterschiedliche Ausgangsbasis. Gemessen an den Grundforderungen eines ganzheitlichen Integrationsansatzes haben sie aufgrund ihrer spezifischen strukturellen Voraussetzungen unterschiedliche Vor- und Nachteile.

4.1 Die integrative Gruppe

Diese Form der gemeinsamen Betreuung ist von ihrem Ansatz her eine Weiterentwicklung der Sonderbetreuung, hinsichtlich ihrer strukturellen Merkmale ist sie eine Kombination von Sonder- und Regelgruppe. Durch ihre besonderen Bedingungen bietet sie die Möglichkeit, gemeinsame pädagogische Konzepte für alle Kinder in der Gruppe zu entwickeln und darüber hinaus die spezielle und angemessene Förderung behinderter Kinder zu sichern. Tatsächlich zeigen die vorliegenden Praxiserfahrungen, daß integrative Gruppen im Schnitt einen vergleichbaren fachpädagogischen und therapeutischen Standard wie Sondergruppen aufweisen und grundsätzlich jedes Kind aufnehmen können, das in einer Sondereinrichtung betreut wird. Dies liegt nahe, weil entweder viele dieser Gruppen in Sondereinrichtungen angesiedelt sind oder weil hier sehr bewußt die Frage der therapeutischen Versorgung gestellt wurde.

Überdies wurde immer wieder der Nachweis erbracht, daß das gemeinsame Spielen und Lernen in integrativen Gruppen nicht nur für die Entwicklung der behinderten Kinder sehr förderlich ist, sondern für alle Kinder mehr Anregungen und Lernmöglichkeiten bietet, insbesondere im sozialen Bereich. Gemessen am üblichen Standard der Kindergartenerziehung bieten integrative Gruppen sicherlich eine überdurchschnittlich gute und qualifizierte Betreuung an, so daß sie auch häufig bewußt von Eltern nichtbehinderter Kinder gesucht werden, die mit den Betreuungsbedingungen in den allgemeinen Kindergärten ihres Wohngebiets nicht zufrieden sind.

In ihrer Besonderheit liegt aber gleichzeitig die wesentliche Schwäche der integrativen Gruppe begründet. Kritiker, insbesondere aus den Reihen der Integrationsbewegung selbst, werfen dem integrativen Kindergarten immer wieder vor, er sei letztlich ein künstliches Gebilde, ohne echten Bezug zum Gemeinwesen. In der Tat haben diese Einrichtungen ähnlich wie Sondereinrichtungen häufig ein überregionales Einzugsgebiet und sind deshalb nur schwer in der Lage, Kontakte in den wohngebietsnahen Lebenszusammenhängen zu fördern. Sowohl behinderte als auch nichtbehinderte Kinder werden oft von weither in einen integrativen Kindergarten gebracht. Wenn auch der integrativen Gruppe schon aufgrund ihrer Zusammensetzung immer der Charakter der Besonderheit anhaftet, so wäre doch durch ihre weitere Ausbreitung eine Regionalisierung und damit eine bessere wohnbezogene Einbindung dieses Angebotstyps zu erreichen. Dies könnte durch einen Trend unterstützt werden, der wegführt von Einrichtungen mit ausschließlich integrativen Gruppen hin zu einer Etablierung möglichst vieler einzelner integrativer Gruppen in vielen Kindergärten und Tagesstätten.

4.2 Einzelintegration im Regelkindergarten

Die Aufnahme einzelner behinderter Kinder in wohnortnahen Regelkindergärten war in der Bundesrepublik schon üblich, längst bevor die Integrationsdiskussion eingesetzt hat. Daran hat sich auch durch den Ausbau von Sondereinrichtungen in den 60er und 70er Jahren nichts geändert. Die Betreuung erfolgt hier entweder auf ausdrücklichen Wunsch der Eltern, oft aber auch in Fällen, in denen die Behinderung eines Kindes erst nach der Aufnahme bemerkt wird und man eine Aussonderung vermeiden will.

Die Praxis hat hier also Tatsachen geschaffen, die jedoch vom pädagogischen und therapeutischen Standpunkt aus nicht immer gebilligt werden können. Zu große Kindergruppen, unzureichende personelle Ausstattung und fehlende heilpädagogische und therapeutische Möglichkeiten in den Regelkindergärten stellen oft gravierende Hinderungsgründe für eine angemessene Betreuung behinderter

Kinder dar. Auf der anderen Seite zeigen die Ergebnisse verschiedener Untersuchungen, daß Erzieherinnen in Regelgruppen häufig gute Erfahrungen mit der Aufnahme behinderter Kinder gemacht haben (*Miedaner* 1986, S. 229 ff; *Hössl* 1984, S. 29 ff.). Potentiell haben Regelgruppen bei einer gemeinsamen Erziehung ähnliche Vorzüge wie integrative Gruppen bezüglich der Möglichkeiten des Lernens von Sozialverhalten und Selbstbehauptung oder der Vermittlung von Anregungen durch die nichtbehinderten Kinder der Gruppe.

Der wesentliche Vorteil des Regelkindergartens ist seine Wohnortnähe. Dadurch entfallen nicht nur die langen Fahrten, mit denen der Besuch einer Sondereinrichtung oder eines integrativen Kindergartens verbunden ist, auch die Kontaktmöglichkeiten außerhalb des Kindergartens in der Nachbarschaft sind erfahrungsgemäß besser, wenn alle Kinder aus einem Wohngebiet gemeinsam einen Kindergarten besuchen.

Faßt man die vorliegenden Erfahrungen zusammen, ist der Regelkindergarten derzeit nur bedingt für die Aufnahme einzelner behinderter Kinder geeignet. Er kann gegenwärtig als mögliche Alternative für Kinder angesehen werden,

— deren Eltern bewußt auf eine ganztägige bzw. teilstationäre Unterbringung verzichten,
— die außerhalb des Kindergartens therapeutisch versorgt werden oder keine Therapie benötigen,
— die ohne einen besonderen Aufwand an Betreuung und Pflege in einer größeren Kindergruppe zurechtkommen.

Ob die Unterbringung eines Kindes in einer solchen Einrichtung letztlich sinnvoll ist, kann nur im Einzelfall unter Einbeziehung der gegebenen Bedingungen im Kindergarten und der individuellen Bedürfnisse des Kindes vor Ort entschieden werden.

Soll der Regelkindergarten annäherungsweise qualifizierter gemeinsamer Betreuungsort für alle Kinder eines Wohngebietes werden, müssen heilpädagogische und therapeutische Kompetenzen in den Kindergarten geholt werden, um eine ganzheitliche Betreuung behinderter Kinder in den Gruppen zu gewährleisten. Dies kann nur erreicht werden, wenn die einschlägigen Kapazitäten von Frühfördereinrichtungen, therapeutischen Zentren und Sondereinrichtungen dezentralisiert und in Form von Beratungsleistungen oder zeitweiliger Mitarbeit in den Kindergruppen der Regelkindergärten verfügbar gemacht werden.

5. Die Verbreitung integrativer Erziehung im Elementarbereich

Angaben über die Verbreitung integrativer Betreuungsangebote ist vorauszuschicken, daß ein exakter zahlenmäßiger Überblick kaum erbracht werden kann, weil einmal die Entwicklung von ständigen Veränderungen gekennzeichnet ist und zum anderen gerade zum Bereich der Einzelintegration in Regelkindergärten nur regionale Daten vorliegen, die nur grobe Schätzungen über die Gesamtsituation in der Bundesrepublik zulassen.

Insgesamt haben gemeinsame Betreuungsformen im Kindergarten in den letzten Jahren erheblich an Bedeutung gewonnen. Diese Entwicklung drückt sich nicht nur darin aus, daß sich die Zahl der Einrichtungen mit integrativen Gruppen seit 1980 nahezu verdreifacht hat, sondern dokumentiert sich auch in der Tatsache, daß sich politische Instanzen, Behörden, Träger und Verbände mit Integration immer mehr auseinandersetzen und sie auch zunehmend konkret unterstützen.

Im Kindergartenjahr 1986/87 ließen sich in der Bundesrepublik 157 vorschulische Einrichtungen mit integrativen Gruppen feststellen (vgl. *Hössl/Pelzer* 1988, S. 13). Über die Hälfte von ihnen waren ihrer Organisationsform nach Sondereinrichtungen oder kombinierte Sonder- und Regeleinrichtungen. Für behinderte Kinder in integrativen Gruppen standen ca. 1.300 Plätze zur Verfügung. Demgegenüber wurden etwa 21.000 behinderte Kinder in Sondereinrichtungen bzw. reinen Behindertengruppen betreut.

Eine beträchtliche Zahl von behinderten Kindern ist auch in Regeleinrichtungen untergebracht: Nach den erwähnten regionalen Untersuchungsergebnissen läßt sich vermuten, daß sie nicht viel niedriger liegen dürfte als die Zahl der in Sondereinrichtungen betreuten Kinder (vgl. *Hössl* 1984, S. 2, 10; *Kniel/Kniel* 1983, S. 138 f.).

Insgesamt lassen sich aus den vorhandenen Daten drei wichtige Erkenntnisse zur Versorgungssituation behinderter Kinder ableiten:

— Gemessen an ihrer geschätzten Gesamtzahl besuchen behinderte Kinder seltener eine vorschulische Einrichtung als gleichaltrige Nichtbehinderte. Es ist davon auszugehen, daß mehr als die Hälfte von ihnen in keinem Kindergarten untergebracht ist.
— Das Platzangebot in Sondereinrichtungen reicht nur für eine Minderheit (ca. 20–30%) der behinderten Kinder in den entsprechenden Altersjahrgängen aus (vgl. *Socialdata* 1984).
— Obgleich relativ viele behinderte Kinder Regeleinrichtungen besuchen, steht doch nur einer kleinen Minderheit ein *qualifiziertes* Betreuungsangebot zur Verfügung, das vorwiegend in den integrativen Einrichtungen garantiert ist.

Gerade bezüglich des letzten Punktes stehen die betroffenen Kinder und Eltern in den verschiedenen Bundesländern vor ganz unterschiedlichen Ausgangssituationen. So würden sich etwa in Bremen Eltern heute schwertun, für ihr Kind überhaupt eine reine Sondergruppe zu finden, während in vielen Flächenstaaten die Chancen bisher noch sehr gering einzuschätzen sind, eine geeignete integrative Förderung zu realisieren. Gemessen an der Gesamtbevölkerung hat neben Bremen derzeit Hessen das relativ beste integrative Platzangebot (vgl. *Lipski* 1987, S. 20). Einschneidende Veränderungen sind für die nächsten Jahre überdies in Hamburg und Berlin zu erwarten, wo strukturelle Veränderungen für die Förderung behinderter Kinder geplant bzw. bereits im Gange sind. Abgesehen von der günstigen Ausgangslage in den Stadtstaaten fällt generell eine Konzentration integrativer Gruppen in städtischen Ballungsgebieten auf. Über die Hälfte des Platzangebots befindet sich in Großstädten mit über 100.000 Einwohnern.

6. Perspektiven für eine Weiterentwicklung

Trotz der vielfältigen Entwicklungen und Fortschritte, die im Bereich der gemeinsamen Betreuung von behinderten und nichtbehinderten Kindern in den letzten Jahren in Gang gekommen sind, hat sich diese Erziehungsform im Elementarbereich noch lange nicht durchgesetzt.

Ein Ausbau im Sinne eines flächendeckenden Angebots ist nur durch eine weitere Verbesserung der politischen Rahmenbedingungen möglich. In diesem Zusammenhang ist vor allem auf die Dringlichkeit einer besseren Koordination von Leistungen nach dem Bundessozialhilfegesetz und der Jugendhilfe hinzuweisen (vgl. *Saurbier* 1984, S. 17 f.). Damit wäre eine wichtige Voraussetzung für eine notwendige engere Kooperation auf der Ebene der Einrichtungen und Fachdienste geschaffen. Ebenso wäre anzustreben, daß die Kapazität von Frühförderstellen stärker in die integrative institutionelle Betreuung einbezogen wird. Gerade sie bieten aufgrund ihrer ambulanten und zum Teil mobilen Organisationsform gute Voraussetzungen für eine dezentrale Form der Versorgung, insbesondere wenn sie, wie in Bayern, flächendeckend aufgebaut sind.

Mittelfristiges Ziel im Bereich integrativer Betreuungsformen ist eine Verbreitung des Angebots im Sinne eines dezentralen und flexiblen Versorgungsnetzes, in dem sowohl die Einzelintegration im Regelkindergarten als auch die Betreuung in integrativen Gruppen je nach Gegebenheiten ihren Platz haben bzw. sich ergänzen könnten (vgl. *Hössl* 1987).

Literatur

Dichans, W.: Kindergarten – ein Lebensraum für behinderte und nichtbehinderte Kinder. In: Gemeinsam Leben, Sonderheft 2/87, S. 29–33.

Feuser, G.: Gemeinsame Erziehung behinderter und nichtbehinderter Kinder im Kindergarten. Zwischenbericht. Bremen 1984.

Graf-Frank, E.: Fachgutachten zum Verhältnis von Pädagogik und Therapie bei der gemeinsamen Förderung behinderter und nichtbehinderter Kinder in hamburgischen Einrichtungen des Elementarbereichs. In: Gemeinsam Leben, Sonderheft 1/86, S. 19–29.

Hössl, A.: Der Regelkindergarten in seiner Bedeutung für die Versorgung behinderter Kinder in einer Region. In: Gemeinsam Leben, Heft 12/84, S. 1–38.

Hössl, A.: Perspektiven zur Weiterentwicklung integrativer Betreuungsangebote. In: Gemeinsam Leben, Sonderheft 2/87, S. 66–72.

Hössl, A./Pelzer, S.: Sondereinrichtungen im Elementarbereich und ihre Beteiligung an integrativer Erziehung. In: Staatsinstitut für Frühpädagogik und Familienforschung (Hrsg.): Handbuch der integrativen Erziehung behinderter und nichtbehinderter Kinder. München 1990, S. 253–270.

Klein, G./Kreie, G./Kron, M./Reiser, H.: Integrative Prozesse in Kindergartengruppen. München 1987.

Kniel, A./Kniel, C.: Behinderte Kinder in Regelkindergärten. München 1984.

Kobi, E.: Praktizierte Integration. Eine Zwischenbilanz. In: Vierteljahresschrift für Heilpädagogik und ihre Nachbargebiete 52 (1983) S. 196–216.

Lipski, J.: Entwicklungen der gemeinsamen Betreuung von behinderten und nichtbehinderten Kindern in der Bundesrepublik. In: Gemeinsam Leben, Sonderheft 2/87, S. 17–22.

Miedaner, L.: Gemeinsame Erziehung behinderter und nichtbehinderter Kinder. München 1986.

Projektgruppe Erprobungsprogramm: Erprobungsprogramm im Elementarbereich, Abschlußbericht. München 1981.

Reiser, H.: Interaktionsprozesse in integrativen Kindergartengruppen. In: Gemeinsam Leben, Sonderheft 2/87, S. 23–28.

Saurbier, H.: Rechtliche und finanzielle Grundlagen der Integration behinderter Kinder im Kindergarten. München 1984.

Socialdata Institut für empirische Sozialforschung GmbH: Anzahl und Situation der Behinderten nach Zielgruppen. München 1984.

Maria Kron

Integrative Prozesse in Kindergärten – Theorie und Erfahrungen aus der Praxis

Aus zahlreichen Untersuchungen zum Verhältnis Behinderter und Nichtbehinderter ist bekannt, daß Kontakte zwischen ihnen – auch zwischen Kindern – nicht automatisch der Entstehung von Vorurteilen entgegenwirken oder bestehende abbauen (vgl. *Cloerkes* 1985; *Mühl* 1987). Ihr Zusammenleben muß bestimmte Qualitäten haben, insbesondere eine gewisse Offenheit gegenüber der Verschiedenheit des anderen, damit ein Bezug aufeinander entstehen kann, der den verbreiteten Aussonderungstendenzen entgegenläuft. Integration in umfassendem Sinne ist jedoch nicht nur eine Frage der subjektiven Bereitschaft. Gerade die Anstrengungen, die nötig waren und sind, um eine gemeinsame Erziehung zu ermöglichen, belegen beispielhaft die (entgegen)wirkende Macht gesellschaftlicher Normvorstellungen und segregativer Praxis.

Die Orte früher und grundlegender Sozialisation – neben der Familie v. a. Kindergarten und Schule –, sind für den Umgang Behinderter und Nichtbehinderter miteinander besonders bedeutsam. Hier werden die gesellschaftlichen Maßstäbe vermittelt, hier bilden sich die fundamentalen kognitiv-emotionalen Strukturen und praktischen Handlungsmuster aus, die auch in die Ausgestaltung späterer Beziehungen hineinwirken.

In verschiedenen wissenschaftlichen Konzeptionen wird dargestellt, was in der gemeinsamen Erziehung behinderter und nichtbehinderter Kinder realisiert wird bzw. realisiert werden könnte. Den Theorien liegt zunächst die gleiche Auffassung zugrunde: Behinderung an sich wird nicht als Auftrag zu segregierender Erziehung verstanden, sondern als Aufforderung, über die Gestaltung gemeinsamer Lebensräume nachzudenken. Welche Voraussetzungen nötig sind und was die Kriterien einer – aus pädagogischer Sicht – gelungenen gemeinsamen Erziehung sind, wird hingegen unterschiedlich beschrieben (vgl. *Feuser* 1982, 1984; *Kobi* 1983; *Klein* u. a. 1987).

In dem Modell integrativer Prozesse (vgl. *Klein* u. a. 1987) wird u. a. die Dynamik und Dialektik des Geschehens in der subjektiven wie gesellschaftlichen Dimension betont. Gesellschaftliche Gleichheit wie Ungleichheit, die Ambivalenz psychischer Dynamik (vgl. *Lorenzer* 1974; 1977) sowie die Autonomie und wechselseitige Abhängigkeit interagierender Personen (*Cohn* 1984) geben den Rahmen an, in dem Integration stattfinden kann. Integration in allgemeinstem Sinn wird als ein Prozeß verstanden, in dem „ 'Einigungen' zwischen widersprüchlichen innerpsychischen Anteilen, gegensätzlichen Sichtweisen, interagierenden Personen und Personengruppen zustande kommen. Einigungen erfordern nicht einheitliche Interpretationen, Ziele und Vorgehensweisen, sondern vielmehr die Bereitschaft, die Positionen der jeweils anderen gelten zu lassen, ohne diese oder die eigene Position als Abweichung zu verstehen" (*Klein* u. a. 1987, S. 37–38).

Integration in diesem Sinne vollzieht sich als dialektischer Prozeß der Abgrenzung (sich seiner Position sicher werden) und Annäherung (die Position des anderen verstehen und berücksichtigen).
Er muß auf unterschiedlichen Ebenen stattfinden, wenn eine längerfristige Wirksamkeit erreicht werden soll:

1. Auf der innerpsychischen Ebene. Hier geht es um die Fähigkeit, den anderen in seiner individuellen Besonderheit akzeptieren zu können, ohne eigene, auch widersprüchliche Bestrebungen verdrängen zu müssen, die in der Begegnung ausgelöst werden können.
2. Auf der interpersonell-interaktionellen Ebene. Hier bilden sich die in gemeinsamem Handeln an einer Sache, in zeitweiligen Abgrenzungen, aber evtl. auch in ausgrenzendem Verhalten praktisch wirksam werdenden oder fehlenden integrativen Momente der Beziehungen ab.
3. Auf der institutionellen Ebene. Sie beinhaltet „den in Erziehungskonzepten gefaßten und durch Einrichtungen repräsentierten Sachauftrag der Erziehung" (ebd., S. 40) und liefert die administrative Grundlage der möglichen Integration.
4. Auf der gesellschaftlichen Ebene. Sie ist wesentlich durch ihre normative Kraft wirksam. Integrative Prozesse auf dieser Ebene bedeuten, den (noch) existierenden Widerspruch zwischen individuell unterschiedlichen Voraussetzungen und gleichem Recht auf bestmögliche Entwicklung aufzuheben; dies hieße z. B., auf die gesellschaftliche Zuweisung definierter Personengruppen in eingeengte Sozialisationsräume (Sondereinrichtungen) zu verzichten.

Die verschiedenen Ebenen stehen untereinander in dynamischer Wechselwirkung. Vorgänge im psychischen Bereich beeinflussen die Prozesse in allen anderen Ebenen, da dort die Möglichkeiten und Zwänge von Personen ausgefüllt und ausgeführt werden. Umgekehrt sind die psychischen Prozesse durch Faktoren der anderen Bereiche mitbedingt: Erst im Miteinander (interpersonelle Ebene) ergibt sich die Notwendigkeit der inneren Auseinandersetzung mit dem anderen. Die institutionellen und gesellschaftlichen Vorgaben werden diese Auseinandersetzungen dort unterbinden oder erschweren, wo durch eine Erziehung in gesonderten Einrichtungen der Kontakt verunmöglicht und „Unnatürlichkeit" bzw. „Nicht-Normalität" von Behinderung vorgespiegelt wird.

Aus der Praxis integrativer Erziehung, v. a. aus dem Kindergartenbereich, liegen inzwischen aufschlußreiche Erfahrungsberichte direkt Beteiligter sowie Dokumentationen und Untersuchungsberichte wissenschaftlicher Begleitungen vor. Wenn auch von unterschiedlichen Ansätzen her untersucht und beschrieben, belegen sie, daß integrative Prozesse auf den verschiedenen Ebenen die persönliche Weiterentwicklung der Beteiligten und ihrer Beziehungen sowie ein neues, offeneres Selbstverständnis von Institutionen möglich machen. Sie verweisen aber auch auf die Grenzen, die von den Rahmenbedingungen (v. a. personelle und sachliche Ausstattung) gesteckt werden sowie darauf, daß integrative Prozesse auch ins Leere laufen können, wenn nicht bei anderen Personen und in anderen Bereichen die verfestigten Strukturen in Bewegung kommen.

Im Hinblick auf integrative Prozesse seien die wichtigsten Tendenzen skizziert:

Zunächst geht es um die Kinder selbst. Viele der Drei- bis Vierjährigen, die neu in die Gruppe kommen, scheinen Behinderung bei sich oder bei anderen Kindern zunächst noch nicht als bedeutsame Besonderheit zu bemerken. Wird sich ein Kind im Laufe seiner Entwicklung allmählich bewußt, daß sein Altersgefährte z. B. nicht laufen kann oder gefüttert werden muß, gerät dies in Widerspruch zu seinen bisherigen Erfahrungen, in denen Wachsen und Älter-Werden z. B. auch Laufen- und selbständig Essen-Können bedeuten. Die Spannung von vertrauten und dazu widersprüchlichen Erlebnissen kann eine Erweiterung der Vorstellungswelt des Kindes nach sich ziehen, in die realitätsgerecht beide Erfahrungen integriert werden können.

Die Situation eines behinderten Kindes in der Gruppe kann bei einem anderen auch frühere, unbewältigte psychische Erlebnisse reaktivieren (vgl. *Klein* u. a. 1987). Ein pflegebedürftiges Kind, das umfassender Versorgung bedarf, kann z. B. von einem anderen als Repräsentation der eigenen Zuwendungsbedürftigkeit erlebt werden. Im Einzelfall wird die Bewältigung dieser Situation von der psychischen Stärke des Kindes abhängen (z. B. davon, ob es sich auch eigene Schwächen zugeben kann), von der Möglichkeit des anderen, behinderten Kindes, die Beziehung zu gestalten, von der Unterstützung, die Erzieher/innen und Eltern geben. Auf jeden Fall besteht die Möglichkeit, daß das Kind in einer solchen Auseinandersetzung vergangene und aktuelle Erfahrungen neu bearbeitet und in seine fortschreitende Entwicklung so integrieren kann, daß darin wachsendes Vertrauen in die eigenen Bedürfnisse und Fähigkeiten eingeschlossen ist. In dieser Sicherheit kann das Kind auch leichter lernen, sowohl gemeinsame Möglichkeiten mit dem behinderten Kind zu erkennen wie auch unverträgliche Bedürfnisse und Interessen festzustellen, ohne dies dem anderen nachteilig anzulasten.

Für Kinder mit eigener Behinderung treten besondere Belastungen hinzu. Vielen wird der Unterschied — und das heißt oft: die eigene Einschränkung — im Zusammenleben mit den anderen Kindern schmerzhaft deutlich. Die Auseinandersetzung damit ist ein wesentliches Moment für die Identitätsbildung der Kinder. Sie kann Trauer oder Scham über das eigene „Unvermögen" einschließen, Wut auf sich selbst oder auf die anderen, Verbergen von „Schwäche" oder Besinnung auf seine Stärken und Fähigkeiten.

„Jede dieser Bearbeitungsstrategien beinhaltet die Chance, daß sich das Kind zu akzeptieren lernt. Im Ausleben seiner Beschränkung und Wut können sich psychische Blockaden auflösen. Die Erfahrung seiner Grenzen an einer Stelle kann gleichzeitig der Ansatzpunkt sein, sich in anderen Bereichen kompetent zu machen." (ebd., S. 302)

Findet das Kind in der Gruppe die Sicherheit, daß seine Besonderheit prinzipiell (wenn auch nicht immer) berücksichtigt wird, kann ihm dies das Annehmen eigener Schwäche und Vertrauen in eigene Fähigkeiten, also Integration aller Eigenanteile in das eigene Selbstbild, erleichtern (vgl. *Eisele/Pechstein* 1981, S. 54).

So können alle Kinder ein breites Spektrum menschlicher Verschiedenheit erfahren und es zu einem realitätsgerechten Bild von Normalität integrieren. Es wird hieran auch deutlich, daß die Kontakte der Kinder nicht oberflächlich nach dem Maßstab sichtbar praktizierter Gemeinsamkeiten beurteilt werden können.

Erst im Zusammenhang der Entwicklung eines Kindes und seiner Beziehungen erschließen sie die integrativen Elemente einer Situation bzw. einer Handlung (vgl. *Kron* 1987).

Wie die Erzieher/innen auf die Kinder eingehen können, hängt hier wie in jeder pädagogischen Arbeit stark von persönlichen Erfahrungen und Ansprüchen ab. In einer integrativen Gruppe fällt es besonders ins Gewicht, wie Erzieher/innen das Verhältnis von Behinderung und Normalität begreifen, welche Normvorstellungen bzgl. sozialen Verhaltens, Leistung, Ästhetik usw. sie verinnerlicht haben.

Außerdem stehen Sympathie und Antipathie gegenüber Kindern, spontaner Zugang zu manchen Kindern und Unsicherheit, auch Angst vor unvertrauten Verhaltensweisen oft nebeneinander. Für eine verantwortungsvolle pädagogische Arbeit, aber auch für ihre eigene psychische Stabilität ist es für die Erzieher/innen von Vorteil, wenn sie sich bewußt sind, welche eigenen Anteile sie hier einbringen. Wenn sie sich eigene Bedürfnisse und Ängste, Schwächen und Stärken eingestehen, können sie sich sicherer in ihren tatsächlichen Fähigkeiten werden, aber auch gelassener mit den eigenen Grenzen umgehen oder an deren Veränderungen arbeiten.

Auch für Eltern hat es unmittelbare Auswirkungen, wenn ihr Kind eine integrative Gruppe besucht. Eltern behinderter Kinder kann es psychisch stark entlasten, wenn ihr Sohn oder ihre Tochter zumindest in einem gesellschaftlichen Teilbereich keine Aussonderung erfährt. Dies mag in Einzelfällen die Gefahr beinhalten, daß die Auseinandersetzung mit der Behinderung ihres Kindes hinausgeschoben wird. Weitaus mehr fällt jedoch ins Gewicht, daß sie in dieser weniger belastenden Situation die Trauer und Angst eher verarbeiten können, die oft mit dem Kind bzw. mit seinen Lebensperspektiven in einer großenteils noch behindertenfeindlichen Gesellschaft verbunden sind. Für die meisten der Eltern, die derzeit ihr nichtbehindertes Kind in einen integrativen Kindergarten geben, hat der vorurteilslose Umgang mit behinderten Menschen einen hohen Stellenwert. Dennoch geraten manche in Konflikte, z. B. wenn sie trotz allem befürchten, ihr Kind entwickele sich in der integrativen Gruppe nicht so „normgerecht", daß es den anderenorts geforderten Leistungen nachkommen könnte. In diesem Spannungsfeld können die Eltern dazu angeregt werden, sich die Diskrepanz bewußt zu machen, die zwischen Anspruch auf und Verwirklichung von Akzeptanz aller auch bei ihnen bestehen kann. Die Kinder, die wesentlich unbefangener miteinander umgehen – *Feuser* (1984, S. 71) spricht von „noch ungebrochenen sozialen Verhältnissen" – können solche Prozesse bei den Erwachsenen befördern.

Der entscheidende Schritt in integrativen Prozessen auf institutioneller Ebene besteht zunächst darin, daß die (Träger von) Einrichtungen sich davon lösen, sich über ihre Spezialisierung für eine besondere Kindergruppe zu definieren. Eine grundlegende Erziehung, die Auftrag jeder pädagogischen Einrichtung ist, sollte ohnehin die individuelle Förderung eines jeden Kindes im Auge haben.

Was tatsächlich im Zuge der Integrationsbemühungen auf institutioneller Ebene in Gang gekommen ist, zeigt keine einheitliche Tendenz. Das Spektrum reicht von der Sonder- oder Regeleinrichtung, die sich offensiv für die gemeinsame Erziehung einsetzt und die entsprechenden Ressourcen bereitstellt bis zu Einrichtungen, die sich dem Gedanken von Integration weiterhin völlig verschließen. In der Regel sind es viele kleine Schritte, die letztlich die Öffnung einer Einrichtung für integrative Erziehung ermöglichen.

Alle integrativen Prozesse finden ihre Chancen und Grenzen im gesellschaftlichen Kontext. Was ist hier in Bewegung gekommen? Zumindest ist es mehr in das öffentliche Bewußtsein getreten, daß Behinderung nicht mehr gesellschaftsweit als Aussonderungsgrund verstanden wird. Die herrschenden Normen und Wertvorstellungen wurden allerdings bisher nur punktuell davon berührt: Zwar haben integrative Einrichtungen des Elementarbereiches (mit regionalen Unterschieden) schon viel von ihrem Ausnahmecharakter verloren. Im schulischen Bereich trifft jedoch die gemeinsame Erziehung schon auf sehr viel größere Hindernisse. Im Berufs- und Arbeitsleben werden der Eingliederung klare Grenzen gezogen. Solange von individueller Leistung zwar viel geredet wird, sie aber nur im Vergleich zu den Leistungen anderer zählt bzw. nur dann anerkannt wird, wenn sie wirtschaftlich verwertbar ist, sammeln sich auf gesellschaftlicher Ebene weiterhin genügend Ausschlußgründe gegenüber Behinderten. Integrative Prozesse, d.h. die Anerkennung und Berücksichtigung der verschiedenen Lebensrealitäten der Gesellschaftsmitglieder, können hier auch kaum isoliert auf behinderte Menschen bezogen werden. Sie beträfen gleichzeitig alle sogenannten Randgruppen.

Bleibt festzuhalten, daß die gemeinsame Erziehung behinderter und nichtbehinderter Kinder über den relativ engen Kreis der Elementarerziehung hinaus auf gesellschaftlicher Ebene Impulse dafür gibt — aktuell vielleicht am deutlichsten in der Auseinandersetzung um den gemeinsamen Schulbesuch der Kinder — die auf Ausgrenzung zielenden Maßstäbe von einseitiger Anpassung und normierter Leistung zumindest in Teilen der Gesellschaft zu problematisieren.

Literatur

Cloerkes, G.: Einstellung und Verhalten gegenüber Behinderten. Berlin 1985.
Eisele, U./Pechstein, J.: Chancen und Voraussetzungen von Integration am Modell eines heilpädagogischen Montessori-Kindergartens. In: *Hundertmarck, G.* (Hrsg.): Leben lernen in Gemeinschaft. Freiburg 1981, S. 51–64.
Feuser, G.: Integration = die gemeinsame Tätigkeit. In: Behindertenpädagogik 21 (1982) S. 86–105.
Feuser, G.: Erziehung behinderter und nichtbehinderter Kinder im Kindertagesheim. Bremen 1984.
Klein, G./Kreie, G./Kron, M./Reiser, H.: Integrative Prozesse in Kindergartengruppen. München 1987.
Kobi, E.: Praktizierte Integration. In: Vierteljahresschrift für Heilpädagogik und ihre Nachbargebiete 52 (1983) S. 196–216.
Kron, M.: Kindliche Entwicklung und die Erfahrung von Behinderung. Frankfurt 1988.
Lorenzer, A.: Die Wahrheit der psychoanalytischen Erkenntnis. Frankfurt/Main 1974.
Lorenzer, A.: Sprachspiel und Interaktionsformen. Frankfurt/Main 1977.
Mühl, H.: Integration von Kindern und Jugendlichen mit geistiger Behinderung. Berlin 1987.

Gerd Iben

Das Versagen der allgemeinen Schule gegenüber Behinderten und Benachteiligten

1. Schulversagen oder das Versagen der Schule?

„Erfolg und Mißerfolg in der Schule sind heute von lebensgeschichtlicher Bedeutung. Schulen verfügen über das gesellschaftliche Monopol der Vergabe von Abschlüssen, die weiterführende Ausbildungen und spätere Berufs- und Lebenschancen vorbestimmen" (*Arbeitsgruppe Schulforschung* 1980, S. 7). Schulversagen wird so zu einer schwerwiegenden Chancenminderung, für die in der Regel der Schüler selbst, häufig auch das Elternhaus und sehr selten die Schule verantwortlich gemacht wird. Es soll keinesfalls bestritten werden, daß Schulerfolg oder Versagen vom einzelnen Schüler oder von seinem Elternhaus mitverantwortet wird, aber ist nicht auch zu untersuchen, welchen Part die Schule als Institution mit ihren Lehrern, Methoden, Inhalten und ihrer Lernatmosphäre beim Schulversagen spielt?

Ich möchte die Hypothese erhärten, daß Schulversagen zu großen Anteilen ein Versagen der Schule darstellt, die Schulschwäche eine Schwäche der Schule ist. Deshalb soll hier die Frage nach dem „schulgerechten" Kind in die nach der „kindgerechten" Schule umgemünzt werden.

Damit stellt sich aber zugleich die Frage, wem die Schule in erster Linie dient, dem staatlichen Erziehungs- und Bildungsauftrag im Sinne der Zurüstung auf die Bedürfnisse der Waren- oder Dienstleistungsproduktion oder der Entfaltung des Individuums. Beides schließt sich nicht generell aus, doch wenn die Volkswirtschaft und Bürokratie vordringlich Eliten verlangen, dann wird Schule den Auftrag zur Selektion ernster nehmen als die Förderung aller und besonders der Schwachen. Das Versagen vieler Schüler ist dann Produkt und Erleichterung des Selektionsauftrags. Das bedeutet, Schulversagen ist weniger persönliches Unglück als notwendiges Ausscheidungsprodukt des Filterprozesses, der die „Hochbegabten" und Leistungsstärksten nach oben bringt, die größere Zahl aber im Zustand des Reservoirs hält, aus dem nach Bedarf die Leistungsbesten geschöpft werden, vergleichbar dem Breitensport, der das Pool der Spitzensportler bereitstellt und entsprechend filtert.

Würde eine sich human verstehende Schule auf diese Selektionsaufgabe zugunsten einer optimalen Förderung aller verzichten, so würden verstärkt Berufs- und Studieneingangsprüfungen diese Filterfunktion übernehmen, was ich für das kleinere Übel gegenüber der permanenten Siebung mit Hilfe des Zensurenunwesens halte.

In der gegenwärtigen Regelschule mißt sich der Erfolg der Schule und des Lehrers nicht an der erfolgreichen Förderung auch der schwachen Schüler und der mit ungünstiger Ausgangssituation, sondern eher an der Trennschärfe ihrer Selektionsmechanismen. Aufgabe dieses „Rüttelsiebes" ist es nämlich, die wenigen großen von den vielen mittleren und diese von den wenigen kleinen „Begabungen" sauber und rasch zu trennen.

Mit diesem schulischen Selbstverständnis, das dem einer statischen, in oben und unten aufgeteilten Gesellschaftsordnung entspricht, wird das häufige Versagen, Schulschwänzen oder Ausscheiden von Randgruppen — oder Ausländerkindern nicht zum pädagogischen Problem.

Der Boom der Schulen für Lernbehinderte in den 60-er Jahren gründete sich auf die selbstverständliche Aussonderung der Schüler mit ungünstigen Startbedingungen. Aus Obdachlosensiedlungen wurden bis zu 80% der Kinder guten Gewissens der Sonderschule überwiesen. Für die überwiegend an den zukünftigen Gymnasiasten ausgerichteten Grundschulen mußten Problemschüler zum bloßen Bremsklotz werden, und noch immer wehren sich ehrgeizige Eltern gegen einzelne Behinderte oder Ausländer in den Klassen, weil diese das Lerntempo ihrer Kinder bremsen könnten; wobei völlig mißachtet wird, daß auch der Umgang mit Behinderten oder mit Schülern aus anderem Milieu eine wichtige soziale Erfahrung darstellt.

Das Versagen der Regelschule und der Sonderschulen gegenüber sozial benachteiligten Schülern läßt sich auf die mangelnde personelle Ausstattung (kleine Klassen, Teamteaching) und die verbreitete Unfähigkeit zu einem binnendifferenzierenden oder individualisierenden Unterricht zurückführen.

Am deutlichsten markiert jedoch das Zensurenunwesen den Selektionsauftrag der Schule. Die Schüler der „Schülerschule von Barbiana" haben in ihrem berühmten Brief an eine Lehrerin diese Entartung der Schule massiv gegeißelt:

„Derzeit arbeitet Ihr 210 Tage im Jahr, von denen Ihr 30 durch Prüfungen und etwa 30 durch Schularbeiten verschwendet. Bleiben 150 Schultage. Die Hälfte der Schulstunde verschwendet Ihr jeweils durch Ausfragen, und so bleiben 75 Schultage gegen 135 Prozeßtage" (1970, S. 120).

Ihre Kritik hat in Italien zur Abschaffung der Notengebung bis zur 8. Klasse geführt. Auch bewiesen sie, daß sie ohne Leistungszwang den ganzen Tag und das ganze Jahr ohne Ferien lernten, sie, die das Schulwesen als Versager ausgesondert hatte (vgl. *Brink/Thiess* 1984). Sie widerlegten damit die verbreitete Unterschätzung kindlichen Lernwillens. Angeblich würde in unseren Schulen ohne Zensurendruck niemand etwas lernen wollen. Der Prüfungsdruck wird zum Ersatz für wirkungsvollen Unterricht (*Singer* 1973, S. 155). Dabei haben nicht zuletzt die Waldorfschulen bewiesen, daß es ohne Notenziffern geht und angstfreies Lernen zu mehr Kreativität und höherer Leistung führt. Der Zensurendruck verhindert Lernen, statt es zu fördern, denn „Angst macht dumm" (*Zulliger*, zit. n. *Singer* 1973, S. 11).

Damit ist nichts gegen ein vernünftiges Leistungsprinzip gesagt noch gegen ermutigende Formen der Leistungsbewertung. Eine vom Zwangscharakter befreite Schule kann ungeahnte Leistungen freisetzen, wie entsprechende Produkte von Schülern beweisen (z. B. *Wünsche* 1972; *Flitner* 1977). Aber permanenter Schulstreß macht krank und zerstört den Leistungswillen (vgl. *Biermann* 1977). Damit erreicht die Schule ihre Ziele gerade nicht.

2. Sprache und Lebenswelt – Kriterien der Aussonderung

Als im Rahmen einer verstärkten Bildungswerbung seit Mitte der 60-er Jahre nach den Ursachen geforscht wurde, warum bestimmte Bevölkerungsschichten kaum Abiturienten hervorbringen, schien den von *Bernstein, Oevermann* u. a. beschriebenen unterschiedlichen Sprachcodes eine besondere Bedeutung zuzukommen. Den schichtspezifischen, entweder „restringierten" (eingeschränkten) oder „elaborierten" (gehobenen) Sprachstilen wurden bestimmte Denkmuster zugeordnet und spezifische Interaktionsformen. Die danach in Blüte stehende Sozialisationsforschung, vor allem der Sozio- und Psycholinguisten hat die Bernsteinschen Codes kritisiert und differenziert, aber nicht eigentlich widerlegt (*Iben/Drygala* 1975, S. 132 ff.). Dennoch ist es inzwischen um diese schichtspezifischen Sprachstile merkwürdig still geworden und die Sprachforschung hat sich übergreifenderen Themen, wie der Sprechaktanalyse oder der „kommunikativen Kompetenz" (*Habermas*) zugewandt. Für die Schule blieb diese Forschung relativ folgenlos, zumal eine neue Sprachproblematik durch die Ausländerkinder in die Schule getragen wurde, die unter den Stichworten „Deutsch als Fremdsprache", „Bilingualismus" oder „Interkulturelle Erziehung" diskutiert wurde. Während für Ausländerkinder einerseits muttersprachlicher Unterricht und andererseits Deutschkurse eingeführt wurden, blieb es für sozialbenachteiligte deutsche Schüler bei einigen relativ kurzatmigen kompensatorischen Sprachförderungsprogrammen. Eine gezielte Förderung sprachlich retardierter Kinder unterblieb ebenso wie eine Orientierung der schulischen Didaktik an der Lebenswelt dieser Kinder. Die Benachteiligung der Kinder aus spracharmem Milieu wurde kaum zu kompensieren versucht. Sie selbst erleben noch immer die Schule als eine fremde Welt, die mit ihrem Lebensumfeld und ihren Möglichkeiten nur wenig Berührungspunkte besitzt. Da sie sich weder verstanden noch ernstgenommen fühlen und die dominierende Schulsprache der Lehrer, Fibeln und begünstigter Mitschüler nicht verstehen, entwickeln viele von ihnen Verhaltensauffälligkeiten und verlieren ihre ursprüngliche Schulbegeisterung. Sie werden zwar nicht mehr in Scharen zur Sonderschule überwiesen, weil dies den Stellenschlüssel der geschrumpften Grund- und Hauptschüler völlig ruinieren würde, aber es fehlt weiterhin angemessene Entwicklungshilfe und eine tiefgreifende Umorientierung der Schule, auch der „Sonderschule für Lernbehinderte". Liest man den Brief an „eine Lehrerin" der schon zitierten „Schülerschule von Barbiana" oder die von *Chris Searle* gesammelten Gedichte englischer Arbeiterkinder (1975), so fragt man sich ratlos, warum solche Sprachkultur nicht in unseren Grund-, Haupt- oder Sonderschulen erreicht wird. Aber sie wird nur erreicht, wenn die Themen mit dem Alltag der Schüler selbst zu tun haben. So schreibt der 13jährige Timmy über seinen Schulalltag:

> „Mein Lehrer ist wie ein Panzer
> der gegen den Feind tobt
> Der Feind sind wir
> und das Toben ist der Unterricht
> Er hält uns fest wie Gefangene
> und quält uns jeden Tag
> und er wird uns weiter quälen
> Bis er uns den Verstand ausgetrieben hat" (ebd., S. 11).

Und ein erst 11jähriger Timmy schätzt seine Chancen auch nicht sehr günstig ein:

> Die Chance.
> Ich bin hier einsam im Bauch meiner Mutter
> und während ich hier liege, überleg ich, ob
> ich rauskomme und mir die schöne Welt anschauen soll.
> Aber vielleicht ist es gar keine schöne Welt
> Vielleicht ist sie trostlos, aber ich weiß nicht,
> ob es trostlos auf der Welt ist.
> Ich werd nicht zurück in den Bauch können,
> wenns trostlos ist.
> Ich muß es einfach darauf ankommen lassen (ebd., S. 21)

Während diese Gedichte eigene Gefühle und Befindlichkeiten wiedergeben, beschreiben andere die erlebte Wirklichkeit des Londoner East Ends und verraten ein hohes Maß an Empathie für andere (ebd., S. 64 ff.).

Sind diese Gedichte nur seltene Ausnahmen von der Regel der „Schweigenden Mehrheit" oder haben unsere Schule und Mittelschichtkultur dieses Schweigen, die Sprachlosigkeit erst erzeugt, weil wir nur *eine* Sprachkultur gelten lassen? Haben wir mit unseren Korrekturen und grammatischen Regeln jenen Punkt erreicht, den ein kluges französisches Wort meint: „on peut corriger les élèves jusquá obtenir un silence grammaticalement sans faute" (Man kann die Schüler solange verbessern, bis man ein grammatikalisch einwandfreies Schweigen erreicht); (Quelle unbekannt).

Da Sprechen und Denken in vielfältiger Weise miteinander verknüpft sind, führt das Verstummen von Schülern auch zum Verdummen. Da ihre Sprache nicht akzeptiert und gefördert wird, fühlen sie sich auch als Person abgelehnt. Wer sich nicht akzeptiert fühlt, verliert das Selbstvertrauen und teilt schließlich das negative Vorurteil anderer ihm gegenüber. Diese Selffulfiling prophecy bringt schließlich auch das dichotome Weltbild hervor:

Die da oben (machen es richtig), wir da unten (sind Versager).

Liegt es im Interesse unserer Machtstrukturen, daß so viele zu der Auffassung gebracht werden, sie hätten nichts zu sagen? Diese Sprachlosigkeit wird durch die Art des Schreibenlernens oft noch vertieft, weil die Rechtschreibung schwerer wiegt als die inhaltliche Aussage. Es ist weniger wichtig, was man schreibt, als das, wie man schreibt. Dabei gibt es inzwischen eine Fülle von guten Anregungen über kreatives und kommunikatives Schreiben (vgl. *Gaber/Eberwein* 1986; *Valtin/Naegele* 1986; *Böhm/Kornmann* 1983). Schreiben und Rechtschreibung werden an Texten aus dem eigenen kindlichen Alltag, an wichtigen eigenen Mitteilungen und an Korrespondenz mit anderen, ähnlich wie in der Freinet-Methode, viel müheloser und lustvoller gelernt, wobei von Anfang an die Kinder erfahren, daß sie etwas zu sagen haben, das wichtig genug ist, aufgeschrieben und anderen mitgeteilt zu werden. Dieser Einstieg in die Schriftkultur kann über viele Stufen des Malens, Kritzelns, Dekorierens bis zum Spielen mit Sprache gehen und bezieht die verschiedensten Darstellungsformen wie Plakate, Pantomime, Rollenspiel, Ausdruck- und Folkloretanz mit ein. Schreiben wird so zu einer wichtigen Form der Weltbewältigung und Identitätsentwicklung und weniger zu einem Stolperstein der frühen Schulkarriere.

3. Hausaufgaben als Hausfriedensbruch

Der Sinn und Unsinn der schulischen Hausaufgaben ist breit diskutiert und durch viele kultusministerielle Erlasse recht unterschiedlich geregelt worden (*Scheithe* 1987). Da in der Bundesrepublik abweichend von fast allen anderen Industrienationen die Ganztagsschule nur als Ausnahme durchgesetzt worden ist, bleibt es Pflicht der Eltern, die Hausaufgaben zu kontrollieren und anzuleiten. Da nur wenige Kinder mit Eifer freiwillig und zügig ihre Hausaufgaben erledigen, viele hingegen unwillig, halb informiert und mit großen Wissenslücken sich von unverstandenen Hausaufgaben überfordert fühlen, werden Eltern in die Rolle der „Hilfslehrer der Nation" gedrängt. Wenn sich Eltern gehobener Einkommensklassen überfordert fühlen, steht ein Heer arbeitsloser Pädagogen zur Nachhilfe bereit. 50–80% aller Schüler erhalten im Laufe ihrer Schulzeit Nachhilfeunterricht (ebda, S. 49). Eltern der unteren Einkommensschichten und Alleinerziehende sind in der Regel fachlich, finanziell und zeitlich mit der Hilfe bei Hausaufgaben überfordert. Hinzu kommen oft ungünstige Wohnbedingungen, besonders bei Ausländern, die den Hausaufgaben im Wege stehen. So tragen Hausaufgaben massiv zur Störung des häuslichen Friedens, zur zeitlichen Überlastung von Schülern und Eltern und zu einer Verfestigung sozialer Ungleichheit bei und verstärken damit den Selektionscharakter der Schule. Es ist geradezu empörend, in welchem Umfang die Schule eigene Pflichtaufgaben über die Hausaufgaben wie selbstverständlich in die Familien verlagert und die eigene Ineffektivität dann noch dem familiären Milieu anlastet. Wozu braucht es dann eigentlich ein staatliches Schulwesen? Zweifellos gibt es auch Formen von Hausaufgaben, die eine sinnvolle Ergänzung darstellen und sich nicht zum Hausfriedensbruch auswachsen, wie wir sie im letzten Abschnitt ansprechen wollen. Doch entgegen allen schulischen Beteuerungen erscheint die Mehrzahl der Hausaufgaben nicht als sinnvolle Ergänzung des Unterrichts. Die von uns beratenen Betreuer von Hausaufgaben bei Ausländerkindern und Sozialbenachteiligten wissen eine tägliche Misere zu berichten, die eine einzige Anklage gegen unser Schulsystem ist.

4. Neues Lernen in der gemeinwesenorientierten Schule

In den Slums großer amerikanischer Städte entstanden Formen von Street Schools, von Offenem Lernen und von Community Schools, die sich auf John Dewey's „learning by doing" und sein bereits um die Jahrhundertwende entworfenes Konzept der gemeinwesenorientierten Schule besannen. Schule ist hier gezwungen, sich an der Lebenswelt ihrer Schüler zu orientieren und konkrete Hilfen zur Bewältigung dieser oft pauperisierten Lebensverhältnisse anzubieten.

In den 60er Jahren entwickelte *Paulo Freire* bei verarmten Landarbeitern im Nordosten Brasiliens seine Methode zur Alphabetisierung, die von Schlüsselsituationen im Leben der Zielgruppe ausgeht und Bewußtseinsprozesse in Gang setzt. Dieser Situationsansatz hat sich in unserer Arbeit mit Kindern, Jugendlichen und Erwachsenen aus Randgruppen außerordentlich bewährt und hat oft zu nachhaltigen Veränderungen der Lebenssituationen geführt (z. B. zu Siedlungssanierungen) oder die Überweisungen zur Schule für Lernbehinderte drastisch senken können (*Iben* u. a. 1981).

Auch in der interkulturellen Arbeit mit Ausländern und in einigen neueren Schulversuchen hat dieser Ansatz gezeigt, daß die Orientierung an der Lebenswelt und an den Fähigkeiten der Kinder und Erwachsenen ganz überraschende Lernmotivationen und -fähigkeiten erschließt.

Auch die in Berlin, Frankfurt und einigen anderen Orten begonnene Gemeinwesenorientierung von Schulen im Sinne von Nachbarschaftsschulen hat der Schule jene Relevanz gegeben, die sie für sozialbenachteiligte Schülergruppen nur in Ausnahmefällen besessen hat (*Projektgruppe Schulsozialarbeit* 1986; *Zimmer* 1986 a und b).

Diese Neuorientierung verlangt aber eine veränderte Einstellung aller beteiligten Gruppen und eine Umstrukturierung des Unterrichts und Schulalltags.

Die Einstellungsänderung könnte damit beginnen, daß die Abnehmer schulischer Produkte, die Wirtschaft, der Dienstleistungssektor, die Universitäten und andere berufsbildende Institutionen ihre jeweils spezifischen und weithin unerfüllbaren Erwartungen an schulischem „Output" zugunsten einer breiten Allgemeinbildung verändern und die Bereitschaft zum Weiterlernen und zu beruflichem und sozialem Engagement höher bewerten als spezifisches Formalwissen. Die von der Wirtschaft und Verwaltung gesuchten Computer-Freaks sind ohnehin nur zum geringsten Teil schulische Produkte.

Die Einstellungsveränderung der Schulleiter und Lehrer müßte vor allem die Rolle des „Erfüllungsgehilfen" überbewerteter Lehrpläne angreifen, auf die beide sich häufig zurückziehen, wenn es gilt, dem einzelnen Schüler und seinen Problemen oder denen bestimmter Schülergruppen (z. B. ausländischen Kindern) gerecht zu werden. Die vielbeschworene pädagogische Freiheit des Lehrers verliert ihren moralischen Wert, wenn sie nicht zugunsten einer Lebensbewältigung eingesetzt und stattdessen dem Stoffzwang geopfert wird. Im Sinne *Paulo Freires* muß die Bankiers-Rolle aufgegeben und diejenige des Helfers, Beraters und Organisators von möglichst selbsttätigen Lernprozessen verstärkt werden. Damit muß nicht der Lehrer zum bloßen „Kumpel" werden, sondern er gewinnt seine Autorität mit seiner fachlichen Kompetenz, mit seiner Bereitschaft zum Dialog und zum Sich-Einlassen auf den Einzelnen und mit seiner Fähigkeit, seine Grenzen zu erkennen und einzugestehen. Wir glauben nicht, daß das damit angestrebte „dialogische Prinzip" (*Buber*) in jeder Phase macht- oder herrschaftsfrei ist, weil sich die Interessen zwischen Lehrern und Schülern nie gänzlich decken werden, aber dieses pädagogische Selbstverständnis ist auf Interessenausgleich hin angelegt und vertraut auf die Effizienz gemeinsamer und wechselseitiger Lernprozesse.

Die Einstellungsveränderung der Schüler wird dann nicht lange auf sich warten lassen, weil Schule und Lernen plötzlich etwas mit ihren Lebenserfahrungen und mit ihrer Identität zu tun haben. Sie brauchen ihr Selbstwertgefühl nicht gegen die Mißerfolgsdrohungen der Schule und eines entfremdeten Wissens zu verteidigen und in kleinen oder großen Fluchten aus der Schule zu retten versuchen, sondern werden sich in ihrer Schule finden, entwickeln und bewähren können. Dies kann auch mit gelegentlichen Frustrationen und mit Versagen verbunden sein, wird aber nicht durch einen ständigen und allgegenwärtigen Zensurendruck zum dominierenden Merkmal der Schule. Statt des pädagogisch strapazierten Konkurrenzprinzips wird gegenseitiges Helfen und Unterrichten in Projekten und Erkundungen den Lernstil bestimmen. Die Schüler der „Schülerschule" von Barbiana haben so gelernt und dies auch fortgeführt, als ihr Lehrer und Förderer, *Don Milani*, gestorben war. Sie haben später alle mit einer Externenprüfung den Mittelschulabschluß geschafft.

Die Eltern müßten ebenfalls ihre Einstellung zur Schule grundlegend ändern. Die an der Schule besonders interessierten Eltern müßten es aufgeben, ihre Kinder nach den erreichten Schulnoten zu bewerten und von der Schule Paukunterricht oder strenge Zucht zu verlangen, womit sie fortschrittliche Lehrer unter Druck setzen. Ihrer Meinung nach ist eine Schule, die Spaß macht, keine Schule. Die mißerfolgsgewohnten und schulfernen Eltern müssen durch besondere Formen der Elternarbeit (Bastelabende, Theateraufführungen der Kinder, gemeinsame Feste) für die Schule zurückgewonnen werden. Statt Ermahnungen und Vorwürfen muß den Eltern Anlaß zu Erfolgserlebnissen geboten werden, indem die Stärken ihrer Kinder herausgestellt und sie selbst in ihrer Berufs- und Lebenserfahrung ernst genommen und in die Schule hereingeholt werden, indem sie dort über ihre Berufs- und Arbeitswelt oder ihre Hobbys berichten und an Erkundungsprojekten beratend teilnehmen. Im Sinne einer Nachbarschaftsschule werden so Alltag und Schule wieder zusammengeführt (vgl. *Zimmer; Zimmer/Niggemeyer* 1986).

Viele dieser Vorschläge, vor allem zur inneren Strukturreform der Schule, finden sich schon unter dem Stichwort des „schülerzentrierten Unterrichts" (vgl. *Wagner* u. a. 1976), der zwar nicht mit dem Situationsansatz identisch ist, da dieser von besonderen Lebens- oder „Schlüsselsituationen" ausgeht, doch besitzen beide viele Gemeinsamkeiten und die gleiche Grundorientierung, die sich aber auch in der schon genannten *Freinet*-Pädagogik findet und insgesamt unter dem Vorzeichen einer „humanen Schule" das Versagen dieser Institution gegenüber vielen Schülern, besonders aber gegenüber den benachteiligten und behinderten, zu überwinden sucht.

Literatur

Arbeitsgruppe Schulforschung: Leistung und Versagen. München 1980.
Bendit, R./Heimbucher, A.: Von Paulo Freire lernen. München [2]1979.
Biermann, G.: Kinder im Schulstreß. München 1977.
Böhm, O./Kornmann, R. (Hrsg.): Lesen und Schreiben in der Sonderschule. Weinheim 1983.
Brink, L./Thies, L. unter Mitarbeit v. *G.Iben*: Nachforschungen in Barbiana. Weinheim 1977.
Bundesminister f. Bildung und Wissenschaft: Schulsozialarbeit. Schriftenreihe Bildungsplanung 29. Bonn 1978.
Brusten, M./Hurrelmann, K.: Abweichendes Verhalten in der Schule. München 1973.
Die Schülerschule: Brief an eine Lehrerin. Berlin 1970.
Freire, P.: Pädagogik der Unterdrückten. Reinbek 1973.
Flitner, A.: Mißratener Fortschritt. Pädagogische Anmerkungen zur Bildungspolitik. München 1977.
Gaber, H.-K./Eberwein, H.: Ein Kind lernt schreiben. Stuttgart 1986.
Homfeldt, H. G./Lauff, W./Maxeiner, J.: Für eine sozialpädagogische Schule. München 1977.

Iben, G.: Schülerhilfe und Psychohygiene der Schule — Utopie einer „sozialpädagogisch" orientierten Schule. In: *Zimmermann, K. W.* (Hrsg.): Neue Ergebnisse der Heil- und Sonderschulpädagogik. Bonn-Bad Godesberg 1969, S. 177–192.

Iben, G.: Menschen unterm Planquadrat. Sozialpolitische und sozialpädagogische Aspekte der amerikanischen Stadterneuerung. München 1971.

Iben, G. (Hrsg.): Erzieheralltag — Hilfen für die Arbeit mit sozialbenachteiligten Kindern. Ravensburg 1981.

Iben, G. (Hrsg.): Soziales Lernen — Praxishefte für Erzieher 4–6, Ravensburg 1980.

Iben, G.: Schule und Nachbarschaft — Chancen für neues Lernen? In: Hess. Inst. f. Bildungsplanung und Schulentwicklung (Hrsg.): Qualität von Schule, H. 5, Wiesbaden 1991, S. 93 ff.

Iben, G./Drygala, A.: „Abweichende" und „defizitäre" Sozialisation. In: *Neidhardt, F.* (Hrsg.): Frühkindliche Sozialisation. Stuttgart 1975, S. 114–161.

Iben, G./Drygala, A./Bingel, I./Fritz, R.: Gemeinwesenarbeit in sozialen Brennpunkten. München 1981.

Projektgruppe Schulsozialarbeit: Schule in der Stadt. München (DJI) 1986.

Scheithe, W.: Konzepte außerschulischer Förderung. Unveröffentl. Examensarbeit. Frankfurt 1987.

Searle, Ch.: Mein Lehrer ist wie ein Panzer. Berlin 1975.

Singer, K.: Verhindert die Schule das Lernen? München 1973.

Valtin, R./Naegele, I. (Hrsg.): „Schreiben ist wichtig". Grundlagen und Beispiele für kommunikatives Schreiben-(lernen). AK Grundschule. Frankfurt 1986.

Wagner, A. C. u. a.: Schülerzentrierter Unterricht. München 1976.

Wünsche, K.: Die Wirklichkeit des Hauptschülers. Köln 1972.

Zimmer, J.: Die vermauerte Kindheit. Weinheim 1986.

Zimmer, J./Niggemeyer, E.: Macht die Schule auf, laßt das Leben rein. Weinheim 1986.

Karlheinz Jetter

Prämissen eines erziehungswissenschaftlichen Konzepts und einer pädagogischen Praxis integrativer Erziehung und Bildung

1. Über die Notwendigkeit wissenschaftlicher Phantasien von einem besseren Zusammenleben der Menschen

Sorgfältige Analysen des Arbeitsmarktes sowie gegenwärtiger gesellschafts-, sozial- und kulturpolitischer Tendenzen (vgl. *Bahr* 1982; *Habermas* 1979) müßten uns als kritische Denker eigentlich in enge Grenzen bildungsreformerischen Planens verweisen. Die Konjunktur lebt von der Hoch-Leistung, Leistungsdenken hat Hochkonjunktur. Daß auf einem derartigen Hintergrund die Sache der Integration Behinderter nicht allzu viele einflußreiche Fürsprecher hat, muß hier wohl nicht eigens erläutert werden. Hinzu kommt, daß sich im Erziehungs- und Bildungsgeschehen die desintegrativen Momente der Gesellschaft widerspiegeln und verschärfen.

Doch gerade diese Verschärfung war es, die um sich greifende Perspektivelosigkeit behinderter Schüler nämlich, die vielen von uns Fachleuten den Glauben an den Nutzen der Sondereinrichtungen genommen hat: je ausgebauter deren System war, desto weniger Chancen für ein menschenwürdiges Leben erhielten die ausgesonderten Kinder und Jugendlichen. Selbst der ausgesonderte Arbeitsplatz in den Werkstätten für Behinderte wird immer mehr zu einem Privileg. „Integration ist hier und jetzt zu beginnen und zu leisten" sagt *Feuser* (1982, S. 99), und er kann sich dabei einig wissen mit einer wachsenden Vielzahl Betroffener und ihren Angehörigen.

Menschen eignen sich ihr Wesen gemäß ihren Lebensverhältnissen an; dies lehrt uns ein dialektisches Verständnis von menschlicher Entwicklung (*Jetter* 1977; 1979). Dies besagt, daß die Gesetze des Marktes auch in den Stätten von Erziehung, Bildung und Ausbildung herrschen. Doch werden die Verhältnisse nur von lebendigen Menschen menschenwürdig geformt; dies ist die hoffnungsträchtigere Seite dieser Lehre. Daraus folgt: Abwarten kräftigt gerade jene Verhältnisse, die zu verändern sind, wenn auch die Schwächeren und Unerwünschten dazugehören sollen.

Nun haben wir uns in der Sonderpädagogik an die Prinzipien der „kleinen Schritte" und der „Lebensnähe" gewöhnt. Liegt es da für uns Sonderpädagogen nicht nahe, auch den bildungspolitischen Umbruch in kleinen Schritten und der Realität der Bildungsinstitutionen angemessen anzustreben und hierfür erziehungswissenschaftliche Pläne zu entwickeln? Denn wir wissen ja alle, wir erfahren es ständig: wer hoch steigt, fällt tief. Ist demnach nicht ein erziehungswissenschaftliches Konzept der Realität am nächsten, das den eingeschlagenen Weg integrativer Erziehung methodisch in kleine Schritte aufteilt?

Ohne Zweifel muß sich die Praxis von Erziehung, Bildung und Ausbildung an den herrschenden institutionellen, personellen, materiellen und curricularen Gegebenheiten orientieren. Dies kann aber nicht bedeuten, daß sie diese als dauernd gegeben hinnehmen muß. Sie muß sich an ihnen reiben und stoßen, wenn sie etwas verändern will. Dies ist aber nur dort der Fall, wo die Praxis von einer ideellen Gegen-Bewegung geleitet wird; „realitätsnahes" Planen im Sinne affirmativen Denkens weiß immer schon im voraus um heraufziehende Schwierigkeiten — und beläßt alles beim alten! Das Denken muß weiter reichen als die Praxis, und vor allem: es muß radikaler sein, indem es das anzustrebende Ziel bereits als ein strukturiertes Ganzes im Auge hat.

Erziehungswissenschaftliche Theoriebildung muß sich am Möglichen orientieren; die Fixierung auf das Gegebene macht uns in der Theorie ebenso phantasielos wie in der Praxis. Erziehungswissenschaftliche Theorien dürfen nicht ein Absud einer pädagogischen Praxis bleiben, in der strukturelle Probleme an besonderen Personen als deren Symptome festgemacht werden. Von ihnen handeln eine Fülle sonderpädagogischer und psychiatrischer Theorien, deren Begrifflichkeiten eine „positive Semiotik" (im Sinne *Milanis*) blockieren (vgl. *Schöler* 1985). Das Denk-Mögliche ist weitaus reichhaltiger als das Gegebene, die Phantasie kann aus diesem Grunde vielerlei unsinnige Ideen hervorbringen. Für die Praxis fruchtbar sind Ideen dann, wenn sie in ihrer Grundstruktur auf überprüfbaren und verallgemeinerbaren Erfahrungen beruhen; bloße Phantastereien (oder Ideologien) sind sie, wenn die in ihnen zum Ausdruck gebrachten Möglichkeiten nur unter unannehmbaren Bedingungen verwirklicht werden könnten. Manche theoretischen Überlegungen machen allerdings einen grundlegenden Wandel gegebener Verhältnisse zur Bedingung ihrer Realisation. Dies kann noch kein hinreichender Grund sein, sie als widerlegt gelten zu lassen. Sie sind auch dann nicht widerlegt, wenn „kleine Schritte", Einzelmaßnahmen in Richtung auf formulierte Ziele also, noch nicht zum erwünschten Resultat führen. Gerade dies war ja der Fall bei vielen Bemühungen der Bildungsreform in der Bundesrepublik. Wir müssen aufpassen, daß die Integrationsbestrebungen nicht ein weiteres Beispiel für bereits im Keim erstickte Reformen werden.

Aus diesen Gründen sollen hier nicht Überlegungen wiedergegeben werden, die sich auf das gegenwärtig Machbare beschränken, sondern ich will skizzenartig einige Aspekte eines erziehungswissenschaftlichen Modells aufzeigen, das für eine integrative Praxis dienstbar gemacht werden kann.

2. Anmerkungen zu einem grundlegenden Kriterium integrativer Förderung

Integrative Praxis ist von Anfang an zum Scheitern verurteilt, wenn sie unter empirische Beweiszwänge gestellt wird — und dies insbesondere dann, wenn es an „gutem Willen" bei denjenigen fehlt, die über „Erfolg" oder „Mißerfolg" urteilen. Fehlt es nämlich an der Überzeugung von der Richtigkeit nicht-aussondernder Förderung, dann wird jedwede Schwierigkeit in der Praxis auf die „Unmöglichkeit" integrativer Erziehung und Bildung zurückgeführt. Und es wäre völlig unsinnig davon auszugehen, daß die alltägliche Praxis integrativer Förderung immer nur harmonisch und problemlos sein könne. Daher darf sich die integrative Praxis erst gar nicht pragmatische Erfolgsbeweise aufoktroyieren lassen. Es kann und darf niemals darum gehen, nachzuweisen, daß Nicht-Aussonderung bessere meßbare Erfolge zeitigt, sondern daß sie die einzig wirklich menschliche Lösung eines um sich greifenden allgemeinen Problems ist (s. hierzu *Schönberger* in diesem Band). Wer als praktizierender Pädagoge, als Bildungspolitiker oder Bildungsverwalter nicht soviel sittliche Urteilsfähigkeit aufbringt um einzusehen, daß Nicht-Aussonderung der einzig mögliche Weg in eine menschlichere Zukunft ist, wird seine Skepsis allenthalben bestätigt finden.

Aus diesem Grund darf ein erziehungswissenschaftliches Konzept in Theorie und Praxis niemals seine in der Ethik gründende Überzeugung preisgeben, daß Probleme in der nicht-aussondernden Praxis ganz normale Probleme sind, die Menschen untereinander und mit sich selbst haben, und die sie nur unter Menschen auf menschenwürdige Weise lösen können. Diese Überzeugung sollte zum Grundaxiom und zum Hauptkriterium eines erziehungswissenschaftlichen Konzepts integrativer Praxis werden. Didaktische, methodische und organisatorische Bedingungen müssen sich diesem Kriterium unterordnen.

So gesehen erstaunt es wenig, wenn in Erfahrungsberichten aus Modellversuchen oft mehr die persönliche Begeisterung von Praktikern und Beobachtern imponiert, als die didaktische und methodische Perfektion von Unterricht und Therapie (s. bspw. eine Vielzahl von Berichten in *Preuss-Lausitz* et al. 1985; *Schöler* 1983; *Valtin* et al. 1984).

Guter Wille allein macht allerdings noch keine Integration. Die Erziehungswissenschaft muß weitergehen und Gestaltungsmomente angeben, wie aus dem Willen die Tat werden kann.

3. Auf der Suche nach vereinigenden Lebens- und Lernformen

Unser Bildungssystem ist von seiner Grundstruktur her auf eine „Laufbahn" hin angelegt, „Curricula" bestimmen den Ablauf, die Lern-Bewegung also. Es liegt bekanntlich an der Logik dieser lehr- bzw. lerndynamischen Struktur und ihrer bildungsorganisatorischen Institutionalisierung, daß gewisse Kinder der Lernbewegung nicht folgen können oder zu Hindernissen für das Fortkommen anderer werden.

In die institutionalisierte Form der deutschen Schule sind einige recht fiktive Annahmen über Entwicklung und Lernen eingegangen, die durch die pädagogische Praxis ebenso widerlegt sind wie durch die sogenannten „Hilfswissenschaften" der Pädagogik: die Annahmen von Gleichförmigkeit, Stetigkeit und Kontrollierbarkeit von Entwicklung und Lernen. Auf diese Annahmen hin aber wurde das Schulsystem „maß"-geschneidert.

Nun gibt es in der Tat Kinder — wenn auch in abnehmendem Anteil —, die dieser Annahme weitgehend entsprechen. Sie haben die Abstraktion vollzogen, die dafür erforderlich ist, sich Kenntnisse und Fähigkeiten anzueignen, die in ihrer Gegenwartswirklichkeit noch bedeutungsarm sind (dazu *Jetter* 1984; 1986 a; *Schönberger* 1983) — und sich selbst am abstrakten Maß der erworbenen Kenntnisse und Fähigkeiten zu messen. Daß dies einer im Schulalltag wohl hinreichenden Anzahl von Schülern gelingt, scheint unseren Bildungsverwaltern genügender Beweis für die Qualität unseres auf Fiktionen gründenden Bildungswesens zu sein; der minderqualifizierte „Abraum" wird dann eben auf eingeschränkte Brauchbarkeit oder bloße Verwaltbarkeit hin zurechtgestutzt.

Ein erziehungswissenschaftliches Konzept integrativer Praxis muß sich von solchen Fiktionen radikal lösen. Das altershomogene Treppauf der Schule wird fast keinem Schüler mehr gerecht: die einen langweilen sich, weil sie sich die Lerninhalte in einem Bruchteil der Zeit aneignen könnten (bis sie dann doch noch den Anschluß verpassen, weil sie nicht merken, daß das Lerntempo unter dem Zugzwang von Abschlußqualifikationen angezogen hat), die anderen können den Lernvorgaben auch bei ermäßigtem Tempo nicht folgen, weil ihnen ihr individueller Zugang zu der schulischen Fragestellung fehlt; der fiktive Altersdurchschnitt aber, an dem sich der Unterricht orientiert, ist immer weniger repräsentiert.

Wie aber findet man in der Theoriebildung neue Lösungen, wo doch die institutionalisierte Praxis bestenfalls partielle Auswege offenhält? Die bloße Summierung von Teillösungen ergibt keine Gesamtlösung, sondern geradezu eine Multiplikation der Probleme, die gelöst werden sollten.

3.1 Gegen die Wirklichkeit andenken

Die erziehungswissenschaftliche Theoriebildung muß sich ein Konzept, ein Szenarium, einer Gesamtlösung machen. Wenn mithilfe dieser Lösung all jene in das Bildungsgeschehen einbezogen werden sollen, die an der normativen Eigenart der Bildungsorganisationen scheitern, dann muß die aussondernde Norm, die organisatorische Erstarrung und die fremde Abstraktheit der Bildungsinstitutionen modellhaft aufgehoben werden — ohne daß dieser Aufhebung andere starre Organisationsformen als Alternativen entgegengesetzt werden.

An dieser Stelle sollen nur einige Selbstverständlichkeiten unseres Bildungswesen aufgeführt werden, die bedingungslos in Frage gestellt (also auf ihren Sinn hin befragt) werden müssen:

- die hierarchische Verwaltung von Lehrprozessen,
- die methodische Vorbestimmung von Lernabläufen,
- die institutionell verordnete, normierte zeitliche Gliederung des Lernens und Erholens,
- die räumliche Trennung von Leben und Lernen,
- die Bildung sogenannter „homogener" Gruppen,
- das Beharren auf der Beständigkeit von Lerngruppen,
- die Bewertung des Lernerfolgs anhand metrischer Merkmale,
- der Glaube daran, daß sich die Fiktion „Unterricht" in den lernenden Subjekten wiederfindet,
- das Vertrauen auf spezielle Unterrichtsmaterialien,

von einigen anderen Praktiken wie Wiederholung eines Schuljahrs, an der Normalverteilung orientierte Zensurengebung, Abschiebung der Lehrverantwortung über die Hausaufgaben an die Familie, Bestrafung von Kooperation während der Leistungskontrolle usw. ganz zu schweigen.

Wie gesagt: nicht die Abschaffung einiger einzelner dieser Bedingungen kann eine Veränderung bewirken, denn diese Bedingungen sind alle Elemente eines in sich logisch schlüssigen Systems.

Es überrascht nicht, daß eine grundlegende Umwälzung der Schule vielen Angst macht, vor allem denen, für die das Bildungsgeschehen be„rechen"bar sein muß. Hierzu gehören nicht nur Bildungsverwalter, sondern auch jene Praktiker, für die ihre pädagogische Arbeit in Leistung und Zeitaufwand vorab kalkulierbar sein muß. Mit Pädagogen, für die das „wirkliche Leben" außerhalb ihrer Arbeit „im Privaten" stattfindet, ist Integration nicht zu leisten.

3.2 Begrenzte Erfahrungen verallgemeinern

Es genügt natürlich nicht, aus der gedanklichen Negation gegenwärtig wirkender Bedingungen der Aussonderung von Schwachen unmittelbar ein Modell der integrativen Förderung abzuleiten. Aus vielfältigen empirischen Erfahrungen müssen ergänzend positive Bilder einer anzustrebenden Wirklichkeit konstruiert werden. Dabei sind nicht einmal unbedingt die in den letzten Jahren hierzulande verwirklichten Modellversuche am hilfreichsten, mußten diese sich doch alle mehr oder weniger dicht in die Regelinstitutionen einfügen, also nur Teillösungen versuchen. (Damit soll nicht der Praxis der Integration die zentrale Bedeutung solcher Versuche abgesprochen werden).

Unser Augenmerk muß zumindest ebenso jenen Erfahrungen gelten, die unter — im engeren wissenschaftlichen Sinne — methodisch nicht vergleichbaren Bedingungen gemacht wurden. Hierzu gehören unter anderem

- Erfahrungen in anderen Ländern,
- Erfahrungen in Situationen, die nicht als Lern- und Leistungssituationen definiert sind,
- Lebens- und Arbeitsformen in anderen Kulturkreisen,
- Lebens- und Arbeitsformen in der Kulturgeschichte,
- alternative Lebens- und Arbeitsformen der Gegenwart,
- Erfahrungen der entwicklungspsychologischen und entwicklungssoziologischen Forschung.

Bei der Analyse solcher Erfahrungen und deren Einarbeitung in ein erziehungswissenschaftliches Konzept kann es naturgemäß nicht um „wertneutrale" Datensammlung und -verarbeitung gehen, sondern um eine standortgebundene, parteiische und anthropologisch begründete Übertragung der Erfahrungen auf mögliche Lebensverhältnisse hier und jetzt (bzw. in absehbarer Zukunft).

Diese Analyse kann nicht in diesem Rahmen geleistet werden; nur deren Notwendigkeit sei festgehalten. Zu lange hat sich die Erziehungswissenschaft an der Faktizität orientiert.

Nicht erwähnt sind bislang einige entwickelte pädagogisch-praktische „alternative" Konzepte, wie zum Beispiel die *Montessori-Pädagogik, die Freinet*-Pädagogik, die Waldorfpädagogik oder auch die Pädagogik der Unterdrückten *Freires* und das Konzept der kulturhistorischen Schule *Leontjew*s resp. *Galperin*s. Gewiß, diese Ansätze bergen — ebenso wie zahlreiche nichtgenannte — eine Fülle von Möglichkeiten. Doch entstehen diese nicht quasi-automatisch im Einbezug in unser damit nur leicht kaschiertes Bildungswesen. Keine Methode garantiert die Nicht-Aussonderung, solange sie nicht zugleich politische Praxis wird.

4. Horizonte – Gedanken zu der Möglichkeit der Vereinigung verschiedenartiger Menschen

Die Integrations-Offensive lebt von der Offenheit, dem Einsatz und Ideenreichtum ihrer Aktiven viel mehr als von manchen wissenschaftlich differenzierten Zauderern. Reichhaltige Erfahrungen auf Begriffe zu bringen, dies bedeutet oft: Verengung des Blickwinkels und Versachlichung menschlicher Erfahrungen. Wenn wir also danach fragen, was Menschen miteinander vereinigt, dann abstrahieren wir immer von den wirklichen Lebenssituationen. Dennoch sind gewissenhafte Analysen hiervon erforderlich (vgl. *Jetter* 1986 b). Hier seien stichwortartig einige Perspektiven angeführt.

Die Gesellschaft der Menschen hat ein berechtigtes Interesse daran, daß die Bildungsinstitutionen die nachwachsenden Generationen für das Leben in der menschlichen Gemeinschaft qualifizieren. Lange genug wird nun allerdings davor gewarnt, Erziehung, Bildung und Ausbildung nur als Reproduktion historisch angesammelter Kenntnisse zu verstehen (s. hierzu besonders *Peccei* 1979). Kein ernstzunehmender erziehungswissenschaftlicher Ansatz zweifelt noch daran, daß sinnvolles Lernen nur im Rahmen von menschlichen Gemeinschaften stattfindet, die ihre Lebensbedingungen selbst gestalten können. Aus der Mitverantwortung erwächst der Sinn des Lernens und die Bereitschaft, sich Kenntnisse und Techniken auch unter Mühsal anzueignen. Doch: „Für Rechtlose ist es sinnlos, Verantwortung zu entwickeln." (*Mattmüller* 1984, S. 53).

Erziehungswissenschaftliche Kulminationspunkte sind demnach: die an gemeinsamen Werten orientierte Kooperation der Lernenden in gemeinsam verantworteten Lebenswelten im Hinblick auf vereinbarte Ziele. So gewinnt Lernen und Lehren Verbindlichkeit; gemeinsame Erfahrungen vereinigen somit auch scheinbar ungleiche Partner. Indem sie im Zusammenleben Sicherheit über ihre eigenen Möglichkeiten und Vertrauen in das Mitwirken anderer erlangen, können sie den bei behinderten Menschen oft unlösbaren Widerspruch zwischen Identität („sein der man ist"/„im Wechsel des Lebens derselbe bleiben") und Weiterentwicklung der Persönlichkeit („Neues wagen") in Solidarität aufheben. Nur so können junge Menschen – behinderte ebenso wie nicht-behinderte – offen sein für neue Erfahrungen.

An einer solchen Bestimmung von Entwicklung und Lernen muß eigentlich jede Gesellschaft Interesse haben, die sich als eine humane versteht. Daß dies nicht so ist, muß zu denken geben.

Literatur

Bahr, H.-E. (Hrsg.): Wissen wofür man lebt. München 1982.
Feuser, G.: Integration = die gemeinsame Tätigkeit am gemeinsamen Gegenstand/Produkt in Kooperation von behinderten und nichtbehinderten Menschen. In: Behindertenpädagogik 21 (1982) S. 86–105.
Habermas, J. (Hrsg.): Stichworte zur „Geistigen Situation der Zeit". 2 Bde. Frankfurt 1979.
Jetter, K.: Möglichkeiten und Grenzen der Eingliederung behinderter und von Behinderung bedrohter Kinder und Jugendlicher. In: Sonderschule in Niedersachsen 1 (1977) S. 34–41.

Jetter, K.: Veränderte Aneignung der Wirklichkeit. In: *Jetter, K./Schönberger, F.* (Hrsg.): Verhaltensstörung als Handlungsveränderung. Bern 1979, S. 161–225.

Jetter, K.: Behinderte Kindheit – Behinderung der Menschlichkeit. In: Zeitschrift für Kooperative Pädagogik 1 (1984) S. 48–51.

Jetter, K.: Auf dem Wege zu einer Kooperativen Pädagogik. VHN 55 (1986a) S. 222–259.

Jetter, K.: Idee, Möglichkeit und Wirklichkeit der gesellschaftlichen Integration Behinderter aus der Sicht der Kooperativen Pädagogik. In: AG Integration Würzburg (Hrsg.): Wege zur Integration. Würzburg 1986 b.

Mattmüller, F.: Integration – wohin? In: *Bächtold, A./Mattmüller, F.*: Alle reden über Integration. Berlin 1984, S. 49–63.

Peccei, A. (Hrsg.): Das menschliche Dilemma. Wien (Molden) 1979.

Preuss-Lausitz, U./Richter, U./Schöler, J. (Hrsg.): Integrative Förderung Behinderter in pädagogischen Feldern Berlins. Berlin 1985.

Schöler, J.: Schule ohne Aussonderung. Berlin 1983.

Schöler, J.: Auf der Suche nach neuen Begriffen. In: *Preuss-Lausitz et al.* 1985, S. 19–27.

Schönberger, F.: Prolegomena zu einer handlungstheoretischen Konzeption von der Entwicklung der menschlichen Erkenntnistätigkeit. In: Zeitschrift für Kooperative Pädagogik 1 (1983) S. 5–38.

Valtin, R./Sander, A./Reinartz, A. (Hrsg.): Gemeinsam leben – gemeinsam lernen. Frankfurt 1984.

Ernst Begemann

Theoretische und institutionelle Behinderungen der Integration?

Vorbemerkungen

Die Frage nach der Integration Behinderter im Regelschulsystem scheint oft zu allgemein gestellt und zu pauschal beantwortet. Integration ist nicht schon bestimmt und erreicht, wenn die sogenannten behinderten Mitmenschen mit sogenannten Nichtbehinderten zusammen oder nebeneinander unterrichtet werden. Bei der Integration als Ziel und Weg geht es darum, daß jeder Mensch in seiner Originalität als Person akzeptiert wird und lernen bzw. sich so begaben kann, daß er in unserer Gesellschaft als gleichwertig teilhaben kann in allen Bereichen. Das heißt, daß er Dauerbezugspersonen hat, daß er Freunde und Nachbarn haben kann, daß er in Schule, Beruf oder Vereinen Kameraden hat und mit ihnen auskommt, daß er in allen weiteren Bereichen wie Freizeit, Verkehr und Wirtschaft, Politik und Religion teilnehmen kann, ohne diskriminiert zu werden.

Wenn das das Ziel ist, dann ist es nachrangig, wo diese Menschen beschult werden, weil dann schnell deutlich wird, daß sich dazu die Regel- und die Sonderschulen verändern müssen. Und darum geht es bei der Integration. Die Aufgabe heißt dann: eine Schulkonzeption für Behinderte und nichtbehinderte Menschen, besser: für Menschen, die sich nicht typisch, sondern jeweils individuell spezifisch unterscheiden, die verschiedene Lebensformen leben müssen und dürfen, die verschiedene Ziele haben und doch gemeinsam Schule und Gesellschaft gestalten wollen.

Zur Verwirklichung dieser Aufgabe sind aber noch verschiedene theoretische und institutionelle Bedingungen zu verändern, die man auch als „Behinderungen" der Integration bezeichnen könnte.

1. Die Formel „Integration" reicht nicht aus

Die bisherige Diskussion hat gezeigt, daß das Stichwort Integration als Signalwort geeignet war, auf ein Problem aufmerksam zu machen, daß es aber zu allgemein blieb, um konkrete Vorstellungen davon abzuleiten. Deshalb wurde es häufig durch die Formel „gemeinsam lernen und leben" erläutert. Aber auch dann ist weiter zu fragen: Wer alles mit wem alles und wo immer?

Die Forderung nach Integration kann neben der Ausgrenzung (Isolierung/Separierung) und Liquidierung (vgl. *Begemann* 1980, S. 162ff.; *Berger/Luckmann* 1969, S. 110ff.) auf unterschiedliche Weise realisiert werden, durch die sich Ge-

176

sellschaften das Bewußtsein der Homogenität, Einheitlichkeit, Gleichheit erhalten. Integration heißt dann: die Abweichenden sollen sich anpassen, überspitzt: sie sollen so werden wie die, die sich als normal verstehen und behaupten. Das aber ist unzumutbar, wenn nicht unmöglich. Diese Forderung beruht zudem auf einer falschen Vorstellung: Es gibt den normalen Menschen nicht, sondern immer nur einzelne in ihrer individuell-spezifischen Eigenart. Das ist die entscheidende Basis für die Lösung des Integrationsproblems.

Insofern hat auch das „Normalisierungsprinzip" (*Thimm* 1984) nur eine begrenzte Gültigkeit (vgl. *Wolfensberger* 1972). „Unbefriedigend ist ... die in der internationalen Diskussion bislang nicht ausreichend geklärte Struktur des Normenbegriffs in allen Normalisierungsbestrebungen ... So ergeben sich z. B. prinzipiell Fragen nach der ‚Normalität' bestimmter Wohnbedingungen ... oder bestimmter Arbeitsbedingungen ...: Ist hier der statistische Normalfall ... auch das ‚Wünschenswerte', gemessen an bestimmten Vorstellungen vom menschlichen Leben überhaupt?" (*Thimm* 1984, S. 44ff.).

2. Behinderungen durch „Sonderpädagogik"

Eine zureichende Würdigung der derzeitigen Sonderpädagogik, ihrer Institutionen und Entwicklung kann und soll hier nicht geleistet werden. Nur einzelne Aspekte können skizziert werden.

2.1 Eigenständigkeit und Isolierung

Sonderpädagogik hat sich entwickelt als Theorie und Praxis spezieller schulischer Einrichtungen für Heranwachsende, die in bezug auf die vorhandenen Bildungseinrichtungen als nicht bildungsfähig oder nicht ausreichend förderbar galten. An Stelle einer Veränderung der vorhandenen Institutionen wurden neue geschaffen und deren Eigenständigkeit durch die Notwendigkeit spezieller Beschulung und Förderung begründet und durchgesetzt. Das brachte in der Regel eine räumliche Trennung von den etablierten Einrichtungen, eine weithin eigenständige Professionalisierung der Betreuungskräfte, ihrer Lehre und Ausbildung, eine Isolierung der Theorie und Wissenschaften. Es brachte eine engere Zusammenarbeit mit Medizin und Psychologie, als sie sonst im Schulsystem üblich ist. Es brachte auch eine Isolierung der Sonderschüler von den übrigen und damit zusammenhängend oft auch eine Stigmatisierung. Die Konzentration auf Sonderschulen konnte die Trennung von Sozialpädagogik und Sozialarbeit nicht überwinden, ließ erst ein größeres Interesse an der Früherziehung und Prävention aufkommen, als sich hier die Medizin schon etablierte.

2.2 Sonderpädagogik?

Die Sonderpädagogik ist der Versuch, die verschiedenen Fachrichtungspädagogiken zusammenzufassen zu einem Bereich, deren Klientel dann auch einen einheitlichen Namen haben sollte: Behinderte. Es ist bis heute nicht gelungen, Behinderte, ihre Behinderungen und ihre „Pädagogiken" einheitlich zu beschreiben. Das liegt nicht nur an den verschiedenen Theorieansätzen (vgl. Paradigmata in *Begemann* 1983), sondern mehr noch an den unterschiedlichen Erscheinungsformen und von daher abzuleitenden Maßnahmen: Blindenschrift, Sprachanbahnung bei Gehörlosigkeit, lebenspraktische Bildung Geistigbehinderter, Bewegungsermöglichung bei Lähmungen usw.

Das Problem setzt sich fort; denn die pädagogischen Erfordernisse lassen sich nicht einheitlich für alle Körperbehinderten, Lernbehinderten oder Sprachbehinderten usw. beschreiben. Hier gibt es nicht den typischen Behinderten einer Fachrichtung. Auch dort, wo man typische Untergruppen bildet wie Stammler, Stotterer usw. bei den Sprachauffälligen oder Spastiker, Athetotiker, Querschnittsgelähmte nach Unfall bei Körperbehinderten usw., wird die Variationsbreite der Phänomene ebenso übersehen wie die individuell spezifische Lebens- und Lernsituation.

Die ausblendende Betrachtung der einzelnen Mitmenschen nach ihrer namengebenden Leitsymptomatik (körperliche, sprachliche u. a. Auffälligkeit oder Beeinträchtigung) läßt außer acht, daß die Leitsymptome keine isolierbaren Merkmale an einem sonst intakten Menschen sind und daß deshalb auch ein auf diese Leitsymptome beschränktes Maßnahmeangebot nicht erlaubt sein kann. Immer ist der ganze Mensch als soziopsychosomatische Einheit betroffen, der nicht einfach zu behandeln, zu fördern, zu unterrichten ist, sondern angemessene Bedingungen und Hilfen benötigt, als Person zu leben und zu lernen in ganz bestimmten Bedingungen der Um- und Mitwelt.

Die sonderpädagogischen Bemühungen, bei den einzelnen Schülern bestimmte Besonderheiten, Merkmale, Ausfälle, Mängel, Störungen, Beeinträchtigungen, Behinderungen, Ausprägungen in bestimmten körperlichen oder psychischen Bereichen der Wahrnehmung, des Denkens, des Gedächtnisses, der Konzentration, der Motivation usw. festzustellen und gezielt anzugehen, zu fördern, zu therapieren, können zwar den Eindruck eines speziellen sonderpädagogischen Vorgehens erwecken. Ihre Wirksamkeit, ihre Berechtigung, ihre theoretische Fundiertheit ist aber kritisch infrage zu stellen (vgl. *Begemann* 1985, S. 82 ff.).

Unter den Gesichtspunkten der Ganzheitlichkeit menschlichen Seins und dem Erfordernis personaler Existenz kann man sich nicht auf Symptombehandlung und isolierte Spezialförderungen beschränken, sondern muß den betroffenen Menschen akzeptieren, annehmen als Partner, ihn teilnehmen lassen in Lebens- und Arbeitsgemeinschaften und so Möglichkeiten eröffnen, individuell spezifisch zu lernen und zu leben und dabei auch spezifische sachliche oder mitmenschliche Hilfe zu erfahren. Das Besondere der Sonderpädagogik ist dann durch die individuellen Möglichkeiten und Erfordernisse bestimmt und nicht primär durch typische oder fachrichtungseigene Methoden, Therapien, Förderungen. Soweit sie berechtigt sind, sind diese auf den einzelnen hin zu modifizieren.

2.3 Abhängigkeit vom Regelschulsystem

Das Bemühen um die Eigenständigkeit und ihre Behauptung haben die Abhängigkeit der Sonderpädagogik und der Sonderschulen von der sogenannten allgemeinen Pädagogik und Schule oft aus dem Blick verlieren lassen.

Sonderpädagogik ist Pädagogik, Sonderschulen sind Schulen. Insofern trifft jede Veränderung der einen Seite auch die andere, gilt Kritik der einen Seite oft auch der anderen. Der Zusammenhang ist deutlich bei der Rekrutierung der Schüler. Die Sonderschulen erhalten nur so viel Schüler wie vom Regelschulsystem abgegeben bzw. nicht aufgenommen werden. Theoretisch ist denkbar, daß die Regelschulen alle behalten und auch zu Recht alle behalten sollten, wenn sie allen Schülern gerecht werden und dann wohl auch über „sonderpädagogische Qualitäten" bzw. individualisierende Konzepte verfügen können. Vorerst aber haben Sonderschulen die Regelschulen entlastet von den Aufgaben, für schwierige Schüler angemessene Lernsituationen zu schaffen. Derzeit ist es wohl auch so: Die Sonderschulen sollen einsetzen, wo die Regelschulen sich inkompetent wissen oder erweisen. Sie sollen aber auch unterhalb dieser mit Berechtigungen ausgestatteten Abschlüsse allgemeine Bildung, und sei es lebenspraktische, ermöglichen.

2.4 Der einzelne als Ausgangspunkt aller Pädagogik

Eine Bilanz der Sonderpädagogik muß die Kritik dieser Punkte einschließen. Das kann hier nicht erfolgen. Nur ein Gesichtspunkt soll genannt werden. Es ist darauf hinzuweisen, daß es kein hierarchisches Gefälle von der allgemeinen Pädagogik zur Sonderpädagogik gibt. Der Pädagoge bzw. Sonderpädagoge hat dem einzelnen Heranwachsenden Partner zu sein. Dessen Situation, Lebens- und Lernmöglichkeiten sind individuell spezifische. Das ist in allen Schulen so und sollte deshalb auch in allen Schulen in den Formen, in denen dort Lernen und Miteinander-Leben ermöglicht wird, berücksichtigt werden. Insofern muß man Sonderschulen nicht Sonderschulen nennen, Sonderpädagogik nicht Sonderpädagogik. Erziehung, Lernen, Pädagogik, Schule reicht.

Welche Gefahr davon ausgeht, wenn man nicht den einzelnen Schüler in seiner Originalität und Würde, in seiner besonderen Lebenssituation mit einer oft belastenden Biographie und einer bestimmten Lebensperspektive beachtet, kann jeder beobachten, wenn man für oder in Klassen homogene Gruppen bilden will, wenn man für Schulen typische Schüler nach vorher definierten Merkmalen auswählt. Den Körperbehinderten, den Lernbehinderten, den Gymnasiasten gibt es aber nicht. Also kann eine Körperbehindertenschule nur gerechtfertigt sein, wenn sie individuell spezifisch lernen und leben läßt. Die Pädagogiken der einzelnen Fachrichtungen sind schon als eine erhebliche Abstraktion von den Erziehungssituationen des einzelnen Menschen entfernt. Noch weiter abstrahieren die Begriffe „Behinderter", „Behinderung", „Sonderpädagogik". Am weitesten von der individuellen Erziehungssituation entfernt ist dann die alles übergreifende allgemeine Pädagogik. Sie ist nicht allgemein im Sinne von normal oder die Regel, denn den Normalmenschen, die Regelschule gibt es nicht. Konsequenz: Individualisierung, besser: individuell und gemeinsam lernen und leben. Das ist auch ein Weg zur Lösung des schulischen Integrationsproblems.

3. Behinderungen durch die „Regelschule"

Was der schulischen Integration entgegensteht oder nur schwer mit einem Schulkonzept zu vereinbaren ist, das individuell spezifisches und doch gemeinsames Lernen von „Behinderten" und „Nichtbehinderten" ermöglichen soll, kann hier nur thesenhaft verkürzt angedeutet werden:

— Der Integration steht ein Verständnis von Unterricht entgegen, das davon ausgeht, daß das Lernen der Schüler in als homogen gedachten Klassen auf gleichen Wegen in einer vorher bestimmten Zeit zu gleichen Zielen erfolgen muß. Man kann sich dann offenbar nur schwer vorstellen, daß Schüler verschiedenen Alters mit unterschiedlichen Interessen und einer erheblich variierenden Ausprägung ihrer sprachlichen und anderer kognitiven sowie motorischen Möglichkeiten sinnvoll und ergiebig für jeden und individuell spezifisch, aber doch auch gemeinsam an denselben Aufgaben und Problemstellungen tätig werden und lernen können. Das erlaubt dann natürlich nicht mehr dieselben (identischen) Lernziele für alle Mitglieder einer Klasse. Das gilt es einzusehen und zu praktizieren (vgl. *Begemann* 1987; 1985, S. 111 ff., S. 152 ff.).
— Neben der frontalen Ausrichtung des Unterrichtes und der Lernzielorientierung behindert die Lehr- und Lehrerorientierung der schulischen Vermittlung das erfolgreiche Lernen jedes einzelnen Schülers, weil sie außer acht läßt, daß Lernen immer eine eigentätige/selbsttätige Auseinandersetzung sein muß und deshalb eine Schüler- und Lernorientierung erfordert (*Begemann* 1975, S. 67 ff.).
— Die Vorstellungen einer Normalentwicklung mit gleichen Phasen und kognitiven Strukturen als Norm für alle ließ übersehen, daß jeder eine individuell-spezifische biographische Entwicklung im Zusammenhang mit seiner Lebenssituation und seinen persönlichen Lebensproblemen durchmacht, die für ihn in jeder Lernsituation eine von anderen verschiedene Interessenlage und weitere andere Lernvoraussetzungen bedeuten. Lernen muß deshalb individuell spezifisch ermöglicht werden (*Begemann* 1988, S. 122 ff.; 1987, S. 299 ff.).

4. Behindern „Behinderte" die Integration?

4.1 Fragestellung

Bisher wurde in diesem Beitrag Integration als Ziel und Weg verstanden, als individuell spezifisches und doch gemeinsames Lernen und Leben in gleichwertigen Lebensformen. Daraus ergab sich für die Schule ein Konzept, das die Individualisierung in Gemeinschaft ermöglicht, das den einzelnen als Person in seiner Originalität achtet und als Ausgangspunkt — wie Zielpunkt beachtet (vgl. zur personalen Erziehung *Begemann* 1987, S. 222 ff.).

Dann stellen sich aber auf der Basis des traditionellen Verständnisses der Behinderten und der Sonderpädagogik vor allem drei Fragen:

— Bedürfen Behinderte nicht doch einer besonderen Förderung/Erziehung? Und wie kann sie bei integrierter Erziehung gewährleistet werden?
— Können sich Behinderte in Klassen mit in der Mehrzahl Nichtbehinderten angemessen orientieren?
— Bedeutet Behindertsein nicht doch eine besondere menschliche Betroffenheit? Können Behinderte nicht als Repräsentanten des Leides angesehen werden, die sich grundsätzlich von Nichtbehinderten unterscheiden und damit eine gleichwertige Beschulung in Frage stellen? Auf diese Fragen kann hier nur sehr knapp geantwortet werden.

4.2 Eine besondere Erziehung Behinderter?

Es ist unbestritten, daß die Mitmenschen, die derzeit als Behinderte beschult werden, in den üblichen Formen des Unterrichts der Regelschulen nicht angemessen lernen, angeregt oder begabt werden können. Man muß dann nicht nur an so Extreme denken wie: in einem verbalen Frontalunterricht mit 20 Schülern sollen Gehörlose oder Geistigbehinderte ohne weitere Vorkehrungen sinnvoll mit dabei sein; Spastiker sollen ein Klassendiktat mitschreiben usw.

Jeder Behinderte benötigt die Chancen, von seinen Voraussetzungen aus sich mit Aufgaben eigentätig auseinanderzusetzen, die seinen Aktivitätsmöglichkeiten, seiner Lebensperspektive und seinen Interessen entsprechen. Dazu sind besondere didaktische Hilfen und Gelegenheiten unerläßlich. Das kann und muß bei integrativer Beschulung gesichert sein.

Die Behinderten sind in ihrer besonderen Bedürftigkeit keine Ausnahme. Eine integrierte Beschulung, die sich auf die besonderen Probleme und Hilfsbedürftigkeiten jedes einzelnen Schülers einstellt, wäre im Sinne aller, wäre ein Stück mehr Menschlichkeit. Eine notwendige Realutopie!

4.3 Bezugsnorm

Jeder Mensch braucht für sein Heranwachsen, seine Lebensperspektive, sein Selbstverständnis, sein Lernen und Begaben eine Orientierung an Bezugspersonen oder -gruppen. Er braucht Vorbilder nicht nur für einzelne Verhaltensaspekte (Grüßen, Nächstenliebe usw.) oder Verhaltensbereiche (Essen, Kleiden, Wohnen, Arbeiten usw.), sondern für ganze Lebenskonzepte, die *Berger/Luckmann* auch Identitätstypen nennen (vgl. *Begemann* 1980, S. 153 ff.).

Daß z.B. Körperbehinderte, die in einer Familie mit nicht körperlich beeinträchtigten Menschen aufwachsen, ihren körperlichen Schaden an ihrer Umwelt gemessen als Abweichung erleben und das Ideal des unversehrten Körpers aufbauen, darf deshalb nicht verwundern. Das führt nicht nur zu Minderwertigkeitsgefühlen (*Adler* 1907), sondern beeinträchtigt auch den Aufbau einer persönlichen spezifischen Lebensperspektive mit eigen-artigen Lebensformen und -zielen. Das aber ist lebensnotwendig. Eine Orientierung an anderen gleichaltrigen und älteren körperbehinderten Mitmenschen und daran, wie sie ihr Leben gestalten, könnte hier einen anregenden und ermutigenden Ausgleich schaffen.

Wenn in Regelschulklassen nur einzelne Behinderte aufgenommen werden, wie das z.T. versucht und damit begründet wird, daß es der Anteilsquote der Behinderten an der Gesamtgesellschaft entspräche, dann entsteht die Gefahr, daß die Behinderten sich immer an falschen Normen und Vorbildern orientieren. Diese Gefahr ist wegen der Gruppendynamik (*Hofstätter* 1957) in Schulklassen besonders groß. Sie ist es gerade dann, wenn die Regelklasse sich als Regel (inhaltlich, methodisch, von den Zielen und Verhaltensweisen her) versteht.

Ein Ausweg könnte sein, wenn der Anteil der Behinderten in etwa dem der Nichtbehinderten entspräche. Das provozierte aber gruppentypische Orientierungen. Besser wäre eine Schule und Klasse, die im einzelnen keine allgemein verbindlichen Vorbilder vorgibt, sondern durchweg individuell spezifisch lernen läßt und eine Lebens- und Arbeitsgemeinschaft von einzelnen in ihrer jeweiligen

Eigenart bewußt anstrebt. Daß es darüber hinaus weiterer außerschulischer angemessener Orientierungen bedarf, muß nicht ausdrücklich hervorgehoben werden.

4.4 Repräsentanten des Leides

Weizsäcker (1978, S. 107) erläutert seine These „Der Behinderte braucht die Gesellschaft. Die Gesellschaft braucht den Behinderten" u. a. so:
„Isolierung ist ein gesellschaftliches Werkzeug der psychischen Verdrängung" (S. 108). Sie entspricht einem „Bedürfnis der sogenannten Gesunden ..., die froh sind, die Leiden nicht zu sehen" (S. 108). „Die Gesellschaft hat gegen diejenigen ihrer Glieder, die mit einem Leiden behaftet sind, oft ein ambivalentes, in einigen Fällen ein feindliches Verhalten gezeigt" (ebd.). Die Isolierung bzw. die Verdrängung sei ein „Identitätsschutz der Gesellschaft, die sich für gesund hält" (S. 113).

Dagegen fordert er mit seiner These: „Die Gegenwart des Leides nicht zu verdrängen. Sie (die Christen; E. B.) sollten etwas sensibler dafür sein, welche beim Unbehinderten unterentwickelten seelischen Organe der Behinderte entwickelt, welchen besonderen Reichtum er haben kann" (S. 114).

Er fordert außerdem Veränderungen der Gesellschaft, weil die geltenden Normen, die den „durchschnittlichen Unbehinderten angepaßt sind" (S. 114), für Behinderte unangemessen seien. „Aber der Behinderte ist nicht ihr einziges Opfer, jeder Mensch, dessen Lebensbedingungen oder Anlagen dieser Norm nicht angepaßt sind, leidet an ihr" (S. 114).

Hier werden also Behinderte als Repräsentanten des Leides gesehen. Dem möchte ich widersprechen, obwohl die Erklärung zu hören ist, daß Isolierung der Behinderten dazu diene, damit die Nichtbehinderten sich als gesund und normal sehen können. Oder müßte es deutlicher heißen: damit die Nichtbehinderten nicht wahrnehmen müssen die Anteile von Leid, Angst, Krankheit, Unvollkommenheit u. a. an ihrem Leben? Integrative Beschulung könnte eine Gelegenheit sein, das Selbstverständnis aller Menschen dahin zu korrigieren, daß selbstverständlich dazugehört: Gesundheit und Krankheit, Leistungsfähigkeit und Gebrechen bzw. Versagen, Freude und Leiden, Leben und Tod.

Wenn man die Behinderten als Repräsentanten des Leides ansieht, wird man sich selbst nicht nur nicht gerecht, sondern auch nicht den Behinderten. Wer Behinderte kennenlernt, ist sicher wie ich überrascht, wie fröhlich, wie lebensbejahend sie oft sind, obwohl ihre Lebensumstände meist erheblich begrenzter und nachteiliger sind als meine. Sie können mir durchaus Vorbild sein und auch anderen Anstoß zum Nachdenken und zur Ermutigung!

Literatur

Adler, A.: Studie über Minderwertigkeit von Organen. Wien 1907.
Begemann, E.: Die Bildungsfähigkeit der Hilfsschüler. Berlin ³1975.
Begemann, E.: Behinderte. Eine humane Chance unserer Gesellschaft. Berlin ²1980.
Begemann, E. u. a.: Innere Differenzierung in der Schule für Lernbehinderte. Bericht über einen Schulversuch. Teil I. Mainz 1983.

Begemann, E.: Schüler und Lern-Behinderungen. Bad Heilbrunn 1984.

Begemann, E. (Hrsg.): Individuelles und gemeinsames Lernen in der Schule für Lernbehinderte. Mainz 1985.

Begemann, E.: Innere Differenzierung in der Schule für Lernbehinderte als individuelles und gemeinsames Lernen. Bericht über einen Schulversuch. Teil II. Mainz 1987.

Begemann, E.: Innere Differenzierung in der Schule für Lernbehinderte als individuelles und gemeinsames Lernen. Grundlagen und Beispiele. Mainz 1988.

Begemann, E.: Frieden als (ethisches) Ziel der (Sonderschul-) Erziehung. Anregungen zu einem Verständnis, das nicht mehr trennt zwischen Unterricht und Erziehung. In: *Blickenstorfer, J./Dohrenbusch, H./Klein, F.* (Hrsg.): Von der Ethik in der Sonderpädagogik. Berlin 1988, S. 20–60.

Begemann, E.: Gemeinsam leben und lernen von „Behinderten" und „Unbehinderten" als Anrecht aller Menschen. In: Behindertenpädagogik 28 (1989) S. 338–373.

Begemann, E.: Vom gegenwärtigen Förderkonzept zur wohnortintegrierten Schule. In: *Ermert, K./Petzold, K.* (Hrsg.): Die Integration behinderter Kinder in Regelschulen II. Rehburg-Loccum 1990, S. 27–148.

Begemann, E.: Ziele und Aufgaben einer integrierenden Erziehung. Bedingungen des Lernens in einer integrierenden Schule. Die wohnortintegrierte Schule als Modell einer integrierenden Schule. In: *Sander, A./Raidt, P.* (Hrsg.): Integration und Sonderpädagogik. St. Ingbert 1991, S. 57–78, S. 122–137.

Begemann, E.: „Sonder"-(schul-)Pädagogik: Zur Notwendigkeit neuer Orientierungen. In: Z. f. Heilpädagogik 43 (1992) S. 217–267.

Begemann, E.: Schulische Integration „Behinderter" und „Nichtbehinderter". Eine Frage des Verständnisses von Lernen und Allgemeinbildung. In: Sonderpädagogik im Saarland 22 (1990) S. 10 f.

Berger, P./Luckmann, T.: Die gesellschaftliche Konstruktion der Wirklichkeit. Frankfurt 1969.

Bruner, J.: Studien zur kognitiven Entwicklung. Stuttgart 1974.

Hofstätter, P.: Gruppendynamik. Reinbek 1957.

Thimm, W.: Das Normalisierungsprinzip. Marburg 1984.

Weizsäcker, C. F. v.: Der Behinderte in unserer Gesellschaft. In: *Weizsäcker, C. F. v.:* Der Garten des Menschlichen. München 1978, S. 107–115.

Wolfensberger, W.: The Principle of Normalization in Human Services. Toronto 1972.

Eduard W. Kleber

Integration durch „integrative Pädagogik"

(bzw. eine Pädagogik, welche den verschiedenen Strömungen der humanistischen Psychologie folgt)?

Wenn hier von Integration gesprochen wird, dann handelt es sich immer um die Reintegration von Schülern, die aufgrund bestimmter oder vermutlicher Behinderungen aus dem Schulsystem desintegriert worden sind, und es handelt sich gleichzeitig um die Integration in eine jeweils bestehende Gesellschaft (das gesellschaftliche Umfeld jener konkreten Personen).

Seit Ende des vorigen Jahrhunderts wurde die Integration von Behinderten in das gesellschaftliche Umfeld überwiegend, wenn nicht ausschließlich, über die Sonderbeschulung versucht. Unter der unbewiesenen Prämisse, daß dies der richtige, der einzig effektive Weg sei für alle diese Probleme, wurden bis in die sechziger Jahre immer mehr Schüler einer Sonderbeschulung zugeführt, schulisch desintegriert. – Für manche Gruppen, insbesondere „Lernbehinderte", konnte die Effizienz dieses Weges nicht nachgewiesen werden. Stattdessen wurde die Bedeutung soziokultureller Deprivation, Stigmatisierung durch Desintegration klar belegt. Ein neues dynamisches Begabungskonzept und die Rückbesinnung in der Pädagogik auf ihre fundamentalen und differentiellen Aufgaben und Möglichkeiten führten zu Konzeptionen wie Präventivpädagogik (*Wöhler* 1985), Förderungspädagogik (*Kornmann* 1980) und Beratungspädagogik (*Kleber* 1980) anstelle der aussondernden Pädagogik. Integration von Behinderten in die allgemeinen Schulen wird unter dem Eindruck integrativer Modelle des westlichen Auslands immer intensiver diskutiert und versucht (*Reinartz/Sander* 1977; *Reiser* u. a. 1987). – Zu dieser Zeit wird von *Eberwein* (1988) ein neuer Begriff: „Integrationspädagogik" eingeführt, der alle die verschiedenen pädagogischen Bemühungen zur Integration von Behinderten aufnehmen soll. In der Integrationspädagogik fließen gewissermaßen Förder-, Beratungs-, Präventivpädagogik sowie differentielle und Sonderpädagogik zusammen.

Nun gibt es bereits ein ähnliches Konzept einer „zusammenfließenden Pädagogik" (confluent education) in einem anderen Zusammenhang. In den USA wurde das Konzept der Confluent Education begründet (vgl. *Brown* 1971; 1978). Das Konzept greift auf die Arbeiten von *Perls* (1951; 1979) zurück und leitet sich aus dem Human Potential Movement (*Kogan* 1974) her. Diese Bewegung (Humanistische Psychologie) wurde 1962 von *Maslow, Rogers, Bühler, Ch., Cohn, Perls* u. a. begründet. Sie versteht sich als dritte Kraft zwischen der Psychoanalyse und der analytisch empirischen Psychologie, welche beide härtester Kritik unterwirft. Sie entstand aus einer geistig-moralischen Krise, die *Kogan* die schwerste in den USA nennt (1973, S. 16). Charlotte *Bühler* faßt die Konzeption der Bewegung in vier Kernthesen zusammen (*Bühler* 1973, S. 7):

„1. Im Zentrum der Aufmerksamkeit steht die erlebende Person. Damit rückt das Erleben als das primäre Phänomen beim Studium des Menschen in den Mittelpunkt ...

2. Der Akzent liegt auf spezifisch menschlichen Eigenschaften wie der Fähigkeit zu wählen (Freiwilligkeit), der Kreativität, der Wertschätzung und Selbstverwirklichung...

3. Die Auswahl der Fragestellungen und der Forschungsmethoden erfolgt nach Maßgabe der Sinnhaftigkeit ...

4. Ein zentrales Anliegen ist die Aufrechterhaltung von Wert und Würde des Menschen, und das Interesse gilt der Entwicklung der jedem Menschen innewohnenden Kräfte und Fähigkeiten ...“

„Confluent Education“ ist auf das Zusammenfließen (confluence) von kognitiver, affektiver und psychomotorischer Erziehung ausgerichtet. Sie will Denken, Fühlen und Körper integrieren.

Integrative Pädagogik knüpft an eine alte abendländische Tradition an, die für die deutschsprachige Pädagogik am frühesten von *Pestalozzi* formuliert wurde (*Pestalozzi* 1944; vgl. auch *Signer* 1977).

Sie hat in ihrer kalifornischen Ausprägung einen pragmatischen, keinen theoretischen Hintergrund (*Phillips* 1983). „In ihr haben alle Ansätze der humanistischen Psychologie Platz“ sagte mir einer ihrer profiliertesten Vertreter, Mark *Phillips*, bei einem Besuch in St. Barbara 1982.

In der Bundesrepublik wird sie als „Integrative Pädagogik“ übersetzt (vgl. *Brown* 1978, S. 7). Während *Petzold* (1978, S. 10) „Integrative Pädagogik“ bzw. integrative Erziehung mit Gestaltpädagogik synonym gebraucht. Im folgenden soll der Begriff „Integrative Pädagogik“ als ein Dach verstanden werden, unter dem sich die Pädagogiken, die den Zusammenfluß von Intellekt und Gefühl unter ihre Leitziele aufgenommen haben und deshalb auch in der einen oder anderen Form Gestaltprinzipien einbeziehen, versammeln (vgl. Lehrerausbildung in der *Freinet*-Pädagogik, *Glaser* 1983; Themenzentrierte Interaktion im Unterricht, *Cohn* 1975, 1977; Lernen in Freiheit, *Rogers* 1969; Freie Schulen, *Dennison* 1969).

Es ist nicht das erklärte Ziel integrativ-pädagogischer Konzeptionen, Behinderte zu integrieren. Häufig werden solche Konzeptionen in Privatschulen, die zum Überleben auf Profit angewiesen sind, verwirklicht. Unter diesen Prämissen haben nicht selten Schulen, die integrativ-pädagogische Konzeptionen vertreten, sogar aktive Desintegration betrieben, weil ihnen die Belastung durch schwerer Behinderte so nicht tragbar erschien.

Was vermögen diese pädagogischen Konzepte dennoch für „Integration“ zu leisten?

Nach integrativ pädagogischen Gesichtspunkten (im Sinne der confluent education) geführte Schulen:

— bieten durch die ganzheitliche Entwicklung (nicht Verkopfung) der Schüler sehr viel mehr Möglichkeiten für Schüler, eigene Stärken zu erkennen, eigene Schwächen zu kompensieren.

In ihnen wird ein „Besser oder Schlechter“-Sein nicht so eng definiert, „daß man sich dumm vorkommt, wenn man in Mathematik oder im Lesen nicht gut ist“ (*Phillips* 1983, S. 84).

Es gibt dort sehr viel mehr konstruktive Rückmeldungen an die Schüler, deshalb eine weit größere Chance, ein positives Selbstwertgefühl aufzubauen, weniger Blockaden des Lernens, mehr Lernmöglichkeiten.

Es gibt dort mehr Möglichkeiten, Gefühle integriert zu entwickeln, emotionale Probleme nicht entstehen zu lassen oder abzubauen.

Alles Gründe, daß weniger Lernbehinderte und Verhaltensgestörte desintegriert werden.

— Die Integrative Pädagogik bietet für die Lehrer ausgiebig Möglichkeiten, eigene Voreingenommenheiten und Probleme zu erkennen (Selbsterfahrung), „offene unerledigte Gestalten" aus ihrer Vergangenheit zu entdecken (*Signer* 1981).

Durch diese Einsicht in die Dynamik und die Bewältigung dort auffindbarer Persönlichkeitsprobleme gewinnt der Lehrer eine neue Realitätssicht den Schülern gegenüber (*Leber* 1979). Er wird weniger etikettieren, Schülerprobleme erkennen können, wissen, wo er noch helfen kann und wo er psychologische oder medizinische zusätzliche Hilfe braucht. Dies verringert Desintegration und schafft eine Grundlage für erfolgreiche Integration.

— Integrative Pädagogik bietet in gleicher Weise den Schülern Möglichkeiten, zu einer besseren Realitätssicht gegenüber anderen Schülern, auch Behinderten, zu kommen. Über Selbsterfahrung und „Awareness" (bewußtes Aufmerksamsein) erzeugt sie sehr viel mehr Einfühlungsvermögen (Empathie), eine weitere Voraussetzung, daß Integration gelingen kann.

— Sie bietet mehr Möglichkeiten aufgrund der größeren Realitätssicht sich selbst, den anderen und Institutionen gegenüber in Verbindung mit einer integrativen Persönlichkeitsentwicklung, mehr persönliche Freiheit zu gewinnen und damit die in der institutionell verfaßten Schule verankerte pädagogische Freiheit besser nutzen zu können. Durch das gleichzeitig erzeugte Gefühl, selbst wirksam zu sein, Umwelt auch sozial, bürokratisch und politisch beeinflussen und ändern zu können, wird eine weitere Grundbedingung für „Integration" geschaffen. — Der Lehrplan und die verordneten Einschränkungen werden relativiert, und es entstehen Raum und Zeit für Integrationsbemühungen. Jetzt wird die Schule erst tragfähig für eine große Streubreite an individuellen Möglichkeiten.

An diesem Ende bieten alle pädagogischen Ansätze, die eine große Flexibilisierung ihrer Unterrichtsorganisation betreiben, so auch die „Freien Schulen", die von manchen Vertretern der confluent education als Laissez-faire-Pädagogiken denunziert werden, erst die unterrichtsorganisatorischen Rahmenbedingungen für erfolgreiche und umfängliche Integration. Insgesamt würde das aber im Rahmen der Freien Schulen eine gewisse Reduzierung der flexiblen Unterrichtsorganisation, bereichsweise eine stärkere Strukturierung verlangen. Der Grad der Einschränkung der Selbstregulierung wäre zu diskutieren und zu erproben.

Alle anderen Konzeptionen unter dem Dach der „integrativen Pädagogik" verzichten ohnedies weder auf eine gewisse Führung noch auf einen mittleren Grad von Strukturiertheit.

Erfahrungen spezieller Art liegen bereits vor:

— in Krankenhausschulen (*Häcker* 1983);
— bei Verhaltensproblemen (*Larson* 1983);
— bei emotional gestörten Kindern (*Spira* 1987);
— bei integrativer Erziehung mit verhaltensgestörten und behinderten Kindern (*Petzold/Mathias* 1978);
— bei der Zusammenarbeit von Sonderschullehrern mit Grundschullehrern (*Reiser* 1984).

Die Integrative Pädagogik kann einen erheblichen Beitrag zur Integration von Behinderten in die allgemeinen Schulen, in Betriebe und die Gesellschaft leisten. Rückzufragen bleibt, ob Integration ohne „Integrative Pädagogik" in umfänglicher Weise überhaupt gelingen kann?

Ohne jeden Zweifel müssen für eine Integrationspädagogik Lehrer neu und anders ausgebildet bzw. fortgebildet werden. In diesem Zusammenhang ist zu überlegen, inwieweit Integrative Pädagogik zu dieser Aus- und Weiterbildung gehören sollte.

„Aufgrund unserer bisherigen Erfahrungen wage ich zu behaupten, daß die Überlebenschance von integrativen Erziehungspraktiken im Berufsalltag in direkter Abhängigkeit von der Intensität und Stundenzahl einer entsprechenden Ergänzung des Ausbildungscurriculums steht" (*Signer* 1977, S. 272).

Was hier von *Signer* als Sorge für Integrative Pädagogik in der Schulpraxis formuliert wurde, könnte auch für eine „Integrationspädagogik" gelten. – Wobei eine weitere Verkopfung in der Lehrerausbildung mir für Integrationspädagogik nicht besonders hilfreich erscheint.

Die Sorgen von *Petzold* (1975) über die extrem engen Grenzen durch die Struktur unseres Bildungssystems trage ich nicht in gleicher Weise, zumindest zunächst einmal überhaupt nicht für die Primarstufe.

Integrative Pädagogik sollte vielleicht nicht so freifließend, wie in Kalifornien betrieben, sondern in pädagogisch bereits erprobte unterrichtliche Organisationsformen, wie wir sie in *Freinet-, Petersen-, Montessori-* und ähnlichen Schulen vorfinden, eingebunden werden.

Die „Freien Schulen" habe ich hier deshalb nicht genannt, weil wir in ihnen bereits die gleichen Probleme gehäuft haben (nicht weil sie mir als Modell generell unbrauchbar erschienen).

Wenn ich die *Montessori*-Konzeption mit genannt habe, so nicht deshalb, weil mir in den praktizierenden Montessorischulen bereits Integrative Pädagogik begegnet ist, sondern weil nach meiner Auffassung Montessori, wäre sie 1962 in den USA gewesen, recht gut Gründungsmitglied des „Human Potential Movement" hätte sein können.

Die Ideen von Maria *Montessori* scheinen mit unter das Dach „Integrative Pädagogik" zu passen. Für eine erfolgreiche „Integrationspädagogik" brauchen wir alle pädagogischen Ansätze, die in unserem Bildungssystem praktikabel, mit Integrativer Pädagogik kompatibel und für die Änderung (auch Weiterentwicklung) unseres Schulsystems auf eine „Integrationspädagogik" hin geeignet sind.

Literatur

Brown, G. H. (Hrsg.): Gefühl + Aktion. Frankfurt 1978 (Original: 1971).
Bühler, Ch./Allen, M.: Einführung in die Humanistische Psychologie. Stuttgart 1974.
Cohn, R. C.: Von der Psychoanalyse zur Themenzentrierten Interaktion. Von der Behandlung einzelner zu einer Pädagogik für alle. Stuttgart 1975.
Cohn, R. C.: Wie lehre ich; – Wie möchte ich lehren? In: AGIB e. V. (Hrsg.): Praxis gruppenorientierter Lehr- und Lernveranstaltungen in Unterricht und Lehrerfortbildung. Berlin 1977.
Dietrich, T.: Die Pädagogik Peter Petersens. Der Jena-Plan: Modell einer humanen Schule. Bad Heilbrunn [4]1986.

Freinet, C.: Die moderne französische Schule. Paderborn ²1980.

Glaser, R.: Veränderung in der Grundschule durch Gestaltpädagogik und Freinetpädagogik. In: *Prengel, A.* (Hrsg.) 1983, S. 113–134.

Häcker, W.: Szenen kranker Kinder. In: *Prengel, A.* (Hrsg.) 1983, S. 135–150.

Kleber, E. W.: Grundkonzeption einer Lernbehindertenpädagogik. München 1980.

Kornmann, R.: Das Dilemma der Diagnostik im Aufnahmeverfahren und Ansätze zu einer Lösung. In: *Baier, H./Klein, G.* (Hrsg.): Die Schule für Lernbehinderte. Berlin 1980, S. 73–80.

Kogan, G.: The History, Philosophy and Practice of Gestalt Therapy. Berkley 1973.

Larson, K.: Verhaltensprobleme in der Schule aus der Sicht einiger Gestaltprinzipien. In: *Prengel, A.* (Hrsg.) 1983, S. 218–227.

Leber, A.: Vom Verstehen zum fördernden Dialog in der Heilpädagogik. In: *Schneeberger, B.* (Hrsg.): Erziehungserschwernisse. Luzern 1979.

Maslow, A.: Psychologie des Seins. München 1973.

Montessori, M.: Über die Bildung des Menschen. (Hrsg. von *Oswald, P./Schulz-Benesch, G.*) Freiburg 1966.

Montessori, M.: Kosmische Erziehung (Vortrag Indien 1946). In: *Schulz-Benesch, G.* (Hrsg.): Spannungsfeld: Kind, Gesellschaft, Welt. Auf dem Wege zu einer kosmischen Erziehung. Basel 1979, S. 132–142.

Perls, F. S./Hefferline, R. F./Goodman, G.: Gestalttherapy, Excitement and Growth in the Human Personality. New York 1951; dt.: Gestalttherapie. Wiederbelebung des Selbst. Stuttgart 1979.

Perls, F. S.: Gestalt, Wachstum, Integration. Paderborn 1980.

Pestalozzi, H.: Gesammelte Werke Bd. 9: Geist und Herz in der Methode. Zürich 1944.

Petzold, H./Brown, G. I.: Gestaltpädagogik. Konzepte der Integrativen Erziehung. München 1977.

Phillips, S. M.: Confluent Education als Integrative Pädagogik. In: *Brown, G.* (Hrsg.) Gefühl + Aktion. Frankfurt 1978, S. 13–31.

Prengel, A./Phillips, M.: „Many Students want both to learn more about themselves and to learn ways of changing the system". In: *Prengel, A.* (Hrsg.) 1983, S. 65–91.

Prengel, A. (Hrsg.): Gestaltpädagogik. Therapie, Politik und Selbsterkenntnis in der Schule. Weinheim 1983.

Reinartz, A./Sander, A. (Hrsg.): Schulschwache Kinder in der Grundschule, Bd. 1 und Bd. 2. Frankfurt 1977.

Reiser, H./Kreie, G. u. a.: Integrierte sonderpädagogische Betreuung bei Lern- und Verhaltensstörungen in Grundschulen. In: Sonderpädagogik 13 (1983) S. 114–120 und 165–187.

Reiser, H./Klein, G. u. a.: Forschung als Prozeß des Verstehens am Beispiel einer Untersuchung über Interaktionsprozesse in integrativen Kindergartengruppen. In: *Eberwein, H.* (Hrsg.): Fremdverstehen sozialer Randgruppen. Berlin 1987, S. 222–237.

Rogers, C. R.: Lernen in Freiheit, München ³1979 (Original 1969).

Signer, R.: Gestalttherapie in der Lehrerbildung. In: Integrative Therapie 1 (1981).

Signer, R.: Möglichkeiten und Grenzen der Integrativen Pädagogik in öffentlichen Schulen. In: *Petzold, H./Brown, G. I.* 1977, S. 266–274.

Spira, J. B.: Integrative Erziehung bei emotional gestörten Kindern. In: *Brown, G. I.* (Hrsg.): Gefühl + Aktion 1978, S. 151–155.

Wöhler, K.: Präventivpädagogik — Gegenparadigma zur Sonderpädagogik. In: Z.f.Heilpädagogik 36 (1985) S. 764–770.

Hans Hielscher

„Fördernd ist es, das große Wasser zu überqueren": Durch Spiel, Kreativität und Soziale Erziehung

Was der Titel dieses Beitrags mit dem Thema dieses Buches zu tun hat? Es handelt sich um ein Zitat aus einem Orakel- und Weisheitsbuch namens I Ging (*Weizsäcker, v.* 1985). Ich will versuchen, diesem anspruchsvollen Satz mit den folgenden Gedanken gerecht zu werden.

„Förderung" ist ein Schlüsselbegriff der Pädagogik. Es gibt spezielle Förderungsmaßnahmen an „Sonderschulen": die französischen Lyzeen, die britischen Grammar-Schools, die deutschen Gymnasien. Kein Mensch würde auf die Idee kommen, diese Schulen als Sonderschulen zu bezeichnen; eher schon als „besondere" Schulen für Schüler mit einem besonderen Begabungsprofil. Und dann gibt es eben jene Schulen, die „richtige" Sonderschulen sind, verschönernd oft auch Förderschulen genannt, häufig mit Namen versehen wie „Pestalozzi-Schule" oder „Albert-Schweitzer-Schule", was beide sicherlich weit von sich weisen würden — aber man kann sie ja nicht mehr fragen! Meinem Verständnis nach sind das auch Schulen für Schüler mit einem ganz bestimmten Begabungsprofil, wenn es gesellschaftlich auch nicht als „vollwertig" anerkannt ist.

Reformpädagogisch ausgerichtete Schulen, kleine Landschulen und Kindergärten haben uns die Sterilität und soziale Einseitigkeit deutlich gemacht, die eintreten kann, wenn ausschließlich in homogenen Gruppen gelernt wird: Die Kinder sind sich zu ähnlich, so daß pädagogische Impulse, die „quer" zu der zuvor definierten und bürokratisch hergestellten Homogenität liegen, nicht mehr produktiv weitergegeben werden können.

Ich möchte die Notwendigkeit integrativer Erziehung (= Überquerung des großen Wassers; oder auch: Überwindung der Segregation) an drei Beispielen verdeutlichen, die gegenwärtig zwar an den Rand der erziehungswissenschaftlichen Diskussion gerückt sind, die aber meiner Auffassung nach wieder neue Zugänge und Diskussionsanlässe bieten könnten: Spiel und Spielen, Kreativitätsförderung und Soziale Erziehung. Jeden der drei folgenden Abschnitte beginne ich mit einem praktischen Beispiel, an das ich dann einige weiterführende Gedanken anschließen werde. Notwendigerweise werden diese „theoretischen" Überlegungen wegen des begrenzten Raumes nur skizzenhaft sein können; das kann jedoch den Vorteil haben, daß die Leserinnen und Leser Lust bekommen, die Skizze zu einem vollständigen Bild auszumalen.

1. Spiel und Spielen

In einem Schullandheim waren zufälligerweise drei unterschiedliche Gruppen untergebracht: eine vierte Grundschulklasse mit zwei Lehrkräften, eine Gruppe von Geistigbehinderten (z. T. Rollstuhlfahrern) mit ihren Betreuern, eine Gruppe Studierender mit ihrem Professor. Das Schullandheim liegt etwas abseits, so daß sich abends alle in dem großen Tagesraum trafen, um miteinander zu reden. Bei den Studierenden handelte es sich um Teilnehmer eines Spieleseminars (der Professor war ich), die Studierenden waren also schon in „Spielstimmung". Nach Rücksprache mit den beiden Grundschullehrkräften und den Betreuern der Behindertengruppe beschlossen wir (immerhin ca. 50 Leute) miteinander zu spielen. Es wurde ein furioser Abend, alle Beteiligten vergaßen Zeit und Raum; ich habe selten so viele von Grund auf vergnügte Menschen gesehen wie an jenem Abend. Das setzte sich an den nächsten Tagen fort: Wurde vorher nach Gruppen getrennt an getrennten Tischen gegessen, so beschlossen die Grundschulkinder, die Behinderten und die Studierenden, daß wir doch besser gemischte Gruppen bilden könnten, dann würde man sich doch besser kennenlernen, könnte zusammen lachen und könnte auch den Behinderten helfen, wo es notwendig sei. Von da an wurde an jedem Tag zusammen gespielt. Als wir uns am Ende der Woche voneinander trennen mußten, gab es auf allen Seiten ein großes Schmerzen. Wie ich später hörte, haben sich die Grundschulkinder und die Behinderten danach noch mehrmals getroffen.

Spielen beinhaltet viele Chancen zum Leben und zum Lernen. Man kann das an den von *Heinrich Roth* geprägten, inzwischen leider inflationär benutzten Begriffen Selbst-, Sozial- und Sachkompetenz ablesen, die — falls sie möglichst balanciert vermittelt werden können — zu Mündigkeit und Freiheit führen können; dies natürlich nur im Rahmen der individuell gegebenen Möglichkeiten jedes Menschen.

Selbstkompetenz meint nach *Roth* die Fähigkeit, für sich selbst verantwortlich handeln zu können; Sozialkompetenz, die Fähigkeit, mit anderen verantwortungsvoll umgehen zu können; Sachkompetenz die Fähigkeit, die für eine jeweils gegebene Situation wichtigen „Sachen" flexibel handhaben zu können. *Roth* weist sehr eindringlich darauf hin, daß eine Trennung von Selbst- und Sozialkompetenz zu einer Verstümmelung beider Kompetenzen führen würde. Sachkompetenz wiederum sieht er nicht als enzyklopädisches Wissen an, sondern als Umgehensweisen mit denjenigen Situationen, die für Menschen in historisch einmaligen Situationen bedeutsam sind. Er schließt sich damit eng an Gedankengänge der in Amerika im 19. Jahrhundert entstandenen pragmatischen Philosophie an. Kernstück dieser von *William James* begründeten und von *John Dewey* in das Pädagogische übersetzten Theorie ist, „to think of life in terms of action". Anders ausgedrückt, mit den Worten *Hartmut von Hentigs*: „Handeln ist, in anderen Worten, auch Instrument des Denkens".

V. Hentig bezieht sich damit zentral auf die pragmatistische Philosophie, nach der nämlich Denken dadurch entsteht, daß zwischen dem Handeln und den Folgen des Handelns Bezüge hergestellt werden. Betrachtet man diesen Zusammenhang unter Gesichtspunkten integrativer Pädagogik, so kommt dem Spielen eine kaum zu unterschätzende Rolle zu, als Voraussetzung und als Folge des Lernens: Wenn man nicht nur lehrorientiert unterrichtet, sondern auch handlungsorientiertes Lernen als legitimen Weg zur Kompetenzerweiterung ansieht, dann besteht die Chance, *alle* Kinder nachhaltig zu fördern. *Fröhlich* macht das in der folgenden graphischen Darstellung deutlich:

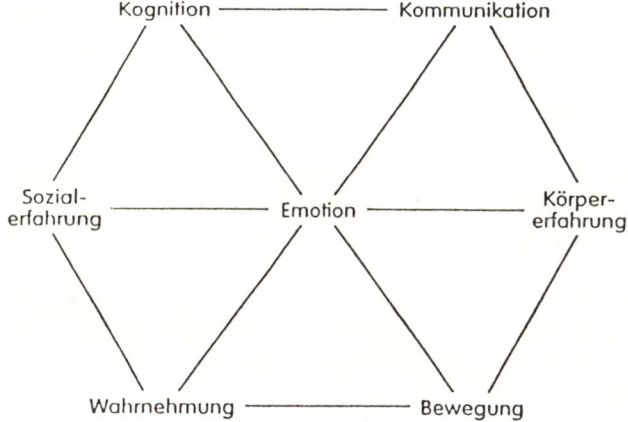

Mit Recht schreibt er, daß jeder der genannten Bereiche mit jedem anderen in andauerndem Austausch steht; kein Bereich kann aktiviert werden, ohne die anderen mit anzuregen und zu beeinflussen: das gleiche gilt umgekehrt für die Beeinträchtigung eines dieser Bereiche. Im Mittelpunkt stehen Gefühle, die *direkt* mit den anderen Kompetenzen vernetzt sind. Ohne jetzt näher auf die Gefühle behinderter und nichtbehinderter Kinder eingehen zu wollen, so zeigt es doch die tägliche Erfahrung, daß behinderte Kinder mit ihren Gefühlen häufig freier umgehen können als die nichtbehinderten. Hier stellen sich also für *alle* neue Förderungsmöglichkeiten dar. Spielen stellt nun in nahezu vollkommener Weise Möglichkeiten bereit, die oben genannten Kompetenzen in handlungsorientierter Weise erfahrbar zu machen und sie in vergnüglicher Form weiterzuentwickeln. Im Bereich der Verkehrserziehung konnte das in einem behinderungsübergreifenden Modellversuch bereits verdeutlicht werden (*Hielscher* 1991).

Noch unter einem anderen Aspekt können Spiel und Spielen zu Schlüsselbegriffen integrativer Förderung werden. Zwar wäre es uneingeschränkt zu befürworten, wenn behinderte und nichtbehinderte Kinder in der Schule zusammen leben und auch lernen könnten; die dort erfolgende Förderung würde jedoch im Sinne einer „sozial-ökologischen Vernetzung" (*Bronfenbrenner*) noch wirksamer werden können, wenn auch in außerschulischen Bereichen Behinderte und Nichtbehinderte miteinander spielerisch umgehen könnten. Das Schlagwort von der „wohnortnahen Integration" *(Sander)* würde dadurch um eine neue Dimension bereichert werden und zur „Normalisierung" des Ansatzes beitragen können.

2. Kreativitätsförderung

Hier kann ich mich unmittelbar an das Vorhergehende anschließen. In eine Integrationsklasse (3. Schuljahr) hatte ich bei einem Unterrichtversuch für jedes Kind einen Kleiderbügel mitgebracht. Die Aufgabenstellung lautete nun für alle

Kinder, zu überlegen, was man mit so einem Bügel alles machen kann. Die 15 nichtbehinderten Kinder haben es aufgeschrieben, die drei behinderten (ein Rollstuhlfahrer, zwei Kinder mit Down-Syndrom) haben es der Lehrerin und mir ins Ohr geflüstert, und wir haben es notiert. Dann wurden die Ideen vorgelesen. Der Rollstuhlfahrer wollte den Bügel als Bremse für seinen Rollstuhl benutzen oder auf den Speichen seines Rollstuhls Musik machen; die beiden Kinder mit dem Down-Syndrom hatten noch andere Ideen: den Rücken kratzen; Hunde wegjagen; krumme Linien malen; jemanden kitzeln u.v.a. Natürlich hatten die Nichtbehinderten auch viele Ideen, aber gerade nicht die der behinderten Kinder. So konnten alle in gleicher Weise zum Unterricht beitragen und probierten in der folgenden Pause gleich aus, wenn man mit Bügeln auf den Speichen eines Rollstuhls Musik macht oder wie man mit einem Bügel einen anderen kitzeln kann.

Die Merkmale kreativen Denkens sind in jüngerer Zeit von einigen Autoren von den ursprünglichen simplen Denkfiguren zu komplexeren Aussagen weiterentwickelt worden. Für das Thema dieses Beitrags scheinen mir die folgenden, von *Cropley* u.a. referierten Aussagen amerikanischer Kreativitätsforscher bedeutsam zu sein. Danach handelt es sich bei Kreativität u.a. darum, sich Beliebiges im Geiste vergegenwärtigen zu können, das eigene Denken durch Anwendung von Phantasie bereichern zu können, das Denken durch eine humorvolle Einstellung würzen zu können, Assoziationen herzustellen und Transformationen vorzunehmen.

Hier werden Qualifikationen beschrieben, die nicht unbedingt auf „Intelligenz" zielen, sondern auf Informations-Verarbeitungsstrategien, die zumindest für das Individuum selbst Neuigkeitswert haben und neues, unkonventionelles Denken in Gang setzen können. Gerade der Unterricht in scheinbar homogen zusammengesetzten, nicht integrativ geführten Jahrgangsklassen, legt häufig ein „Falsch-Richtig-Denken" nahe, was der Anregung zum kreativen Denken widersprechen kann. Die unabdingbare Binnendifferenzierung *und* die ebenso unabdingbare Zusammenführung in einen gemeinsamen Unterricht kann die „Kreativierung" (*Hielscher* 1987, S. 140) und damit die kognitive Bereicherung aller Schüler fördern und dazu beitragen, Freude an neuen Aufgabenlösungen zu fördern.

3. Soziale Erziehung

Soziale Erziehung stellt die Klammer zwischen den beiden zuerst genannten Bereichen „Spiel" und „Kreativität" dar. Ich beginne zunächst mit einem Beispiel: In einer integrativ geführten Klasse (1. Schuljahr) wird wöchentlich 4–5 Stunden frei gearbeitet. Zwei Jungen sitzen in der Bauecke und versuchen, aus Bauklötzen einen möglichst hohen, stabilen Turm zu bauen. Ein sehbehinderter Junge setzt sich zu ihnen, möchte offensichtlich mitbauen, wird aber von den beiden anderen nicht beachtet. Schließlich sagte er „Das ist aber ein blöder Turm". — „Hau doch ab", rief eines der beiden bauenden Kinder. Da stieß der sehbehinderte Junge ihnen den Turm mit dem Fuß um.

Die Lehrerin und die anwesende Erzieherin griffen ein und versuchten, den beiden den Vorfall zu erklären: Der Junge, der mitspielen wollte, hätte das klar ausdrücken müssen; die beiden anderen hätten merken müssen, daß er mitbauen möchte, aber vielleicht nicht alles so genau sah und sich nicht traute, es ihnen zu sagen oder auch nicht wußte, *wie* er es ihnen sagen sollte. Danach sagte der sehbehinderte Junge ganz tapfer zu den beiden anderen: „Wollen wir den Turm wieder aufbauen?" – „Du mußt aber mithelfen", sagte einer der beiden anderen, „wir bauen jetzt mal einen ganz anderen Turm."

Das Beispiel zeigt dreierlei:

1. Es sind häufig die kleinen, ganz alltäglichen Situationen, die gegenseitiges Verständnis zwischen behinderten und nichtbehinderten Kindern fördern können. Die beiden Pädagoginnen konnten den Kindern einen Perspektivenwechsel vermitteln: ein Problem „mit den Augen des anderen" zu sehen.

2. Aggressivität findet häufig nur „scheinbar" statt. Hätte der sehbehinderte Junge seinen Wunsch, zusammen mit den anderen zu bauen, für die anderen verständlich ausdrücken können, dann wäre es nicht zu diesem Konflikt gekommen.

3. Spielsituationen (hier: die Bauspielsituation) sind hervorragend geeignet, die Kinder zu einem toleranten Verhalten zu bewegen und zu neuen, kreativen Lösungen hinzuführen (= Wir bauen jetzt mal einen ganz anderen Turm.)

Soziale Erziehung umfaßt alle direkten und indirekten Lernhilfen zur Verbesserung der Außenbeziehungen von Kindern, also Lernhilfen im personalen, emotionalen und kommunikativen Bereich. Diese drei Bereiche ergeben sich aus der Eigenart sozialen Handelns: Es wird stets von der Persönlichkeit und von den Wertorientierungen des Handelnden bestimmt, wird von Gefühlen begleitet bzw. teilweise von diesen gesteuert und muß möglichst „stimmig" vermittelt werden (vgl. *Hielscher* [3]1979). Damit wird soziale Erziehung zu einem unverzichtbaren Bestandteil der pädagogischen Arbeit der Schule. Sie muß sich in zweifacher Hinsicht ausweisen: Sie sollte zum einen dazu beitragen, den Kindern, die heute jung sind, Glück, Selbständigkeit und gesicherte Beziehungen zu anderen zu ermöglichen – denn Kinder haben ein Recht auf eine erfüllte Gegenwart. Zum anderen sollte sie dafür Sorge tragen, solche sozialen Grundfähigkeiten zu vermitteln, die es den Kindern erlauben, unser zukünftiges Leben so zu gestalten, daß Menschen nicht nur existieren, sondern auch sinnvoll leben können – denn Kinder haben auch ein Recht auf eine menschenwürdige Zukunft (vgl. *Hielscher* 1987, S. 11). Wenn – wie es unser Grundgesetz im Artikel 1 formuliert – die Würde des Menschen unantastbar ist, dann schließt das als unverrückbares Recht auch die Achtung vor Kindern mit ihren je unterschiedlichen Möglichkeiten und Fähigkeiten ein. Achtung ist, wie *Loch* es formulierte, „das moralische Gefühl, das die Gleichheit zwischen den Menschen *fühlbar* macht" (1981, S. 39). *Loch* schlägt damit den Bogen zur Notwendigkeit integrativer Erziehung für eine gelingende soziale Erziehung. Denn um etwas „fühlbar" zu machen, bedarf es des gemeinsamen Handelns, nicht nur des Sprechens über das Handeln. Gefühle setzen zunächst einmal persönliche Betroffenheit voraus, die durch das Handeln entsteht; das Handeln wiederum regt zum Nachdenken an, was in späteres „Denkhandeln" der Kinder mündet. Nur wenn diese zirkelhafte Bewegung eingehalten wird – das ist einer der Kernpunkte der Entwicklungstheorie *Piagets* – kann es beim Erwachsenen in ein Denken münden, das immer auch Handlungsorientierung beinhaltet.

Man könnte das von mir Gemeinte auch mit einer durchgängigen Zielvorstellung der Pädagogik *Theodor Litts* umschreiben, wonach Erziehung in gleicher Weise hinführen sollte zu engagierter Reflexion und zum reflektierten Engagement. Dahin ist es ein langer Weg, denn soziales Handeln ist höchst komplex. Das kann an dem eingangs erwähnten Beispiel verdeutlicht werden.

Wenn sich Kinder nach einem Streit friedlich einigen wollen, benötigen sie eine Vielzahl sehr schwieriger Verhaltensweisen: sie müssen trotz ihres Ärgers die Situation analysieren können, müssen die Situation mindestens ansatzweise mit den Augen des anderen sehen können, müssen sich in die Gefühle des Partners versetzen können, müssen Verhaltenswünsche äußern und dem anderen zuhören können. Da sie in all diesen Verhaltensweisen „Anfänger" sind, werden sie in Ernstsituationen die verschiedenen Einzelfähigkeiten nicht voll verwirklichen können. Im Gegenteil: Es ist zu erwarten, daß die erst ansatzweise erworbenen Grundqualifikationen sozialen Handelns in der situativ bedingten Überforderungssituation entweder gar nicht oder in höchst störanfälliger Weise verwirklicht werden können. Es bedarf genau beobachtender und pädagogisch sensibler Bezugspersonen, um den Kindern genau jene Lernhilfe zukommen zu lassen, die ihnen in der Situation hilfreich sein kann. So kann sich mit Hilfe einzelner „Lernsets" mosaikartig ein reiferes Sozialverhalten aufbauen. Günstig ist es, wenn diese Lernsets in spielerischen Situationen *gemeinsam* „vorgeübt" werden, weil dann die Vermittlung in der konkreten Situation erleichtert wird. Das ist um so einfacher, wenn kreative Lösungen *aller* Kinder, der behinderten wie der nichtbehinderten mit berücksichtigt werden können.

So schließt sich der Kreis zwischen Spiel, Kreativität und sozialer Erziehung. Das große Wasser werden wir auch bei bestmöglicher Förderung für alle Kinder nicht überqueren können. Aber wenn wir uns alle in *ein* Boot begeben, können wir mit größerer Kraft rudern.

Literatur

Bronfenbrenner, U.: Die Ökologie der menschlichen Entwicklung. Stuttgart 1981.
Cropley, A. u. a.: Begabung und Begabungsförderung. Heidelberg 1988.
Fröhlich, A. D.: Vitale seelische Probleme schwerstbehinderter Kinder und Jugendlicher. In: *Forschungsgemeinschaft „Das Körperbehinderte Kind e. V."* (Hrsg.): Entwicklung und Förderung Körperbehinderter. Heidelberg 1986, S. 146–156.
Hentig, H. v.: Cuernavaca oder: Alternativen zur Schule. Stuttgart 1971.
Hielscher, H.: Verkehrserziehung behinderter Kinder und Jugendlicher. Bonn 1991 (Deutscher Verkehrssicherheitsrat).
Hielscher, H. (Hrsg.): Du und ich — ihr und wir. Konkrete Arbeitshilfen für die soziale Erziehung. Heinsberg 1987.
Hielscher, H. (Hrsg.): Sozialerziehung konkret. Hannover ³1979.
Loch, W.: Die Funktion der Achtung im pädagogischen Bezug. In: *Groth, G.* (Hrsg.): Horizonte der Erziehung. Stuttgart 1981, S. 23–50.
Sander, A.: Wohnortnahe Integration. In: Die Grundschulzeitschrift 6 (1992) S. 6–8.
Weizsäcker, C. F. v.: Fördernd ist es, das große Wasser zu überqueren. In: *Becker, G. u. a.* (Hrsg.): Ordnung und Unordnung. Weinheim 1985, S. 213.

Rainer Maikowski

Gemeinsames Lernen in der Sekundarstufe I – eine Standortbestimmung

1. Einleitung

Liest man in Schulrecht und Rahmenplänen der einzelnen Länder sowie in den früheren Verlautbarungen des Deutschen Bildungsrates, so findet man dort anspruchsvolle Formulierungen über den Auftrag der Sekundarstufe in Richtung sozialer Integration (vgl. Deutscher Bildungsrat 1973). Gleichzeitig werden schon an der Wiege der Gesamtschule – also dem Zweig der Sekundarstufe, der sich diesem Auftrag am meisten verschrieben hat (hatte) – Vorstellungen über Formen der Leistungserbringung formuliert, die einen Leistungsausgleich auf allen Ebenen für erforderlich halten (FEGA-System, Fördergruppen etc., Deutscher Bildungsrat 1969). Wo aber einem solchen Ausgleich des Leistungsstandes das Wort geredet wird, ist der gemeinsame Unterricht von behinderten und nichtbehinderten Schülern nicht denkbar (vgl. *Muth* 1986). Umgekehrt wird die gemeinsame Erziehung und Unterrichtung von behinderten und nichtbehinderten Schülerinnen und Schülern in der Sekundarstufe nur dann konsequent möglich werden, wenn Leistungsanforderungen und Lernziele so differenziert werden, daß die gemeinsame Förderung von Schülern ihrem individuellen Lernvermögen entsprechend möglich ist. Bedarf es schon in der traditionellen Grundschule des Umdenkens, um unterschiedliche Lernniveaus in einer Klasse möglich zu machen, so sind – das zeigen auch die bisherigen Erfahrungen – die Schwierigkeiten der Realisierung solcher Lernformen in der Sekundarstufe noch viel größer: Von der Art und Weise der Bewältigung dieser Schwierigkeiten und Herausforderungen wird es abhängen, welche Perspektive die gemeinsame Erziehung über die Grundschule hinaus hat.

In nunmehr fast 10 Jahren gemeinsamer Erziehung an der Sekundarstufe wurden wichtige Erfahrungen gesammelt, sind viele Erfolge aufweisbar, aber auch eine ganze Reihe grundsätzlicher sowie praktischer Probleme sichtbar geworden.

Die bisherige Entwicklung läßt folgende Punkte als wichtig bzw. kritisch für das Gelingen eines gemeinsamen Unterrichts von behinderten und nichtbehinderten Schülern in der Sekundarstufe erscheinen.

2. Bildungspolitische und schulstrukturelle Konstellationen

Die Differenzierung der Bildungswege auf der Grundlage unseres drei- bzw. mit der Sonderschule viergliedrigen Schulsystems ist die größte Barriere für die Fortsetzung gemeinsamer Erziehung an der Sekundarstufe. Es ist daher auch nicht verwunderlich, daß bisher die meisten Projekte zur gemeinsamen Erziehung in der Gesamtschule angesiedelt sind. Gleichzeitig hat sich die Gesamtschule bildungspolitisch bisher nicht durchsetzen können und sich mit dem Konzept der „demokratischen Leistungsschule" stark den Bedingungen des dreigliedrigen Schulsystems angepaßt. So befinden sich die Versuche der Ausweitung gemeinsamer Erziehung im Sekundarschulbereich vor dem doppelten Dilemma, einerseits die Gesamtschule zu präferieren, sie aber zugleich verändern zu müssen, andererseits nicht nur auf die Gesamtschule setzen zu können, sondern auch die anderen Schulzweige in ihre Bemühungen miteinzubeziehen. Nimmt man den Umstand hinzu, daß diese Versuche auch gesellschaftspolitisch größter Skepsis und Widerständen begegnen, so wird deutlich, daß sich ein solches Vorhaben nicht aus sich selbst heraus tragen kann, sondern der Bündnispartner bedarf.

Nun ist zu beobachten, daß sich in den letzten Jahren die Beweggründe und Antriebskräfte für gemeinsame Erziehung in der Sekundarstufe verschieben. Einerseits schrumpft die „Elternlobby", weil eine Reihe von Eltern nichtbehinderter Schüler andere Formen als Integrationsklasse und Gesamtschule für ihre Kinder wünschen, d.h. das Gymnasium wählen und daher als Bündnispartner entfallen. Andererseits kommen andere Antriebskräfte hinzu: die Krise des dreigliedrigen Schulwesens und besonders der Sonderschule macht die Suche nach anderen Schul- und Unterrichtsformen, die dem gesellschaftlichen Pluralismus- und Individualisierungsgebot besser entsprechen können, erforderlich. So finden sich in Bemühungen um die Aufweichung der voneinander abgesonderten Schulformen, in Versuchen neuer Profilbildungen und Aufgabenbereiche — gerade für die Gesamtschule einerseits und die Sonderschule andererseits — auch Möglichkeiten der Ausdehnung integrativer Erziehung in der Sekundarstufe.

3. Gesamtentwicklung und Formen der gemeinsamen Erziehung in der Sekundarstufe I

Die Entwicklung gemeinsamen Unterrichts in der Sekundarstufe I verläuft bisher sehr diskontinuierlich und widersprüchlich. Einerseits scheint die Phase einzelner Schulversuche allmählich abgelöst zu werden durch überbezirkliche oder landesweite Schulversuche sowie Ansätze zu flächendeckenden Maßnahmen. Andererseits ist die Gesamtentwicklung quantitativ noch sehr gering, und viele Bundesländer machen überhaupt keine Anstrengung in dieser Richtung. Und es sind auch Rückschritte zu verzeichnen: begonnene Prozesse werden zunächst nicht fortgesetzt (NRW) oder sind nur unter ungünstigen Bedingungen möglich (Saarland).

Man kann grob drei Formen gemeinsamer Erziehung in der Sekundarstufe unterscheiden:

— Einzelintegration
— Integration mehrerer gleichartig Behinderter
— Integrationsklassen

Während sich über die Quantität der beiden ersten schon länger bestehenden Formen nur schwer exakte Aussagen machen lassen, ist dies für Formen gemeinsamer Erziehung nach dem Konzept der Integrationsklassen und meist verbunden mit zieldifferenter Integration möglich (vgl. *Maikowski* 1992): hier kommt man Ende 1992 auf eine Zahl von etwa 550 behinderten Schülern, die im Rahmen zieldifferenter Integrationsmaßnahmen in der Sek I gefördert werden.

Weiter wird deutlich, daß insgesamt die Vielfältigkeit der Formen steigt. Nicht nur, daß die Grenzen zwischen Einzelintegration und Integrationsklassen verschwimmen, auch im Bereich des Integrationsklassenmodells gibt es breite Streuungen, was die Frequenzen (17–29!), die Anzahl der Behinderten (1–6), die Personalausstattung (60–100% Doppelbesetzung) und die Entwicklung veränderter Unterrichtsformen angeht.

Mit der Vielfältigkeit und einer allmählichen Ausweitung der integrativen Maßnahmen wächst allerdings auch die Gefahr, daß die Zunahme der Quantität auf Kosten der Qualität geht.

Abweichungen von der Regelform Gesamtschule setzen sich bisher selbst unter Schulversuchsbedingungen nur sehr schwach durch. Die KMK-Richtlinien lassen meist wenig Spielraum für veränderte Regelungen der äußeren Differenzierung. Hier hat Hessen einen neuen Meilenstein gesetzt, weil das, was in einigen Ländern von Schulleitung und Teilen der Schulverwaltung stillschweigend toleriert wurde, dort jetzt in Genehmigungsschreiben fixiert ist: die äußere Differenzierung kann auch durch Bildung von Kleingruppen im Klassenverband realisiert werden!

Schulorganisatorische Veränderungen hin zu festen Schülergruppen und Teams und der Verzicht auf eine zu einseitige Fachstruktur werden hier und da zu realisieren versucht. Dabei gilt die Erfahrung: je kleiner die Schuleinheit, desto größer die organisatorische Flexibilität.

Organisatorische Veränderungen grundsätzlicher Art sind nur vereinzelt festzustellen, etwa in Köln-Holweide wo das Team-Kleingruppen-Modell schon eine längere Tradition hat. Im Saarland arbeiten mittlerweile alle Gesamtschulen nach dem Team-Kleingruppen-Modell, und es liegt eine erste Untersuchung über die Auswirkungen dieses Modells auf die Realisierung von Formen gemeinsamen Unterrichts vor (*Schneider* 1992).

4. Eingangsvoraussetzungen bzw. Übergang von der Grundschule in die Sekundarstufe I

Für Schüler mit Behinderungen und ihre Eltern stellt sich der Übergang in allgemeine Schulen der Sek I noch als ein problembehaftetes Ereignis dar. Aufgrund fehlender oder unzureichender bildungspolitischer Vorgaben und schulbehördlicher Regelungen sind häufig Hürdenläufe zu bestehen, die demütigende Verfahrensweisen mit sich bringen und einen ungewissen Ausgang haben.

Folgende Aspekte sind nach den bisherigen Erfahrungen als wesentlich anzusehen:

— Beim Übergang in die Sek I kann der gewachsene Gruppenzusammenhang der Integrationsklassen aus der Grundschule ein pädagogisch nicht zu unterschätzendes soziales Potential darstellen. Gruppen von Schülern aus einer Integrationsklasse sollten zumindest als Kern einer neuen Klasse in der Sek I erhalten bleiben. Die Ergänzung der Gruppe durch neue Schüler sollte — genauso wie die neuen Lehrer — als Notwendigkeit und Chance der Entwicklung zu größerer Mobilität verstanden werden.

— Gleichzeitig sollte der Übergang von der Grund- in die weiterführende Schule durch eine Verzahnung in der Lehrerbegleitung erleichtert werden: Grundschullehrer sollten mit in die Sekundarstufe gehen und Sekundarstufenlehrer mit in die Grundschule, um dort ihre Schüler ‚abzuholen‘.

— Grundsätzlich muß keine Behinderungsart von der Weiterführung in allgemeinen Sekundarstufen ausgeschlossen bleiben. Die Hauptschulempfehlung als Mindesteingangsvoraussetzung in die Sekundarstufe kann ersetzt werden durch ein Gutachten, das den besonderen Förderbedarf des behinderten Schülers beschreibt und auch die zieldifferente Förderung nach unterschiedlichen Rahmenplänen in der Sekundarstufe ermöglicht.

— Ähnlich wie im Grundschulbereich sollte eine Art Förderausschuß, der mit Vertretern der abgebenden und aufnehmenden Schulen, Sonderpädagogen und Schulpsychologen sowie mit den Eltern besetzt ist, den Förderbedarf behinderter Schüler in der Sekundarstufe feststellen, Formen der schulischen Realisierung dieses Förderbedarfs prüfen und entsprechende Empfehlungen für die beste weitere schulische Förderung aussprechen (mit Modifikationen im einzelnen gibt es solche Regelungen in einigen Bundesländern).

5. Etablierung eines integrativen pädagogischen Konzepts

Die meisten konkreten Schwierigkeiten macht naturgemäß die Realisierung eines pädagogischen Konzepts, das die gemeinsame Förderung heterogener Schülergruppierungen, etwa durch Individualisierung und innere Differenzierung des Fachunterrichts, ermöglicht. Hier gibt es vielversprechende Ansätze in einigen Projekten. Es wird aber deutlich, daß sie vor allem einem hohen zusätzlichen Engagement sowie quasi autodidaktischer Aneignung von Kenntnissen in Differenzierungsformen einzelner Kollegen zu verdanken sind. Meistens sind die Organisationsstrukturen der Gesamtschulen (Rasterpläne, enges Fachlehrerprinzip, äußere Differenzierung, starke Trennung von Unterrichts- und Freizeitbereich etc.) zu unflexibel, um die notwendigen Spielräume für pädagogische Veränderungen zu gewährleisten.

Auch Fort- und Ausbildung — schon für den Grundschulbereich nicht hinreichend — stecken noch in den Anfängen.

Hinzu kommt, daß es mit der schlichten Übernahme reformpädagogischer Konzepte und Methoden aus dem Grundschulbereich nicht getan ist und viele Fachlehrer auch aufgrund schulstruktureller Bedingungen nach wie vor an einem überkommenen eindimensionalen Methoden-Repertoir festhalten (vgl. z. B. *Hage* u. a. 1985). Die Förderung von integrationsbewegten Lehrern an ihre Fachkollegen, von einem selektiven Unterrichtsverständnis abzugehen und zusätzlich zu den fachlichen wieder mehr pädagogische Gesichtspunkte zu berücksichtigen, verschreckt mehr als daß sie hilft — auch weil damit Pädagogisches und Fachliches äußerlich getrennt werden. Wenn überhaupt, sind die Kollegen eher über die Diskussion ihrer Fachinhalte und die Frage, wie diese einer heterogeneren Schülerpopulation zu vermitteln sein könnten, anzusprechen. Die Gewinnung von Fachlehrern bleibt nicht zufällig ein bisher unzureichend gelöstes Problem.

6. Zusammensetzung der Klassen und Personalausstattung

Das Grundmodell der Weiterführung in Integrationsklassen in der Sek I meint, daß hier zwischen 2–6 behinderte Schüler mit einer weiteren Gruppe von 8–12 Schülern aus Integrationsklassen der Grundschule in eine I-Klasse an der Sekundarstufe wechseln, wobei die Gruppe dann auf eine Frequenz von 20–22 aufgestockt wird. Dabei können, wenn nicht alle behinderten Schüler aus der Grundschule mitgehen, auch behinderte Schüler als Quereinsteiger berücksichtigt werden. Bei der Personalausstattung soll eine möglichst weitgehende Doppelbesetzung sichergestellt werden, es kann zieldifferente Integration mit Orientierung an unterschiedlichen Rahmenplänen stattfinden, und es soll möglichst keine Behinderungsform ausgeschlossen werden.

Bei aller Verschiedenheit in Frequenzen und Klassenzusammensetzungen (s. o.) scheint sich doch eine Konstellation mit einer Frequenz um 22 Schüler und ca. 2–3 Behinderten pro I-Klasse sowie eine Personalausstattung, die mit etwa 70% Doppelbesetzung arbeitet, durchzusetzen.

7. Beurteilungs- und Bewertungsformen

Die individualisierte Förderung unterschiedlicher Schüler im gemeinsamen Unterricht sollte einhergehen mit einer entsprechenden Beurteilungspraxis. Hier schlagen aber die Leistungs- und Bewertungskriterien einer abschlußorientierten Sekundarstufe besonders stark durch. Entwicklungsberichte, selbst in den wenigen Reformschulen im Sekundarschulbereich eher auf dem Rückzug begriffen, setzen sich selten für die ganze Integrationsklasse durch. Meistens gibt es Ziffernoten und für einige behinderte Schüler verbale Beurteilungen. Auch die guten Erfahrungen mit der Vergabe von Noten und verbalen Beurteilungen für alle Schüler als verbindlicher Bestandteil des Zeugnisses sind bisher Ausnahme geblieben.

8. Übergang vom Sekundarbereich I in Berufsausbildung und Beruf

Der Übergang vom Sekundarbereich I in Berufsausbildung und Beruf wird mehr und mehr als drängendes Problem erkannt. Hier gibt es inzwischen eine Reihe von Projekten: Versuche mit zusätzlichen Berufspraktika, Arbeitsassistenzmodelle, Kooperation mit und Modifikation von BB10-Lehrgängen, Kontakte zu Sondereinrichtungen usw.

An der Schwelle zum Beruf sind viele integrative Maßnahmen und Absichten in Elternhaus und Schule radikal auf die Probe gestellt. Einerseits setzen in Berufsausbildung und Beruf eng an wirtschaftlicher Verwertbarkeit orientierte Selektionskriterien mit aller Härte ein, andererseits sind in Elternhaus und Schule Tendenzen der Überbehütung, des Zuviels an Hilfen und des Zuwenigs an außerschulischer Orientierung festzustellen und es besteht die Gefahr der Abschottung gegenüber allem, was mit Sondereinrichtungen zu tun hat. Das macht es erforderlich, die Frage nach dem integrativen Selbstverständnis bzw. nach den

Zielen und Möglichkeiten gemeinsamen Lebens und Lernens in unserer Gesellschaft weiter zu diskutieren.

9. Untersuchungs- und Beratungsbedarf

Auf mittlere Sicht wird es – auch wegen der Strukturen unseres Bildungssystems – gemeinsame Erziehung und Unterricht von Behinderten und Nichtbehinderten in der allgemeinen Sekundarstufe als Regelpraxis nicht geben, d. h. es wird weiter um Bedingungen und Modelle gerungen werden müssen. Dazu bedarf es auch der Unterstützung dieses Prozesses durch theoretisch fundierte Beratung sowie wissenschaftliche Begleitung und Forschung. Die Publikationen zu diesem Bereich – zunächst noch sehr gering – sind in den letzten Jahren deutlich angestiegen.

Literatur

Boban, I./Köbberling, A.: Der Weg wird, indem wir ihn gehen. Kinder mit Behinderungen in der Sekundarstufe I. In: Behinderte (5) 1991, S. 5–21.
Deutscher Bildungsrat: Einrichtung von Schulversuchen mit Gesamtschulen. Bonn 1969.
Deutscher Bildungsrat: Zur pädagogischen Förderung behinderter und von Behinderung bedrohter Kinder und Jugendlicher. Bonn 1973.
Feuser, G.: Integration in der Sekundarstufe. In: Behinderte (5) 1991, S. 23–39.
Gemeinnützige Gesellschaft Gesamtschule e. V. (Hrsg.): Integration von behinderten und nichtbehinderten Kindern in der Gesamtschule. Fachtagung der GGG vom 24.–26. 2. 1989 in Bad Godesberg. Dokumente – Informationen – Arbeitsmaterialien. GGG (2), Aurich 1989.
Hage, K./Bischoff, H./Dichanz, H./Eubel, K.-D./Oehlschläger, H.-J./Schwittmann, D.: Das Methoden-Repertoire von Lehrern. Untersuchung zum Schulalltag der Sekundarstufe I. Opladen 1985.
Henseler, K.: Integration Behinderter und Nichtbehinderter in Grundschule und Gesamtschule. Darstellung verschiedener Schulversuche in NRW. Bad Honnef 1992.
Hildeschmidt, A.: Schulische Integration in die Sekundarstufe I. Theoretische Überlegungen und Literaturstand. In: *Sander, A. u. a.* (Hrsg.): Gemeinsame Schule für behinderte und nichtbehinderte Kinder und Jugendliche. Jahresbericht 1989 aus dem Saarland. St. Ingbert 1990, S. 39–64.
Hokamp, E./Liebert, H.-J.: Gemeinsame Erziehung behinderter und nichtbehinderter Schülerinnen an der Bröndby-Gesamtschule in Berlin-Steglitz. Bericht der fachlich-pädagogischen Begleitung über das 1. Jahr des Schulversuchs. Berlin 1990.
Köbberling, A./Schley, W. (Hrsg.): Integration im Fachunterricht der Sek. I. Dokumentation und Materialien zur Fachtagung v. 12.–13. April 1991, Hamburg 1991.
Kubail-Dörrié, E./Maikowski, R.: Gemeinsamer Unterricht an der Oberschule. In: *Heyer, P. u. a.* (Hrsg.): Zehn Jahre wohnortnahe Integration. Frankfurt/M. 1993, S. 48–57.
Liebert, H.-J.: Berliner Erfahrungen mit der gemeinsamen Erziehung behinderter und nichtbehinderter Kinder in der Sekundarstufe I. In: *Meißner, K.* (Hrsg.): Eine gemeinsame Schule für alle. Realisierungsprobleme. Bericht über die zweite integrationspädagogische Tagung der Diesterweg-Hochschule. Berlin 1990, S. 55–65.
Maikowski, R. u. a.: Gemeinsame Unterrichtung und Erziehung von behinderten und nichtbehinderten Schülerinnen und Schülern im Sekundarbereich I in Berlin. Bericht

der Wissenschaftlichen Begleitung des überbezirklichen Schulversuchs. Pädagogisches Zentrum, Berlin 1991.

Maikowski, R.: Modelle der Integration in der Sekundarstufe. In: *Germann, P./Hüwe, B.* (Hrsg.): Forschungsprofile der Integration von Behinderten. Bochumer Symposion 1992. Essen 1993, S. 148–172.

Muth, J.: Integration von Behinderten. Essen 1986.

Pieringer, G.: Gemeinsame schulische Erziehung von behinderten und nichtbehinderten Schülerinnen und Schülern in der Sekundarstufe I. Pädagogisches Zentrum. Berlin 1990.

Poppe, M.: „...und nach welchem didaktischen Konzept arbeitet ihr?" In: *Schley, W./Boban, I./Hinz, A.* (Hrsg.): Integrationsklassen in Hamburger Gesamtschulen. Hamburg, 1989, S. 156–182.

Schittko, K.: Fördern und Differenzieren in der Gesamtschule. In: *Pädagogisches Zentrum* (Hrsg.): Gesamtschulinformationen (3/4) Berlin 1989, S. 50–71.

Schley, W./Boban, I./Hinz, A. (Hrsg.): Integrationsklassen in Hamburger Gesamtschulen. Hamburg 1989.

Schneider, G.: Integration und Team-Kleingruppen-Modell. Arbeitsberichte aus der Fachrichtung Erziehungswissenschaft der Universität des Saarlandes, Arbeitseinheit Sonderpädagogik, Nr. 58. Saarbrücken 1992.

Erika Schuchardt

Ende der UNO-Dekade – Wende zur Integrations-Pädagogik/Andragogik

Erwachsenenbildung bzw. Weiterbildung für behinderte und nichtbehinderte Menschen – kann es da noch neue Ideen und Fortschritte geben? Kann ein „Internationales Jahr", kann eine „UNO-Dekade" noch Anstöße geben? Trotz aller Schwierigkeiten, Hindernisse und Schwachstellen können die Fragen mit einem vorsichtigen „Ja" beantwortet werden, jedenfalls soweit Bemühungen um eine soziale Integration durch Erwachsenenbildung bzw. Weiterbildung sowie um eine Qualifizierung der Mitarbeiter für Aufgaben der Integrations-Pädagogik/ Andragogik in Frage stehen (*Schuchardt* 1988).

Ende 1986 fand auf Einladung des Bundesministeriums für Bildung und Wissenschaft (BMBW) im Bonner Wissenschaftszentrum ein Wissenschaftliches Kolloquium zum Thema *„Wechselseitiges Lernen"* statt, zu dem rund 200 Teilnehmer aus den wichtigsten Verbänden, Institutionen des In- und Auslandes, aus Forschungseinrichtungen und Behörden, aber auch aus der Praxis neben behinderten Betroffenen geladen waren (Dokumentation des Wissenschaftlichen Kolloquiums durch das BMBW. Bonn 1987/88). Zugrunde lagen Ergebnisse eines Forschungsprojektes der Verfasserin, das das BMBW erstmals in Auftrag gegeben hatte und dessen Ergebnisse in Buchform unter dem Titel *„Schritte aufeinander zu – Soziale Integration durch Weiterbildung"* 1987 veröffentlicht wurden. Das große Echo, das diese Veranstaltung bei Interessenten, Betroffenen und in Teilen der Öffentlichkeit gefunden hat, kann – bei aller gebotenen Vorsicht und Zurückhaltung – vielleicht doch als ein Signal für eine Wende in der Wahrnehmungs- und Bewußtseinserweiterung auf dem mühselig langen Lern-Weg zur Einstellungs- und möglicherweise Verhaltensänderung in der Bundesrepublik Deutschland angesehen werden.

Daß es sich bei den genannten Aktivitäten noch nicht um Anzeichen für eine Normalität handelt, ja daß die Bemühungen um eine soziale Integration durch Weiterbildung noch ganz am Anfang stehen, das muß natürlich deutlich gesagt werden. Die Schwierigkeiten und Unvollkommenheiten auf allen Ebenen sind nach wie vor außerordentlich groß.

Wer erstmals mit behinderten Mitmenschen und mit Fragen ihrer Weiterbildung konfrontiert wird, glaubt selbstverständlich, die Defizite der Behinderten klar zu erkennen, allzu offenkundig springen sie ins Auge: körperliche Gebrechen, geistige Abweichungen, psychische Auffälligkeiten, beeinträchtigte Sinneswahrnehmungen. Sie erzeugen beim Betrachter zugleich unterschwellig eine Urangst davor, daß er selbst irgendwann so behindert sein könnte, und lassen ihn routinemäßig auf vertraute Abwehrmechanismen ausweichen: Sie bestehen – geprägt durch Lebens- und Lerngeschichte, nicht zuletzt auch den sozialen

Status — überwiegend aus Abstand, overprotection, Mitleid, Nichtbeachtung (gemäß der Irrelevanzregel: „man tut so, als ob ..., als sei der Behinderte nicht existent"), und nur selten gelingt ein unbefangenes Miteinander (Normalität). Auch deshalb proklamierte man desto nachdrücklicher und lautstärker: „Einander verstehen, miteinander leben" als nationales Motto oder „full participation and equality" als internationales Motto des UNO-Jahres der Behinderten 1981, weitergeführt zur Internationalen Dekade, deren Bilanz wir jetzt ziehen. Die intensive Beschäftigung sowohl mit der Reaktion der Nichtbehinderten als auch mit der der Behinderten läßt erkennen, daß es möglicherweise ganz andere Dimensionen der Behinderten-Problematik sind, die Behinderte — und zwar unabhängig von ihrer Behinderungsart — von Nichtbehinderten, man kann auch zutreffender sagen von Noch-Nichtbetroffenen, trennen.

Erhellend dazu wirkt eine dem Quellenmaterial des Bethel-Archivs entnommene Aussage aus der nationalsozialistischen Zeit. Als der NS-Beauftragte Dr. *Brandt* mit dem leitenden Anstaltspastor Fritz von *Bodelschwingh* über die Vernichtung des sog. „lebensunwerten Lebens" aller Behinderten (Anfallskranke, geistig und psychisch Behinderte) verhandelte, begründete er das mit der sog. „Nullpunkt-Formel" für behinderte Existenzen. Auf die Gegenfrage, was denn die Merkmale einer Null-Existenz seien, soll Dr. *Brandt* entgegnet haben:

„Es ist dieses, daß es nicht mehr möglich ist, eine menschliche Gemeinschaft mit dem Kranken herzustellen",

worauf Fritz von *Bodelschwingh* entgegnet haben soll:

„Herr Professor, gemeinschaftsfähig ist z w e i s e i t i g bedingt: es kommt darauf an, ob i c h auch gemeinschaftsfähig für den anderen bin. Mir ist noch niemand begegnet, der nicht gemeinschaftsfähig wäre."
(Sperrung von der Verfasserin).

Danach hat also Fritz von *Bodelschwingh* schon vor 50 Jahren auf einen Tatbestand aufmerksam gemacht, der in den letzten Jahren immer stärker in den Vordergrund der Überlegungen zur Behindertenproblematik gerückt ist. Zunehmend werden die psychosozialen Probleme erkannt, die die Behinderung bestimmen. Betroffene äußern sich darüber so:

„Probleme Behinderter?! — bestimmt nicht das, was Sie meinen: Meine Behinderung, das pack' ich schon, aber das verdammte Urteil über mich, das ist ein Fluch, das ist das, ewig so als Behinderter leben zu müssen. Das ist das Problem."
„Behinderter, das i s t man nicht, dazu w i r d man gemacht, das läuft so total: vorprogrammiert, vollautomatisch, non-stop bis zum Schrott. Das ist fast wie lebendiges Totsein!"
„Behindert, das heißt lebenslänglich! — lebenslänglich verurteilt zur Rolle des Behinderten ohne Aussicht auf Freispruch oder Begnadigung — inhaftiert in das Dasein als Behinderter — das ist ein teuflischer Kreis, endlos, ausweglos, unentrinnbar ..."

Daraus ließe sich — 45 Jahre danach — die folgende Kernaussage ableiten:

Basis-These:
Weniger die behinderten Mitmenschen s i n d unser Problem, vielmehr w e r d e n wir, die nichtbehinderten Menschen, ihnen zum Problem.

Rückblickend zeichnen sich sowohl für den hier zur Diskussion stehenden Bereich Erwachsenenbildung (EB)/Weiterbildung (WB) als auch für den speziellen Aspekt der Bildungsarbeit mit behinderten Menschen Konturen ab, lassen sich

Wendepunkte erkennen und Zäsuren ausmachen. So ist es heute für viele Bundesbürger selbstverständlich, daß wir gegenwärtig am Ende der – von der Generalversammlung der Vereinten Nationen ausgerufenen – „Internationalen Dekade der Behinderten 1982–1992" leben; aber nur noch wenige ahnen etwas von der mühselig langen Suchbewegung eines Lernweges, der nach 1945 erneut einsetzte und zu erbitterten Kontroversen zwischen unterschiedlichen Trägern der EB/WB, Institutionen, Einrichtungen, Werken, Verbänden und Selbsthilfegruppen für Behinderte führte. Dabei erschließen sich dem Rückblick Einsichten, die ermutigende Perspektiven eröffnen; hierzu sei auf folgendes hingewiesen:

Kritiker haben der Bundesrepublik viele Jahre lang die intensive individuelle Betreuung der Behinderten, die dann zur Separierung und Isolierung führte, zum Vorwurf gemacht. Die historische Rückschau (*Schuchardt* [5]1993 a, 1987 b, 1985 a) würde, soweit die Kritik zutrifft, hier Zusammenhänge erkennen lassen, nämlich zwischen jener diskriminierenden Abwertung „lebensunwerten Lebens" im Dritten Reich und der unmittelbar nach 1945 intensiven differenzierenden Betreuung Behinderter im Sinne einer an Perfektion grenzenden Wiedergutmachung. So entstanden z. B. statt der traditionsgemäß nur üblichen sechs Sonder-Beschulungs-Maßnahmen im Zuge dieser Wiedergutmachung letztendlich nahezu zehn unterschiedliche Schultypen. Dabei bewahrheitete sich zugleich das Marktgesetz, „wo ein Angebot ist, wächst auch die Nachfrage", vervielfältigte sich die Zahl der sogenannten behinderten Schüler, stieg ihre Zahl nach 1945 in der Bundesrepublik – wie Wilhelm *Topsch* 1975 nachwies – auf knapp das Doppelte an.

Bemerkenswert erscheint die aus der Historie zu gewinnende Einsicht: Das der Bundesrepublik zugeschriebene Isolations-Segregations-Denken kann auch als eine Form zur Verarbeitung tiefen Schuldbewußtseins entdeckt werden. Schulische Ausdifferenzierung zur Verbesserung der individuellen Bildungsvoraussetzungen kann auch als eine Antwort auf Versagen im Dritten Reich gedeutet werden. Tragisch bleibt nur, daß gerade dadurch neue – vor allem nicht beabsichtigte, weil gerade gegensätzlich intendierte – Zurücksetzungen kaum zu vermeiden waren, Lebens- und Lernwege behinderter und nichtbehinderter Menschen sich zunehmend durch Institutionalisierungen trennten, daß Menschengruppierungen erster und zweiter Klasse die zwangsläufige Folge waren und wir erst heute mit historisch bedingtem Phasenverzug – teilweise erschreckend – vor dem Ergebnis stehen.

These 1:
Die Bundesrepublik Deutschland verfügt – wie kaum ein anderer Staat – über ein voll ausgebautes Versorgungssystem für behinderte Mitmenschen, das Behinderte allerdings auch von „der Wiege bis zur Bahre" isolieren kann.

Analog zu den Lebenslaufphasen eines Menschen orientiert sich das Netz der Dienstleistungen an den spezifischen Bedürfnissen und Erfordernissen der jeweils sich verändernden Lebenssituationen (z. B. Sonderkindergärten und Sonderschulen). Auf die Darstellung von Fakten soll hier verzichtet werden (vgl. *Schuchardt* 1987 b).

Wichtig – und hoffentlich zukunftweisend – erscheint mir, an dieser Stelle festzustellen: Gegenwärtig gibt es – analog zum Schulsystem der Erstausbildung – noch keine Sonder-Erwachsenenbildung, keine Sonder-Volkshochschule, auch noch keine Sonder-Andragogik; es bleibt zu hoffen, und es ist nicht zuletzt auch in unser aller Hand, wachsam zu bleiben, mögliche bzw. erneute Ausgrenzungstendenzen konstruktiv in integrative Anstöße umzuwandeln.

These 2:
Zunehmend wird der Zusammenhang zwischen ansteigender struktureller Versorgung und abnehmender mitmenschlicher Sorge erkennbar.

45 Jahre danach erkennen wir mit wachsendem Bewußtsein die Folgen einer gefährlichen totalen Ver-Sorgung als Tendenz zur Ent-Sorgung der Gesellschaft von ihren behinderten Mitbürgern. Wir alle bejahen die Grundgesetzformulierung: Jeder — auch der behinderte Mitmensch — hat das Recht auf freie Entfaltung der Persönlichkeit. Der Behinderte ist damit ein Teil des Ganzen; aber das Ganze ist mehr als die Summe seiner Teile! Soziale Integration Behinderter ist mehr als die Schaffung von Voraussetzungen im Sinne von Gesetzen zur medizinischen, schulischen und beruflichen Förderung (Versorgung bzw. Integration). Solche Regelungen implizieren — vom Gesetzgeber keineswegs beabsichtigt — die Gefahr einer Entsorgung der Gesellschaft von ihren behinderten Mitbürgern als ausgemusterte Abfallprodukte. Damit stellt sich verstärkt die Schlüsselfrage nach der tatsächlichen sozialen Integration als Zukunftsaufgabe für behinderte und nichtbehinderte Mitbürger, das heißt konkret: das Problem der wechselseitigen Angstabwehrmechanismen muß thematisiert werden, die Annahme des Andersseins oder der individuellen Eigenart behinderter Mitmenschen muß als Lernprozeß einer Verarbeitung von unabweisbaren Krisensituationen — wie er als „Lernprozeß Krisenverarbeitung in acht Spiralphasen" von der Verfasserin aus der Analyse von mehr als 1000 Biographien erschlossen wurde (*Schuchardt* [5]1993a, [7]1993c, [3]1987a) — auch für die und von der Weiterbildung neu entdeckt, erlernt und nicht zuletzt didaktisch-methodisch aufgegriffen bzw. in Lernfeldern unterschiedlicher Lernorte und Lernanlässe institutionalisiert werden (*Schuchardt* 1989, 1988, 1987b, [5]1993b, 1986, 1985b). Zur vergleichenden erziehungswissenschaftlichen Betrachtung siehe *Bürli* in diesem Band sowie *Blumenthal, V.v.*

These 3:
In der Bundesrepublik verstärkt sich seit Ende der 70er Jahre der Ruf nach gesellschaftlichen Lernprozessen zur sozialen Integration behinderter und nichtbehinderter Menschen.

Diese These beruht zum einen auf der Angebots-Analyse der Weiterbildungs-Praxis (*Schuchardt* 1987b, S. 85–141. Längsschnittanalysen der Jahre 1979/1981/1983 zur Angebots-Erhebung aller Weiterbildungsträger mittels EDV-Programm/Arbeitsplanauswertung, Interviews, Case-Studies), zum anderen auf empirischen Untersuchungen zur Erforschung der Lebenswelt behinderter Menschen und ihrer Bezugspersonen anhand einer Biographien-Analyse (über 1000 Lebensgeschichten aus europäischen und außereuropäischen Ländern), für den Zeitraum von 1900 bis zur Gegenwart. Dabei zeigte sich eine interessante Entwicklung: so verdoppelte sich die Anzahl der schreibenden und veröffentlichenden Biographen seit 1970 alle 5 Jahre, erhöhte sich also von ursprünglich 77 auf heute über 1000; ferner verlagerte sich der Schwerpunkt der Krisenanlässe, die das Schreiben der Biographien auslösten; bis 1970 waren es fast ausschließlich

Behinderungen, um 1980 vorrangig Krankheiten wie Krebs, Aids oder Psychische Störungen, um 1985 schließlich primär Lebensstörungen wie Trennung, Verfolgung und Sterben.

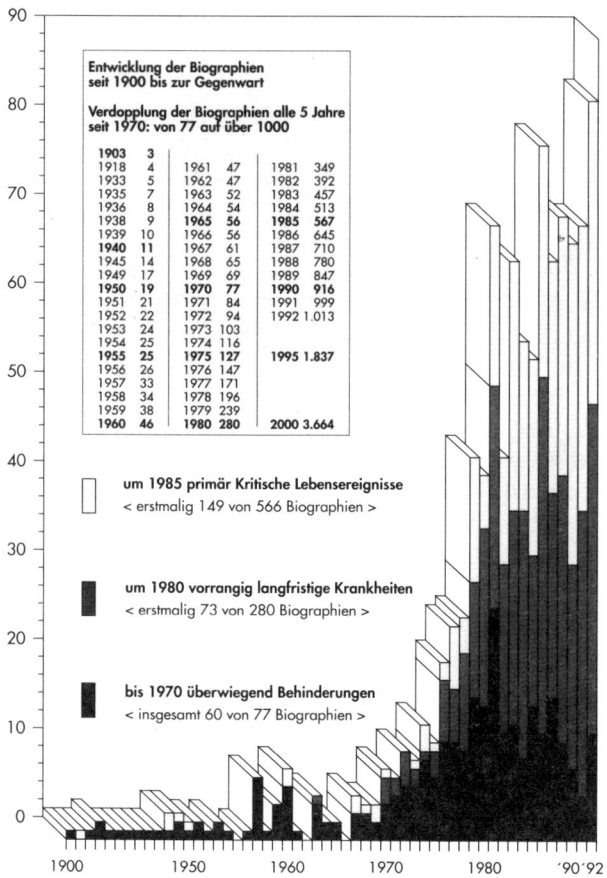

Abbildung 1: Erscheinungsjahr und Anzahl der Biographien zur Krisenverarbeitung (einschließlich Autobiographen, da Eltern als auch Partner Betroffener gleichzeitig Biographie und Autobiographie schreiben).

Analysiert wurden interaktionsbedingte Bedeutungszuweisungen zur Verarbeitung der Lebenssituation „Krise ", z. B. Behindertsein/-werden, Kranksein/-bleiben, sich kritischen Lebensereignissen stellen. Der bei der Biographienforschung von der Verfasserin erschlossene „Lernprozeß Krisenverarbeitung in acht Spiralphasen" (vgl. Abb. 2) besagt:

– Soziale Integration ist auch das Ergebnis von Lernen, wie umgekehrt soziale Isolation das Ergebnis eines Lernabbruches bedeuten kann (dem entspricht die „Kontakthypothese" *Cloerkes*', nach der durch bloßes Sehen und Kennenlernen zwar die Möglichkeiten sozialen Verkehrs eröffnet, nicht aber die Vorurteile gegenüber Behinderten abgebaut werden können). Solches Lernen vollzieht sich gleicherweise interaktionsbedingt bei Behinderten (Betroffenen) wie auch bei Nichtbehinderten (Noch-Nicht-

206

betroffenen) und durchläuft drei Ebenen des Lernens, vom „Kopf", dem kognitiv fremdgesteuerten Eingangs-Stadium über das „Herz", dem affektiv ungesteuerten Durchgangs-Stadium, zur „Hand"-lung, dem aktional selbstgesteuerten Ziel-Stadium (*Schuchardt* [5]1993 a, [7]1993 c, [3]1987 a, 1987 b).

— Soziale Integration ist das Ergebnis angemessener Interaktion zwischen behinderten und nichtbehinderten Mitmenschen, bei der alle drei Stadien des Lernprozesses der Krisenverarbeitung durchlebt bzw. erlernt worden sind.

— Soziale Isolation erweist sich als Ergebnis nicht existenter, also unangemessener Interaktion im Sozialisationsverlauf, insbesondere bei fehlenden oder unzureichenden Lernangeboten, so daß die Phasen des Lernprozesses Krisenverarbeitung nur unzureichend durchlebt bzw. vorzeitig im Eingangs- oder Durchgangs-Stadium abgebrochen werden oder stagnieren.

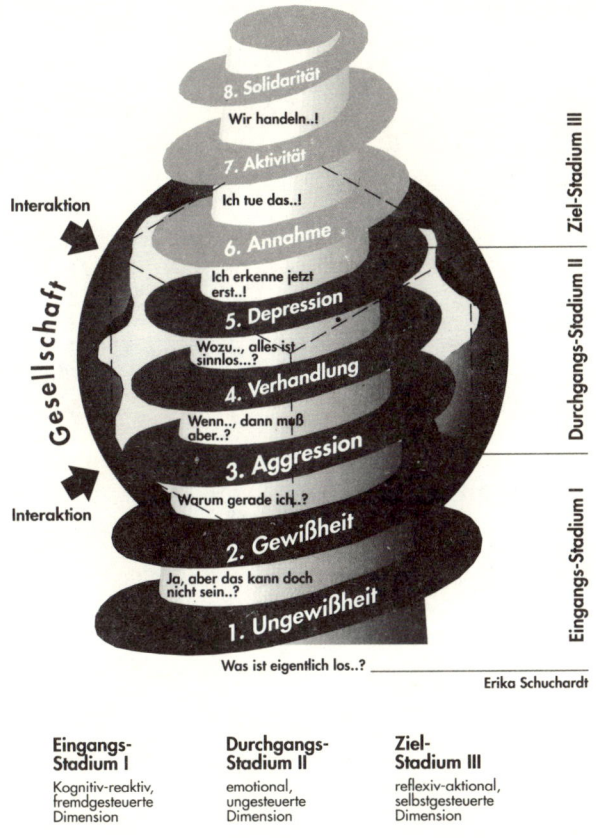

Eingangs-Stadium I	Durchgangs-Stadium II	Ziel-Stadium III
Kognitiv-reaktiv, fremdgesteuerte Dimension	emotional, ungesteuerte Dimension	reflexiv-aktional, selbstgesteuerte Dimension

Abbildung 2: Krisenverarbeitung als gesellschaftliche Interaktion

Was demzufolge im 20–30jährigen Sozialisationsverlauf — von Vorschule über Schule, Berufsschule und Berufsausbildung bis zur Hochschule — nicht geleistet werden konnte, wird zwar immer schwerer erlernbar, aber es kann doch noch erlernt werden, wenn es als notwendiger Lerngegenstand erkannt und demzufolge durch Bildungswerbung und Veranstaltungs-Angebote, insbesondere vorrangig der Erwachsenenbildung, aber auch unterstützt durch gesamtgesellschaftliche Lernprozesse thematisiert wird.

These 4:
Die Weiterbildungspraxis in der Bundesrepublik weist − parallel zu ihrer Struktur − eine Vielzahl unterschiedlicher Konzeptionen der Arbeit mit behinderten Menschen und bemerkenswerte Ansätze einer Zielgruppenarbeit auf, die sich didaktisch-methodisch als wechselseitiger „3-Schritte-Prozeß" Stabilisierung-Integration-Partizipation erschließen läßt.

Im Bemühen um eine Bestandsaufnahme von Ansätzen zur Integration von behinderten Menschen durch Weiterbildung lassen sich vielfältige Konzeptionen entdecken, denen aber möglicherweise dennoch vergleichbare Zielsetzungen zugrundeliegen. Die Vielzahl der Modelle läßt sich nämlich didaktisch-methodisch jeweils unterschiedlichen Schritten eines Lernprozesses zuordnen, der den drei Hauptstadien der Befindlichkeit Behinderter, d. h. Stabilisierung, Integration und evtl. Partizipation, entspricht.

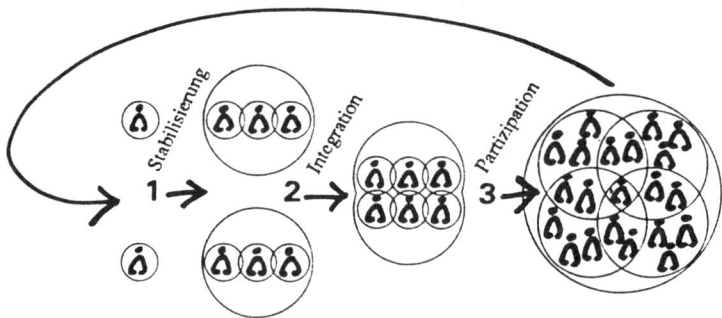

Abbildung 3: Zielgruppen-Interaktions-Konzeption als wechselseitiger 3-Schritte-Prozeß. Lernprozeß bei Betroffenen/Behinderten

Analog verläuft der Lernprozeß sog. Nichtbehinderter − allerdings in genau umgekehrter Folge −, nämlich herausgerissen aus der scheinbaren Partizipation über die Begegnung während einer Integration zum Bedürfnis nach Stabilisierung und eröffnet letzteren Lernchancen, wie sie auch auf Betroffene zukommen (*Schuchardt* 1987b, 1985b).

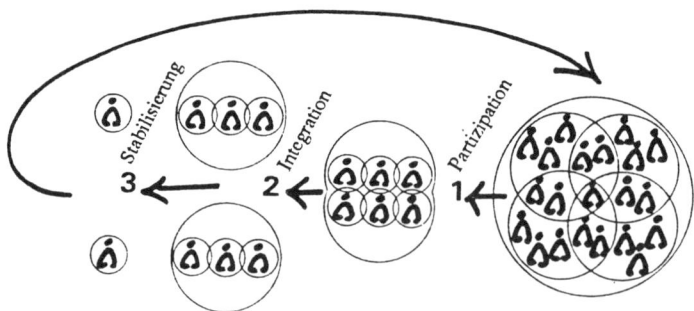

Abbildung 4: Zielgruppen-Interaktions-Konzeption als wechselseitiger 3-Schritte-Prozeß. Lernprozeß bei Noch-Nichtbetroffenen/Nichtbehinderten

208

Damit verbunden ist die Verschiebung der Begrifflichkeit zur viel zitierten Normalisierung, nach *Wolfensberger* (1984) zur „Neubewertung der sozialen Rolle des Behinderten". Behinderung wird nicht mehr länger als physisches Defizit, Schaden oder Ausfall verstanden (wie sich dies bedauerlicherweise früher in der Schwerbehindertengesetzgebung niedergeschlagen hatte, nach der als Schwerbehinderter galt, wer auf Dauer eine „Minderung der Erwerbsfähigkeit" um mindestens 50% nachwies, nach 1986 bemerkenswert novelliert in „Grad der Behinderung"; dabei ist allerdings nach wie vor von einer Beeinträchtigung der Teilhabe an der Gesellschaft keine Rede). Behinderung wird vielmehr wertfrei als psychosoziales Phänomen, als „individuelle Eigenart" Betroffener (*Deutscher Bildungsrat* 1973) und eher im Sinne einer „Kompetenz" nach verarbeiteter Krise neu gedeutet. Soziale Integration wird deshalb nicht länger ausschließlich nur als „Ziel", sondern vielmehr auch als „Weg" eines lebenslangen wechselseitigen Lernens erkannt, der in seinem Ablauf sowohl individuell-persönlich von Art und Grad der Behinderung als auch interaktionell-gesellschaftlich und nicht zuletzt interkulturell-weltgesellschaftlich entscheidend von den sie begleitenden und sich wandelnden Lebensumständen wie gültigen Werten und Normen abhängig ist. Um angesichts der verkürzten Darstellung Mißverständnisse auszuschalten, sei auf ausführliche Entfaltung in folgenden Veröffentlichungen verwiesen (*Schuchardt* [5]1993a und [5]1993b, 1987b sowie darin *Bleidick*, S. 51–84).

Manche der in der Bundesrepublik Deutschland aufgefundenen und in der zitierten Schrift „Schritte aufeinander zu" dargestellten Praxis-Fall-Studien (*Schuchardt* 1987e, S. 150–287) heben dabei auf den *1. Lernschritt der „Stabilisierung"* der Betroffenen ab, d.h. auf die Selbstfindung und Selbstbestimmung Betroffener innerhalb einer Bezugsgruppe (vgl. Fallstudie Nr. 5. „TABS – ganzjährige Tages-Bildungs-Stätte" – Heimvolkshochschul-Modell für geistigbehinderte Erwachsene). Andere Beispiele zielen bereits auf den *2. Lernschritt der „Integration"*, d.h., sie haben zusätzlich einen institutionalisierten Lernprozeß zwischen behinderten und nichtbehinderten Menschen zum Gegenstand (vgl. Fallstudie Nr. 1: „Begreifen lernen" – Stationäre Einrichtung Hephata als Lernfeld für Erwachsene, Fallstudie Nr. 2: „Gemeinsam den Winter erleben" – Mit Blinden auf der Loipe, oder Fallstudie Nr. 3: „Wenn Du spielst, spiel' nicht allein" – Kinder- und Jugendakademie, sowie Fallstudie Nr. 7: „Berliner Wohnprojekt als Alternative" – Zusammenleben von Behinderten und Nichtbehinderten, und Fallstudie Nr. 11: „FID – Freiwillige Schule für's Leben" – Familienentlastungsdienste und Integrationshilfen für Schwerbehinderte, nicht zuletzt Fallstudie Nr. 12: „Warum gerade ich ...?" – Interaktions-Modell zum Lernprozeß Krisenverarbeitung in der Weiterbildung). Schließlich gelingt in manchen Einrichtungen oder wird in manchen Modellen versucht, auch den *3. Lernschritt zur „Partizipation"* zu unterstützen, nämlich die selbständige und selbstbestimmte Teilnahme von behinderten Menschen an den bestehenden Standard-Bildungsangeboten oder auch die Teilhabe an dem durch sie veränderten Regelangebot. Bemerkenswerterweise zeigt sich hieran, daß sich die Bildungsarbeit mit behinderten Mitmenschen als „Brücke zur Bildung" allmählich selbst überflüssig gemacht hat (vgl. Fallstudie Nr. 4: „Vom Laienspiel zum Crüppel-Cabaret" – Theaterarbeit zur Integration, Fallstudie Nr. 6: „Club 86 – Lernbehindert, den Stempel kriegst Du nie mehr los!" – Drei Lernschritte von der Stabilisierung bis zur Partizipation oder Fallstudie Nr. 8: „Wo man sich trifft: Im Cafe Lahr" – Treffpunkt für geistigbehinderte Beschäftigte in Werkstätten und Bürgern der Stadt sowie Fallstudie Nr. 13: „Hannover-Messe" – Brücke zwischen Behinderten und Nichtbehinderten).

These 5:
Trotz etlicher Anstöße zur sozialen Integration durch Weiterbildung verbleibt in der Bundesrepublik Deutschland als Zukunftsaufgabe die Lösung noch vieler Probleme.

So einleuchtend und sinnvoll die dargestellten Fallbeispiele wirken, so können sie nicht darüber hinwegtäuschen, daß es — von der fehlenden Breitenwirkung ganz abgesehen — noch eine große Zahl ungelöster Probleme gibt. Dazu gehören:

— *In erster Linie verborgene und uneingestandene Abwehrmechanismen Nichtbehinderter.* Allzuoft fehlt jede Lernbereitschaft aufgrund von Unbetroffenheit. Wo aber mangelnde Lern-Bereitschaft nicht eingestanden und thematisiert wird, kann auch keine Lern-Fähigkeit vorausgesetzt werden und muß sich jedes Lernen den pädagogischen Zugriffsmöglichkeiten entziehen.
— *Zum zweiten ist die versteckte unerfaßte Zahl behinderter Mitmenschen nicht unproblematisch.* Selbstverständlich gibt es in der Bundesrepublik — obgleich in der Reichsversicherungsordnung (RVO) ursprünglich gefordert — keine namentliche Meldepflicht. So bleibt die Zahl behinderter Mitmenschen — auch wegen Mißbräuchen in der Vergangenheit — dennoch relativ schwer erfaßbar.
— *Als drittes wirkt sich die verstärkte Mitteleinsparung negativ aus.* Es bleibt die Erfahrung, daß in Krisensituationen als erstes, weil am wenigsten sofort spürbar, im Bildungssektor gespart wird. Gegenwärtig versucht man, gesellschaftliche Krisen durch Sonderbildungsprogramme aufzufangen. Es wäre nicht nur rationeller, bereits vorbeugend die notwendigen Mittel zur Krisenverarbeitung bereitzustellen, sondern es würde dadurch auch die Neukonstituierung weiterer — möglicherweise separierender — Arbeitsmärkte verhindert, deren nachträgliche Auflösung zur notwendigen Re-Integration der Betroffenen in die Gesellschaft außerordentlich schwer zu leisten ist, wie das Beispiel Behinderter zeigt. Sensibilisierung und Nachdenken müssen wachsen, um Sackgassen zu vermeiden und unnötige Einbahnstraßen schon im Vorfeld in dialogische reintegrative Zweibahnstraßen umzuwandeln.
— *Als viertes, m. E. als Kernproblem, zeichnet sich die unzureichende und weithin in der Bundesrepublik defizitäre Fort- und Weiterbildung der Mitarbeiter im Bereich einer Zielgruppenarbeit mit behinderten und nichtbehinderten Weiterbildungs-Lernenden ab.* Nicht zuletzt muß gefragt werden, wo überhaupt in der Bundesrepublik im Rahmen der Fach- und Hochschulen Ausbildungsangebote zur Qualifizierung zukünftiger Fachleute wie Pädagogen, Diplompädagogen, Sonderpädagogen, Sozialpädagogen für die Bildungsarbeit mit behinderten Weiterbildungs-Lernenden als Bestandteil der Ausbildung entwickelt worden sind bzw. sich einer *Integrations-Pädagogik/Andragogik* öffnen (*Schuchardt* 1988). Auch am Ende der UNO-Dekade zeichnen sich nur vereinzelte und überdies punktuelle Ansätze ab.

Ermutigend bleibt dennoch, daß nicht zuletzt durch das eingangs zitierte Wissenschaftliche Kolloquium *„Wechselseitiges Lernen"* und sein zugrundeliegendes Projekt *„Soziale Integration durch Weiterbildung"* des Bundesministeriums für Bildung und Wissenschaft die Diskussion über solche Fragestellungen erneut angestoßen bzw. intensiviert wurde — und zwar sowohl mit wie zwischen den unterschiedlichen Trägern der Weiterbildung, aber auch mit wie zwischen Betroffenen und Noch-Nichtbetroffenen und mit wie zwischen Kollegen unterschiedlicher wissenschaftlicher Theorieansätze — und daß überdies durch BMBW-Expertenkolloquien im Mai 1985 und Dezember 1986 erste richtungsweisende Ansätze und Modelle im Bereich der sozialen Integration sog. Lernender mit Behinderung durch Weiterbildung ins Blickfeld des Interesses der Öffentlichkeit gerückt worden waren. Das aber heißt, es sind Fakten geschaffen, hinter die nicht mehr zurückgegangen werden kann, und mehr noch, die zugleich neue Perspektiven eröffnen.

Sicherlich ist andererseits nicht zu übersehen, daß in jüngster Zeit wieder Anzeichen „neuer Behindertenfeindlichkeit" (vgl. *Schwarte* 1991 a) sichtbar werden. Ob das eine Reaktion auf eine zu häufige Thematisierung dieser Problematik ist, oder aber — was wahrscheinlicher ist — zusätzliche Belastungen und bedrückende Zeiterscheinungen die Menschen verängstigen und unsensibler für fremdes Leid machen, muß noch untersucht werden (vgl. *Schuchardt* 1991 b).

Soziale Integration wird möglich überall da, wo der Lernweg einer Verarbeitung krisenartiger Lebenssituationen nicht nur zugelassen, sondern auch durchlebt wird und leidend wie kämpfend auf allen Ebenen — personal, sozial, institutional und bildungspolitisch — lebenslang gesucht und durchgestanden wird; denn wo der Dialog beginnt, hört die Konfrontation auf, werden Wege aus der Krise sichtbar.

Literatur

Bleidick, U.: Rahmenbedingungen für die soziale Integration Behinderter in das Bildungs- und Gesellschaftssystem. In: *Schuchardt, E.:* Schritte aufeinander zu. Soziale Integration durch Weiterbildung. Zur Situation Behinderter in der Bundesrepublik Deutschland. Bad Heilbrunn 1987 e, S. 51–85.

Blumenthal, V. v.: Soziale Integration Behinderter in ausgewählten Industriestaaten. In: *Blumenthal* u. a.: Soziale Integration Behinderter durch Weiterbildung. Zur Situation in England, Frankreich, Italien, Schweden, USA. Bad Heilbrunn 1987, S. 1–40.

Bundesvereinigung Lebenshilfe für geistig Behinderte (Hrsg.): Erwachsenenbildung für Menschen mit geistiger Behinderung. Referate und Praxisberichte. Band 24. Große Schriftenreihe, Marburg/Lahn 1991 a, 155 S.

Deutscher Bildungsrat (Hrsg.): Zur pädagogischen Förderung behinderter und von Behinderung bedrohter Kinder und Jugendlicher. Stuttgart 1973.

Schuchardt, E.: Biographische Erfahrung und wissenschaftliche Theorie. Studien zur Integrations-Pädagogik. Soziale Integration Behinderter. Bd. 1. Mit Bibliographie der Biographien 1900–1993. Bad Heilbrunn [5]1993 a.

Schuchardt, E.: Weiterbildung als Krisenverarbeitung. Beiträge zur Integrations-Andragogik. Soziale Integration Behinderter. Band 2. Mit Bibliographie zur Krisenverarbeitung 1900–1993. Bad Heilbrunn [5]1993 b.

Schuchardt, E.: Warum gerade ich …? Leiden und Glaube. Pädagogische Schritte mit Betroffenen und Begleitenden. Offenbach [7]1993 c. (Übertragung in Blindendruck; Übersetzungen in mehrere Sprachen; ausgezeichnet mit dem Literaturpreis).

Schuchardt, E.: Internationale Dekade der Behinderten 1983–1992. — In: *Knoll, J.* (Hrsg.): Internationales Jahrbuch der Erwachsenenbildung. Band 11. Köln 1985 a, S. 113–127.

Schuchardt, E.: Erwachsenenbildung/Weiterbildung mit behinderten und nichtbehinderten Menschen. In: *Schulenberg, W.* u. a.: Handbuch der Erwachsenenbildung. Band 7: Didaktik und Methodik. Stuttgart 1986, S. 213–231.

Schuchardt, E.: Jede Krise ist eine neuer Anfang. Aus Lebensgeschichten lernen. (Betroffene unserer Zeit berichten im Rahmen des Biographien-Aufrufs „Wir über uns"). Düsseldorf ³1987a. (Übertragung in Blindendruck; Übersetzungen in mehere Sprachen; ausgezeichnet mit dem AWMM Buchpreis).

Schuchardt, E.: Krise als Lernchance. Analyse von 331 Lebensgeschichten von Menschen unserer Zeit. (Wissenschaftliche Begleitforschung zum Biographien-Aufruf). Düsseldorf 1985b.

Schuchardt, E.: Schritte aufeinander zu. Soziale Integration durch Weiterbildung. Zur Situation Behinderter in der Bundesrepublik Deutschland. Forschungsauftrag des Bundesministeriums für Bildung und Wissenschaft. Bad Heilbrunn 1987b.

Schuchardt, E.: Wechselseitiges Lernen — Wissenschaftliches Kolloquium Weiterbildung. Dokumentation des BMBW-Kolloquiums und der Ausstellung. Schriftenreihe des Bundesministers für Bildung und Wissenschaft: Studien, Band 58. Bonn 1988.

Schuchardt, E.: Behinderte Mitmenschen — Menschen wie wir. Unterrichtseinheiten für die Sekundarstufe I und II. Essen 1989.

Schuchardt, E.: Vom Gesundsein der Kranken. In: Was macht den Menschen krank? 18 kritische Analysen. Internationaler Kongreß „Gesundsein in eigener Verantwortung". Hrsg. von *Illich, I./York, K./Kaufmann, B./Lobo, R./Schuchardt, E.* Basel, Boston, Berlin 1991.

Schuchardt, E.: Darüber habe ich eigentlich noch nie nachgedacht ...! Kritische Lebensereignisse im Kinder- und Jugendbuch. Göttingen 1994.

Schuchardt, E.: Du wirst leben lernen — Gespräche über kritische Lebensereignisse. Stuttgart 1994.

Schuchardt, E. (Hrsg.): Vom Modellprojekt zum Bundesgesetz — Freiwilliges Ökologisches Jahr gemeinsam mit behinderten Jugendlichen. Forschungsdokumentation der bundesweiten Modellentwicklung. Schriftenreihe des Bundesministeriums für Frauen und Jugend. Bonn 1994.

Schwarte, N.: Erwachsenenbildung für Menschen mit geistiger Behinderung. In: *Bundesvereinigung Lebenshilfe* für geistig Behinderte (Hrsg.): Erwachsenenbildung für Menschen mit geistiger Behinderung. Referate und Praxisberichte. Band 24. Große Schriftenreihe, Marburg/Lahn 1991a, S. 11–38.

Wolfensberger, W.: Reconzeptualization of Normalization as a Social Role Valorization. In: Canadian Journal of Mental Retardation 34 (1984) S. 22–26.

Veränderung der Schüler- und Lehrerrolle im Rahmen integrativer Pädagogik

Georg Feuser

Aspekte einer integrativen Didaktik unter Berücksichtigung tätigkeitstheoretischer und entwicklungspsychologischer Erkenntnisse

1. Begriffsverständnis und Forschungslage

Mit Integration bezeichnen wir i. w. S. die gemeinsame Erziehung, Bildung und Unterrichtung behinderter und nichtbehinderter Kinder und Jugendlicher. Dabei verstehen wir unter *Erziehung* die Ausbildung des Bedürfnisses des Menschen nach dem Menschen und auf dieser Basis die Strukturierung der Tätigkeit des Menschen mit dem Ziel größter Realitätskontrolle und begreifen *Bildung* als Gesamt der Wahrnehmungs-, Denk- und Handlungskompetenzen eines Menschen im Sinne seiner aktiven Selbstorganisation, verdichtet in seiner Biographie (vgl. *Stegemann* 1983, 1984). Erziehung und Bildung stehen dabei in einem unauflösbaren Zusammenhang; sie sind zwei Seiten ein und derselben Medaille.

In unserem Erziehungs- und Bildungssystem sind folgende Prinzipien für alle Schüler und Schülerinnen Realität:

1. „Selektion" der Schülerschaft (nach normativen Leistungskriterien),
2. „Segregierung" (Ausschluß Behinderter aus regulären Lebens- und Lernfeldern und Einschluß in Sonderinstitutionen; Verweis Nichtbehinderter in verschiedene Schulformen),
3. „Homogenität" der Lerngruppen als dogmatisch verhärtetes Vorurteil, in homogenen Gruppen besser lehren und lernen zu können, mit der Folge extremer Ausdünnung sozialer Vielfalt und vielfältiger Problemlösungsstrategien und Handlungskompetenzen,
4. „Atomisierung" der behinderten Kinder und Schüler in defekt- und abweichungsbezogener Weise und dadurch Konstituierung einer „Andersartigkeit" i. S. von Behinderung als individuelle, dem inneren Wesen eigene Kategorie mit der Folge z. T. hochgradiger „Isolation" (*Feuser* 1985, 1986 u. *Jantzen* 1976, 1987) und gravierender Beeinträchtigung ihrer Persönlichkeitsentwicklung,
5. „Äußere Differenzierung" als Versuch, der individuellen Vielfalt an Lernvoraussetzungen und -möglichkeiten gerecht zu werden, mit der Folge der Konstituierung verschiedener Schulformen und Sonderschultypen, die wiederum die Segregierung (siehe 2.) bedingen und rechtfertigen und
6. „Reduktionistisch verengte und parzellierte Bildungsangebote und Lehrpläne" mit der Folge der Sicherung von Bildungsprivilegien, die anderen nach Maßgabe einer jeweils gesellschaftlich definierten, fiktiven Normalität vorenthalten werden und die Selektion (siehe 1.) rechtfertigen; dies i. S. der Verbrämung der Segregierung als „behinderungsspezifisch" und „Chancengleichheit".

Im Prinzip haben wir nur Schulen für x-mal ausgelesene Schüler. Die Pädagogiken in diesen Schulformen sind ihrer Natur nach „Sonderpädagogiken"; dies von allen Anfängen wissenschaftlicher Pädagogik an. Behinderung und Sonderschule sind nur ein spezieller Fall dieses Allgemeinen.

Behinderung verstehen wir als Ausdruck jener gesellschaftlichen, ökonomischen und sozialen Prozesse, die auf einen Menschen hin zur Wirkung kommen, der durch soziale und/oder biologisch-organische Beeinträchtigungen gesellschaftlichen Minimalvorstellungen und Erwartungen hinsichtlich seiner individuellen Entwicklung, Leistungsfähigkeit und Verwertbarkeit in Produktions- und Konsumtionsprozessen nicht entspricht. Sie definiert folglich einen sozialen Prozeß und ist in diesem selbst wiederum eine wesentliche Variable. Die Grundstrukturen menschlicher Aneignungs-, Entwicklungs- und Lernprozesse bleiben davon unberührt (*Feuser* 1981, 1988; *Jantzen* 1980, 1986).

Trotz einer nun schon nahezu zwei Jahrzehnte andauernden intensiven Diskussion der Frage der Integration und vielfältiger Ansätze der Realisierung in der pädagogischen Praxis, die heute schon über Modell- und Schulversuche hinausreicht, hat eine grundlegend strukturelle und konzeptionelle erziehungswissenschaftliche Diskussion einer allgemeinen Pädagogik integrativer Provenienz nicht stattgefunden. Auch eine didaktische Diskussion i. e. S. wird nicht geführt; selbst in wissenschaftlichen Arbeiten zu Integrationsversuchen nicht oder allenfalls auf wenige Hinweise begrenzt. Die Behandlung integrativer Prozesse in Kindergärten und Schulen sind überwiegend rein beschreibender Art. Analysen beziehen sich meist nur auf interaktionale, kommunikative und soziale wie auf diagnostische Momente bzw. auf schul- und unterrichtsorganisatorische und methodische Aspekte.

Im Rahmen unserer Integrationsforschung und -praxis haben wir eine pädagogische Konzeption entwickelt, die sich in historischer Bestimmung als eine Gegenkraft gegen die o. a. sechs Prinzipien segregierender Erziehungs- und Unterrichtspraxis definiert. In positiver Wendung versteht sie sich als eine Reformpädagogik, die, *Séguin* (1912) folgend, die „Einheit des Menschen in der Menschheit" und die „Einheit der zusammenhanglos gewordenen Mittel und Werkzeuge der Erziehung" wieder herzustellen vermag.

Schon Johann Amos Comenius (1592–1670) hat auf der Basis der Arbeiten von Wolfgang Ratke (1571–1635), dem Begründer einer modernen Didaktik, verlangt, „allen alles zu lehren". Dies auf dem Hintergrund der Gleichheit des Menschen vor Gott, in bezug auf den kein Ansehen der Person als relevant und die Gleichheit zerstörend angesehen wird. Die gesellschaftsvertragliche Anerkennung wie Absicherung der Gleichheit des Menschen in der Menschheit erfolgt durch Rousseau (1712–1778). Im „Contrat Social" — „Vom Gesellschaftsvertrag oder Grundsätze des Staatsrechts" fordert er — ausgehend davon, ‚daß man wissen muß, was sein soll, um das, was ist, recht beurteilen zu können' —, 1762: „Finde eine Form des Zusammenschlusses, die mit ihrer ganzen gemeinsamen Kraft die Person und das Vermögen jedes einzelnen Mitglieds verteidigt und schützt und durch die doch jeder, indem er sich mit allen vereinigt, nur sich selbst gehorcht und genau so frei bleibt wie zuvor" (1977, S. 17). Im zweiten Buch seines Werkes „Emile" schreibt Rousseau (1979): „Menschen, seid menschlich; dies ist eure erste Pflicht! Seid es gegen alle Stände, gegen jedes Alter, gegen alles, was dem Menschen nicht fremd ist. Was für Weisheit gibt es für euch außer der Menschlichkeit" (S. 67)? In der Nationalversammlung wird 1789 pädagogisch die Frage relevant, Erziehung und Bildung „so gleich und so allgemein, andererseits aber für jeden individuell so vollständig wie möglich zu gestalten, um niemand höheren Unterricht zu verweigern" (Condorcet 1966). Damit kann in der Geschichte der Pädagogik — bis heute fundamental gültig — die Forderung nach einer in gleicher Weise humanen und demokratischen Pädagogik als begründet und verfassungsrechtlich relevant angesehen werden.

In den vorgenannten Zusammenhängen sehen wir den Ausgangspunkt einer Reformpädagogik, die heute mit „Integration" fortgesetzt wird und sie fundamental definiert — auch in Unterscheidung zu vielen Praktiken, die mit den alten pädagogischen Mitteln operieren (siehe die Prinzipien 1–6), sich aber integrativ nennen. Ziel dieser reformpädagogischen Bemühungen ist folglich die *„Humanisierung"* und *„Demokratisierung"* des Erziehungs-, Bildungs-, Schul- und Unterrichtswesens mittels einer allgemeinen (basalen und kindzentrierten) Pädagogik (*Feuser* 1984, 1986, *Feuser/Wehrmann* 1985, *Feuser/Meyer* 1987).

Unsere Forschungen verweisen darauf, daß es keinen schul- oder unterrichtsspezifischen Faktor derart gibt, daß er in der Tatsache der gemeinsamen Erziehung und Unterrichtung behinderter und nichtbehinderter Kinder zu suchen ist. Damit rücken didaktische Fragen in das Zentrum integrativer Pädagogik, die wir als reformpädagogische Gegenkraft gegen das selektierende und segregierende Erziehungs- und Unterrichtssystem wie folgt bestimmen:

Pädagogik heute	Integrative Pädagogik
größtmögliche Homogenität	größtmögliche Heterogenität
defekt- u. abweichungsbezogene Atomisierung der als behindert geltenden Menschen	Mensch als integrierte Einheit von Biologischem, Psychischem und Sozialem
Selektion	Kooperation
reduzierte u. parzellierte Bildungsinhalte	am Gemeinsamen Gegenstand in Projekten
Segregierung durch Äußere Differenzierung	Innere Differenzierung
und schulform-/-stufenbezogene individuelle Curricula	durch Individualisierung eines gemeinsamen Curriculums

Flankiert durch die Organisationsprinzipien der „Regionalisierung" und „Dezentralisierung" sowie der „Integrierten Therapie" und des „Kompetenztransfers" werden die aufgeführten Elemente der Didaktik einer integrativen Pädagogik zum Kern der Erziehungs- und Unterrichtsprozesse, auf die die weitere Integrationsforschung systematisch zu richten sein wird.

2. Zum Problem einer entwicklungsbezogenen Didaktik

Integration im aufgezeigten Sinne bedarf einer Pädagogik, in der *alle Kinder in Kooperation miteinander auf ihrem jeweiligen Entwicklungsniveau und mittels ihrer momentanen Denk- und Handlungskompetenzen an und mit einem gemeinsamen Gegenstand spielen, lernen und arbeiten.*

Anders gefaßt: Integrative Pädagogik ist auf allgemeiner Ebene insofern *demokratisch,* als *alle Kinder/SchülerInnen alles lernen dürfen* und insofern *hu-*

man, als dies unter Zurverfügungstellung aller erforderlichen materiellen und personellen Hilfen *auf die einem/r jeden Kind/SchülerIn mögliche Art und Weise ohne sozialen Ausschluß* erfolgen kann.

Auf der Ebene der Didaktik sind vier Momente im Sinne eines nicht zu unterschreitenden und unveräußerlichen didaktischen Fundamentums festzuhalten, nämlich

— eine durch (entwicklungsbezogene) *„Individualisierung«* zu realisierende *„Innere Differenzierung«* (→ sie konstituiert das Humanum) und
— (nach Maßgabe des Humanums) die *„Kooperative Tätigkeit«* (der Subjekte) an einem *„Gemeinsamen Gegenstand«* (→ sie konstituiert das Moment des Demokratischen).

Integration ist unter reformpädagogischen Gesichtspunkten zu verstehen als *kooperative Tätigkeit im Kollektiv,* in das die Lehrenden einbezogen sind.

Die didaktische Realisierung dieser Pädagogik greift über die bisherige didaktische Tradition hinaus; dies insofern, als nun eindeutig die Persönlichkeitsentwicklung der an den Lern- und Unterrichtsprozessen beteiligten Kinder und Schüler in den Mittelpunkt der didaktischen Überlegungen rücken. Unter Einbezug zentraler Ergebnisse der „kulturhistorischen Schule der sowjetischen Psychologie" vermögen wir heute menschliche Entwicklung als einen aktiven Prozeß der „Aneignung" von Welt zu erkennen, der versteh- und erklärbaren Gesetzmäßigkeiten artspezifischer Realisierung des menschlichen phylogentischen Erbes in der Ontogenese folgt, die wiederum artspezifischen Gesetzmäßigkeiten unterliegt und bestimmter Bedingungen bedarf, um unbeeinträchtigt verlaufen zu können.

2.1 Grundprinzipien menschlicher Aneignungsprozesse

Nur wenn diese Gesetzmäßigkeiten eine didaktische Entsprechung finden, kann in Lern- und Unterrichtsprozessen von der Fixierung auf einen mehr oder weniger statischen Intelligenz- und Begabungsbegriff mit der unweigerlichen Folge z. T. extremer äußerer Differenzierung endgültig Abschied genommen und das Tor zu einem integrativen Lernen und Unterricht aufgestoßen werden. Sie beziehen sich wesentlich auf das Prinzip der „Selbstorganisation und -regulation" lebendiger Systeme im Kontext und durch deren permanente Austauschverhältnisse mit ihrer Umwelt im Sinne der „Koontogenese" (*Feuser* 1988a, 1991, 1992).

Philosophische wie naturwissenschaftlich-empirische Grundlage dazu ist das insbesondere in der Physik mit Einstein (1955, 1984) möglich gewordene Denken und Verstehen des Kosmos und des Aufbaues der Materie im Sinne ihrer Selbstorganisation (*Haken/Wunderlin* 1991, *Hollitscher* 1983, 1984, 1985, *Jantsch* 1984) verstehbar als Raum-Zeit-Kontinuum der Systemevolution, die von den Systemen selbst generiert wird. Dieses Prinzip erklärt in besonderer Weise evolvierende lebendige Systeme, die ihre inneren und äußeren Prozesse in übergeordneter Koordination selbst regulieren. Die Gesetze der Thermodynamik (*Atkins* 1986), der Quantentheorie (*Hey/Walters* 1990, *Heisenberg* 1958, 1990, *Schrödinger* 1944*),* das in umweltoffenen, d. h. „dissipativen Strukturen" wirkende Prinzip der „Ordnung durch Fluktuation" (*Prigogine* 1988, *Prigogine/Stengers* 1986, *Prigogine/Nicolis* 1987) und das Prinzip der „Selbstreferenz" eines sich selbst organisierenden und reproduzierenden lebendigen Systems im Sinne der „Autopoiese"

(*Eigen* 1992, *Maturana/Varela* 1990), die auch für die nervalen und psychischen Funktionen − das Bewußtsein eingeschlossen− Gültigkeit haben (*Varela/Thompson* 1992, *Haken/Haken-Krell* 1992), sind einige wenige der grundlegenden Aspekte, die uns ein neues Bild vom Menschen ermöglichen, durch das sich Behinderung als eine völlig unbrauchbare Kategorie für die Erkenntnis des menschlichen Wesens erweist.

In der Fähigkeit einer Zelle, sich selbst ständig zu erneuern und diesen Prozeß so zu regeln, daß die Integrität ihrer Struktur gewahrt bleibt, indem sie die inneren und äußeren Prozesse zueinander in Beziehung setzen kann (*Eigen* −» Hyperzyklus), liegt die Wurzel des Psychischen als erfahrener und des Bewußtseins als erfahrbarer Prozeß der Selbstregulation. Dies gelingt wiederum nur, wenn die äußeren Ereignisse, die auf einfachster Ebene in den inneren des Stoffwechsels und auf höchst entfalteter Ebene in der Psyche ihre Entsprechung, d. h. eben darin ein „Abbild" der äußeren Welt im Innern haben. Im Sinne der „vorgreifenden Widerspiegelung" (*Anochin* 1967, 1978) kann das Individuum mit diesem Mittel über die Apperzeption von Gegenwärtigem und Vergangenem hinaus die Antizipation des Kommenden leisten und sich im Vorgriff auf dieses in Orientierung am „nützlichen Endeffekt" einerseits optimal anpassen und andererseits seine Zukunft im Sinne des antizipierten Produkts der eigenen Tätigkeit selbst gestalten (*Jantzen* 1986, 1987, 1990, *Leontjew* 1973, 1982). Dazu muß im Ultrazyklus (*Ballmer/v. Weizsäcker* 1974) Information gewonnen, gespeichert und integriert, also neue zu gespeicherter in Beziehung gesetzt, d. h. wiederum selbst organisiert werden; es kann − ein Prozeß der Kognition − Wissen entstehen (über die Welt und sich selbst).

In der Folge dieser Arbeiten wird erkennbar, wie jene Elemente des Psychischen, die wir als menschliche Eigenschaften begreifen, wie z. B. Emotionen und Erleben, aber auch Antriebe, Motive und Wille (*Simonow* 1975, 1982), Denken, Sprache und Bewußtsein (*Wygotski* 1974, *Luria* 1982) zum einen Produkte selbstorganisierter Lebensprozesse wie zum anderen stets gleichzeitig Organisatoren und Regulatoren der Selbstorganisation sind.

Die durch *Piaget* (1969) beschriebenen Prozesse der „Adaptation" und „Organisation" kennzeichnen den menschlichen Aneignungsprozeß in einer vertikalen Dimension im Sinne von *Entwicklung* dadurch, daß immer neue, diversifizierte, höher organisierte und differenziertere innere Rekonstruktionen von der Welt − und damit Tätigkeitsniveaus − entstehen und in einer horizontalen Dimension im Sinne von *Lernen* dadurch, daß auf der Basis der „Sensibilität" gegenüber der Umwelt das Individuum über die „Brücke der Wahrnehmung" Signale aus der Außenwelt aufnimmt, daraus in Referenz zu seinem eigenen System Informationspotentiale gewinnt − auch durch Rekombination des Erfahrenen −, diese speichert und integriert und nach dieser Erfahrung handelt; dies wiederum auf jedem Entwicklungsniveau mit den jeweils intern organisierten Mitteln zentralnervöser und psychischer Funktionen.

2.2 Didaktische Verifikation

Auf didaktischer Ebene verlangt eine integrative Pädagogik die Fundierung des Lernens und Unterrichtens auf der Basis einer menschlicher Entwicklung und menschlichem Lernen gerecht werdenden Persönlichkeitstheorie und Entwicklungspsychologie. Vom Beginn wissenschaftlicher Pädagogik an bis heute dominiert in den Theorien und Modellen der Didaktik (*Blankertz* 1971) das Sachstrukturelle, also eine einseitig auf den Stoff und die zu vermittelnden Inhalte bezogene Lern- u. Unterrichtsplanung; dies ist auch mit der bildungstheoretischen (*Klafki* 1963, 1991) und lerntheoretischen Didaktik (*Heimann* u. a. 1966) aber auch durch die Ansätze von *Klingberg* und *Drews* (1976) nicht prinzipiell überwunden worden. Nur mit diesem Instrumentarium operierend konnte den unterschiedlichen Lernmöglichkeiten der Schüler nur mittels hierarchisch aufgebauter Schulformen und durch den Auf- und Abstieg der Schüler (Sitzenbleiben, Schulversagen, Sonderschulüberweisung) im vertikal gegliederten System (äußere Differenzierung) begegnet werden. Parallel dazu wurde ein Begriff der „Chancengleichheit" herausgearbeitet, der nicht auf ein gemeinsames Lernen eines jeden Schülers mittels seiner Möglichkeiten an den für unser heutiges Niveau bedeutenden Inhalten, den „gesellschaftlichen Schlüsselproblemen" (*Klafki*), bezogen ist, sondern auf das Vermitteln von (Kultur-) Techniken anhand von sich nach Maßgabe des absteigenden Schulsystems verengenden und reduzierten Inhalten. Die Realisierung integrativen Unterrichts mittels verschiedener (individueller) Curricula in einer Integrationsklasse ist die dominierende Integrationspraxis. Hier wird dem Glauben aufgesessen, die räumliche Zusammenführung behinderter und nichtbehinderter Schüler/innen in einer Klasse sei bereits Integration (*Feuser* 1993)!

Der sich am heute möglichen wissenschaftlichen Verständnis von Welt orientierenden *„Analyse der Sachstruktur"* klassischer Didaktik stellen wir die an den Erkenntnissen der Selbstorganisation lebendiger Systeme im allgemeinen und der menschlichen Entwicklung in der Ontogenese im besonderen orientierte *„Analyse der Tätigkeitsstruktur"* eines jeden Schülers im grundsätzlich durch die Subjekthaftigkeit des Menschen gegebenen heterogenen Feld der Kinder- u. Schülergruppe gleichwertig gegenüber. Nach Maßgabe der „dominierenden Tätigkeit" (*Leontjew*), verfeinert durch den Einbezug der Forschungsergebnisse von *Piaget* und *Spitz* (1963, 1972) kann es im Prozeß förderdiagnostischer Bemühungen gelingen, die jeweils „aktuelle Zone der Entwicklung" eines Schülers und seine „nächste Zone der Entwicklung" (*Wygotski* 1987) aber auch Störfaktoren und deren Auswirkung auf die Entwicklung zu bestimmen.

Die didaktische Frage stellt sich dann vom Schüler her an die Sache derart, daß zu beantworten ist, welche Aspekte im Rahmen der im Projekt kulminierenden Inhalte sich auf der Ebene seiner momentanen Wahrnehmungs-, Denk- und Handlungskompetenz in der tätigen Auseinandersetzung mit diesen erschließen und im Sinne der Ausdifferenzierung der inneren Rekonstruktion von Welt ein qualitativ neues und höheres Wahrnehmungs-, Denk- und Handlungsniveau anbahnen und absichern können. Die Sache dient primär der Entwicklung des Schülers, seiner Emanzipation und fortschreitend selbständigeren Realitätskontrolle. Dieser Zusammenhang wird im Sinne eines Verständnisses von Lernen als Prozeß der „Interiorisation" (*Galperin* 1967, 1969, 1980) in der *„Analyse der Handlungsstruktur"* gefaßt, aus der sich die wechselseitigen Austauschbeziehungen des Schülers mit seiner (Lern- u. Lebens-)Umwelt, letztlich also in operationalisierter Weise die (Lern-) Handlungen des Schülers unter Einbezug der medialen und der lernbezogenen bzw. therapeutischen Strukturhilfen ergeben (*Feuser* 1984, S. 116–142; Abb. zu diesem Komplex 1989, S. 30).

Integrative Pädagogik, deren zentrale Kategorie die *„Kooperation am Gemeinsamen Gegenstand"* als Gegenkraft gegen historisch perfektionierte Aus- und Besonderung ist, bedarf in ihrem didaktischen Feld einer Struktur, die im Sinne eines bildhaften Vergleiches als Baum betrachtet werden kann. Sein Stamm stellt die äußere thematische Struktur eines Projektes dar, an dem alle Schüler (möglichst auch jahrgangsübergreifend) arbeiten. Nur in Projektform angelegte Lern- und Unterrichtseinheiten bieten die Chance, an dem jeweils spezifischen Erfahrungshorizont und der Bedürfnislage der Schüler anzuknüpfen und sie im Sinne des o. a. didaktischen Feldes in offenen und kooperativen Lernformen zusammenzuführen (*Dewey* 1905, 1931, 1964, *Dewey/-Kilpatrick* 1935, *Hänsel* 1988). Die Wurzeln repräsentieren den jeweils möglichen Erkenntnisstand i. S. der entfalteten Wissenschaften und, darin eingeschlossen, die subjektive Erkenntnismöglichkeit der Welt (des Inhaltes/Gegenstandes). Die Äste und deren Zweige entsprechen der Vielfalt der Handlungsmöglichkeiten mit dem „Gemeinsamen Gegenstand" (nicht den traditionellen Unterrichtsfächern!), mittels derer die Inhalte des Projektes sinnlich konkret (am Astansatz) wie in abstrakt-logisch symbolischer Weise durch Sprache, Schrift, Formeln u. a. (Astspitze) — damit für alle Entwicklungsniveaus der Schüler — subjektiv erfahrbar und faßbar werden (Abb. zu diesem Komplex siehe *Feuser* 1989, S. 31).

Im Sinne der Theorie der „Kategorialen Bildung" sind bei *Klafki* (1963) jene Ordnung schaffenden Fluktuationen zwischen den beiden objektiven Realitäten von „Objektseite" und „Subjektseite" im Prozeß der „doppelseitigen Erschließung" gefaßt und in den Begriffen des „Elementaren" und „Fundamentalen" repräsentiert. Diese Begriffe können inhaltlich mit dem gefüllt werden, was wir mit dem *„Gemeinsamen Gegenstand"* beschreiben. Er kennzeichnet das Innere des Baumstammes, ist — objektseitig — das innere Wesen der äußeren Erscheinung einer Realität bzw. eines Ereignisses, das das Projekt ausmacht, welches sich wiederum in seinen astartigen Ausdifferenzierungen und feinen Verzweigungen — jetzt aber subjektseitig — handlungsbezogen darstellt. Subjektseitig können das „Elementare" und „Fundamentale" als erfahrungsbedingte Hypothesen des Subjekts über die objektive Realität, die es im Tätigkeitsprozeß zu verifizieren gilt, neu bestimmt werden. Sie sind in der Erfahrungslogik des Subjekts kategoriale Produkte der Bedeutungskonstituierung auf der Basis des persönlichen Sinns. Wir gehen in Fortführung der Grundprinzipien menschlicher Aneignungsprozesse und deren naturhistorischen Grundlagen (siehe 2.1) davon aus, daß die Erkenntnis der objektiven Realität durch die subjektive Sinnbildung konstituiert ist, die in der einem Subjekt jeweils möglichen Wahrnehmungs-, Denk- und Handlungsweise kulminiert. Der persönliche Sinn erschließt die Welt im Sinne der auf ihn bezogenen Bedeutungen, die er ihr verleiht, wie die Welt, wo sie durch andere Menschen (im gattungsspezifischen Dialog) kooperativ erschlossen worden ist, sich dem Menschen bedeutungsmäßig erschließen kann, wenn sie sozusagen in Gestalt der die persönlichen Sinnbildungsprozesse bestätigenden Bedeutungen in Erscheinung tritt (*Feuser* 1989, S. 33–39). Dieses Verhältnis konstituiert die Möglichkeit, daß jedes Kind und jede/r Schülerin und Schüler mit jedem/r anderen kooperieren kann und keine als z. B. schwerste Behinderung gefaßte Bedingung des Soseins die Erkenntnis der Welt im Sinne der alten Begriffe der Lern-, Bildungs- und Schulbildungsunfähigkeit verunmöglicht oder herabmindert, sondern nur — wie bei jedem Menschen — subjektiv bricht (*Feuser* 1989a).

Der „*Gemeinsame Gegenstand*" integrativer Pädagogik ist — wie vielfach mißverstanden — nicht das materiell Faßbare, das letztlich in der Hand des Schülers zum Lerngegenstand wird, sondern der zentrale Prozeß, der hinter den Dingen und beobachtbaren Erscheinungen steht und diese hervorbringt.

Auf diesem Hintergrund verknüpft sich nun sinnfällig die Möglichkeit „*Innerer Differenzierung durch Individualisierung*" zu einer zweiten Kerneinheit der didaktischen Struktur im Sinne der drei Bereiche des didaktischen Feldes. In der heute wohl weitestgehenden Bestimmung „Innerer Differenzierung" durch *Klafki* (1991, S. 173–208; zusammen mit *Stöcker*) wird eine Zweidimensionalität didaktischer Planung (Offenheit im Hinblick auf Stoffumfang und Zeitaufwand einerseits und Intensität einzelner Unterrichtsphasen andererseits) im Prinzip nicht überwunden. Die Begrenztheit dieser Inneren Differenzierung ist — wie auch bei anderen Autoren, z.B. *Muth* (1986, 1992) darin zu sehen, daß in Negation der prinzipiell gegebenen Individualität und Subjekthaftigkeit eines jeden Menschen am gemeinsamen Ziel für alle festgehalten wird, das durch den Unterricht (einer Jahrgangsstufe in einer bestimmten Schulform) erreicht werden muß, weil ansonsten letztlich Schulversagen (in diesem Schultyp) zu konstatieren ist. Integrative Pädagogik setzt, entsprechend der Dreidimensionalität des didaktischen Feldes unter dominanter Berücksichtigung der „Zone der aktuellen Entwicklung" in Relation zur „nächsten Zone der Entwicklung" (*Wygotski* 1987) des einzelnen Schülers grundsätzlich das Ziel variabel, hält aber am „Gemeinsamen Gegenstand" fest. Dies entspricht einer „*Inneren Differenzierung durch* — entwicklungs-, nicht stoffbezogene — *Individualisierung*" eines gemeinsamen Lerngegenstandes. Ohne diese Bestimmung und Realisierung „Innerer Differenzierung" kippt auch und gerade der sog. integrative Unterricht wieder in Formen „Äußerer Differenzierung" (meist mittels individueller Curricula, also der Anwendung der Lehrpläne der Sonderschultypen, in die die behinderten Schüler und Schülerinnen gehen müßten, wären sie nicht in einer sog. integrativen Regelklasse), was die „*Kooperation am gemeinsamen Gegenstand*" mehr oder weniger bis völlig verunmöglicht und zwangsläufig in die für das selektierende und segregierende Erziehungs- und Unterrichtssystem konstituierenden Momente führt (siehe 1.). Damit aber verliert die pädagogische Praxis ihre integrative und reformpädagogische Funktion und erschöpft sich im segregierenden Nebeneinander in einer nur noch räumlichen Einheit (*Feuser/Meyer* 1987, S. 25–89).

Im Baum-Modell der didaktischen Struktur (Feuser 1989) einer „*allgemeinen Pädagogik*" ausgedrückt, können Schüler und Schülerinnen im integrativen Unterricht, der die Kerneinheiten der „*Kooperation am Gemeinsamen Gegenstand*" und eine „*Innere Differenzierung durch Individualisierung*" realisiert, je nach ihrer momentanen Wahrnehmungs-, Denk- und Handlungskompetenz in Realisierung ihrer individuellen Zugangsmöglichkeiten und Bedürfnisse an einem oder mehreren Ästen und Zweigen entlang lernen, müssen dies aber nicht in jedem Projekt in bezug auf jeden Ast leisten. Auf dem Hintergrund der Bestimmung des „Elementaren" und „Fundamentalen" nach der Objektseite wie nach der Subjektseite hin, ist in jedem Teil das Ganze repräsentiert, das die grundlegenden Erkenntnisse ermöglicht, wie jeder Ast von seinem Ansatz bis hin zu seiner Spitze jedes menschliche Wahrnehmungs-, Denk- und Handlungsniveau, mithin jedes Entwicklungsniveau der Lernenden repräsentiert.

3. Perspektiven

Integrative Pädagogik, deren didaktisches Fundamentum hier nur anskizziert werden konnte, vermag sowohl die „Einheit des Menschen" im Sinne der Ganzheit seiner Erkenntnistätigkeit wie dessen „Einheit in der Menschheit" (*Séguin*) wieder herzustellen, d.h. eine Pädagogik zu konstituieren, die es erlaubt, alle Schüler in einer Schule zu unterrichten und damit das vertikal gegliederte, auf Chancenungleichheit ausgerichtete, selektierende und segregierende Schulwesen, d.h. die Schulformen und letztlich auch die Jahrgangsbindungen der Klassen zu überwinden. Die aufgezeigte Lösung der didaktischen Frage stellt die integrative Unterrichtspraxis auch in den Bereichen von Sekundarstufe I und II nicht vor unlösbare Fragen (*Feuser* 1991a,b, 1992c, 1993).

Integrative Pädagogik erfordert einen Unterricht, in dem nicht von *oben nach unten*, sondern — ausgehend von Schülern mit dem basalsten Entwicklungsniveau — von *unten nach oben* geplant wird. Wenn dem schwerstbehinderten Mitschüler im Sinne der „Schaffung der Orientierungsgrundlage" (*Galperin*) der „Gemeinsame Gegenstand" im Sinne des „Elementaren" und „Fundamentalen" exemplarisch und sinnlich konkret faßbar, z.B. in „perceptiver Aneignungstätigkeit" (*Leontjew*) in Form „materialisierter Handlungen" (*Galperin*) erfahrbar und verfügbar gemacht werden kann, ist es geradezu ein leichtes, davon ausgehend bis in dessen sprachliche, mathematische, physikalische, chemische usw. Strukturen, d.h. zu seiner wissenschaftlichen Fassung vorzudringen und den Unterricht in Form der Äste bis zu deren Spitzen hin aufzufächern. So werden (in den klassischen Mustern gefaßt) Geistigbehinderte und sog. „Hochbegabte" effizient miteinander lernen können.

Integrative Pädagogik wird ohne dezidierte Persönlichkeitstheorie und Entwicklungspsychologie nicht zu entwickeln und zu realisieren sein. Hohes Fachwissen und umfassende entwicklungs- und lernpsychologische Kenntnisse werden im Sinne förderdiagnostischer und didaktisch-methodischer Kompetenzen einen gleichwertigen Fundus der Qualifikation der Lehrer und Lehrerinnen bilden müssen.

Die Realisierung integrativer Pädagogik ist Schulreform! Sie zielt nicht nur auf die unmittelbare und kompensatorische Veränderung der Wahrnehmungs-, Denk- und Handlungsmöglichkeiten der Kinder und Schüler ab, sondern setzt wesentlich auf die Änderung der Verhältnisse zwischen den Verhaltensweisen. Sie strebt die Realisierung solcher Lebens- und Lernzusammenhänge an, in denen die Schüler im Prozeß ihrer Selbstorganisation (Erziehung und Bildung) ihre Persönlichkeit optimal und weniger gebrochen als im traditionellen System entfalten können. (Die herrschenden gesellschaftlichen Verhältnisse und ihre Widersprüche werden auch in reformpädagogischen Modellen zum Tragen kommen, aber durch ihre Aufarbeitung und die Art und Weise, in der dies geschieht, weniger persönlichkeitszerstörend sein.) Integrative Pädagogik bedarf der *Lösung der didaktischen Frage und der der Kooperation* der Pädagogen, Lehrer, Therapeuten und persönlichen Assistenzen (*Kreie* 1985). An beiden Bereichen, bleibt sie ungelöst, kann sie scheitern. Gesellschaftlich gebrochene Schulreformen brechen auch weiterhin die Persönlichkeit der Schüler. Integrative Pädagogik ist dort Realität, wo *alle* Schüler miteinander arbeitsteilig und in Kooperation miteinander an einem *„Gemeinsamen Gegenstand"* arbeiten, ohne daß dazu jeder alles zu machen und zu können braucht.

Indem wir die Kinder und Schüler für wert befinden, sich mittels thematisch scheinbar trivialer Vorhaben mit den fundamentalen kosmischen und gesellschaftlichen Gesetzmäßigkeiten und Fragen zu befassen, die sie konstituieren, können sich ihnen diese Probleme und Fragen vielleicht in einer Weise erschließen, daß sie die gerade auch durch Pädagogik und Demagogie über Jahrhunderte erfolgte mystifizierende Ideologisierung ganzer Gesellschaften zu durchschauen vermögen, die letztlich immer in Vernichtung von Leben und in herrschaftssichernden Kriegen kulminierte (*Feuser* 1987a). Vielleicht liegt darin eine Chance zur Aneignung einer Achtung des Lebens, die auch eine Gegenkraft gegen die Etablierung philosophisch-bioethischer Systeme zu entfalten vermag, die den Lebenswert behinderter, psychisch und/oder somatisch kranker, invalider, alter und sicher Menschen mit Vehemenz zu negieren trachten und eine „neue Euthanasie" propagieren (*Feuser* 1992b).

Literatur

Atkins, P. W.: Wärme und Bewegung — Die Welt zwischen Ordnung und Chaos. Heidelberg 1986.
Ballmer, T./Weizsäcker, E. v.: Biogenese und Selbstorganisation. In: *Weizsäcker, E. v.* (Hrsg.): Offene Systeme I: Beiträge zur Zeitstruktur von Information, Entropie und Evolution. Stuttgart 1974.
Blankertz, H.: Theorien und Modelle der Didaktik. München 1971.
Condorcet, Marquis de: Bericht und Entwurf einer Verordnung über die allgemeine Organisation des öffentlichen Unterrichtswesens, mit einer Einleitung von Heinz-Hermann Schepp. Weinheim 1966.
Dewey, J.: Schule und öffentliches Leben. Berlin 1905.
Dewey, J.: Die menschliche Natur. Ihr Wesen und ihr Verhalten. Stuttgart 1931.
Dewey, J.: Demokratie und Erziehung. Braunschweig 1964.
Dewey, J./Kilpatrick, W. H.: Der Projektplan. Grundlegung und Praxis. Weimar 1935.
Drews, Ursula u. a.: Didaktische Prinzipien. Berlin/DDR 1976.
Eigen, M.: Stufen zum Leben. München 1992.
Einstein, A.: Mein Weltbild. Franfurt/M. 1955.
Einstein, A.: Aus meinen späten Jahren. Stuttgart [3]1984.
Feuser, G.: Beiträge zur Geistigbehindertenpädagogik. Solms-Oberbiel 1981.
Feuser, G.: Gemeinsame Erziehung behinderter und nichtbehinderter Kinder (Integration) als Regelfall?! In: Behindertenpädagogik 24 (1985) S. 354–391.
Feuser, G.: Unverzichtbare Grundlagen und Formen der gemeinsamen Erziehung behinderter und nichtbehinderter Kinder in Kindergarten und Schule. In: Behindertenpädagogik 25 (1986) S. 122–139.
Feuser, G.: Gemeinsame Erziehung behinderter und nichtbehinderter Kinder im Kindertagesheim — Ein Zwischenbericht. Bremen (Selbstverlag Diak. Werk Bremen, Slevogtstr. 52, 28209 Bremen 1) [3]1987.
Feuser, G.: Wolfgang Klafki zum 60. Geburtstag. In: Behindertenpädagogik 26 (1987a) S. 403–409.
Feuser, G.: Autistische Kinder. Solms-Oberbiel [2]1993.
Feuser, G.: Grundlegende Aspekte eines Verständnisses des „kindlichen Autismus". In: Musiktherapeutische Umschau 9 (1988a) S. 29–54.

Feuser, G.: Allgemeine integrative Pädagogik und entwicklungslogische Didaktik. In: Behindertenpädagogik 28 (1989) S. 4–48.

Feuser, G.: Integrative Erziehung und Unterrichtung schwerstbehinderter Kinder – Eine Frage der Didaktik. In: Mitteilungen des Landesverb. Bremen im Fachverb. f. Behindertenpädagogik 14 (1989a) S. 13–34.

Feuser, G.: Entwicklungspsychologische Grundlagen und Abweichungen in der Entwicklung. In: Z. f. Heilpäd. 42 (1991) S. 425–441.

Feuser, G.: Integrative Pädagogik und Didaktik – Kooperation statt Integration. In: Behindertenpädagogik 30 (1991a) S. 137–155.

Feuser, G.: Integration in der Sekundarstufe. In: Behinderte in Familie, Schule und Gesellschaft 14 (1991b) S. 23–39.

Feuser, G.: Erwiderung zur Stellungnahme von K.-L. Holtz zu meinem Beitrag „Entwicklungspsychologische Grundlagen und Abweichungen in der Entwicklung". In: Z. f. Heilpäd. 43 (1992) S. 123–131.

Feuser, G.: Möglichkeit und Notwendigkeit der Integration autistischer Menschen. In: Behinderte in Familie, Schule und Gesellschaft 15 (1992a) S. 5–18.

Feuser, G.: Wider die Unvernunft der Euthanasie. Grundlagen einer Ethik in der Heil- und Sonderpädagogik. Luzern 1992b.

Feuser, G.: Grundsatzpositionen zur Kooperation in der Sekundarstufe. Schwerpunkt: Geistigbehinderte SchülerInnen. In: Mitteilungen des Landesverb. Bremen im Fachverb. f. Behindertenpädagogik 17 (1992c) S. 4–14.

Feuser, G.: Integration und Förderzentren. Wohin mit der Sonderpädagogik? In: Behindertenpädagogik 32 (1993) S. 2–22.

Feuser, G./Wehrmann, Ilse: Informationen zur gemeinsamen Erziehung und Bildung behinderter und nichtbehinderter Kinder (Integration) in Kindergarten, Kindertagesheim und Schule. Bremen (Selbstverlag Diak. Werk, Slevogtstr. 52, 28209 Bremen) 1985.

Feuser, G./Meyer, Heike: Integrativer Unterricht in der Grundschule. Solms-Oberbiel 1987.

Galperin, P. J.: Psychologie des Denkens und die Lehre von der etappenweisen Ausbildung geistiger Handlungen. In: *Budilowa, E.A.* (Hrsg.): Untersuchungen des Denkens in der sowjetischen Psychologie. Berlin/DDR 1967, S. 81–119.

Galperin, P. J.: Die Entwicklung der Untersuchung über die Bildung geistiger Operationen. In: *Hiebsch, H.* (Hrsg.): Ergebnisse der sowjetischen Psychologie. Stuttgart 1969, S. 367–405.

Galperin, P. J.: Zu Grundfragen der Psychologie. Köln 1980.

Hänsel, Dagmar (Hrsg.): Das Projektbuch Grundschule. Weinheim 1988.

Haken, H./Haken-Krell, Maria: Erfolgsgeheimnisse der Wahrnehmung. Synergetik als Schlüssel zum Gehirn. Stuttgart 1992.

Haken, H./Wunderlin, A.: Selbststrukturierung der Materie. Synergetik in der unbelebten Welt. Braunschweig 1991.

Heisenberg, W.: Das Naturbild der heutigen Physik. Hamburg 1958.

Heisenberg, W.: Physik und Philosophie. Frankfurt/M. 1990.

Hey, T./Walters, P.: Quantenuniversum. Heidelberg 1990.

Hollitscher, W.: Natur und Mensch im Weltbild der Wissenschaft, Bände I–IV. Köln 1983, 1984 u. 1985.

Holtz, K.-L.: Wie altruistisch sind Prokaryonten? [Anmerkungen zu *Feuser* 1991, a.a.O.]. In: Z. f. Heilpäd. 43 (1992) S. 114–122.

Jantsch, E.: Die Selbstorganisation des Universums. München 1984.

Jantzen, W.: Zur begrifflichen Fassung von Behinderung aus der Sicht des historischen und dialektischen Materialismus. In: Z. f. Heilpäd. 7 (1976) S. 428–236.

Jantzen, W.: Menschliche Entwicklung, Allgemeine Therapie und Allgemeine Pädagogik. Solms-Oberbiel 1980.
Jantzen, W.: Abbild und Tätigkeit. Solms-Oberbiel 1986.
Jantzen, W.: Allgemeine Behindertenpädagogik, Bd. 1. Weinheim 1987, Bd. 2 1990.
Klafki, W.: Studien zur Bildungstheorie und Didaktik. Weinheim 1963.
Klafki, W.: Neue Studien zur Bildungstheorie und Didaktik. Weinheim ²1991.
Klingberg, L.: Einführung in die Allgemeine Didaktik. Frankfurt/M. o.J.
Kreie, Gisela: Integrative Kooperation. Weinheim 1985.
Leontjew, A. N.: Probleme der Entwicklung des Psychischen. Frankfurt/M. 1973.
Leontjew, A. N.: Tätigkeit, Bewußtsein, Persönlichkeit. Köln 1982.
Luria, A. R.: Sprache und Bewußtsein. Köln 1982.
Maturana, U. R./Varela, F. J.: Der Baum der Erkenntnis. München 1990.
Meister, H. u. a.: Gemeinsamer Kindergarten für nichtbehinderte und behinderte Kinder. St. Ingbert 1991.
Muth, J.: Integration von Behinderten. Essen 1986.
Muth, J.: Schule als Leben. Hohengehren 1992.
Piaget, J.: Das Erwachen der Intelligenz beim Kinde. Stuttgart 1969.
Prigogine, Y.: Vom Sein zum Werden. München ⁵1988.
Prigogine, Y./Stengers, Isabelle: Dialog mit der Natur. München 1986.
Prigogine, Y./Nicolis, G.: Die Erforschung des Komplexen. München 1987.
Rousseau, J.-J.: Gesellschaftsvertrag. Stuttgart 1977.
Rousseau, J.-J.: Emile oder Von der Erziehung – Emile und Sophie oder Die Einsamen. München 1979.
Schrödinger, E.: Was ist Leben? München ³1989 (Original 1944).
Simonow, P. V.: Widerspiegelungstheorie und Psychophysiologie der Emotionen. Berlin/DDR 1975.
Simonov, P. V.: Höhere Nerventätigkeit des Menschen – Motivationelle und emotionale Aspekte. Berlin/DDR 1982.
Stegemann, W.: Tätigkeitstheorie und Bildungsbegriff. Köln 1993.
Stegemann, W.: Bildung. In: *Reichmann, E.* (Hrsg.): Handbuch der Behindertenpädagogik. Solms-Oberbiel 1984, S. 137–144.
Séguin, E.: Die Idiotie und ihre Behandlung nach physiologischer Methode. Wien 1912 (Original 1862).
Spitz, R.: Vom Säugling zum Kleinkind. Stuttgart 1963.
Spitz, R.: Eine genetische Feldtheorie der Ichbildung. Frankfurt/M. 1972.
Varela, F. J./Thompson, E.: Der Mittlere Weg der Erkenntnis. Berlin 1992.
Wygotski, L. S.: Denken und Sprechen. Berlin 1974.
Wygotski, L. S.: Ausgewählte Schriften. Bd. 1. Köln 1985. Bd. 2. Köln 1987.

Richard Meier/Peter Heyer

Grundschule — Schule für alle Kinder

Voraussetzungen und Prozesse zur Entwicklung integrativer Arbeit

1. Vorbemerkung

Die Entwicklung integrativer Arbeit in der Grundschule ist bisher als Aufgabe in der Lehrerbildung nicht angenommen und als bildungspolitische Innovation pädagogisch und politisch in ihrer Weiterentwicklung ständig gefährdet. Diese Gefährdung im pädagogischen Zusammenhang ist verständlich, da integrative Arbeit in Zielsetzungen und Arbeitsgrundlagen zwei Forderungen entgegensteht, die an die Grundschule offen oder verdeckt gestellt werden. Diese Forderungen sind:

— Grundschule ist eine Vorschule zur Vorbereitung der Kinder auf das folgende und vor allem auf das „höhere" Schulwesen.
— Grundschule ist eine Schule der Auslese für das höhere Schulwesen.

Integration fordert dagegen eine Schule für alle Kinder ohne Aussonderung und Auslese. Sie stellt deshalb von anderer Seite an die Grundschule eine Anforderung, die mit den Demokratisierungsprozessen der Weimarer Republik schon gestellt war und bis heute in ihren Konsequenzen nicht voll verwirklicht wurde. Dieser mit besonderem Nachdruck neu formulierte Anspruch wird zumindest von einem Teil der Gruppierungen abgelehnt, die politische Macht ausüben und dabei in die Zielsetzungen und Arbeitsgrundlagen der Schule hineinwirken. In den politischen Auseinandersetzungen ist deutlich geworden, daß Integration nicht mehr und nicht weniger als die tatsächliche Demokratisierung der Grundschule als Grundstufe eines einheitlichen Schulwesens fordert. Dies erklärt die ideologische Verkrampfung und heimliche Gegnerschaft, von der diese wirklich fundamentale Auseinandersetzung gekennzeichnet ist.

In solch unstabiler Lage drängt sich beim Schreiben eines Orientierungsbeitrages der Wunsch auf, die Grundlagen, Probleme und Aufgaben der integrativen Arbeit sozusagen „fest"zuschreiben. Gegen dieses Bedürfnis skizzieren wir nur knapp die eigenen Grundsätze integrativer Arbeit und verweisen darüber hinaus auf die Beiträge anderer Autoren (z.B. *Begemann; Jetter; Muth; Schönberger*) in diesem Handbuch.

Aus diesen Grundsätzen entwickeln wir die Aufgabe, die sich der Grundschule stellt, wenn sie integrativ wirken will. Notwendige Entwicklungsprozesse der Kinder stehen im Mittelpunkt der Arbeit, die diese Aufgabe annimmt. Unter dem Begriff „Umsetzung" wollen wir anschließend zeigen, wie bestimmte von schulpolitischen Voraussetzungen unabhängige pädagogische und didaktische Strukturelemente einen Unterricht entwickeln helfen, der Grundschule zu einer *Schule aller Kinder* machen kann.

2. Grundsätze und Aufgaben der Grundschule. Prinzip der Nichtaussonderung

Wir verstehen Integration als den Versuch, eine höherwertige Einheit herzustellen. Wenn alle Kinder ohne Androhung der Aussonderung, zum Beispiel bei Leistungsversagen, zusammen eine Schule besuchen, entwickeln sie im Zusammenleben gemeinsam diese höherwertige Einheit. Sie verwirklichen damit das Prinzip der Nichtaussonderung. Wenn wir wollen, daß die Menschen unserer Gesellschaft gemeinsam und miteinander Erfahrungen machen und auch als Erwachsene miteinander leben können, müssen wir ihnen in der Grundschule von Anfang an die Grundlage zum gemeinsamen Leben schaffen. Wir dürfen keine Kinder aus ihrer Gemeinschaft aussondern, nur weil sie bestimmten Normen nicht entsprechen. Integrative Arbeit richtet sich dabei nicht nur auf zwei Gruppen: auf die nach äußeren Kriterien vorläufig zusammengefaßten Grundschüler und die anerkannt behinderten Kinder. Integrative Grundschularbeit wird hier verstanden als das Bemühen, *allen Kindern und jedem Kind* gerecht zu werden. Diese Zielsetzung richtet sich gegen die Mentalität der Trennung von Kindern, wie sie durch Prüfung und Bewertung von Leistungen vollzogen wird. Im Grunde werden die Leistungen der Kinder und die Leistungserwartung in den Lehrplänen nur zum Zweck der Prüfung so eng und formal bestimmt.

Aus der Sicht der Grundschulpädagogik ist der Versuch der Integration für die Grundschule nicht mehr und nicht weniger als der Anstoß, endlich mit allem Nachdruck an der Einlösung des Zieles zu arbeiten, das 1919 formuliert wurde: „Die Grundschule ist eine Schule aller Kinder des Volkes". [1]

Prinzip Normalität
Die Grundschule muß auch Kinder mit Behinderungen dabei unterstützen, für ihr Leben das für sie höchstmögliche Maß an Normalität bei weitestgehender Autonomie zu erreichen. Der Besuch von Spezialschulen erschwert für behinderte Kinder den Zugang zu dieser Normalität. Eine Grundschule als *Schule aller Kinder* kann nicht spezialisiert sein. Sie bietet daher die selbstverständliche Möglichkeit, sich in Situationen, die durch ein Höchstmaß an Normalität bestimmt sind, in Normalität einzuüben. Keine Spezialschule, auch nicht eine spezialisierte Grundschule, kann diese breite Normalität der Situationen und Anforderungen bieten.

Prinzip Freiwilligkeit
Die Geschichte des Schulwesens kann nicht ungeschehen gemacht werden. Deshalb muß sich der Wandlungsprozeß durch die freiwillige Beteiligung aller entwickeln. Die Verlagerung sonderpädagogischer Arbeit aus Spezialschulen in das allgemeine Schulwesen verlangt strukturelle Veränderungen, die nur bei Vorhandensein eines entsprechenden politischen Willens schrittweise verwirklicht werden können.

Längerfristig muß die gemeinsame Erziehung aller Kinder in den Schulgesetzen so verankert werden, wie dies mit der gemeinsamen Erziehung von Jungen und Mädchen geschehen ist.

Prinzip: Öffnung der Grundschule zur Schule der Grundlegung von Bildung
Die Grundschule hat in ihrer fast siebzigjährigen Geschichte noch keine gesi-

cherte Position gefunden. Sie steht immer noch im Widerspruch zwischen zwei gegenläufigen Aufgaben. Einerseits sind Bildungsgrundlagen für alle Kinder zu schaffen, andererseits soll die Grundschule nach wie vor für die verschiedenen Schulen der Sekundarstufe auslesen. Das Gewicht dieser Auslesefunktion nimmt gegenwärtig eher wieder zu. Als Ausleseschule hat sie den fremdbestimmten und zuarbeitenden Charakter einer Vorschule. [2] Sie ist in dieser Einengung nicht zur Grundlegung von Bildung und damit auch nicht zur integrativen Arbeit geeignet. Grundlegung von Bildung heißt auch, Menschen mit unterschiedlichster Ausgangslage zum Zusammenleben zu befähigen.

Sieht man die skizzierten Grundsätze zusammen und bedenkt dabei die Bedürfnisse der Kinder und den gesellschaftlichen Bedarf an sozialem und individuellem Lernen, dann kann die Aufgabe einer Grundschule für alle Kinder so bestimmt werden:

Die Grundschule hat die Aufgabe, alle Kinder in gemeinsamen Handlungen und Erfahrungen leben und lernen zu lassen. Sie sollte mit den Kindern einen Geschehensraum verwirklichen, der es jedem Kind erlaubt, den eigenen Lernprozeß in Inhalten, Methoden und Ziel zu seiner Sache zu machen und damit erst seinen wirklich eigenen, notwendig individuellen Lernprozeß zu entwickeln.

3. Prozesse der Kinder

Auch wenn den erwachsenen Menschen im Prozeß integrativer Grundschularbeit eine wichtige Rolle zukommt: Es geht um die Prozesse der Kinder. Sie werden mit den folgenden Ausführungen in einigen Strängen angedeutet. Sie sind Ziel und Grundlage der Umsetzungsarbeit, die wir anschließend beschreiben.

Soziale Bedürfnisse
Jedes Kind hat in der Grundschule ein Anrecht, seine sozialen Bedürfnisse erfüllen zu können. Dazu gehören gemeinsame Arbeit und gemeinsames Erleben, dazu gehört der Rückzug auf sich selbst. Die Anerkennung der Individualität schließt ein, daß man mit von uns Erwachsenen benannten und klassifizierten Behinderungen auf selbstverständliche Weise umgeht. Die gemeinsame Chance der Grundschulkinder ist, daß sie *anderes Verhalten* als Erscheinungen eines breiten Spektrums an Verhaltensmöglichkeiten erleben und nicht als „Behinderung". Der Umgang miteinander ist selbstverständlich und nicht etwa ein mitleidiger Akt der nicht behinderten Kinder. Diese Selbstverständlichkeit und Normalität zu erhalten, gelingt nur, wenn die Erwachsenen sich darin einbinden können.

Neugier und Lernbereitschaft
Der Unterricht muß so angelegt sein, daß er Neugier und Lernbereitschaft erhält und fördert. Dazu müssen die Kinder Gelegenheit haben, eigene Lernmethoden zu entwickeln, Gegenstände des Lernens zu wählen und zeitweise die Gruppe zu bestimmen, in der sie jetzt lernen wollen.

Handlung und Handlungsspielraum
Damit die Kinder ihre sachlichen und sozialen Fähigkeiten erproben und entwickeln können, brauchen sie offenen *Handlungsspielraum*. Die eigenen Lehr-

methoden, Interessen, Fertigkeiten und Fähigkeiten werden vor allem durch konkretes Handeln gefördert und gefordert. Mit Handeln ist im Zeitraum der Grundschule konkretes Umgehen mit Dingen gemeint, das auf ein Ergebnis bezogen ist. Die Kinder müssen Dinge und Situationen planen, „machen" und nutzen können. Schreiben und Lesen sind hier nur Methoden unter anderen. Selbst geplante und wirklich ausgeführte Handlungen fördern die Selbsttätigkeit, die Selbständigkeit und das Selbstvertrauen der Kinder in die eigene Leistungsfähigkeit. Sie müssen das Arbeiten und Lernen zu ihrer eigenen Sache machen; dadurch werden sie mit der Schule von der Schule unabhängig.

Der Umgang mit Fehlern
Die Angst vor dem Falschen lähmt. Fehler sind Hilfen im Lernfortschritt. Sie müssen Anlaß sein, das zum Fehler führende Verhalten, die ungeeignete Methode zu ändern. Individuelle Arbeit und Beratung ist notwendig. Die Mentalität im Umgang mit Fehlern ist entscheidend. Werden sie unter ausdrücklicher Vernachlässigung oder bewußter Kalkulation ihrer bildungspolitischen Wirkungen als Zählgröße der Einordnung genutzt, zerstören sie in vielen Fällen den individuellen Lernprozeß. An seine Stelle tritt das Merken zur Wiedergabe bei Prüfungen. Der Aufbau einer Fähigkeitsstruktur wird gestört und oft unterbrochen.

Wege zur Selbständigkeit
Brauchen die Kinder bei der Arbeit, beim eigenen Lernen Hilfe der Erwachsenen, muß diese Hilfe die Selbsttätigkeit der Kinder bestärken. Das Kind darf nicht von der Hilfe abhängig werden. Sie muß ihm so gegeben werden, daß es dabei lernt, nur notwendige Hilfe zu holen und sonst mit seinen Fähigkeiten zu arbeiten. Die angemessene Nutzung der Hilfe stärkt das Selbstvertrauen in den eigenen Prozeß und die eigenen Fähigkeiten.

4. Umsetzung

Mit dem Begriff „Umsetzung" fragen wir allein auf der schulpraktischen Ebene, unter ausdrücklicher Vernachlässigung bildungspolitischer Funktionen, nach Voraussetzungen, Schritten, Situationen, Arbeitsweisen und Organisationsstrukturen, die der integrativen Arbeit förderlich sind. Voraussetzung solcher Entwicklungen, die mit den Kindern erarbeitet werden, ist die Zusammenarbeit der Erwachsenen.

Kooperation der Erwachsenen
Die zuvor angedeuteten Prozesse der Kinder können sich nur entwickeln, wenn sich die Erwachsenen über Ziele und Methoden der Grundschularbeit verständigen und im Unterrichtsprozeß direkt zusammenarbeiten. Eine der wichtigsten, notwendigen Veränderungen von Grundschule und Grundschularbeit liegt in dieser vorbereitenden und aktuell wirkenden Zusammenarbeit; diese hat in der Grundschule keine Tradition. Die Arbeitssituation an einer Schule muß vom gesamten Kollegium gemeinsam entwickelt werden. Einzelne, von der übrigen Schule getrennt geführte Integrationsklassen sind durch verschiedene Faktoren, zum Beispiel durch punktuelle Leistungsvergleiche immer gefährdet. Nach unserer Erfahrung bietet sich eine günstige Situation für integrative Arbeit, wenn sich

bei schwieriger Ausgangslage im Schulbezirk ein Kollegium der individuellen Arbeit und Förderung der Schüler gewidmet hat. In diesen Fällen haben sich eine Grundhaltung, ein Arbeitsrepertoire und eine Organisationsstruktur entwickelt, in der integrative Arbeit nur einen besonderen Akzent darstellt. Kümmert man sich pädagogisch um jedes einzelne Kind, ohne bei Lernschwierigkeiten nach der Notbremse der Aussonderung zu greifen oder die Schranke der Nichtzulassung aufzurichten, ist die Aufnahme der behinderten Kinder aus der Umgebung ein fast selbstverständlicher, nächster Schritt.

Eltern und andere Beteiligte, wie die Vertreter der Schulaufsicht, müssen in die integrative Arbeit fördernd einbezogen sein. Verkrampfung und ständiger Energieverlust sind die Folge, wenn zum Beispiel ständig gegen die Schulverwaltung angearbeitet werden muß.

Entwicklung der Arbeitsbasis

Miteinander leben und lernen, für sich arbeiten, selbständig handeln, den Lernprozeß zur eigenen Sache machen, ... diese anspruchsvollen Zielsetzungen benötigen eine Grundlage, die wir hier *Arbeitsbasis* nennen.

Eigenartig und für die Entwicklung dieser Arbeit bezeichnend ist, daß der Prozeß in sich seine eigenen Ziele trägt. Die notwendige Basis der Arbeit — das sind die zuverlässige Arbeitsbereitschaft der Kinder und die Fähigkeit, ihr Verhalten im Interesse der anderen Kinder zu kontrollieren — entwickelt sich, wenn in Unterricht und Schulleben entsprechende Situationen regelmäßig entwickelt werden, die diese Anforderungen enthalten. Von hoher Bedeutung ist der konsequente Beginn dieser Entwicklung mit dem Schulanfang der Kinder.

Schulanfang

Viele Kinder, die aus dem Kindergarten kommen, sind gewohnt, daß Kinder in der Gruppe zur gleichen Zeit Verschiedenes tun. Diese ihnen selbstverständliche Gewohnheit muß als pädagogisches Stilelement konsequent beibehalten werden. Es darf nicht etwas unter dem Motto „vom Spielen zum Lernen" zu einer plötzlichen „Umstellung" kommen. Der Prozeß muß sich selbstverständlich und harmonisch mit den wachsenden Fähigkeiten und sozialen Erfahrungen entwickeln.

Umgang mit sich selbst und anderen — ein Erziehungsprozeß

Zentrales Anliegen ist die *Erziehungsarbeit in Situationen*, an Aufgaben und Sachen.

Vom ersten Tag der Grundschularbeit an muß es täglich sowohl Szenen geben, in denen sich die Kinder alleine mit ihrer Aufgabe befassen, als auch Szenen, in denen sie mit anderen Kindern zusammen, bezogen auf eine Sache, handeln. Entscheidend ist dabei, daß Organisation, Aufgabe und Erziehung miteinander wirksam werden. So, in der Entwicklung von Gewohnheiten und Einstellungen, stellt sich die Aufgabe, daß alle Kinder lernen, konzentriert zu arbeiten, mit Zeit sinnvoll umzugehen, nur überlegt nachzufragen und den anderen nicht unnötig zu stören. Das Verhalten der Erwachsenen in diesem Erziehungsprozeß kann hier mit der Fähigkeit zur elastischen Konsequenz beschrieben werden. Der Lehrer ist konsequent in der immer wieder eingeplanten Situation konzentrierter Arbeit, er reagiert elastisch auf die tägliche Befindlichkeit der Kinder und die Situation des einzelnen Kindes. Dabei verliert er das Ziel nicht aus den Augen.

Komponenten der Arbeit, Rituale

Aus den ersten Tagen heraus muß sich eine *Gliederung des Schulvormittages* entwickeln, die feste Komponenten der Arbeit und Rituale enthält. Der notwendige Handlungsspielraum der Kinder ist nur greifbar und wirksam, wenn er Begrenzungen und Ordnungen enthält. In integrativ arbeitenden Grundschulen sind regelmäßig wiederkehrend diese Komponenten der Arbeit und Rituale zu finden:

- gemeinsamer Anfang des Vormittages (Morgenkreis);
- gemeinsame Besprechung und anschauliche Darstellung der Arbeit an diesem Tag;
- gemeinsames Spielen und Singen;
- gemeinsamer Abschluß des Vormittages;
- gemeinsame Besprechung von Aufgaben und Situationen des vergangenen und des kommenden Tages;
- intensiv gehaltene Arbeitsphasen (gebundene Arbeit) mit übendem Charakter, dabei Arbeit an gleichen oder differenzierten Aufgabenstellungen alleine, mit Partner oder in der Kleingruppe;
- individuelle Anleitung, Kontrolle und Beratung durch die Erwachsenen;
- gemeinsame Entwicklung von Aufgaben, anschließende Herstellung von Arbeitsmaterial nach Anleitung;
- gemeinsame Gestaltung von aspektübergreifenden Vorhaben durch: Erörterungen, Planungen, Absprachen der Arbeitsschritte, in der Handlung, in der Darstellung und im Gebrauch der Ergebnisse;
- freie Arbeit;
- Wochenplan;
- individuelle Förderung.

Bedeutung der wiederkehrenden Komponenten

Wir charakterisieren hier die benannten Komponenten in ihrer Bedeutung für die Entwicklung der Arbeitsbasis:

Rituale: Sie gliedern den Vormittag, geben den Kindern Gelegenheit, Anfang und Ende anderer Komponenten zu erkennen, sich auf die Anforderung und den zeitlichen Ablauf einzustellen. Auch eine weniger geschätzte Aufgabe wird erträglich und willig übernommen, wenn ihre Begrenzung klar gesehen wird und man als Arbeitender nicht der Willkür nachgeschobener Anforderungen ausgesetzt ist.

Gemeinsamer Anfang, gemeinsames Ende: Der kommende Vormittag wird bedacht, in seinen bekannten und besonderen Elementen vorgestellt, der Ablauf wird erkennbar und verliert dabei einen Teil der von den Erwachsenen und Mitschülern ausgehenden Willkür. Das Bedenken der gemeinsamen Zeit gibt Gelegenheit, gute Erfahrungen zu bestätigen, Ausblicke zu eröffnen, gemeinsam notwendige Änderungen zu bedenken.

Spielen und Singen sind wie andere Formen ästhetischer Gestaltung nicht nur Rituale. In der Entwicklung ihrer spezifischen Möglichkeiten bieten sie eigene Betätigungsformen und Lernprozesse, die zur Entwicklung aller Fähigkeiten unverzichtbar sind.

Gemeinsame Besprechung von Aufgaben und Situationen

Am Anfang des Vormittages und an anderen Gelenkpunkten der Entwicklung werden die kommenden Aufgaben vorgestellt und in wichtigen Bestandteilen verdeutlicht. Zur Sicherung des Selbstvertrauens und der Selbständigkeit ist dabei eine gute Disposition der Aufgaben zwischen bekannten Teilen und neuen Elementen wichtig. Die Aufgabe muß einen Anreiz enthalten, aber auch durch bekannte Teile und Elemente Sicherheit bieten. Grundschulkinder haben einen nie versiegenden Bedarf an Aufgaben, die sie sicher beherrschen. Die Freude an der Wiederholung basaler Aufgaben schafft ständig neue Verbindungen zwischen den Kindern.

Gebundene Arbeit an gleichen Aufgaben
Die Aufgabenstellung ist verbindlich, der Lösungsweg läßt in der Regel begrenzte Varianten zu. Gleiche Aufgaben sind sinnvoll, wenn grundlegende Fertigkeiten geübt werden und ein neuer Aufgabentyp erprobt wird. Dann kann die Bearbeitung der Aufgabe auch frontal demonstriert werden. Es empfiehlt sich, bei neuen Aufgabentypen immer wieder eine Demonstration der Bearbeitung anzubieten. Die Kinder entscheiden dann selbst, ob sie an diesem Angebot teilnehmen. Häufig empfiehlt sich Partnerarbeit bei ungleichem Übungsstand. Für beide Kinder ist diese Arbeit wertvoll.

Gebundene Arbeit an ungleichen Aufgaben
Diese Arbeitsweise ist ein Kernstück integrativer Wirkung. Der Begriff „individuelle Arbeit" wird nur Wirklichkeit, wenn jedes Kind tatsächlich die ihm angemessenen Aufgaben erhält, sich also zumindest von der Seite der Aufgabenstellungen her ein individueller Lernprozeß entwickeln kann. Drei Verfahrensweisen sind zu unterscheiden:

— Einschub spezieller Aufgaben: Alle Kinder arbeiten am gleichen Aufgabenstrang. Ein Kind bekommt zusätzliche Aufgaben als Einschub, weil sich an einer bestimmten Stelle bei ihm Unsicherheiten zeigen.
— Wiederholungsprogramm: Ein Kind bekommt ein Stück Übungsprogramm, da sich eine weitergehende Unsicherheit zeigt. Diese Unsicherheit wird schnell erkannt, weil die individuelle Arbeit mit den Kindern sicheres Wissen über ihre Leistungsfähigkeit und Arbeitsmethode vermittelt.
— Eigener Weg: Für jedes Kind entwickelt sich in der Situation mit Hilfe des vorhandenen Arbeitsmaterials ein eigener Arbeitsweg. Die Komponenten der Übung werden nach vorhandenen Mustern individuell mit dem Kind zusammengestellt.

Bei allen drei gebundenen Formen ist gemeinsame Arbeit der Kinder denkbar und sinnvoll. Dies gilt auch für Kinder, die in ihrer Lernentwicklung an dieser Sache unterschiedlich weit sind; gerade zwischen diesen Kindern ist Zusammenarbeit sinnvoll und förderlich.

Individuelle Arbeit, Herstellung von Aufgaben und Material, Anleitung, Kontrolle und Beratung
Im „eigenen Weg" und in der individuellen Anleitung, Kontrolle und Beratung ist ein Kernstück integrativer Arbeit zu sehen. Die von uns so genannte „Arbeitsbasis", ein „Bündel von Fertigkeiten und Fähigkeiten, die selbständiges und verantwortliches Arbeiten ermöglichen", kann sich nur entwickeln, wenn dem Kind individuell passende Aufgaben gestellt werden und wenn es selbst Gelegenheit hat, sich seine Aufgaben zu wählen und die Zeit in der Schule zu gestalten. Beide Vorgänge bedingen sich gegenseitig und sind nicht voneinander zu lösen. Man

kann nicht zuerst die Arbeitsbasis schaffen und dann den Kindern ihre Aufgaben übergeben. Beide Komponenten einer Fähigkeitssituation entwickeln sich nur gemeinsam. Die notwendig individuelle Passung der Aufgaben ist nur möglich, wenn das Kind in steigendem Maß über die skizzierten Fähigkeiten und methodischen Fertigkeiten verfügt.

Im Schulanfang liegt eine besondere Chance, die notwendigen Fähigkeiten und Einstellungen auf eine selbstverständliche Weise zu entwickeln. Die Bedeutung des Materials wird in diesem Zusammenhang oft überbetont. Vorhandene, perfekt durchkomponierte Materialfolgen sind in sich nicht flexibel, der Zwang zur vollständigen Bearbeitung hindert die Passung. Das nur begrenzt variable Muster langweilt die Kinder nicht selten. Die Folge der Aufgaben, die immer wiederkehrenden Arbeitsblätter, bedrohen die Kinder. Zwei Ansätze bieten Abhilfe:

— Handlungsmaterial, das in unterschiedlicher Weise benutzt werden kann, ist wertvoller als auskomponierte Folgen. Eine Druckerei enthält mehr Möglichkeiten als eine Folge von fertigen Arbeitstexten.
— Die eigene Entwicklung von Aufgaben und die folgende Herstellung von Arbeitsmaterial führen zu einer selbstverständlichen Passung und zur sicheren Beherrschung der Aufgaben. Gleichzeitig fördert das eigene Material den sorgfältigen Umgang mit dem Bestand. Wer Material denkend herstellt und Aufgaben erfindet, wird nicht nur sachlich übend, sondern auch didaktisch tätig. Hier liegt eine bisher kaum entwickelte Möglichkeit differenzierter Didaktik.

Kontrolle ist notwendig, um die Kinder beraten und ihnen passende Aufgaben stellen zu können. Kontrolle muß den Sinn haben, gemeinsam festzustellen, wie weit man gekommen ist und wie man weiter arbeitet. Das Kind erhält eine Antwort auf die Frage, die in einer bearbeiteten Aufgabe steckt. Die erziehende Komponente ist dabei nicht zu übersehen. Das Kind muß der Aufgabe verpflichtet werden. Aus der Kontrolle entwickelt sich Beratung. Mit dem Kind wird in der Situation festgestellt, was jetzt zu tun ist, wie es weitergeht. Die notwendige Fähigkeit des Erwachsenen liegt dabei in der Bemessung der Aufgabe und Gestaltung der Situation. Beratung ist im eigentlichen Sinn nur möglich, wenn man mit den Kindern ihren Lernprozeß erlebt und gestaltet, im eigentlichen Sinn kundig ist. Dazu muß der Lehrer die Arbeitsprozesse der einzelnen Kinder beobachten und mitvollziehen. Man kann sich nicht kundig machen, wenn man nur die Ergebnisse der Arbeit sieht. Im Prozeß der Arbeit liegt der Schlüssel zum Verständnis für die Situation des einzelnen Kindes und der Lerngruppe. Zentrale Aufgabe der beteiligten Erwachsenen in der integrativen Arbeit ist daher die direkte Teilnahme am Arbeitsprozeß des einzelnen Kindes. Dies wieder ist nur möglich, wenn die Arbeitsbasis, die immer weiter entwickelt werden muß, das Verhalten der Kinder stabilisiert und die Erwachsenen sich den einzelnen Kindern und Kleingruppen wirklich unbelastet widmen können. Die gleichzeitige Arbeit von zwei Erwachsenen in der Klasse, zumindest für einen Teil der Unterrichtszeit, schafft dafür eine sehr gute Ausgangssituation, wenn die Zusammenarbeit wirklich ergänzend und nicht ersetzend oder die Lerngruppe aufteilend entwickelt wird.

Gemeinsame Arbeit an Vorhaben
Rituale und gemeinsame Übungsarbeit, die ständige Begegnung in der Arbeit, schaffen die Grundlage für Gemeinsamkeit. Integriert arbeiten und leben trotz

verschiedener Interessen und Fähigkeiten kann man an und in gemeinsamen Vorhaben. Gerade wenn im Verlauf der Entwicklung die Fächer ihr vermeintliches oder tatsächliches Recht fordern, wenn die „Grundschüler" und die „Behinderten" in vielen Situationen von den Aufgaben her deutlich unterschieden werden oder gar in Lehrgängen und Fördermaßnahmen getrennte Situationen erfahren, sind *Vorhaben* Bereiche wirksamer integrativer Arbeit. Dies gilt wieder für alle Kinder, nicht nur für die beiden Gruppen „Grundschüler" und „Behinderte". Wenn Vorhaben einen wesentlichen Teil des Unterrichts ausmachen, wenn gemeinsam geplant und mit verschiedenen Aufgaben und Möglichkeiten an einer Sache oder Situation gearbeitet wird, die auch gemeinsam genutzt und erlebt wird, dann entsteht integrativer Unterricht von selbst.

Lehrgänge und „Themen" dürfen Vorhaben nicht ersetzen. Selbst bei der typisch thematisierten Arbeit im Sachunterricht lassen sich in der Form des Vorhabens Arbeitsmöglichkeiten entwickeln, die allen Kindern gerecht werden und dort ansetzen, wo diese Kinder in ihrer Lernentwicklung stehen.

Freie Arbeit muß wirklich als freies Angebot im Rahmen von Regeln und sachlichen Möglichkeiten innerhalb der Schule entwickelt werden, damit sie ihren Sinn behält und nicht zu einer versteckten Form von gebundener Arbeit degeneriert. Im Gegensatz zum Wochenplan, der meist die Verteilung von Pflichtaufgaben (auch individueller Pflichtaufgaben) in der Zeit, ihre Bearbeitung und die eigene Verantwortung fordert und fördert, liegt der Sinn dieser Freien Arbeit in der selbständigen Wahl, Verantwortung und Gestaltung. Sie bietet aus ihrer Struktur heraus die Möglichkeit, zu wählen, was angemessen und von Interesse ist. So findet jedes Kind seine Tätigkeit und seine Situation.

Individuelle Förderung

Dieses integrative Arbeit tragende Prinzip wird hier nicht gesondert in seinen didaktischen Auswirkungen beschrieben; die vorhergehenden Skizzen wichtiger Unterrichtskomponenten zielen jeweils auf individuelle Förderung im sozialen Kontext. Individuell heißt, daß jedes Kind auch im Zusammenhang einer für alle Kinder gültigen und jeweils situativ fortgeschriebenen Planung seinen eigenen Lernprozeß entwickeln muß. Dieser notwendige Prozeß wird nicht angemessen gefördert, wenn das Kind nur in der sogenannten Stillarbeit für sich allein arbeitet. Individuelle Förderung heißt, das einzelne Kind erhält im Rahmen und auf der Basis der gemeinsamen Arbeit auch die individuellen Aufgaben, die es jetzt benötigt. Diese individuelle Passung ist nur möglich in einem Unterricht, der sich auf die erwähnte Arbeitsbasis und ihre Entwicklung gründet und der neben gemeinsamen Phasen auch einen hohen Anteil an differenzierter Arbeit umfaßt. Während dieser Zeit muß der Lehrer Gelegenheit haben, das einzelne Kind in seinen Arbeitsprozessen zu beobachten, mit ihm zu arbeiten, es zu beraten und ihm die Arbeit zu geben, die es jetzt und individuell benötigt.

5. Schlußbemerkung

Ist die Grundschule wirklich die Schule aller Kinder und zugleich die Schule jedes einzelnen Kindes, wird das Ziel, integrative Arbeit zu ermöglichen, zur Aufgabe, eine gute, differenziert arbeitende Grundschule für alle Kinder zu entwickeln. Nach unserer Auffassung sollte es keine *besonderen* Integrationsschulen geben; sie wären wieder Spezialschulen. Es ist auch keine *besondere* Integrationspädagogik und Integrationsdidaktik erforderlich; die Aufgabe besteht darin, eine „gute Grundschule" für alle Kinder des Volkes zu sichern.

Anmerkungen

1 vgl. Artikel 146 (Satz 2) der Reichsverfassung vom 11. 8. 1919 in: *Führ, Ch.*: Zur Schulpolitik der Weimarer Republik. Weinheim 1970, S. 159.
2 Auch das Grundgesetz der Bundesrepublik stellt in der Erinnerung an den langen Kampf gegen die auch noch Ende der zwanziger Jahre weiterbestehenden Vorschulen als privilegierte Vorbereitungsschulen für bestimmte Schichten der Gesellschaft fest: „Vorschulen bleiben aufgehoben" (Art. 7, Abs. 6).

Theodor Hellbrügge

Die Vorzüge der Montessori-Pädagogik für die gemeinsame Erziehung behinderter und nichtbehinderter Kinder

1. Sozialpädiatrische Überlegungen zur pädagogischen Integration bzw. der gemeinsamen Erziehung behinderter und nichtbehinderter Kinder

Integrierte Erziehung, wie sie seit dem Gutachten und den Studien der Bildungskommission des Deutschen Bildungsrates immer mehr auch in der Öffentlichkeit diskutiert und im pädagogischen Raum auch praktiziert wird, betrifft aus der Sicht der Pädagogik mehr das Sonderschulwesen in dem Sinne, daß, wie auch immer, behinderte Kinder nicht in spezifischen Sonderschulen isoliert, sondern so weit wie möglich in die normale Schulwelt eingegliedert werden. So gesehen wird integrierte Erziehung eher als eine Fortentwicklung unseres extrem differenzierten Sonderschulsystems angesehen, die helfen soll, deren Auswüchse abzumindern. Der Grundgedanke dieses pädagogischen Ansatzes betrifft im Kern aber die Eingliederung behinderter Kinder in die normale Schulwelt, bedeutet letztlich also die Notwendigkeit der Anpassung eines schwachen Kindes an die Welt des Starken.

Integrierte Erziehung aus kinderärztlicher Sicht, insbesondere aus der Sicht der Sozialpädiatrie hat indessen eine ganz andere Bedeutung. Hier dient die *gemeinsame Erziehung* mehrfach und verschiedenartig behinderter Kinder, auch geistig behinderter, mit nichtbehinderten, auch hochintelligenten Kindern in erster Linie der Förderung der kindlichen Sozialentwicklung, also der Entwicklung zur Selbständigkeit und zur Kontaktfähigkeit.

Eigene Studien über das Deprivationssyndrom von Säuglingen und Kleinkindern (*Hellbrügge* 1966; *Hellbrügge* 1970; *Pechstein* 1974) deckten auf, daß die frühkindliche Sozialentwicklung und daran gekoppelt auch die Sprachentwicklung durch die Erziehung in altersgleichen Gruppen schwerwiegend negativ beeinträchtigt wird. Offensichtlich ist kindliche Sozialentwicklung extrem abhängig von dem Erlebnis helfender Prozesse. „Nur wer hilft, wird wirklich selbständig" ist eine These, die sich aus den Erfahrungen der gemeinsamen Erziehung unterschiedlich alter und unterschiedlich leistungsfähiger Kinder aufdrängt.

Für den Schulbereich bestätigt sich erneut, was optimal natürlicherweise in der Familie gegeben ist, nämlich daß Geschwister normalerweise unterschiedlich alt und unterschiedlich begabt sind. Hier handelt es sich indessen um alte pädagogische Erfahrungen, wie sie Pestalozzi bereits vor 200 Jahren beschrieben hat:

„So wie das ältere und fähigere Geschwister unter dem Auge der Mutter den kleinern Geschwistern leicht alles zeigt, was es kann, und sich froh und groß fühlt, wenn es also die Mutterstelle vertritt, so freuten sich meine Kinder, das, was sie konnten, die anderen zu lehren. Ihr Ehrgefühl erwachte, und sie lernten selber gedoppelt, indem sie das, was sie wiederholten, andere nachsprechen machten." (Über den Aufenthalt in Stanz. Brief an einen Freund.)

Solche pädagogischen Grundkenntnisse decken sich voll mit sozialpädiatrischen Erfahrungen, nach denen eine altersgemischte und leistungsungleiche Erziehungsgruppe nicht nur die Sozialentwicklung der Kinder maßgeblich fördert, sondern auch die kognitive Entwicklung positiv beeinflußt.

2. Kinderärztliche Erfahrungen im Deutschen Bildungsrat

Unsere sozialpädiatrischen Erfahrungen stießen vor über 20 Jahren im Deutschen Bildungsrat — konkret als Mitglied des Ausschusses „Vorschulische Erziehung", darüber hinaus auch als Berater im Ausschuß für Schulerziehung — auf ein völliges Unverständnis der Pädagogen. Hier ließ sich ganz klar ein gegenteiliges Ziel erkennen, nämlich eine Neuorganisation des Schulsystems, das jedem Kind eine altersgleiche und leistungsgleiche Gruppe, entsprechend bei behinderten Kindern auch eine behinderten-spezifische gleiche Gruppe, zuordnete. Hierzu mußte das vorhandene Schulsystem — Stichwort: systematische Diskriminierung der jahrhundertelang erfolgreichen Dorfschule — geändert werden. Deshalb müssen heute kleine Kinder in großen Bussen zu großen Schulen gefahren werden, und die Idee der Gesamtschule schließlich führte zu Schulmonstren, in denen mehrere tausend Kinder nur um der Unterrichtung altersgleicher und leistungsgleicher Gruppen willen zusammengeführt werden.

Zwei Erlebnisse im Ausschuß „Vorschulische Erziehung" seien hier angeführt, weil sie einerseits schon vor 20 Jahren die Entwicklung unseres pädagogischen Systems andeuteten und weil sie andererseits für den Kinderarzt zu der Konsequenz führen mußten, eine Montessori-Schule zu gründen, in der mehrfach und verschiedenartig behinderte Kinder mit nichtbehinderten Kindern gemeinsam erzogen werden.

Der Ausschuß „Vorschulische Erziehung" versuchte damals, einen Überblick über vorschulische Einrichtungen in Europa zu erhalten. Dabei zeigten sich interessante Unterschiede zwischen dem kinderärztlichen und dem pädagogischen Ansatz: Als eine ideale Institution wurde einer der schönsten Kindergärten in Europa angesehen: der der Schweizer Spende im Schloßpark von Schönbrunn zu Wien. Nebeneinander sind dort im halbkreis-formierten Grundriß alle Möglichkeiten etabliert: je eine Kindergartengruppe für hörbehinderte, für sehbehinderte, für geistig behinderte, für körperbehinderte, auch für gesunde Kinder.

Während die Pädagogen von dieser speziellen Förderung begeistert waren und darin die Zukunft unserer vorschulischen Erziehung erblickten, schaute ich als Kinderarzt mir die Kinder näher an. Auf meine erstaunte Frage, daß die Kinder in der sehbehinderten Gruppe doch nicht blind seien, erhielt ich von der Kindergärtnerin die Antwort: „Sie sind zwar nicht blind, aber sie schielen". Auf dem Wege nach München zurück stellte ich mir vor, daß eine frühzeitige Isolierung schielender Kinder 20 Jahre später vielleicht dazu führen könnte, Eisenbahnabteile für Brillenträger zu schaffen.

Das andere Schlüsselerlebnis hatte ich in einem Montessori-Kindergarten, welcher der Anna-Schmidt-Schule in Frankfurt angeschlossen ist. Dieser Besuch wurde vom Ausschuß „Vorschulische Erziehung" eigentlich nur noch als weitgehend überflüssige Pflichtübung — um das Bild der verschiedenen Möglichkeiten vorschulischer Pädagogik abzurunden — angesehen, denn Montessori's Pädagogik galt damals als eigentlich schon der pädagogischen Historie angehörig.

Mein erster Eindruck von einem Montessori-Kindergarten war verblüffend. Während sich in ganz Europa vorschulische Einrichtungen schon von weitem durch das Geschrei von Kindern ankündigten, die um die Gunst einer Kindergärtnerin buhlten oder von dieser nur durch gemeinsames Singen oder Spielen von einem „Chaos" abgehalten wurden, zeigte sich hier eine völlige Stille. Jedes Kind war mit etwas anderem beschäftigt: mit Tätigkeiten des praktischen Lebens, mit Sinnesmaterial oder mit didaktischem Material. Kleine Kinder, die anhand der Goldenen Perlen Freude an der Mathematik hatten oder über die Sandpapierbuchstaben freiwillig Leseübungen veranstalteten, erregten mein Kopfschütteln. Mehr noch verwunderte das selbständige Arbeiten der Kinder, denn weit und breit war keine Pädagogin in Sicht. Erst nach längerem Zuschauen kam eine ältere Dame unter dem Tisch hervor und erklärte, sie hätte unbedingt einem Kind, das auf dem Fußboden arbeiten wollte, bei seinen Problemen helfen müssen.

Das eigentliche Schlüsselerlebnis kam aber durch zwei Kinder mit Down-Syndrom zustande. Auf meine erstaunte Frage, ob diese geistig behinderten Kinder denn in der Kindergartengruppe nicht störten oder in ihrer pädagogischen Förderung erheblich zu kurz kämen, erhielt ich die ebenso erstaunte Antwort von der Pädagogin, daß sie gar nicht mehr bemerkte, daß diese Kinder geistig behindert sind und ich doch selbst erkennen könnte, daß sie hier nicht stören.

Mit diesem Schlüsselerlebnis fuhr ich nach München zurück. Ich hatte mit der Montessori-Pädagogik ein pädagogisches System entdeckt, das es grundsätzlich ermöglichte, nichtbehinderte und behinderte — auch verschiedenartig behinderte — Kinder gemeinsam zu erziehen. Dies schien wichtig im Hinblick auf das Konzept der Entwicklungs-Rehabilitation, das ich 1968 mit Hilfe der Aktion Sonnenschein im Kinderzentrum München verwirklichte. Es war sehr bedeutsam, denn die gemeinsame Erziehung behinderter und nichtbehinderte Kinder ermöglichte soziale Lernprozesse vielleicht noch stärker als die gemeinsame Unterrichtung altersgleicher Kinder. Als Ziel der Frühdiagnostik und Frühtherapie wurde die frühe soziale Eingliederung wie auch immer gestörter und behinderter Kinder in Familie, Kindergarten und Schule intendiert, und hierfür schien die Montessori-Pädagogik geradezu ideal geeignet.

Als Konsequenz dieser Erlebnisse im Deutschen Bildungsrat wurde dem Kinderzentrum München 1968 ein Montessori-Kindergarten angegliedert, in dem erstmalig systematisch integrierte Erziehung — aus sozialpädiatrischer Sicht besser eine gemeinsame Erziehung — behinderter und nichtbehinderter Kinder praktiziert wurde.

3. Sonderstellung der Montessori-Pädagogik und Gründung eines ersten Integrationskindergartens

Aus der Sicht der Pädagogik des Deutschen Bildungsrates mußte die Montessori-Pädagogik als Herausforderung gelten. Während alle Bestrebungen darauf hinausliefen, altersgleiche, leistungsgleiche oder leistungsschwache Gruppen zu schaffen, lehnte diese Pädagogik konsequent Jahrgangsklassen ab. Den Vorstellungen des Deutschen Bildungsrates entsprach ein lehrerzentrierter Unterricht, bei dem die Lernprozesse vor allem vom Lehrer induziert werden, während in der Montessori-Pädagogik das Kind im Mittelpunkt steht, das weitgehend autodidaktisch seine Lernprozesse selbst bestimmt. Während das Ziel der Bildungsrat-Pädagogik darin bestand, der einheitlichen Gruppe die gleichen Lernprozesse mit dem gleichen Lerntempo zu ermöglichen, bestimmt in der Montessori-Pädagogik das einzelne Kind sein Lerntempo weitgehend selbst. Während in den Bestrebungen der Bildungsrat-Pädagogik mit der Unterrichtung weitgehend leistungsgleicher oder leistungsungleicher Kinder die Tendenz liegen mußte, daß die Schüler immer nur lernten, was als Pensum von dem Lehrer aufgegeben wurde, was zwangsläufig auch die Unselbständigkeit der Kinder förderte, ist in der Montessori-Pädagogik die Freiheit des einzelnen Kindes und die Förderung der Selbständigkeit maßgeblich intendiert. In diesem System hat der Erzieher lediglich den Auftrag, aus der Sicht des Kindes, „Hilf mir, es selbst zu tun".

Bei der Einrichtung des ersten Montessori-Kindergartens, in dem behinderte und nichtbehinderte Kinder gemeinsam erzogen wurden, hatte ich das einmalige Glück, daß mir in Frau Margarete Aurin eine unmittelbare Schülerin von Maria Montessori begegnete, die − erstmalig für die gesamte internationale Montessori-Pädagogik − im Kinderzentrum München systematisch eine gemeinsame Erziehung behinderter mit nichtbehinderten Kindern praktizierte. Den Aufbau und die ersten Erfahrungen des Kindergartens, ebenso wie die unglaublichen behördlichen Schwierigkeiten, als aus diesem Kindergarten wie selbstverständlich eine Grundschule entstand, sind in dem Buch „Unser Montessori-Modell" eingehend beschrieben.

3.1 Vorteile der Montessori-Pädagogik für die gemeinsame Erziehung behinderter und nichtbehinderter Kinder

Die Vorteile der Montessori-Pädagogik für die gemeinsame Erziehung behinderter und nichtbehinderter Kinder wurden bereits kurz skizziert. Sie liegen in folgenden Prinzipien:

Aktives Lernen: Nach den Erkenntnissen der Kommunikationsforschung hat Lernen durch Hören etwa eine Effizienz von rund 20%, Lernen durch Lesen von rund 30%, Lernen durch die Verbindung von Hören und Lesen eine Effizienz von rund 50%, Lernen durch darüber sprechen 70%, aber Lernen durch aktives Handeln eine Effizienz von 90% (Fischer 1956). In der Montessori-Pädagogik steht das aktive Lernen durch Handeln mit dem Montessori-Material im Vordergrund. Im Hinblick auf die Lernprozesse ist deswegen die Montessori-Pädagogik grundsätzlich allen anderen pädagogischen Systemen, in denen nicht aktives Lernen im Mittelpunkt steht, überlegen.

Vorbereitete Umgebung: Hier finden die Kinder alle didaktischen Prozesse geordnet vor in offenen Regalen mit Montessori-Material, mit gemeinsamer Pflege der Umgebung zur Förderung des Gemeinschafts- und Verantwortungsgefühls, der freie Übergang von einer Gruppe in die andere etc.

Freie Bewegung: Lernen an dem eigenen Tisch, Lernen auf der Matte auf dem Fußboden, Lernen − unter Mitnahme des eigenen Gestühls − im Freien, Gastlernen in der Nachbargruppe etc.. Freie Bewegung stärkt den natürlichen Bewegungsdrang des Kindes als eine der entscheidenden Voraussetzungen für das Wachstum und gibt behinderten und nichtbehinderten Kindern die Möglichkeit, motorische Störungen selbstverständlich zu akzeptieren.

Heterogene Lerngruppen: In der Montessori-Pädagogik sind die Altersstufen von 3 bis 6 Jahre, 7 bis 9 Jahre, 10 bis 12 Jahre vereint. Unter Einbeziehung von mehrfach und verschiedenartig behinderten Kindern lernen Jüngere von Älteren, Schwächere von Stärkeren.

Docendi discimus (= wer lehrt, lernt besser) ist ein über 2000 Jahre altes pädagogisches Prinzip, das hier zum Vorteil von erfahrenen Kindern wie von selbst verwirklicht ist. Montessori hat dies so beschrieben: „Der Weg, auf dem die Schwachen sich stärken, ist der gleiche wie der, auf dem die Starken sich vervollkommnen."

Soziale und kognitive Förderung: Auf der Basis dieser Pädagogik — so hat in 20 Jahren auch die Erfahrung sowohl im Kindergarten als auch in der Grundschule als auch inzwischen in der Hauptschule in München ergeben — läßt sich in besonderer Weise der Vorteil einer gemeinsamen Erziehung mehrfach und verschiedenartig, auch geistig behinderter Kinder mit nichtbehinderten, auch hochintelligenten Kindern ablesen.

Indem das intelligente Kind dem weniger intelligenten Kind hilft, wächst es in seiner Selbständigkeit, wodurch auch seine kognitiven Prozesse maßgeblich gefördert werden.

Indem das geistig behinderte Kind voller Freude den Rollstuhl des schwer körperbehinderten Kindes schiebt, erlebt es das Glück des Helfens, womit es in seiner Selbständigkeit und in seiner Kommunikationsfähigkeit gefördert wird.

Da geistig behinderte Kinder — in gleicher Weise auch sinnesgeschädigte, einschließlich blinder Kinder — von anders behinderten Kindern Hilfe erfahren, läßt sie Helfen und Helfenlassen erfahren, was wiederum nicht nur ihre Sozialentwicklung maßgeblich fördert, sondern auch ihre Lernprozesse verstärkt.

Nur in der gemeinsamen Erziehung kann — wie kürzlich erlebt — auch ein Kind mit Down-Syndrom (in aller Welt als geistig behindert abgestempelt und in Sonderschulen isoliert) eine zweite Sprache erlernen und sich, wie in unserer Schule geschehen, mit der britischen Kronprinzessin Diana auf Englisch unterhalten. Die Prinzipien der Montessori-Pädagogik machen es möglich, daß auch behinderte Kinder ein Lernniveau erreichen, das in einer Sondergruppe einfach nicht erreicht werden kann.

3.2 Montessori-Material

Ein großer Vorteil für die gemeinsame Erziehung behinderter Kinder liegt in dem Einsatz des Montessori-Materials:

Die Materialien zur Übung des praktischen Lebens — im Kindergarten und in der Grundschule als Anregung erfahren — können ohne weiteres auch bei geistig behinderten Kindern, motorisch gestörten oder sinnesgeschädigten Kindern in den Alltag übertragen werden. Im Rahmen der Tätigkeiten des praktischen Lebens lernt das Kind in der Montessori-Gruppe gemeinsam mit nichtbehinderten Kindern tätig zu werden, eine Fähigkeit, die ihm in der Praxis des späteren Lebens maßgeblich Hilfe gibt.

Die Beschäftigung mit dem Sinnesmaterial hilft dem Kind zu begreifen, was es sieht, hört und tastet. Es verarbeitet — behindert oder nicht — auditive, visuelle, Geschmacks-, Tast-, und Geruchseindrücke. Die Kompensationsmöglichkeiten für motorisch behinderte oder sinnesgestörte Kinder liegen wie in keiner anderen Pädagogik auf der Hand.

Mit dem didaktischen Material lernen wie auch immer behinderte Kinder leichter die pädagogischen Grundtechniken als über jede andere Methode. In der Mathematik greifen und damit begreifen behinderte und nichtbehinderte Kinder beispielsweise eine Goldene Perle als Punkt = 1, 10 Goldene Perlen aneinandergereiht als Linie = 10, 10 mal 10 Goldene Perlen hintereinander als Hunderterkette, nebeneinander als Quadrat = 100, 10 mal 10 Perlenquadrate aufeinandergelegt als Kubikwurzel = 1000.

Das Nachziehen der Sandpapierbuchstaben als Koordinationsübung prägt als kinästhetisches Lernen (von Maria Montessori „Muskelgedächtnis" genannt) dem Großhirn die Buchstabenmuster ein, wodurch wiederum motorisch gestörte, sinnesgeschädigte, auch mental retardierte Kinder erhebliche Schreib- und damit Lesehilfen erfahren.

Indem das nichtbehinderte Kind die gleichen Übungen an dem gleichen Material vollzieht wie das behinderte Kind, entstehen neben den kognitiven kontinuierlich auch soziale Lernprozesse, die für die Persönlichkeitsentwicklung behinderter und nichtbehinderter Kinder so bedeutsam sind.

3.3 Erfahrungen mit gemeinsamer Erziehung behinderter und nicht behinderter Kinder im Rahmen der Montessori-Pädagogik in der Grundschule

Bei der integrierten Erziehung in der Grundschule hat sich im Rahmen der Montessori-Pädagogik eine Klassenstärke zwischen 20 und 25 Kindern, von denen 5 bis 7 Kinder mehrfach und verschiedenartig behindert sind, als günstig erwiesen. Die Art der Behinderung spielt eine untergeordnete Rolle, jedoch benötigen in ihrer Sozialentwicklung geschädigte aggressive Kinder eine kleinere Gruppe, wo sie mehr Zuwendung durch den Pädagogen erhalten. Da unsere Kinder nach den amtlichen bayerischen Lehrplänen lernen, kann jederzeit ein Kind die Schule verlassen oder neu in die Grundschule eintreten.

Da die Montessori-Schule als Schulversuch genehmigt wurde, hat das Bundesministerium für Bildung und Wissenschaft auch eine wissenschaftliche Begleitung finanziert, mit deren Hilfe nicht nur der Leistungsstand, sondern vor allem das Arbeitsverhalten und die soziale Eingliederung untersucht wurden. In einer parallelisierten Untersuchung mit wissenschaftlichen „Geschwistern" aus der normalen Grundschule wurden Konzentrationsverhalten, Schulangst, Schulunlust, funktionelle körperliche Beschwerden und Einstellung zu Behinderten neben der Schulleistung untersucht.

In Deutsch, Mathematik und Turnen hatten die ehemaligen Montessori-Schüler im Sekundarbereich die gleichen Leistungen wie die Kinder, die ihre Grundschulzeit in Regelschulen verbracht hatten, und dies obwohl sie während der gesamten Grundschulzeit praktisch keine Noten kennenlernten.

Die ehemaligen Montessori-Schüler zeigten im Hinblick auf Prüfungsangst und manifeste Angst hochsignifikant geringere Werte als ihre „wissenschaftlichen Geschwister" aus Regelschulen. Die Montessori-Schüler zeigten im Prinzip die gleichen Konzentrationsleistungen wie die Grundschüler aus den Regelschulen, und dies obwohl unter den Montessori-Schülern von Behinderung bedrohte, körperbehinderte und sogar mehrfach geschädigte Kinder waren. Im Sekundarbereich allerdings waren die ehemaligen Montessori-Schüler in ihren Konzentrationsleistungen signifikant besser.

Signifikante Unterschiede fanden sich beim Selbstkonzept, d. h. die ehemaligen Montessori-Schüler — auch die behinderten Kinder — schätzten sich signifikant als schneller, ruhiger und mutiger sowie als tendenziell besser ein. Die ehemaligen Montessori-Schüler schätzten behinderte Mitschüler als weniger brav, traurig, arm, leise, krank, schwach ein. Aus ihren Erlebnissen heraus hatten sie also das Vorurteil gegenüber behinderten Kindern abgelegt.

Auch in der „Soziale-Distanz-Skala", die den operationalisierten Handlungsaspekt betrifft, zeigten die ehemaligen Montessori-Schüler eine wesentlich geringere soziale Distanz, aber eine größere soziale Nähe als ihre „wissenschaftlichen Geschwister" in der Regelschule. 72% der ehemaligen Montessori-Schüler konnten sich gut vorstellen, ein körperbehindertes Kind als besten Freund zu haben.

Rund 80% der nichtbehinderten Kinder gehen nach vier Jahren Grundschule auf das Gymnasium. Hierzu müssen sie — da die Schule nur staatlich genehmigt, aber nicht staatlich anerkannt ist — eine Aufnahmeprüfung an einer fremden Schule mit einem ihnen grundsätzlich fremden Stoff bestehen, was bemerkenswerterweise niemals zu Schwierigkeiten führte. Das Weiterverfolgen der Kinder, die von der Montessori-Grundschule in das Gymnasium übergewechselt sind, hat gezeigt, daß die Kinder keine Schwierigkeiten hatten, sich auf einen lehrerzentrierten Unterricht mit Noten einzustellen. Ihre im Rahmen der gemeinsamen Erziehung gewonnene Selbständigkeit erleichterte ihnen dies offensichtlich.

Einer unserer ehemaligen Schüler — mathematisch besonders begabt — beherrschte bereits am Ende des zweiten Jahres die Grundschul- und am Ende des vierten Schuljahres die gesamte Hauptschulmathematik, was im Rahmen der Montessori-Pädagogik ohne Schwierigkeiten möglich ist. Er hat 1983 die Jugend-Mathematik-Olympiade in Paris mit einer Goldmedaille gewonnen.

Den behinderten Kindern steht die Möglichkeit offen, in das Gymnasium überzuwechseln, die 4. Klasse vor dem Übergang in das Gymnasium noch einmal zu wiederholen, in eine Hauptschule überzutreten oder in die Sonderschule zu gehen. Auch unter den behinderten Kindern haben wir einen relativ hohen Prozentsatz von späteren Gymnasiasten, darunter vor allem hörbehinderte und körperbehinderte Kinder mit spastischer Lähmung.

Die Erfolge bei behinderten Kindern lassen sich an den Ergebnissen der Schullaufbahn von geistig behinderten, lernbehinderten und erziehungsschwierigen Kindern bei Abschluß der Montessori-Schule messen:

— Von 17 bei der Einschulung 1974 bzw. 1975 als geistig behindert eingestuften Kindern erreichten 8 Jahre später 2 Kinder einen Hauptschulabschluß, 7 einen Lernbehindertenabschluß und nur 8 blieben bei einem Abschluß für geistig behinderte Kinder;
— Von 16 bei der Einschulung zum gleichen Zeitpunkt als lernbehindert eingestuften Kindern erreichten 8 einen normalen Hauptschulabschluß und 8 blieben bei einem Lernbehindertenabschluß;
— Von 5 bei der Einschulung als erziehungsschwierig eingestuften Kindern erreichten 4 einen normalen Hauptschulabschluß, 1 Kind einen Lernbehindertenabschluß.

4. Resümee

Die Montessori-Pädagogik als eine kindzentrierte Pädagogik, die nur altersgemischte Gruppen kennt und bei der neurophysiologische Anregungen durch das spezifische Material die kognitiven Lernprozesse fördern, hat sich als ideal für die gemeinsame Erziehung mehrfach und verschiedenartig, auch geistig behinderter Kinder mit nichtbehinderten, auch hochintelligenten Kindern erwiesen. Die in der Montessori-Pädagogik intendierte soziale Förderung durch Helfen und Helfenlassen wird im Rahmen gemeinsamer Erziehung, wie sie erstmalig für die internationale Montessori-Pädagogik im Kinderzentrum München in den letzten 20 Jahren praktiziert wird und inzwischen auch internationale Verbreitung gefunden hat, ermöglicht eine optimale Förderung nicht nur behinderter, sondern auch nichtbehinderter Kinder.

Literatur

Fischer, A.: Aufbau eines Gesundheitserziehungsprogramms durch einen Wohlfahrtsverband. In: Bundesvereinigung für Gesundheitserziehung (Hrsg.): Gesundheitserziehung von A–Z, 5. Liefg. (1959). Bonn 1956.
Hellbrügge, Th.: Zur Problematik der Säuglings- und Kleinkinderfürsorge in Anstalten. Hospitalismus und Deprivation. In: *Opitz, H./Schmid, F.*: Handbuch der Kinderheilkunde. Bd. III (1966), S. 385–404.
Hellbrügge, Th.: Zur Prognose des frühkindlichen Deprivationssyndroms bei Heimkindern. In: Schriftenreihe der Deutschen Zentrale für Volksgesundheitspflege e. V. 17 (1970) S. 42–58.
Hellbrügge, Th. (Hrsg.): Kindliche Sozialisation und Sozialentwicklung. Fortschr. d. Sozialpädiatrie. Bd. 2. München 1975.
Hellbrügge, Th.: Unser Montessori-Modell — Erfahrungen mit einem neuen Kindergarten und einer neuen Schule. München 1977.
Pechstein, J.: Umweltabhängigkeit der frühkindlichen zentralnervösen Entwicklung. Schriftenreihe aus dem Gebiete des öffentl. Gesundheitswesen, 34. Stuttgart 1974.

Christel Manske

Nicht die Kinder stören die Lehrer, sondern das Lehrer-Schüler-Verhältnis ist gestört

1. Die Bedeutung der dialektischen Denkweise für die Aufhebung gestörter Verhältnisse

Da ich davon ausgehe, daß jedes Verhalten eines Kindes für es selbst sinnvoll ist, auch wenn es zerstörerisch zu sein scheint, bin ich der Meinung, daß es die Aufgabe der Pädagogen ist, mit dem Kind gemeinsam diese Zweckmäßigkeit zu entschlüsseln. Hiervon gehen die Psychoanalytiker aus. Sie sehen in der Bewußtwerdung des innerdynamischen Sinns des gestörten Verhaltens die Möglichkeit der Heilung.

Die klassischen Verhaltenstherapeuten hingegen fragen weniger nach der Sinnhaftigkeit und Zweckmäßigkeit des gestörten Verhaltens. Sie sehen es als das Ergebnis von Konditionierungsprozessen. Sie versuchen mit Hilfe von positiver Verstärkung, negativer Verstärkung und Bestrafung die Verhaltensstörungen von Menschen zu modifizieren.

Beide therapeutische Ansätze waren in meiner Arbeit mit verhaltensgestörten Kindern aus einem Obdachlosengebiet nicht geeignet. Ein Lehrer mit einer Klasse von 20 Kindern kann niemals die innerdynamischen Prozesse der einzelnen Kinder in seiner Unterrichtszeit analysieren. Die Mühe wäre auch vergeblich, da die Psychoanalyse primär den subjektiven Anteil der Verhaltensstörung rekonstruiert.

Die objektive Analyse müßte die gesellschaftliche Situation der Betroffenen miteinbeziehen.[1]

Das verhaltenstherapeutische Tokensystem scheiterte bei Kindern aus der sozialen Unterschicht. Gegen Bestrafungen waren die meisten von ihnen resistent geworden, und die Belohnungen, die die Lehrer in Form von Lob, Sternchen, Heiligenbildchen und Hausaufgabenbefreiung austeilten, hatten nur bei den angepaßten Kindern Erfolg, aber nicht bei denen, die angepaßt werden sollten. Das Lehrerurteil über ein Kind „es *ist* verhaltensgestört" sagt nur scheinbar etwas über das Kind aus, in Wahrheit spiegelt sich in diesem Urteil auch das Verhältnis wider, das ein Lehrer zu einem Kind hat. Die Störung sollte also nicht im Kind gesehen und gesucht werden, sondern sie sollte erkannt werden als ein gestörtes Verhältnis zwischen Lehrer und Kind. Nach dieser Auffassung gibt es keine verhaltensgestörten Kinder, sondern es gibt nur Kinder, durch die sich die Lehrer im Unterricht gestört fühlen. Im Grunde genommen kann man nur von „Störung" als einem Grundtypus mißglückter Interaktion oder instabiler Intersubjektivität sprechen.

In der täglichen Unterrichtspraxis wird das gestörte Lehrer-Schüler-Verhältnis in der Regel nicht reflektiert. Auf Lehrerkonferenzen und in Pausengesprächen tauschen die Lehrer ihre unbegriffenen Erlebnisse über die verhaltensgestörten Kinder ihrer Klasse aus. Sie lasten das gestörte Lehrer-Schüler-Verhältnis einseitig den Kindern an und legen es in sie hinein. Wenn die Gutachter sich dann einig werden, steht der Aussonderung und der Überweisung der Kinder in die Schule für Verhaltensgestörte nichts mehr im Weg. Damit ändert sich aber der soziale Status des Kindes. Aus einem normalen Kind, das in der Regelschule stört, wird ein verhaltensgestörtes Sonderschulkind.

Von den Kindern, die sich durch das Verhalten der Lehrer im Unterricht gestört fühlen, da sie sich in ihren Entfaltungsmöglichkeiten eingeschränkt sehen, ist in der herkömmlichen Pädagogik kaum die Rede. Ihren Unmut darüber drücken die Kinder hin und wieder in Spottversen aus. In dem folgenden Vers heben sie die einseitige Sichtweise auf und deuten das Lehrer-Schüler-Verhältnis an:

> „Von den blauen Bergen kommen wir,
> unser Lehrer ist genauso blöd wie wir ...“

Den denkenden Lehrern dürfte es daher nie einfallen, mit Machtmitteln angesichts der Ohnmacht der Kinder das kindliche Verhalten zu modifizieren. Denn sie sehen in dem unangepaßten Verhalten die Kraft verborgen, die die positive Aufhebung des bestehenden Unterrichts herbeiführen kann.

Der denkende Lehrer beurteilt weder das Verhalten des Kindes noch sein eigenes Verhalten unabhängig voneinander. Im Verhalten des Kindes erkennt er sich in seiner pädagogischen Tätigkeit selbst wieder, aber auch das Kind reflektiert sich im Verhalten des Lehrers in dem Maße, wie es sein Verhältnis zu ihm begreift. Das gestörte Lehrer-Schüler-Verhältnis wird somit zum Ausgangspunkt der Denkarbeit für beide, und das veränderte Lehrer-Schüler-Verhältnis ist ihr Ziel.

2. Der zunehmende Aufbau von gestörtem Verhalten im herkömmlichen Unterricht bei Kindern aus der sozialen Unterschicht

Während die Mittelschichtskinder schon von klein auf für die Schule erzogen werden, ist für die meisten Unterschichtskinder der herkömmliche Schulunterricht eine „tödliche“ Situation. Sie sind gegenüber priviligierten Kindern handlungsstark innerhalb ihres Milieus, und sie kennen die gesellschaftlichen Probleme oft besser als ihre Lehrer. Doch ihre Lebenserfahrung, ihr Wissen und ihre Fähigkeiten sind im herkömmlichen Unterricht nicht gefragt. Ihre Gedanken dürfen sie nicht äußern, mit ihrer Sprache dürfen sie nicht sprechen, und ihre alltäglichen Erfahrungen wie z.B. Obdachlosigkeit, Arbeitslosigkeit, Alkoholismus, Gewalt, finanzielle Not, Gefängnis, Fürsorge usw. sind tabuisiert. Obwohl die Kinder kaum andere Inhalte denken können, denn diese sind ihr Lebensinhalt, sollen sie im Unterricht über Dinge sprechen, die sie nicht erfahren haben. Damit verkümmert das Lernen in der Schule zum sinnlosen Nachsprechen und Auswendiglernen.

Ein solcher Unterricht hat für die geistige und psychische Entwicklung der Kinder verheerende Folgen. Einerseits ist sinnentleertes Merken immer eine

Überforderung, da es auf die Dauer das Konzentrationsvermögen und die Wahrnehmungstätigkeit auf das äußerste strapaziert, und andererseits ist es eine Unterforderung, insofern als die Kinder mit Sachverhalten konfrontiert werden, die weit unter dem Niveau ihrer Lebenserfahrung sind.

Für Schulkinder ist die dominante Tätigkeit das Lernen. Schulisches Lernen ist in diesem Lebensabschnitt ihre gesellschaftliche Aufgabe. Mit Hilfe von Unterricht sollen sie sich ihre alltäglichen Erfahrungen bewußt machen, sie in Zusammenhängen erkennen, begreifen und ordnen. Nur so lernen sie Schritt für Schritt sinnvolles, planmäßiges Handeln in ihrer Umwelt.

Der herkömmliche Unterricht scheitert bei Kindern aus der sozialen Unterschicht, da er verhindert, daß sie sich als Lernende erfahren. Wenn sie lange genug in die Schule gegangen sind, begreifen sie ihre Lebenssituation überhaupt nicht mehr. Die Kinder äußern ihren Widerstand in unangepaßtem Verhalten. Rosa, drittes Schuljahr, verweigerte z. B. das Lesen in dem verordneten Lesebuch mit den Worten: „Weil wir alle ein Dreck sind ... in denen Bücher ..." Da sie ihren Schmerz über die mittelschichtsorientierten Lesebücher, die kein Verständnis für ein Mädchen, das aus einem Obdachlosengebiet kommt und zur Sonderschule geht, zeigen, in Worte fassen konnte, gab sie mir eine Chance, sie zu verstehen und zu handeln. Wir stellten gemeinsam eine Hasenbergl[2] — Fibel her, in der die Kinder ihre eigenen Texte veröffentlichen. Diese Fibel akzeptierten die Kinder. Sie lasen zu Hause sogar ihren Eltern daraus vor. Schwieriger war es, z. B. Hansi, zweites Schuljahr, zu verstehen, der plötzlich anscheinend grundlos Stühle durch die Klasse warf. Erst nachdem ich ihn fragte: „Hansi, wen willst Du treffen? Hier ist doch niemand, der dir weh tun will, weinte er: „Zu Hause, da schlägt er sie wieder ... ich soll hier in der Schule sein. Ich will nicht ... ich will nicht ..." Ein Telefongespräch mit der Mutter war notwendig, um ihn zu beruhigen.

Wenn wir die nächste Zone der Entwicklung der Kinder bestimmen, müssen wir als Lehrer im Unterricht unbedingt von den gesellschaftlichen Erfahrungen der Kinder ausgehen. Nur so geben wir ihnen eine Chance, auf ihrem höchsten Handlungsniveau tätig zu werden. Rosa wollte lesen lernen. Sie lehnte aber Texte ab, durch die sie sich und ihre Familienangehörigen diskriminiert fühlte. Hansi wollte keine Stühle demolieren. Er konnte die Ungewißheit nicht ertragen, ob sein betrunkener Vater zu Hause seine Mutter schlägt. Er wollte nicht untätig sein, sondern er wollte ihr beistehen. Irgendetwas mußte er tun. In Worten konnte er sich nicht ausdrücken.

Auffällig war, daß fast alle Kinder montags den Unterricht mehr störten als an anderen Wochentagen. Unterschichtskinder kommen aus engen Wohnverhältnissen, wo Reizüberflutung und sensorische Deprivation bestimmend sind.

Mit den Wochenenderfahrungen kamen sie dann in die Schule und mußten sich dort auf eine Situation einstellen, die widersprüchlich zu ihren häuslichen Erfahrungen war. Diesem Widerspruch waren die Kinder ausgeliefert, und sie konnten ihn nur verarbeiten, indem sie mit Fehlverhalten, Ängsten, Aggressionen, unkontrollierten Handlungen, Schmerzzuständen, Wahrnehmungsstörungen, Autoaggression, motorischer Unruhe usw. reagierten.

Die unterschiedlichen Symptome, die die Kinder entwickelten, zu therapieren, wäre nicht möglich gewesen und nach meiner heutigen Überzeugung auch nicht sinnvoll. Es ist anzunehmen, daß fast allen unterschiedlichen Störungen eine Ursache zugrunde lag, die nicht so sehr für die einzelnen Kinder wesentlich war, sondern vielmehr für die Unterrichtssituation. Für diese Kinder galt noch mehr, was für alle Kinder im Unterricht gilt:

- „Die Kinder wollen nicht still sein, sondern reden.
- Sie wollen nicht sitzen, sondern aktiv sein.
- Sie wollen keine Monologe, sondern Dialoge.
- Sie wollen nicht gelobt werden, sondern Anerkennung.
- Sie wollen nicht getadelt werden, sondern Kritik.
- Sie wollen nicht mit der Hand *oder* mit dem Kopf arbeiten, sondern mit Hand *und* Kopf.
- Sie wollen erkennen und nicht glauben.
- Sie wollen verstanden und nicht beurteilt werden.
- Sie wollen nicht unterfordert und nicht überfordert werden, sondern jedes Kind will entsprechend seinen Fähigkeiten lernen."[3]

Es ist für uns Lehrer natürlich nicht einfach zu akzeptieren, daß der von uns gestaltete Unterricht ursächlich für das gestörte Verhalten vieler Kinder ist. Aus eigenen Erfahrungen kann ich sagen, daß sich das Verhalten der Kinder, die meinen Unterricht störten, weder durch freundliches Zureden noch durch repressive Maßnahmen änderte, sondern wesentlich nur dadurch, daß ich mich auf den Weg machte, den Unterricht als eine Lernmöglichkeit für die Kinder umzugestalten, so daß ihre jeweilige Entwicklungsstufe, ihre gesellschaftliche Situation und das höchste Niveau ihrer Handlungsmöglichkeit berücksichtigt wurden. Schule sollte der Ort sein, wo sie lernen sollten, ihre Erfahrungen zu begreifen und wo sie zunehmend zum selbstbewußten Handeln in ihrer Lebenssituation befähigt werden.

Ich mußte mich zunehmend von der verordneten Lehrerrolle verabschieden und die Rolle des Dompteurs aufgeben. Ich nahm erst einmal hin, daß die Kinder den Unterricht störten. Ich versuchte es aber nicht bei der Störung zu belassen, sondern ich forderte die Kinder auf, mit zu helfen, ihr störendes Verhalten zu begreifen.

Ich denke, daß es selbst dem erfahrenen Lehrer nicht leicht fällt, in jeder Situation das notwendige Verständnis aufzubringen. Das hat er auch in der Regel nicht gelernt. Vielmehr hat er gelernt, daß es seine Pflicht ist, die Kinder, die den Unterricht stören, mit Macht in den Griff zu kriegen. Damit nimmt er sich aber jede Chance, das gestörte Verhältnis zu begreifen und zu entstören. Je mehr Macht er gegen die Kinder einsetzt und je mehr es ihm gelingt, um so größer wird das Problem.

Wenn nämlich ein Lehrer den, wie er denkt, verhaltensgestörten Kindern verbietet, ihren Unmut, ihre Langeweile, ihre Müdigkeit, ihre Konzentrationsstörungen offen zu zeigen, dann werden die Folgen nicht lange auf sich warten lassen. Er wird die Erfahrung machen, daß er Langeweile, Müdigkeit, Konzentrationsstörungen usw. nicht verbieten kann. Wenn er die ersten Anzeichen kindlichen Widerstands gegen den herkömmlichen Unterricht, wie z.B. ständig den Platz verlassen, dazwischen reden, aus dem Fenster schauen usw. unterdrückt, dann transformieren die Kinder ihren erkennbaren Protest bis zur Unkenntlichkeit.

So können Eßstörungen, Magenkrämpfe, Einnässen, Schulangst, Schlaflosigkeit, Nägelkauen usw. Folgen des gestörten Verhältnisses zur Schulsituation sein. In der Bundesrepublik sind bekanntlich viele Kinder wegen solcher Symptome in ärztlicher Behandlung. Die Ärzte, die ursächlich nichts tun können, haben nur die Möglichkeit, die Kinder mit Medikamenten zu beruhigen.

3. Die Aufhebung gestörter Verhältnisse und das Annehmen der betroffenen Kinder auf der Grundlage der dialektischen Denkweise

Die Entstörung, das heißt die positive Aufhebung des gestörten Lehrer-Schüler-Verhältnisses sollte im dreifachen Sinn gesehen werden:

1. In dem Sinn, daß das ursprüngliche Verhältnis nicht mehr existiert.
2. In dem Sinn, daß das ursprüngliche Verhältnis im neuen aufgehoben ist, das heißt nicht vergessen oder verdrängt wird, sondern als ein begriffenes bewahrt bleibt.
3. In dem Sinn, daß das Verhältnis qualitativ auf ein höheres menschliches Niveau gehoben wird.

Die Aufhebung des jeweils bestehenden Verhältnisses ist die befreiende Entwicklung, die Lehrer und Schüler auf einem wechselseitigen Lernweg durchlaufen, sich ständig verlassen, um sich immer wieder neu hervorzubringen. Anhand von Fallbeispielen aus meiner Unterrichtspraxis, stelle ich nun dar, wie es möglich ist, alltägliche Konflikte anzugehen. Gert, drittes Schuljahr, war nach Meinung des Lehrerkollegiums ein verhaltensgestörtes Kind. Als ich die Klasse abgab, kam er sofort auf die Sonderschule, obwohl er leistungsmäßig den Anforderungen der Regelschule entsprach.

3.1 Der Klassendieb

„Als einmal ein Anspitzer und ein Bleistift während des Unterrichts abhandengekommen war, forderte ich die Kinder auf, die Sachen zu suchen. Alle Kinder suchten. Sie krochen auf dem Boden herum, schauten in Taschen, Schubladen, Schränke usw.. Plötzlich entdeckte ich, daß Gert die Dinge im hinteren Täschchen seiner Nietenhose versteckt hatte."[4]

Was soll ein Lehrer unternehmen, wenn er den Dieb gefunden hat?
Ich hätte sagen können:

„Gert, komm doch mal her ... zeig doch einmal, was Du da in deiner Hosentasche hast ..." oder

„Das ist doch nicht die Möglichkeit, so eine Frechheit. Du hast die Sachen in deiner Tasche und tust so, als wenn Du suchen hilfst ..."

Ich beurteilte sein Verhalten erst einmal gar nicht, sondern brach die Suchaktion ab, da ich die Sachen ja gefunden hatte. Ich sagte, daß ich wüßte, wo die Sachen wären. Gert faßte schnell mit der Hand auf das Täschchen. „Nein, nein ... das stimmt nicht ... das weiß keiner, wo die Sachen sind!" „Doch", sagte ich, „und du weißt es auch."

Gert sagte kein Wort, legte die Sachen in meine Hand und schlich zum Platz. Ich fühlte mich auf einmal elend. Gert hat mich entlarvt, meine Gleichgültigkeit.[5]

Wenn man sich nicht die Zeit nimmt, sich Gedanken zu machen, verhält man sich meistens der momentanen psychischen Verfassung entsprechend entweder mildtätig und verzeihlich oder bestrafend und vorwurfsvoll. So wären folgende Reaktionen denkbar gewesen:

„Gertchen du weißt doch, daß du nicht stehlen darfst. Du warst aber so lieb, daß du die Sachen von selbst zurückgegeben hast. Aber versprich mir, daß du es nicht wieder tust ..." oder „Also, du warst der Dieb ... jetzt wissen wir endlich, wer du bist, schäm' dich und untersteh' dich, so etwas noch einmal zu tun ..."

Wir suchen das Problem nicht im Kind, sondern außerhalb von ihm. Wir müssen den Gegenstand in der Wirklichkeit finden, die das Verhalten des Kindes verursacht. Nicht über das Kind, sondern über diesen Gegenstand muß im Unterricht von allen Beteiligten nachgedacht werden. In dieser Situation ist der Gegenstand tatsächlich leicht auszumachen. Gert hatte sich Anspitzer, Bleistifte, Radiergummi angeeignet. Er wollte nicht länger um die Dinge, die er ständig in der Schule benötigte, betteln.

Er besaß nichts. Er war im Heim untergebracht, weil seine Mutter ihn nicht versorgen konnte. Seine abgetragene Kleidung war entweder viel zu groß oder zu klein, nie sauber, selten heil. Er trug Skistiefel an heißen Tagen. Ich sah sein blasses Gesicht, tiefliegende Augen, zitternde Lippen. Ich wußte, daß er selten etwas zum Schreiben hatte. Seine Federtasche war immer leer. Zwischen den Heften klebte manchmal ein Margarinebrot, das er sich für die Schule geschmiert, aber nicht eingewickelt hatte. Ich wußte, daß er ständig um Sachen betteln mußte, ihm aber selten jemand etwas gab.

Was sollte ich in diesem Augenblick machen? Wie sollte ich den Kindern erklären, was ich jetzt verstanden hatte? Nachdem ich viel Unsinn geredet hatte, zeigte ich den Kindern Gerts leere Federtasche. „Gert hat nichts", sagten die Kinder leise. Zögernd reichten ihm einige, was er brauchte. Gert nahm die Sachen, steckte sie sorgfältig in die Federtasche. Sein Gesicht glühte. „Wenn ihr mir was gebt, dann ich auch was haben tu", sagte er.[6]

Weder Härte noch Milde hätten bei Gert und den anderen Kindern etwas bewirkt, sondern nur das Erkennen. Die leere Federtasche hatte etwas Zwingendes für die anderen Kinder. Wenn sie nicht hinter ihrer Bewußtwerdung zurückfallen wollten, mußten sie handeln. Sie hatten schlagartig von selbst erkannt:

„Gert ist nicht der Dieb in unserer Klasse, sondern das Heimkind, das nichts besitzt. Wir sind nicht wesentlich die kleinen Engel, sondern Besitzende im Vergleich zu Gert." Begriffene Erfahrung, welche auf begriffenen Erlebnissen mit Kindern beruht, schafft ein neues Bewußtsein bei jedem und konstituiert eine neue Realität.

3.2 Der Schulschwänzer

Was soll ein Lehrer tun, wenn ein Kind nie pünktlich zur Schule kommt, er seine ganzen Überredungskünste und Verstärkungspläne eingesetzt hat? Ich hatte die erste Stunde so gestaltet, wie es Gert am liebsten hatte. Ich hatte am Vortag mit ihm darüber gesprochen, was er sich für den nächsten Tag wünsche, wie wir den Unterricht beginnen sollten. Andere Kinder kamen früher, als sie sollten, um ja nichts zu verpassen. Er, für den ich das alles machte, kam nicht. Einmal erzählten mir die Kinder, daß sie ihn schon gesehen hätten.[7]

Diese Erlebnisse bestätigten die Unwirksamkeit der Verhaltenstherapie bei Gert. Er zeigte so wenig Interesse an mir und den anderen Kindern, daß es ihm völlig egal zu sein schien, ob ich ihn lobte oder tadelte. Wenn er in der Klasse war, brachte er mich zur Weißglut mit Sätzen wie: „Hört doch nicht hin, was die sagt

... ihr sollt weghören". Wenn ich auf ihn zuging und mit ihm sprechen wollte, setzte er sich unter den Tisch. Dort blieb er solange sitzen, bis ich wieder ging. Ich suchte für sein Schulschwänzen nach vielen Erklärungen, z. B. daß die Erzieherinnen ihn nicht früh genug zur Schule schicken würden, daß er auf dem Schulweg eine Ablenkung hatte usw.. Aber im Grunde genommen wußte ich, daß er es ablehnte, in die Klasse zu kommen. Um den Grund seines Handelns zu begreifen, mußte ich tun, was er tat — die Klasse verlassen und mich draußen aufhalten.

Ich ging nach draußen, um ihn zu suchen. Ich entdeckte ihn unter einem Busch. Er hatte sich am Rand des Schulhofes versteckt. Er stocherte mit einem Stock im Sand herum. Das struppige Haar verdeckte sein Gesicht. Ich sah seine staubigen Schuhe, seine schmutzigen Hände, seine aufgeschlagenen Knie.[8]

Es spricht für sich selbst, wenn ein Kind die Isolation dem Unterricht vorzieht und lieber mit einem Stock im Sand stochert, als mit dem Bleistift ins Heft zu schreiben. Er wollte nicht mein Schüler sein. Ich versuchte das zu akzeptieren und sah in erster Linie das Kind, das sich von niemand geliebt fühlte und niemand lieben konnte. Ich sprach ihn an: „Du bist hier? Ein Glück, daß nichts passiert ist. Hier fahren doch die vielen Autos. Die Kinder haben sich schon Sorgen gemacht, aber es ist ja nichts geschehen, und du sitzt hier." Ich nahm ihn auf den Arm und trug ihn bis zur Klassentür. Er hielt ganz still. Ich fühlte seine kleine Hand an meinem Hals. Am nächsten Tag kam er in die Klasse gestürzt: „Braucht ihr euch ja keine Sorgen zu machen, wenn ich zu spät komm, braucht ihr ja keine Angst zu haben ..."

Gert kam kein einziges Mal mehr zu spät.[9]

Der Grund seines sogenannten Schulschwänzens lag also nicht in ihm. Neben ihm wollten die Kinder nicht sitzen.

So hatte sich zum Beispiel ein Vater bei mir beschwert, daß ausgerechnet seine Tochter neben diesem Störenfried sitzen sollte. Er fürchtete um die guten Leistungen seiner Tochter. So saß er, wenn er am Unterricht teilnahm, freiwillig allein. Als wir mit Gert und den anderen Kindern darüber gesprochen hatten, daß alle dafür verantwortlich sind, wenn ein Kind in der Klasse einsam ist, änderte sich Gerts Situation. Diana setzte sich neben ihn.

3.3 Die Rockerklasse

Ich war mit meinem Unterricht in einer Rockerklasse gescheitert. Sie hatten „das Weib" nicht eine Stunde akzeptiert. Sie hatten die Matrizenblätter zerknüllt, die Tafeltexte ausgelöscht, den Stecker aus der Steckdose herausgezogen, wenn ich Dias zeigen wollte usw.

Da ich den Unterricht nur vertretungsweise während meines Studiums übernommen hatte, hatte ich zu jeder Zeit die Möglichkeit zu kündigen. Doch bevor ich ging, wollte ich ihnen sagen, daß ich zwar unfähig sei, sie zu unterrichten, sie aber dennoch anerkannte. Daher bereitete ich einen Text vor, der die Arbeit Flanagans darstellte, dem Begründer der „boys-town".

Er hatte jugendliche Kriminelle von der Straße aufgelesen. Er mietete ein altes Hotel, in dem er mit ihnen wohnte und Werkstätten eingerichtet hatte. Als er sich um den Kauf eines neuen Grundstücks bemühte, auf dem er weitere Werkstätten für Jugendliche errichten wollte, fragte ihn der Makler: „Herr Flanagan, warum tun Sie das alles für diese Kriminellen, für diese schlechten Jungen?" „Schlechte Jungen? Sie sprechen von schlechten Jungen, schlechte Jungen kenne ich nicht. Ich sage dies, weil ich weiß, wie gut diese Jungen sind. Es gibt Notunterkünfte, schlechte Vorbilder, aber keine schlechten Jungen, nicht einen", antwortete Flanagan.[10]

Der Text rührte sie. Er machte ihnen ihre aussichtslose gesellschaftliche Situation bewußt. Sie hatten alle keine Hoffnung, als Sonderschüler eine Lehrstelle zu finden. Sie gestanden sich zum erstenmal ein, daß sie lieber lernen und arbeiten wollten, als heimlich nachts Automaten zu knacken. Ich denke, daß der Text für sie ein Spiegel war, indem sie sich erkennen konnten.

Ab 14 Jahren findet die zweite Geburt der Persönlichkeit statt, und die gesellschaftliche Arbeit wird zur dominanten Handlung.

Auf meine Frage, wie sie über die „boys-town" denken würden, antworteten sie, daß Flanagan ganz gut sei.

„Er ist gut zu den Jungen." Richard sagte: „Ich habe auch große Lust, in Werkstätten zu arbeiten. Schauen Sie uns doch an, wir können doch arbeiten. Wir sind doch keine Kinder. Ich möchte was Richtiges arbeiten. Wir brauchen Handwerkszeug."

Als ich fragte, wie sie über die Jungen denken würden, mit denen Flanagan zusammen arbeitete, meinten sie: „In Wirklichkeit sind die gar nicht so schlecht, jedenfalls Flanagan findet, daß sie nicht so schlecht sind." Ich antwortete: „Das hat er nicht gesagt, daß sie nicht so schlecht sind." Es wird still in der Klasse. Nach längerem Schweigen meldet sich Klaus: „Er hat nicht gesagt, daß sie nicht so schlecht sind, er hat gesagt, daß sie überhaupt nicht schlecht sind. Er hat gesagt, daß er keine schlechten Jungen kennt. Er hat gesagt, daß sie gut sind." Während er das sagt, kommen ihm Tränen in die Augen. Die Mitschüler sind gerührt. Keiner lacht.[11]

Nach der Diskussion versprach ich ihnen, mit ihnen so zu arbeiten wie mit Hauptschülern. Die Jungen nahmen mein Angebot an. Unser Verhältnis zueinander änderte sich von dem Tag an grundlegend.

4. Schlußbemerkungen

Vernünftigen Lehrern kann es nicht darum gehen, die „schwarzen Schafe" in den herkömmlichen Unterricht zu integrieren. Es kommt vielmehr darauf an, den Unterricht so zu gestalten, daß Lehrer und Schüler sich selbst bewußt erfahren und erkennen können. Ich habe während meiner Lehrtätigkeit erlebt, daß Begreifen in Bruchteilen von Sekunden stattfinden kann und man schlagartig ein höheres Bewußtsein von sich gewinnt. Auch Lehrer können lernen, und sie werden auf dem langen Weg der Menschwerdung das unbegriffene Lehrer-Schüler-Verhältnis in ein Anerkennungsverhältnis umgestalten müssen.

Anmerkungen

1 *Galperin, P. J.*: Zu Grundfragen der Psychologie. Köln 1980, S. 127: „Der Mensch ist nicht auf die individuelle Erfahrung beschränkt. Er eignet sich die gesellschaftliche Erfahrung jener sozialen Gruppe an, in der er erzogen wird und in der er lebt und nutzt sie."

2 Obdachlosengebiet in München.

3 Vorabdruck aus: „Handbuch der Sonderpädagogik", Band 6, Berlin 1988. In: päd. extra/demokratische Erziehung, 1 (1988) S. 32–37.

4 *Mann, I.*: Schlechte Schüler gibt es nicht. München 1981, S. 50.

5 *Mann, I.*: a.a.O., S. 51.

6 *Mann, I.*: a.a.O., S. 51.

7 *Mann, I.*: a.a.O., S. 49.

8 *Mann, I.*: a.a.O., S. 49.

9 *Mann, I.*: a.a.O., S. 50.

10 *Mann, I.*: Die Kraft geht von den Kindern aus. Frankfurt 1983, S. 91.

11 *Mann, I.*: a.a.O., S. 95 f.

Helmut Quitmann

Supervision – Eine notwendige Bereicherung für Integrationsprojekte

Der folgende Beitrag ist nicht nur auf die Arbeit in Integrationsprojekten ausgerichtet; ich wende mich mit meinem Plädoyer für Supervision grundsätzlich an alle diejenigen, denen andere Menschen anvertraut sind; aufgrund meiner persönlichen und beruflichen Biographie liegt mir besonders daran, die Kollegen/innen in Sonderschulen, Sonderkindergärten und vor allem jene in Integrationseinrichtungen zu erreichen. Ich möchte dazu beitragen, daß wir uns auf eine neue Weise wieder ernster nehmen. Nicht in dem Sinne, daß wir nur noch uns sehen, sondern daß wir uns grundsätzlich mit den *beiden* Seiten unserer Realität auseinandersetzen. Dazu gehört, daß wir unsere Stärken *und* Schwächen, Gut *und* Böse, Richtig *und* Falsch, Behindert *und* Nichtbehindert, Harmonie *und* Konflikt als zusammengehörig in uns drinnen und in der Realität draußen wahrnehmen lernen. Ein friedliches Miteinander von Behinderten und Nichtbehinderten setzt diese Fähigkeit ebenso voraus wie das zwischen den Völkern.

1. Was wir ernster nehmen müssen: Neue Ideen erfordern Bereitschaft und Kraft für die Integration von Niederlagen!

Meine Generation erblickte während der 60er und 70er Jahre in der Veränderung von Schule und Kindergarten einen zentralen Hebel zur Überwindung der Klassengesellschaft.

Das bildungspolitische Zauberwort im Zuge der Studentenbewegung hieß „Chancengleichheit", was seinen deutlichsten Niederschlag in der bundesweiten Etablierung von Gesamtschulen fand. Zehntausende von engagierten Lehrern und Lehrerinnen gaben nicht nur ihren Verstand, ihre Willenskraft und ihre Energie, sondern auch ihr Herzblut für die Verwirklichung der Vision von Chancengleichheit. Allerdings haben wir in der damaligen Aufbruchstimmung zweierlei unterschätzt: zum einen die Entschlossenheit konservativer Bildungspolitiker, der Gesamtschule den Garaus zu machen und zum anderen: uns selbst. Wenn wir ehrlich sind, wir haben uns nicht wirklich vorstellen können, daß die auf Elite und Selektion orientierten Gruppen in unserer Gesellschaft der Gesamtschule so zusetzen können, wie sie es schließlich getan haben. Was wir erlebten, war eine schleichende Aushöhlung der Idee: das war nicht mehr die Schule, die wir uns gewünscht hatten; diese Aushöhlung der einstigen Vision und die schleichende Machtübernahme durch „die Anderen" fand ihren subjektiven Niederschlag in einer fast kollektiven Resignation. Die Euphorie, Blauäugigkeit und Blindheit, mit der eine ganze Generation von Lehrerinnen und Lehrern die Möglichkeit einer solchen Entwicklung tabuisiert hatte, forderte schließlich ihren Tribut: wie gelähmt standen wir vor den riesigen Lernfabriken aus Beton, vor Klassenräumen ohne Licht, dafür mit nichtfunktionierenden Klimaanlagen, vor einer großen Anonymität zwischen den Lehrern, zwischen den Schülern und zwischen Lehrer/innen und Schülern, vor einem perfektionierten Notensystem und behördenähnlichen Verwaltungs- und Lernstrukturen. Dies anzuschauen, realistisch wahrzunehmen und die einstweilige Niederlage nicht auf der Ebene des persönlichen Versagens einzuordnen, dazu fehlte jetzt die Kraft. Viele zogen sich zurück und fühlten sich außerstande, das Scheitern des ersten Anlaufs zu analysieren, um den nächsten zu planen und in Angriff zu nehmen.

Ich kenne dasselbe Phänomen aus dem Schulbereich, in dem ich selbst gearbeitet habe: aus der Sonderschule. Ich und zumindest die gewerkschaftlich organisierten Kollegen/innen, wir waren für die Gesamtschule und folgerten messerscharf und konsequent die Losung für unsere Schulform: Abschaffung der Sonderschule. Wir erlebten dasselbe Phänomen, d. h. wir kämpften und arbeiteten für diese Idee; und als es nach 10 Jahren die Sonderschule immer noch gab, lernten wir die Resignation kennen, die wie ein Virus unsere Reihen lichtete. Ganz mühsam sammelten wir unsere Kräfte für den nächsten Anlauf, analysierten die Niederlage und entwickelten allmählich eine neue, differenziertere Perspektive. „Integration" hieß der Begriff, mit dem wir zunächst unsere Kräfte neu mobilisierten, ehe wir den Durchbruch zu wirklich neuen Ufern schafften, als wir die „Nichtaussonderung" formulierten und unseren Blick mehr und mehr auf die Veränderung der Grundschule richteten.

In diesem Zusammenhang mehren sich die Stimmen, die darauf hinweisen, daß für die Durchsetzung der Integration nicht nur bestimmte Informationen, sondern vor allem die Einstellungen der Beteiligten wichtig sind, da sie den Erfolg oder Mißerfolg integrativer Bemühungen wesentlich beeinflussen, d. h. die Weiterentwicklung des Integrationsgedankens steht und fällt mit der *Integration von Gedanken und Gefühlen in uns selbst* bzw. in der Kooperation der beteiligten Pädagogen/innen.

2. Die Integration von Behinderten erfordert eine Integration von Mensch und Idee bei allen Beteiligten

Ich bin davon überzeugt, daß die Idee der (vor)schulischen Integration auf Dauer nur gelingt und von innen heraus stimmig ist, wenn die Beteiligten gleichzeitig Möglichkeiten schaffen für eine Integration von politisch-pädagogischer Idee und individuell-subjektiver Privatheit. Schließlich haben unsere Erwartungen und Hoffnungen, unsere Ängste und Befürchtungen, unsere Kompetenzen und Inkompetenzen, unsere Stärken, Schwächen und Widersprüche nicht nur einen gesellschaftlichen, sondern ebenso einen lebensgeschichtlich bedingten Charakter.

Von daher plädiere ich dafür, daß jede Initiative, die die gemeinsame Beschulung/Betreuung von behinderten und nichtbehinderten Kindern und Jugendlichen zu verwirklichen sucht, von Anfang an mit einem Angebot zur Supervision für die beteiligten Pädagogen/innen ausgestattet wird. Von Anfang an deshalb, damit die kleinen Problemchen auch klein bleiben und den großen Problemen nicht ausgewichen wird; auf diese Weise wird eine Arbeitsform eingeübt, auf die auch zurückgegriffen werden kann, wenn das Projekt einmal in eine Krise gerät.

3. „Selbsterfahrung" und „Organisationsentwicklung" als Schwerpunkte der Arbeit von Supervisionsgruppen

In meinem Verständnis von projektgebundenen Supervisionsgruppen werden die gemachten Erfahrungen möglichst so ausgearbeitet, daß kleine oder große Schritte für zukünftiges Handeln sichtbar werden. Im Zentrum dieses Reflektierens und zukünftigen Handelns steht für mich der einzelne Pädagoge, und zwar unter mehreren Blickwinkeln. Ich sehe den Einzelnen stets

— in Auseinandersetzung mit sich selbst, mit seinen Gefühlen, seinen Gedanken, seinem Körper, seinen Wünschen, Ängsten und Widersprüchen;
— in der Auseinandersetzung mit den Anderen, mit Kindern, Schülern, Eltern, Kollegen/innen, Rektor, Schulrat oder anderen Vorgesetzten;
— in der Auseinandersetzung mit der „Institution Schule", vertreten durch den Rektor, den Schulrat oder anderen Vorgesetzten, den Rahmenplan, die Hausordnung, die verschiedenen Gremien u. a.;
— in der Auseinandersetzung mit Gesellschaft und Welt.

Wenn ich im folgenden die Inhalte der Supervision in zwei Bereiche künstlich aufteile, so geschieht dies, damit ich die beiden wesentlichen Zielsetzungen deutlicher herausstellen kann. In der konkreten Situation einer Supervisionsgruppe werden immer beide Bereiche gleichwertig und gleichzeitig ins Auge gefaßt.

3.1 Selbsterfahrung

Die Arbeit von Pädagogen in integrativen Einrichtungen erfordert in besonderer Weise eine präzise Wahrnehmung hinsichtlich der eigenen Gedanken, Interessen und Gefühle wie der anderer Menschen. *Burow* (1986) führte in diesem Zusammenhang eine Untersuchung bei Lehrern, Erziehern und Sozialpädagogen durch und erforschte deren Motive für eine dreijährige Gestaltpädagogik-Fortbildung, in deren Verlauf Selbsterfahrung einen großen Raum einnimmt; die Ergebnisse zeigen, daß u. a. folgende Motivkomplexe bedeutsam sind:

— *Überwindung von Verhaltensroutinen,* d. h. die Teilnehmer empfinden „mit zunehmender Berufspraxis ein Gefühl der Leere und Stagnation. An die Stelle von persönlichem Engagement und Begeisterung sind Routine und bewährte Verhaltensschablonen getreten" (a. a. O., S. 7).
— *Bedürfnis nach Erfahrungsaustausch und Kontakt,* d. h. offenbar ist der Arbeitsplatz von Pädagogen durchgängig so strukturiert, daß „für Erfahrungsaustausch und Kontakt untereinander wenig Raum bleibt" (a. a. O.).
— *Hilfen für den Umgang mit sich selbst und anderen,* d. h. die Pädagogen möchten lernen, „ihre Kräfte im Beruf ökonomischer einzusetzen"; außerdem möchten sie „die Kommunikationssituation an ihrem Arbeitsplatz verändern ... Im Vordergrund steht das Bedürfnis nach einem persönlicheren und emotionaleren Umgang miteinander" (a. a. O.).

— *Anregungen für eine veränderte Berufspraxis*, d.h. die befragten Pädagogen haben das Bedürfnis, ihre „berufliche Praxis mehr mit den persönlichen Bedürfnissen in Einklang" zu bringen; viele Teilnehmer nutzen diesen Zusammenhang auch, um „ihr Verhältnis zum Beruf abzuklären und sich entweder bewußt für den Beruf zu entscheiden oder ihn ggf. zu wechseln" (a.a.O., S. 7/8).

Ich gehe davon aus, daß diese oder ähnliche Motive gerade auch bei Pädagogen/innen von Integrationseinrichtungen eine große Bedeutung haben; die Supervisionsgruppe würde hier die Möglichkeit eröffnen, in eine kontinuierliche Bearbeitung der Beziehung zu sich selbst und zu anderen einzutreten, z.B.:

Welche Wünsche und Erwartungen habe ich an mich selbst und an meine Team-Kollegen in meiner Klasse/Gruppe? Was erschwert die Kooperation, was erleichtert sie? Welche Befürchtungen und Ängste verbinde ich mit mir selbst, mit den anderen, mit dem Projekt? Wo fühle ich mich kompetent und wo inkompetent? Wo sind meine Grenzen und wo die Grenzen der anderen?

Eine ebenso wichtige Ebene der Selbsterfahrung wäre die Reflexion von Erfahrungen mit konkreter Unterrichtsplanung bzw. mit der Umsetzung neuer pädagogischer Impulse im eigenen Unterricht; ich denke dabei an herkömmlichen Unterricht ebenso wie an Ideen aus der Freinet-Pädagogik, der Montessori-Pädagogik, Gestaltpädagogik, offenem Unterricht, binnendifferenziertem Unterricht oder aus der materialistischen Pädagogik (*Leontjew* u.a.), die entweder von Kollegen individuell oder von Referenten gemeinsamer Fortbildungsveranstaltungen in die pädagogische Arbeit eingebracht werden. Die konkreten Erfahrungen mit solchen Unterrichtsplanungen im täglichen Unterricht können in Supervisionsgruppen auf der Ebene der Selbsterfahrung bearbeitet werden, z.B.:

Welche Fächer unterrichte ich gern, vor welchen habe ich vielleicht Angst? Ich komme mit meinem herkömmlichen Unterricht eigentlich gut klar, muß ich mich unbedingt mit neuen Ansätzen wie Montessori-, Freinet- oder Gestaltpädagogik auseinandersetzen? Wird die Binnendifferenzierung durch die Kooperation mit Teamkollegen/innen gefördert oder behindert?

3.2 Organisationsentwicklung

Unter diesem Aspekt fasse ich alles das zusammen, was den „Arbeitsplatz Schule/Kindergarten" zu einer „Institution" macht: es handelt sich hierbei um die Schule als Gebäude und Apparat, um Kinder, Eltern, Schüler, Kollegen, Schulleitung, Gremien, Hausordnung, Hausmeister und Behörde. *Fatzer* (1987) unterscheidet zwischen „technokratischen Zielen" und „humanistischen und pädagogischen Zielen", die sich in vielen Bereichen total widersprechen und u.a. die Grundlage bilden für den in unserer Gesellschaft offensichtlich unlösbaren Widerspruch zwischen Förderung und Selektion. Es reicht daher nicht, wenn Pädagogen/innen sich im Rahmen des ersten Bereichs (Selbsterfahrung) innovativ engagieren, wenn sie die äußeren, institutionellen Strukturen nicht mitbewegen. Nicht nur individuell verhalten wir uns im Rahmen bewußter und unbewußter Rollen, Werte, Traditionen und Normen, auch Institutionen entfalten mit unserer „Hilfe" ihr diesbezügliches Eigenleben.

Ziel der Organisationsentwicklung ist es daher, den Arbeitsplatz „Kindergarten/Schule" als ganzheitliches System erfahrbar zu machen; als System, in dem die Erwartungen und Zielsetzungen der Institution in vieler Hinsicht denen des Individuums und Kollegiums zuwiderlaufen. Die daraus resultierenden psychischen Spannungen und Konflikte wären Thema der Supervision, z. B.:

Wie komme ich mit meiner Berufsrolle (Sonderschullehrer/Grundschullehrer/Erzieher) zurecht? Kann ich anderen Kompetenzen zubilligen, die ich selbst gern hätte? Wie gehe ich mit dem Widerspruch zwischen Lehrplan und eigenen Wertvorstellungen bzw. der Notengebung um? Welche Vorstellungen habe ich über eine kollegiale Schulleitung? Wie wird darüber entschieden, wer mit wem in einer Klasse/Gruppe zusammenarbeiten darf bzw. muß? Welches Verhältnis habe ich zu „wissenschaftlicher/pädagogischer Begleitung"?

Die beispielhaft aufgeführten Fragen verdeutlichen, daß gute pädagogische Arbeit des Gesamtsystems Schule/Kindergarten nicht getrennt werden darf von der Möglichkeit für den einzelnen Pädagogen, seine fachlichen und menschlichen Fähigkeiten weiterentwickeln und damit die eigene pädagogische Arbeit als sinnvoll, wertvoll und befriedigend erleben zu können. Hilfe „von Außen" ist in diesem Zusammenhang keine Schande, sondern eine Chance!

4. Zur Organisation von Supervision

Die Idee von Supervision im pädagogischen Feld ist noch sehr neu. Die heute verfügbaren Konzepte kommen neben den aus der Psychoanalyse bekannten „Balintgruppen" größtenteils aus dem Bereich der „Humanistischen Psychologie und Pädagogik" (*Karmann* 1987; *Quittmann* 1985), deren Konzepte zum großen Teil auch für den pädagogischen Bereich Bedeutung erlangt haben. So bieten z. B. die Ansätze des nondirektiven, personenbezogenen Lernens (*Rogers* 1974; *Tausch/Tausch* 1979), der Gestaltpädagogik (*Burow/Quittmann/Rubeau* 1987; *Petzold/Brown* 1977; *Prengel* 1983), der Themenzentrierten Interaktion — TZI — (*Cohn* 1975; *Farau/Cohn* 1984) sowie des Psychodramas (*Bubenheimer* 1983; *Moreno* 1964) Möglichkeiten zur Erweiterung sowohl der didaktischen als auch der sozialen Kompetenz von Pädagogen vor Ort. Insgesamt handelt es sich um einen Bereich, der im Entstehen begriffen ist und in den staatlichen Fortbildungen leider noch weitgehend ignoriert wird, d. h. bei der Organisation von entsprechenden Fortbildungen bzw. Supervisionsgruppen sind die Pädagogen/innen bzw. die Schulen und Kindergärten z. Zt. noch weitgehend auf eigene Initiative angewiesen. Ich gebe daher im folgenden einige Empfehlungen zur Organisation von Supervisionsgruppen sowie deren Leitung.

4.1 Empfehlungen zur Organisation von Supervisionsgruppen

- Die Teilnahme an einer Supervisionsgruppe sollte freiwillig sein.
- Die Teilnehmer einer Supervisionsgruppe sollten möglichst aus dem gleichen Kollegium kommen; gibt es eine solche Möglichkeit an der eigenen Schule nicht, sollte man sich — auch als Einzelner — einer anderen Gruppe anschließen.
- Die Gruppengröße sollte 10 nicht übersteigen.

- Die Kosten für die Supervision sollten je zur Hälfte vom Arbeitgeber und den Teilnehmern aufgebracht werden; zahlen die Teilnehmer die Kosten allein, sollten sie als Ausgleich eine Stundenermäßigung erhalten.
- Die Supervision sollte regelmäßig stattfinden (mindestens einmal im Monat).
- Die Supervisionsgruppe sollte entweder nur aus Frauen oder nur aus Männern oder etwa zur Hälfte aus Frauen und Männern bestehen.
- Die Supervisionsgruppe sollte in einem gemütlichen Raum im Dienstgebäude arbeiten (d.h. die Supervision kommt an den Arbeitsplatz und nicht umgekehrt).
- Die Teilnehmer sollten sich nach zwei Supervisionssitzungen entscheiden, ob sie aufhören oder weitermachen; wenn sie weitermachen, sollten sie sich zur Teilnahme an weiteren 10 Sitzungen verpflichten; nach diesen 10 Sitzungen fällt wieder eine Entscheidung über die nächsten 10 Sitzungen usw.; zu diesen Zeitpunkten können Teilnehmer ausscheiden und neue hinzukommen.
- Die Leiter von Schulen oder Kindergärten bzw. wissenschaftliche oder pädagogische Begleiter sollten in einer Supervisionsgruppe mit anderen Leitern arbeiten.

4.2 Empfehlungen zur Auswahl eines/r Supervisors/in

- Er/sie sollte eine psychologische/pädagogische Zusatzausbildung abgeschlossen haben (z.B. Gesprächstherapie, Gestalttherapie, Psychoanalyse, Psychodrama, Gestaltpädagogik, TZI, Transaktionsanalyse).
- Er/sie sollte über eine mindestens zweijährige Praxis an einer Schule (bei Lehrergruppen) oder in einem Kindergarten (bei Erziehern) verfügen.
- Er/sie sollte sich während der Supervisionstätigkeit selbst regelmäßig einer Supervision unterziehen.
- Er/sie sollte von „Außen" kommen, d.h. nicht in irgendeiner Abhängigkeit gegenüber der Schule, dem Kindergarten oder dem Projekt stehen.

Literatur

Bubenheimer, U.: Psychodrama mit Lehrern. In: *Mutzeck, W./Pallasch, W.* (Hrsg.): Handbuch zum Lehrertraining. Konzepte und Erfahrungen. Weinheim 1983, S. 248–257.
Burow, O.-A.: Was erwarten Pädagogen von der Gestaltpädagogik? – Zwischenbericht über die Begleituntersuchung eines gestaltpädagogischen Kompetenztrainings – In: Jahrbuch für Humanistische Psychologie, 1986, Forschung I, Jahrgang 9, S. 78–100.
Burow, O.-A./Quitmann, H./Rubeau, M. P.: Gestaltpädagogik in der Praxis – Unterrichtsbeispiele und spielerische Übungen für den Schulalltag. Salzburg 1987.
Cohn, R.: Von der Psychoanalyse zur Themenzentrierten Interaktion. Stuttgart 1975.
Farau, A./Cohn, R.: Gelebte Geschichte der Psychotherapie. Stuttgart 1974.
Fatzer, G.: Ganzheitliches Lernen – Humanistische Pädagogik und Organisationsentwicklung. Paderborn 1987.
Karmann, G.: Humanistische Psychologie und Pädagogik – Psychotherapeutische und therapieverwandte Ansätze. Perspektiven für eine Integrative Pädagogik. Bad Heilbrunn 1987.
Petzold, H./Brown, G. J.: Gestaltpädagogik. München 1977.
Prengel, A.: Gestaltpädagogik. Weinheim 1983.
Quitmann, H.: Humanistische Psychologie – Zentrale Konzepte und philosophischer Hintergrund. Göttingen 1985.

Annelie Belusa/Hans Eberwein

Förderdiagnostik – Eine andere Sichtweise diagnostischen Handelns

Die herkömmliche pädagogisch-psychologische Diagnostik läßt sich als Merkmals- und Statusdiagnostik umschreiben. Ihr Ziel ist die Erfassung von Persönlichkeitsmerkmalen mit Hilfe standardisierter Testverfahren. Als individuumzentrierte Diagnostik richtet sich ihr Interesse in erster Linie auf Plazierungsfragen, d. h. auf die Zuordnung von Schülern zu bestimmten Lerngruppen und Schulformen. Insofern hat sie eine selektive Funktion.

Die sonderpädagogische Diagnostik lehnt sich sehr stark an dieses Modell an, denn sie zielt ebenfalls darauf ab, statische Eigenschaften der Persönlichkeit festzustellen, um daraufhin die Frage der Sonderschulbedürftigkeit zu entscheiden und Schüler ggfs. auszusondern. Ihrem Vorgehen liegt die Annahme zugrunde, daß menschliche Verhaltensweisen durch endogene Persönlichkeitscharakteristika determiniert sind, obgleich jeder Mensch einem ständigen Entwicklungs-, Lern- und Interaktionsprozeß unterworfen ist.

In der Sonderpädagogik sind vorwiegend solche Meßinstrumente entwickelt worden, die individuelle Merkmale wie Intelligenz und Schulleistung erfassen; denn die Ursache des Versagens wurde im Individuum selbst gesucht. Die traditionelle sonderpädagogische Diagnostik interpretiert Schulversagen damit einseitig als ein Versagen des Schülers. Auf dieser Grundlage dient sie als Rechtfertigungsinstrument für Selektionsentscheidungen.

1. Zum Anspruch der Förderdiagnostik*

In integrativen Schulen geht es nicht mehr um Fragen der Aussonderung, sondern um die der individuellen Förderung. Die Konzeptionen der Förderdiagnostik entwickelten sich deshalb – auch unter Bezugnahme auf Entwicklungs-, Begabungs-, Lern- und Kommunikationstheorien – in kritischer Distanzierung zur Einweisungs- und Selektionsdiagnostik. Sie sind als Antwort zu sehen auf eine Psychodiagnostik, die in den letzten Jahren immer deutlicher an Grenzen ihrer Erkenntnismöglichkeiten gestoßen ist. Konzeptionelle Schwierigkeiten wurden von ihr lange Zeit lediglich als testtheoretische und methodologische Pro-

---

* Der „Förderdiagnostik" liegt beim derzeitigen Stand der wissenschaftlichen Diskussion kein einheitlicher, allgemein anerkannter, theoretischer Bezugsrahmen zugrunde. Der Begriff selbst ist umstritten und etymologisch betrachtet zu beanstanden; er wird hier jedoch benutzt, da er sich in der diagnostischen Literatur durchgesetzt hat und als „Gegenbegriff" zur „Selektionsdiagnostik" auch einen politischen Anspruch beinhaltet.

bleme gesehen. Die Psychodiagnostik mußte jedoch erkennen, daß der diagnostische Ansatz selbst unzulänglich konstruiert ist, da ihm ein reduktionistisches Menschenbild zugrundeliegt.

Durch die Orientierung der pädagogisch-psychologischen Diagnostik an naturwissenschaftlichen Experimenten und an Testgütekriterien wie Objektivität und Reliabilität, ist die soziale Bedeutung sowie die interaktionistische Dimension von Lernsituationen kaum berücksichtigt worden. Eine an der Objektivitätsforderung ausgerichtete Diagnostik stellt von pädagogischen Situationen stark abweichende, künstliche Reiz-Reaktions-Konstellationen her; aber „nicht die Standardisierung der Situation, sondern deren flexible Abwandlung und Veränderung schafft differenzierte Einblicke in die Art, wie der andere denkt, fühlt und handelt, was ihm wichtig und weniger wichtig ist" (*Kautter* 1986, S. 5ff.).

Eine Pädo-Diagnostik zielt immer auf pädagogische Prozesse als komplexe Lehr-/Lernprozesse und damit auf die Beeinflussung einer schulischen Problemsituation, in der das Schülerverhalten nur eine von vielen Variablen darstellt. Förderdiagnostik ist insofern Situationsdiagnostik und zugleich Lernprozeßdiagnostik. Eine so verstandene Diagnostik hat nicht mehr den einmaligen Charakter einer Querschnittserhebung, einer normorientierten Statusdiagnose; sie beinhaltet auch den Entwicklungsaspekt. Pädagogische Diagnostik berücksichtigt die Biographie und den Sozialisationshintergrund des Schülers ebenso wie sein Lernverhalten, individuelle Lernstrategien, emotionale und soziale Gesichtspunkte. Sie geht generell vom Lernwillen und von Förderbedürfnissen bei Schülern aus. Ihr Vorgehen ist deshalb weniger darauf gerichtet, Defekte im Sinne einer symptomorientierten Defizitdiagnostik als vielmehr die *Fähigkeiten* eines Schülers zu erfassen. Diese bilden die Ansatzpunkte für individuelle Fördermaßnahmen. Etikette wie „lernbehindert", „aggressiv", „konzentrationsschwach" oder „verhaltensgestört" beinhalten für Lehrer keinerlei Handlungsperspektiven; deshalb sollte auf solche Typisierungen verzichtet und stattdessen das Lernverhalten des Schülers und die pädagogische Problemsituation in ihrem Ursachenzusammenhang ausführlich beschrieben werden.

Da Förderdiagnostik nicht nur einen Zustand und seine Bedingungsfaktoren erfassen und erklären, sondern auch unterrichtspraktische Hinweise zu seiner Veränderung aufzeigen möchte, bedarf es einer möglichst präzisen Beschreibung der Anforderungs- und Lernsituation sowie des individuellen Lernverhaltens. Das heißt, daß in der Förderdiagostik qualitative Informationen gegenüber quantitativen an Bedeutung gewinnen. Den von der Testtheorie wegen ihrer geringen Zuverlässigkeit vernachlässigten Methoden wie Unterrichts- und Verhaltensbeobachtungen (in natürlichen Situationen), informelle Gespräche, Tagebuchaufzeichnungen, Dokumentenanalysen usw. kommt gegenüber formellen Test- und Befragungsmethoden stärkeres Gewicht zu.

2. Verhaltensbeobachtung als diagnostisches Erkenntnisinstrument

Die Beobachtung ist die wichtigste Form der Informationsgewinnung. Ihr kommt im Rahmen konventioneller pädagogisch-psychologischer Untersuchungen nur eine untergeordnete Rolle zu. Dementsprechend ist z.B. der Informationsgehalt sonderpädagogischer Gutachten gering. Dort findet man vorwiegend Angaben über äußere Verhaltensmerkmale von Schülern (beobachtet in Testsituationen), die keine Übertragung auf den schulischen Alltag erlauben. Eine pädagogische Diagnostik hingegen berücksichtigt, daß menschliches Verhalten vor allem von äußeren Bedingungen geprägt, von sozialen Beziehungen, Kommunikationsstrukturen und Situationsvariablen bestimmt wird. Das bedeutet, daß sich Förderdiagnostik stärker als jede andere Diagnostik für den Schüler in seinem Umfeld und damit notwendigerweise für die Methode der Beobachtung interessieren muß. Dabei gilt es zu berücksichtigen, daß jegliche verhaltensdiagnostische Aussage nur vorläufigen Charakter hat. Die Beobachtungsmethode wird außerdem stark durch subjektive Elemente beeinflußt, wodurch ihre erkenntnistheoretische Reichweite begrenzt ist und Pauschalurteile sowie vorschnelle Generalisierungen sich verbieten. Die Diktion von Schülergutachten und -beurteilungen mit ihren meist absoluten und apodiktischen Formulierungen steht hierzu oftmals im Widerspruch.

Eine förderdiagostisch relevante Verhaltensbeobachtung wird sich im Sinne ganzheitlichen Verstehens vor allem auf die qualitative Beschreibung von Schülerverhalten (auf das Wie? und Warum?) stützen. Sie ist offen gegenüber der Realität und versucht, diese möglichst vielfältig zu erfassen. Förderdiagnostik berücksichtigt das Kriterium der ökologischen Validität.

Worin liegt nun die Bedeutung der Verhaltensbeobachtung für den Einsatz als diagnostisches Instrument? In der bisherigen Unterrichtsforschung sucht man vergebens nach Beispielen für teilnehmende Beobachtung. Der Begriff existiert im Bereich von Schule und Unterricht nicht. Dieser Tatbestand erklärt sich daraus, daß in den vorliegenden, mehr oder weniger stark standardisierten Beobachtungsstudien der Beobachter eine passive Rolle einnimmt. Seine Partizipation reduziert sich auf bloße Anwesenheit, „welche keine Rollenübernahme im eigentlichen Handlungssystem ‚Unterricht' beinhaltet und welche darüberhinaus von den betreffenden Interaktionspartnern auch nicht als Teil ihres Handlungssystems angesehen" wird (*Seifert* 1985, S. 55). Nicht selten wird in diesem Verständnis von Beobachtung im Gegensatz zu teilnehmender Beobachtung im ethnographischen Sinne der Beobachter als „Störvariable" eingestuft, die angeblich zu einer Verfälschung des Beobachtungsfeldes und der Daten führen kann.

Diesem Bild von Unterricht, Lehrer-Schüler-Interaktion und Beobachtungssituation liegt ein Konzept von Schule zugrunde, das durch starre Rollenzuschreibungen und Handlungsstrukturen sowie ein eingeengtes Verständnis von Diagnostik definiert ist.

Offene Lehr-Lern-Formen hingegen, wie sie seit Jahren in Modellschulen und Integrationsversuchen praktiziert werden und zunehmend auch von „Normal"schulen übernommen werden, bieten die Möglichkeit zu teilnehmender Beobachtung, ohne daß der Beobachter den Feldcharakter „stört" und ohne daß ihm der Status eines Fremden zukommt. Offene Interaktionsstrukturen bieten die Chance zu Beobachtungen, bei denen der Beobachter selbst aktiver Teil des Handlungsgeschehens sein kann. Hier ist vor allem an projektorientiertes Lernen, an Freie Arbeit, an Gruppenaktivitäten und Spielsituationen zu denken. In solchen offenen Lernarrangements, in denen keine Testfragen zu beantworten sind, kann der Beobachter erfahren, wie Kinder miteinander umgehen, *was sie warum* tun, was ihnen wichtig ist, *wie* sie sich verständigen, welche Ideen sie entwickeln, wie sie Lernprobleme und soziale Konflikte lösen usw. Kinder können sich hier spontan verhalten sowie Meinungen und Kenntnisse äußern, ohne Angst vor falschen Antworten zu haben. Der Beobachter kann mit Kindern informelle Gespräche führen; er erfährt hierbei, „wie Kinder bestimmte Ereignisse aufnehmen, welchen Sinn sie ihnen geben, welche Schlüsse sie daraus ziehen. Häufig werden in diesen Gesprächen von den Kindern Sachverhalte oder Gedankengänge geäußert, an die der Pädagoge in diesem Kontext nicht gedacht hatte" (*Buschbeck* 1985, S. 10). Dies gilt besonders für Kinder, die einer anderen sozialen Schicht oder einer anderen Lebenswelt als der Beobachter angehören. Um diese Schüler in ihrem Verhalten zu verstehen, ist es notwendig, sich im Sinne ethnographischer Feldforschung auf ihr Leben, ihr Denken und Handeln einzulassen.

Grundprinzip muß deshalb sein, den Schüler in unterschiedlichen Situationen zu beobachten, um auf diese Weise möglichst viele Informationen über sein Verhalten sowie das ihn umgebende Interaktionsfeld zu sammeln. Ideal wäre es, den Schüler auch in außerschulischen Lebenssituationen beobachten zu können, etwa im familiären Bereich, bei Freizeitaktivitäten usw. Denkbar ist es natürlich auch, innerhalb von Schule bestimmte Beobachtungssituationen herzustellen. So haben die Autoren beispielsweise im Rahmen eines Integrationsversuchs, um ein bestimmtes Kind beobachten zu können, mit diesem und einigen anderen Kindern zusammen während einer Freizeitbeschäftigungsphase verschiedene Spiele durchgeführt. Man kann in solchen Situationen relativ viel beobachten, vom Sprachverhalten über Lesefähigkeiten, Kenntnis von Zahlen und Farben bis zu Kritikfähigkeit und Durchsetzungsvermögen, ohne normorientierte Testverfahren anzuwenden. Aber selbst beim Einsatz psychometrischer Tests können aus der Art der Fehler bzw. der Abweichung von einer Erwartungsnorm und dem individuellen Lösungsverhalten mehr Informationen gewonnen werden als aus den ermittelten Standardwerten; deshalb empfiehlt sich die Durchführung von Testverfahren unter *qualitativen* Gesichtspunkten und zwar dergestalt, daß man über die in der Testanweisung enthaltenen Vorgaben hinausgeht, indem z.B. mehr Zeit eingeräumt wird, zwischendurch ermutigt wird, Rückfragen gestellt werden, Hilfestellungen gegeben werden, um auf diese Weise das Lernverhalten des Schülers besser beobachten und beurteilen zu können.

Aus dem Gesagten ist deutlich geworden, daß im Gegensatz zur passiven Beobachtung das aktive sowie das qualitative Element der Interaktion die entscheidenden Kriterien der teilnehmenden Beobachtung darstellen, denn nur so eröffnen sich dem Beobachter größere Handlungs- und Lebenszusammenhänge. In der vorliegenden Literatur zur Beobachtung wird zumeist die interaktive Dimension des Beobachtens vernachlässigt und einseitig aus der Sicht des Beobachtenden diskutiert. Wichtig ist aber, die Wahrnehmungen, Reaktionen, Meinungen und Selbstdefinitionen des Beobachteten sowie die impliziten Regeln seines alltäglichen Handelns in die Beobachtungsergebnisse und deren Interpretation einzubeziehen (vgl. *Eberwein* 1987).

3. Weitere methodische Ansätze förderdiagnostischen Handelns

Sieht man Lern- und Verhaltensschwierigkeiten als Erscheinungsbild an, dem in der Regel mehrere Bedingungsfaktoren zugrunde liegen, so stellt sich für den Unterrichtenden in erster Linie die Aufgabe, herauszufinden, auf welcher Basis die Lehr- und Lernprozesse für das jeweilige Kind zu ändern sind. Förderdiagnostik setzt ein Verständnis für die spezifischen Probleme des einzelnen Kindes voraus, das seine Andersartigkeit und seine personale Eigenständigkeit achtet. Wenn es bspw. dem Lehrer bei einem als verhaltensauffällig charakterisierten Schüler gelingt, hinter der „Störfassade" die tieferliegenden Probleme und Schwierigkeiten des Kindes zu erkennen und diese als Verursachungsmomente für bestimmte Verhaltensweisen zu deuten, erhält der Schüler die Chance, jenes Vertrauen und Verständnis zu erfahren, das als Voraussetzung für Verhaltensänderungen und Lernerfolge notwendig ist. Statt sich auf die von der „Norm abweichende Störung" zu konzentrieren, muß der Lehrer bereit sein, die jeweilige Situation mit den Augen des Kindes wahrzunehmen. Er sollte dessen Gefühle und Handlungen als begründet ansehen und versuchen, die Probleme vom Standpunkt des Kindes aus zu sehen, d.h. dessen „Normalität" wahrzunehmen. Diese Vorgehensweise setzt eine kontinuierliche Reflexion der sich ständig ändernden Beobachtungsprozesse voraus und kann nicht losgelöst von didaktischem Handeln gesehen werden. Im voraus erstellte förderdiagnostische Programme und isolierte Diagnosesituationen haben keinen so großen Informations- und Erkenntniswert wie förderdiagnostische Verfahrensweisen, die in die Unterrichts- und Erziehungsarbeit eingebettet sind und die die Nähe zum Handeln des Kindes im Unterrichtsalltag mit all seinen sozialen Bezügen herstellen.

3.1 Hinweise für förderdiagnostisches Handeln in Unterrichtssituationen

Wenn nicht mehr allein die „Behinderung" des Kindes im Vordergrund diagnostischer Fragestellungen steht, um lediglich herauszufinden, mit welchen behinderungsspezifischen Medien und Hilfen ihm der Anschluß an den Leistungsstand der Klasse ermöglicht werden kann, sondern wenn es darum geht, wie die Lern- und Unterrichtsbedingungen den Fähigkeiten und Bedürfnissen möglichst vieler Kinder anzupassen sind (vgl. *Meier/Heyer* in diesem Band), dann muß sich förderdiagnostisches Handeln an folgenden Fragestellungen orientieren:

— Sind die *Kontextbedingungen* des Lernens und die *Unterrichtsatmosphäre* dazu angetan, eine *Vertrauensbasis* zwischen Kind und Lehrer zu schaffen und somit die Anstrengungsbereitschaft des Kindes zu steigern?
— Wie läßt sich eine *kindzentrierte Unterrichtssituation* so strukturieren, daß sie selbstgesteuertes Lernen und Eigeninitiative zuläßt und somit die Beobachtung individueller Handlungsstrategien und Verhaltensabläufe ermöglicht?
— Zeigen sich *Diskrepanzen* zwischen den gestellten Anforderungen und der individuellen Lernbereitschaft sowie den Lernvoraussetzungen? Begreift der Lehrer die diskrepante Situation als Chance, das Kind in seinem Lernwillen und seiner Situationsdefinition zu tolerieren und es so besser zu verstehen, oder zwingt der Lehrer ihm seine Intentionen auf?

Wie spricht das Kind auf die Art und Weise an, wie man mit seinen Problemen und Schwierigkeiten beim Lernen umzugehen versucht? Gibt es Interaktions- und Beziehungsstörungen zwischen Schülern und Lehrern, die von bestimmten Kindern nicht bewältigt werden können? Arbeitet das Kind allein, mit Hilfe von Mitschülern, Erwachsenen; benutzt es Hilfsmittel? etc.
- Wie läßt sich die „*Zone der aktuellen Leistung*" feststellen, d.h. wie reagiert das Kind auf pädagogische Hilfen bei der Lösung von Aufgaben an der Grenze seiner Leistungsfähigkeit? Ist das Kind in der Lage, seine Schwierigkeiten selbst zu formulieren?
- Läßt sich durch *Fehleranalysen* – im Gegensatz zu Ergebnisanalysen – herausfinden, welchen bestimmten Lösungsweg ein Kind eingeschlagen hat (z.B. bei Mathematikaufgaben)?
- In welchen Unterrichtsbereichen lassen sich *systematische Kurzzeitbeobachtungen*, nach denen ein Kind – ausgehend von einer besonderen diagnostischen Fragestellung – zeitlich begrenzt beobachtet wird (z.B. beim Lesenlernen), sinnvoll anwenden?
- Wie lassen sich *metrische, standardisierte Tests* unter *Variation der Untersuchungsbedingungen* in das Unterrichtsgeschehen so einbeziehen, daß sie weitere Aufschlüsse für förderdiagnostische Ansätze bieten (z.B. Körper-Koordinationstest, Psycholinguistischer-Entwicklungs-Test, Differenzierungsprobe nach *Breuer/Weuffen* etc.)?

An dieser Stelle sei noch einmal betont, daß es hier nicht um Fragen der Normorientierung und der Kriteriumsbezogenheit geht, sondern um förderdiagnostische Vorgehensweisen, die den Handlungsspielraum der Kinder und Lehrer erweitern helfen sollen. Alle gewonnenen Informationen und diagnostischen Aussagen sind entwicklungsorientiert und haben von daher nur vorläufigen Charakter. Sie dienen den jeweils nächsten Handlungsstrategien und müssen deshalb schrittweise erhoben , ständig überprüft, erweitert oder revidiert werden. Es gibt im förderdiagnostischen Sinne keine allgemeingültigen Erkenntnisse und Beobachtungssysteme.

3.2 Förderdiagnostische Erkenntnismöglichkeiten durch spielerische Aktivitäten im Unterricht

Die Beobachtung von Kindern erhält um so mehr an Bedeutung, je mehr der Lehrer den Unterricht an den Lernvoraussetzungen der Schüler orientiert. Zu den wichtigsten basalen Lernvoraussetzungen zählen Motorik, Wahrnehmung, Sprache, Verhalten und Motivation. Besonders in Spielphasen können Beobachtungen nicht nur Aussagen über die psychosoziale Entwicklung eines Kindes geben, sondern auch über Differenzierungsleistungen im Bereich sinnlicher Wahrnehmung, die Entwicklung sensomotorischer Fähigkeiten u.v.m.

Die nachfolgend aufgezählten Spielformen bieten als Orientierungshilfe eine Auswahl von Beobachtungsmöglichkeiten, die der jeweiligen Situation entsprechend erweitert und ergänzt werden können:

- *Pantomimische Spiele* geben Auskunft über die Sensibilität der interpersonalen Wahrnehmung und nonverbale Kommunikationsfähigkeit (Mimik, Gestik) eines Kindes. Sie lassen die Koordination grobmotorischer Bewegungsabläufe (Gehen, Springen, Hüpfen o.ä.) beobachten.
- *Geschicklichkeitsspiele* (z.B. Hindernislaufen) und *Tanzspiele* bieten Beobachtungsmöglichkeiten zur Motorik, Rhythmik und zum Körperschema.

- *Puzzle- und Konstruktionsspiele* dienen zur Beobachtung der Genauigkeit feinmotorischer Bewegungsabläufe, der Händigkeit, der Raum-Lage-Beziehungen sowie des Erkennens von Unterschieden nach Form, Farbe, Größe etc.
- Domino-, Lotto- und Würfelspiele geben Gelegenheit, das Erkennen und Benennen von Mengen, die simultane Erfassung sowie die Strukturierung von Mengen zu überprüfen.
- *Wahrnehmungsspiele* lassen die Funktionsfähigkeit der Sinne (Sehen, Hören, Tasten, Riechen, Schmecken) nachprüfen; z. B. einen Wecker mit verbundenen Augen im Raum suchen; Geräusche, Klänge, Laute erraten; einen Gegenstand durch Fühlen ertasten etc.
- *Mal- und Zeichenspiele* sowie *plastisches Gestalten* liefern bedeutsame Informationen über ein Kind, wie es sich selbst und seine Umwelt erlebt. Sie geben Auskunft über Kreativität, sensomotorische Fähigkeiten (z. B. den Weg durch ein Labyrinth einzeichnen, mit verbundenen Augen malen etc.), Form- und Farbdifferenzierung, Symbolverständnis, Materialerfahrung usw.
- *Rollenspiele,* die sich auf soziale Ereignisse beziehen, bieten die Möglichkeit zu beobachten, wie ein Kind den Gebrauch der Sprache als kommunikatives Mittel einsetzt, wie es Sozialbeziehungen und Konflikte aushandelt und alternative Strategien entwickelt. Darüberhinaus lassen sich die Bewegungen des Kindes im Raum, seine mimischen und sprachlichen Fähigkeiten beobachten.
- *Handpuppenspiele* geben Informationen über Interessen, Bedürfnisse, Probleme und Konflikte von Kindern, über ihre Dialogfähigkeit sowie ihre Fähigkeit zur Distanzierung und Reflexion gegenüber der eigenen Rolle.
- *Bildreihen/Bildgeschichten* zeigen, ob ein Kind in der Lage ist, Handlungsabläufe zu ordnen, Beziehungen herzustellen und ob es über Raum- und Zeitbegriffe verfügt.
- *Memories und Konzentrationsspiele,* z. B. „Kimspiele" (div. Gegenstände werden kurz gezeigt, dann abgedeckt und müssen benannt und aufgezählt werden) lassen Konzentration, Aufmerksamkeit und Merkfähigkeit beobachten.
- *Hörspiele,* die von den Kindern selbst erfunden werden, können die Beobachtung der Gesprächsfähigkeit und -bereitschaft der aktiven Sprache (Artikulation, Satzbau, Wortschatz, Dialekt etc.) ermöglichen.
- *Gesellschaftsspiele* eignen sich besonders zur Verhaltensbeobachtung im sozialen Bereich. Spiele wie „Mein rechter Platz ist leer", „Blinzeln" oder Spiele, bei denen Kinder ihre Partner oder Mannschaft wählen, geben mehr Auskünfte über die Beziehungen der Kinder untereinander als z. B. soziometrische Verfahren.

3.3 Hinweise zur Informationssammlung und -dokumentation

Als Beobachter kindlicher Lernentwicklungen in Unterrichts-, Spiel- und Freizeitsituationen kommen Erzieher, Lehrer, Koop-Lehrer, Sonderpädagogen, Fachlehrer u. a. in Frage, das heißt, daß derjenige, der ein Kind beobachtet und beurteilt, nicht ein psychodiagnostischer „Experte" sein muß. Wichtige Voraussetzung allerdings für förderdiagnostisches Handeln ist ein intensives Training der Beobachtungsfähigkeit, um Probleme erkennen und Lösungsmöglichkeiten anbieten zu können, die sich im Rahmen des schulischen Alltags realisieren lassen und unterrichtliche Bedingungen für die Entwicklungsmöglichkeiten der Schüler verändern können. Von der Sensibilität, der Behutsamkeit, dem Verantwortungsbewußtsein und der Zurückhaltung bei der Interpretation der Beobachtungsergebnisse hängt es ab, welche Hilfen sich für das Kind und welche Konsequenzen sich für das Verhalten des Lehrers ergeben.

Ein weiteres Problem stellt die Zusammenfassung und schriftliche Fixierung der Beobachtungsergebnisse und der gewonnenen Daten dar, denn sie bergen die Gefahr der Verallgemeinerungen (Typisierungen, Etikettierungen) und des Informationsverlustes. Aus den Beobachtungsergebnissen sollten sich nicht nur konkrete Fördermaßnahmen ableiten lassen, sondern ihre Dokumentation sollte darüberhinaus auch die Prozeßhaftigkeit der Entwicklung eines Kindes in einem bestimmten Beobachtungszeitraum aufzeigen können.

Im folgenden werden beispielhaft einige Methoden zur Informationssammlung und -dokumentation genannt, die im förderdiagnostischen Sinne eher geeignet sind als standardisierte Beobachtungs- und Protokollierungsverfahren:

— *Biographische Daten,* die mit Hilfe eines Leitfadens erfragt werden, sind aussagekräftiger als rein anamnestische Erhebungen. Der Leitfaden zur *Kind-Umfeld-Diagnose* von *Hildeschmidt/Sander* (vgl. in diesem Band) enthält z. B. Angaben über besondere außerschulische Belastungen und Beanspruchungen, besondere Ereignisse im Leben eines Kindes, Heimaufenthalte, außerschulische Betreuung etc. So lassen sich Erfahrungen der Eltern, Geschwister, Erzieherinnen usw. im Unterricht berücksichtigen.
— *Beobachtung im Koop-Unterricht* bietet die Möglichkeit, Beobachtungsaufgaben im Wechsel wahrzunehmen und so Kinder in verschiedenen Interaktions- und Kommunikationssituationen zu erleben.
— *Unterrichts-Protokolle,* die im Zusammenhang mit Teamarbeit geschrieben werden, sollten auf Beurteilungen, Interpretationen und Bewertungen verzichten und stattdessen vielmehr eine genaue, ausführliche Beschreibung der Beobachtungssituation enthalten. Sie sind Vorarbeit und Diskussionsgrundlage für spätere gemeinsame Beurteilungen eines Kindes.
— *Tagebucheintragungen* eignen sich als Informationssammlungen über einen längeren Zeitraum und können daher Grundlage für Entwicklungsberichte und Förderpläne sein. Die nachträglich notierten Beobachtungen sind jedoch subjektiv, emotional bestimmt und meist unsystematisch; sie geben dafür aber Aufschluß über die Einstellung des Lehrers zum Kind und können so zur Reflexion eigenen pädagogischen Handelns hilfreich sein sowie eigene Beurteilungs- und Bewertungsmaßstäbe bewußt machen.
— *Schülerkarteien,* die die wichtigsten Daten über ein Kind enthalten und in die regelmäßig Beobachtungsergebnisse eingetragen werden, eignen sich als Beratungshilfe. Sie können zudem zeitsparend bestimmte Beobachtungsschwerpunkte aufnehmen (z. B. Fähigkeiten in einzelnen Sachgebieten, Verhalten in bestimmten Unterrichtssituationen, familiäre Ereignisse, Gesprächsnotizen von außerschulischen Kontakten etc.).
— *Tonbandaufzeichnungen* sind besonders für die Analyse der Sprache eines Kindes wertvoll (Lautbildung, Wortschatz, Sprachaufbau, Ausdrucksweise, Dialekt, Ausländerdeutsch, Kommunikationsstrategien etc.).
— *Videoaufzeichnungen* ermöglichen im nachhinein die genaue Beobachtung von Kindern und Lehrern in unterschiedlichsten Interaktionssituationen. Sie sind beliebig reproduzierbar und lassen sich vielfältig auswerten, nicht zuletzt auch im Hinblick auf die Reflexion des eigenen Verhaltens im Unterricht.
— *Fallbesprechungen* schaffen eine gemeinsame Informationsgrundlage aller Beteiligten über ein Kind (Eltern, Lehrer, Koop-Lehrer, Sonderpädagogen, Fachlehrer usw.). Sie dienen der Überprüfung pädagogischer Entscheidungen und der gemeinsamen Entwicklung weiterer Strategien in bezug auf Fördermaßnahmen und Veränderungen des Unterrichts. Der Austausch an Informationen läßt darüberhinaus eigene Erwartungen, Einstellungen und Normvorstellungen bewußt werden und bietet so die Chance, ein Kind besser verstehen zu lernen.

Breuer, H./Weuffen, M.: Gut vorbereitet auf das Lesen- und Schreibenlernen? Berlin (VEB) 1981.

Bundschuh, K.: Dimensionen der Förderdiagnostik bei Kindern mit Lern-, Verhaltens- und Entwicklungsproblemen. München 1985.

Buschbeck, H.: Reflektierende Beobachtung. Ein Arbeitsbericht mit Praxisbeispielen aus dem Projekt „Vorschulerziehung". Berlin (PZ) 1985.

Eberwein, H.: Förderdiagnostisch relevante Verhaltensbeobachtung aus der Sicht ethnographischer Feldforschung. In: *Haeberlin, U./Amrein, C.* (Hrsg.): Forschung und Lehre für die sonderpädagogische Praxis. Bern 1987, S. 183–187.

Eberwein, H. (Hrsg.): Fremdverstehen sozialer Randgruppen. Ethnographische Feldforschung in der Sonder- und Sozialpädagogik. Grundfragen, Methoden, Anwendungsbeispiele. Berlin 1987.

Eberwein, H.: Systemische und förderungsorientierte Diagnostik in (integrativen) Grundschulen. In: Grundschule 25 (1993) S. 8–10.

Kautter, H.: Einige sozialpsychologische Aspekte förderungsdiagnostischer Arbeit. In: *Kornmann, R.* u.a. (Hrsg.): Förderungsdiagnostik. Heidelberg [2]1986, S. 2–8.

Kornmann, R./Meister, H./Schlee, J. (Hrsg.): Förderungsdiagnostik. Konzept und Realisierungsmöglichkeiten. Heidelberg [2]1986.

Seifert, M. J.: Teilnehmende Beobachtung (Methoden der empirischen Sozialforschung VII). In: Gegenwartskunde 34 (1985) S. 45–59.

Anne Hildeschmidt/Alfred Sander

Der ökosystemische Ansatz als Grundlage für Einzelintegration

1. Einleitung: Der ökosystemische Ansatz

Im Beitrag über „Behinderungsbegriffe und ihre Konsequenzen für die Integration" (*Sander* in diesem Band) wird verschiedenen herkömmlichen Behinderungsbegriffen, die die Behinderungsmerkmale nur an der betroffenen Person festzumachen suchen, ein „ökosystemischer" Begriff gegenübergestellt: Behinderung liegt vor, wenn ein Mensch auf Grund einer Schädigung oder Leistungsminderung ungenügend in sein Mensch-Umfeld-System integriert ist. Das soziale und materiale Umfeld eines Menschen mit Schädigung oder Leistungsminderung ist entscheidend dafür, wieweit dieser Mensch sich angenommen und dazugehörig fühlen kann bzw. wieweit er sich als behindert erlebt.

Diese Sichtweise erschließt neue Handlungsmöglichkeiten für die Nichtaussonderung im Kindergarten- und Schulbereich. Denn selbst wo die Integration in Regeleinrichtungen des Bildungswesens durch Recht und Verwaltungsgepflogenheiten nicht vorgesehen ist, muß im Sinne des ökosystemischen Ansatzes das konkrete Kind-Umfeld-System untersucht werden; dabei ergeben sich oft Erkenntnisse, wie durch mehr oder weniger einfache Veränderungen der Umfeldbedingungen in Kindergarten oder Schule die Nichtaussonderung im Einzelfall möglich wird — und somit pädagogisch geboten ist.

2. Der ökosystemische Ansatz als Grundlage der Eingangsdiagnostik

Den ökosystemischen Ansatz als Grundlage der Einzelintegration und demnach auch der Eingangsdiagnostik zu wählen, ermöglicht nicht nur eine theoretische Standortbestimmung, sondern eröffnet auch Handlungsperspektiven für die Praxis.

Betrachtungseinheit ist nicht das einzelne Kind, sondern die Aufgabe des Schuleintritts, das Problem der noch nicht alltäglichen Einschulung eines behinderten Kindes in eine Grundschule (an Stelle einer Sonderschule).

Der ökosystemische Ansatz in der Pädagogik ist nicht wertneutral. Ziel ist die Unterstützung einer bestmöglichen Entwicklung des Kindes in seinen gegenwärtigen und für seine zukünftigen Umwelten. Daraus ergibt sich für den diagnostischen Prozeß die Aufgabe, soziale und materiale Erleichterungen und „Behinderungen" in den Umfeldern des Kindes (unterschiedlicher Reichweite) und seiner Familie aufzuklären, in gemeinsamer Beratung nach Veränderungsmöglichkeiten zu suchen und entsprechende pädagogische Handlungen zu planen (*Hilde-schmidt & Sander* 1987).

Hinsichtlich der Methode wird eine komplexe Zugangsweise bevorzugt. Dies beinhaltet, das einzuschulende Kind als einen im System von sozialen und materialen „natürlichen" Bezügen eingebetteten Menschen zu betrachten. Die familiären und außerfamiliären Bezugssysteme beeinflussen in diesem Gesamtgefüge das Kind, und umgekehrt beeinflußt das Kind durch sein Verhalten die anderen Mitglieder des jeweiligen Bezugssystems. Diese wechselseitige Beeinflussung im faktischen Handeln, im Denken und Fühlen ist ein zentraler Ansatzpunkt der Kind-Umfeld-Diagnose und wird im systemischen Denken als „Zirkularität" (z. B. *Hennig & Knödler* 1985) und in der Entwicklungspsychologie als „Transaktionalität" (*Lazarus* 1981; *Nickel* 1976) bezeichnet.

Für die Diagnose bedeutet dies, daß das Kind mit seiner Behinderung im Schnittpunkt der Systeme Schule und Familie zu sehen ist. Hierbei sind seine Needs (Bedürfnisse) vor dem Hintergrund der jeweiligen Handlungsräume und Handlungszusammenhänge zu verstehen. Aus der system- und entwicklungstheoretischen Betrachtungsweise lassen sich Rahmenvorstellungen für eine pädagogische Diagnose und Handlungsplanung unmittelbar ableiten. Zwei Aspekte sind hier hervorzuheben:

Erstens stellt die pädagogische Diagnose einen explorativen *Entscheidungsprozeß eines Teams* dar. Das private und pädagogische Umfeld, vertreten durch wichtige Handlungspartner und Bezugspersonen des Kindes, berät und entscheidet über Möglichkeiten und Form der schulischen Integration. Dabei können die (bisher) wichtigsten Bezugspersonen des Kindes (Eltern, Erzieherin, Früherzieherin, Therapeutin) Einblicke in die derzeitige Lebens- und Lernsituation und in die bisherige Kind-in-Umfeld-Entwicklung vermitteln. Zusätzliche Fachleute, auch wenn sie das Kind nur flüchtig kennen (im folgenden „Kontaktpersonen"), wie beispielsweise Sonderpädagoge (mit behinderungsspezifischer Ausbildung), Kinder- und Jugendarzt (ggf. behandelnder Arzt) und Schulpsychologe, können den Blick für pädagogisch relevante Zusatzinformationen (z. B. aus Gutachten) weiten. Zukünftigen Handlungspartnern kann hier eine Grundlage für ihre Mitarbeitsentscheidung zur Förderung der Integration des behinderten Schülers gegeben werden. Gleichzeitig kann eine Kooperation zwischen den „abgebenden" und den „zukünftigen" Handlungspartnern angebahnt werden.

Die interdisziplinäre Zusammenarbeit zwischen Kontakt- und (insbesondere familiären) Bezugspersonen des Kindes in der Eingangsdiagnostik ermöglicht es, vielfältige Aspekte und Entwicklungsverläufe aus verschiedenen Perspektiven einzubeziehen und ein vorläufiges Gesamtgefüge von Kind-Umfeld-Beziehungen zu rekonstruieren. Im einzelnen bietet die Teamdiagnostik die Chance, eine größere Bandbreite der Needs des Kindes (was der Schüler braucht) wie auch der integrationswirksamen Ressourcen des schulischen und außerschulischen Umfeldes zu thematisieren, sie beinhaltet jedoch gleichzeitig die Notwendigkeit, unterschiedliche Perspektiven, Auffassungen, Meinungen zuzulassen und durch kommunikatives Aushandeln pädagogische Handlungsziele, Problemlösevorschläge und Handlungsschritte wechselseitig abzustimmen. Die Auffassung von Diagnose als kommunikativem Entscheidungsprozeß muß die traditionelle Rollenaufteilung teilweise überwinden, damit die am diagnostischen Gespräch beteiligten Personen — vor allem die Eltern im Hinblick auf ihren Erfahrungsvorsprung im Beziehungsnetz mit dem behinderten Kind — als gleichberechtigt einbezogen werden.

Zweitens erfolgt die Diagnose *inhaltlich kind- und umfeldbezogen*. Des Schülers Fähigkeiten und Needs sind vor dem Hintergrund der beteiligten Systeme (Familie, Schule) zu beraten. Da es in der Diagnose und Beratung um das Problem gemeinsamer Unterrichtung nichtbehinderter und behinderter Schüler geht, wird das System Schule stärker in den Blickpunkt der Erkundung gerückt werden als andere Bezugssysteme. Im einzelnen sollten hier folgende „Subsysteme" in die Exploration einbezogen werden: die Schulleitung, das Kollegium der Regelschule, die zukünftige Schulklasse, die Dyaden bzw. Triaden Lehrer — Eltern, Lehrer — Sonderschullehrer bzw. Lehrer und andere „Therapeuten" usw.

In der diagnostischen und beratenden Situation ist das Entscheidungsteam zunächst mit einem globalen Anliegen zur schulischen Integration eines behinderten Kindes befaßt. In einem ersten Schritt zur Problemlösung können die diagnostischen Informationen zur bisherigen und aktuellen Entwicklung des Kindes nach ihrer Relevanz für den Entscheidungsprozeß zur schulischen Integration gefiltert werden: Handlungsbereiche und bevorzugte Bezugspersonen des Kindes (Erwachsene, Gleichaltrige; innerhalb, außerhalb der Familie), erprobte und zu antizipierende Handlungskonsequenzen aufgrund von Art und Schweregrad der Behinderung, bisherige Lebens-, Erfahrungsräume, Lernangebote vor dem Hintergrund familiärer bzw. außerfamiliärer (privater, nachbarschaftlicher, institutioneller) Gegebenheiten und Veränderungen, die bisherige Kind-in-Umfeld-Entwicklung und nächste Entwicklungsaufgaben. In einem zweiten Schritt sollten dann Bedürfnisse, Interessen, Erfordernisse für das behinderte Kind einerseits, Integrationsorientierung, Kooperationsbereitschaft und erzieherische Vorstellungen von Lehrern und Eltern andererseits in die Entscheidungsüberlegungen einbezogen werden. Drittens sind Fragen nach sozialen Unterstützungsressourcen (insbesondere nach Sonderschullehrern als Ambulanzlehrern), materialen Veränderungsnotwendigkeiten und zu vermeidenden unerwünschten „Nebenwirkungen" zu klären. Auf dieser Basis kann dann die Eingangsdiagnose abgeschlossen werden, indem das diagnostische Team konkrete Empfehlungen und Bedingungen für die Einzelintegration in dieser Schule und dieser Klasse nennt.

Als Anhang ist dem vorliegenden Bericht ein „Leitfaden für die Kind-Umfeld-Diagnose" beigefügt, der diese Ausführungen weiter konkretisiert.

3. Der ökosystemische Ansatz als Grundlage der begleitenden Beratung

Eine ökosystemische Eingangsdiagnose kann — wie jede Diagnose — die weitere Entwicklung nur mit einer gewissen Wahrscheinlichkeit vorhersagen. Daher darf vernünftiges pädagogisches Handeln über längere Zeit hinweg nicht allein auf die Eingangsdiagnose aufgebaut werden. Vielmehr ist es erforderlich, die Einzelintegration im pädagogischen Alltag reflektierend zu beraten, um Lern- und Entwicklungsschritte des Kindes, das Auftreten neuer Needs, das Zurücktreten bisheriger Needs im Kontext gemeinsamen Unterrichts von nichtbehinderten und behinderten Kindern zu erkennen und in der pädagogischen Handlungsplanung flexibel darauf reagieren zu können.

Eine solche „reflektierende Beobachtung" (*Buschbeck* 1985) ist in erster Linie Aufgabe der Lehrerinnen und Lehrer, die die Einzelintegration durchführen. Ob einzeln oder im Team durchgeführt, reflektierende Beobachtung gehört zum Alltagshandeln von Pädagogen in der Praxis. Angesichts der neuen pädagogischen Aufgabe der integrativen Erziehung und der neuen ökosystemischen Betrachtungsweise ist es wünschenswert, daß die „reflektierende Beobachtung" (Zusammenhänge als wahrscheinlich erkennen und Änderungen probeweise einführen) gemeinsam mit anderen Lehrerinnen und Lehrern beraten und weiterentwickelt wird. Dies kann innerhalb des Kollegiums erfolgen, insbesondere wenn mehrere Lehrpersonen an der Einzelintegration beteiligt sind. Steht die Lehrperson, die die Integration durchführt, im wesentlichen allein, so sollte sie Anschluß an eine Lehrergruppe außerhalb ihres Kollegiums oder an eine Projektgruppe suchen, die sich mit praktischen Integrationsfragen befaßt.

Die kollegiale Beratung dient auch der pädagogischen Handlungsplanung, die hauptsächlich folgenden Fragen gilt:

— Wie kann ich in der Klasse individuelles und kooperatives Lernen ermöglichen?
— Wie kann ich das Lernen und Arbeiten an einem gemeinsamen Thema unter Beachtung der unterschiedlichen Lernvoraussetzungen planen?
— Wie kann ich in dieser Klasse günstige Lernsituationen zur Förderung der Ich-, Sach- und Sozialkompetenz herbeiführen?
— Wie kann ich in der Planung so offen bleiben, daß aktuell auftretende Bedingungen berücksichtigt und fruchtbar gemacht werden können?

Vor allem die letzte Fragestellung ist ökosystemisch bedeutsam, denn sie lenkt den Blick auf die Notwendigkeit, auch im laufenden Unterricht die Umfeldbedingungen wahrzunehmen und erforderlichenfalls flexibel einzubeziehen. Der Kind-Umfeld-Ansatz darf nicht auf außerunterrichtliche Reflexionen und Beratungen beschränkt werden.

In größeren Abständen — längstens nach jeweils zwei Jahren — soll das ganze diagnostische Team zusammentreten, um eine kritische Einschätzung des bisherigen Verlaufs der Einzelintegration vorzunehmen, die ökosystemische Diagnose zu revidieren und konkrete Erfordernisse und Empfehlungen für die Weiterführung der Einzelintegration zu formulieren (vgl. *Sander* 1987, S. 220). Es ist sinnvoll, wenn dieses Team auch früher zusammentreten kann, falls die Lehrpersonen oder die Eltern des behinderten Kindes es für notwendig erachten. Denn im Kind-Umfeld-System können sich schnelle und tiefgreifende Veränderungen abspielen, die nicht ohne weiteres schulintern aufgefangen werden können; dann muß über die Needs und die Unterstützung dieser Einzelintegration neu beraten werden.

Auf der Umfeld-Seite kann es — z. B. durch Lehrerwechsel oder durch Umzug der Familie — zu massiven, geradezu einbrucharatigen Veränderungen kommen, die eine neue Kind-Umfeld-Diagnose erforderlich machen. Auch der altersbedingte Übertritt in eine andere Schulstufe bringt regelmäßig gravierende Veränderungen des schulischen Umfeldes mit sich. Aus ökosystemischer Perspektive müssen hier erstens die Merkmale der abgebenden und der aufnehmenden Schule (Größe, Wohnortbezug, Fachlehrer- oder Klassenlehrersystem usw.) miteinander verglichen und zweitens die Begleitung durch bisherige Bezugspersonen (Lehrer, Mitschüler) vorbereitet werden. Einzelintegration ist auch in der Sekundarstufe möglich und pädagogisch sinnvoll, ihr Abbruch nach der Primarstufe grundsätzlich nicht vertretbar; aber es bedarf hier genauer Vorklärungen und Beratungen im schulischen Umfeld (vgl. *Maikowski* 1987).

Nach diesen Ausführungen findet die begleitende ökosystemische Beratung also in verschiedenen Formen und aus verschiedenen Anlässen statt:

1. als laufende Beratung zwischen den beteiligten Lehrpersonen über ihre „reflektierende Beobachtung" und pädagogische Handlungsplanung;
2. zur Überprüfung der Eingangsdiagnose (bzw. der letzten Kind-Umfeld-Diagnose) durch das diagnostische Team
   2.1 regelmäßig im Abstand von höchstens zwei Jahren,
   2.2 jederzeit bei gegebenem Anlaß, d.h. bei besonderen Schwierigkeiten oder Fortschritten;
3. bei schulischen Übergängen, regelmäßig beim Übergang aus der Grundschule in eine Schule der Sekundarstufe I.

Gemeinsames Merkmal der ökosystemischen Beratungen ist die zentrale Fragestellung: Wie kann das schulische Umfeld (z.B. der Deutschunterricht, die Sportstunde; die mitmenschliche Atmosphäre in der Klasse; die Einstellung im Lehrerkollegium; die Ausstattung mit Lern- und Arbeitsmitteln; usw.) so verändert werden, daß das behinderte Kind A weniger behindert, mehr integriert und bestmöglich gefördert wird?

4. Schlußbemerkungen

Die „Behinderung" eines Menschen kann nicht losgelöst von den Lebensbedingungen dieses Menschen gesehen werden. In vorstehendem Beitrag haben wir vor allem das schulische Umfeld, also Lebensbedingungen in der unmittelbaren Umgebung des Kindes, thematisiert. Daneben spielen jedoch auch die Lebensbedingungen größerer Reichweite (z.B. in Stadtviertel, Gemeinde, Bundesland, Kultur, Gesellschaft) eine Rolle. Das Kind-Umfeld-System ist — in den Worten *Bronfenbrenner's* (1981) — nicht nur Mikro-System, sondern besteht auch als Meso-, Exo- und Makro-System. Die intensive Beschäftigung mit Einzelintegrationen auf der Mikrosystem-Ebene darf den Blick nicht endgültig ablenken von den Systemen größerer Reichweite bis hin zu politischen und gesamtgesellschaftlichen Bedingungen. Viele gelungene Einzelintegrationen werden auch auf der Makrosystem-Ebene positive Veränderungen bewirken.

Literatur

Bronfenbrenner, U.: Die Ökologie der menschlichen Entwicklung. Stuttgart 1981.
Buschbeck, H.: Reflektierende Beobachtung. Berlin (Pädagogisches Zentrum) 1985.
Hennig, C./Knödler, U.: Problemschüler — Problemfamilien. Weinheim 1985.
Hildeschmidt, A./Sander, A.: Zur Kind-Umfeld-Diagnose als Grundlage schulischer Integrationsentscheidungen. In: Sonderpädagogik im Saarland 19 (1987) S. 6–15.
Lazarus, R.-S.: Streß und Streßbewältigung — ein Paradigma. In: *Filipp, S.-H.* (Hrsg.): Kritische Lebensereignisse. München 1981, S. 198–232.
Maikowski, R.: Entscheidung in SEK I. In: Gemeinsam leben 1 (1987) S. 8–14.

Nickel, H.: Die Lehrer-Schüler-Beziehung aus der Sicht neuerer Forschungsergebnisse — ein transaktionales Modell. In: Psychologie in Erziehung und Unterricht 23 (1976) S. 153–172.

Sander, A.: Zur ökosystemischen Sichtweise in der Sonderpädagogik. In: *Eberwein, H.* (Hrsg.): Fremdverstehen sozialer Randgruppen. Berlin 1987, S. 207–221.

Anhang

Leitfaden für die Kind-Umfeld-Diagnose

Der folgende Leitfaden wurde im Projekt „Integration behinderter Schüler/innen", in dem auch die Verfasser mitarbeiten, an der Universität des Saarlandes entwickelt und in mehreren Fassungen erprobt. Er will eine Orientierungshilfe für die Kind-Umfeld-Diagnose sein, hier insbesondere für die Eingangsdiagnose nach einem von den Eltern eines behinderten Kindes gestellten Antrag auf Integration in die Regelschule. (Für die theoretischen Zusammenhänge wird auf Kapitel 2 des vorstehenden Beitrags verwiesen.)

Der Leitfaden ist als Fragensammlung abgefaßt. Er soll nicht als Fragebogen verwendet werden. Vielmehr soll er dem diagnostischen Team Anhaltspunkte für die zu beratenden Aspekte liefern und einen Überblick über den Beratungsverlauf ermöglichen.

I Zum Antrag auf schulische Integration

(Wünsche, Vorstellungen, Ziele der Eltern)

II Derzeitige Lebens- und Lernsituation des Kindes

1. Welche Handlungsbereiche und welche Bezugspersonen spielen in der augenblicklichen Lebens- und Lernsituation des Kindes eine wichtige Rolle?
(Familie, Nachbarschaft, Kindergarten, Schule, Freizeit, Therapie u.a.)
2. Wie kommt das Kind in seiner augenblicklichen Lebens- und Lernsituation trotz seiner Behinderung (Art und Schweregrad) zurecht?
Welche Hilfen braucht das Kind?
(evtl. Tagesablauf; technische Kompensationsmöglichkeiten; familiäre, schulische und außerschulische Umfeldbedingungen, die unterstützend oder beeinträchtigend wirken)
3. Wie sind die (sozial-emotionalen) Beziehungen zu anderen Kindern und Erwachsenen:
a) Bestehen Kontakte zu anderen Kindern, und auf welche Handlungsbereiche beziehen sie sich vor allem?
(wer; variabel/stabil; symmetrisch/asymmetrisch)
b) In welchen Handlungsräumen und Handlungszusammenhängen bestehen wichtige Beziehungen zu Erwachsenen, und welche Funktion haben diese Beziehungen?
(familiär, schulisch und außerschulisch; Handlungsräume erweiternd/einengend; (über)behütete, kognitiv anregende, sozio-emotional unterstützende Funktion)

III Welche Informationen liegen über die bisherige Entwicklung des Kindes und bevorstehende Entwicklungsaufgaben vor?

1. Zur Gesamtentwicklung des Kindes
(Identitätsentwicklung, sach- und raumbezogene Entwicklung, soziale Entwicklung)
2. Besondere Vorkommnisse vor dem Hintergrund familiärer, institutioneller und gesellschaftlicher Bedingungen
(Bewußtsein der und Auseinandersetzung mit der Behinderung: Eltern-Kind; Thematisieren der Behinderung durch andere; medizinische, pädagogische Situationen; Krisen)
3. Einzelne Entwicklungsbereiche und nächste Entwicklungsaufgaben
(körperliche Entwicklung, motorische Entwicklung, Wahrnehmungsdifferenzierung, Umfeldorientierung, Sprache, Selbstkonzept, Sozialverhalten, Motive, Lernverhalten usw.)

IV Wie läßt sich die schulische Integration für das Kind, die Schule, die Eltern angemessen und pädagogisch verantwortlich realisieren?

1. Wie kann die angesprochene Schule einen gemeinsamen Unterricht unter Berücksichtigung der sonderpädagogischen Bedürfnisse des Antragskindes umsetzen?

— Zielüberlegungen
(zielgleiche/zieldifferente Integration; Fördern und Integrieren; Organisationsform der Integration; Bereitschaft der Schule, sich auf Integration einzulassen, vorzubereiten usw.)
— Handlungsplanung, evtl. Handlungsschritte
(Klassensituation: Klassengröße, beteiligte Lehrer/innen, soziales Klima, Information der Mitschüler und Eltern; technische und methodische Kompensationsmöglichkeiten; Vermeidung von oder Umgang mit Sekundärbeeinträchtigungen im schulischen Umfeld; räumliche Kompensationsmöglichkeiten; Veränderungsnotwendigkeiten einschließlich Überlegungen zur sonderpädagogischen Unterstützung)
— didaktisch-methodische Einzelaspekte
(z. B. äußere Erleichterungen wie längere Bearbeitungszeiten bei motorischen Behinderungen oder Sinnesbeeinträchtigungen; Einführung in die Braille-Schrift für Blinde)

2. Welche der anstehenden Handlungsschritte bzw. Probleme können vom schulischen Umfeld selbständig angegangen werden?

Bereitschaft der Lehrer/innen, Klassengröße, Bereitstellung von Hilfsmitteln, Bedingungen in der Schulklasse, Information der Eltern, kompensatorische Berücksichtigung räumlicher Gegebenheiten, kleinere Veränderungen usw.

3. Welche vorhandenen Ressourcen können für welche Aufgaben erschlossen werden oder wurden bisher schon bereitgestellt?

Förderunterricht, Sprachheilunterricht, Elterninitiative, schulpsychologischer Dienst, schulärztlicher Dienst, Hausmeister und Handwerker; Unterstützungsmöglichkeiten für die Pädagogen (z. B. schulinterne Vorbereitung)

4. Welche Ressourcen müssen für die gewählte Integrationsform (neu) bereitgestellt werden?

Art und Umfang sonderpädagogischer Unterstützung; erforderliche Lehr- und Hilfsmittel; Transport; sozial-pflegerische Dienste

5. Sind besondere Auswirkungen auf das Kind-Umfeld-System zu erwarten? Wie könnte auf Schwierigkeiten reagiert werden?

Kooperation von Lehrern, Einstellung der Kollegen, des Schulleiters; Zusammenarbeit mit und Unterstützung durch Eltern der Klasse; Übergangssituation für das Antragskind und die Mitschüler usw.

V Abschließende schriftliche Empfehlung

Wie lassen sich die Erfordernisse zur Verwirklichung der angemessenen Integrationsform in Abstimmung mit den Bedürfnissen des Antragskindes und seines pädagogischen Umfeldes angemessen realisieren?
(Für welches Antragskind
mit welchen sonderpädagogischen Bedürfnissen
will welche aufnehmende Schule
durch welche Personen (Schulleiter, Lehrer, Hausmeister) und
durch welche Ressourcen
welche Veränderungen
zur Realisierung welcher Integrationsstufe
durchführen?)
Welche Maßnahmen sind vom Schulträger bzw. von der Schulbehörde für die angestrebte schulische Integration bereitzustellen?

Gitta Zielke

Einsatz von Sonderpädagoginnen und Sonderpädagogen in integrativ arbeitenden Grundschulen

1. Arbeitsbereiche der Sonderpädagoginnen und Sonderpädagogen

Für eine pädagogisch sinnvolle Integration „behinderter" Kinder („behindert" wird in den folgenden Ausführungen in Anführungszeichen gesetzt, um die Fragwürdigkeit dieses Terminus hervorzuheben; vgl. zum Behindertenbegriff *Sander* 1985, *Zielke* 1992) in Regelschulen ist erforderlich, daß der Anteil der sonderpädagogischen Unterstützung, die diese Kinder bisher in Sonderschulen erhielten, in die Grundschule verlagert wird. Für diese Aufgaben sind qualifizierte Pädagoginnen und Pädagogen bereitzustellen, die z. Z. noch in der Regel Sonderpädagogen sein werden (ein Kompetenztransfer ist – wie die Praxis zeigte – möglich). Sonderpädagoginnen und Sonderpädagogen in einer integrativ arbeitenden Grundschule sollten in dieser Schule nicht nur eine ambulante Tätigkeit verrichten, sondern zum Kollegium der Grundschule gehören, damit sie nicht als Fremdkörper betrachtet werden. Das bedeutet, daß sie nicht nur für die „behinderten" Kinder zuständig und verantwortlich sind, sondern für alle Kinder*. Die Mitwirkung der Sonderpädagogen am gemeinsamen Unterricht auf der einen Seite sowie die der Grundschullehrerinnen, insbesondere der Klassenlehrerin, bei der Festlegung des Förderbedarfs und der Erstellung eines Förderplans für das „behinderte" Kind auf der anderen Seite, werden als Grundlage der Zusammenarbeit zwischen den Lehrerinnen und Lehrern angesehen (vgl. *Heyer/Preuss-Lausitz/Zielke* 1990). Das bedeutet für das gesamte Arbeitsfeld der Sonderpädagogen Absprache und Kooperation mit Grundschulkolleginnen und -kollegen, eine Tatsache, die zu erheblichen Problemen führen kann, wie weiter unten aufgezeigt wird. Zum besseren Verständnis der unterschiedlichen Tätigkeitsbereiche von Sonderpädagogen soll das Schaubild (Seite 278) dienen.
Die Auflistung der Aufgaben der Sonderpädagoginnen und Sonderpädagogen ist nicht hierarchisch geordnet, alle Aufgaben werden auch nicht immer gleich intensiv erforderlich sein, so daß eine Schwerpunktverlagerung z. B. von „sonderpädagogischen Maßnahmen festlegen" zu „Schulwechsel vorbereiten" je nach Anforderung der Situation möglich ist.

---

* Das führte in einigen Schulen zu der Konsequenz, daß die Sonderpädagogen auch die Rolle der Klassenlehrerin übernahmen, und sie durch Grundschullehrerinnen im Unterricht unterstützt wurden.

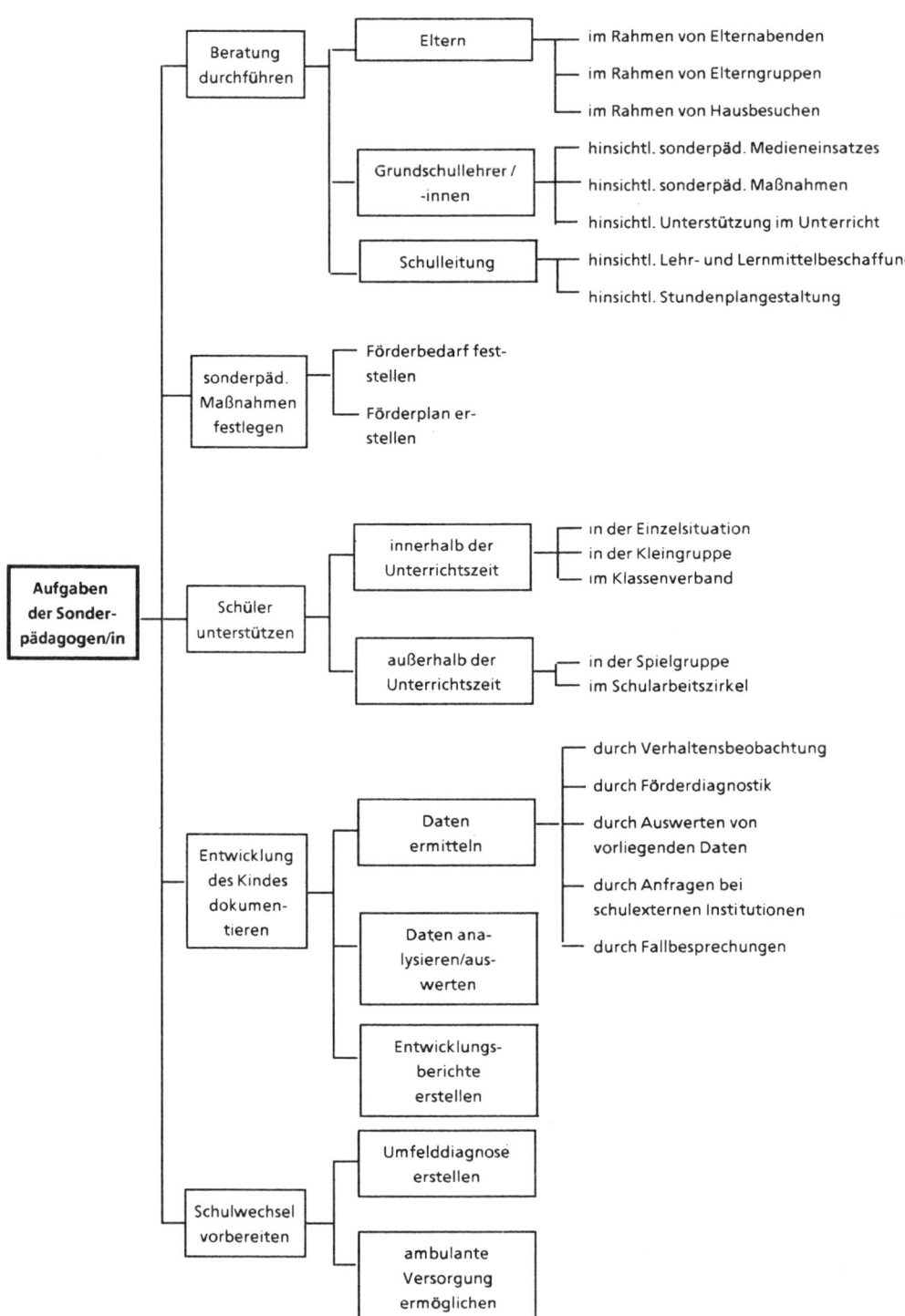

Wie aus dem Schaubild deutlich wird, müssen sich die Sonderpädagoginnen und Sonderpädagogen mit zahlreichen Gesprächspartnern im Schulalltag in Verbindung setzen. Abgesehen von Kontakten zu schulinternen Bezugspersonen, sind Kontakte zu verschiedenen Institutionen notwendig, um Daten über die „behinderten" Kinder zu ermitteln. Ohne den Anspruch auf Vollständigkeit zu erheben, sollen hier die wichtigsten Institutionen aufgeführt werden, mit denen die Sonderpädagoginnen und Sonderpädagogen im Informationsaustausch stehen müssen:

Sonderschulen, Sekundarschulen oder aufnehmende Grundschulen bei Schulwechsel, Schulpsychologische Beratungsstelle, Kinder- und Jugendpsychiatrischer Dienst, Familien- und Behindertenfürsorge, Erziehungsberatungsstellen, Schularzt/ärztin, Kinderarzt/ärztin, Psychologen, Therapeuten, Horterzieherinnen u. a.

Wenn derartig viele Personen (oder auch nur ein Teil von ihnen) mit den Belangen eines Kindes befaßt sind, ergeben sich oft zwangsläufig Konflikte unter den Erwachsenen, da jeder, je nach seinem beruflichen Bedingungsfeld, eine andere Sicht „zum Wohl" des betreffenden Kindes haben kann. Häufig fällt in diesen Gesprächsrunden (Förderausschüssen und/oder Fallbesprechungen) den Sonderpädagogen eine Art Vermittlerrolle zu. Für diese Aufgabe fehlt jedoch in den meisten Fällen eine spezielle Ausbildung, z. B. in Interaktions- und Kommunikationstheorien, die für Konfliktvermeidungsstrategien hilfreich sein kann, damit die unterstützenden Maßnahmen für das betreffende Kind nicht aufgrund von sog. Beziehungsstörungen „behindert" werden (vgl. hierzu *Watzlawick* u. a. 1980).

Kontinuierliche Kontakte zu allen Personen, die im weitesten Sinn etwas mit den „behinderten" Kindern zu tun haben, sind aber erforderlich, u. a. um nicht Kontraindikationen nach der Festlegung sonderpädagogischer Maßnahmen zu bewirken.

Ferner kann die Entwicklung der Kinder nur dann detailliert dokumentiert werden, wenn möglichst vielfältige Daten über sie vorliegen, auch die, die nur durch Rücksprache mit schulexternen Bezugspersonen erhältlich sind.

Der Aufgabenbereich „Schulwechsel vorbereiten" bezieht sich nicht nur auf den Übergang zur Sekundarstufe I, sondern auch auf einen Grundschulwechsel u. a. bedingt durch Umzug der Eltern. In beiden Fällen müssen die Sonderpädagogen und Sonderpädagoginnen eine sorgfältige Kind-Umfeld-Diagnose erstellen, wobei zu prüfen ist, ob die aufnehmende Schule bereit und in der Lage ist, dem betreffenden Kind die besonderen pädagogischen Maßnahmen bereitzustellen. Ferner muß für eine ambulante Betreuung zur Unterstützung während der Eingewöhnungszeit gesorgt werden. In vielen Fällen wird diese Tätigkeit von der Sonderpädagogin übernommen, die bisher für das Kind zuständig war.

Eine der Hauptaufgaben der Sonderpädagogen und Sonderpädagoginnen stellt m. E. jedoch die Beratungsfunktion dar, allerdings nicht abgehoben von der Praxis, sondern in engster Verzahnung mit der Schülerbetreuung. Dieser Arbeitsbereich ist schwierig, u. U. der sensibelste hinsichtlich Konfliktgefährdung, wie die Erfahrungen verschiedener Schulversuche zeigen (vgl. hierzu *Heyer/Preuss-Lausitz/Zielke* 1990).

2. Sonderpädagogen und Sonderpädagoginnen als Berater und Beraterinnen

„Beratung ist ein Prozeß, bei dem Analyse und Intervention einander ablösen (ein Diagnose und Therapie verknüpfender Prozeß). Der Prozeß wird durch die Interaktion verschiedener Interaktionspartner in Gang gehalten (mindestens zwei Interaktionspartner: Berater und Klient). Diese Interaktion kann auch als Kooperation umschrieben werden. Die Kooperation erfolgt durch das Medium der Kommunikation im weitesten Sinne" (*Kleber* 1983, S. 12).

Beratung erfolgt im allgemeinen für Eltern, Lehrer und Lehrerinnen sowie für die Schulleitung. Während Kleber Beratung als einen Prozeß zwischen Diagnose und Therapie definiert, was eher der medizinischen Terminologie entlehnt zu sein scheint, sollte im Schulalltag vielmehr bei Beratung an einen „kooperativen Lernprozeß" gedacht werden. D. h., daß Beratung durch Sonderpädagogen und Sonderpädagoginnen immer in unmittelbarem Zusammenhang mit ihrem gesamten Aufgabenfeld zu sehen ist, insbesondere im Hinblick auf die Betreuung der „behinderten" Kinder durch sie.

Bei der Beratung können grob drei Kommunikationsmuster unterschieden werden:

— nonflexive Beratung
— transitive Beratung
— reflexive Beratung

Bei der nonflexiven Beratung handelt es sich um eine asymmetrische, vertikale Kommunikationsbeziehung (von oben nach unten).

Transitive Beratung erfolgt nach dem Mediatoren-Modell, d. h. ein Ratsuchender gewinnt durch den Prozeß der Beratung eine Teilkompetenz, so daß er als Mediator selbst wiederum andere Kollegen und Kolleginnen beraten kann.

Reflexive Beratung dagegen beinhaltet eine überwiegend symmetrische, horizontale Kommunikationsstruktur, indem Berater und Ratsuchender die Rolle je nach Situation austauschen können.

Welche Form der Beratung praktiziert wird, hängt einerseits vom Selbstverständnis der betreffenden Personen und andererseits von der Erwartungshaltung der Ratsuchenden ab. Aufgrund von fehlender Praxis im Führen von Beratungsgesprächen greifen Sonderpädagogen häufig zur nonflexiven Beratungsmethode, die wegen ihrer vertikalen Struktur Konflikte eher fördert als abbaut. Beratung wird dann dahingehend verstanden, gute „Rat-Schläge" zu erteilen, im Gegensatz zu der oben gestellten Forderung, Beratung eher unmittelbar mit der eigenen Praxis zu verbinden, wodurch sich ein Rollentausch entwickeln kann.

Derartiges Verhalten kann zur Folge haben, daß Grundschullehrer sich nicht beraten lassen wollen, weil sie dann Unzulänglichkeiten eingestehen müßten (auch Unzulänglichkeiten im Unterrichten, die nicht unbedingt etwas mit den „behinderten" Kindern zu tun haben). Somit versuchen sie, „irgendwie" allein mit den Problemen zurechtzukommen, um nicht implizit als partiell unmündig erklärt und damit in ein einseitiges Abhängigkeitsverhältnis gedrängt zu werden (vgl. *Kleber* 1983). Unter solchen Umständen werden Grundschullehrer es als größte Hilfe erleben, wenn Sonderpädagogen sich ausschließlich um die „behinderten" Kinder kümmern, möglichst sogar in einem separaten Gruppenraum, in dem sie mit den Kindern arbeiten, bis sie soweit „normalisiert" sind, daß sie keine Probleme mehr machen (vgl. *Wocken* 1987).

Bei einigen Sonderpädagogen und Sonderpädagoginnen müssen die Folgen einer nonflexiven Beratung, die dann auch immer weniger gewünscht wird, nicht unbedingt auf Widerstand stoßen; denn dadurch, daß sie isoliert, nicht im Team, die „behinderten" Kinder betreuen, haben sie weniger Fremdkontrolle durch die Grundschulkollegen, können Informationen vorenthalten und eine „Experten-macht" aufbauen. Die „Spezialistenrolle", die in diesen Fällen eingenommen wird, läßt sich bei einem „Kompetenzmonopol" sehr leicht vertreten (vgl. *Wocken* 1987). Sonderpädagogen, die die Ausbildung für sinnesgeschädigte, kör-per- und sprachbehinderte Kinder haben, neigen z. T. dazu, im „weißen Kittel" durch die Schule zu laufen.

Bedeutend schwieriger ist es dagegen für Sonderpädagogen und Sonderpäd-agoginnen mit den Fachrichtungen Verhaltensauffälligen- und/oder Lernbehin-dertenpädagogik, Zuflucht in die „Spezialistenrolle" zu suchen, weil es in diesen Bereichen nicht ein eindeutig abzugrenzendes Spezialwissen gibt, sondern Prin-zipien der Lernbehinderten- und Verhaltensauffälligenpädagogik auf Lernpro-zesse von allen Schülern, auch den „nichtbehinderten", übertragen werden können.

Eine andere Art von Konflikten in der Zusammenarbeit zwischen Pädagogen und Pädagoginnen kann sich durch vertikale Kommunikationsbeziehungen ent-wickeln, indem an Sonderpädagogen eine „Generalisten-Erwartung" gestellt wird: „Allzuständigkeit und volle Verantwortung für alle Kinder und für das ge-samte Unterrichtskonzept auf der einen Seite und spezielle Zuständigkeit für be-sondere Kinder und spezielle Aufgaben auf der anderen Seite." ... Auch bei be-stem Können und redlichstem Bemühen kann der Sonderschullehrer den in ihn gesetzten Erwartungen nicht genügen. Sein ‚Versagen' bleibt weder seinen Ko-operationspartnern noch ihm selbst verborgen und löst Enttäuschungen und Er-nüchterung bei den Mitarbeitern, Unzufriedenheit und Verunsicherung bei ihm selbst aus" (*Wocken* 1987, S. 207).

Um Frustrationen auf beiden Seiten zu vermeiden, sollten bei der Beratung — wenn möglich — horizontale Kommunikationsstrukturen in den Vordergrund treten, u. a. in Form einer reflexiven Beratung, weil somit

— spezifische Kompetenzen (Sonder-/Grundschulpädagogik) als einander er-gänzende und nicht gegeneinander konkurrierende Kompetenzen angesehen werden;
— in der praktizierten Einforderung der Kompetenzen aller diese nicht vonein-ander abgegrenzt, sondern inhaltlich erweitert werden;
— Grundschullehrer und -lehrerinnen als Ratsuchende in ihrer eigenen Kompe-tenz bestätigt und der Mitverantwortung der Sonderpädagogen versichert werden (wodurch eine gewisse Entlastung entsteht);
— Sonderpädagogen Mitverantwortung übernehmen, u. a. durch die Betreuung der „behinderten" Kinder im Klassenverband (woraus sich eine beiderseitige Abhängigkeit ohne Entmündigungseffekt entwickeln kann);
— Grundschullehrer und -lehrerinnen sich über den Prozeß des „Beraten-Las-sens" in der Lage fühlen, auch selbst Verantwortung für die „behinderten"

Kinder zu tragen (Kompetenztransfer) und dadurch Sicherheit im Gefühl der Handlungsfähigkeit gewinnen können.

Allgemein kann gesagt werden, daß Konflikte in Beratungsgesprächen in erster Linie als Beziehungs- und nicht als Sachkonflikte gesehen werden sollten (vgl. *Watzlawick* u.a. 1980), d.h. daß in derartigen Situationen häufig Kooperations- und Kommunikationsprobleme zwischen Grundschullehrern und Sonderpädagogen vorliegen (vgl. *Kreie* 1985). Wie diese analysiert und behoben werden können, wird weiter unten aufgezeigt.

3. Interdependenz zwischen dem Arbeitsfeld der Sonderpädagogen und Sonderpädagoginnen und dem Integrationsmodus der Grundschulen

Die Arbeit der Sonderpädagogen und Sonderpädagoginnen wird entscheidend durch den Integrationsmodus der betreffenden Grundschule geprägt. Abgesehen von einzelnen Abweichungen gibt es z.Z. folgende Formen:

— Integrative Grundschulen (Schulen ohne Aussonderung, die gesamte Schule praktiziert Integration);
— Schulen mit integrativen Klassen (in diesen Schulen erfolgt immer noch eine Aussonderung von „behinderten" Kinder, weil nur einzelne Klassen der Schule integrativ arbeiten).

Die Anzahl der „behinderten" Kinder in einer Klasse kann zwischen 1 bis 5 Schüler schwanken, wobei im allgemeinen ein „18+2-Modell" oder ein „10+5-Modell" praktiziert wird.

Unter „18+2-Modell" wird verstanden, daß 18 „nichtbehinderte" und 2 „behinderte" Kinder gemeinsam unterrichtet werden. Dementsprechend ist das Zahlenverhältnis bei dem „10+5-Modell", indem hier 10 „nichtbehinderte" und 5 „behinderte" Kinder in einer Klasse zusammen lernen.

In dem „10+5-Modell" arbeiten die Sonderpädagogen meist nur in einer Klasse, sie sind auch z.T. in der Klassenlehrerfunktion. Als Bezugsgruppe haben sie demzufolge 15 Kinder und als Kooperationspartner häufig nur eine weitere Grundschullehrerin und/oder eine pädagogische Unterrichtshilfe. Probleme bei der Beratung und Betreuung der Schüler und der damit verbundenen Kooperation betreffen höchstens 1 bis 2 weitere Personen.

Erheblich anders sieht die Situation für Sonderpädagogen und Sonderpädagoginnen in einem "18+2-Modell" aus. Hier sind es im allgemeinen 3 Klassen, für die sich die Sonderpädagogen zuständig zu fühlen haben. In diesen 3 Klassen sind insgesamt 5 bis 6 „behinderte" Kinder, die, wenn irgend möglich, in Verbindung zu ihrer Stammklasse betreut werden sollten. Das bedeutet, die Sonderpädagogen haben in diesem Modell 3 Bezugsgruppen von je 20 Schülern, also insgesamt 60 Kinder, die ihnen vertraut sein müssen. Darüber hinaus wird nun eine Kooperation mit 3 Klassenlehrern und zahlreichen Fachlehrern erforderlich. Da bei diesem Integrationsmodus das Arbeitsfeld der Sonderpädagogen auf verschiedene Klassen und Lehrerteams aufgegliedert ist, führte dieser Umstand zu immer wiederkehrenden, durchaus kontroversen Diskussionen. In einzelnen Fällen leitet heute auch bei dem „18 + 2-Modell" eine Sonderpädagogin eine Klasse mit Unterstützung durch Grundschullehrerinnen.

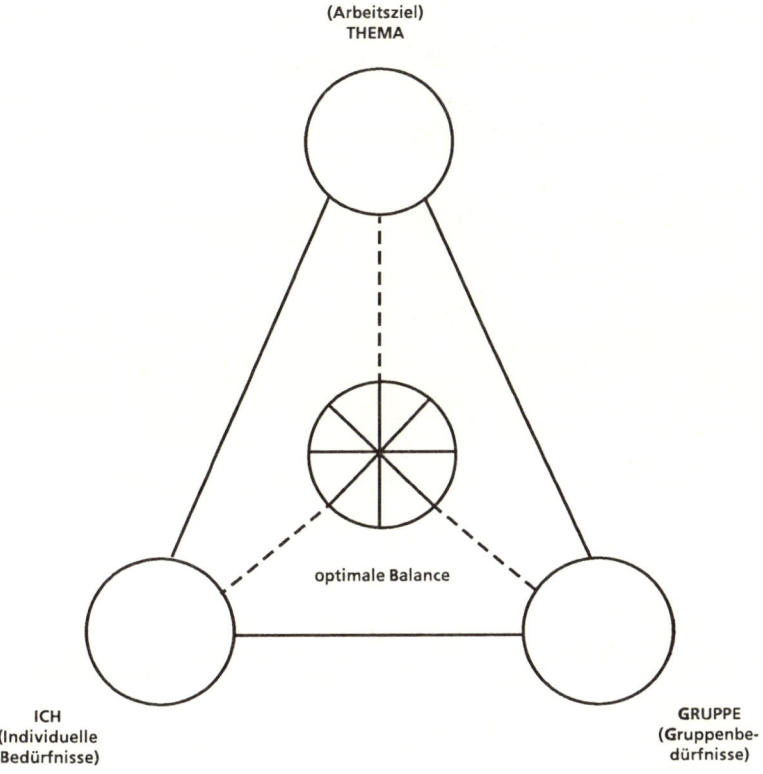

Im Rahmen dieses Beitrages kann es nur bei dem Hinweis auf eine Fortbildung der Lehrer und Lehrerinnen in diesem Bereich bleiben. Eine Fortbildung, die sich nicht nur auf aktuelle Wissensvermittlung hinsichtlich pädagogischer Fragestellungen oder des Lernens in heterogenen Gruppen („Es") bezieht, sondern eher die Lehrerpersönlichkeit das „Ich" oder „Wir" zum Diskussionsgegenstand hat. Soll Integration pädagogisch verantwortungsvoll praktiziert werden, ist die Kooperation der Lehrer und Lehrerinnen miteinander eine Grundvoraussetzung. Diese wird jedoch erschwert durch Beziehungsstörungen, die sich selbstverständlich bis in den Unterricht auswirken können. Durch ein kontinuierliches, handlungsorientiertes Lernangebot in Kommunikations- und Interaktionstheorien — u. a. durch eine Supervision des Teams — könnten derartige Probleme bei der Umsetzung des Integrationsgedankens in die Praxis zumindest reduziert werden. Daraus würde eine höhere Arbeitszufriedenheit der Pädagogen und Pädagoginnen und eine größere Effektivität ihrer Arbeit erreicht werden, wobei wahrscheinlich ist, daß die Sonderpädagogen auf Supervision noch stärker angewiesen sein werden als ihre Grundschulkollegen, da sie in integrativ arbeitenden Grundschulen eher Konflikten u. a. durch die große Zahl der Gesprächspartner ausgesetzt sind.

Cohn, R.: Von der Psychoanalyse zur Themenzentrierten Interaktion. Stuttgart 1983.

Fittkau, B. u. a.: Kommunizieren lernen (und umlernen). Braunschweig 1977.

Heyer, P./Preuss-Lausitz, U./Zielke, G.: Wohnortnahe Integration. Weinheim 1990.

Kleber, F. W.: Pädagogische Beratung. Weinheim 1983.

Kreie, G.: Integrative Kooperation. Weinheim 1985.

Sander, A.: Zum Problem der Klassifikation in der Sonderpädagogik (Ein ökologischer Ansatz). In: Vierteljahresschrift für Heilpädagogik und ihre Nachbargebiete 54 (1985) S. 15–31.

Watzlawick, P. u. a.: Menschliche Kommunikation. Bern 1990.

Wocken, H.: Sonderschullehrer in Integrationsklassen. Unveröffentlichtes Manuskript 1987.

Wocken, H./Antor, G./Heinz, A. (Hrsg.): Integrationsklassen in Hamburger Grundschulen. Hamburg 1988.

Zielke, G.: Zum Wandel des Behindertenbegriffs. In: Behindertenpädagogik 31 (1992) S. 314–324.

Gisela Kreie

Integrative Kooperation –
Ein Modell der Zusammenarbeit

1. Kooperation als Grundlage integrativen Unterrichts

Wie die Integrationspraxis der letzten 15 Jahre zeigt, ist die Zusammenarbeit von Pädagogen eine unverzichtbare Notwendigkeit, deren Qualität das Gelingen oder Nichtgelingen von Integration in der Schule entscheidend beeinflußt. In der Bundesrepublik und in Berlin (West) werden ganz unterschiedliche Kooperationskonzepte praktiziert. Zum einen entstehen diese Unterschiede aus grundsätzlichen Überlegungen heraus, zum anderen werden sie erheblich von den finanziellen Ressourcen der einzelnen Integrationsvorhaben bestimmt. Betrachtet man die Entwicklung genauer, so ist es meistens der Grundschullehrer, dem Partner zugeordnet werden, dem sie sich zuordnen: Zum Beispiel Sonderschullehrer und Grundschullehrer stundenweise als Stützlehrer bzw. Ko-Lehrer und Sozialpädagogen/Erzieher als pädagogische Unterrichtshilfe mit reduziertem oder ganzem Stundendeputat. Es finden sich auch Doppel-Besetzungen von Grundschullehrern und Sonderschullehrern oder Konstellationen von Grundschullehrern, Sonderschullehrern, Sozialpädagogen bzw. Erziehern für eine begrenzte oder die gesamte Unterrichtszeit. Im integrativen Unterricht sind also zeitweise oder immer zwei bzw. drei Erwachsene für eine Klasse zuständig. Diese verschiedenen Konstellationen bergen, wie aus den Praxisberichten hervorgeht, ihre jeweiligen spezifischen Möglichkeiten und Schwierigkeiten, die sich durch unterschiedliche institutionelle und personelle Ausgangsbedingungen ergeben.

Die folgenden Gedanken zur Kooperation wurden zwar aus einer bestimmten Praxis heraus entwickelt (vgl. *Reiser* 1984; *Kreie* 1985), haben aber für viele Formen der Zusammenarbeit im integrativen Unterricht Gültigkeit (vgl. *Feuser/ Meyer* 1987).

2. Professionalität als Voraussetzung für Kooperation

Trotz der bereits über fünfzehnjährigen Integrationsgeschichte und der damit verbundenen kooperativen Bemühungen ist das Zwei-Lehrer-System der deutschen Schulwirklichkeit fremd geblieben. Weder der Integrationsgedanke noch eine stabile Integrationspraxis konnten sich demnach in der Grundschule wirklich etablieren.

Dies hat sowohl mit dem bildungspolitischen Stellenwert von Integration zu tun als auch mit dem starren System Schule, in dem Veränderungen kaum möglich sind. Es ist aber im Zusammenhang von Integration behinderter und nichtbehinderter Kinder in die Grundschule (bzw. von Nichtaussonderung) ein neues Verständnis der Rolle des Lehrers notwendig. Die von Einzelkämpferdasein und Isolation geprägte Situation des deutschen Lehrers muß sich verändern. Bei integrativem Unterricht teilen Lehrer ihre Klasse mit einem Kollegen. Sie veröffentlichen damit ihren Unterricht und sollen sich über die gemeinsame Arbeit austauschen, den anderen als gleichwertigen Kollegen akzeptieren. Sie haben die professionelle Auseinandersetzung im Team aber nicht gelernt. Die Ängste, insbesondere nach längerer Berufspraxis, vor der „Zweisamkeit" mit einem Kollegen sind offensichtlich groß und beim derzeitigen Selbstverständnis der Lehrerrolle fast unvermeidlich. Zur für integrativen Unterricht nötigen neuen Professionalität des Lehrers gehört es, um den meines Erachtens bedeutendsten Aspekt hervorzuheben, Versagen und eingeschränkte Kompetenz zeigen zu lernen (vgl. *Möckel* 1982).

Hinter dieser Forderung steht die theoretische Annahme: Wenn Lehrer ihre Schwächen und Probleme nicht vertuschen müssen, können sie die Kraft, die solche Verleugnungsprozesse kosten, positiv nutzen und lernen, den Kollegen ohne Angst und mit Toleranz zu begegnen. Wie die Kooperationspraxis zeigt, ist eine solche Haltung bei den leistungsorientierten, auf Konkurrenz ausgerichteten Strukturen der Institution Schule und der Person des Lehrers in dieser Institution nicht ohne weiteres zu entwickeln und zu praktizieren. Und doch sind die Achtung der Individualität des Kollegen sowie die Versöhnung mit den eigenen Schwächen die Basis pädagogischer Professionalität. Denn über die bewußte Auseinandersetzung mit Einschränkungen, über die Toleranz und Akzeptanz von nicht aufhebbaren Unterschieden werden integrative Prozesse bei der gemeinsamen Erziehung behinderter und nichtbehinderter Kinder in einer Klasse erst möglich (vgl. *Klein* u. a. 1986). Ohne diese Prämisse wäre Integration eine Leerformel und würde sich auf räumliches und zeitliches Zusammensein reduzieren.

Die Authentizität pädagogischen Handelns muß immer wieder durch die Reflexion der eigenen Rolle und der Interaktion mit den Kollegen hergestellt werden. Es finden sich dabei im günstigen Falle Gemeinsamkeiten, es wird sich aber auch das unterschiedliche Rollenverständnis von Grundschullehrern und Sonderschullehrern zeigen. Der Sonderschullehrer orientiert sich eher am einzelnen Kind und dessen Problemen, wohingegen der Grundschullehrer sich eher der Gesamtgruppe und dem Curriculum verpflichtet fühlt.

Integrationsvorhaben sind von der Mehrheit der Kollegen und der Träger oft nicht gewollt sondern nur geduldet. Engagierte Lehrer begeben sich daher auf pädagogisches und organisatorisches Neuland. Sie können bei dieser Arbeit auf keine verinnerlichten Vorbilder zurückgreifen. Da offiziell eher Kritik als Unterstützung zu erwarten ist, wechseln sowohl Grundschullehrer als auch Sonderschullehrer aus einem zwar starren aber doch geschützten Rahmen in ein ungeschütztes neues Arbeitsfeld, für das sie nicht das nötige Rüstzeug in Form einer Qualifikation für integrativen Unterricht haben. So bleibt es bislang von zufälligen persönlichen Qualitäten abhängig, ob z. B. die Zusammenarbeit gelingt, d. h. ob die Beteiligten gemeinsam eine Verbesserung ihres pädagogischen Handlungsfeldes erreichen. Freiwilligkeit der Arbeit in integrativen Klassen und Wahlmöglichkeit des Partners sind wichtige Bedingungen. Eine überprüfbare, etwa durch ein Zertifikat nachweisbare Qualifizierung für Kooperation gibt es (noch) nicht und könnte m. E. auch keine Garantie für ein Gelingen sein. Das verunsichert sehr. Häufig stellen sich in der Praxis zwischen den Beteiligten Irritationen ein, die als individuelle physische und psychische Beeinträchtigungen und/oder als interpersonelle Konflikte und Kooperationsschwierigkeiten bewußt oder unbewußt relevant werden (*Reiser* 1984; *Kreie* 1985).

Aus den bisherigen Kooperationserfahrungen wird deutlich, daß die Struktur der kooperativen Tätigkeit in Integrationsvorhaben von den Pädagogen gemeinsam erarbeitet werden muß. Das Grundkonzept sollte klar sein, aber auch offen für Modifizierungen, die sich aus der Reflexion der laufenden Praxis als notwendig erweisen.

3. „Integrative Kooperation" als mögliche Definition einer Zusammenarbeit

Das Modell der „Integrativen Kooperation" beinhaltet den Anspruch einer subjektiven Auseinandersetzung der Pädagogen mit den äußeren und inneren Widersprüchen des pädagogischen Auftrages integrativer Erziehung. Diese Auseinandersetzung ist zielgerichtet, sie soll zu einer Annäherung und Einigung auf gemeinsame Handlungskonzepte führen. Unter „Integrativer Kooperation" verstehe ich

den bewußten Prozeß der Zusammenarbeit von Lehrern/Pädagogen, der getragen ist von dem Bemühen beider, in dem pädagogischen Handlungsfeld einer Grundschule nach dem Modus der Annäherung befriedigende Einigungssituationen herzustellen zwischen innerpsychisch, interpersonell und institutionell widersprüchlichen Bedürfnissen, Grundsätzen, Sichtweisen von Schule und Erziehung, um pädagogische Handlungsspielräume in einem gemeinsamen Lösungsprozeß zu erweitern und sozialisatorische Entwicklungshilfe zu leisten (vgl. *Kreie* 1985, S. 119).

Die Einigung kann auch darin bestehen, gemeinsam zu der Erkenntnis zu gelangen, daß eine sinnvolle Zuammenarbeit nicht möglich ist.

Der Schwerpunkt liegt also auf dem gemeinsamen Einigungsprozeß. Ergibt sich dieser nicht oder wird er nicht reflektiert, so bezeichne ich das als scheinbare Kooperation. Integration und Kooperation sind nur scheinbar realisiert, wenn über das räumlich/zeitliche Zusammensein hinaus inhaltlich, z.B. über die Phantasie/Utopie von Schule, und persönlich, z.B. über die Rolle als Lehrer, dessen Ängste und Schwächen, keine Annäherung möglich wird, sondern Anpassungs- oder Absonderungstendenzen dominieren. So verstanden ist Integration ein Prozeß der gegenseitigen Annäherung und Abgrenzung auf der Basis der Wertschätzung der Individualität des anderen und keine einseitige Dominanz mit daraus folgender Anpassung bzw. Absonderung des Schwächeren. Auch „Integrative Kooperation" kann sich nur bei gegenseitiger Akzeptanz entwickeln.

4. Kooperation als psychische Herausforderung

Bei gelungener Kooperation geht es selbstverständlich nicht darum, keine Konflikte miteinander zu haben. Ein Entwicklungsziel ist es, Konflikten ohne Angst zu begegnen und aus ihnen zu lernen. Zur Bewältigung alltäglicher Herausforderungen sind Verdrängung und Vermeidung überlebensnotwendige Fähigkeiten. Auch in der pädagogischen Arbeit mit Kindern sind deshalb psychische Verdrängungsmechanismen nötig und wirksam. Andererseits besteht der Anspruch, sich mit diesen üblicherweise verdrängten Anteilen auseinanderzusetzen, sich für die pädagogische Aufgabe zu sensibilisieren. Integration behinderter Kinder in der Regelschule beinhaltet nicht zuletzt die persönliche Auseinandersetzung mit abgespaltenen eigenen Anteilen an Behinderung, Beeinträchtigung, Anders-Sein. Im persönlichen Umgang mit Kindern selbst sind Verdrängungsmöglichkeiten schwieriger, weil die eigene verbliebene Kindlichkeit (vgl. *Bernfeld* 1925) mobilisiert wird. Das könnte ein Grund für die starren, gewaltförmigen Strukturen der vorherrschenden Lehrer-Kind-Interaktion sein. Lehrer schützen sich auf diese Weise, um nicht aus der Rolle zu fallen, um sich nicht den „Verführungsangeboten" der Kinder auszuliefern. Dies allein scheint schon eine besonders anstrengende psychische Verdrängungsleistung zu sein. Kommt nun der Kooperationsanspruch mit einem Erwachsenen hinzu, vor dem sich der Lehrer zeigen soll, mit dem er die Zuneigung der Kinder teilen soll, mit dem er sich inhaltlich einigen soll, so vervielfacht sich die Herausforderung an die eigene Psyche. Althergebrachte Muster müssen aufgegeben, unsicheres Terrain erkundet werden. Das, was durch Verdrängung und Konfliktvermeidung bislang Schule, insbesondere was die Erwachsenenauseinandersetzung betrifft, so starr erscheinen läßt, kommt in Bewegung. Konflikte zeigen sich, sind nicht so leicht, wie von Einzelkämpfern auszuklammern oder psychisch zu verdrängen.

Strategien der Konfliktbewältigung sind bei den Kooperationspartnern dann gefragt, wenn der Anspruch auf subjektive Auseinandersetzung besteht und realisiert werden kann. Für die Entwicklung und Ausbildung solcher Strategien sind grundsätzlich die individuellen Interaktionserfahrungen in der Mutter-Kind-Dyade, aber auch im späteren Entwicklungsverlauf des Individuums relevant (vgl. *Kreie* 1985, S. 124–135). Es bilden sich jeweils individuelle subjektive Interaktionsformen heraus, die im Umgang mit anderen zum Tragen kommen. Besondere Bedeutung für die Subjektbildung kommt dabei auch dem Mangel zu, d. h. dem Umgang der Mutter und allen weiteren Bezugspersonen/Partnern mit Versagen, mit Dominanz und Macht. Wie gehen Erwachsene und Kinder mit ihren Bedürfnissen um, insbesondere mit Ansprüchen, die nicht den anderen betreffen? Wie lernt das Kind seine Omnipotenz-Phantasie zu überwinden? Diese Auseinandersetzung wird mit zunehmender Entfernung von der Mutter bzw. der Familie bei institutionalisierter Erziehung abstrakter. Die eher persönlichen, an den Bedürfnissen und den Möglichkeiten des individuellen Kindes orientierten Beziehungen werden in der Schule verändert. Der Lehrer trägt mehr und mehr fremdbestimmte Normen an die Schüler heran. Persönlich geprägte Einigungsbeziehungen müssen abstrakten Tauschbeziehungen weichen. Gute Schulleistungen bedeuten gute Noten; schlechte Schulleistungen bedeuten schlechte Noten. Anpassung wird in der Schule belohnt, so daß dieser Zustand nicht als Mangel empfunden wird, er ist die Norm. Hier wird deutlich, welche grundsätzlichen Veränderungen der Integrationsgedanke mit dem Anspruch, sich an der Individualität der Kinder zu orientieren, in sich birgt. Mit integrativer Kooperation muß daher ein persönlicher Reifungsprozeß und die Wahrnehmung des persönlichen Entwicklungsauftrages als Lehrer einhergehen. Das bedeutet vor allem, integrative Prozesse in der eigenen Person und zwischen den Personen zuzulassen, wahrzunehmen, zu fördern. Ohne diese Fähigkeit ist ein integrativer Unterricht nach unseren Vorstellungen nicht möglich.

Es geht bei Einigungsprozessen immer auch um Versöhnungsleistungen mit Erfahrungen von Versagung und Mangel. Gerade diese Versöhnung mit dem Mangel aber scheint in der Institution Schule weder für Lehrer noch für Schüler befriedigend zu verlaufen. Häufig muß die persönliche Entfaltung eines Kindes durch den alltäglichen Druck der Schule durchbrochen werden. Nur selten kann die sich als Reaktion auf Autoritätsdemonstrationen einstellende Frustration der Beteiligten durch empathischen Austausch aufgehoben werden. Daher bestimmt oft ein Gefühl von Gewaltförmigkeit die Interaktion, und die vorherrschenden Umgangsformen sind von der Ungewißheit des erneuten Gelingens der Einigung bestimmt. Das Kind erlebt dies als Unzuverlässigkeit der mütterlichen Repräsentanz. Befriedigung und Versagung durch Annäherung und Abgrenzung in eine Balance zu bringen, gelingt in der Schule häufig nicht. Die doppelte Prägung des Lehrers als ehemaliger Schüler und Lehrer von Schülern ist eine Quelle psychischer Belastungen; die Wiederholung frühkindlicher traumatischer Interaktionen wird begünstigt. Lehrer schützen sich unbewußt über gewaltförmige Abwehrmechanismen davor. „Integrative Kooperation" fordert nun die subjektive Auseinandersetzung in einem Umfeld, in dem Kooperationsschwierigkeiten als Erscheinungsformen dominieren und bislang nur als Versagen und nicht als Herausforderung an die eigene psychische Reifung erlebt werden können.

5. Schlußbemerkung

Wenn es so schwierig ist, in der Institution Schule zusammenzuarbeiten, sei die Frage erlaubt, ob Integration nicht auch ohne Kooperation praktiziert werden kann. Nach meinen Überlegungen bleibt Kooperation ein Fundament integrativen Unterrichts. Wer sich für Integration entscheidet, muß sich auch auf die Auseinandersetzung mit einem anderen Erwachsenen einlassen wollen. Im integrativen Unterricht geht es darum, jedes Kind auf seinem Entwicklungsniveau abzuholen und seine Grenzen zu akzeptieren. Eine solche Haltung bewirkt eine strukturelle Veränderung der Lehrerrolle. „Es ist schwierig und anstrengend. Aber es ist gut. Ich lerne in der Zusammenarbeit so viel über mich selbst." Diese Aussage einer in einem Integrationsprojekt arbeitenden Lehrerin drückt sicher die Erfahrungen vieler aus. Das Lernen über sich selbst, in der Zusammenarbeit und im Austausch mit Kollegen, kann dem Lehrer erst die nötige Qualifikation und Stabilität geben, die er braucht, um gegen die herrschende Schulrealität Kinder als Individuen annehmen zu können. Da der Umgang mit Kindern bei Erwachsenen spezifische psychische Regressionsprozesse fördert und es daher einer besonders sensiblen Reflexion der Zusammenarbeit bedarf, sollte die professionelle Qualität auch darin bestehen, sich dafür entsprechende Hilfe von außen in Form von Beratung/Supervision holen zu können. Die praktische Umsetzung integrativer Kooperation muß durch den Austausch subjektiver Erfahrungen aller Beteiligten und über subjektorientierte Fortbildungen unterstützt werden.

Literatur

Bernfeld, S.: Sisyphos oder die Grenzen der Erziehung. Zürich 1925.

Deutscher Bildungsrat: Empfehlungen der Bildungskommission „Zur pädagogischen Förderung behinderter und von Behinderung bedrohter Kinder und Jugendlicher". In: Zeitschrift für Heilpädagogik, Beiheft 11 (1974).

Feuser, G./Meyer, H.: Integrativer Unterricht in der Grundschule. Solms-Oberbiel 1987.

Klein, G. u.a.: Integrative Prozesse in Kindergartengruppen. Weinheim 1987.

Kreie, G.: Integrative Kooperation. Weinheim 1985.

Möckel, A.: Integration in der Grundschule – eine Rechnung ohne den Wirt? In: Die Grundschule 15 (1983) S. 19–22.

Reiser, H. u.a.: Sonderschullehrer in Grundschulen. Weinheim 1984.

Hans Eberwein/Sabine Knauer

Rückwirkungen integrativen Unterrichts auf Teamarbeit und Lehrerrolle

In integrativen Klassen arbeiten zumeist ein weiterer Grundschullehrer[1] oder eine pädagogische Unterrichtshilfe (Erzieherin) sowie ein Sonderschullehrer mit. So kann die individuelle Förderung von Kindern, differenziertes Lernen und die Arbeit in Gruppen besser realisiert werden. Im Alltag integrativ arbeitender Schulen existieren je nach Modell und Bundesland unterschiedliche Kooperationskonzepte. Neben der Doppelbesetzung mit zwei Grundschullehrern gibt es solche mit Grundschullehrer und Sozialpädagoge (Erzieher), Grundschullehrer und Sonderschullehrer, aber auch die zeitweise Besetzung mit allen drei genannten Pädagogen. Wichtig ist in diesem Zusammenhang, daß das vorhandene Lehrpersonal je nach schulpolitischen Gegebenheiten, organisatorischen Möglichkeiten und pädagogischen Notwendigkeiten flexibel eingesetzt wird. Eine starre und vor allem formale Festlegung widerspräche den Erfordernissen der Integrationspraxis.

Die verschiedenen Konstellationen beinhalten neben neuen Wegen der Lernorganisation auch spezifische Schwierigkeiten. Den meisten Lehrern, die bisher alleinverantwortlich unterrichtet haben, fällt es schwer, zu kooperieren. Die Gründe hierfür liegen darin, daß sie nicht gelernt haben, in einem Unterrichtsteam zu arbeiten, aber auch in der Tatsache, daß sie auf unterschiedliche Schularten bezogene Ausbildungsgänge absolviert, spezifische Handlungskompetenzen erworben und unterschiedliche Erwartungshaltungen internalisiert haben. Dies gilt in besonderer Weise für die Zusammenarbeit von Grund- und Sonderschullehrern. Der Einsatz von Sonderschullehrern ist in mehrfacher Hinsicht problembeladen. Ihre Rolle erfährt gegenüber dem bisherigen Handlungsverständnis die stärksten Veränderungen (vgl. *Müller* 1988, *Wocken* u.a. 1988, *Zielke*).

Der Sonderpädagoge hat im integrativen Unterricht in der Regel keine eigene Klasse mehr. Er ist außerdem nur stundenweise anwesend, so daß ihm wichtige Unterrichtsabläufe, Vorhaben oder Lernprobleme nicht bekannt sind. Dennoch soll er Grundschullehrer und Erzieher beraten sowie in der Klasse mitarbeiten, Lernschwierigkeiten diagnostizieren und Kinder mit Behinderungen individuell fördern. Sonderschullehrer sehen sich aber von ihrer Ausbildung her nicht in der Lage, diesen an sie gerichteten Ansprüchen zu genügen. Die zu hohen Ansprüche und Erwartungen an die Fachkompetenz von Sonderpädagogen führen außer-

---

[1] Wenn im folgenden von „Lehrern" und „Schülern" gesprochen wird, geschieht dies aus Gründen der leichteren Lesbarkeit; die weibliche Form ist stets ausdrücklich mitgedacht und mitgemeint.

dem zu der bedauerlichen Konsequenz, daß Grundschullehrer und Erzieher vielfach dazu neigen, ihre Verantwortung und Zuständigkeit für Kinder mit Behinderungen an Sonderschullehrer abzutreten, statt sich selber dieser Aufgabe zu stellen und in der Auseinandersetzung damit sich zusätzliche pädagogische Kompetenzen anzueignen.

Wenn integrativer Unterricht den Anspruch erhebt, jedes Kind in seinem Entwicklungsprozeß diagnostisch und fördernd zu begleiten, beschränkt sich Kooperation nicht auf die am Unterrichtsgeschehen beteiligten Erwachsenen, sondern bezieht die Schüler als Kooperationspartner im gemeinsamen „Projekt Unterricht" gedanklich und handelnd ein.

Unter dieser Voraussetzung richten sich an die Persönlichkeit und berufliche Kompetenz des Lehrers Anforderungen, die in verschiedener Hinsicht nur über „Grenzerfahrungen" erlangt werden können. Schließlich bewirkt aber das bewußte Zulassen und Bearbeiten dieser Grenzerfahrungen eine (Wieder-)Herstellung persönlicher Ganzheitlichkeit in beruflichen Zusammenhängen und damit eine Steigerung der persönlichen und beruflichen Zufriedenheit. Wie kaum eine andere Berufsgruppe sind Lehrer tagtäglich mit abgespaltenen Anteilen ihrer Persönlichkeit konfrontiert. An erster Stelle ist hier die eigene Kindheit/Kindlichkeit zu nennen, die in der Begegnung mit Kindern stets wachgerufen wird, aber aufgrund des Selbstverständnisses als Erwachsener und Lehrer nicht zugelassen werden kann, verdrängt werden muß und daher eine andauernde Bedrohung der Rollenidentität beinhaltet. In Klassen mit ausländischen Schülern treten noch die eigenen Anteile an Fremdheit, in Integrationsklassen überdies die eigener Behinderung hinzu. Zusammengenommen begünstigen diese Faktoren einen Rückzug auf an rigiden Normsetzungen ausgerichtetes Erziehungsverhalten, um der Bedrohung durch eigene Schwächen zu entgehen. Verstärkung erfahren diese Mechanismen durch die traditionelle Isolierung von Lehrern in ihren Klassenräumen; Austausch und Beratung mit anderen Erwachsenen sind in dieser Konzeption allenfalls als freiwillige Zusatzleistung vorgesehen. Der Lehrer unterliegt oder obsiegt in seiner Klasse als Einzelkämpfer, er herrscht „autokratisch" (dies ist weniger das Ergebnis persönlicher Entscheidung als organisatorischer Vorgaben). Dieser Umstand gehört in Deutschland so fest zum Berufs- und damit Selbstbild von Lehrern, daß er kaum angezweifelt wird. Die Lehrersozialisation findet im wesentlichen in der praktischen Ausbildungsphase statt. Hier muß die Rolle des „großen Zampano" (*Sennlaub* 1985) adaptiert und unter Beweis gestellt werden. Aber viele (vor allem junge) Lehrer definieren sich eher über ihre Beziehung zu den Schülern als über ihre Identifikation mit dem organisatorischen und bürokratischen Apparat. Von den Schülern und Eltern wiederum werden sie als Vertreter der Institution Schule betrachtet. Von Kollegen kann im Normalfall nur wenig konstruktive Unterstützung erwartet werden, haben sie dieselbe Prozedur doch bereits hinter sich; unausgesprochen gehört sie zum Initiationsritus für werdende Lehrer. Anfängliche Turbulenzen im Unterricht werden zugestanden, aber irgendwann muß der Kollege seine Klasse „im Griff" haben, wenn er Anerkennung finden will. Daß hierdurch nicht gerade Offenheit und Kooperationsbereitschaft eingeübt werden, bedarf keiner Akzentuierung.

Wenn aber integrativer Unterricht, der sich widerspiegelt in professionellem Handeln, Sachkompetenz und Verantwortungsbereitschaft, „persönliche Integrität" (*Feuser/Meyer* 1987) voraussetzt, wird von Lehrern eine Souveränität über ihr Verhalten erwartet, die — wenn sie zuvor bestanden haben mag — durch die beschriebenen Mechanismen im allgemeinen nachhaltig lädiert ist.

So verwundert es auch kaum, daß in Arbeiten, die sich mit dem Thema „Kooperation" in integrativen Schulen auseinandersetzen, das Konfliktpotential des Zwei-Lehrer-Systems den breitesten Raum einnimmt.

Diese Probleme gilt es zu überwinden, wenn integrative Teamarbeit gelingen soll.

Ausgehend davon, daß Eigen- und Fremdwahrnehmung eine Einheit bilden, ist die sensible Wahrnehmung eigener Empfindungen, eigenen Denkens und Handelns als Voraussetzung persönlicher Integrität zugleich Bedingung für die Fähigkeit, andere (Kollegen und Schüler) wahrzunehmen. In der Abspaltung eigener Persönlichkeitsanteile könnte auch ein Grund gefunden werden, weshalb, wie *Feuser/Meyer* (1987) kritisieren, pädagogisches Handeln in der Schule so häufig auf Alltagstheorien fußt und daher eigenen Einschränkungen unterliegt. Alltagstheorien sind im Laufe der individuellen Geschichte entwickelte (Über-)Lebensstrategien, sprich: Kondensate von Verdrängungsprozessen. Sie offensiv in Frage zu stellen, bedarf sowohl einer stabilen, schützenden Umgebung als auch einer integren Persönlichkeitsstruktur. Nur unter diesen Gegebenheiten kann kognitiv gewonnenes Wissen transformiert werden in authentisches, prozeßhaftes Denken, Fühlen und Handeln:

„Das Beste, was Eltern für ihre Kinder und Lehrer für ihre Schüler tun können, ist die Erkenntnis ihrer eigenen Entfremdung und das Bemühen um Gesundung. Sie könnten aufhören, an ihren Kindern herumzuerziehen, wenn sie selbst ehrlicher wären, echt reagierten und sich auch in ihren Nöten, Schwächen und Grenzen transparent machten." (*Maaz* 1991, S. 222 f.)

Die allenthalben festgestellten Komplikationen menschlichen Miteinanders, häufig verborgen hinter einer scheinbaren Objektivierung anhand von „Sachfragen" sollen hier nicht erneut aufgegriffen werden. Es geht im Gegenteil darum, die Chancen kooperativer Arbeit darzustellen, wenn Lehrer sich auf das Wagnis der Konfrontation mit sich selbst einlassen. „Integration" bedeutet nämlich dann, gemäß einem integrativen und ökosystemischen Paradigma, auch die intra- und interpsychische Integration der kooperierenden Lehrer. Somit stehen die persönlichen Voraussetzungen für integrativen Unterricht nicht mehr nur als zusätzliche Anforderung und Belastung im Raum, sondern bieten die Möglichkeit der dialektischen Aufhebung des konkurrenten Verhältnisses zwischen Kollegen/Spezialisten sowie der Bewältigung eigener Abspaltungen, d. h. des Ingangsetzens und -haltens eines Reifungsprozesses.

Kooperation wird dann erfahren als Bereicherung und beugt der „Infantilisierung" des Lehrers vor, weil erwachsene Bezugspersonen gefunden sind, die dieselben Situationen erleben, und weil sich eine Kommunikation über sie herstellen läßt.

Welche Voraussetzungen sind aber zur Umsetzung dieser Überlegungen in die Praxis zu berücksichtigen? Wie kann einem Scheitern der gemeinsamen Arbeit vorgebeugt, wie können Mißerfolge aufgefangen, Enttäuschungen aufgearbeitet werden, ohne grundsätzliche Zweifel an Teamarbeit zu hinterlassen?

Die im folgenden zusammengestellten Grundsätze für die Zusammenarbeit lösen sicher nicht alle im Alltag auftretenden Probleme; dennoch helfen sie, die

Gemeinsamkeit reflektiert anzugehen und einer allzu schnellen Entmutigung vorzubeugen.

Grundsätze für die Zusammenarbeit im Team:

— Lehrer sollten *freiwillig* bereit sein, in einer Integrationsklasse mit anderen zu kooperieren. Die Teams sollten sich, soweit möglich, selbst nach Kriterien persönlicher Sympathie und Übereinstimmung zusammensetzen.

— Sie sollten sich vor Beginn der Teamarbeit ausführlich und offen über ihre Vorstellungen von Kooperation sowie über ihre neue Rolle austauschen.

— Bei Zusammenarbeit im Team werden die eigene Persönlichkeit, Stärken und Schwächen sowie die eigene berufliche Qualifikation dem anderen offenbar. Dies kann Ängste und Verunsicherung auslösen und muß daher bewußt gemacht und thematisiert werden.

— Lehrer müssen bereit sein, ein anderes Selbst- und Aufgabenverständnis zu entwickeln: Sie müssen den Verlust an Autonomie, an geschützter Einzel-Atmosphäre, an Macht und Unabhängigkeit akzeptieren; ebenso die Verlagerung der Erfüllung emotionaler und sozialer Bedürfnisse, denn nicht mehr ausschließlich die Kinder sind die Interaktionspartner, sondern auch die Erwachsenen des Teams. Außerdem müssen sie zu Offenheit und Toleranz, zur Annahme von Kritik und zu Kompromissen bereit sein und den anderen in seinem So-Sein akzeptieren.

— Es ist notwendig, die spezifischen beruflichen Interessen, die Vorlieben und Abneigungen sowie die eigenen Fachschwerpunkte offenzulegen und mit dem Teampartner zu diskutieren, um auf dieser Grundlage ein gemeinsames Arbeitskonzept zu erstellen. Dies beinhaltet auch Absprachen über die Funktion als Lehrer im Unterricht, insbesondere, wer wann wofür zuständig und verantwortlich ist.

— Die Gestaltung von integrativem Unterricht muß als *gemeinsame* Aufgabe begriffen werden. In *grundlegenden* Fragen und Zielen des Unterrichts sowie der Erziehung, aber auch hinsichtlich der Lernorganisation muß ein Minimalkonsens bestehen, um ein aufeinander abgestimmtes Agieren in der Klasse zu gewährleisten und Irritationen der Kinder zu vermeiden. Ein solches pädagogisches Konzept muß immer wieder neu diskutiert und adaptiert werden. Dennoch vorhandene Unterschiede, etwa im Erziehungsstil, müssen (auch für die Kinder) transparent gemacht und akzeptiert werden.

— Wöchentlich ist eine Teamsitzung notwendig, in der nicht nur unterrichtliche und organisatorische Belange, sondern auch kommunikative Fragen sowie Konflikte angesprochen und reflektiert werden sollten. Trotz Idealismus und guter Vorsätze kann es immer wieder zu Meinungsverschiedenheiten, zu Enttäuschungen und Krisen kommen, besonders dann, wenn einer der Teampartner sich eingeschränkt bzw. unterdrückt fühlt oder glaubt, von den Kindern weniger Sympathie zu erfahren als der andere. Hier sind klärende Gespräche und Supervision notwendig. Die Verärgerung und die Aggressionen müssen angesprochen und aufgearbeitet werden, soll einem Bruch oder einer Trennung vorgebeugt werden.

— Trotz Beachtung dieser Grundsätze ist nicht zu vermeiden, daß Teams auseinanderbrechen, wenn die Partner nach anfänglicher Euphorie und Harmonie feststellen, daß die unterschiedlichen Auffassungen von Erziehung und Unterricht sowie die Andersartigkeiten im Verhalten zu groß sind und kein gemeinsames Handeln mehr möglich ist. Wenn ein Partner den Eindruck gewonnen hat, daß er zuviel von seiner Identität aufgeben muß, sollte die Zusammenarbeit beendet werden. Dies muß nicht dramatisiert werden; denn es ist, wie im täglichen Leben so auch in der Schulpraxis, nicht zu erwarten, daß jeder mit jedem kooperieren kann. Erfahrungsgemäß kommt es in ca. 25% der Lehrer-Teams in Integrationsklassen zu einem Wechsel oder zu einer Auflösung des Teams.

Unter den augenblicklichen Bedingungen schulischer Integration haben die Bemühungen der Lehrer, die für notwendig erachteten Qualifikationen zu erwerben, weitgehend den Charakter von Selbsthilfeaktionen. Eklektisch müssen Fortbildungsangebote mit angrenzender Thematik (z.B. „Offener Unterricht") wahrgenommen werden. Die in diesem Rahmen angebotenen Inhalte scheinen — wiewohl durchaus nutzbringend — eher zufällig angeordnet und leben „von der Hand in den Mund"; im übrigen bewegen sie sich wesentlich um Fragen der Didaktik und Methodik, d.h. daß Fragen der Kooperation nur am Rande thematisiert werden.

Wünschenswert bleibt eine gründlichere Betrachtung und Analyse gelingender und positiv erlebter Kooperationserfahrungen zwischen Grund- und Sonderschullehrern, damit der verbreitete Eindruck, Kooperation bringe lediglich zusätzliche zeitliche und psychische Belastungen mit sich, relativiert wird durch die von den Lehrern empfundene Bereicherung und Entlastung in der gemeinsamen Arbeit.

Literatur

Bews, S.: Integrativer Unterricht in der Praxis. Innsbruck 1992.

Brück, H.: Die Angst des Lehrers vor seinem Schüler. Zur Problematik verbliebener Kindlichkeit in der Unterrichtsarbeit — ein Modell. Hamburg 1978.

Feuser, G./Meyer, H.: Integrativer Unterricht. Solms-Oberbiel 1987.

Heyer, P.: Welche Lehrerbildung braucht die integrative Grundschule? In: Grundschule 21 (1989) S. 24–26.

Hinsch, R./Jürgens, B./Steinhorst, H.: Der Lehrer in Erziehung und Unterricht. Hannover 1980.

Kreie, G.: Integrative Kooperation. Weinheim und Basel 1985.

Kreie, G.: Die veränderte Rolle der Lehrerinnen in integrativen Klassen. In: Die Grundschulzeitschrift 3 (1989) S. 17–19.

Krüger, M.: Schulflucht. Hamburg 1978.

Maaz, H.-J.: Der Gefühlsstau. Berlin 1991.

Müller, H.: Der Hamburger Schulversuch „Integration behinderter Kinder in der Grundschule". Hamburg 1988 (Mskr.).

Schoenebeck, H. v.: Der Versuch, ein kinderfreundlicher Lehrer zu sein. Franfurt/Main 1980.

Sennlaub, G.: Grundlagen von Freiarbeit und Wochenplan. In: Erziehungswissenschaft — Erziehungspraxis, o. Jg. (1985) S. 24–29.

Wocken, H.: Kooperation von Pädagogen in integrativen Grundschulen. In: *Wocken, H./Antor, G./Hinz, A.* (Hrsg.): Integrationsklassen in Hamburger Grundschulen. Hamburg 1988, S. 199–274.

**Ergebnisse und Methoden
der Integrationsforschung**

Ulf Preuss-Lausitz

Integrationsforschung: Ergebnisse und „weiße Flecken"

1. Zur Situation der Integrationsforschung in den 90er Jahren

Die „große", von den Ministerien beauftragte und bezahlte Gesamtschulfor-schung dauerte rund 10 Jahre, zwischen Ende der 60er und Ende der 70er Jahre. Danach wurden im wesentlichen nur noch Übersichten über die vielfältigen Er-gebnisse geschrieben (vgl. *Fend* 1982, *Raschert* 1974, *Haenisch/Lukesch* 1980). Die pädagogische Weiterentwicklung der Gesamtschule wurde weitgehend den praktischen Schulpädagoginnen und -pädagogen überlassen, die politische Ver-breitung den engagierten Gesamtschul-Verbänden, den Kommunen, Gewerk-schaften und ggf. politischen Parteien. Die forschende Erziehungswissenschaft beteiligte sich an dieser Entwicklung kaum mehr.

Anders im Bereich der gemeinsamen Erziehung. Auch hier sind die ersten In-tegrationsversuche eng mit wissenschaftlicher Begleitung verbunden. Auch hier erwarteten die Ministerien (und die Öffentlichkeit) im Streit der Hoffnungen und Befürchtungen Aufklärung durch Forschung: Geht Integration? Wird sie akzep-tiert? Wie müssen Lehrer den Unterricht ändern? Wie reagieren die Kinder auf die neue Gemeinsamkeit? Lernen die „Nichtbehinderten" genug, und was lernen die „Behinderten"? Sind sie sozial integriert?

Die größeren und auf diese allgemeinen Fragen bezogenen Untersuchungen sind im wesentlichen abgeschlossen. Über ihre Ergebnisse wird im folgenden zu-sammenfassend berichtet. Dabei wird deutlich, daß − wie in der Gesamtschul-frage − die grundsätzliche Entscheidung, ob man die gemeinsame Unterrich-tung behinderter und nichtbehinderter Schüler will oder nicht, keine Frage der Forschung, sondern eine (pädagogische, politische) Wertentscheidung ist (*Muth* 1986).

Deutlich wird bei der Betrachtung der Integrationsforschung der 80er Jahre, daß die Überprüfung der politisch-öffentlichen *Befürchtungen* über die Folgen der gemeinsamen Erziehung für Nichtbehinderte und Behinderte im Mittelpunkt der ersten empirischen Studien standen. Die meisten sind, das läßt sich vorab sa-gen, durch empirische Forschung ausgeräumt. Gerade deshalb stehen nun, in den 90er Jahren, *nach* der Option für Gemeinsamkeit, Fragen der optimalen Unterrichtung, der bestmöglichen Kooperation, der richtigen Ausbildung, der Vernetzung im sozialen Umfeld, kurzum: der *Optimierung der integrativen Pra-xis*, im Mittelpunkt der weiteren Forschung. Sie ist nicht überflüssige, sondern dringend notwendige „normale" Schulforschung, die die Vielfalt einer lei-tungs-, sozial und körperlich heterogenen Kinder- und Jugendgruppe zum Aus-gang ihrer Fragen nach den für alle günstigsten Lern- und Sozialisationsbedingungen nimmt. Dabei stellen wir fest, daß eine Vielzahl von Einzelfragen der weiteren Klärung bedürfen: „weiße Flecken" in unserem Wissen über die beste integrative Pädagogik sind nach wie vor vorhanden. Ich werde in diesem Beitrag versuchen, die m. E. wichtigsten Fragen für die weitere Forschung zu formulieren.

Es ist für die Integrationsforschung günstig, daß sie nicht mehr — wie in den 80er Jahren — zeigen muß, „daß Integration geht". Das hat die Praxis von 15 Jahren gemeinsamer Erziehung zur Genüge belegt, und jede/r, die oder der diese Frage stellt, kann sie sich vor Ort, in integrativen Klassen hospitierend, selbst beantworten. Insofern sind die Integrationsforscherinnen und -forscher nun entlastet. Zwar haben sie nach wie vor eine Beratungs- und Vermittlungsaufgabe im schulpolitischen und öffentlichen Diskurs über gemeinsame Erziehung. Sie können sich jedoch innerhalb der Forschung nun verstärkt Fragen widmen, die die einzelnen Schulen, die einzelnen Lehrer und Eltern, aber auch die Forscher selbst beschäftigen.

Aus der Gesamtschulforschung kann eine Lehre gezogen werden: Ein bloßer Systemvergleich Gesamtschule — Dreigliedriges System führte zu dem Ergebnis, daß häufig die Varianz zwischen den Gesamtschulen größer war als im Vergleich aller Gesamtschulen mit dem herkömmlichen System. Theoretisch läßt sich das leicht erklären: die verschiedenen Einflußfaktoren des auf kindliche Lernprozesse wirkenden Gesamtsystems wurden zugunsten einer einzigen Variablen, der formalen Struktur, ausgeblendet. Die Sozialisationstheorie hat nicht zuletzt aufgrund der Mängel dieses Vorgehens von monokausalen Erklärungen zu sozialökologischen Konzepten in der Nachfolge *Bronfenbrenners* gefunden (u. a. *Bronfenbrenner* 1976; *Walter* 1980). Mehrere Integrationsforschungsgruppen gehen ebenfalls von komplexen, das gesamte soziale Feld einbeziehenden Vorstellungen aus, die sich allerdings kaum in herkömmliche Designs übersetzen lassen. Sie spielen jedoch bei der Interpretation der verschiedenen Daten, Beobachtungen und Selbstdarstellungen von Schülern und Lehrern insofern eine Rolle, als der theoretisch komplexe Zugang des sozialökologischen Sozialisationsverständnisses zu einer relativierenden, vor Mißbrauch leichter geschützten Interpretation der Ergebnisse durch die Forschergruppen selbst führt.

2. Fragestellungen, Trendergebnisse und „weiße Flecken" der Forschung

Überblickt man die bisherige Forschung, so zeigt sich, daß die Forschergruppen in den Methoden große Freiheit hatten, in den Fragestellungen sich jedoch rasch auf die Klärung zentraler, auch von den Auftraggebern gestellter Fragen konzentrierten. Aber natürlich stand für die Begleitgruppen der 80er Jahre die Beratung und Unterstützung der konkreten Umsetzung oft zeitlich im Vordergrund — Forschung im engeren Sinne mußte oft zurückstehen oder sich auf die nachträgliche Dokumentation abgelaufener Prozesse beschränken. Zentrale Fragen waren: Wie ist die Akzeptanz der Integration bei den Eltern und Schülern? Wie sind die Leistungseffekte? Findet die erwünschte soziale Integration statt? Welche Probleme tauchen zwischen den Regel- und Sonderpädagogen auf?

Im folgenden soll auf die Ergebnisse zur Beantwortung dieser Fragen verwiesen werden; der Schwerpunkt liegt jedoch in der Betonung jener Fragestellungen, die noch ausgedehnter Untersuchungen befürfen.

In Berlin, Hamburg, Bremen, Bonn und Hessen sind *Elternbefragungen* in integrativen und nichtintegrativen Klassen durchgeführt worden (*Munder* 1983, *Wocken/Antor* 1987, *Feuser/Meyer* 1987, *Dumke/Schäfer* 1987, *Preuss-Lausitz* 1990, *Dumke* u. a. 1989, 1990, *Deppe-Wolfinger* 1991). Die Übereinstimmung in diesen Studien ist — trotz teilweise unterschiedlicher sozialer und behinderungsspezifischer Zusammensetzung — außerordentlich hoch: der Elterneindruck von der integrativen *Praxis* ist sehr positiv. Eltern behinderter wie nichtbehinderter Kinder sind von den fördernden und erzieherischen Wirkungen auf ihre Kinder sehr angetan, und zwar mit wachsender Erfahrung immer mehr. *Dumke/Schäfer* haben darüber hinaus durch den Vergleich mit Parallelklassen und Hauptschulklassen deutlich gemacht, daß allein die räumlich-soziale Nähe (Parallelklassen) schon (positive) Einstellungsveränderungen gegenüber gemeinsamer Unterrichtung bewirkt. Setzt man diese (in den Berichten sehr differenziert dargestellten) Ergebnisse mit bundesweiten Untersuchungen zur Elternzufriedenheit in verschiedenen Schulformen ins Verhältnis (*Rolff* u. a. 1992), dann wird deutlich, daß aus der praktischen Erfahrung mit Integration ein starker Impuls in Richtung auf Ausweitung wirkt. Dennoch bleiben zwei Fragen offen: Wird die Zustimmung so hoch bleiben, wenn Integration auch als „Normalfall" eingeführt wird, d. h. auch ohne besondere vorherige Zustimmung von Eltern? Und warum wird die gegenwärtige Haltung der *Eltern von Sonderschülern* nicht zum Vergleich herangezogen?

Ein zweites Forschungsfeld ist, naheliegenderweise, die *Schulleistung*. Die bundesdeutschen wissenschaftlichen Begleitungen haben sich bislang im wesentlichen auf den Vergleich der Schulleistungen der „nichtbehinderten" Integrationsschüler mit denen aus Parallelklassen konzentriert. Dabei wurde sichtbar, daß es zumindest keine negativen Wirkungen der Integrationspädagogik auf die „nichtbehinderten" Schüler gibt (*Wocken/Antor* 1987, S. 302), in der Tendenz eher positive (dies., S. 299; Projektgruppe 1983, S. 58). Mit solchen Trendergebnissen sind gymnasial-orientierte Eltern (und Politiker) zu beruhigen: Unabdingbar ist es jedoch, angesichts der empirischen Feststellung der Ineffektivität der Sonderschule (u. a. *Sander* 1982, *Haeberlin* 1990, *Tent* 1991) die Wirkung der integrierten sonderpädagogischen Förderung zu studieren. *Reiser* u. a. (1984, S. 91) konnten keinen entsprechenden eindeutigen Effekt feststellen, allerdings war die zusätzliche sonderpädagogische Unterstützung in einer spezifischen Weise einer herkömmlichen Grundschularbeit zugeordnet. Hier sind noch große Forschungslücken; vor allem müßten Untersuchungen durchgeführt werden, die den Vergleich zu der realen Effektivität der jeweiligen Sonderschulart gewährleisten. Auf diese Weise könnte manche Scheindebatte vermieden werden. Es wäre beispielsweise aufschlußreich zu wissen, was geistig Behinderte in Spezialschulen und was sie in integrativen regulären Schulen lernen (auch über die Rahmenplan-Ziele hinaus).

Vergleiche zwischen Klassen mit und ohne sonderpädagogische Förderung und mit Sonderschulklassen wurden in der Schweiz durchgeführt. Deutlich wird, daß die Förderung lernschwacher Schüler in regulären Klassen in jedem Fall günstiger ist als in Hilfsschulklassen, und zwar sowohl mit als auch ohne sonderpädagogische Unterstützung (*Haeberlin* 1990; vgl. auch *Bächtold* in diesem Band).

In der Regel sind solche Leistungsvergleiche auf Leistungstests oder gar Zeugnisnoten aufgebaut, ein Vorgehen, das bei geistig Behinderten scheitern muß. Dennoch ist gerade deren ganzheitliche Entwicklung in integrativen Klassen in der öffentlichen Integrationsdiskussion ein zentraler und umstrittener Gegenstand.

Forschungen in Schleswig-Holstein, in Rüsselsheim und in Berlin konzentrieren sich auf diese Gruppe. Aus Schleswig-Holstein und aus Rheinland-Pfalz wurde von den für ihre Vorsicht bekannten Forschern berichtet: „Die Befürchtung, daß geistig behinderte Kinder scheitern könnten, fand bisher keine Bestätigung" (*Sucharowski* 1987a, S. 17); „Ein gemeinsamer Unterricht geistig behinderter und nichtbehinderter Schüler in der 1. Grundschulklasse (ist) in weit höherem Maße als bisher angenommen wurde, möglich und sinnvoll" (*Klein* 1986, S. 12).

Auch aus dem von 1990 bis 1996 stattfindenden und wissenschaftlich begleiteten Schulversuch mit schwermehrfachbehinderten und geistig behinderten Kindern in Berlin wird berichtet, daß die Lern- und Entwicklungserfahrungen dieser Kinder nach Einschätzung der Eltern und Lehrer überraschend sind (*Hinz* u. a. 1992, *Matt* u. a. 1992, *Podlesch* 1993).

Geistig behinderte Kinder, schwermehrfachbehinderte körperbehinderte Kinder machen nur *sichtbar*, daß *generell* Untersuchungen, die nur den schulischen (oder gar nur den Leistungs-)Aspekt berücksichtigen, zu kurz greifen. Daher sind sozialräumliche, die Familie wie die Freizeit einbeziehende Untersuchungskonzepte dringend geboten.

Die Frage nach der *„sozialen Integration"* stand in allen Forschungen im Mittelpunkt. Damit ist i. d. R. die Frage nach der Akzeptanz und die Kommunikation mit Behinderten gemeint, ihre informelle Position innerhalb und außerhalb der Klasse. Da *Maikowski/Podlesch* in diesem Band die einschlägigen Forschungen darstellen, kann hier vom Gesamtergebnis her berichtet werden: Aus den Hamburger (*Wocken/Antor* 1987), Berliner (*Projektgruppe* 1988, *Preuss-Lausitz* 1990), Bonner (*Dumke/Schäfer* 1988) und den hessischen Untersuchungen (*Deppe-Wolfinger* u. a. 1991) geht hervor, daß die Kinder mit Behinderungen im allgemeinen sozial integriert sind. Es gibt erste Hinweise darauf, daß offenbar Abneigungen *innerhalb des eigenen Geschlechts* bestehen (vgl. *Deppe-Wolfinger* u. a. 1991, *Dumke* u. a. 1992); körperliche Behinderungen können offenbar einen Teil der Kinder im Erwerb des Geschlechtsrollenselbstbildes irritieren (was dann durch Ablehnung oder Ignorierung versucht wird zu „lösen"). Insgesamt ist bei allen positiven Forschungsberichten soziale Akzeptanz aber kein Automatismus: die Langzeitstudie an der Uckermark-Schule in Berlin belegte, daß die Akzeptanz in den unteren Klassen geringer war und sich erst im Laufe der sechs Grundschuljahre verbesserte (*Preuss-Lausitz* 1990); auch die Bonner Studie (*Dumke* u. a. 1992) belegt, daß in unteren Klassen gerade Kinder mit Verhaltensauffälligkeiten nicht sehr beliebt sind (und dies sind dann oft „sonderpädagogisch Geförderte"). *Haeberlins* Studie aus der Schweiz (1990) weist darauf hin, daß die *Art* der sonderpädagogischen Förderung von Bedeutung für die Akzeptanz lernschwacher Kinder ist: wenn Sonderpädagogen im Ambulanzsystem anreisen und die Förderung dann im Extraraum stattfindet, wird die Stigmatisierung und Ausgrenzung innerhalb der Klasse eher erhöht. Das spricht dafür, Förderung im Team innerhalb des Raums, und nicht nur auf die „schwierigen" Kinder hin anzulegen, so wie dies zumeist in Deutschland praktiziert wird. In der hessischen Studie wird belegt, daß die Integration der Kinder mit Behinderungen in dem allgemeinen Unterricht „um so eher gelingt, je breiter die Binnendifferenzierung angelegt ist und je mehr für alle Kinder gemeinsame Themen bearbeitet werden" (*Deppe-Wolfinger* u. a. 1991, S. 11).

Auch die Beziehungen der behinderten zu den nichtbehinderten Kindern in der Freizeit gestalten sich dann günstig, wenn Schul- und Wohnumfeld zusammenfallen, wenn also alle Kinder der Klasse aus dem gleichen Wohnumfeld kommen (*Preuss-Lausitz* 1990).

Wie erleben sich jedoch die „behinderten" Kinder selbst? Wie verarbeiten sie ihre ggf. geringen Schulleistungen oder ihre körperlichen Beeinträchtigungen, vor allem in der Pubertät? Darüber wissen wir noch wenig. Berliner Grundschul-„Gutachtenkinder" fühlten sich jedenfalls auf Befragen meist sehr wohl und berichteten kaum über verbale (oder gar tätliche) Diskriminierungen (*Preuss-Lausitz* 1990). Verarbeiten Kinder mit Behinderungen unter integrativen Bedingungen günstiger als unter Bedingungen der Sonderschul-Sondersituation ihre Erfahrungen? Fördert gemeinsame Erziehung eine realitätsnahe und zugleich Ich-Stärke fördernde Persönlichkeitsentwicklung? Für diese „weiße-Feld-Frage" gibt es immerhin Hinweise aus einer größeren Studie von *Wocken* (1992): Er hat festgestellt, daß im Vergleich verschiedener Schulformen Kinder mit Behinderungen in Integrationsklassen am geringsten abgewertet werden, wogegen Sonderschüler dies am stärksten tun. Dort war auch das Ablehnungspotential gegenüber Ausländern am höchsten. Mit anderen Worten: nicht nur Akzeptanz gegenüber Besonderheiten, sondern auch die Bedingungen für sozial offene Persönlichkeitsentwicklungen sind durch integrative Pädagogik günstig.

Über die Kooperationsprobleme zwischen Sonderpädagogen und Regelpädagogen liegen inzwischen einige Studien vor (*Reiser* u. a. 1984; *Kreie* 1985; *Wocken* 1987; *Heyer* u. a. 1990; *Haeberlin* u. a. 1992). Aus allen Untersuchungen und Praxisberichten geht hervor, daß die Pädagogen sich nicht nur auf sehr unterschiedliche Kinder, sondern auf eine zweite Lehrperson einstellen müssen – mit allen Folgen für die „Öffentlichkeit" der neuen pädagogischen Situation. Fortbildung, auch Supervision wird überall empfohlen, jedoch nicht immer realisiert. Insbesondere hängt die Produktivität der Kooperation offenkundig von den Arbeitsbedingungen der Sonderpädagogen und den Erwartungen aller Beteiligten ab: über sie muß daher immer wieder, gerade bei unterschiedlicher Wahrnehmung der Situationen, gesprochen werden (*Zielke* 1990).

Zur integrationspädagogischen Didaktik liegen erste Studien vor (*Feuser/Meyer* 1987, *Heyer* 1990, *Riedel* 1991), meist in Form von Reflexionen der Praxis, weniger im strengen Sinne von überprüfender Unterrichtsforschung. Während für den Primarbereich die Weiterentwicklung des binnendifferenzierenden Unterrichts in Verbindung mit – von den Kindern erkennbaren und akzeptierten – „Ritualen" (*Heyer* 1990) die günstigste Lernsituation für integrative Klassen zu sein scheint, ist die Frage des integrativen Fachunterrichts in der Sekundarstufe noch wenig geklärt. Dazu finden gegenwärtig Untersuchungen statt.

3. Ermutigung zur weiteren Integrationsforschung

Der notwendig knappe Überblick über die gegenwärtige Integrationsforschung zeigt, daß durch sie die verbreiteten Befürchtungen zurückgewiesen werden konnten − daß aber eine Vielzahl von Fragen noch nicht oder nicht ausreichend untersucht und damit beantwortet sind. Daß „Integration geht", muß die Forschung nicht (mehr) beweisen − aber sie muß mehr denn je jene Fragen aufklären, die für eine integrative Praxis bedeutsam sind: Fragen nach Persönlichkeitsbildung und Behinderungsverarbeitung, Fragen im Umgang von Kindern mit Behinderung und Krankheit, Fragen nach der (demokratischen) Akzeptanz von Abweichenden jeglicher Art, nach der Verarbeitung bei Erwachsenen, vor allem den Lehrkräften, ihrer Angst vor Überforderung, Kollegenschelte, didaktischen Defiziten... Nicht zuletzt ist es erstaunlich, daß aus den bisherigen Studien der Vergleich zum weiterhin dominierenden Sonderschulsystem ausgeblendet ist. Auch die Verbindung von Schule, Familie, Freizeit und sozialen Diensten wäre in komplexen Untersuchungsansätzen herzustellen. Darüber hinaus wären die Gründe für die Integrationsbarrieren im administrativen, politischen, medizinischen, juristischen und im universitären Bereich einer gründlichen Erforschung wert.

Die Integrationsforschung hat in den dargestellten Bereichen − Akzeptanz der Eltern, soziale Integration, Schulleistung − hinlängliche Ergebnisse geliefert. In anderen sind weitere Fragen aufzuklären. Das gilt nun vor allem für behinderungsspezifische Fragen, für die Verbindung der unterrichtlichen mit der außerschulischen Förderung und Kommunikation, für die persönlichkeitsbezogenen Fragen der Identitätsentwicklung und die didaktischen Probleme des Fachunterrichts, vor allem innerhalb der Sekundarstufe.

Integrationsforschung wird also auch dann, wenn die Phase der Schulversuche abgelöst wird durch ihre „Normalisierung", weiterhin eine ständige Aufgabe sein. Sie arbeitet auf diese Weise daran mit, die gute Schule der Vielfalt in der Gemeinsamkeit zu fördern.

Literatur

Bronfenbrenner, U.: Ökologische Sozialisationsforschung. Stuttgart 1976.
Deppe-Wolfinger, H./Reiser, H. (unter Mitarbeit von G. Cowlan, G. Kreie, M. Kron): Gemeinsame Förderung Behinderter und Nichtbehinderter in Kindergarten und Schule. Abschlußbericht der wiss. Begleitung. Zusammenfassung. Frankfurt/M. (Univ.) 1991.
Dumke, D./Schäfer, G.: Integrationsklassen in der Beurteilung von Eltern. Bonn (Univ.) 1987.
Dumke, D./Schäfer, G.: Untersuchungen zur informellen Position behinderter Kinder in Integrationsklassen. Bonn (Skript) 1988.
Dumke, D./Krieger, G./Schäfer, G.: Schulische Integration in der Beurteilung von Lehrern und Eltern. Weinheim 1989.
Dumke, D./Krieger, G.: Wohnortnahe Integration behinderter Kinder in Grundschulen des Stadtbezirks Bonn-Beuel. Abschlußbericht. Bonn (Univ.) 1992.
Fend, H.: Gesamtschule im Vergleich − Bilanz der Ergebnisse des Gesamtschulversuchs. Weinheim 1982.

Feuser, G./Meyer, H.: Integrativer Unterricht in der Grundschule. Ein Zwischenbericht. Oberbiel 1987.

Haeberlin, U. u.a.: Die Integration von Lernbehinderten. Bern 1990.

Haeberlin, U./Jenny-Fuchs, E./Moser Opitz, E.: Zusammenarbeit. Wie Lehrpersonen Kooperation zwischen Regel- und Sonderpädagogik in integrativen Kindergärten und Schulen erfahren. Bern 1992.

Haenisch, H./Lukesch, H.: Ist die Gesamtschule besser? Integrierte Gesamtschule und Schulen des gegliederten Schulsystems im Leistungsvergleich. München 1980.

Heyer, P./Preuss-Lausitz, U./Zielke, G.: Wohnortnahe Integration. Gemeinsame Erziehung behinderter und nichtbehinderter Kinder in der Uckermark-Grundschule in Berlin. Weinheim 1990.

Heyer, P.: Integrativer Unterricht und Schulleben. In: *Ders. u.a.,* a.a.O., 1990, S. 63–82.

Hinz, A. u.a.: Schwerstbehinderte Kinder in Integrationsklassen. Marburg 1992.

Klein, F.: Wiss. Begleitung des Schulversuchs „Gemeinsamer Unterricht behinderter und nichtbehinderter Schüler der Helen-Keller-Schule", Schule für praktisch Bildbare (Sonderschule) und der Grundschule Königstädten in Rüsselsheim-Königstädten. Mainz (Univ.) 1986 (Skript).

Kreie, G.: Integrative Kooperation. Über die Zusammenarbeit von Sonderschullehrer und Grundschullehrer. Weinheim 1985.

Matt, H./Podlesch, W./Schmitt, B. (Hrsg.): Integration von Kindern mit geistiger Behinderung und Kindern mit schweren Mehrfachbehinderungen. Wiss. Begleitung des landesweiten Schulversuchs. 1. Jahresbericht 1990/91, Berlin (PZ) 1992.

Munder, R.: Meinungen der beteiligten Eltern zum Integrationsversuch. Berlin (PZ) 1983.

Muth, H.: Integration von Behinderten. Essen 1986.

Podlesch, W.: Kinder mit einer geistigen Behinderung und mit schweren Mehrfachbehinderungen in allgemeinen Klassen. In: *Heyer, P. u. a.* (Hrsg.): Zehn Jahre wohnortnahe Integration, AK-Grundschule, Frankfurt/M. 1993, S. 58–64.

Preuss-Lausitz, U.: Fördern ohne Sonderschule? Konzepte und Erfahrungen zur integrativen Förderung in der Regelschule, Weinheim 1981.

Preuss-Lausitz, U.: Soziale Beziehungen in Schule und Wohnumfeld. In: *Heyer u.a.,* a.a.O., 1990, S. 95–128.

Preuss-Lausitz, U.: Die Eltern innerhalb der integrativen Schule. In: *Heyer, P. u.a.,* a.a.O., 1990, S. 169–190.

Projektgruppe Integrationsversuch: Das Fläming-Modell. Weinheim 1988.

Raschert, J.: Gesamtschule: Ein gesellschaftliches Experiment. Stuttgart 1974.

Reiser, H. u.a.: Sonderschullehrer in Grundschulen. Weinheim 1984.

Reiser, H. u.a.: Wissenschaftliche Begleitung in den Integrationsschulversuchen der Bundesrepublik. Frankfurt (Univ.) 1988.

Riedel, K.: Gemeinsam lernen bei differenzierten Lernanforderungen. In: Deutsche Schule 83 (1991) S. 443–460.

Rolff, H. G. u.a. (Hrsg.): Die Schule im Spiegel der öffentlichen Meinung. In: *Rolff, H. G. u.a.* (Hrsg.): Jahrbuch der Schulentwicklung, Bd. 7. Weinheim 1992, Kap. 1.

Sander, A.: Schulschwache Kinder in der Grundschule oder Sonderschule? Untersuchungen zur unterrichtlichen Effizienz der Lernbehindertenschule. In: *Reinartz, A./Sander, A.* (Hrsg.): Schulschwache Kinder in der Grundschule. Weinheim 1982, S. 121–139.

Sucharowski, W./Nehlsen, L.: Zur Entstehung der Integrationsklassen in Schleswig-Holstein seit dem Schuljahr 1985/86. Bericht und Dokumentation 4 der wiss. Begleitung. Kiel (Landesinstitut für Praxis und Theorie der Schule) 1987 a.

Sucharowski, W.: Wie kommuniziert man mit einem geistig behinderten Kind? Berichte und Dokumentation 5 der Wiss. Begleitung. Kiel (Landesinstitut für Praxis und Theorie der Schule) 1987 b.

Tent, L. u. a.: Ist die Schule für Lernbehinderte überholt? In: Heilpäd. Forschung, Bd. XVII, H. 1, 1991, S. 3-12; ausführlicher in: Über die pädagogische Wirksamkeit der Schule für Lernbehinderte. Uni Marburg 1990.

Walter, H.: Ökologische Ansätze in der Sozialisationsforschung. In: *Hurrelmann, K./Geulen, D.:* Handbuch der Sozialisationsforschung. Weinheim 1980, S. 285-298.

Wocken, H.: Sonderschullehrer in Integrationsklassen. Hamburg 1987 (Skript).

Wocken, H.: Kooperation von Pädagogen in integrativen Grundschulen. Hamburg (Univ.) 1988.

Wocken, H.: Bewältigung von Andersartigkeit. Untersuchungen zur Sozialen Distanz in verschiedenen Schulen. In: *Gehrmann, P./Hüwe, B.* (Hrsg.): Forschungsprofile der Integration von Behinderten. Bochumer Symposium 1992. Essen 1993, S. 86-106.

Wocken, H./Antor, G. (Hrsg.): Integrationsklassen in Hamburg. Oberbiel 1987.

Wocken, H./Antor, G./Hinz, A. (Hrsg.): Integrationsklassen in Hamburger Grundschulen. Hamburg 1988.

Zielke, G.: Aufgaben und Tätigkeiten der Sonderpädagoginnen und Sonderpädagogen. In: *Heyer, P. u. a.,* a. a. O., 1990, S. 153-164.

Andreas Bächtold

Die Bedeutung lokalspezifischer Ausprägungen des Schulsystems für das Gelingen oder Mißlingen integrativer Prozesse in Integrationsklassen

Dieser Beitrag befaßt sich auf der Basis von Erfahrungen aus einem Schulversuch mit *widersprüchlichen Bedingungen des schulischen Bildungssystems,* dem *Gelingen oder Mißlingen sozialer Integrationsprozesse,* sowie mit *lokalspezifischen Innovations- und Kooperationsbemühungen.*

1. Lebensweltliche Reproduktionsprozesse und Systemimperative

Die Schule als soziales System befindet sich in einem Spannungsfeld zwischen System-Funktionen (Imperative des ökonomischen und staatlichen Systems) und Lebenswelten (sozio-kulturelle Reproduktion). Die funktionalistischen Schultheorien (z.B. *Fend* 1981) thematisieren die gesellschaftlichen Bezüge der Schule im Bereich der System-Funktionen. Dieser Ansatz ist im Sinne der Gesellschaftstheorie von *Habermas* (1981) ergänzungsbedürftig. Ein zentraler gesellschaftlicher Bereich, auf den die Schule ebenfalls bezogen ist, kann mit dem Begriff der sozio-kulturellen Lebenswelten gefaßt werden. Unter dieser Voraussetzung befindet sich *das Schulsystem im Widerspruch zwischen Systemimperativen und Lebenswelten.* Um diesen Widerspruch etwas zu verdeutlichen, werden im folgenden die System-Funktionen der Schule den lebensweltlichen Reproduktionsprozessen gegenübergestellt:

System-Funktionen:
1. Qualifikationsfunktion: In diesem Funktionsbereich geht es um die Herausbildung ökonomisch verwertbarer Grundqualifikationen, also um dementsprechende Fähigkeiten und Arbeitshaltungen.
2. Selektions- und Allokationsfunktion: Ziel ist die Gliederung der Schülerpopulation nach Leistungsunterschieden. Dadurch wird eine erste Voraussetzung für die Plazierung in der sozialen Schichtung der Gesellschaftsstruktur geschaffen.
3. Systemintegrations- und Legitimationsfunktion: Ziel ist die Übernahme systemfunktionaler politisch-ideologischer Rechtfertigungen.

Lebensweltliche Reproduktionsprozesse:
1. Identitätsbildung und Interaktionsfähigkeit: Mit dem Zielbereich der Identitäts- und Persönlichkeitsförderung leistet die Schule einen Beitrag zur sozio-kulturellen Reproduktion.
2. Soziale Integration: Ziel ist die Förderung verständigungsorientierter, solidarischer interpersoneller Beziehungen, innerhalb derer sich soziale Zugehörig-

keiten und durch wechselseitige Akzeptanz geprägte Begegnungen entwickeln können.

3. Überlieferung und Kritik kulturellen Wissens: Die Schule trägt damit zur kulturellen Reproduktion bei. Sinnstiftung, Vermittlung moralischer und ästhetischer Werte gehören zu diesem sozio-kulturellen Reproduktionsbereich.

Die Gestaltung integrativer Prozesse spielt sich vor diesem widersprüchlichen institutionellen Hintergrund ab. Die Frage ist nun, wo die Ansatzpunkte von Innovationen mit dem Ziel integrativer Erziehung zu lokalisieren sind. In genauer Kenntnis der Situation im Kanton Zürich (Schweiz) kann die folgende These begründet werden:

Ansatzpunkt für den Durchbruch integrativer Erziehung sind lokale, lebensweltorientierte Integrationsprojekte als Basisbewegungen (im vorliegenden Beispiel Lehrerinitiativen, andernorts auch Elterninitiativen). Diese lokalen Innovationsbemühungen in Richtung schulischer Integration und Nichtaussonderung von Schülern mit Schulschwierigkeiten (offizielle Diagnosen: lernbehinderte und verhaltensgestörte Schüler) wurden durch den Zusammenbruch des reglementskonformen differenzierten Sonderklassenwesens mit fünf Sonderklassentypen im Agglomerationsgürtel um die Stadt Zürich ausgelöst. Zwei Hauptgründe haben zu dieser Situation geführt: der allgemeine Schülerrückgang und eine zunehmende Zurückhaltung bei der Aussonderung von Schülern mit Schulschwierigkeiten. Für den Kanton Zürich ist mit einschlägigen Studien nachgewiesen worden, daß das etablierte Sonderklassenwesen nur funktioniert, wenn einerseits eine genügend große Schülerpopulation vorhanden ist, wie beispielsweise in der Stadt Zürich, und wenn andererseits Aussonderung nach dem Prinzip der Separation um jeden Preis zur Aufrechterhaltung des Sonderschulsystems betrieben wird, also Aussonderung im Interesse der Besitzstandswahrung der Sonderklassen. Aufschlußreich in diesem Zusammenhang sind die Motive der lokalen Integrationsbewegungen: Kritik an einer als überbordend empfundenen Leistungs- und Selektionsorientierung der Schule und an einer dadurch beeinträchtigten Persönlichkeitsentwicklung sowie als oberstes Ziel die soziale Integration von Schülern mit Schulschwierigkeiten in die Regelklassen. Dieser Standpunkt ist unschwer als *lebensweltorientiertes Innovationsverständnis* einzuordnen. Ganz anders der Standpunkt der Oberbehörde des Erziehungswesens: Zunächst wurden die Gesuche der lokalen Innovationsgruppen um Anerkennung und Legalisierung ihrer Integrationsprojekte abgelehnt. Da die Basisbewegungen, unterstützt durch Schulpsychologen und die lokalen Laienbehörden (Schulpflege), nicht aufgaben und das Sonderklassensystem weiter einbrach, wurden von der Oberbehörde schließlich Schulversuche bewilligt.

2. Lokalspezifische Bedingungsstrukturen sozialer Integrationsprozesse

Abbildung 1 gibt eine Übersicht über die Strukturbedingungen von Versuchsschulen, welche für integrative Prozesse von Bedeutung sind.

Der theoretische und methodische Bezugsrahmen zur Analyse von Person-Umwelt Systemen orientiert sich an ökologischen Ansätzen der Sozialisationsforschung (*Walter* 1982). Aus Abbildung 1 können verschiedene Systemeinheiten

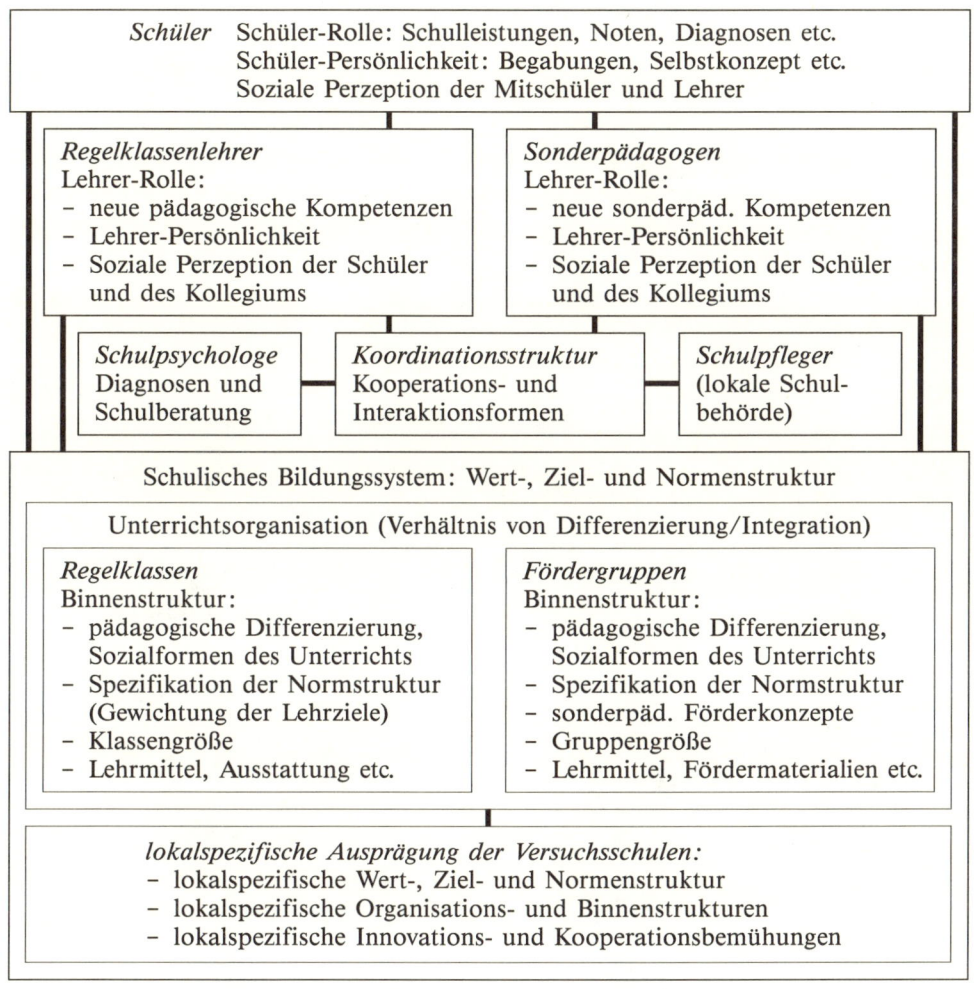

Schüler	Schüler-Rolle: Schulleistungen, Noten, Diagnosen etc.
	Schüler-Persönlichkeit: Begabungen, Selbstkonzept etc.
	Soziale Perzeption der Mitschüler und Lehrer

Regelklassenlehrer
Lehrer-Rolle:
- neue pädagogische Kompetenzen
- Lehrer-Persönlichkeit
- Soziale Perzeption der Schüler und des Kollegiums

Sonderpädagogen
Lehrer-Rolle:
- neue sonderpäd. Kompetenzen
- Lehrer-Persönlichkeit
- Soziale Perzeption der Schüler und des Kollegiums

Schulpsychologe
Diagnosen und Schulberatung

Koordinationsstruktur
Kooperations- und Interaktionsformen

Schulpfleger
(lokale Schulbehörde)

Schulisches Bildungssystem: Wert-, Ziel- und Normenstruktur

Unterrichtsorganisation (Verhältnis von Differenzierung/Integration)

Regelklassen
Binnenstruktur:
- pädagogische Differenzierung, Sozialformen des Unterrichts
- Spezifikation der Normstruktur (Gewichtung der Lehrziele)
- Klassengröße
- Lehrmittel, Ausstattung etc.

Fördergruppen
Binnenstruktur:
- pädagogische Differenzierung, Sozialformen des Unterrichts
- Spezifikation der Normstruktur
- sonderpäd. Förderkonzepte
- Gruppengröße
- Lehrmittel, Fördermaterialien etc.

lokalspezifische Ausprägung der Versuchsschulen:
- lokalspezifische Wert-, Ziel- und Normenstruktur
- lokalspezifische Organisations- und Binnenstrukturen
- lokalspezifische Innovations- und Kooperationsbemühungen

Abbildung 1: Struktur der personalen, interpersonellen und institutionellen Systemeinheiten von Versuchsschulen mit Integrationsklassen und Fördergruppen

abgeleitet werden, die bei der Realisierung integrativer Prozesse miteinander in Beziehung treten. Die Grundkonstruktion des Modells geht auf einen Beitrag von *Reiser* u. a. (1984) zurück, der Schwerpunkt liegt im interpersonellen und institutionellen Bereich (*Dreesmann* 1982; *Fend* 1977; *Ulich* 1983; *Ries* 1971). Von den personalen Einheiten, bei denen die Rolle, die Persönlichkeit und die soziale Perzeption im Zentrum des Interesses stehen, werden die interpersonellen Systeme unterschieden und entsprechende Interaktions- und Kooperationsprozesse analysiert (Interaktionsformen zwischen Lehrern und Schülern sowie innerhalb der Schülergruppen, Kooperations- und Interaktionsformen der Teams in den Versuchsschulen und ihr Verhältnis zum Gesamtkollegium). Die personalen und interpersonellen Systemeinheiten stehen ihrerseits in einer Wechselbeziehung mit dem schulischen Bildungssystem und seiner lokalspezifischen Ausprägung. Vor

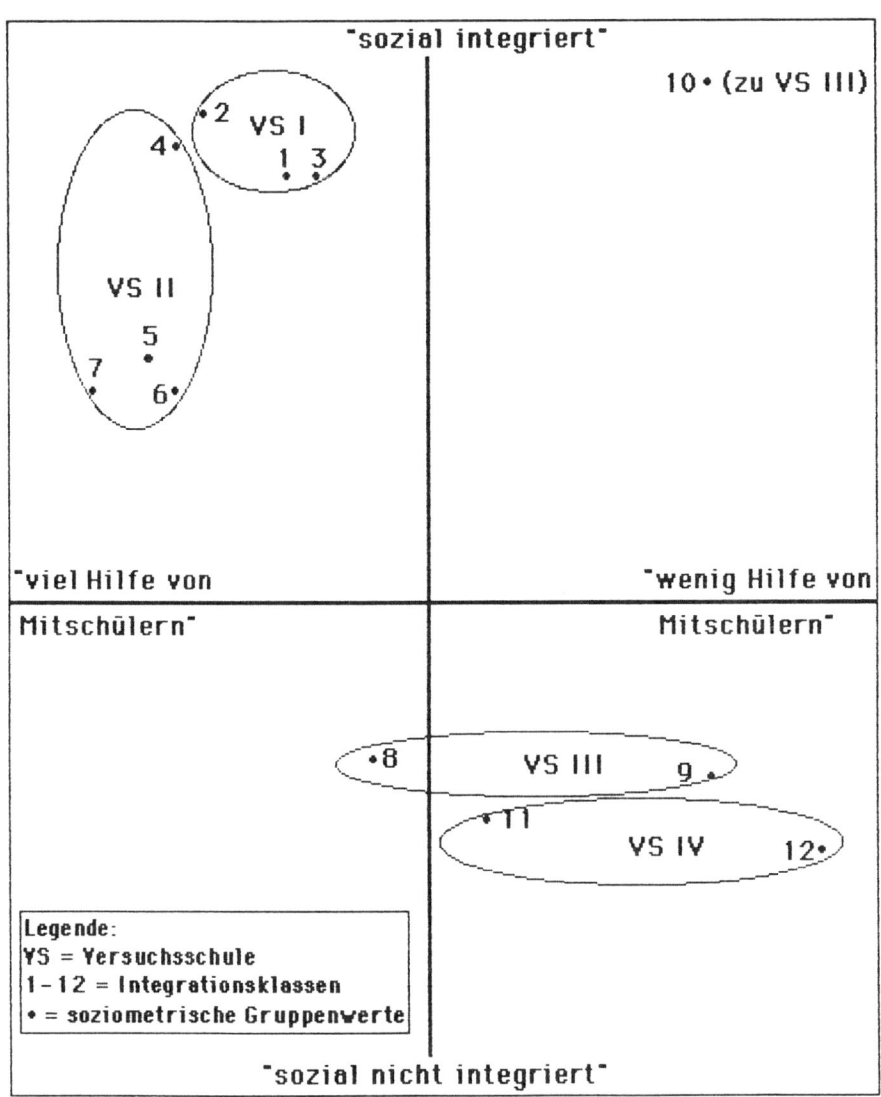

Abbildung 2: Lokalspezifische Ausprägung der sozialen Integration von Schülern mit Schulschwierigkeiten (multidimensionale Skalierung von Gruppenwerten)

diesem Hintergrund werden im folgenden *einige ausgewählte Aspekte der sozialen Integrationsprozesse* von Schülern mit Schulschwierigkeiten untersucht. Die Ergebnisse stammen aus zwei empirischen Querschnittanalysen derselben Schülergruppe und einer Longitudinalstudie sowie aus Tiefeninterviews und standardisierten Befragungen der Versuchslehrer (*Bächtold* 1987).

Zunächst soll der Beweis erbracht werden, daß die *sozialen Integrationsprozesse im Zusammenhang mit lokalspezifischen Ausprägungen von Versuchsschulen* stehen. Aus Abbildung 2 ist ersichtlich, wie sich die Schülergruppen mit Schulschwierigkeiten in den verschiedenen Integrationsklassen und Versuchsschulen bezüglich der sozialen Integration und der Hilfe durch Mitschüler unterscheiden. Die Dimensionen der sozialen Integration und der Hilfe von Mitschülern wurden mit verschiedenen Indikatoren eines soziometrischen Verfahrens gebildet. Die Hypothese, daß das Gelingen sozialer Integration nur von der Eigendynamik in den Integrationsklassen abhängig sei, wird klar widerlegt. Mit einer Ausnahme (Klasse 10) bezieht sich der Integrationserfolg bzw. -mißerfolg immer auf die Einheit einer Versuchsschule. Das Gelingen sozialer Integration ist also im Zusammenhang mit den lokalspezifischen Verhältnissen von Versuchsschulen näher zu untersuchen (vgl. Kap. 3).

Je nach lokalspezifischen Eigenarten von Versuchsschulen werden anscheinend *typische Bedingungsstrukturen* gebildet, *welche soziale Integration fördern oder hemmen*. In einem weiteren Schritt soll nun aufgezeigt werden, wie sich diese Bedingungsstrukturen zwischen den Versuchsschulen mit und ohne sozialem Integrationserfolg unterscheiden (als Ausnahme entspricht die Klasse 10 eher den VS I und II):

Versuchsschulen I und II:	Versuchsschulen III und IV:
— Unterrichtsanteil in der Regelklasse zwischen 45% und 90%.	— Unterrichtsanteil in der Regelklasse zwischen 10% und 40%.
— Schüler mit Schulschwierigkeiten erleben das Unterrichtsklima positiv: Der Lehrer und die Mitschüler werden in der Regel als sozial-emotional unterstützend wahrgenommen.	— Schüler mit Schulschwierigkeiten erleben das Unterrichtsklima negativ: Der Lehrer und die Mitschüler werden in der Regel nicht als sozial-emotional unterstützend wahrgenommen.
— Differenzierte Wahrnehmung des abweichenden Verhaltens der Schüler mit Schulschwierigkeiten durch die Lehrer der Regelklassen.	— Generalisierung und Überbetonung des abweichenden Verhaltens der Schüler mit Schulschwierigkeiten durch die Lehrer der Regelklasse (vgl. Abb. 3).

Das Gelingen oder Mißlingen sozialer Integrationsprozesse geht also einher mit der Art der Unterrichtsorganisation (Verhältnis von Differenzierung und Integration), dem Erleben des Unterrichtsklimas (Interaktionsqualität) und mit bestimmten Mustern der Wahrnehmung abweichenden Verhaltens durch die Regelklassenlehrer. Das Unterrichtsklima wurde mit einem Instrument von *v. Saldern* und *Littig* (1985) erfaßt.

Keine Zusammenhänge bestehen zwischen der sozialen Integration und dem Leistungsniveau der Regelschüler in den Integrationsklassen, dem Intelligenz- und Leistungsniveau der Schüler mit Schulschwierigkeiten und den offiziellen Diagnosen „lernbehinderte" bzw. „verhaltensgestörte" Schüler! In diesem Zusammenhang kann ergänzend darauf hingewiesen werden, daß aufgrund der Resultate der Längsschnittuntersuchung die *Leistungsentwicklung* der Regelschüler in den Integrationsklassen mit einer großen Präsenz der Schüler mit Schulschwierigkeiten im Vergleich mit den anderen Integrationsklassen nicht — wie oft befürchtet — negativ verläuft. Die Leistungen der Schüler mit Schulschwierigkeiten entwickeln sich in den Versuchsschulen I und II positiv, in den Versuchsschulen mit einem hohen Anteil von speziellem Unterricht in Fördergruppen dagegen verbessern die schulschwachen Schüler ihr Leistungsniveau nicht!

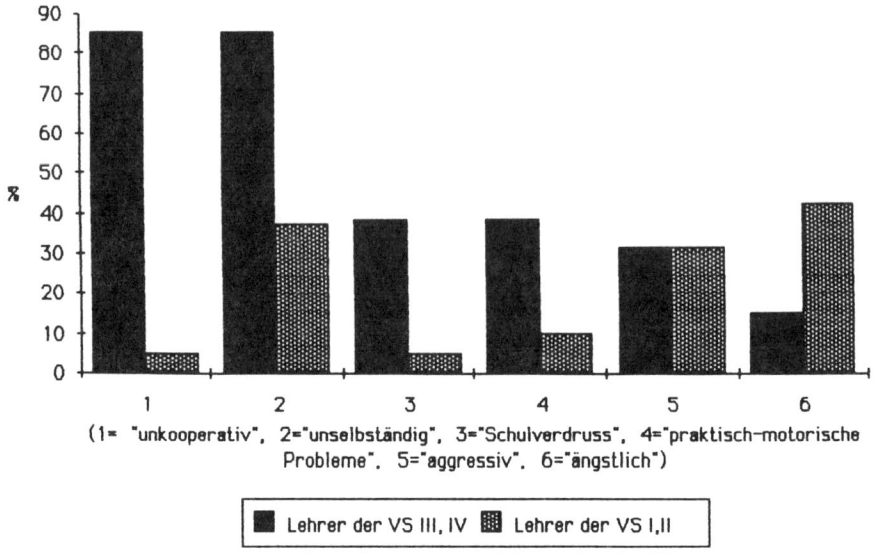

Abbildung 3: Wahrnehmung abweichenden Verhaltens durch die Regelklassenlehrer in verschiedenen Versuchsschulen (Verhaltensbeurteilung nach *Janowsky* u. a. 1981)

3. Lokalspezifische Innovations- und Kooperationsformen

Abschließend stellt sich die Frage, welche Innovations- und Kooperationsformen in den verschiedenen Versuchsschulen integrative Prozesse fördern oder hemmen? In den Zürcher Schulversuchen hat sich gezeigt, daß integrative Prozesse erfolgreich sind, wenn echte *Innovationen bezüglich aller Systemelemente des schulischen Bedingungsgefüges* (vgl. Abb. 1) durchgeführt werden. Eine zentrale Frage ist mit dem Verhältnis zwischen äußerer Differenzierung (externe Fördergruppen im Leistungsbereich) und Integration (Ausmaß des gemeinsamen Unterrichts) verbunden. Bezüglich dieses Verhältnisses wurde in den Versuchsschulen I und II eine Einigungsformel entwickelt. Diese Versuchsschulen sind auf dem Weg zu einer echten Innovation. Ihre Einigungsformel kann auf den folgenden Nenner gebracht werden: *Zunehmender Abbau der äußeren Differenzierung bei gleichzeitigem Aufbau innerer Differenzierung in der Regelklasse unter dem handlungsleitenden Prinzip, soviel Integration wie möglich im Sinne gemeinsamer Tätigkeiten zu verwirklichen.* Diese Einigungsformel fördert — wie empirisch nachgewiesen — ein positives Unterrichtsklima, die soziale Integration, die Leistungsentwicklung und eine veränderte Wahrnehmung abweichenden Verhaltens. Wie die Auswertung der Tiefeninterviews und der Arbeitsprotokolle der Lehrkräfte zeigt, kann die genannte Einigungsformel nur eingelöst werden, *wenn neue pädagogische Handlungskompetenzen erworben werden, unterstützende wie auch konfliktfähige Kooperationsformen innerhalb des Integrationsteams entwickelt werden und eine Zustimmung des Gesamtkollegiums einer Versuchsschule erreicht werden kann* (vgl. dazu *Feuser* und *Meyer* 1987; *Antor* 1987). Einige repräsentative Aussagen mit hohem Übereinstimmungsgrad von Regelklassenlehrern verdeutlichen diese neue Qualität von Schule: „Der Unterricht ist vielfältig, kreativ und stark individualisierend (Gruppenarbeit und Einzelarbeit etc.)", „Projekte sind etwas vom Tollsten", „die Schüler sollen lernen, miteinander umzugehen und gemeinsam zu arbeiten", „viele Übungen und Sozialformen zum sozialen Lernen werden bewußt eingesetzt", „bei uns ist das ganze Schulhaus beteiligt, auch an den Tagungen, das ist schön" (Quelle: Tiefeninterviews VS I und II). Aus dem Protokoll einer Lehrer-Arbeitsgruppe: „Eine genaue, kontinuierliche Absprache und eine gute Zusammenarbeit zwischen den beteiligten Bezugspersonen der Schüler ist in den Versuchsmodellen unerläßlich. Eine gute Zusammenarbeit zwischen den Lehrkräften setzt gegenseitige Akzeptanz voraus, toleriert Meinungsverschiedenheiten und unterschiedliche Wertsetzungen, dient der laufenden Klärung und Absprache von zentralen erzieherischen und unterrichtlichen Zielen, Mitteln und Handlungen."

Ganz anders die Situation in den Versuchsschulen III, IV: Innovations- und Kooperationsbemühungen sind vorerst gescheitert, eine innovative Einigungsformel konnte nicht entwickelt werden. Dies liegt daran, daß eine Ausdehnung des gemeinsamen Unterrichts samt aller Konsequenzen bisher nicht gewagt worden ist. *Stattdessen wird der Sonderpädagoge weiterhin in die Rolle des Spezialisten gedrängt, dem die Bearbeitung der Lernprobleme delegiert werden kann. Dadurch können die gängigen Muster der Nicht-Kooperation und Konfliktvermeidung aufrecht erhalten werden.* Zudem wird übereinstimmend darüber geklagt, daß gegenüber dem Schulversuch im Gesamtkollegium eine ablehnende Einstellung vorherrsche. Wie aufgezeigt, führt diese Situation zu einem Mißerfolg integrativer Erziehungsbemühungen in allen Bereichen (vgl. Kap. 2). Wie diese Situation in Kooperation mit dem wissenschaftlichen Begleitteam verändert werden kann, soll a. a. O. dargestellt werden. Die Fortbildungskonzepte von *Meister, Sander, Hildeschmidt* und *Blug* (1987) sind m. E. wegweisend.

Literatur

Antor, G.: Ein Schulversuch zwischen System und Lebenswelt. In: *Wocken, H./Antor, G.* (Hrsg.): Integrationsklassen in Hamburg. Solms-Oberbiel 1987, S. 91–115.
Bächtold, A.: Schulversuch im Sonderklassenwesen des Kantons Zürich. In: Vierteljahresschrift für Heilpädagogik und ihre Nachbargebiete 56 (1987) S. 600–618.
Dreesmann, H.: Unterrichtsklima. Weinheim 1982.
Fend, H.: Schulklima: Soziale Einflußprozesse in der Schule. Weinheim 1977.
Fend, H.: Theorie der Schule. Weinheim ²1981.
Feuser, G./Meyer, H.: Integrativer Unterricht in der Grundschule. Solms-Oberbiel 1987.
Habermas, J.: Theorie des kommunikativen Handelns. 2 Bände. Frankfurt a. M. 1981.
Meister, H./Sander, A./Hildeschmidt, A./Blug, A.: Fortbildung von Pädagogen und Stützpädagogen für die Integration behinderter Kinder in Kindergarten und Schule. In: *Häberlin, U./Amrein, Ch.* (Hrsg.): Forschung und Lehre für die sonderpädagogische Praxis. Bern 1987, S. 156–163.
Janowsky, A./Fittkau, B./Rauer, W.: Beurteilungshilfe für Lehrer (BFL). Braunschweig 1981.
Reiser, H. u. a.: Sonderschullehrer in Grundschulen. Weinheim 1984.
Ries, H.: Soziale Struktur des Bildungssystems und Sozialisation von Talenten. Stuttgart 1971.

Saldern, M. v./Littig, K.: Die Konstruktion der Landauer Skalen zum Schulklima. In: Zeitschrift für Entwicklungspsychologie und Pädagogische Psychologie (1985) S. 138–149.

Ulich, K.: Schüler und Lehrer im Schulalltag. Weinheim 1983.

Walter, H.: Ökologische Ansätze in der Sozialisationsforschung. In: *Hurrelmann, K./Ulich, D.* (Hrsg.): Handbuch der Sozialisationsforschung. Weinheim ²1982, S. 285–298.

Hans Wocken

Schulleistungen in heterogenen Lerngruppen

1. Einleitung

Schüler sind verschieden. Sie unterscheiden sich nach Alter, Geschlecht, Religion, Nationalität, sozialer Herkunft, Interessen und Fähigkeiten. Jeder Schüler ist einzigartig und besonders. Die verschiedenartigen Schüler werden in Schulen nicht einzeln unterrichtet, sondern immer in Gruppen. Das Problem ist nun nicht die gemeinsame Unterrichtung verschiedener Schüler in einer Gruppe, sondern die Frage, welche verschiedenen Schüler denn zusammen unterrichtet werden sollen. Soll die „Einteilung von Schülern" (*Haußer* 1980) nach Maßgabe größtmöglicher Ähnlichkeit oder vielfältiger Verschiedenheit geschehen? Wenn alle Schüler eines Schulbezirks eine Schule besuchen, muß wohl oder übel die Gesamtheit der Schüler differenziert und nach bestimmten Kriterien zu Lerngruppen zusammengefaßt werden.

Die Grundschule teilt ihre Schüler nach dem Differenzierungskriterium Alter ein und bildet Jahrgangsklassen. Das Jahrgangsklassenprinzip wird in zweifacher Weise durch das Kriterium Leistung ergänzt:

1. Schüler, die das Klassenziel nicht erreichen, werden nicht in die nächsthöhere Lernstufe versetzt.
2. Schüler, die „dem Bildungsgang der Grundschule nicht zu folgen vermögen", werden ausgegrenzt und Sonderschulen zugewiesen.

Die doppelte Korrektur des Alterskriteriums durch das Leistungskriterium dient erkennbar der Absicht, die Heterogenität von Grundschulklassen einzuschränken und relativ homogene Fähigkeitsgruppen zu bilden. Dieser Differenzierungspraxis liegt die theoretische Annahme zugrunde, daß Homogenität von Lerngruppen sinnvoller und effektiver ist als Heterogenität. Für die Bildung fähigkeitshomogener Lerngruppen sprechen auf den ersten Blick eine Reihe durchaus plausibler Gründe. Bei einem geringen Leistungsgefälle kann der Unterricht genau auf die Lernvoraussetzungen der Schülergruppe abgestimmt werden. Gute Schüler werden nicht unterfordert, schwache Schüler nicht überfordert. Durch die Passung der unterrichtlichen Anforderungen und Hilfen kann, so wird angenommen, die gesamte Lerngruppe zu höheren Leistungen geführt werden.

Der schier unerschütterliche Glaube an den Leistungsvorteil homogener Gruppen hat Tradition. In der „Württembergischen Schulordnung" aus dem Jahre 1559 heißt es:

„So dann der Schulmeister die Schulkinder mit Nutz lehren will, so soll er sie in drei Häuflein einteilen.

Das eine, darinnen diejenigen gesetzet, so erst anfangen zu buchstabieren.
Das andere die, so anfangen, die Syllaben zusammenschlagen. Das dritte, welche anfangen zu lesen und zu schreiben.
Desgleichen soll er in jedem Häuflein besondere Rotten machen, damit diejenigen, so einander in jedem Häuflein am gleichsten sind, zusammensitzen; dadurch werden die Kinder zum Fleiß angereizt und dem Schulmeister die Arbeit geringert." (In: *Dietrich & Klink* 1964, S. 19).

Integrative Grundschulen denken und handeln anders. Eine Integrationsklasse versteht sich als eine Stammgruppe von behinderten und nichtbehinderten Kindern, die während der gesamten Grundschulzeit zusammenbleibt. „Eine Integrationsklasse ist bejahte und gewollte Heterogenität" (*Wocken* 1987a, S. 70).
    Damit ist das Thema der folgenden Untersuchungen bezeichnet. Es geht um die strittige Frage, ob homogene oder heterogene Lerngruppen „besser" sind. Die Güte der Einteilung von Schülern in Lerngruppen ist pädagogisch an drei Kriterien zu messen (*Morawitz* 1980):

1. Fachliches Lernen
   Werden durch die Gruppenbildung die schulischen Leistungen der Lerngruppe insgesamt (genereller Aspekt) wie auch der lernschwachen und lernstarken Schüler (differentieller Aspekt) gefördert?
2. Überfachliches Lernen
   Welche Gruppierungsform ist besser geeignet, die allseitige Entfaltung der Kinder in allen Persönlichkeitsdimensionen anzuregen und das überfachliche Lernen zu fördern? (Selbsteinschätzung, Identitätsbildung, Abbau von Leistungsangst, kooperatives Verhalten, soziales Lernen. Interessenentwicklung, u. ä.)
3. Chancengleichheit
   Durch welche Gruppierungsform wird eine frühzeitige Fixierung auf ein bestimmtes Leistungsniveau vermieden, eine hohe Durchlässigkeit zwischen verschiedenen Niveaukursen gewährleistet und gesellschaftlich bedingte Benachteiligungen von Kindern ausgeglichen?

Die Analysen zum Sinn und Nutzen von homogenen und heterogenen Lerngruppen müssen hier in bewußter Unvollständigkeit auf die Gütekriterien „Schulleistungen" und „Chancengleichheit" beschränkt werden. In diesem Rahmen können — mit einem allgemeinen Verweis auf einschlägige Forschungsarbeiten und Sammelreferate (*Fend* 1980; *Fend 1982; Fischer & Michael 1973; Haenisch & Lukesch 1980; Haußer 1980; Haußer 1981; Hopf 1976; Morawitz 1980*) — erfahrungswissenschaftliche Belege lediglich in exemplarischer Auswahl angeführt werden.

2. Lernen in heterogenen Gruppen

Integrative Lerngruppen sind heterogene Lerngruppen par excellence. Das Fähigkeitsgefälle einer Integrationsklasse reicht von schwerst- und geistigbehinderten Kindern bis hin zu hochbegabten Schülern. Eine derart weitgespannte Heterogenität läuft tradierten Denkmustern und Zweckmäßigkeitsvorstellungen stracks zuwider; sie macht tiefsitzende Zweifel und Ängste verständlich, daß mit wachsendem Begabungsgefälle auch ein allgemeiner Leistungsverfall aller Schüler zu befürchten ist und daß insbesondere leistungsstarke und leistungsschwache

Schüler nicht zu ihren Möglichkeiten finden. Diese Annahme konnte bisher durch keine empirischen Untersuchungen belegt werden.

2.1 Homogenität besser als Heterogenität?

Prüfen wir nun im direkten Vergleich die Leistungsfähigkeit von homogenen und heterogenen Gruppen.

Goldberg u. a. (1969) haben 86 Klassen an 45 Grundschulen anhand von Intelligenztestwerten nach der Spannweite des Begabungsgefälles in 15 unterschiedliche Muster eingeteilt. Die Schüler wurden zu Beginn des 5. und am Ende des 6. Schuljahres in mehreren Schulfächern getestet. Die vergleichende Analyse der Leistungsentwicklung zwischen Schulklassen mit geringerem und größerem Intelligenzgefälle erbrachte folgende Ergebnisse: „Die Leistungsentwicklung war im allgemeinen bei großem Gefälle positiver als bei geringem Gefälle" (1969, 44). Der größere Leistungszuwachs in heterogenen Gruppen war allerdings quantitativ nicht beträchtlich und in aller Regel nicht durchgängig in allen Schulfächern anzutreffen. Die Anwesenheit lernschwacher Schüler hatte weder positive noch negative Auswirkungen auf die Leistungsentwicklung guter Schüler. Die Anwesenheit hochleistungsfähiger Schüler wirkte sich auf Schüler anderer Begabungsgruppen nur geringfügig und auch nicht in jedem Fall leistungsanregend aus.

Die umfänglichen Forschungen zum Vergleich gegliederter und ungegliederter Sekundarschulen widerlegen ebenfalls die These vom Leistungsvorteil homogener Gruppen. Eine differenzierte, zum Teil widersprüchliche Befundlage zu der gesellschaftspolitisch brisanten Frage: „Ist die Gesamtschule besser?" (*Haenisch & Lukesch* 1980) mit knappen Worten zusammenzufassen, ist kaum ohne verkürzende Verallgemeinerungen möglich.

„Faßt man die Untersuchungen zur Orientierungsstufe zusammen, ergibt sich der Tendenz nach ein leichter Vorteil zugunsten der integrierten Formen. Dieser Vorteil besteht vor allem für die leistungsschwachen Schüler, während sich bei den leistungsstarken Schülern positive und negative Ergebnisse in etwa die Waage halten" (*Haenisch & Lukesch* 1980, S. 256). „Legt man auch bei den Gesamtschulstudien in der Bundesrepublik diejenigen zugrunde, die sowohl hinsichtlich der Schüler- und Klassenzahl als auch bezüglich des methodologischen Niveaus deutlich an der Spitze stehen, ergeben sich, global gesehen, leichte Vorteile für die integrierte Gesamtschule. Die leistungsschwachen Schüler scheinen von der Gesamtschule etwas stärker zu profitieren, während sich bei den leistungsstarken Schülern Vorteile für die Schüler des gegliederten Schulsystems ausmachen lassen" (*Haenisch & Lukesch* 1980, S. 258).

Insgesamt legen die systemvergleichenden Studien „eine eher ausgeglichene Leistungsbilanz zwischen den verschiedenen Schulsystemen nahe" (*Fend* 1982, S. 294). Bei dem Vergleich von Gesamtschule und traditionellem Schulsystem zeichnen sich allenthalben in vierfacher Hinsicht systembedingte Unterschiede ab:

1. Jahrgangsspezifische Unterschiede
   Die Gesamtschule erzielt im allgemeinen in niedrigen Jahrgängen bessere Ergebnisse, das traditionelle Schulsystem in höheren Klassenstufen.
2. Fachspezifische Unterschiede
   Im Fach Englisch erreichen sowohl leistungsstarke als auch leistungsschwache Schüler tendenziell bessere Ergebnisse im gegliederten Schulsystem.

3. Schülerbezogene Unterschiede

Bei überschlägiger Betrachtung ergibt sich ein Trend, „daß die leistungsschwachen Schüler im integrierten Schulsystem leichte Vorteile zeigen. Dem stehen allerdings ebenso leichte Nachteile der leistungsstarken Schüler im integrierten Schulsystem gegenüber" (*Fend* 1982, S. 293). Es gibt einige empirische Indizien, daß die pädagogischen Ziele „bestmögliche Förderung aller Schüler" und „ausgleichende Erziehung benachteiligter Schüler" nur begrenzt kompatibel und gleichzeitig erreichbar sind (*Baumert* u. a. 1985; *Treiber* u. a. 1982; *Treiber & Weinert* 1985).

4. Differenzierungsbedingte Unterschiede

Bezüglich der Kriterien Chancengleichheit und Durchlässigkeit von Schullaufbahnen ist als übereinstimmender Forschungsbefund ein klarer Vorteil zugunsten der Gesamtschule zu berichten. In der Gesamtschule beträgt die Gesamtmobilität (Auf- und Abstufungen) zwischen verschiedenen Kursen etwa 31%, im traditionellen Schulsystem liegt die Mobilitätsrate zwischen den Schullaufbahnen bei 11%, wobei Abwärtsbewegungen ein deutliches Übergewicht haben (*Dreher* 1980, S. 155). Die Korrelation zwischen Sozialstatus und Leistungsstatus wird zwar in Gesamtschulen nicht gänzlich aufgehoben, aber merklich verdünnt. „In allen Fällen ist an den untersuchten Gesamtschulen der Zusammenhang zwischen Sozialschicht und Bildungsniveau gegenüber den Beziehungen im traditionellen Schulsystem deutlich reduziert" (*Dreher* 1980, S. 157). Die Tatsache, daß Gesamtschulen einen größeren Anteil an Schülern aus benachteiligten Schichten zu höheren Schulabschlüssen führen, kann als Leistungsvorteil zugunsten heterogener Gruppen gewertet werden.

Die Unterschiede zwischen dem gegliederten und integrierten Schulsystem werden jedoch bei weitem übertroffen durch die Unterschiede zwischen den Schulen innerhalb eines Systems. Der Schuleffekt ist gewichtiger als der Systemeffekt (*Haenisch & Lukesch* 1980; *Rutter* u. a. 1980; *Fend* 1982). Letztlich kommt es weniger darauf an, welchem Schulsystem ein Schüler angehört, sondern welche konkrete Schule er besucht.

2.2 Regelklassen besser als Integrationsklassen?

Der Vergleich der Leistungsfähigkeit von homogenen und heterogenen Lerngruppen ist auf der Sekundarstufe gleichbedeutend mit dem Vergleich des gegliederten und ungegliederten Schulsystems. Auf der Primarstufe handelt es sich bei Regel- und Integrationsklassen gleichermaßen um heterogene Lerngruppen. In beiden Formen von Grundschulklassen wird keinerlei äußere Leistungsdifferenzierung praktiziert, sondern den unterschiedlichen Lernvoraussetzungen und -fähigkeiten durch binnendifferenzierten Unterricht entsprochen. Integrationsklassen unterscheiden sich von Regelklassen allein durch die Anwesenheit von sogenannten „sonderschulbedürftigen" behinderten Kindern und damit durch eine noch größere Heterogenität. Die Frage lautet, ob behinderte Kinder die Leistungsentwicklung nichtbehinderter Kinder beeinträchtigen und hemmen.

Wocken (1987b) verglich die „Lesefertigkeit" von 13 Integrationsklassen mit den Ergebnissen der Teststichprobe und das „Zahlenrechnen" und „Leseverständnis" von 7 Integrationsklassen mit den entsprechenden Leistungen von Regelklassen der Grundschule. Zwischen Integrations- und Regelklassen wurden dabei keine belangvollen Leistungsunterschiede festgestellt. Die Anwesenheit von behinderten Kindern in integrierten Grundschulklassen und damit die größere Heterogenität der Lerngruppe hatte in keinem Fall irgendeine Beeinträchtigung der Leistungsentwicklung nichtbehinderter Kinder zur

Folge. Insgesamt waren die Leistungsunterschiede zwischen verschiedenen Klassen integrativer und nichtintegrativer Grundschulen bedeutsamer als die Unterschiede zwischen den konkurrierenden Systemen. Der Klasseneffekt übertraf den Systemeffekt.

3. Zusammenfassung

Die Analysen zum Nutzen und Schaden, zu Chancen und Schwächen von homogenen und heterogenen Lerngruppen sollen abgeschlossen werden mit dem Versuch, für integrationspädagogische Zwecke einige verallgemeinerungsfähige Aussagen zu formulieren:

1. Generelle Effekte
   Homogene und heterogene Gruppen unterscheiden sich nicht in ihren durchschnittlichen Lernleistungen. Die These vom Leistungsvorteil homogener Gruppen ist empirisch nicht begründbar. Das Fähigkeitsgefälle allein ist keine durchschlagende Einflußvariable für die Leistungsentwicklung von Schülern aller Begabungsgrade. Sofern es primär um das Ziel einer optimalen Förderung der Leistungen aller Schüler geht, kann man „ohne Schaden, aber auch ohne allzu großen Nutzen" (*Fend* 1980, S 296) heterogene Fähigkeitsgruppen einrichten. Allerdings führt jede frühe und längerdauernde Leistungsdifferenzierung von Schülern zu einer Verfestigung von Lernleistungsunterschieden und in der Folge auch zu einer Maximierung gesellschaftlich bedingter Ungleichheiten.

2. Differentielle Effekte
   Die fachlichen Leistungen lernstarker Schüler sind in homogenen und heterogenen Gruppen vergleichbar. Lernschwache Schüler profitieren von heterogenen Gruppen. Über das zuträgliche Maß und die förderliche Spannweite von Heterogenität und damit über die Lernentwicklung von Extremgruppen (hochbegabte versus geistigbehinderte Kinder) liegen bislang keine gesicherten Erkenntnisse vor.

Homogenität und Heterogenität von Lerngruppen sind an sich weder gut noch schlecht und für sich allein genommen weder leistungsfördernd noch auch leistungsbehindernd. Ihnen wohnen keine natürlichen Kräfte inne, die ohne weiteres Hinzutun wirksam werden und sich in jedem Fall durchsetzen. Homogene Lerngruppen erfordern einen geringeren pädagogischen Aufwand; sie sind weniger anfällig für pädagogische Kunstfehler und leichter zu unterrichten. Heterogene Gruppen sind pädagogisch mit größeren Chancen, aber auch größeren Risiken verbunden. Die pädagogische Förderung heterogener Gruppen ist eine herausfordernde, anspruchsvolle Aufgabe, deren Bewältigung gelingen, aber auch mißlingen kann.

Baumert, J.: Die Leistungen werden schlechter – oder? In: Westermanns Pädagogische Beiträge 39 (1987) S. 22–26.

Baumert, J./Roeder, P. M./Sang, F./Schmitz, B.: Leistungsentwicklung und Ausgleich von Leistungsunterschieden in Gymnasialklassen. In: Zeitschrift für Pädagogik 31 (1985) S. 639–660.

Dietrich, Th./Klink, G. (Hrsg.): Zur Geschichte der Volksschule. Band 1. Bad Heilbrunn 1964.

Dreher, E.: Schulsystemdifferenzierung. 10 Jahre vergleichende Evaluationsforschung. In: *Haußer* (Hrsg.) 1981, S. 151–167.

Fend, H.: Theorie der Schule. München 1980.

Fend, H.: Gesamtschule im Vergleich. Weinheim 1982.

Fend, E./Haenisch, H.: Auswirkungen des Schulsystems auf Schulleistungen und soziales Lernen. Zeitschrift für Pädagogik 26 (1980) S. 674–698.

Fischer, M./Michael, B. (Hrsg.): Differenzierung im Schulunterricht. Weinheim 1973.

Goldberg, M. L./Passow, A. H./Justmann, J.: Auswirkungen der Niveaugruppenbildung. In: *Rang/Schultz* (Hrsg.) 1969, S. 37–60.

Haenisch, H./Lukesch, H.: Ist die Gesamtschule besser? München 1980.

Haußer, K.: Die Einteilung von Schülern. Weinheim 1980.

Haußer, K. (Hrsg.): Modelle schulischer Differenzierung. München 1981.

Hopf, D.: Differenzierung in der Schule. Klett ²1976.

Hurrelmann, K.: Unterrichtsorganisation und schulische Sozialisation. Weinheim 1971.

Klafki, W.: Neue Studien zur Bildungstheorie und Didaktik. Weinheim 1985.

Mandl, H.: Kognitive Entwicklungsverläufe von Grundschülern. München 1975.

Morawietz, H.: Unterrichtsdifferenzierung. Weinheim 1980.

Prell, S./Schiefele, H./Ulich, D.: Leistungsdifferenzierung und individuelle Förderung. München 1972.

Rang, A./Schultz, W. (Hrsg.): Die differenzierte Gesamtschule. München 1969.

Roeder, P. M./Baumert, J./Sang, F./Schmitz, B.: Schulleistung und relativer Schulbesuch. Max-Planck-Institut für Bildungsforschung. Berlin 1985.

Rutter, M./Maugham, B./Mortimer, P./Ouston, J.: Fünfzehntausend Stunden. Weinheim 1980.

Treiber, B./Weinert, F. E./Groeben, N.: Unterrichtsqualität, Leistungsniveau von Schulklassen und individueller Lernfortschritt. In: Zeitschrift für Pädagogik 28 (1982) S. 563–576.

Treiber, B./Weinert, F. E.: Gute Schulleistungen für alle? Münster 1985.

Wendeler, J.: Schulsystem, Schulleistungen und Schulauslese. Weinheim 1974.

Wocken, H.: Integrationsklassen in Hamburg. In: *Wocken/Antor* (Hrsg.) 1987a, S. 65–90.

Wocken, H.: Schulleistungen in Integrationsklassen. In: *Wocken/Antor* (Hrsg.) 1987b, S. 276–306.

Wocken, H.: Leistung und Integration. In: *Hinz, A./Wocken, H.* (Hrsg.): Gemeinsam leben, gemeinsam lernen beim Hamburger Integrationszirkus. Hamburg 1987c.

Wocken, H./Antor, G. (Hrsg.): Integrationsklassen in Hamburg. Solms-Oberbiel 1987.

Rainer Maikowski/Wolfgang Podlesch

Zur Sozialentwicklung behinderter und nichtbehinderter Kinder in der Grundschule

1. Einleitung

Ein zentrales pädagogisches Ziel des gemeinsamen Lernens von behinderten und nichtbehinderten Schülern in der allgemeinen Schule ist die Entwicklung eines positiven Sozialverhaltens, d.h. eines Verhaltens, das die Unterschiedlichkeit der Schüler und das „Anders-Sein" als etwas Positives und Anregendes und nicht als etwas Fremdartiges und Negatives begreift.

Diesem Anliegen kommt in einer Zeit, in der in Deutschland Ausländerfeindlichkeit und Fremdenhaß wieder um sich greifen und behinderte Menschen — bis hin zu Sonderschülern — verstärkt Hänseleien, Repressalien und gewalttätigen Übergriffen ausgesetzt sind, eine besondere Bedeutung zu. Wo, wenn nicht in der frühen vorschulischen und schulischen Entwicklung, können die Grundlagen für ein soziales Handeln gelegt werden, das von Solidarität und Respekt gegenüber dem Anderen getragen ist und die soziale Vielfalt als eine Chance für gemeinsames Leben und Lernen versteht.

Sozialem Lernen kommt nicht nur eine humane Aufgabe zu, damit verbindet sich auch ein pädagogisches Anliegen. Um dem Anspruch einer möglichst umfassenden Persönlichkeitsentwicklung und Bildung der Kinder gerecht zu werden, bedarf es der Gemeinsamkeit von Lernsituationen ganz unterschiedlicher Kinder. Nicht möglichst homogene, sondern heterogene Lerngruppen können die erforderliche Vielfalt von Lernanregungen mit sozialen und emotionalen Entwicklungsanreizen bieten (*Klafki* 1985, S. 123 ff., *Flössner* 1974, *Hopf* 1974, *Hurrelmann* 1971). So hält *Klafki* (1985) die Entwicklung einer konkreten Didaktik des sozialen Lernens für eine wichtige pädagogische Aufgabe.

Was schon für „normale" Klassen als bedeutsam erachtet wird, gilt für das gemeinsame Lernen von Behinderten und Nichtbehinderten in noch höherem Maße: die Unterschiedlichkeit der Schüler, das Anderssein, kann als positive Anregung dienen, die der Sozialentwicklung aller Kinder zugute kommt. Behinderte wie nichtbehinderte Kinder können in ihrem gemeinsamen Tun wechselseitig Modellfunktion füreinander erhalten. Durch die Neuartigkeit der Anforderungen, die andere an sie stellen, kann die Kommunikationskompetenz der behinderten und nichtbehinderten Kinder erhöht werden (vgl. *Feuser/Meyer* 1987, S. 160 f.). Auch das Kennenlernen von offensichtlichen Grenzen und Schwächen bei den behinderten Kindern kann bei den nichtbehinderten Kindern die Bereitschaft und Fähigkeit fördern, sich mit den eigenen Unzulänglichkeiten offener auseinanderzusetzen. Ergebnis könnte u.a. ein angstfreieres Lernklima sein.

Wo und in welchem Maße werden die hier angeschnittenen Entwicklungsmöglichkeiten auch tatsächlich realisiert? Bezogen auf den institutionellen Lernort hat die gemeinsame Schule für behinderte und nichtbehinderte Schüler die besten Chancen. Es ist allerdings im einzelnen zu untersuchen, welche faktischen und subjektiven Ergebnisse solche Bedingungen zeitigen. In unserem Zusammenhang geht es um die Frage, ob schulische Integration von Behinderten auch tatsächlich ihre soziale Integration bewirkt.

Die in den zurückliegenden 15 Jahren durchgeführten Schulversuche sind hinsichtlich ihrer Ergebnisse gerade auch am Kriterium positiver Sozialentwicklung zu messen.

Es liegt mittlerweile eine ganze Reihe von empirischen Untersuchungen und Sekundäranalysen zu diesem Themenbereich vor. Teilweise durchgeführt durch die wissenschaftliche Begleitung von Schulversuchen, teilweise von Wissenschaftlern, die unabhängig von konkreten Projekten zur Realisierung gemeinsamer Erziehung sind.

Die erste Phase solcher Untersuchungen zeichnete sich durch ein methodisches Vorgehen aus, bei dem einerseits eher traditionelle Ansätze dominierten (soziometrische Befragungen, standardisierte Beobachtungen usw.), andererseits aber auch vorsichtig und ansatzweise mehr qualitative und interpretative Verfahren erprobt wurden (Falldarstellungen, qualitative Unterrichtsbeobachtungen usw.). Der Grund hierfür liegt u. E. vor allem in zwei Punkten: die bestehenden Integrationsversuche bedürfen vor allem in ihrer Anfangsphase neben der wissenschaftlichen Dokumentation vornehmlich der Innovationsberatung. Grundsätzlich ist für das Gelingen der Schulversuche in erster Linie eine formative Begleitforschung erforderlich, die den Prozeß des Schulversuchs analysiert und begleitet und Probleme und Widersprüche aufdeckt. Für die Beteiligten weniger nützlich ist eine evaluative Begleitforschung. Dort, wo diese abgefragt wird, geschieht es vor allem von seiten der Kultus- und Schulverwaltungen, die sich von solchen Ergebnissen Schützenhilfe für ihre jeweiligen bildungspolitischen Vorhaben erhoffen. Gleichzeitig stellen sich Formen fundierter interpretativer Sozialforschung − wie sie etwa auch *Eberwein* (1984) für die Integrationsforschung fordert − als so immens zeitaufwendig dar, daß sie in den üblichen Formen wissenschaftlicher Begleitung bisher kaum realisierbar erschienen.

Mittlerweile ist es − getragen von der Weiterentwicklung der Praxis integrativer Erziehung und einer intensiven (teilweise kontroversen) wissenschaftlichen Diskussion ihrer Ergebnisse − zu einer Differenzierung in der Betrachtung von Schwerpunkten, zentralen Variablen und Tendenzen gemeinsamer Erziehung gekommen, von denen hier diejenigen Ergebnisse und Positionen referiert werden sollen, die sich mit dem Thema soziale Integration befassen.

Vor allem die Einbeziehung der folgenden Aspekte und Dimensionen hat zu einer differenzierteren Sicht auf die Ergebnisse sozial-emotionaler Entwicklung im Rahmen gemeinsamer Erziehung beigetragen:
− geschlechtsspezifische Aspekte
− behindertenspezifische Aspekte
− die Bedeutung von Helfensprozessen
− unterrichtsorganisatorische und pädagogische Auswirkungen
− Vorurteile und soziale Distanz
− der Freizeitbereich

2. Soziometrische und andere Befragungen

Die erste Phase empirischer Untersuchungen zur Sozialentwicklung von behinderten und nichtbehinderten Schülern in Integrationsklassen der Regelschule ging einher mit der Entwicklung der ersten Schulversuche zur gemeinsamen Erziehung in Berlin und Hamburg. Nicht zufällig kommen die dort gemachten soziometrischen Untersuchungen zu ähnlichen Befunden, da auch die Bedingungen in den untersuchten Klassen hinsichtlich zentraler Einflußgrößen auf die Sozialentwicklung ähnlich waren (kleine Klassen, Zwei-Pädagogen-System, Binnendifferenzierung zur individuellen Förderung der Schülerinnen und Schüler und entsprechende verbale Beurteilungen statt Noten).

Die Ergebnisse der soziometrischen Befragungen von *Maikowski* und *Podlesch* (1988) in drei Integrationsklassen über drei Jahre zeigten ein dichteres Netz von Sozialbeziehungen als in den vergleichbaren Regelklassen. Die 12 behinderten Schülerinnen und Schüler waren „ganz überwiegend" sozial integriert. Dennoch hatten sie zunächst leicht negative Statuspositionen, die sich aber von Befragung zu Befragung verbesserten. In den Integrationsklassen fanden häufiger gegenseitige Besuche nach der Schule statt.

Preuss-Lausitz (1990) hat zwischen 1983 und 1988 jährliche Befragungen in den Klassen 1 bis 6 der Uckermark-Grundschule (hier ist die ganze Schule Integrationsschule) durchgeführt. Auch hier verbesserte sich das zunächst relativ ungünstige Sozialklima von Jahr zu Jahr; was auch für den Sozialstatus der behinderten Kinder zutrifft. Bei den Freizeitkontakten waren am häufigsten Kontakte zu Mitschülern aus der eigenen Klasse. Weniger bedeutsam waren die über Eltern und Vereine vermittelten Kontakte. Die behinderten Kinder hatten durchschnittlich einen „halben" Freund weniger.

In der Hamburger Befragung von *Wocken* (1987) wurden 13 erste Integrationsklassen mit 219 Kindern befragt. Auch hier ergab sich ein hohes Maß an Austauschbeziehungen zwischen behinderten und nichtbehinderten Schülern. Die behinderten Schüler hatten seltener die positiv bewerteten Rollen inne und waren mehr unter den „Unauffälligen", „Unbeliebten" und „Außenseitern" zu finden. Dies galt besonders für Schüler mit einer Kombination von Lern- und Verhaltensschwierigkeiten. *Wocken* hat angesichts dieser Ergebnisse darauf hingewiesen, daß das Gleichgewichtspostulat hinsichtlich der sozioemotionalen Beziehungen zwischen behinderten und nichtbehinderten Schülern u. U. von einer zu anspruchsvollen Erwartung ausgeht − zumal solange integrative Schulen „einsame Inseln" bleiben.

In den letzten Jahren sind zunehmend vergleichbare Untersuchungen zur sozialen und leistungsmäßigen Integration von behinderten, speziell lernbehinderten, Schülerinnen und Schülern in Regel-, Integrations- und Sonderschulklassen durchgeführt worden. Während hinsichtlich der schulischen Leistungen mittlerweile unbestritten ist, daß Schüler mit Lernschwierigkeiten in der allgemeinen Schule besser gefördert werden als in der Sonderschule für Lernbehinderte, sind die Befunde zur sozialemotionalen Entwicklung widersprüchlich und in ihrer Interpretation umstritten.

Haeberlin (1990) hat mit Untersuchungen zur Integration von lernschwachen Schülern in der deutschsprachigen Schweiz in den Klassen 4 und 5 belegt, daß Schüler, die die Grundschule verlassen mußten und in die Sonderschule überwiesen wurden, dort ihre Fähigkeiten höher einschätzten als diejenigen lernschwachen Schüler, die in der Grundschule blieben. Allerdings nahm die positive Beurteilung gegen Ende ihrer Schulzeit ab.

In einem Überblick über empirische Forschungsergebnisse zu Wirkungen von Regel-, Integrations- und Sonderschulklassen auf Lernbehinderte faßt *Haeberlin* (1991) wesentliche Ergebnisse bisheriger Vergleichsuntersuchungen zusammen.

Die referierten Untersuchungen bestätigen im wesentlichen die Tendenz, daß sowohl was die soziale Stellung als auch was emotionale und motivationale Integration angeht, Schulleistungsschwache in Regel- und Integrationsklassen ungünstiger abschneiden als vergleichbare Schüler in Sonderklassen. Auch bei der Unterscheidung zwischen Regelklasse mit und ohne Unterstützung sowie Vollintegration (die nicht näher definiert wird) bleibt die Tendenz dieselbe. Die Untersuchungen von *Wang* und *Birch* (1984) nehmen für *Haeberlin* eine Sonderstellung ein. Hier ergeben sich bei verändertem Unterrichtskonzept positivere soziale, motivationale und emotionale Befunde bei den leistungsschwachen Schülern in der Regelklasse.

Haeberlin stützt sich im wesentlichen auf amerikanische Forschungsergebnisse, weil ihm die entsprechenden deutschen methodisch nicht zuverlässig genug sind. Dies führt dazu, daß wesentliche qualitative Variablen, die entscheidend für das Gelingen sozialer Integration sein können (Unterrichtsformen, Zwei-Pädagogen-System usw.), zugunsten quantitativ vergleichbarer Daten vernachlässigt werden.

Randoll (1992) untersuchte in einer Längsschnittstudie die Wirkung integrativer Maßnahmen bei lernbehinderten Schülern (4. Jahrgangsstufe) im Vergleich zur Sonderbeschulung Lernbehinderter (5. Jahrgangsstufe). Bezogen auf die sozialen und leistungsmotivationalen Dimensionen der Integration wurde eine „deutliche Überlegenheit des separierenden gegenüber dem integrativen Schulmodell" konstatiert:

„Lernbehinderte schätzen ihre soziale Beziehung zu Mitschülern in der Sonderschule günstiger ein als dies in integrativen Klassen nachweisbar ist. Ihr Begabungskonzept ist in der Sonderschule wesentlich positiver; das schulische Wohlbefinden wird durch den Sonderschulbesuch günstig beeinflußt" (S. 384).

In der differenzierten Betrachtung der Ergebnisse werden aber eine Reihe methodischer Einschränkungen hinsichtlich der Interpretierbarkeit der Ergebnisse gemacht und auf Widersprüche in den Befunden selbst hingewiesen, die *Randoll* zu der Schlußfolgerung kommen lassen, daß es wenig plausibel sei, „die Sonderbeschulung Lernbehinderter zu präferieren", vielmehr sei zu fragen, „was in integrativen Klassen getan werden kann, um die soziale, leistungsmotivationale und emotionale Integration von Lernbehinderten stärker zu fördern" (S. 384).

Gleichzeitig wurde über die Interviewaussagen von Schülern und Lehrern — in einem gewissen Widerspruch zu diesen Befunden — eine Verschlechterung der Sozialbeziehungen von den Regel- bzw. Integrationsklassen zu den Sonderschulklassen hin festgestellt. Dieser Umstand wird mit dem allgemein ungünstigeren Sozialklima in den Sonderschulklassen zu erklären versucht.

Tent u. a. (1991) haben versucht, methodische Mängel (z. B. zu kleine Stichprobe, mangelnde Repräsentativität) bisheriger Untersuchungen zu vermeiden. Sie bildeten 41 gleiche Schülerpaare aus Hauptschule, Gesamtschule und Sonderschule aus den Klassen 5 bis 8, die möglichst die gleichen Merkmale hinsichtlich Alter, sozialer Schicht, Schulleistung und Intelligenz aufweisen sollten.

Auch hier schnitten leistungsgemäß die Regelschüler besser ab als die Sonderschüler. Auch im emotionalen Bereich wurden die bisherigen Untersuchungen bestätigt: bei den behinderten Regelschülern war Angst stärker ausgeprägt als bei den Sonderschülern, allerdings zeigten Sonderschüler deutlich mehr Schulunlust, hatten aber ein besseres „Begabungsselbstbild".

Die meisten differenzierenden Effekte zwischen leistungsschwachen Sonder- und Regelschülern hinsichtlich der sozial-emotionalen Befindlichkeit führt *Tent* auf den Effekt der Leistungsbewertung durch Noten zurück.

Da in Integrationsklassen verbale Beurteilungen vorherrschen, ist zu erwarten, daß die normativen Effekte der Leistungsbewertung zumindest weniger stark durchschlagen. Die Untersuchungen aus der Uckermark- *(Preuss-Lausitz)* und Fläming-Grundschule in Berlin *(Maikowski/Podlesch),* aus Bonn *(Dumke)* und aus Hamburg *(Wocken)* weisen auch in diese Richtung.

Zu den schon teilweise bei *Haeberlin, Randoll* und *Tent* selbst vorgenommenen Einschränkungen hinsichtlich der Bewertung ihrer Ergebnisse (zeitliche Effekte, die positive Einschätzungen bei Sonderschülern wieder verringern; gegenläufige Tendenzen hinsichtlich Sozialklima und Leistungsniveau in Sonderschulklassen; normative Wirkungen des schulischen Notensystems usw.) kommen aus unserer Sicht noch einige weitere hinzu.

Methodisch überrascht bei diesen Untersuchungen, daß — obwohl es doch explizit um Bezugsgruppeneffekte geht — eine *Teilgruppe* von Lernbehinderten in Integrations- bzw. Regelklassen mit einer ganzen Klasse in der Sonderschule verglichen wird. Gedeckt wird dieses Vorgehen von der Annahme, daß die Lerngruppen in der Sonderschule homogen, die in der Regel- bzw. Integrationsklasse heterogen seien. Aber auch die Sonderschulklasse ist weder leistungsmäßig noch sozial homogen zusammengesetzt, und selbstverständlich gibt es auch hier Prozesse der Gruppenbildung, der Bevorzugung und der Ausgrenzung von Schülern und entsprechende Sichtweisen und Vorurteile „anderen" gegenüber, was die Untersuchungen von *Wocken* (1992) eindrucksvoll belegen. Vergleichbar wären also allenfalls Gruppen von leistungsschwachen Schülern in einer Sonderschulklasse mit solchen in einer Regel- bzw. Integrationsklasse. In der einzig von *Haeberlin* vorgenommenen entsprechenden varianzanalytischen Differenzierung wird denn auch festgestellt,

> „daß die Selbsteinschätzung der Schulleistungsschwachen nicht nur in Regelklassen, sondern auch in Sonderklassen tiefer ist als diejenigen von Nicht-Schulleistungsschwachen; die in den Sonderklassen aus unbekannten Gründen (sic!; d. Verf.) ebenfalls vorhandenen nicht-schulleistungsschwachen Schüler (es müßte heißen ‚weniger schulleistungsschwachen'; d. Verf.), schätzen sich somit, in Wiederholung des Bildes in den Regelklassen, als besser sozial integriert ein als die Schulleistungsschwachen" (Haeberlin 1991, S. 176).

Die hier beständig benutzte Formulierung „Regel- bzw. Integrationsklasse" verweist auf ein weiteres Problem: allein die Tatsache, daß ein lernbehinderter Schüler in einer Regelklasse unterrichtet wird, reicht nicht aus, um seine soziale Integration sicherzustellen. Von der normalen Regelklasse ohne sonderpädagogische über die Regelklasse mit sonderpädagogischer Unterstützung bis hin zur Integra-

325

tionsklasse mit Zwei-Pädagogen-System, Binnendifferenzierung und Individualisierung des Lernens ist aber ein breites Spektrum zusätzlicher Maßnahmen und Aktivitäten beschrieben, die entscheidende Variablen für das Gelingen sozialer Integration sind. Um welche Klassen mit welcher Unterstützung und Unterrichtsform es sich handelt, geht aus den meisten Untersuchungen nicht hinreichend genau hervor.

So zeigt sich in den von *Haeberlin* (1991) referierten Untersuchungen von *Wang* und *Birch* (1984) über die Wirkung des ALEM (Adaptive Learning Environment Model) bei vollintegrierten schulleistungsschwachen Schülern, daß durch das veränderte Unterrichtskonzept diese Schüler ihre kognitiven, sozialen und körperlichen Kompetenzen deutlich höher einschätzen als die leistungsschwachen Schüler mit stundenweisem Unterricht außerhalb der Klasse, bei denen sich sonst im Unterricht der Regelklasse nichts geändert hatte (vgl. auch die Befunde von *Bächtold* in diesem Band): das Gelingen sozialer Integration ist abhängig von der Art der Unterrichtsorganisation. Soziale Integration gelingt, wenn gemeinsamer Unterricht zwischen 45 % und 90 % der gesamten Unterrichtszeit ausmacht.

Untersuchungen, die die Effekte sozialer Integration messen wollen, müssen sich daher in besonderem Maße strukturellen, organisatorischen und pädagogischen Einflußgrößen widmen, und hier scheinen bisher in den Integrationsprojekten die besten Voraussetzungen gelegt worden zu sein.

Wichtige Ergebnisse zu geschlechtsspezifischen Differenzen sind Untersuchungen von *Deppe-Wolfinger/Reiser* u. a. (1991) und *Dumke* (1992) zu entnehmen. Die Erhebung sozialer Beziehungen der Kinder untereinander im Frankfurter Integrationsversuch (*Deppe-Wolfinger/Reiser u. a.* 1991) erfolgte durch soziometrische Verfahren. Dazu wurden vier Klassen untersucht, eine Klasse vom ersten bis dritten Schuljahr, zwei Klassen vom zweiten bis vierten Schuljahr und eine Klasse vom dritten bis vierten Schuljahr.

Hinsichtlich der Sympathie- und Ablehnungsbekundungen von Kindern gegenüber behinderten und nichtbehinderten Kindern des anderen Geschlechts wurde kein Unterschied festgestellt: Sympathie und Ablehnung wurden in etwa gleich häufig geäußert. Unterschiede zeigten sich dagegen, wenn die Beziehungen der Mädchen untereinander und die Beziehungen der Jungen untereinander erhoben wurden: behinderte Kinder wurden zwar nicht mehr abgelehnt als nichtbehinderte Kinder, sie trafen aber auf weniger Sympathie und wurden seltener zu gemeinsamen Spielen und Unterrichtstätigkeiten gewählt als nichtbehinderte Kinder.

Die soziale Rollenverteilung war relativ ausgewogen: in etwa 85 % finden sich Kinder in der Rolle beliebter oder akzeptierter Mitschülerinnen und Mitschüler wieder, wobei die behinderten Kinder etwas schlechter abschnitten (75 %).

Hinsichtlich der Veränderung der sozialen Beziehungen über zwei bis drei Schuljahre hinweg zeigte sich eine große Stabilität: der soziale Status und die Verteilung der sozialen Rollen unter den behinderten und nichtbehinderten Kindern blieben erhalten.

Die Untersuchung der außerschulischen Beziehungen bestätigt die Ergebnisse von *Preuss-Lausitz:* die eigene Schulklasse bildete auch die Bezugsgruppe — zu 75 % — für die Freizeitkontakte, auch wenn die Häufigkeit der Treffen im Laufe der Grundschulzeit abnahm. Die behinderten Kinder nehmen insgesamt weniger als die nicht behinderten an Freizeitkontakten teil, wobei große Unterschiede innerhalb der Gruppe der behinderten Kinder auftraten.

In einer soziometrischen Befragung hat *Dumke* (1992) acht 2. Integrationsklassen in Bonn-Beuel befragt. Die behinderten Schüler wiesen in bezug auf ihren Wahl- und Ablehnungsstatus ungünstigere Werte als die nichtbehinderten auf. Ihr Wahlstatus für das andere Geschlecht war − ähnlich wie bei *Deppe-Wolfinger/Reiser u. a.* − günstiger als für das eigene. In diesem Punkt verhielten sich die Behinderten wie die Nichtbehinderten. *Dumke* erklärt den ungünstigeren Sozialstatus der Behinderten u. a. mit dem frühen und einmaligen Zeitpunkt der Befragung. Beobachtungen in den Klassen wiesen auf systematische Verbesserungen des Sozialstatus der Behinderten hin. Auch bei ihm findet sich der Hinweis, daß „den nichtbehinderten Mädchen eine besondere Rolle in der Gestaltung der sozialen Beziehungen" (S. 47) zukommt.

Eine besonders interessante vergleichende Untersuchung zu institutionellen und normativen Wirkungen auf Einstellungs- und Vorurteilsbildung hat *Wocken* (1993) vorgelegt. Um zu ermitteln, welche Einstellungen Schüler zu Schülern mit Behinderungen haben, wurden insgesamt 1055 Schülern Bilder von Schülern mit einer Körperbehinderung, einer geistigen Behinderung, mit einer Lernbehinderung, mit Verhaltensstörungen sowie ein Bild eines ausländischen Schülers vorgelegt. Mit sieben „Distanzfragen" sollte die einstellungsmäßige Nähe oder Ferne zu diesen Schülern erfragt werden. Insgesamt wurde die Befragung in Integrationsklassen, in Sonderschulen, Grund- und Gesamtschulen sowie in Hauptschulen und Gymnasien durchgeführt.

Bezüglich der größten Distanz schnitten verhaltensgestörte Schüler am schlechtesten ab. Es folgten Kinder mit geistiger Behinderung, Ausländer, Körperbehinderte und dann Lernbehinderte. Durchgängig hatten Mädchen eine größere Nähe gegenüber „Andersartigen" als Jungen.

Während verhaltensauffällige Schüler in allen Schularten am ehesten zurückgewiesen werden, gab es sonst signifikante schulspezifische Unterschiede:

Die größten Distanzwerte gegenüber geistig Behinderten, Körperbehinderten, Lernbehinderten und Ausländern zeigten sich bei Sonderschülern, mittlere Distanzwerte bei Grund-, Gesamt- und Hauptschülern sowie in Gymnasien, die geringsten Distanzwerte zeigten sich bei den Integrationsschülern.

Wocken konstatiert als Resümee erfreuliche Tendenzen für die Gruppe der Integrationsschüler und ein erschreckendes Bild hinsichtlich der Einstellungen der Sonderschüler.

3. Ergebnisse von Unterrichtsbeobachtungen

Nun ist Effekten der Sozialentwicklung nicht allein mit verschiedenen Befragungen beizukommen. Ein weiteres häufig verwendetes Instrumentarium, um schulische Interaktionsprozesse und reale Beziehungsmuster zu erfassen, sind Unterrichtsbeobachtungen. Auch hier gibt es mittlerweile eine ganze Reihe von Ergebnissen.

In der Fläming-Grundschule haben *Maikowski/Podlesch* (1988) in vier Klassen bei jeweils drei Schülern in Anlehnung an ein von *Feuser/Meyer* verwendetes Zeitstichprobenverfahren quantitative und qualitative Unterrichtsbeobachtungen durchgeführt. Dazu wurden 12 bzw. 18 mal 15 Minuten lang unterschiedlich behinderte bzw. nichtbehinderte Schüler in wechselnden Unterrichtssituationen beobachtet. Neben einer interaktionsanalytischen Auswertung der Kontakthäufigkeiten zwischen Schülern und Lehrern sowie zwischen Schülern und Schülern wurde auch die Qualität der Kontakte sowohl durch festgelegte Beobachtungsdimensionen (Bekräftigung, partnerschaftliche Kontakte, Hilfe, Aversion usw.) als auch durch die deskriptive Protokollierung von Beobachtungskontext und -situation zu erfassen versucht. Ziel dieser exemplarischen Beobachtungen ist es, über einen Einblick in die Interaktionsdynamik der Integrationsklassen Ansatzpunkte für pädagogische Reflexionen und Interventionen zu finden.

1. Es zeigt sich eine Beziehung zwischen der Häufigkeit der Sozialkontakte zwischen Schülern und Lehrern einerseits und Schülern und Schülern andererseits. Bei einigen behinderten Schülern macht sich eine deutliche Disproportionalität der Kontakthäufigkeiten zu Lehrern bzw. vor allem Pädagogischer Mitarbeiterin einerseits und zu den Schülern andererseits bemerkbar. Die intensiveren Kontakte zu den Pädagogen oder der Pädagogen zu ihnen, erschweren eine höhere Kontaktrate zu den Mitschülern. Umgekehrt scheint eine Homogenität der verschiedenen Kontakthäufigkeiten eher auf eine intakte und stabile Umweltbeziehung zu verweisen.
2. In einer Klasse war im Beobachtungszeitraum von zwei Jahren ein Ansteigen partnerschaftlicher und unterrichtsbezogener Sozialkontakte und ein Rückgang des Anteils aggressiver Kontakte zu verzeichnen.

Einige weitere Ergebnisse werden im Zusammenhang mit den Beobachtungen von *Feuser/Meyer* (1987) deutlich. Sie haben ein komplexes Instrumentarium von sequentierten Interaktionsanalysen, Time-sampling und Soziogrammen aufgrund von Beobachtungen in der Grundschule Robinsbalje in Bremen entwickelt und erprobt.

1. In der Tendenzanalyse soziographischer Daten stellen sie fest, daß einerseits Schüler, die sich häufig auf andere beziehen, seltener mit den Lehrern interagieren und umgekehrt, die Schüler, die sich häufig mit den Lehrern austauschen seltener Gespräche mit den Mitschülern führen.
2. Es wird — wie in der Fläming-Schule — eine breite Verteilung der Kontakte registriert und zusätzlich festgestellt, daß die bevorzugten Gesprächspartner von Erhebung zu Erhebung wechseln und die Sequenzfolgen überwiegend sehr kurz sind. Es wäre genauer zu untersuchen, inwieweit die in der Fläming-Schule registrierten Phasen relativ intensiver und längerandauernder Kontakte auf Art und Weise der Durchführung binnendifferenzierenden Unterrichts zurückzuführen sind, mit dem dort schon längere Erfahrungen vorliegen.
3. Einzelnen behinderten Schülern gegenüber konnten *Feuser/Meyer* im Laufe mehrerer Beobachtungen deutliche positive Veränderungen im Verhalten der Schüler feststellen.
4. Schließlich konstatieren auch *Feuser/Meyer*, daß „nicht generell die Kinder mit dem höchsten Förderbedarf die sind, die als behindert klassifiziert wurden, und unter ihnen die sog. geistig behinderten die schwersten Anforderungen an einen integrativen Unterricht stellen, sondern die Schüler — ob als be-

hindert eingestuft oder nicht –, die eine schwerwiegende Persönlichkeitsentwicklung durchlaufen haben, die sog. ‚verhaltensauffälligen' Schüler" (*Feuser/Meyer* 1987, S. 165).

Beobachtungen neueren Datums in Integrationsklassen scheinen die Vermutung weiter zu erhärten, daß es für die Frage des Gelingens sozialer Integration entscheidend auf die begleitenden schulorganisatorischen und unterrichtlichen Umstände ankommt, unter denen sie erfolgt.

1991 hat *Dumke* die Sozialkontakte in fünf verschiedenen Integrationsklassen in Bonn untersucht (sowohl in der Grund- als auch in der Gesamtschule) und sie mit sieben Regelklassen verglichen. Grundlage der Beobachtungen war ein differenziertes Kategoriensystem (14 Kategorien wurden mit Hilfe von über 9000 Beobachtungseinheiten faktorenanalytisch ausgewertet). Hier sollen nur drei für unseren Zusammenhang interessante Ergebnisse herausgegriffen werden:

1. Vor allem in bezug auf die Kategorie „Helfen und helfen lassen" unterscheiden sich Integrationsklassen-Schüler signifikant von denen aus Regelklassen. Dort sind Formen gegenseitiger Unterstützung der Schüler kaum entwickelt.
2. Formen des Modellernens (u. a. erfaßt über die Kategorien Zuschauen und Zuhören) spielen in Integrationsklassen eine größere Rolle als in den Parallelklassen.
3. Bei den behinderten Schülern wurden positive Gefühlsäußerungen dreimal so häufig registriert wie bei den Schülern der Parallelklassen und doppelt so häufig wie bei den Nichtbehinderten.

Diese positiven Sozialisationseffekte führt *Dumke* vor allem auf veränderte Unterrichtsformen in den Integrationsklassen zurück, z. B. mehr Freies Arbeiten, Binnendifferenzierung und Gruppenarbeit. So kann er auch in den Teilen seiner Untersuchung, die sich mit strukturellen und methodischen Veränderungen in Organisation und Form des Unterrichts in Integrationsklassen beschäftigen, u. a. folgende Veränderungen nachweisen:

„Der Klassenunterricht mit Beteiligung aller Schüler ist zugunsten von Einzel-, Partner- und Gruppenarbeit stark reduziert. Damit geht ein beachtlicher Anteil an differenzierten Aufgabenstellungen einschließlich zusätzlicher Differenzierung für behinderte Schüler einher" (1991, S. 152).

4. Offene Fragestellungen und Probleme

Während Defizite im Hinblick auf vergleichende Untersuchungen in den letzten Jahren weitgehend aufgehoben sind und eine Differenzierung in der Betrachtung wesentlicher Variablen der Sozialentwicklung stattgefunden hat, werden mehrdimensionale Untersuchungsansätze zwar häufig angemahnt (*Bronfenbrenner* 1975, *Steinkamp* 1991, *Sander* in diesem Band, *Preuss-Lausitz* 1992), sind aber bisher kaum realisiert. Zwar werden in einigen vergleichbaren Untersuchungen nun stärker auch emotionale und einstellungsmäßige Faktoren berücksichtigt (wenn auch meist noch sehr instrumentell etwa über Angstfragebögen, Selbsteinschätzungstests und Einstellungsskalen), die Ebene der Erfassung individueller Verarbeitung und subjektiver Bedeutung gemeinsamer Erziehung auf Seiten der

Betroffenen und ihren Eltern ist damit aber — abgesehen von einigen ersten Fallstudien (*Dumke* 1992, *Maikowski* 1993, *Muth* 1991) — noch kaum berührt.

Vor allem auch hinsichtlich des Gelingens und Mißlingens von Kommunikation und Interaktion in so extrem heterogenen Gruppierungen, wie es Integrationsklassen sind, besteht weiter Klärungsbedarf. Hier sind u. a. Ansätze des symbolischen Interaktionismus und der Kommunikationstheorie auf ihre methodische Umsetzbarkeit zu überprüfen, die sich mit der Bedeutung von Symmetrie und Asymmetrie solcher Interaktionsprozesse auseinandersetzen (*Wellendorf* 1973, *Lillestoelen* 1987, *Watzlawik* 1974, *Sucharowski* 1987). Die These ist, daß asymmetrischer Kommunikation und asymmetrischem Handeln eine hohe Relevanz unter dem Aspekt der Lernentwicklung zukommt. Sie kann aber dann problematisch werden, wenn nicht gleichzeitig symmetrische Kommunikations- und Interaktionsformen vor allem zu Unterstützung sozialemotionaler Prozesse stattfinden können, d. h. weder die unterrichtliche noch die informelle soziale Interaktion dürfen lediglich geprägt sein von ständigen Bewältigungsversuchen neuer kommunikativer Anforderungen, sondern bedürfen auch des selbstverständlichen Austauschs auf vertrautem Terrain.

Literatur

Bleidick, U.: Betrifft Integration: behinderte Schüler in allgemeinen Schulen. Berlin 1988.

Bronfenbrenner, U.: Ökologische Sozialforschung. Stuttgart 1976.

Cloerkes, G.: Einstellungen und Verhalten gegenüber Körperbehinderten. Berlin 1979.

Cloerkes, G.: Die Kontakthypothese in der Diskussion um die Verbesserung der gesellschaftlichen Teilhabechancen Behinderter. In: Zeitschrift für Heilpädagogik 33 (1982) S. 561–568.

Deppe-Wolfinger, H./Reiser, H. u. a.: Gemeinsame Förderung Behinderter und Nichtbehinderter in Kindergarten und Grundschule. Endbericht der wissenschaftlichen Begleitung des Modellversuchs. Frankfurt/M. 1991 (unveröffentl. Manuskript).

Dumke, D.: Soziale Kontakte behinderter Schüler in Integrationsklassen. In: Heilpädagogische Forschung 1 (1991) S. 21–26.

Dumke, D. unter Mitarbeit von Krieger, G.: Wohnortnahe Integration behinderter Kinder in Grundschulen des Stadtbezirkes Bonn-Beuel. Bericht der wissenschaftlichen Begleitung. Berichte aus dem Seminar für Psychologie der Pädagogischen Fakultät der Universität Bonn, Nr. 14. Bonn 1992.

Eberwein, H.: Zum Stand der Integrationsentwicklung und -forschung in der Bundesrepublik Deutschland. In: Zeitschrift für Heilpädagogik 35 (1984) S. 677–691.

Fend, H.: Schulklima: Soziale Einflußprozesse in der Schule. Weinheim 1977.

Feuser, G./Meyer, H.: Integrativer Unterricht in der Grundschule. Solms-Oberbiel 1987.

Flössner, W.: Sozialschicht und Lerngruppe. Schwalbach 1974.

Haeberlin, U.: Die Integration von Lernbehinderten. Bern und Stuttgart 1990.

Haeberlin, U.: Die Integration von leistungsschwachen Schülern. Ein Überblick über empirische Forschungsergebnisse zu Wirkungen von Regelklassen, Integrationsklassen und Sonderklassen auf „Lernbehinderte". In: Zeitschrift für Pädagogik 37 (1991) S. 167–189.

Heyer, P./Preuss-Lausitz, U./Zielke, G.: 1.–3. Jahresbericht über den Stand des Schulversuchs an der Uckermark-Grundschule 1982–1985 (interne Arbeitspapiere).

Hitzler, P./Preuss-Lausitz, U.: Spielpartner, Spiele, Freizeitaktivitäten, Berlin 1987.

Hopf, D.: Differenzierung in der Schule. Stuttgart 1974.

Hurrelmann, K.: Unterrichtsorganisation und schulische Sozialisation. Weinheim 1971.

Klafki, W.: Neue Studien zur Bildungstheorie und Didaktik. Weinheim 1985.

Lillestoelen, R.: Integration in der Norwegischen Schule. In: *Hinz, A./Wocken, G.:* Gemeinsam leben − gemeinsam lernen beim Hamburger Integrationszirkus. Hamburg 1987, S. 142-147.

Maikowski, R./Podlesch, W.: Zur Sozialentwicklung behinderter und nichtbehinderter Kinder. In: *Projektgruppe Integrationsversuch* (Hrsg.): Das Fläming-Modell. Weinheim 1988, S. 232-250.

Muth, J.: Tines Odyssee zur Grundschule. Essen 1991.

Petillon, H.: Sozialfragebogen für Schüler SFS 4-6. Weinheim 1984.

Preuss-Lausitz, U.: Soziale Beziehungen in Schule und Wohnumfeld. In: *Heyer, P. u. a.:* Wohnortnahe Integration. Weinheim 1990, S. 95-128.

Projektgruppe Integrationsversuch an der Fläming-Grundschule: Gemeinsame Berichte. Berlin 1983-1986.

Randoll, D.: Die schulische Integration Lernbehinderter und ihre Wirksamkeit. Ergebnisse einer Längsschnittstudie. In: Vierteljahresschrift für Heilpädagogik und ihre Nachbargebiete 61 (1992) S. 376-387.

Schuchardt, E.: Probleme sozialer Integration Behinderter. Dissertation. Hannover 1979.

Sucharowski, W.: Wie kommuniziert man mit einem geistig behinderten Kind? Projekt „Kommunikation mit behinderten Kindern" des Landes Schleswig-Holstein für die Praxis und Theorie der Schule. Kiel 1987.

Steinkamp, G.: Sozialstruktur und Sozialisation. In: *Hurrelmann, K./Ulich, D.* (Hrsg.): Neues Handbuch der Sozialisationsforschung. Weinheim 1991, S. 251-277.

Tent, L.: Über die pädagogische Wirksamkeit der Schule für Lernbehinderte. In: Zeitschrift für Heilpädagogik 5 (1991) S. 289-320.

Wellendorf, F.: Schulische Sozialisation und Identität. Zur Sozialpsychologie der Schule als Institution. Weinheim [2]1974.

Watzlawik, P./Beavin, J./Jackson, D.: Menschliche Kommunikation. Bern [4]1974.

Wocken, H.: Am Rande der Normalität. Rheinstetten 1983.

Wocken, H.: Soziale Integration behinderter Kinder. In: *Wocken, H./Antor, G.* (Hrsg.): Integrationsklassen in Hamburg. Solms-Oberbiel 1987, S. 203-275.

Wocken, H.: Bewältigung von Andersartigkeit. Untersuchungen zur Sozialen Distanz in verschiedenen Schulen. In: *Gehrmann, P./Hüwe, B.* (Hrsg.): Forschungsprofile der Integration von Behinderten. Bochumer Symposion 1992. Essen 1993, S. 86-106.

Helmut Reiser

Nichtaussonderung bei Lern- und Verhaltensbeeinträchtigungen

1. Zur Terminologie

Beeinträchtigungen im Leistungsbereich sowie im Bereich des Sozialverhaltens und des körperlich-seelischen Wohlbefindens sind grundsätzlich nur als Phänomene unterscheidbar, nicht als abgrenzbare Personengruppen. Eine Darstellung der mannigfachen ursächlichen Verflechtungen, die im Feld der Schule ihre Nahtstelle im schulischen Arbeitsverhalten haben, erübrigt sich. Die Unterscheidung zweier abgrenzbarer Personengruppen („Lernbehinderte" auf der einen Seite und „Verhaltensgestörte" auf der anderen) scheint gerechtfertigt von zwei extremen Ausprägungen, z.B. von der Extremvariante des hochintelligenten, neurotischen Kindes auf der einen Seite und des sozial angepaßten leistungsschwachen Kindes mit deutlichen Intelligenzrückständen auf der anderen Seite. Abgesehen davon, daß auch in diesen Fällen die ursächlichen Zusammenhänge und die Prognose meist nicht eindeutig sind, versagt in der Mehrheit der Fälle diese Typisierung. Die Zuschreibung zu der Personengruppe „Lernbehinderte" bzw. „Verhaltensgestöre" wird nicht von der „Eigenart des Kindes" bestimmt, sondern von der Existenz des differenzierten Beschulungsangebots (und zwar grundsätzlich wie auch lokal-zufällig), in das Kinder mit Lern- und Verhaltensbeeinträchtigungen eingewiesen werden. Bei integrativen Beschulungsangeboten zerbröckelt die Legitimation der Zuschreibung und gibt den Blick frei auf jeweils individuell höchst unterschiedliche Kinder und Kinderschicksale, die durch solch grobe Raster nicht zu sortieren sind, sobald kein Zwang zum Sortieren in diese Raster besteht.

2. Erfahrungsbasis

Es gibt aus den letzten 20 Jahren eine Fülle von Schulversuchen und Erfahrungsberichten, bei denen es um die integrative Betreuung bei Leistungsbeeinträchtigungen und bei Verhaltenstörungen in Grundschulen geht, wobei zumeist beide Aspekte berücksichtigt werden (siehe die Zusammenstellungen von *Reinartz/Sander* 1982; *Bleidick* 1982; *Valtin/Sander/Reinartz* 1984; *Mutzeck/Pallasch* 1987).

Insbesondere beziehe ich mich auf unseren integrierten Förderversuch in Frankfurt 1978–1983 (*Reiser* u.a. 1984).

Die Ergebnisse dieser sowie zahlreicher weniger bekannter Versuche sind nicht ohne weiteres zusammenzufassen. Es ist aber festzuhalten, daß es bei diesen Versuchen nicht ausschließlich um Vorbeugung geht, sondern sehr wohl auch um heilpädagogische bzw. sonderpädagogische Behandlung innerhalb der Regelschule.

Die meisten dieser Versuche können als integrierte Förderversuche beschrieben und somit von Integrationsversuchen unterschieden werden. Integrierte Förderversuche halten grundsätzlich am Grundschulcurriculum fest.

Die Schwelle zu Integrationsversuchen wird dann überschritten, wenn innerhalb einer Grundschulklasse verschiedene Curricula zum Zuge kommen, d. h., wenn auch das Leistungsniveau der Schule für Lernbehinderte oder der Schule für Geistigbehinderte innerhalb der Grundschule seinen legitimen Platz hat.

Aus der Vielzahl von Integrationsversuchen beziehe ich mich auf 7 Schulen, die im Rahmen eines Forschungsprojekts (*Deppe/Prengel/Reiser u. M.*) befragt wurden. Ich kann mich dabei stützen auf eine Erhebung der behinderten Kinder in exemplarisch ausgewählten 7 integrativen Klassen und vor allem auf ausführliche Interviews mit jeweils einem Vertreter der wissenschaftlichen Begleitungen je Standort (also 7 Wissenschaftler), mit 16 Lehrkräften aus integrativen Klassen, davon 8 Grundschullehrerinnen als Klassenleiterinnen und 8 Co-Lehrerinnen, sowie den zuständigen Schulaufsichtsbeamten je Bundesland, insgesamt 6 Beamten aus verschiedenen Ebenen.

3. Ergebnisse zum Bereich Leistungsbeeinträchtigungen

3.1 Versuche zur Reduktion von Lernschwäche

Sofern die integrierten Förderversuche an der Gültigkeit des Grundschulcurriculums für alle Kinder festhalten, geraten sie in die Gefahr einer Fehlorientierung für eine Reihe von Kindern, deren Lernrückstände durch die schulische Förderung nicht zu beseitigen sind. Die Möglichkeit, für eine Mehrheit von lernschwachen Kindern eine Leistungssteigerung zu bewirken, wird in den Erfahrungsberichten bestätigt, teilweise auch belegt; jedoch gibt es auch Abstriche – je nach Förderorganisation (siehe z. B. *Springer* 1982).

Gesichert ist jedoch die Wirksamkeit früh einsetzender Fördermaßnahmen in der Grundschule – und früh meint hier Vorschule und 1. Schuljahr – für eine Mehrheit von Schülern mit beeinträchtigenden Lernvoraussetzungen.

Jedoch ist die Vorstellung, alle Schüler – auch solche mit gravierend ungünstiger früher Sozialisation und fortdauernd belastenden Lebensverhältnissen – zum Leistungsziel der Grundschule führen zu können, unrealistisch.

Integrierte Förderversuche haben so die Wahl, entweder für diese Kinder die Schule für Lernbehinderte aufrecht zu erhalten oder zu einem Integrationsmodell fortzuschreiten, d. h. das Ziel der Leistungsangleichung fallen zu lassen. Wird das Ziel der Leistungsangleichung aller Kinder weiter verfolgt, geraten damit alle Kinder mit Lernrückständen und ihre Lehrer in einen erheblichen Druck, der oft zerstörerisch auf die Förderarbeit wirkt.

In unserem Frankfurter integrierten Förderversuch dokumentierten wir den Werdegang von 251 deutschen Schülern aus zwei Grundschulen in belasteten Einzugsgebieten, die durch die Grundschule hindurch betreut wurden.

In dieser Population wurde 1 Überweisung an die Schule für Lernbehinderte erforderlich. Die Quote des Besuchs der Lernbehindertenschule lag zu dieser Zeit in vergleichbaren Einzugsgebieten Frankfurts bei 1,6%.

Mit gebotener Vorsicht läßt sich daraus schließen, daß die Möglichkeiten, durch früh einsetzende integrierte Förderung „fortdauernde Lernbehinderung" zu verhindern, längst nicht ausgeschöpft sind.

3.2 Integrationsversuche

Die Fragestellung ändert sich grundlegend, wenn über den Fördergedanken hinaus der Integrationsgedanke greift.

Dann geht es nicht mehr primär um die Frage, ob ein Kind in die Lage versetzt werden kann, das Ziel der Grundschule zu erreichen, sondern es geht — in Übereinstimmung mit den Schulpflichtgesetzen — nun darum, ob ein Kind entsprechend seinen Möglichkeiten in der Grundschule „hinreichend" gefördert werden kann (siehe hierzu *Eberwein* 1987; vgl. auch *Füssel/Nevermann* 1984; *Dietze* 1986).

Für Integrationsklassen bedeutet dies kein pädagogisches Problem. Durch ihre Arbeitsweise und durch die individuelle Leistungsbeurteilung bereitet sowohl das Lernen wie auch die Leistungsbewertung auf unterschiedlichem Niveau in einer integrativen Klasse keine Schwierigkeiten. Es bedarf jedoch heute noch der Legitimierung nach außen, wenn ein Kind in seinem Lernfortschritt so weit nach unten abweicht, daß das Leistungsziel der Grundschule nicht mehr erreicht werden kann.

Wie geht es diesen Kindern in den Integrationsklassen? Nach übereinstimmender Auskunft der von uns befragten Schulräte, Lehrerinnen und Wissenschaftler ist die Leistungsdifferenz im durchgängig differenzierten Unterricht der Integrationsklasse kein Hemmnis. Drei Schulräte betonen darüber hinaus, daß lernschwache Kinder in Integrationsklassen gute Voraussetzungen vorfänden und sie dort gute Entwicklungschancen hätten. Einer der Interviewten nennt in diesem Zusammenhang als Begründung die geringere Entwertung wegen schlechter Leistungen, ein anderer meint, daß die ebenfalls anwesenden geistigbehinderten Kinder dazu beitragen, das Lernen im Gleichschritt anzuzweifeln, was wiederum den Lernschwachen zugute käme. Diese Einschätzung der Schulräte steht auf dem Hintergrund, daß übereinstimmend betont wird, daß die guten wie die schlechten Schüler in Integrationsklassen gleichermaßen gefördert werden. Dies sei auf die Arbeitsweise, die Klassenfrequenz und den Personaleinsatz zurückzuführen.

Die befragten Schulräte, Wissenschaftler und Lehrerinnen lehnen übereinstimmend die Behauptung ab, daß die schlechten Schüler in Integrationsklassen ein Hemmnis für die guten seien oder umgekehrt.

Laut Aussage der befragten Wissenschaftler entwickeln sich lernbehinderte Kinder in Integrationsklassen langfristig gut. In den Aussagen der befragten Lehrerinnen zeigt sich das Problem der Lernbehinderungen überhaupt nicht als unterrichtliches Problem, sondern als psycho-soziales Problem, als Not der Kinder in lieblosen Elternhäusern und ungenügender Lebensumwelt. Kinder mit Lernproblemen gibt es in allen Integrationsklassen der von uns befragten Lehrerinnen; die Mehrzahl der Äußerungen hierzu ist von der Erfahrung bestimmt, daß diese Kinder sehr gut gefördert werden konnten.

Obwohl aus den Interviews hervorgeht, daß in allen integrativen Klassen auch Kinder mit Lernproblemen unterrichtet werden, gibt es in den integrativen Klassen relativ wenige Kinder, die offiziell als „lernbehindert" klassifiziert sind.

Dies hängt mit der zuvor geschilderten pädagogischen Überflüssigkeit einer solchen Klassifikation im Kontext integrativer Schulversuche zusammen.

Es gibt zusätzlich in Integrationsklassen eine überproportional hohe Population von Kindern mit Lern- und Verhaltensproblemen, die als Nichtbehinderte geführt werden.

Die Belegung der Integrationsklassen hat also nicht dazu geführt, daß vermehrt „Grenzfallkinder" in die Zuschreibung „behindert" miteinbezogen wurden, sondern hat im Gegenteil zu einer sehr zurückhaltenden Zuschreibung des Behindertenstatus aufgrund von Leistungs- und Verhaltensbeeinträchtigungen geführt.

4. Ergebnisse zum Bereich Beeinträchtigungen im Sozialverhalten und körperlich-seelischen Wohlbefinden

4.1 Belastung der Integrationsklassen durch Verhaltensprobleme

Die Quoten der Kinder, die als „verhaltensgestört" behindert in Integrationsklassen qualifiziert wurden, liegen niedrig (2–3% der nichtbehinderten Kinder in dem mir zugänglichen Sample, statistisch gesehen also Einzelfälle); es sind dies offensichtlich Kinder mit sehr hohem Verstörungsgrad und Störungspotential. Hinzu kommt – nach den Aussagen der Interviews – eine erhebliche, nicht quantifizierbare Belastung durch Lern- und Verhaltensprobleme.

In den Interviews wird immer wieder die Meinung geäußert, die Integrationsklassen seien vor allem in der Population der Nichtbehinderten stark mit Verhaltensproblemen belastet. Bei 6 von 8 Klassen kommt in den Interviews eine permanente starke Belastung durch psycho-soziale Probleme zum Ausdruck. Bei den Begründungen der Lehrkräfte lassen sich deutlich zwei Zusammenhänge unterscheiden:

1. In den integrativen Klassen mit Angebotscharakter für einen größeren Einzugsbereich stellen die Lehrkräfte oft einen hohen Anteil schwieriger, nicht als behindert geltender Kinder fest. Diese Kinder kommen meist aus gut informierten privilegierten Familien aus einem weiteren Umkreis, bei denen unterschiedliche Erziehungserschwernisse vermutet werden, z. B. Überbehütung, Überforderung durch Moral- und Leistungsdruck, oder auch laissez-faire-Erziehungskonzepte.

2. In den integrativen Klassen mit regionalbezogener Aufnahme treten Probleme von Kindern aus unterprivilegierter Herkunft hervor, die nicht als behindert gelten, aber soziokulturell bedingte Lern- und Anpassungsschwierigkeiten mitbringen. Bestätigt werden diese Einschätzungen von den folgenden Aussagen von befragten Wissenschaftlern:
Schwierige Kinder gutsituierter Eltern werden oft in Integrationsklassen angemeldet, ohne zunächst als solche bekannt zu sein;

und: aus allen am Regionalisierungsprinzip orientierten Schulversuchen wird berichtet, wie gravierend sich Armut und soziales Elend auf die Arbeit in Integrationsklassen auswirkt.

Die schichtspezifische Verteilung der Population in Integrationsklassen ist offensichtlich noch immer verzerrt: Es überwiegen privilegierte und unterprivilegierte Bevölkerungsteile; eine Abbildung der Normalpopulation der Schichtverteilung der Bevölkerung ist durch den Versuchsstatus erschwert.

Wocken schreibt hierzu:

„Es sind keineswegs die behinderten Kinder, die Sorgen machen, sondern eher die sogenannten nichtbehinderten Kinder. In einigen Integrationsklassen finden wir in der Gruppe der Nichtbehinderten eine Reihe von Kindern mit unerwarteten Lern- und Verhaltensschwierigkeiten. ... Bei der Bildung von Integrationsgruppen muß also nicht nur darauf geachtet werden, welche behinderten Kinder aufgenommen werden, sondern zugleich muß die gesammelte Aufmerksamkeit darauf gerichtet sein, daß die Gruppe der nichtbehinderten Kinder repräsentativ für den Einzugsbereich der Schule ist und von anderen Grundschulklassen nicht abweicht" (*Wocken/Antor* 1984, S. 84).

Auch in den Aussagen der Schulräte werden Lernbehinderte und Verhaltensgestörte als „Grenzfälle" bezeichnet, die häufig auch unerkannt als Nichtbehinderte in Integrationsklassen angemeldet und aufgenommen werden. Alle Schulräte vertreten die Meinung, daß in Integrationsprojekten in den ersten Jahren Kinder aus privilegierten Elternhäusern in der Mehrzahl waren. Drei Interviewte berichten von Bemühungen, das zu ändern, indem auch in nichtprivilegierten Regionen Integrationsklassen eingerichtet wurden, die Kinder aus ihrem Einzugsbereich aufnehmen.

Der oben dargestellte Befund findet hier seine historische und logische Begründung.

4.2 Erfahrungen mit Verhaltensproblemen in Integrationsklassen

Aus den Interviews ist zu schließen, daß Verhaltensprobleme auf seiten der Schüler eine Kernfrage der Integrationsklassen ist.

Ein Schulrat formuliert: „Je aggressiver ein Kind, desto schwieriger seine Integration."

Ein Wissenschaftler meint: „Verhaltensstörungen können so hohe Anforderungen an die persönliche Integrationsfähigkeit der Lehrkräfte stellen, daß dies zum zentralen Problem werden kann."

Die Lehrerinnen heben fast ausschließlich auf die Verhaltensstörungen der nichtbehinderten Kinder ab, obwohl nach unseren Erhebungen mindestens 1/3 aller als behindert geltenden Kinder zusätzlich zu einer geistigen, körperlichen, Sprach- oder Lernbehinderung Verhaltensstörungen aufweisen, wobei 10% sogar als schwer verhaltensgestört gelten können.

Diese Störungen, die bei der Zusammensetzung der Klasse bekannt waren, stellen offensichtlich nicht das zentrale Problem dar, sondern die überraschenden Schwierigkeiten einiger als nichtbehindert geltender Kinder.

Trotz der starken Problembelastung wird übereinstimmend berichtet, daß die Kinder mit Verhaltensstörungen gut gefördert werden konnten. So haben zwei der von uns befragten acht Teams in ihre Klasse noch zusätzlich ein schwieriges lernschwaches Kind aufgenommen, um es unter den günstigeren Bedingungen der integrativen Klasse vor dem Schulversagen zu bewahren. Nach Aussage eines Wissenschaftlers zeigen Soziogrammuntersuchungen, daß vor allem aggressive Kinder von den Mitschülern abgelehnt werden und auch in integrativen Klassen Einzelbetreuung benötigen. In einem anderen Statement eines Wissenschaftlers wird hingegen betont, daß die anderen Kinder Verhaltensstörungen erstaunlich gut tolerieren und durch den Rahmen der integrativen Klasse belastbarer seien, als angenommen. Die Mehrzahl der Äußerungen ist von der Erfahrung bestimmt, daß die Beeinträchtigungen im Bereich des Sozialverhaltens die größten Probleme in den integrativen Klassen aufwerfen, daß aber die starke Ausprägung der sozialen Kontakte und die Ausrichtung auf soziales Lernen gerade diesen Kindern helfen könne. *Wocken* schreibt als Erfahrung: „Verhaltensgestörte Kinder beginnen, sozialen Regeln zu folgen und Erwartungen zu akzeptieren" (*Wocken/Antor* 1987, S. 79; vgl. auch die Fallschilderung René aus der Uckermarkschule. In: *Valtin* u. a. 1984).

Diese positiven Erfahrungen sind m. E. zurückzuführen auf folgende Rahmenbedingungen in integrativen Klassen:

— höhere Toleranz
— Betonung der Sozialerziehung
— emotionale Kontaktaufnahme
— Möglichkeit höherer Eigenaktivität
— Handlungsorientierung.

4.3 Einbeziehung der Erfahrungen von Schulversuchen zur Reduktion von Verhaltensstörungen

Aussagen über anhaltende Veränderungen bei komplexen Verhaltensstörungen sind in kurzfristigen Zeiträumen wissenschaftlich exakt kaum zu treffen. Die relative Unbestimmtheit der Aussagen aus den Integrationsklassen überrascht deshalb nicht. Auch in den speziell auf die Veränderung bei Verhaltensstörungen angelegten Schulversuchen und ihren wissenschaftlichen Untersuchungen können Effekte nur durch Expertenbeurteilungen und Kasuistiken nur sehr zurückhaltend eingeschätzt werden (s. insbes. *Bach* 1984 und aus demselben Projekt *Schröder* u. a. 1983; s. *Reiser* u. a. 1984). Als gesichert kann auch gelten, daß die außerschulischen Variablen den Verlauf bei Verhaltensstörungen so wesentlich beeinflussen, daß eine Reihe von Verläufen mit den Möglichkeiten schulischer Beeinflussung nicht zu erreichen sind.

Während die Integration bei Leistungsbeeinträchtigungen ein originär schulisches Problem ist, gilt dies für *den* Bereich von Verhaltensproblemen nicht, in dem Maßnahmen wie Erziehungsberatung, Familientherapie, sozialpädagogische Einzelfallhilfe, soziale Gruppenarbeit oder gar Fremdunterbringung am Platze sind. In diesen Fällen haben die schulischen Integrationsbemühungen unterstützenden Charakter für eine therapeutische und/oder sozialpädagogische Behandlung.

So mußten z. B. von den im Frankfurter Schulversuch betreuten 251 Kindern zwei während ihrer Grundschulzeit vorübergehend in einem heilpädagogischen

Heim untergebracht werden, wo sie auch die Schule besuchten. In allen Schulversuchen zur Verminderung von Verhaltensstörungen war der Kontakt und die Vermittlung zu Erziehungsberatungsstellen, Jugendamt, Ärzten etc. eine wesentliche Aufgabe.

Aus diesen Überlegungen folgt, daß zur Integration bei Beeinträchtigungen im Sozialverhalten und im körperlich-seelischen Wohlbefinden zusätzlich zur förderlichen schulischen Umwelt, die eine integrative Klasse bereithält, die ganze Palette unterstützender Maßnahmen vorhanden sein muß, die in den Versuchen zur schulischen Behandlung von Verhaltensstörungen entwickelt wurde. Jeweils nach Bedarf:

— Einzelbetreuung
— pädagogisch-therapeutische Spielgruppen
— pädagogisch-psychologische Beratung für die Lehrkräfte
— gegebenenfalls Schulsozialarbeit
— Kontakt und Vermittlung zu außerschulischen Hilfsmöglichkeiten, wobei die Notwendigkeit eines Milieuwechsels und damit auch Schulwechsels nicht prinzipiell ausgeschlossen werden kann.

5. Resümee

Lern- und Verhaltensbeeinträchtigungen müssen nicht zur Aussonderung von Kindern aus allgemeinen Schulen führen. Bereits durch den zusätzlichen Einsatz von 1–2 Sonderschullehrern je 2–4zügiger Grundschule und Senkung der Klassenfrequenz auf 20 Kinder bei gleichzeitiger Umstellung des Unterrichts auf Innere Differenzierung bei verschiedenen Lernzielniveaus würde die Sonderschule für Lernbehinderte überflüssig werden. In integrativen Klassen könnten auch schwerwiegende Verhaltensstörungen aufgefangen werden, wenn zusätzliche Hilfen (z. B. Einzelbetreuung, Nachmittagsbetreuung) zur Verfügung gestellt würden, sofern überhaupt eine Beschulung in einer Gruppe möglich ist. Ein flexibles und gestuftes Angebot von Hilfen, wie es hierzu erforderlich wäre, ist mit den heutigen Schulen für Verhaltensgestörte nicht vergleichbar.

In den letzten Jahren hat sich in einigen Bundesländern (z. B. Berlin, Hamburg, Hessen, Saarland) durch die Ausweitung des gemeinsamen Unterrichts und/oder den Aufbau sonderpädagogischer Beratungs- und Förderzentren die Situation weiter verändert. So liegt z. B. in Hessen von den knapp 800 Kindern im gemeinsamen Unterricht der überwiegende Anteil bei Kindern mit sonderpädagogischem Förderbedarf im Bereich Lernhilfe. In Frankfurt am Main entsteht z. B. ein ambulant arbeitendes Zentrum für Erziehungshilfe, das eine Schule für Erziehungshilfe und eine Jugendhilfe-Abteilung vereinigt. Die Entwicklung der Integration scheint in zunehmendem Maße auch die schulischen Probleme bei Lern- und Verhaltensstörungen zu erreichen.

Literatur

Bach, H. u. a.: Schulintegrierte Förderung bei Verhaltensauffälligkeiten, Konzept und Praxis. Mainz (Kultusministerium Rheinland-Pfalz) 1984.

Bleidick, U.: Literatur zur gemeinsamen Unterrichtung behinderter und nichtbehinderter Schüler. In: Zeitschrift für Heilpädagogik 33 (1982) S. 890–902.

Dietze, L.: Integration! oder Wie verfassungswidrig sind Sonderschulen in Nordrhein-Westfalen? Witten (Dortmunder Elterninitiative) o. J. (1986).

Dumke, D.: Förderung lernschwacher Schüler. München 1980.

Eberwein, H.: Zum Problem der „hinreichenden Förderung“ von Kindern mit Behinderungen in Grundschulen und Sonderschulen. In: Zeitschrift für Heilpädagogik 38 (1987) S. 328–337.

Füssel, H. P./Nevermann, K.: Rechtliche Probleme bei der schulischen Integration behinderter Kinder. In: *Valtin/Sander/Reinartz* 1984, S. 46–61.

Mutzeck, W./Pallasch, W. (Hrsg.): Integration verhaltensgestörter Schüler. Weinheim ²1987.

Reinartz, A./Sander, A. (Hrsg.): Schulschwache Kinder in der Grundschule. Weinheim 1982.

Reiser, H. u. a.: Sonderschullehrer in Grundschulen. Weinheim 1984.

Schröder, R./Walter, P./Rosner, A.: Spezielle Befunde zur schulintegrierten Förderung bei Verhaltensauffälligkeiten. Mainz (Manuskript) 1983.

Springer, M.: Die pädagogische Kompetenz von Lehrern. Was leisten Förderzentren an Grundschulen? Weinheim 1982.

Valtin, R./Sander, A./Reinartz, A. (Hrsg.): Gemeinsam leben – gemeinsam lernen. Behinderte Kinder in der Grundschule. Konzepte und Erfahrungen. Frankfurt (Arbeitskreis Grundschule) 1984.

Wocken, H./Antor, G. (Hrsg.): Integrationsklassen in Hamburg. Erfahrungen – Untersuchungen – Anregungen. Oberbiel 1987.

Rainer Maikowski/Wolfgang Podlesch

Geistig behinderte Kinder in der Grundschule? Theoretische und praktische Ergebnisse integrativer Erziehung

Niemand bestreitet die Notwendigkeit der gesellschaftlichen Integration Geistigbehinderter. Zu unterschiedlichen Auffassungen kommt es allerdings dann, wenn es um den bestmöglichen Weg zu diesem Ziel geht. Den Befürwortern integrativer Schulversuche stehen diejenigen gegenüber, die es für ausgeschlossen halten, daß geistig behinderte Schüler und Schüler, die nicht behindert sind, erfolgreich mit- und voneinander lernen können. Dies liegt in hohem Maße an den weitverbreiteten Vorurteilen gegenüber geistig Behinderten. So halten große Teile der Bevölkerung die geistige Behinderung für die schwerste, die jemanden treffen kann. Vielen kommen geistig behinderte Kinder unheimlich vor und lösen Entsetzen, Angst und Abscheu aus (*v. Bracken* 1981, S. 278 ff.). Die erschütterndste Konsequenz solcher Meinungen gipfelt in der Auffassung, es sei besser, daß geistig Behinderte früh sterben (*v. Bracken* 1981, S. 280). Auch *Seifert* (1984) hat im Rahmen seiner Untersuchungen über Einstellungen gegenüber Behinderten festgestellt, daß Kontakte mit geistig Behinderten am stärksten abgelehnt werden. Zu tendenziell ähnlichen Ergebnissen kommt *Cloerkes* (1985) nach einer umfassenden Bestandsaufnahme internationaler Forschung. Wie lassen sich solche Einstellungen verändern? Durch Kontakte! Jedenfalls läßt *Cloerkes* (1982) Analyse von 58 empirischen Untersuchungen keine andere Schlußfolgerung zu; denn annähernd 60% der Arbeiten sprechen für die Richtigkeit der Kontakthypothese. Daß Kontakte ohne Einfluß auf die Einstellungen gegenüber Behinderten bleiben, konnte lediglich bei einem Drittel der Untersuchungen festgestellt werden, und nur einmal wurde eine negative Beziehung gefunden. Dies kann an den Bedingungen liegen, unter denen die Kontakte zustandekommen. Aus der Vorurteilsforschung ist z. B. bekannt, daß häufige oberflächliche und zufällige Kontakte gar nichts an Vorurteilen ändern, sondern sie eher verstärken (*Cloerkes* 1982, S. 565). „Nicht die Häufigkeit des Kontaktes ist entscheidend, sondern seine Intensität. Nicht jeder intensive und enge Kontakt ist aber der Entwicklung positiver Einstellungen förderlich; wichtige Nebenbedingungen sind seine emotionale Fundierung und seine Freiwilligkeit" (*Cloerkes* 1985, S. 219).

Eine Bestätigung der Kontakt-Hypothese ist *Wocken* (1993) durch Untersuchungen zur „Sozialen Distanz" gelungen (ausführlicher in diesem Band: vgl. Beitrag von *Maikowski/Podlesch* „Zur Sozialentwicklung behinderter und nichtbehinderter Kinder in der Grundschule"). Zu Schülern mit geistiger Behinderung bestand die geringste soziale Distanz bei Integrationsschülern, eine mittlere Distanz bei Grund- und Gesamtschülern sowie Schülern an Hauptschulen und Gymnasien, die stärkste Distanz bei Sonderschülern.

Auch unter günstigsten Bedingungen sind die kulturell bedingten Grundeinstellungen, die von *Cloerkes* als außerordentlich stabil und starr gekennzeichnet werden, nur schwer beeinflußbar. Dies gilt insbesondere, solange die Überbetonung von Werten wie Leistungsfähigkeit, Schönheit, physische Integrität usw. vorherrscht. Es kommt deshalb ebenso entscheidend darauf an, daß die Behinderten selber Fähigkeiten erwerben, die zur Überwindung von Distanz und Ausgrenzung beitragen. „Die Stärkung der Handlungskompetenz des Behinderten ist der erste Schritt zu einer Normalisierung der pathologischen Interaktion" (*Cloerkes* 1985, S. 496).

Zur gemeinsamen Erziehung geistig behinderter und nicht behinderter Kinder — sie ermöglicht Kommunikations- und Interaktionsprozesse und damit einstellungsverändernde und handlungserweiternde Kontakte — gibt es demnach keine Alternative. In der Schule hat sich diese Idee allerdings kaum durchgesetzt, schon eher im Kindergarten. Hier ist der Leistungs- und Konkurrenzdruck noch nicht spürbar, das zielerreichende Lernen im Lesen, Schreiben und Rechnen spielt noch keine Rolle, soziale Ziele stehen im Vordergrund. Die Freien Träger, Kirche und Staat gehen in ihren vorschulischen Einrichtungen immer häufiger dazu über, Sondergruppen aufzulösen bzw. sie erst gar nicht einzurichten, um auch geistig behinderte Kinder zu integrieren. In Berlin ist es inzwischen zu einer gesetzlichen Regelung gekommen. Nach einem Senatsbeschluß vom Dezember 1986 wird die Einrichtung von Integrationskitas bzw. Integrationsgruppen in Regelkitas gefördert.

1. Kooperative Schulsysteme

Die Integration in der Grundschule fortzusetzen, stößt immer noch auf erheblichen Widerstand. Stattdessen wird als realistische Alternative zur Integration häufig die Kooperation von Grund- und Sonderschulen betont. Dabei stützt man sich auf Untersuchungen zur additiven Anbindung von Schulen für geistig Behinderte an Regelschulen, die gegenüber der separierten Sonderbeschulung eindeutige Vorteile ergeben haben (*Mühl* 1987): Die geistig behinderten Schüler werden bereiter, mit den nichtbehinderten zu kommunizieren, sie regen von sich aus Kooperation an, ihre Leistungen in den Kulturtechniken fallen nicht schlechter aus als bei reiner Sonderbeschulung; die soziale Spontaneität gegenüber nichtbehinderten Schülern nimmt zu, es werden Fähigkeiten in den Bereichen Bewegung und Selbsthilfe sowie Fertigkeiten in Haushalt und Öffentlichkeit durch die Interaktion mit Nichtbehinderten erworben, die ihrerseits weniger Vorurteile ausbilden und lernen, z.B. als „Tutoren" — in mehreren Projekten fester Bestandteil des Programms — qualifizierte Hilfen und Instruktionen zu vermitteln.

So positiv solche Ergebnisse einzuschätzen sind, die Praxis in Dänemark, Schweden, Norwegen und USA, für geistig Behinderte in allgemeinen Schulen Spezialklassen einzurichten, um damit die Entwicklung kooperativer Prozesse zu erleichtern, zeigt allerdings, daß diese nur selten zustande kommen. *Mühl* (1987) berichtet von einer schwedischen Untersuchung (*Söder*; zit. nach *Mühl* 1987, S. 78) nach der nur bei 7% kooperativer Zentren gemeinsame Aktivitäten stattfanden. Unzufriedenheit mit kooperativen Lösungen hat denn auch in diesen

Ländern dazu geführt, stärker als bisher integrative Unterrichtsformen zu etablieren (*Lillesteoelen* 1987). Aus Schweden berichtet *Rosenquist* (1987), daß 1985 in kommunalen Vorschulen bereits 89% aller geistig behinderten Kinder integriert waren und dies auch für die Schule anzustreben ist.

Die Einrichtung von Spezialklassen in Grundschulen oder die additive Anbindung von Schulen für geistig Behinderte an Regelschulen, können – sofern es tatsächlich zur gemeinsamen Unterrichtung und zu Kontakten in außerunterrichtlichen schulischen Aktivitäten kommt – zu nachweisbaren Effekten sozial erwünschter Verhaltensweisen und Lernleistungen aufgrund integrativer Prozesse führen.

2. Einzelintegration

Auch die Berichte zur Förderung einzelner Schüler mit geistiger Behinderung in Regel- oder integrativen Klassen zeigen Fortschritte beim Erwerb sprachlich-kommunikativer, lebenspraktischer und sozialer Fertigkeiten (*Mühl* 1987, S. 51 ff.). Allerdings wird es in höheren Klassen schwieriger, den Unterricht so differenziert zu gestalten, daß daran auch noch die geistig behinderten Schüler mit Gewinn teilnehmen können. Deshalb kommt es häufig zu stärkerer Betonung äußerer Differenzierungsformen. *Grosch* (1981) berichtet von einem Schüler mit Down-Syndrom, für den von Klasse zu Klasse der Anteil für Stützunterricht ständig stieg, so daß er in der 7.Klasse bereits 40% der Wochenzeit ausmachte. Hier wird es in den nächsten Jahren darauf ankommen, in den höheren Klassen der Grundschule, in der Orientierungsstufe und der Gesamtschule das Konzept gemeinsamer Schulerziehung weiterzuentwickeln.

3. Integrative Schulversuche

Gegenüber kooperativen Schulsystemen mit teilintegrativen Unterrichtsausschnitten oder gegenüber dem Konzept der Einzelintegration werden in integrativen Schulversuchen die geistig behinderten Kinder grundsätzlich als Schüler ihrer Klasse eingestuft, mit allen sich daraus ergebenden Konsequenzen: volle Teilnahme am Unterricht, Orientierung am Lehrplan der Grundschule unter Berücksichtigung individueller Differenzierungen, Leistungsermittlung und -beurteilung in Form verbaler Beurteilung usw. Eine solche Entscheidung kann natürlich nicht ohne didaktisch-methodische Rückwirkung auf die Gestaltung des gesamten Unterrichts bleiben: Ablösung frontaler Unterrichtsformen durch Formen der inneren Differenzierung, Betonung sinnlich-konkreter Tätigkeiten, Individualisierung der Lernanforderungen durch vielschichtige Lernangebote, Projektorientierung, Integration spezieller und therapeutischer Hilfen in den Unterricht, Zeit für Freie Arbeit, in der die geistig Behinderten eigenen Interessen nachgehen können, andererseits die Chance gegeben ist, sie mit Lerninhalten vertraut zu machen, die auf neue Aufgaben vorbereiten oder in der auch bereits behandelte Inhalte aufgegriffen, vertieft und unter lebenspraktischen Aspekten weiterbearbeitet werden können (zu den verschiedenen Unterrichtsformen vgl. *Brabeck* 1988; *Einsiedel* 1987; *Ellger-Rüttgardt/Poppe* 1987; *Feuser/Meyer*

1986; *Hellbrügge/Ockel/Voß-Rauter/Kaul* 1984; *Heller* 1986; *Heller/Mack* 1987; *Hetzner/Stoellger* 1985; *Klinke* 1986; *Matt/Podlesch/Schmitt* 1992; *Maikowski/Podlesch* 1988 a, 1988 b; *Poppe* 1985, 1987; *Wocken* 1987 a).

Ohne einschneidende Veränderungen der Rahmenbedingungen ist es allerdings nicht möglich, Unterrichtsprozesse in Gang zu bringen, die den aufgeführten Gesichtspunkten entsprechen. Dazu gehören vor allem die Einführung des Mehr-Pädagogen-Systems und die Verringerung der Gruppengröße (sie variiert zwischen 15 und 20 Kindern bei einem Anteil der Behinderten zwischen 2 und 5). Integrativer Unterricht zeichnet sich durch eine gute soziale Integration auch der geistig behinderten Schüler aus (*Maikowski/Podlesch* 1988 c). Soziometrische Untersuchungen in den Hamburger Integrationsklassen zeigen ebenfalls, daß geistig behinderte Schüler „gleichwertig am Rollensystem der Grundschulklassen teilnehmen" (*Wocken* 1987a, S. 246), d. h. sie finden sich ebenso wie die Nichtbehinderten unter den „Beliebten", „Anerkannten", „Unauffälligen", „Unbeliebten" und auch „Außenseitern". Die Lern- und Entwicklungsfortschritte der geistig behinderten Kinder werden meist durch Falldarstellungen dokumentiert (z. B. bei *Maikowski/Podlesch* 1988 b; *Wocken* 1987 b) oder durch Fallanalysen zu zentralen Fragen integrativer Erziehung aufgeklärt. So untersuchte *Sucharowski* (1987, 1988 a, 1988 b) kommunikative Interaktionsprozesse zwischen geistig behinderten und nichtbehinderten Schülern bzw. Lehrern. Auf der Basis von Videoaufzeichnungen werden „verschriftete" Dokumente erstellt, die Grundlage für die Analyse von Verständigungsprozessen bilden. Es zeigte sich u. a., daß die kommunikativen Prozesse umfangreicher und vielgestaltiger werden und die kommunikative Kompetenz zunimmt. „Die Befürchtung, daß geistig behinderte Kinder scheitern könnten, fand bisher keine Bestätigung" (1988, S. 18). Zu einem ähnlichen Zwischenergebnis kommt *Klein*: „Die bisherigen Erfahrungen zeigen, daß ein gemeinsamer Unterricht geistig behinderter und nichtbehinderter Schüler in der 1. Grundschulklasse in weit größerem Maße als bisher angenommen wurde, möglich und sinnvoll ist" (1986, S. 12).

Besonders aufschlußreich ist eine englische Vergleichsstudie (*Casey* u. a. 1988). An 17 Londoner Grundschulen wurden 18 Kinder mit Down-Syndrom zwei Jahre lang hinsichtlich ihrer kognitiven Entwicklung und ihrer Schulleistungen beobachtet. Gleichzeitig wurde die „Schullaufbahn" von 18 Down-Kindern an 12 verschiedenen Londoner Sonderschulen verfolgt. Das Alter der Kinder schwankte zwischen 3;8 und 10 Jahren. Die Klassenfrequenzen reichten von 8 bis 14 in den Sonderschulklassen. Alle Kinder wurden am Anfang, dann nach 6, nach 12, nach 18 und schließlich nach 24 Monaten, dem Ende der Langzeitstudie, getestet, und zwar im Sprachverständnis, in der sprachlichen Ausdrucksfähigkeit, in der Leichtigkeit der Wortfindung (verbal fluency), der Zahlbegriffsbildung und ihrer Fähigkeit im Zeichnen als Maß für die feinmotorische Entwicklung. Intelligenzalter und Intelligenzquotienten wurden zu Beginn und am Ende der Untersuchung erhoben. Die Ergebnisse (s. Abb.): Die Down-Kinder in Integrationsklassen erreichten gegenüber ihren „Altersgenossen" in Sonderschulen in den Bereichen „Zahlbegriffsbildung" und „Sprachverständnis" signifikant bessere Ergebnisse. Ebenfalls signifikant unterschiedlich verläuft die Intelligenzentwicklung: Nach zwei Jahren ließ sich bei den Integrationsschülern ein größerer Gewinn als bei den behinderten Sonderschülern feststellen. Die Leistungsunterschiede in der sprachlichen Ausdrucksfähigkeit, der Wortfindung und im Zeichnen waren zwar nicht statistisch signifikant, zeigten dennoch deutlich eine positive Entwicklung der Down-Kinder in Integrationsklassen gegenüber vergleichbaren Down-Kindern in Sonderschulen. *Casey* u.a. führen die stärkere Verbesserung der sprachlichen Entwicklung der Down-Kinder in Integrationsklassen gegenüber Sonderschulklassen auf die Interaktion und Kommunikation mit den sprachlich kompetenteren Mitschülern zurück. Überraschend in der Londoner Studie ist auch der — statistisch signifikante — Befund, daß Down-Kinder sowohl im mathematischen Bereich als auch in ihrer allgemeinen kognitiven Entwicklung besser in der allgemeinen Schule gefördert wurden als in der Sonderschule mit einem eigenen Lehrplan, der ja die spezifischen Bedürfnisse behinderter Kinder in besonderer Weise berücksichtigen soll. Hier stellt sich die Frage, ob nicht die Rahmenpläne für die Grundschule mit ihren umfassenden Lernzielen und Lerninhalten einen didaktisch vielseitigen und vielschichtigen Unterricht mit wechselnden sozialen Arbeitsformen bewirken, der auch bei den Kindern mit geistiger Behinderung vielfältige soziale und kognitive Lernprozesse auslöst, die insgesamt zu einer komplexen Persönlichkeitsentwicklung beitragen.

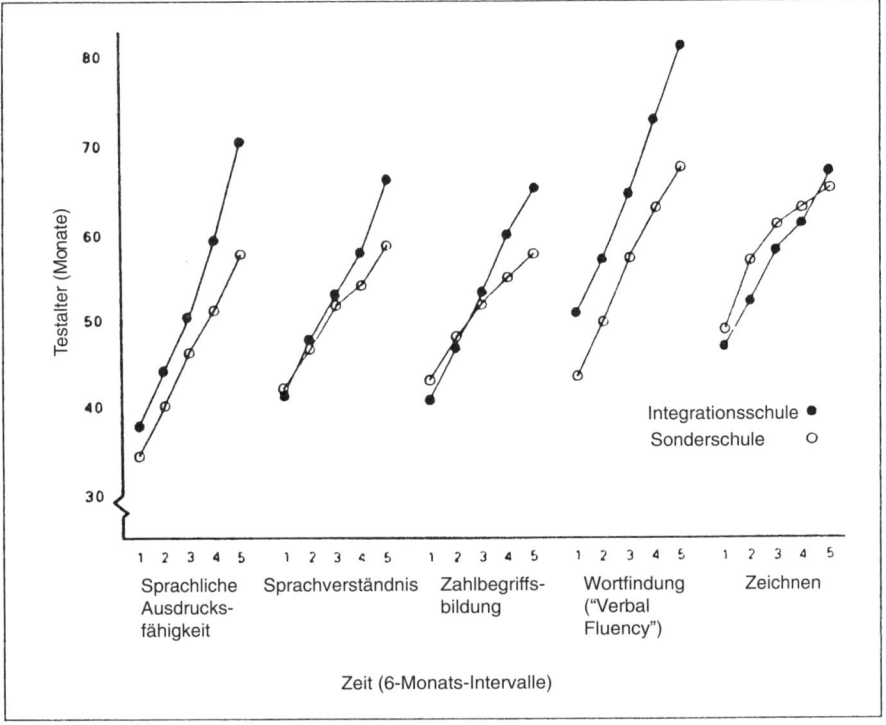

Welche Schulabschlüsse geistig Behinderte in Integrationsklassen schaffen, läßt sich für die meisten Schulversuche noch nicht abschließend sagen. Für die Montessori-Schulen des Kinderzentrums München liegt ein erstes Ergebnis vor: „Von 17 bei der Einschulung als geistig behindert eingestuften Kindern erreichten acht Jahre später zwei Kinder einen Hauptschulabschluß, sieben einen Lernbehindertenabschluß und nur acht blieben bei einem Abschluß für geistig behinderte Kinder" (*Hellbrügge* 1984, S. 74).

4. Diagnostische Defizite

Die von *Hellbrügge* vorgenommene Unterscheidung in geistig behinderte und lernbehinderte Schüler ist auch in Integrationsprojekten immer noch üblich, es stellt sich allerdings die Frage, ob so grobe Differenzierungen, die am defizitdiagnostischen Modell orientiert sind, für die Arbeit in Integrationsklassen nützlich oder nicht vielmehr überflüssig sind, weil es ja nicht mehr darum geht, die passende Sonderschule zu finden, sondern im Sinne förderdiagnostischer Unterstützung konkrete Hinweise über die Lernentwicklung, das erreichte Lernniveau, die emotional-motivationale Entwicklung usw. zu erhalten.

Wie überholt noch heute Auffassungen zur geistigen Behinderung sind, soll im folgenden exemplarisch am Down-Syndrom aufgezeigt werden. Kinder mit Down-Syndrom werden oft von vornherein für geistig behindert erklärt (*Rett* 1983), obwohl schon *Bach* (1979) eindringlich vor einer solchen Gleichsetzung gewarnt hat. Allerdings ist auch festzustellen, daß sich zwar in bezug auf die Diagnose „Trisomie 21" die Fachleute noch immer schnell einigen, aber zunehmend unsicherer werden, wenn es darum geht, Aussagen darüber zu machen, was Kinder mit einem Down-Syndrom lernen (*Dittmann* 1982). Viele können außerhalb von Institutionen leben, die meisten sind nur mäßig retardiert und einige wenige erreichen nahezu normale Intelligenzniveaus. Daß Down-Kinder häufig so wenig können, wird nicht mehr allein auf den genetischen Defekt zurückgeführt, sondern als Resultat von geringen Erwartungen, Unterforderungen und Versäumnissen in der Erziehung begriffen.

In den USA gewann diese Auffassung mit dem „Education for All Handicapped Children Act" aus dem Jahre 1975 zunehmend an Überzeugung, das allen behinderten Kindern eine so wenig wie möglich einengende Umwelt garantieren soll. Dies bedeutete, daß tausenden institutionalisierten Kindern endlich das Recht auf Erziehung und Bildung in öffentlichen Schulen eingeräumt wurde. Gleichzeitig durchgeführte Forschungsprojekte zeigten u.a., daß bereits kurz nach der Geburt einsetzende Förderung − vor allem von den Eltern wahrgenommen − zu sehr guten Entwicklungsergebnissen führt: In einem fünfjährigen Versuch hat *Rynders* (vgl. *Turkington* 1987) untersucht, in welchem Ausmaß die kommunikative Kompetenz von Down-Kindern entwickelt werden kann, wenn Eltern beginnen, ihre Kinder vom 30. Lebensmonat an zu fördern. Im Alter von 5 Jahren wurden alle 35 Kinder mit einem Intelligenztest überprüft. Von den 17 Kindern, die an dem Förderprogramm teilnahmen, erreichten 11 so gute Werte, daß entschieden wurde, ihnen einfache Lese-, Schreib- und Rechenfertigkeiten beizubringen. Von den 18 Kindern der Kontrollgruppe erreichten nur 9 dieses Niveau. Inzwischen besuchen die Kinder der Versuchsgruppe seit mehr als 10 Jahren öffentliche Schulen, und in einer Nachuntersuchung von 13 Kindern fand *Rynders* heraus, daß 11 sinnentnehmend lesen lernten. Er kommt aufgrund seiner Forschungen zu dem Schluß, daß 50% aller Down-Kinder bei systematischer Frühförderung ein kognitives Niveau erreichen, das ihnen die Teilnahme am Unterricht in regulären Klassen ermöglicht. Ihr stetiger Lernzuwachs über viele Jahre bringt *Rynders* zu der Auffassung, daß es keinen Grund gibt, ihre Förderung aufzugeben, sondern von der Annahme auszugehen ist, daß sie bis weit in die Adoleszenz den Erwerb der Kulturtechniken vervollständigen. Was *Rynders'* Studie zeigt, ist bei einzelnen Schülern mit Down-Syndrom aus Integrationsversuchen in West-Berlin und in der Bundesrepublik mehrfach bestätigt worden (vgl. *Lau* 1987, *Roebke* 1986).

5. Resümee

1. Der Unterricht in den Integrationsklassen erfolgt verstärkt handlungsbezogen und projektorientiert und kann damit insbesondere den Bedürfnissen, Interessen und Erfahrungen der geistig behinderten Schüler gerecht werden. Bei den gemeinsamen Lerninhalten wird die innere Differenzierung durch Individualisierung der Lernanforderungen erreicht, d. h. es wird versucht, Themen und Lerngegenstände didaktisch so vielschichtig zu strukturieren, daß jeder Schüler davon profitieren kann. Die geistig behinderten Schüler erhalten beim Lernen mehr Zeit, z. T. andere Aufgaben und bei ihrer Bearbeitung zusätzliche Unterstützung durch Sonderschullehrer und Pädagogische Mitarbeiter.
2. Lernziele und Lerninhalte, die nicht im Rahmenplan für die Grundschule enthalten, für die Entwicklung der geistig behinderten Schüler aber notwendig sind, werden in besonderen Förderstunden, in Arbeitsgemeinschaften oder in Therapiestunden behandelt. Sie werden einzeln, in kleinen Gruppen klassenübergreifend oder klassenintern vermittelt. Lebenspraktische Fertigkeiten werden meist in den normalen Tagesablauf integriert, z. B. An- und Ausziehen, Einkaufen, Tee kochen, Frühstücken, Abwaschen, Toilette benutzen. Die Lernfortschritte werden durch Erfahrungsberichte und systematische Beobachtungen dokumentiert. Hieraus ergeben sich dann die nächsten Lernziele und Lernschritte.
3. Grundsätzlich spielen, lernen und arbeiten die geistig behinderten Schüler/innen zusammen mit ihren nichtbehinderten Mitschülern, die als Modelle, Anreger und Helfer wirken können. Sie sind damit nicht allein auf Erwachsene angewiesen, sondern können sich zur Erweiterung ihrer Handlungsfähigkeit mit kompetenteren Gleichaltrigen auseinandersetzen und sich ggf. daran orientieren.
4. Die Zusammenarbeit und das tägliche Zusammensein geistig behinderter und nichtbehinderter Schüler ermöglicht regelmäßig und damit systematisch den Erwerb von Alltagsfertigkeiten. Übung und Wiederholung, Voraussetzung für den erfolgreichen Erwerb stabiler Fertigkeiten gerade geistig Behinderter, ist so konstitutiver Bestandteil des Schulalltags − ganz im Sinne des Normalisierungsprinzips.
5. Ebenso wichtig wie die Aneignung kognitiver und praktischer Fertigkeiten im integrativen Unterricht sind die sich ergebenden sozialen Lernprozesse. Daß dabei die geistig Behinderten nicht zu kurz kommen, beweisen Untersuchungen zu den Sozialbeziehungen (*Maikowski/Podlesch* 1988 c; *Wocken* 1987 a).
6. Ebenso wichtig wie die Frage nach der Bedeutung der Nichtbehinderten für die Behinderten ist die Frage, welche Vorteile die Nichtbehinderten von den Behinderten haben. Einzelbeobachtungen zeigen, daß geistig behinderte Schüler meist sehr sensibel für Ungerechtigkeiten in der Klasse und für die emotionale

Befindlichkeit einzelner Schüler sind, z. B. bei Trauer, Wut, Niedergeschlagenheit. Sie bringen es dann häufig als erste fertig, auf andere zuzugehen, sie zu streicheln und zu trösten. Den Nichtbehinderten macht es häufig Spaß, ihren geistig behinderten Mitschülern zu helfen, ihnen Buchstaben beizubringen, mit ihnen zu zählen und zu rechnen, ihnen aus Büchern vorzulesen oder mit ihnen zu spielen.

Die bisher gemachten Erfahrungen legen nahe, allen integrativen Schulversuchen die Aufnahme geistig behinderter Kinder zu genehmigen, damit auf breiter Basis erziehungswissenschaftliche Erkenntnisse und unterrichtspraktische Hilfen gesammelt werden, die mit klären helfen, unter welchen Bedingungen geistig Behinderte in der allgemeinen Schule optimal unterrichtet werden können.

Literatur

Bach, H.: Personenkreis Geistigbehinderter. In: *Bach, H.* (Hrsg.): Pädagogik der Geistigbehinderten. Berlin 1979, S. 3–18.

Brabeck, H. u. a.: Gemeinsamer Unterricht für behinderte und nichtbehinderte Kinder in der EGS Bodelschwinghschule Bonn-Friesdorf, 1981–1985. In: Evangelische Akademie Loccum (Hrsg.): Die Integration behinderter Kinder in Regelschulen. Arbeitsmaterialien. Loccum 1988, S. 191–213.

Bracken, H. v.: Vorurteile gegen behinderte Kinder, ihre Familien und Schulen. Berlin [2]1981.

Casey, W./Jones, D./Kugler, B./Watkins, B.: Integration of Down's syndrome children in the primary school: A longitudinal study of cognitive development and academic attainments. In: British Journal of Educational Psychology, 58. Jg., 1988, S. 279–286.

Cloerkes, G.: Die Kontakthypothese in der Diskussion um die Verbesserung der gesellschaftlichen Teilhabechancen Behinderter. In: Zeitschrift für Heilpädagogik 33 (1982) S. 561–568.

Cloerkes, G.: Einstellung und Verhalten gegenüber Behinderten. Berlin [3]1985.

Dittmann, W.: Intelligenz beim Down-Syndrom. Heidelberg 1982.

Einsiedel, M.: Die Lehrplanung im Hinblick auf geistig Behinderte. In: Bundesvereinigung Lebenshilfe für geistig Behinderte e. V. (Hrsg.): Gemeinsames Leben und Lernen geistig behinderter und nichtbehinderter Kinder und Jugendlicher im Schulalter. Marburg 1987, S. 27–30.

Ellger-Rüttgardt, S./Poppe, M.: Gemeinsames Lernen von behinderten und nichtbehinderten Schülern in der Grundschule. In: Zeitschrift für Heilpädagogik 38 (1987) S. 313–327.

Feuser, G./Meyer, H.: Integrativer Unterricht in der Grundschule. Solms-Oberbiel 1987.

Grosch, E.: Die Praxis der schulischen Integration geistigbehinderter Kinder und Jugendlicher in Norwegen. Literaturstudien und eigene Erfahrungen. In: Behindertenpädagogik 20 (1981) S. 135–173.

Hellbrügge, T./Ockel, B./Voss-Rauter, H./Kaul, C.-D.: Integration mehrfach und verschiedenartig behinderter Kinder. In: *Valtin, R./Sander, A./Reinartz, A.* (Hrsg.): Gemeinsam leben – gemeinsam lernen. Frankfurt 1984, S. 65–84.

Heller, M.: Gemeinsamer Unterricht für behinderte und nichtbehinderte Kinder an der Bodelschwingh-Schule, Bonn-Friesdorf. In: GEW im DGB (Hrsg.): Im Brennpunkt. Integration fördern statt behindern! Frankfurt 1986, S. 19–20.

Heller, M./Mack, G.: Die Lehrplanung im Hinblick auf geistig behinderte Schüler. In: Bundesvereinigung Lebenshilfe für geistig Behinderte e. V. (Hrsg.): Gemeinsames Leben und Lernen geistig behinderter und nichtbehinderter Kinder und Jugendlicher im Schulalter. Marburg 1987, S. 31–34.

Hetzner, R./Stoellger, N.: Geistig behinderte Kinder in der allgemeinen Schule? In: Behindertenpädagogik 24 (1985) S. 406–417.

Klein, F.: Wissenschaftliche Begleitung des Schulversuchs „Gemeinsamer Unterricht behinderter und nichtbehinderter Schüler der Helen-Keller-Schule, Schule für praktisch Bildbare (Sonderschule) und der Grundschule Königstädten in Rüsselsheim-Königstädten". Mainz (Universität) 1986 (Skript).

Klinke, E.: Bericht über das Integrationsprojekt an der Peter-Petersen-Grundschule am Rosenmaar in Köln-Höhenhaus. In: GEW im DGB (Hrsg.): Im Brennpunkt. Integration fördern statt behindern! Frankfurt 1986, S. 12–14.

Lau, G./Lau, W.-D. (Hrsg.): Jenny darf nicht in die Oberschule. Berlin 1987.

Lillestoelen, R.: Integration in der norwegischen Schule. In: *Hinz, A./Wocken, H.* (Hrsg.): Gemeinsam leben – gemeinsam lernen beim Hamburger Integrationszirkus. Hamburg 1987, S. 142–147.

Maikowski, R./Podlesch, W.: Bausteine für eine integrative Didaktik. In: Projektgruppe Integrationsversuch (Hrsg.): Das Fläming-Modell. Weinheim 1988a, S. 130–153.

Maikowski, R./Podlesch, W.: Geistigbehinderte Kinder an der Grundschule? In: Projektgruppe Integrationsversuch (Hrsg.): Das Fläming-Modell. Weinheim 1988b, S. 157–171.

Maikowski, R./Podlesch, W.: Zur Sozialentwicklung behinderter und nichtbehinderter Kinder. In: Projektgruppe Integrationsversuch (Hrsg.): Das Fläming-Modell. Weinheim 1988c, S. 232–250.

Matt, H./Podlesch, W./Schmitt, B. (Hrsg.): Integration von Kindern mit geistiger Behinderung und Kindern mit schweren Mehrfachbehinderungen. Wissenschaftliche Begleitung des landesweiten Schulversuchs. Erster Jahresbericht 1990/91, Pädagogisches Zentrum, Berlin 1992.

Mühl, H.: Integration von Kindern und Jugendlichen mit geistiger Behinderung. Berlin 1987.

Poppe, M.: Geistig Behinderte in der Grundschule im Hamburger Modell. Unveröff. Papier 1985.

Rett, A.: Mongolismus. Bern ²1983.

Roebke, C.: Mein geistig behinderter Sohn in der „integrierten Klasse". In: *Valtin, R./ Sander, A./Reinartz, A.* (Hrsg.): Gemeinsam leben – gemeinsam lernen. Frankfurt 1984, S. 96–99.

Rosenquist, J.: Integration Behinderter in Schweden. In: *Hinz, A./Wocken, H.* (Hrsg.): Gemeinsam leben – gemeinsam lernen. Hamburg 1987, S. 155–162.

Sucharowski, W.: Wie kommuniziert man mit einem geistig behinderten Kind? Berichte und Dokumentationen 5 der wissenschaftlichen Begleitung. Kiel 1987.

Sucharowski, W./Nehlsen, L./Lieb, B.: Zur Entstehung der „Integrationsklassen" in Schleswig-Holstein seit dem Schuljahr 1985/86. Berichte und Dokumentationen 4 der wissenschaftlichen Begleitung. Kiel 1988a.

Sucharowski, W./Lieb, B./Kaak, S./Nehlsen, L.: Verhalten zwischen Verständigung und Verstehen. Kiel 1988b.

Turkington, C.: Special Talents. In: Psychology today, Sept. 1987, S. 42–46.

Wocken, H.: Soziale Integration behinderter Kinder. In: *Wocken, H./Antor, G.* (Hrsg.): Integrationsklassen in Hamburg. Solms-Oberbiel 1987a, S. 203–275.

Wocken, H.: Integrationsklassen in Hamburg. In: *Wocken, H./Antor, G.* (Hrsg.): Integrationsklassen in Hamburg. Solms-Oberbiel 1987b, S. 65–89.

Wocken, H.: Bewältigung von Andersartigkeit. Untersuchungen zur Sozialen Distanz in verschiedenen Schulen. In: *Gehrmann, P./Hüwe, B.* (Hrsg.): Forschungsprofile der Integration. Essen 1993, S. 86–106.

Renate Hetzner/Wolfgang Podlesch

Kinder mit elementaren Lernbedürfnissen ("Schwerstmehrfachbehinderte") in Integrationsklassen

"Schwerstmehrfachbehinderte", "Kinder mit schwersten Behinderungen" oder "schwerstbehinderte Kinder", so werden Menschen bezeichnet, die lange als "bildungsunfähig", erst recht als "schulbildungsunfähig" galten. Zweifellos ist es ein Fortschritt, daß zunehmend praktische Erfahrungen, didaktische und entwicklungspsychologische Erkenntnisse dazu führten, diese Kinder für "förderfähig" zu halten. Sie werden meistens in eigenen Gruppen an "Schulen für Körperbehinderte" oder "Schulen für Geistigbehinderte" unterrichtet (*Dank* 1990, *Feuser* 1985, *Fröhlich* o. J., *Praschak* 1991).

Verbunden mit dieser Entwicklung ist ein Wandel des Begriffs "Schwerstbehinderung" (vgl. *Pfeffer* 1988, *Bach* 1991). Verbreitet war und ist die Tendenz, Kinder mit "schwerster Behinderung" "negativ" zu beschreiben, z. B. in der Fassung von *Fröhlich,* nach der es sich um Kinder handelt, "die ... sich nicht alleine fortbewegen können, die mit ihren Händen nicht gezielt spielen oder greifen können, die nicht über die Lautsprache verfügen, deren Wahrnehmung auf den Nahraum beschränkt ist, die allenfalls auf unmittelbar Erlebtes reagieren können, denen aber auch einfachste Abstraktionen (z. B. Wiedererkennen von Gegenständen auf Bildern) noch nicht möglich sind, die allenfalls auf Kontaktangebote erwachsener Bezugspersonen reagieren können und deren Bewegungsbeeinträchtigung so ausgeprägt ist, daß sie für alle täglichen Verrichtungen, für An- und Ausziehen, Körperpflege, Essen, Fortbewegung, Kommunikation, für die Befriedigung emotionaler und sozialer Bedürfnisse, für Anregung und Beschäftigung auf Erwachsenenhilfe angewiesen sind" (*Fröhlich* o. J. (1989), S. 179).

Solange es lediglich darum geht, eine Vorstellung darüber zu vermitteln, wie beeinträchtigt Kinder sind, die als "schwerstbehindert" bezeichnet werden, mag dieses Vorgehen noch akzeptiert werden. Völlig unangemessen ist es, wenn es darauf ankommt, Entwicklungsperspektiven für diese Kinder zu gewinnen; denn die Bezeichnung "schwerstmehrfachbehindert" läßt leicht Assoziationen aufkommen, daß ein in dieser Weise charakterisierter Mensch ein Extremfall von Behinderung darstellt, der nur noch verpflegt und verwahrt werden kann, sozusagen ein "hoffnungsloser Pflegefall". Dies mag mit ein Grund dafür sein, daß diese Kinder selbst innerhalb von Sondereinrichtungen häufig nochmals in abgesonderten Gruppen betreut werden.

Um diese defektorientierte Festschreibung zu überwinden, sprechen wir von "Kindern mit elementaren Lernbedürfnissen". Hilfreich sind Formulierungen, die zu Fördergesichtspunkten führen: "Schwerstbehinderte Kinder, Jugendliche und Erwachsene ... sind Menschen, deren Aktivität und Wahrnehmungshorizont im wesentlichen auf die unmittelbare Körpersphäre beschränkt sind. Ihre

Art der Kommunikation mit Menschen und Dingen, ihre Interaktion im unmittelbaren sozialen Raum sind im wesentlichen Dialogbeziehungen auf elementarster Basis. Nur auf dem Hintergrund von Ruhe und Beständigkeit in direkter und oft ausschließlicher Zuwendung gelingen befriedigende Begegnungen" (*Fröhlich* 1992, S. 198).

Damit vertritt *Fröhlich* eine Auffassung, die unseren Vorstellungen schon näherkommt, bleibt jedoch noch zu sehr der Tendenz verhaftet, Einschränkungen und Abgrenzungen zu akzentuieren.

Wir schlagen deshalb vor, grundsätzlich nicht mehr von der Behinderung eines Menschen — gleich welcher Art und welchen Schweregrades — auszugehen, sondern von seinen Fähigkeiten und Bedürfnissen. *Daran orientiert stellen wir folgende Definition zur Diskussion: Kinder mit elementaren Lernbedürfnissen können aufgrund ihrer Wahrnehmungstätigkeit Kontakte zu Menschen und Dingen ihrer Umwelt aufnehmen. Zur individuellen Wahrnehmungsentwicklung und Erweiterung ihrer Erlebnis- und Handlungsfähigkeit benötigen sie vielfältige konkrete Anregungen, die durch andere Kinder und Erwachsene vermittelt werden. Dabei kommt es darauf an, Wege der Kommunikation anzubahnen, die den Austausch gemeinsamer Erlebnisse und Erfahrungen in menschlicher Nähe und Wärme ermöglichen.*

Wir betrachten diese Definition als Versuch, gemeinsames Handeln zu erleichtern und Kindern mit elementaren Lernbedürfnissen damit neue Entwicklungsperspektiven zu eröffnen.

Konkrete Fördervorschläge hat *Fröhlich* mit dem Konzept der „basalen Stimulation" vorgelegt (*Fröhlich* 1992). Mit „basaler Stimulation" soll der Mangel an Eigenerfahrung, Eigenbewegung und aktiver Auseinandersetzung mit der Umwelt überbrückt werden. Sie soll helfen, den eigenen Körper neu zu entdecken. Die Förderung durch „basale Stimulation" erfolgt insbesondere durch

— somatische, den ganzen Körper einbeziehende Anregungen,
— vestibuläre und
— vibratorische Stimulation.

Dazu hat *Fröhlich* viele praktische Übungen erprobt, die inzwischen weit verbreitet sind und dazu beitragen sollen, die Einschränkungen der eigenen Aktivität, Kommunikation und Selbstbestimmung zu überwinden.

Mit der somatischen Förderung wird die Ausdifferenzierung des Körperschemas und der Körperwahrnehmung angestrebt. Hierbei hat sich *Fröhlich* u. a. an der Babymassage von *Leboyer* (1979) orientiert. Aber auch vielfältige Berührungserfahrungen im Gesicht, sowie Druck- und Bewegungserfahrungen gehören dazu.

Mit vestibulären Anregungen sind Dreh-, Schaukel- und Schwingbewegungen um die Körperlängsachse gemeint, wie sie auch im Konzept der „sensorischen Integrationstherapie" von *Ayres* (1979) vorgesehen sind.

Schwingungsanregungen der Gelenke an den Beinen, Händen und Armen lassen sich durch Massagekissen erzeugen und sichern damit weitere Körpererfahrungen zur Ausbildung von Ich-Identität.

Die Kritik an der „basalen Stimulation" kann in drei Punkten zusammengefaßt werden:

- „Basale Stimulation" steht in der Gefahr, zu künstlichen, auf partikuläre Bereiche eingeengte, „Behandlungsmaßnahmen" zu verkommen.
- Ihre Durchführung wird einseitig von Erwachsenen praktiziert und bewirkt Passivität.
- Sie verhindert „Normalisierung" (*Nirje* 1982), Alltagsbezug und damit gesellschaftliche Integration.

Fröhlich ist allerdings nicht (mehr) vorzuwerfen, Förderung auf „basale Stimulation" zu beschränken: Ebenso wichtig schätzt er das Lernen in und durch Alltagssituationen ein (1992, S. 126 ff.). Damit nähert sich *Fröhlich* dem Ansatz von *Affolter* (1987), die „problemlösende Alltagsgeschehnisse" als Wurzel der Entwicklung versteht. Durch die Beteiligung an Alltagsaktivitäten können Grundfunktionen wie Berühren, Umfassen, Bewegen usw. in sinnvollen Erfahrungs-, Erlebnis- und Handlungszusammenhängen ausgebildet werden. *Fröhlich* schlägt vor, „Stammgruppen" mit etwa fünf sehr schwerbehinderten Menschen zu bilden, die mit Unterstützung durch Pädagogen, Therapeuten und Betreuern in einem „ganz auf die individuellen Bedürfnisse zugeschnittenen Raum elementare Erfahrungen sammeln (könnten)" (S. 198). Zur Ergänzung müssen „Sonderangebote der integrierten Art vorbereitet werden" (S. 199): familiäre Aktivitäten (kochen, spielen, Musik hören, sich bewegen), Naturerfahrung, Aktivitäten nichtbehinderter Kinder, Jugendlicher und Erwachsener miterleben usw.

Vom Integrationsgedanken her und im Hinblick auf Kinder mit elementaren Lernbedürfnissen betont *Feuser*: „Der schwerstbehinderte Mensch ist so normal Mensch wie wir: dies in seinen Bedürfnissen, seinen Emotionen, seinem Erleben, seinen Motiven und Tätigkeiten" (*Feuser* 1990, S. 54). Wenn die üblichen schulischen Lerninhalte und -formen nicht zu den gewünschten Ergebnissen führen, dann liegt es nach *Feuser* nicht an dem mangelhaften Lernvermögen, sondern — bezogen auf das jeweilige Entwicklungsniveau — am nicht adäquaten Lernangebot, das keine subjektiven Sinnbildungsprozesse zuläßt. Erforderlich ist eine entwicklungslogische Diagnostik und unter Aspekten der Integration eine entwicklungslogische Didaktik" (*Feuser* 1990, S. 56). Die notwendige innere Differenzierung und Individualisierung läßt sich nach *Feuser* am günstigsten im Rahmen von Projekten realisieren (*Feuser/Meyer* 1987), so daß alle Kinder „mittels ihrer momentanen Wahrnehmungs-, Denk- und Handlungskompetenzen an und mit einem gemeinsamen Gegenstand spielen, lernen und arbeiten" (*Feuser* 1990, S. 59).

Die Erprobung und Umsetzung gemeinsamen Unterrichts von Nichtbehinderten und Kindern mit elementaren Lernbedürfnissen steht allerdings erst am Anfang (*Cuomo* 1989, *Schöler* 1991). In Deutschland besuchen z.Z. nicht mehr als zehn Kinder mit elementaren Lernbedürfnissen eine Grundschule bzw. die Sekundarstufe I (vgl. *Hinz* 1987, 1991 a, 1991 b, 1992, *Hinz* u. a. 1992, *Scholz* 1990, *Willkomm* 1992). In Berlin findet hierzu ein spezieller Schulversuch statt (*Podlesch* 1990, *Matt/Podlesch/Schmitt* 1992, *Hetzner/Podlesch* 1992, *Hetzner/Rupp/Schilling* 1992, *Schmitt* 1992).

Grundlegende Voraussetzung für einen gemeinsamen Unterricht ist die Einstellung der Personen, die den Unterricht durchführen. Sie müssen überzeugt sein von dem Recht eines *jeden* Kindes auf Gemeinsamkeit und Teilhabe in der allgemeinen Schule. Lehrer, die Kinder mit elementaren Lernbedürfnissen gleichberechtigt in einen gemeinsamen Unterricht einbeziehen wollen, befassen sich mit der Aufgabe, die Schule und den Unterricht „integrationsfähig" zu gestalten. Zentraler Gesichtspunkt bei der Umsetzung ist die Frage: „Was braucht ein Kind mit elementaren Lernbedürfnissen, um in der Schule lernen und leben zu können?", nicht jedoch: „Wie muß das Kind sein, um in die Schule aufgenommen werden zu können?"

Bei allen Kontakten zwischen einem Kind mit elementaren Lernbedürfnissen und den (erwachsenen) Pädagogen sowie den nichtbehinderten Mitschülern spielt die Verständigung eine zentrale Rolle (*Fröhlich* 1990, *Hedderich* 1992, *Mall* 1992). Woran merke ich, ob sich ein Kind wohlfühlt, oder ob es ihm schlecht geht? An Reaktionen auf bedürfnisorientierte Angebote, an seiner Mimik, an seinen Äußerungen, seinen Lauten? Bei manchen Kindern mit elementaren Lernbedürfnissen können spezifische Körper-, Kopf- oder Augenbewegungen für Zustimmung bzw. Ablehnung vereinbart werden. In anderen Fällen sind Kommunikationsprozesse über Bliss-Symbole oder andere Vergegenständlichungen, z. B. Fotos, Piktogramme, Buchstaben, Laute möglich. Welche „Sprache" möglich ist, welches kognitive Niveau erreichbar ist, kann erst aufgrund detaillierter diagnostischer Bemühungen und qualitativer Analysen eingeschätzt werden (*Franger/Pfeffer* 1983, *Fröhlich/Haupt* o. J., *Kornmann* 1992). Zur Kommunikationsförderung in den Bereichen visueller, taktiler, vibratorischer, geruchlicher, geschmacklicher, thermischer und somatischer Kommunikation hat *Fröhlich* (1992) viele brauchbare Vorschläge gemacht.

Ein Kind mit elementaren Lernbedürfnissen benötigt Menschen, die es bei allen Tätigkeiten aktiv unterstützen. Es muß bewegt werden, d. h. getragen, unterschiedlich gelagert, in den Rollstuhl gesetzt und befestigt werden, es müssen seine Hände geführt werden usw. Es muß bei der Nahrungsaufnahme gefüttert werden. Es muß beim Toilettengang gesäubert und mit einer Windel versehen werden. Es muß aus- und angezogen werden. Zu diesen Alltagstätigkeiten, die gleichzeitig Lernvorgänge selbst darstellen, kommen weitere Lernvorgänge nach individuellen Möglichkeiten hinzu, die permanent unterstützt werden müssen.

Menschen, die Kinder mit elementaren Lernbedürfnissen unterrichten, müssen pädagogisch und pflegerisch qualifiziert sein. Sie müssen sich sehr sensibel auf das Kind einstellen, es intensiv beobachten, individuell auf seine Bedürfnisse eingehen und mit Kreativität Förderung ermöglichen. Gleichzeitig sollen sie die Lernprozesse des Kindes mit denen der Kinder der Lerngruppe verknüpfen und so gemeinsames Leben und Lernen in Gang setzen.

Da in einer Lerngruppe mit nichtbehinderten und behinderten Kindern in der Regel mehrere Personen unterrichten, müssen sie miteinander kooperieren können. Die unterschiedlichen Aufgaben sollten möglichst gleichmäßig von den Pädagogen – unabhängig von der jeweiligen Ausbildung – wahrgenommen werden. Füttern und Wickeln eines Kindes mit elementaren Lernbedürfnissen sind pädagogische Tätigkeiten, die intensives Beobachten, Reflexion und planvolles Vorgehen erfordern, die deshalb auch vom Lehrer und nicht ausschließlich von bestimmten „Pflegepersonen" wahrgenommen werden sollen. In einem Team kann die Zuständigkeit für das Kind mit elementaren Lernbedürfnissen wechseln, die Pädagogen haben so vielfältige Aufgaben für alle Kinder. Die Gefahr der Überlastung ist in einer integrativen Schulsituation sicher geringer als in einer Sondereinrichtung mit ausschließlich schwerbehinderten Kindern.

Eine Integrationsklasse muß personell so ausgestattet sein, daß eine zusätzliche Person vorhanden ist, also mindestens zwei, bei mehreren Kindern mit Behinderung ggf. drei Pädagogen zusammen in einer Klasse arbeiten. Für ein Kind mit elementaren Lernbedürfnissen, das eingeschränkte Möglichkeiten der Artikulation seiner Bedürfnisse hat, ist eine kontinuierliche Begleitung sowohl über den Tag als auch auf längere Sicht besonders wichtig. Die Eltern des Kindes sind mehr als andere auf die Kommunikation mit den Pädagogen angewiesen, weil viele Dinge im Schulalltag, die Kinder sonst auf direktem Wege klären können, über die Erwachsenen laufen müssen. Es sollte deshalb für diese Tätigkeit eine Vollzeitstelle zur Verfügung stehen. Zusätzlich zur Ausbildung – Lehrer, Sonderpädagoge, Sozialpädagoge, Erzieher oder ähnliche Qualifikation – wird häufig auch eine Fortbildung gezielt für die Problematik der schweren Mehrfachbehinderung erforderlich sein.

Die Frage nach der Sachausstattung steht bei der Planung der Aufnahme eines Kindes mit elementaren Lernbedürfnissen oft im Vordergrund, nach den bisherigen Erfahrungen kann sie als nachrangig, wenngleich nicht unwichtig, bewertet werden. Das Kind selbst braucht individuell abgestimmte Hilfsmittel wie Rollstuhl, Spezialtisch o. ä. Zum abwechslungsreichen Lagern werden Decken, Polster, Keile benötigt. Um dem Kind auch liegend Eindrücke aus einer höheren Perspektive zu ermöglichen, haben sich Podeste bewährt. Zur basalen Förderung können unterschiedliche Materialien eingesetzt werden: Klappern, Bälle usw. Vieles, was in der „normalen" Umwelt vorkommt, eignet sich zum Umgang und zur Erweiterung der Erfahrungen, z. B. eine Apfelsinenschale, ein Löffel, ein Tannenzapfen usw. Eine besondere Ausstattung der Schule mit Gruppenraum, Fahrstuhl, Behindertentoilette, Küche, Schulgarten usw. ist sehr wünschenswert, jedoch nicht zwingend Voraussetzung.

Während über die erforderlichen Rahmenbedingungen in Integrationsklassen (Kooperation eines Pädagogenteams, materielle Ausstattung, Frequenz bis ca. 20 Schüler) weitgehend Übereinstimmung herrscht, zeigt sich eine breite Palette bei den didaktischen Ansätzen und Unterrichtskonzepten (vgl. Zusammenfassung *Benkmann/Pieringer* 1991, *Demmer-Dieckmann* 1991). Die Problemstellung ist jedoch klar: Schüler mit unterschiedlichen Lern- und Leistungsmöglichkeiten sollen gemeinsam lernen und nicht durch äußere Organisationsformen voneinander getrennt werden.

Bei einer heterogen zusammengesetzten Klasse müssen für die Schüler unterschiedliche Lernziele vorgesehen werden, es wird von „zieldifferentem Lernen" gesprochen. Planung und Durchführung von Unterricht müssen Maßnahmen der Binnendifferenzierung vorsehen. Der herkömmliche Frontalunterricht nimmt dadurch ab und wird nach und nach durch Formen des offenen Unterrichts ersetzt. Solche Veränderungen können nicht durch einen Beschluß von heute auf morgen eintreten. Sie laufen in kleinen Schritten in einem lang andauernden, oft krisenhaften Prozeß ab, der von den Beteiligten viel Engagement und Kraft erfordert.

Als Methoden haben sich im gemeinsamen Unterricht insbesondere Projekte und Freiarbeit bewährt. Ein gemeinsames Thema, ein gemeinsamer Gegenstand bietet die Grundlage für die Kooperation der Beteiligten (*Feuser* 1989) und hebt die Unterschiedlichkeit im gemeinsamen Tun auf. Damit aber wirklich alle Schüler sich in das Unterrichtsgeschehen einbringen können, müssen die Gegenstände über Anschauung und durch Handlung präsent sein. Eine Vermittlung über gesprochene und geschriebene Sprache, die in der Schule bisher überwiegend vorherrscht, ist unzureichend.

Auch und besonders Kinder mit elementaren Lernbedürfnissen lernen mit allen Sinnen: Sehen, Hören, Riechen, Schmecken, Fühlen, Gleichgewichtssinn. Lernerfahrungen werden über sinnliche Wahrnehmungen gemacht. Aufgabe der Pädagogen ist es, Lernen über sinnliche Wahrnehmung für die Kinder zu ermöglichen. Dies läßt sich auf unterschiedliche Weise durchführen. Wenn ein Gegenstand konkret vorhanden ist oder mit ihm Handlungen vollzogen werden können, kann ein Kind mit Behinderung unmittelbar am Lernvorgang beteiligt werden.

So können im Sport bei einem Laufspiel mit dem Rollstuhl oder in einem Tragetuch Wege schnell zurückgelegt werden. Das Kind erfährt Bewegung durch den Wind und durch das Vorbeigleiten der Umwelt. Im Bildnerischen Gestalten können Erfahrungen mit unterschiedlichen Materialien gemacht werden wie Knete, Ton, Farben, mit Papier, Pappe, mit Stiften usw. In Musik können Töne über Klang und Vibration produziert und wahrgenommen werden. Im Sachunterricht müssen die Gegenstände aufgesucht werden oder in den Klassenraum geholt werden: Menschen, Pflanzen, Tiere usw. Es werden Produkte hergestellt, z.B. eine kleine Mahlzeit, ein textiler Gegenstand usw. Im Deutschunterricht kann Sprache soweit irgend möglich über Gegenstände und Bilder präsentiert werden. Es kann z.B. bei einer Lektüre die Hauptfigur als Puppe hergestellt werden und so als Unterrichtsgegenstand anschaulich vorhanden sein und in handelndem Umgang einbezogen werden. In Mathematik werden Mengen über Medien der unterschiedlichsten Art erfahrbar gemacht und regen zum handelnden Umgang an, wodurch Mengenbeziehungen „erforscht" werden.

Die soeben genannten Möglichkeiten zeigen einen Zugang vom jeweiligen Thema oder Fachbereich her und haben die Lernziele für die gesamte Gruppe und einzelne Kinder sowie Medien in den Blick genommen. Ein genauso wichtiger zentraler Aspekt ist das Kind mit elementaren Lernbedürfnissen selbst, seine Bedürfnisse und Motive. Die Pädagogen müssen sich fragen: Was braucht dieses Kind? Was kann es lernen? Welche auch noch so geringen Anzeichen von Eigenaktivität können wir beobachten? Das kann eine immer wiederkehrende Bewegung der Augen sein, eine Drehung des Körpers in eine bestimmte Richtung, ein Schließen der Finger und Festhalten, ein leichtes Verziehen der Augenbrauen usw. Für ein Kind mit elementaren Lernbedürfnissen gilt dieselbe Regel wie für andere Menschen auch. Die individuelle Förderung muß dort ansetzen, wo das Kind selbständig etwas tun kann. Es muß in immer gleicher Weise verstärkt werden, um die Aktivität weiter entwickeln zu können. So ist es beispielsweise ein großer Lernfortschritt, der eine Erhöhung der Lebensqualität bedeutet, wenn ein Kind durch eindeutiges Öffnen und Schließen des Mundes zeigt, ob und wieviel es essen möchte und wann es eine Pause braucht.

Die Art des Zugangs zum Lernen kann variieren, entscheidend sind die Interdependenz der einzelnen Momente, die für den Unterricht konstitutiv sind, und eine Ausgewogenheit zwischen individuellem und gemeinsamem Lernen innerhalb der Lerngruppe.

Wie sind nun die anderen Kinder (ob mit oder ohne Behinderung) in das Lernen des Kindes mit elementaren Lernbedürfnissen einbezogen? Sie können Beziehungen auf unterschiedlichen Ebenen und von unterschiedlicher Intensität haben. Nach unseren Beobachtungen zeigen die Kontakte der Kinder untereinander im Hinblick auf so schwer behinderte Kinder die gleiche Bandbreite wie bei anderen Kindern auch. Es gibt Kinder, die viel mit diesem Kind zusammen sind. Sie ziehen es aus oder an, sie spielen mit ihm, sie reichen ihm Gegenstände zu, sie streicheln es und schmusen mit ihm. Andere Kinder wenden sich von sich aus eher selten diesem Kind zu, meistens in Situationen, in denen sie Ruhe, Geborgenheit und Körperkontakt wünschen. Manche Kinder nehmen von sich aus keinen Kontakt zu dem Kind mit elementaren Lernbedürfnissen auf. Sie verhalten sich gleichgültig oder auch beobachtend; meistens sind sie gern bereit, Hilfe zu geben, z. B. beim Transport, wenn sie darum gebeten werden. Manche Kinder äußern Neid gegenüber dem Kind mit schwerster Behinderung, weil es viel mehr Zuwendung bekommt als andere.

Über die Auswirkungen der gemeinsamen Beschulung mit Kindern mit elementaren Lernbedürfnissen können bislang keine generellen Aussagen gemacht werden. Die Äußerungen der nichtbehinderten Kinder gehen dahin, daß sie ein Kind mit elementaren Lernbedürfnissen als gleichberechtigtes und gleichwertiges Mitglied der Gruppe erleben (*Tams* 1992, S. 92).

Grob-Paeprer (1991) hat im Rahmen ihrer wissenschaftlichen Hausarbeit sechs Wochen lang dreimal wöchentlich je fünf Schulstunden die Interaktionen einer Schülerin mit elementaren Lernbedürfnissen im 1. Schuljahr mit ihren Mitschülerinnen und -schülern beobachtet. Im Anschluß an *Klein* u. a. (1987) wurden folgende Interaktionsformen unterschieden, mit denen die zahlreichen und vielfältigen Kontakte geordnet und analysiert wurden: Nebeneinander/Nichtbeachten, Interesse an C., „Behinderung" thematisieren/imitieren, Streit um C., C. als Spielobjekt?, Reaktionen ausprobieren, Versorgen/Helfen, emotionale Zuwendung im Vorbeigehen, Zärtlichkeit, Denken/Sprechen für C., gemeinsame Aktivitäten, von Kindern bestimmt, Ausgrenzung von C.

Grob-Paeprers wichtigste Ergebnisse sind (S. 80 ff.):

— Ein Kind mit elementaren Lernbedürfnissen erfährt im schulischen Alltag durch andere Kinder viele Anregungen und Anreize, die im wesentlichen durch körperliche Kontakte und zärtliche Berührungen, aber auch körperbezogene Distanzierungen und „Zurechtweisungen" zustandekommen.
— Die nichtbehinderten Kinder erfahren über den „somatischen Dialog" *(Fröhlich)* und „basale Kommunikation" *(Mall* 1991) das eigene Bedürfnis nach Körperkontakt, das auch noch in der Schule seine Berechtigung und seinen Platz haben sollte.
— Für die Pädagogen ergeben sich tagtäglich Impulse für die Weiterentwicklung des Unterrichts in Richtung auf Anschauung, Handlungsorientierung und Lernen über sinnliche Wahrnehmung.

Auf lange Sicht kann man eine grundlegende Humanisierung der Einrichtung Schule durch die gemeinsame Erziehung erwarten. An einem Kind mit elementaren Lernbedürfnissen wird die Einstellung zum Menschsein radikal deutlich: Seine Hilf- und Wehrlosigkeit fordert Hinwendung und Liebe um seiner selbst willen. Es erfährt, daß es angenommen wird, so wie es ist, ohne dafür eine Leistung erbringen zu müssen.

Für die nichtbehinderten Kinder eröffnen die hinzugewonnenen Fremd- und Eigenerfahrungen die Chance, auch sich selbst und sich untereinander als Menschen anzunehmen in einer Atmosphäre, die nicht an Ausgrenzung orientiert ist und den Wert des Einzelnen nicht mehr an fremdbestimmten Leistungsnormen mißt.

Entsprechend der Forderung nach Unteilbarkeit des Anspruchs auf gemeinsames Leben und Lernen kann die Integration nicht auf Kindergarten und Grundschule beschränkt werden, sondern muß in der Sekundarstufe weitergeführt werden. Die Erfahrungen mit Kindern mit elementaren Lernbedürfnissen sind in diesem Bereich noch äußerst begrenzt (*Bernhardt/Grubmüller* 1991, S. 104). Die Differenzierung in Fächer und Kurse, die große Zahl von Fachlehrern erschweren die Durchführung des integrativen Unterrichts in der Sekundarstufe. Hier bedeutet die Integration eine besondere „Herausforderung" (*Schley* 1989, S. 13).

Über die Zeit des Schulalters hinaus muß auch für die Menschen mit elementaren Lernbedürfnissen das Recht auf ein selbstbestimmtes Leben, auf Gemeinsamkeit mit nichtbehinderten Menschen und gesellschaftlicher Teilhabe gefordert und verwirklicht werden (*Nirje* 1982).

Literatur

Affolter, F.: Wahrnehmung, Wirklichkeit und Sprache. Villingen-Schwenningen 1987.
Ayres, A. J.: Lernstörungen. Berlin/Heidelberg/New York 1979.
Bach, H.: Zum Begriff „Schwerste Behinderung". In: *Fröhlich, A.* (Hrsg.): Pädagogik bei schwerster Behinderung. Berlin 1991, S. 3–14.
Benkmann, R./Pieringer, G.: Gemeinsame Erziehung behinderter und nichtbehinderter Kinder und Jugendlicher in der allgemeinen Schule. Entwicklungsstand und Forschung im In- und Ausland. Berlin (Pädagogisches Zentrum) 1991.
Bernhardt, H./Grubmüller, J.: Übergang schwerstbehinderter Kinder in die Sekundarstufe. In: *Hinz, A. u. a.:* Schwerstbehinderte Kinder in Integrationsklassen. Marburg/Lahn 1991, S. 104–108.
Cuomo, N.: „Schwere Behinderungen" in der Schule. Bad Heilbrunn 1989.
Dank, S.: Individuelle Förderung Schwerstbehinderter. Dortmund [3]1990.
Demmer-Dieckmann, I.: Innere Differenzierung als wesentlicher Aspekt einer integrativen Didaktik: Beispiele aus dem projektorientierten Unterricht einer Integrationsklasse in der Primarstufe. Bremen 1991.
Feuser, G.: Ein „bißchen" Förderung reicht nicht. Schulunterricht mit schwerstbehinderten Kindern und Jugendlichen. In: Das Band o. Jg. (1985) S. 6–21.
Feuser, G.: Allgemeine integrative Pädagogik und entwicklungslogische Didaktik. In: Behindertenpädagogik 28 (1989) S. 4–48.
Feuser, G.: Integrative Erziehung und Unterrichtung schwerstbehinderter Kinder. Eine Frage der Didaktik! In: vds (Hrsg.): Entwicklungsförderung schwerstbehinderter Kinder und Jugendlicher. Hamburg 1990, S. 52–68.
Feuser, G./Meyer, H.: Integrativer Unterricht in der Grundschule. Solms-Oberbiel 1987.
Franger, W. L./Pfeffer, W.: Probleme und Möglichkeiten der Diagnostik bei schwerster geistiger Behinderung. In: *Kornmann, R./Meister, H./Schlee, J.* (Hrsg.): Förderungsdiagnostik. Heidelberg 1983, S. 84–101.
Fröhlich, A.: Schulische Integration schwerstbehinderter Kinder. Gutachterliche Stellungnahme für das Land Berlin. Berlin: Pädagogisches Zentrum. Unveröff. Skript 1986 (gekürzter Abdruck in: Der Senator für Schulwesen, Berufsausbildung und Sport

(Hrsg.): Sonderpädagogik heute. Bewährtes und Neues. Berlin: Selbstverlag o. J. (1989), S. 179–185).

Fröhlich, A.: Erfahrungen mit der Beschulung Schwerstbehinderter. In: Der Senator für Schulwesen, Berufsausbildung und Sport (Hrsg.): Sonderpädagogik heute. Bewährtes und Neues. Berlin: Selbstverlag o. J. (1989), S. 165–178.

Fröhlich, A.: Kommunikation mit schwerstbehinderten Kindern und Jugendlichen. Voraussetzungen und Elemente einer ganzheitlichen Förderung. In: vds (Hrsg.): Entwicklungsförderung schwerstbehinderter Kinder und Jugendlicher. Hamburg 1990, S. 11–22.

Fröhlich, A. (Hrsg.): Pädagogik bei schwerster Behinderung. Berlin 1991.

Fröhlich, A.: Basale Stimulation. Düsseldorf ³1992.

Fröhlich, A./Haupt, U.: Förderdiagnostik mit schwerstbehinderten Kindern. Dortmund o. J.

Grob-Paeprer, B.: Darstellung und Analyse der Interaktionen in einer Grundschulklasse von Kindern mit einem Kind mit schwerer Mehrfachbehinderung. Unveröff. Wissenschaftliche Hausarbeit zur Ersten Staatsprüfung für das Amt des Lehrers. Berlin 1991.

Hedderich, I.: Kommunikative Förderung von Kindern und Jugendlichen mit schwersten zerebralen Bewegungsstörungen. In: Geistige Behinderung 31 (1992) S. 1–21 (Sonderseiten).

Hetzner, R./Podlesch, W.: Aufnahme eines Kindes mit schwerer Mehrfachbehinderung in die Vorklasse. In: *Hinz, A. u. a.:* Schwerstbehinderte Kinder in Integrationsklassen. Marburg/Lahn 1992, S. 42–52.

Hetzner, R./Rupp, G./Schilling, A.: Wie kann unterrichtliche Gemeinsamkeit entstehen? In: *Hinz, A. u. a.:* Schwerstbehinderte Kinder in Integrationsklassen. Marburg/Lahn 1992, S. 53–62.

Hinz, A.: Schwerstbehinderte in Integrationsklassen in Hamburg. Solms-Oberbiel 1987, S. 307–314.

Hinz, A.: Kinder mit schwersten Behinderungen in Integrationsklassen. In: Geistige Behinderung 30 (1991a) S. 130–145.

Hinz, A./Wölfert-Ahrens, E.: Offene Formen der Förderung. In: *Fröhlich, A.* (Hrsg.): Pädagogik bei schwerster Behinderung. Berlin 1991 b, S. 282–293.

Hinz, A.: Kinder mit schwersten Behinderungen. Herausforderungen und Aufgabe für integrative Pädagogik. In: *Hinz, A. u. a.:* Schwerstbehinderte Kinder in Integrationsklassen. Marburg 1992, S. 11–31.

Hinz, A. u. a.: Schwerstbehinderte Kinder in Integrationsklassen. Marburg 1992.

Klein, G./Kreie, G./Kron, M./Reiser, H.: Integrative Prozesse in Kindergartengruppen. Weinheim 1987.

Kornmann, R.: Diagnostik zur Förderung notwendiger Voraussetzungen für basale Lernprozesse bei Menschen mit schwersten Beeinträchtigungen ihrer Lebensvollzüge – zugleich eine Gegenposition zur Diagnostik ihres Lebenswertes. In: Behindertenpädagogik 31 (1992) S. 349–361.

Leboyer, F.: Sanfte Hände. München 1979.

Mall, W.: Kommunikation mit schwer geistig behinderten Menschen. Heidelberg ²1995.

Matt, H./Podlesch, W./Schmitt, B. (Hrsg.): Integration von Kindern mit geistiger Behinderung und Kindern mit schweren Mehrfachbehinderungen. Wissenschaftliche Begleitung des landesweiten Schulversuchs. Erster Jahresbericht Schuljahr 1990/91. Berlin (Pädagogisches Zentrum) 1992.

Nirje, B.: Die Bestandteile des Normalisierungsprinzips. In: Lebenshilfe o. Jg. (1985) S. 7–11.

Pfeffer, W.: Förderung schwer geistig Behinderter. Würzburg 1988.

Podlesch, W.: Stand und Perspektive des landesweiten Schulversuchs in Berlin (West) zur Integration von Kindern mit geistiger Behinderung und Kindern mit schweren Mehrfachbehinderungen. In: *Meißner, K.* (Hrsg.): Eine gemeinsame Schule für alle. Berlin 1990, S. 40–52.

Podlesch, W.: Kinder mit geistiger Behinderung. Kinder mit schwerer Mehrfachbehinderung in Integrationsklassen. In: *Heyer, P./Korfmacher, E./Podlesch, W./Preuss-Lausitz, U./Sebold, L.* (Hrsg.): Zehn Jahre wohnortnahe Integration. Frankfurt am Main (Arbeitskreis Grundschule) 1993, S. 58–64.

Praschak, W.: Kooperative Pädagogik Schwerstbehinderter. Sensomotorische Kooperation im Alltag. In: *Fröhlich, A.* (Hrsg.): Pädagogik bei schwerster Behinderung. Berlin 1991, S. 230–239.

Schley, W.: Integration als Herausforderung. In: *Schley, W./Boban, I./Hinz, A.* (Hrsg.): Integrationsklassen in Hamburger Gesamtschulen. Hamburg 1989, S. 13–26.

Schmitt, B.: Kommunikation und Möglichkeiten der Kommunikationshilfe bei einem Schüler mit schweren Behinderungen. In: *Hinz, A. u. a.:* Schwerstbehinderte Kinder in Integrationsklassen. Marburg 1992, S. 63–89.

Schöler, J.: Schwere Behinderungen beim Lernen von schwer Behinderten. In: Vierteljahresschrift für Heilpädagogik und ihre Nachbargebiete 61 (1992) S. 41–52.

Scholz, H.: Zur Integration schwerstbehinderter Kinder: Grundlagen und Probleme schulpraktischer Umsetzungen. Dargestellt am Beispiel der Grundschule Am Wasser in Bremen-Grohn. In: vds (Hrsg.): Entwicklungsförderung schwerstbehinderter Kinder und Jugendlicher. Hamburg 1990, S. 140–151.

Tams, D.: 15 Kinder – eine Klasse. In: *Hinz, A. u. a.:* Schwerstbehinderte Kinder in Integrationsklassen. Marburg 1992, S. 90–99.

Willkomm, D.: Nichtaussonderung – Erfahrungen aus dem Leben mit einem schwerstbehinderten Kind und Überlegungen zum Stellenwert von Therapie. In: *Hinz, A. u. a.:* Schwerstbehinderte Kinder in Integrationsklassen. Marburg 1992, S. 33–38.

Hans-Peter Langfeldt

Wissenschaftliche Begleitung von Integrationsversuchen als Forschungsproblem

1. Betr.: Schulversuch

Der Kultusminister   *9000 Landeshauptstadt 1*
                                                        zu Schuljahresbeginn

Hiermit genehmige ich den Antrag des Schulträgers, in einem Schulversuch behinderte und nichtbehinderte Kinder gemeinsam zu unterrichten.

Ziel des Versuches ist es, festzustellen, ob sonderschulbedürftige Kinder verschiedener Behinderungsarten an Regelschulen unter pädagogischer Beteiligung von Sonderschullehrern und Lehrerinnen vergleichbar gefördert werden können.

Gleichzeitig soll festgestellt werden, welche Voraussetzungen bei den Kindern sowie bei ihrem häuslichen und schulischen Umfeld gegeben sein müssen.

Über den Versuch sind regelmäßige Berichte anzufertigen. Um ihre Objektivität zu gewährleisten, wird eine wissenschaftliche Begleitung eingesetzt. Näheres darüber wird gesondert geregelt.
Im Auftrag:
J. Urist

So ähnlich lesen sich Genehmigungsbescheide eines zuständigen Ministeriums: „Betr.: Gemeinsame Unterrichtung behinderter und nichtbehinderter Kinder."

In der Regel werden für entsprechende Schulversuche zwei Grobziele vorgegeben: Einmal geht es um die Frage, ob behinderte Kinder in integrativen Klassen oder Schulen in gleicher Weise („vergleichbar") gefördert werden können wie in Sonderschulen. Zum zweiten sollen diejenigen Bedingungen („Voraussetzungen") herausgefunden werden, unter denen eine Integration von behinderten Kindern als möglich erscheint.

Diese Fragen könnten für jeden einzelnen Schulversuch prinzipiell natürlich auch von den Beteiligten (Lehrern, Eltern, Schüler) beantwortet werden. Wenn dennoch eine „wissenschaftliche Begleitung" eingesetzt wird, dann verbindet sich dies mit zusätzlichen Motiven. Von öffentlicher und politischer Seite erwartet man „objektive" (wissenschaftliche) Antworten. Man erwartet eine tatsächliche (oder auch nur vermeintliche) Entscheidungshilfe, ob die versuchte Neuerung in das Schulsystem insgesamt übernommen werden kann. Die am Schulversuch unmittelbar Beteiligten erhoffen sich von der wissenschaftlichen Begleitung eher eine gewichtige Unterstützung in ihrem Bemühen, dem Schulversuch zu Erfolg zu verhelfen. Damit wird deutlich, daß die Einrichtung einer wissenschaftlichen Begleitung nicht nur wissenschaftlichen, sondern auch – und das wahrscheinlich sogar überwiegend – politischen und praktischen Interessen dient.

Da die wissenschaftliche Begleitung sich mit den praktischen Erfahrungen eines Schulversuches zu beschäftigen hat, kann sie eigentlich nur erfahrungswissenschaftlich (empirisch) orientiert sein.

In diesem Beitrag möchte ich versuchen, *grundsätzliche* Schwierigkeiten und Möglichkeiten einer in dieser Weise geforderten wissenschaftlichen Begleitung zu klären. Dabei verwende ich im weiteren Text statt des Begriffes „wissenschaftliche Begleitung" den in der methodischen Diskussion üblichen Begriff der *Evaluation*.

2. Ein erster Ansatz: Evaluation durch vergleichende Untersuchungen

In der Bundesrepublik können die gegenwärtigen Schulversuche zur Integration von Behinderten grob in zwei Gruppen eingeteilt werden: Modellklassen (Modellschulen), in denen in einzelnen Klassen jeweils mehrere behinderte Kinder integriert sind und Klassen, in denen sich jeweils nur ein behindertes Kind befindet (Einzelintegration). Für einen sozialwissenschaftlich-empirisch ausgebildeten Forscher scheint der Auftrag zur Evaluation solcher Schulversuche zunächst keine besonderen Schwierigkeiten zu bergen. Er scheint vor folgenden Aufgaben (in Anlehnung an *Weiss* 1974, S. 47) zu stehen:

— Finde die Ziele des speziellen Schulversuches heraus!
— Operationalisiere die Ziele in Form von meßbaren Indikatoren!
— Erhebe entsprechende Daten für behinderte und nichtbehinderte Kinder im Schulversuch und suche vergleichbare Kontrollgruppen von Kindern außerhalb des Schulversuches!
— Vergleiche die Daten der Kinder im Schulversuch mit denen der Kontrollgruppen!

Ein Vergleich wird ihm schließlich zeigen, ob es verantwortet werden kann, behinderte und nichtbehinderte Kinder gemeinsam zu unterrichten.

Diese Vorgehensweise scheint einleuchtend und kommt wohl den Vorstellungen von Laien über einen Schul-*Versuch* sehr nahe. Politiker oder Ministerialbeamte, die über die Einrichtung einer Evaluation von Schulversuchen entscheiden, sind in diesem Sinne ebenfalls Laien. Sie sehen die Aufgaben des Wissenschaftlers häufig in ähnlicher Weise. Der Sozialwissenschaftler hat das entsprechende technische Wissen bereitzustellen und für die praktische Durchführung zu sorgen.

Jedoch: In der Praxis funktioniert es nicht! In ihrem richtungsweisenden Beitrag über experimentelle und quasi-experimentelle Designs zählen *Campbell u. Stanley* (in der deutschen Bearbeitung von *Schwarz* 1970, S. 459–462) zwölf Störfaktoren auf, welche jeweils für sich die Gültigkeit experimenteller Ergebnisse beeinträchtigen können. Mit nahezu jedem dieser Faktoren ist bei der Evaluation von Schulversuchen zu rechnen. Die Realität der Schulversuche läßt sich nur schwer den Strukturen eines Experimentes anpassen (vgl. *Krauth* 1983).

Die Geschichte der experimentellen Evaluation von Schulversuchen gleicht daher der Geschichte von den zehn kleinen Negerlein (*Wellenreuther* 1982, S. 130) und dies nicht nur wegen der erfahrungsgemäß sich verringernden Personenzahlen. Jedweder gefundene

Unterschied zwischen Kindern im Integrationsversuch und den Kindern der Kontrollgruppe kann durch eine Vielzahl von Einflüssen hervorgerufen worden sein:

10. das unterschiedliche Engagement der Lehrer im Schulversuch und der Lehrer in der Kontrollgruppe;
9. das besondere Engagement der beteiligten Eltern;
8. die Unterschiedlichkeit der behinderten Kinder untereinander, die es verbietet, sie als eine Gruppe „Behinderte" zu behandeln;
7. die Unterschiedlichkeit der Klassen mit behinderten Kindern. Es gibt praktisch keine zwei Integrationsklassen, die gleich wären;
6. die Unterschiedlichkeit der Schulen. Schon Regelschulen unterscheiden sich in ihrer sozialen Struktur, in ihrem Klima, ihrer Leistungsfähigkeit, usw. so stark voneinander, daß ein Unterschied zu Modellschulen den schon vorhandenen „normalen" Unterschieden entsprechen kann;
5. die zufälligen internen Veränderungen des Schulversuches durch Ein- oder Austritt von Lehrern und Schülern;
4. die zufälligen externen Veränderungen des Schulversuches durch politische und öffentliche Einflüsse;
3. die systematischen Veränderungen des Schulversuches durch Erfahrung. Lehrer und Eltern werden fähiger in der Einschätzung und in der Bewältigung ihrer Aufgaben. Organisationsformen werden kontinuierlich verbessert oder zumindest verändert;
2. die viel zu geringen „Fallzahlen" der behinderten Kinder, die zufällige Ergebnisse provozieren;
1. die wissenschaftliche Begleitung selbst, die das Verhalten aller Beteiligten beeinflußt;
0. In welchem Maße sind gefundene Ergebnisse dann noch eine Folge der unterschiedlichen Beschulung im Schulversuch?

Selbst wenn es gelänge, nach der beschriebenen Strategie vergleichbare gültige Ergebnisse über Kinder im Schulversuch und in den Kontrollgruppen zu gewinnen, bleibt immer noch ein entscheidender Nachteil. Die Evaluation könnte nicht beantworten, *warum* die Ergebnisse so sind, wie sie sind.

Wenn die Evaluation der Schulversuche zur Integration behinderter Kinder nach der Strategie der Kontrollgruppen-Experimente betrieben wird, dann wird, wie schon bei den Begleituntersuchungen zu Gesamtschulversuchen, „in der Öffentlichkeit der Eindruck entstehen, daß man je nach der weltanschaulichen Position des Wissenschaftlers die dazu passende Aussage über Ergebnisse der empirischen Forschung erhalten kann" (*Wottawa* 1982, S. 29). Für die beteiligten Wissenschaftler selbst würde sich wieder einmal bestätigen, daß Evaluation ein in hohem Maße mühseliges und frustrierendes, wenn nicht sogar sinnloses, Geschäft ist. Hier wird etwas verlangt, was nicht zu leisten ist. Eine Einschätzung, die *Cronbach, Ambron, Dornbusch, Hess, Hornik, Phillips, Walker u. Weiner* (1980) dazu bewegte, 95 Thesen zur Reformierung zur Evaluationsforschung auszurufen.

3. Programm-Evaluation: Ein Reformansatz

3.1 Grundlagen und Ziele

Komplexe und tiefgreifende Eingriffe in die soziale Realität, wie es der Versuch ist, behinderte Kinder in Regelschulen zu integrieren, können experimentell also kaum oder überhaupt nicht zufriedenstellend evaluiert werden. Das Versagen solcher Evaluationsforschung verleitete *Guba u. Lincoln* (1981, S. 18) zur provozierenden Aussage, es sei geradezu eine gute Sache, daß ihre Ergebnisse in der Praxis so wenig beachtet würden. Zuweilen wurde der Schluß gezogen, daß sozialwissenschaftliche Forschung grundsätzlich nur als Aktions- bzw. Handlungsforschung angemessen sei (*Moser* 1975). Ebenso scheint es üblich geworden zu sein, quantitative und qualitative Forschung als unvereinbare Gegensätze zu stilisieren. Diese Polarisierung ist unnötig und zudem unfruchtbar (siehe auch *Klafki* 1983). Sie überschätzt vorhandene Unterschiede in den Forschungsstrategien und unterstellt, die soziale Realität sei so homogen, daß sie ausschließlich mit nur einer Strategie angemessen abgebildet werden könnte. Demgegenüber steht der Begriff „Programm-Evaluation" für einen Ansatz, der diese Polarisierung vermeidet.

Mit *Evaluation* bezeichnen *Cronbach* et. al. (1980, S. 14) „die systematische Untersuchung von Ereignissen, die sich in und als Folge von laufenden Programmen ereignen. Die Untersuchung wird durchgeführt, um mitzuhelfen, dieses und weitere Programme mit den gleichen Zielen zu verbessern", wobei mit *Programm* „ein bestehendes Arrangement gemeint ist, das einem sozialen Zweck dient" (Übers. v. Verf.). Die wissenschaftliche Begleitung (Evaluation) der Schulversuche (Programme) zur Integration behinderter Kinder entspricht dieser Definition recht gut.

Letztlich wird auch die Evaluationsforschung zur Integration behinderter Kinder nur zu befriedigenden Ergebnissen führen, wenn nicht nur partiell Forschungsmethoden und Techniken kritisch reflektiert werden, sondern wenn wir zu einer Theorie der Evaluation selbst gelangen (vgl. *Prell* 1984; *Wittmann* 1985). Für die Evaluation der gegenwärtigen Integrationsversuche mag an dieser Stelle eine Aufteilung in zwei unterschiedliche Aspekte oder Phasen ausreichen: In der ersten Phase dient Evaluation der Optimierung des Programmes selbst. Wenn es ausgereift ist, dient sie in einer zweiten Phase der Bewertung (beispielsweise durch Vergleichen mit konkurrierenden Programmen). Dieser Sachverhalt wird seit *Scriven* (1967) mit formativer und summativer Evaluation bezeichnet.

Für unser Problem der Integration behinderter Kinder würde dies bedeuten: Zunächst geht es darum herauszufinden, wie sich Integration am besten verwirklichen läßt und erst dann, wenn sie verwirklicht worden ist, kann sie mit dem Konkurrenzprogramm „gegliederte Sonderschule" verglichen werden. Dies ist selbstverständlich eine unrealistische Vorstellung. Die zeitliche Abfolge von formativer und anschließender summativer Evaluation läßt sich aus vielerlei Gründen nicht einhalten. Außerdem erscheint es überhaupt nicht wünschenswert, daß Optimierungsbemühungen um ein Programm eingestellt werden. Die Folgen wären erstarrte Programmstrukturen, die gegenüber jeglichen sozialen Veränderungen unsensibel wären. So gesehen, kann praktizierte Programm-Evaluation stets nur formative Evaluation sein (*Cronbach* et al. 1980, S. 55). Dennoch bleiben beide Zielsetzungen − Optimierung und Bewertung − natürlich erhalten. Sie sind nur zeitlich überlagert und gelten, mit wechselndem Gewicht, während der gesamten Laufzeit der Evaluation. Daraus folgt: Je nach Begründung, mit der ein Schulversuch begonnen wird, und je nach aktuellem Entwicklungsstand, ändern sich die Aufgaben der Evaluation. In gleichem Maße müssen andere Strategien und Methoden angewendet werden.

3.2 Methodenauswahl und die Rolle des Forschers

Programm-Evaluation hat ständig wechselnde Forschungsprobleme zu bewältigen. Sie ist mehr als „Business as Usual" (*Datta* 1984). Sie erfordert ein hohes Maß an Flexibilität. Das Ausmaß dieser Flexibilität hängt auch vom Methodeninventar ab, das dem Evaluator für die Datenerhebung zur Verfügung steht.

Einige mögliche Informationsquellen in einer Aufzählung von *Weiss* (1974, S. 79) sind:

„ 1. Interviews
  2. Fragebögen
  3. Beobachtung
  4. Urteile (von Freunden, den Praktikern im Programm, Experten)
  5. psychometrische Tests von Einstellungen, Wertschätzungen, Persönlichkeit, Präferenzen, Normen, Vorstellungen
  6. Akten von Institutionen
  7. Regierungsstatistiken
  8. Informations-, Interpretations-, Geschicklichkeits- und Wissensanwendungstests
  9. projektive Tests
 10. Situationstests, bei denen die Testperson in eine simulierte Lebenssituation versetzt wird
 11. Tagebuchaufzeichnungen
 12. physikalische Befunde
 13. klinische Untersuchungen
 14. Aufzeichnungen über Finanzangelegenheiten
 15. Dokumente (Protokolle von Gremienversammlungen, Zeitungsberichte über politische Entscheidungen, Abschriften von Gerichtsverfahren)"

Programm-Evaluation wird von *Cook u. Shadish* (1986) als „worldly science" bezeichnet, als eine Wissenschaft, die die soziale Welt so zum Gegenstand hat, wie man sie vorfindet. Mit dieser Sichtweise geht das in neuerer Zeit zunehmende Interesse an biographischen (*Vollbrecht* 1986; *Terhat* 1985) und an ethnographischen (*Eberwein* 1985; *Eberwein* in diesem Band; *Fetterman u. Pitman* 1986) Methoden einher.

Jegliche Datenerhebung ist gekennzeichnet durch das sogenannte Breitband-Schmalband-Dilemma (*Cronbach* 1970, S. 179–182): Daten können einen inhaltlich weiten Bereich umfassen; sie tun dies dann allerdings eher ungenau (Breitband). Oder aber sie erfassen präzise einen sehr engen Bereich, der dann inhaltlich eher unbedeutend wird (Schmalband). Während man in der hypothesenprüfenden Grundlagenforschung sich eher für die Schmalband-Methoden entscheidet, wird man in der Evaluationsforschung zumindest solange Breitband-Methoden vorziehen, bis das Programm ein Mindestmaß von Optimierung erreicht hat. Es gibt also überhaupt keinen plausiblen Grund, bestimmte Methoden (quantitative oder qualitative, standardisierte oder nicht-standardisierte oder nach welchen Gesichtspunkten auch sonst noch kategorisierte) *von vornherein* auszuschließen. Effektive Programm-Evaluation fordert und fördert Methodenpluralismus. „Die einzigen Grenzen sind die Erfindungsgabe und die Vorstellungskraft des Forschers" (*Weiss* 1974, S. 79).

Aber nicht nur wegen seiner vorhandenen (oder fehlenden) Kreativität, ist der Evaluator und seine Rolle im Forschungsprozeß ein zentraler Diskussionsgegenstand. Ganz im Sinne der experimentellen Grundlagenforschung wird auch für die Evaluation von Schulversuchen (oder anderen sozialen Programmen) häufig gefordert, daß der Evaluator nicht an der Planung und Durchführung des Versuches beteiligt sein sollte. Durch die Evaluation „von außen" verspricht man sich „unverzerrte" objektive Ergebnisse. Die Vorstellung, Schulversuche könnten distanziert etwa so evaluiert werden, wie die Stiftung-Warentest Kühlschränke oder Kameras prüft, ist jedoch unrealistisch. Programm-Evaluation ist ein Prozeß der sozialen Interaktion. Der Evaluator beeinflußt durch sein Verhalten die beteiligten Personen im Programm, so wie diese ihn wiederum beeinflussen.

Betrachten wir einmal eine Modellklasse mit einer Gruppe integrierter behinderter Kinder. Ein Evaluator „von außen" wird herausfinden müssen, was die Ziele des Versuches sind und wie er ihr Erreichen überprüfen könnte. Er nimmt vielfältige Kontakte mit Schülern, Eltern, Lehrern, Schulaufsichtsbeamten, mit Schulversuchsgegnern und Befürwortern auf. Durch diese Kontakte werden die Gesprächspartner bestimmte Probleme anders sehen, als sie es bisher getan haben. Möglicherweise präzisieren oder verändern sie ihre Ziele. Der Evaluator selbst wird seine Vorgehensweise rechtfertigen und sich daher mit den Einstellungen und Verhaltensweisen seiner Gesprächspartner aktiv auseinandersetzen müssen. Er selbst wird dadurch ebenfalls seine Sichtweisen ändern. All das wird dazu führen, daß die Sichtweise „von außen" nicht aufrechterhalten werden kann. Er bewegt sich „nach innen", d. h. er beginnt sich mit dem Schulversuch zu identifizieren – oder er wird sich davon distanzieren. In diesem Fall wird er (hoffentlich) seine Aufgabe als Evaluator niederlegen.

Dieser Prozeß der sozialen Interaktion führt dazu, daß es eine eindeutige Evaluation „von außen" bei einem *laufenden* Schulversuch nicht geben kann. Die Evaluation geschieht immer mehr oder weniger „von innen".

Die Evaluation „von innen" ist sogar unter mindestens zwei Gesichtspunkten vorteilhaft:

(1) Sie nützt dem Schulversuch:

Ein Schulversuch gelingt umso eher, je mehr kompetente Ressourcen zur Verfügung stehen. Es ist nicht einzusehen, warum ein Evaluator seine Fähigkeiten nicht auch in den Schulversuch einbringen sollte, so wie es andere kompetente Personen auch tun (können). Solange im Evaluationsbericht alle Hilfestellungen intersubjektiv überprüfbar beschrieben werden, ist jede Hilfestellung, auch die des Evaluators, eben eine Bedingung des Schulversuchs.

(2) Sie nützt der Evaluation:

Durch die aktive Mitarbeit erhält der Evaluator eine intime Kenntnis des Schulversuchs. Dadurch ist er leichter oder überhaupt erst in der Lage, mögliche Ursachen für Erfolg oder Scheitern des Versuchs zu identifizieren. Erst diese Kenntnis erlaubt eine Abwägung, ob oder inwieweit ein einzelner Versuch auf andere schulische Verhältnisse übertragbar ist.

Dazu ein vereinfachtes aber realistisches Beispiel: In einem Schulversuch zur Einzelintegration wird ein „lernbehindertes" Kind in die 1. Klasse einer Grundschule eingeschult. Es wird stundenweise von einem Sonderschullehrer betreut. Entgegen der allgemeinen Erwartung macht der Schüler keine Fortschritte. Nach etwa einem halben Jahr wird er in eine Sonderschule für Lernbehinderte umgeschult. Sichtweise „von außen": Integration gescheitert.

Die Sichtweise „von innen": Die Klassenlehrerin und der betreuende Sonderschullehrer unterscheiden sich in ihren persönlichen und fachlichen Einstellungen beträchtlich.

Sie sind nicht in der Lage, ihre Differenzen zu organisieren. Konflikte entstehen, in denen zunehmend der Schüler, seine Eltern und die Schulleitung einbezogen werden. Nach einiger Zeit der Eskalation sieht die Klassenlehrerin nur noch die Möglichkeit, diese für sie unerträglichen Konflikte zu lösen, indem sie den Schüler loswird. Sie weigert sich, ihn weiter zu unterrichten. Ein Evaluator „von innen" wird vielleicht andere, angemessenere Konfliktlösungen finden (oder auch nicht). Sicherlich aber wird er erkennen, daß die Integration nicht an Merkmalen des lernbehinderten Schülers scheiterte, sondern an anderen Faktoren. Dieses Wissen ist u. U. entscheidend für die Übertragung oder Verallgemeinerung des Schulversuchs.

Dem befürchteten Nachteil, daß eine Evaluation „von innen" die Ergebnisse eines Schulversuchs verzerrt, steht der Vorteil gegenüber, daß sie das Programm selbst optimiert und leichter die Elemente des Programms identifiziert, die förderlich oder hinderlich sind. Dem erhofften Nutzen der Evaluation „von außen" steht der Nachteil gegenüber, daß aus wenig gesicherter Kenntnis des Programms leichter irrelevante Aussagen über den Schulversuch gewonnen werden. Auch das kann eine „Verzerrung" der Ergebnisse bedeuten.

3.3 Noch einmal: Vergleichende Untersuchungen

Bisher war dargestellt worden, daß vergleichende Untersuchungen zur summativen Evaluation so komplexer Programme wie die Integration von Behinderten in Regelschulen nahezu ausgeschlossen sind. Dennoch kann und braucht die Programm-Evaluation nicht auf vergleichende Untersuchungen zu verzichten. Jedes Programm enthält Teile oder Elemente, die notwendigerweise weniger komplex sind als das Gesamtprogramm. Sie lassen sich unter Umständen quasi-experimentell (vergleichend) überprüfen. Dieser Vergleich kann geführt werden in bezug auf einzelne Programmziele oder auf konkurrierende Elemente innerhalb oder außerhalb des evaluierten Programmes. Auf diese Weise lassen sich besonders förderliche, hemmende oder einfach irrelevante Programmteile identifizieren. So dienen vergleichende Untersuchungen auch der Programmoptimierung (*Cronbach* 1982).

Beim Programm „Integration Behinderter" könnten entsprechende Teilfragen beispielsweise sein:

— Gibt es einen optimalen Anteil von behinderten Kindern pro Klasse? Ist es günstiger, jeweils Kinder mit ähnlichen Behinderungen in einer Klasse zusammenzufassen, oder sollten sie sich unterscheiden? Brauchen unterschiedlich behinderte Kinder unterschiedliche Integrationsmaßnahmen?
— Gibt es ein optimales Organisationsmodell Zusammenarbeit von Sonderschul- und Regelschullehrern?
— Gibt es eine optimale Strategie, Eltern zur Mitarbeit zu bewegen?

Andere Beispiele solcher Teilfragen führt *Eberwein* (1984, S. 690) auf.
Je mehr es gelingt, relevante Teilelemente des Programms zu isolieren und sinnvoll vergleichend zu überprüfen, desto schneller erreicht man ein (annähernd) optimales Programm. Schließlich gewinnt man auf diese Weise Informationen, die denen einer summativen Evaluation durchaus entsprechen können.

4. Analysen, Sekundäranalysen und Meta-Analysen von Evaluationsergebnissen

Aus der Beschreibung von Programm-Evaluation kann abgeleitet werden, daß die jeweils anfallenden Daten von sehr unterschiedlicher Qualität sein werden. In jedem Fall wird die Frage nach ihrer Gültigkeit zu beantworten sein: Was sagen die Daten aus und was nicht? Soweit quantitative Daten erhoben werden, stellt sich das Problem der statistischen Analyse. Die Schwierigkeit des Untersuchungsfeldes bringt es mit sich, daß auch die zur Bewältigung notwendige Statistik „schwierig" wird. Die statistischen Analysen beziehen sich dabei auf: Einzelfälle, zeitliche Abläufe, sowie komplexe Zusammenhänge oder Unterschiede.

Die Gültigkeit statistischer Schlußfolgerungen aus einer Programm-Evaluation läßt sich durch Reanalysen und Sekundäranalysen erhöhen. *Reanalyse* bedeutet, daß der Evaluationsforscher seine Rohdaten einem zweiten zur Verfügung stellt, der dieselbe Fragestellung unabhängig und mit anderen statistischen Strategien überprüft (ein Beispiel aus dem pädagogischen Bereich findet sich bei *Wittmann* 1985, S. 157–170). Die Gültigkeit der Ergebnisse ist umso höher, je mehr die Ergebnisse aus der ursprünglichen Analyse (Primäranalyse) und Reanalyse übereinstimmen. Bei der *Sekundäranalyse* werden die Rohdaten von einem zweiten Forscher unabhängig unter anderen Fragestellungen analysiert. Soweit diese neuen Fragestellungen in einem theoretischen Zusammenhang mit denen der Primäranalyse stehen, muß sich dieser auch in den Ergebnissen herstellen lassen. Gelingt dies, spricht das für die Gültigkeit der Ergebnisse.

Die Aufgaben und Fragestellungen einer Programm-Evaluation sind umfangreich und vielfältig. Es ist unmittelbar einsichtig und braucht nicht weiter belegt zu werden, daß diese unterschiedlichen Anforderungen durch nur einen evaluierten Schulversuch nicht erfüllt werden können. Vielmehr wird eine Vielzahl gleicher und ähnlicher Projekte nötig sein, um zu allgemeineren Aussagen zu gelangen. Damit entsteht die Notwendigkeit, daß Ergebnisse aus verschiedenen Untersuchungen zusammengefaßt werden müssen. Dies geschieht durch *Meta-Analysen*. Die bisher häufigste Form der Meta-Analyse besteht in der kommentierenden Zusammenfassung verschiedener Untersuchungsberichte im Essay-Stil durch einen Wissenschaftler (oder Wissenschafts-Journalisten). Die Schwierigkeiten solcher zusammenfassender Berichte sind offensichtlich: Sie sind mehr oder weniger subjektiv oder werden als solche diskreditiert.

Sofern in unterschiedlichen Evaluationsprojekten Daten in derselben Weise erhoben und ausgewertet werden, ergibt sich prinzipiell die Möglichkeit *statistischer* Meta-Analysen, die in der Evaluationsforschung zunehmend an Bedeutung gewinnen (*Fricke u. Treinis* 1985). Die Beliebigkeit der Aussagen über allgemeine Effekte des untersuchten Programmes wird dabei wesentlich eingeschränkt.

Reanalyse, Sekundäranalyse und statistische Meta-Analyse bieten somit die Gelegenheit, die oft geforderte unabhängige summative Evaluation „von außen" doch noch in Ansätzen und auf anderem methodischem Wege zu erreichen.

5. Desiderata in der Integrationsforschung

Aus der Feststellung heraus, daß die einmalige Begleitung eines Schulversuches zur Integration von Behinderten keine Begründung für oder gegen die Integration als Regelfall erbringen kann und aus der Unterstellung heraus, daß ein entsprechendes notwendiges Großprojekt politisch nicht realistisch und vielleicht auch nicht wünschenswert ist, sollten die beteiligten Wissenschaftler das jeweils von ihnen betreute Projekt nicht nur als „ihr" Projekt betrachten, sondern als Teil eines gemeinsamen Forschungsprogrammes. Einzelprojekte könnten wenigstens teilweise soweit aufeinander abgestimmt werden, daß eine spätere Meta-Evaluation von vornherein als planbar erscheint. Dazu gehört auch der Austausch von Rohdaten zur Re- und Sekundäranalyse. Schließlich sollte es möglich sein, daß immer dann, wenn in unterschiedlichen Projekten die gleichen Daten erhoben werden sollen, dies wenigstens teilweise in derselben Art und Weise geschieht. Wenn identische Untersuchungsinstrumente (wie z. B. Fragebögen, Interviewleitfäden, Richtlinien für die Erhebung von Soziogrammen, Unterrichtsbeobachtungssysteme und anderes mehr) in mehreren Projekten eingesetzt würden, könnte man nach kurzer Zeit einige Fragen zur Integration Behinderter auf angemessener Datenbasis beantworten.

Literatur

Cook, T. D./Shadish, W. R.: Program Evaluation: The Worldly Science. In: American Review of Psychology 37 (1986) p. 193–232.
Cronbach, L. J.: Essentials of Testing. New York: Harper u. Row ³1970.
Cronbach, L. J.: Designing Evaluations of Educational and Social Programs. San Francisco: Jossey-Bass 1982.
Cronbach, L. J. u. a.: Toward Reform of Program Evaluation. San Francisco: Jossey-Bass 1980.
Datta, L.: Education Evaluations: More than Business as Usual. In: *Gilbert, G. R.* (Ed.): Making and Managing Policy. New York: Dekker 1984, p. 257–268.
Eberwein, H.: Zum Stand der Integrationsentwicklung und -forschung in der Bundesrepublik Deutschland. In: Zeitschrift für Heilpädagogik 35 (1984) S. 677–691.
Eberwein, H.: Fremdverstehen sozialer Randgruppen/Behinderter und die Rekonstruktion ihrer Alltagswelt mit Methoden qualitativer und ethnographischer Feldforschung. In: Sonderpädagogik 15 (1985) S. 97–106.
Fetterman, D./Pittman, M. A.: Educational Evaluation — Ethnography in Theory, Practice and Politics. London: Sage 1986.
Fricke, R./Treinis, G.: Einführung in die Meta-Analyse. Bern 1985.
Guba, E. G./Lincoln, Y. S.: Effective Evaluation. San Francisco: Jossey-Bass 1981.
Klafki, W.: Verändert Schulforschung die Schulwirklichkeit? In: Zeitschrift für Pädagogik 30 (1983) S. 281–296.
Krauth, J.: Methodische Probleme in der pädagogischen Evaluationsforschung. In: Zeitschrift für Empirische Pädagogik 7 (1983) S. 1–21.
Moser, H.: Aktionsforschung als kritische Theorie der Sozialwissenschaften. München 1975.
Prell, S.: Handlungsorientierte Schulbegleitforschung. Bern 1984.
Schwarz, E.: Experimentelle und quasi-experimentelle Anordnungen in der Unterrichtsforschung. In: *Ingenkamp, K.* (Hrsg.): Handbuch der Unterrichtsforschung. Teil I. Weinheim 1970, S. 445–631.

Scriven, M.: The Methodology of Evaluation. In: *Stake, R. E.* (Ed.): AERA Monograph Series on Curriculum Evaluation. Chicago: Rand McNally 1967, p. 39–89 (deutsch in: *Wulf, C.* (Hrsg.): Evaluation. München 1972).

Terhart, E.: Das Einzelne und das Allgemeine – Über den Umgang mit Fällen im Rahmen erziehungswissenschaftlicher Forschung. In: Zeitschrift für internationale erziehungs- und sozialwissenschaftliche Forschung 2 (1985) S. 283–312.

Vollbrecht, R.: Die biographische Methode in der Erziehungswissenschaft. In: Zeitschrift für internationale erziehungs- und sozialwissenschaftliche Forschung 3 (1986) S. 87–106.

Weiss, C. H.: Evaluierungsforschung – Methoden zur Einschätzung von sozialen Reformprogrammen. Opladen 1974.

Wellenreuther, M.: Grundkurs: Empirische Forschungsmethoden für Pädagogen, Psychologen, Soziologen. Königstein 1982.

Wittmann, W. W.: Evaluationsforschung – Aufgaben, Probleme und Anwendungen. Berlin 1985.

Wottawa, H.: Gesamtschule: Was sie uns wirklich bringt. Düsseldorf 1982.

Hans Eberwein

Zur Bedeutung qualitativ-ethnographischer Methoden für die integrationspädagogische Forschung

1. Schulversuche und Forschungsaufgaben

Wissenschaftliche Begleitung von Schulversuchen wurde lange Zeit, zumindest aus der Sicht der sie beauftragenden Schuladministration, fast ausschließlich mit Aufgaben wie empirischer Effizienzprüfung, Schulleistungsvergleichen oder Bewährungskontrollen in Verbindung gebracht. Die Analyse von Lernsituationen und Einzelfalluntersuchungen wurden dabei stark vernachlässigt.

Im Zusammenhang mit Integrationsversuchen sollte nach Auffassung der Schulverwaltung die Frage beantwortet werden, ob behinderte Schüler in Klassen und Schulen mit nichtbehinderten mindestens genauso gut gefördert werden können wie in separaten Sonderschulen. Diese Frage ist teilweise untersucht worden. Solche Forschungsaufgaben sind jedoch aus methodischen Gründen problematisch. Von größerem Interesse wäre die Frage: Welche pädagogischen, organisatorischen und personellen Veränderungen sind in der allgemeinen Schule notwendig, damit die Aussonderung von Schülern mit Behinderungen vermieden werden kann. Bezugsgröße wäre dann nicht mehr die Sonderschule, sondern die zu reformierende Grundschule.

Es hat sich schon bei den Gesamtschulversuchen gezeigt, daß die Reduzierung wissenschaftlich kontrollierter Versuche auf eine bloße Beweisfunktion, also auf die Frage, welches System das „bessere" ist, von den eigentlichen Reformideen ablenkt. Dahinter kann nur die politische Strategie vermutet werden, über die Genehmigung von Schulversuchen eine echte Strukturreform zu verhindern.

Daß andere, wichtigere Fragen bisher kaum untersucht wurden, ist u. a. auch in den geringen zur Verfügung stehenden personellen Ressourcen wissenschaftlicher Begleitung zu sehen, die zudem großenteils für Beratungszwecke und Konfliktbewältigungen investiert werden müssen.

Die bisherigen Forschungsschwerpunkte konzentrierten sich vor allem auf Kooperations- und Rollenprobleme der Lehrer, Einstellungen der Eltern zur integrativen Beschulung, vergleichende Schulleistungsuntersuchungen und Fragen der sozialen Integration Behinderter (vgl. *Preuss-Lausitz* in diesem Band).

Ein weiterer Grund, warum bestimmte zentrale Fragestellungen nicht zum Gegenstand wissenschaftlicher Untersuchungen gemacht wurden, ist in dem zur Verfügung stehenden bzw. in der früheren Unterrichtsforschung zur Anwendung gekommenen methodischen Instrumentarium zu suchen. Mit Methoden empirisch-experimenteller Forschung sind komplexe pädagogische Problemsituationen, aber auch die Rekonstruktion von Subjektperspektiven und Probleme der

Behinderungszuschreibung weniger erfaßbar als beispielsweise Strukturprobleme oder Leistungs- und andere Quantitätsfragen.

Je mehr sich Integrationsforschung dem von außen aufgezwungenen Beweis- und Legitimationszwang entzieht, um so mehr ist sie freigesetzt für subjektorientierte Forschung und die Untersuchung von Lern- und Interaktionsprozessen. Dabei wird es notwendig sein, die Forschungsarbeit stärker am interpretativen Paradigma zu orientieren (vgl. *Eberwein* 1984 a; 1984 b; 1985; 1987).

2. Methodologische Grundlagen qualitativer Forschung*

Die klassische empirische Sozialforschung ist im Gegensatz zu qualitativ-interpretativen Verfahren nur bedingt in der Lage, geeignete methodische Wege zur Rekonstruktion subjektiver Sinn- und Relevanzstrukturen aufzuzeigen. Verantwortlich dafür sind vor allem folgende Prämissen dieser Forschungsrichtung:

— Die klare Trennung zwischen Objekt und Subjekt der Forschung bzw. das Verbot der nachvollziehenden Annäherung an das untersuchte Objekt: Der Wahrung der distanzierten „wissenschaftlichen Objektivität" liegt die Annahme zugrunde, daß es nur eine einzige Erfahrungs- und Erlebniswelt mit eindeutig interpretierbaren Sinnstrukturen gibt.

— Die Aufspaltung der Erkenntnismethodik in wissenschaftliche und nicht-wissenschaftliche: Die wissenschaftliche Erkenntnisweise arbeitet mit Untersuchungsmethoden und im vorhinein entwickelten Erhebungsinstrumenten (z. B. Fragebogentechnik, standardisierten Tests, Laborexperimenten), die dem Erkenntnisweg des untersuchten Objekts nicht adäquat sind. Auf diese Weise wird der „banalen", auf das Alltagshandeln bezogenen Situationsinterpretation oftmals eine wissenschaftlich-rationale Ausdrucksweise aufgezwungen.

— Der inhärente Rationalismus, das Ausklammern des Unberechenbaren: Erfaßt werden zumeist nur Phänomene, die in das von den wissenschaftlichen Theorien entworfene Weltbild, in die „rationale Realität" hineinpassen. Das Unberechenbare, wie etwa Bereiche der Phantasie oder Emotionalität werden in der Regel ausgeklammert, oft überhaupt nicht wahrgenommen.

— Die zunehmende Instrumentalisierung: Nur was sich in Zahlen, Tabellen, Statistiken, Empirien, Materialberechnungen darstellen läßt, ist für einen „ernstzunehmenden" Wissenschaftler logisch und rational verstehbar.

— Die daraus folgende Techno- und Bürokratie: Die traditionelle empirisch-experimentelle Sozialforschung zielt auf subjektunabhängige, übergreifende Gesetzmäßigkeiten und Zusammenhänge. Dies führt in der Praxis (Sozialverwaltung) nicht selten dazu, gesellschaftliche Strukturen mittels technokratischer Verwaltung von Menschen abzusichern.

Nach Darstellung von *Schütze* u. a. (1973, S. 442) setzt ein Forscher, der sich einem „naturwissenschaftlich restringierten Erfahrungsbegriff verpflichtet fühlt und allein objektive Daten erheben will, ... unkontrolliert sein eigenes interpretatives Schema voraus, um auf der Grundlage vorverstandener sozialer Bedeutsamkeit bestimmte ,objektive' Variablen als analyserelevant auswählen zu können. Außerdem setzt der Forscher faktisch voraus, ... daß sein interpretatives

---

* Unter Mitarbeit von Dipl.-Päd. Klaus Köhler und Dipl.-Soz. Michael Wissert

Schema mit demjenigen der von ihm untersuchten Gesellschaftsmitglieder in den für die Forschungsfragen entscheidenden Punkten identisch bzw. äquivalent ist. Eine ihrem Anspruch nach naturwissenschaftlich vorgehende Methodologie ist mithin in ihren Grundlagen weniger kontrolliert und reflektiert als eine Methodologie, welche die unabdingbare Notwendigkeit des Fremdverstehens in ihre Grundüberlegungen einbezieht."

An dieser Stelle gewinnt eine kritische Anmerkung von *Mollenhauer* (1977, S. 47) besondere Aussagekraft. Er schreibt: „Was Ethnozentrismus für die Ethnologen bedeutet, das bedeutet für die Pädagogik der Kulturzentrismus wissenschaftlicher Theorien, die sich selbst nicht mehr im Lichte der Lebenswelten reflektieren, die sie sich zum Gegenstand machen."

Qualitative Sozialforschung im Sinne des „interpretativen Paradigmas" (*Wilson* 1973) lehnt sich demgegenüber an zentrale Gedanken der Theorie des Symbolischen Interaktionismus an, dessen Erkenntnisinteresse hauptsächlich der symbolhaften „Verschlüsselung" und dem Sinn von Handlungen und sprachlichen Äußerungen gilt (z. B. *Mead* 1980), an die phänomenologische Soziologie, die sich u. a. mit dem Aufbau und der Beschaffenheit „sozialer Lebenswelten" befaßt (*Schütz/Luckmann* 1978) und an die Arbeiten der Ethnomethodologie, die die Regeln des Alltagshandelns rekonstruierend erklärt (*Garfinkel* 1981).

Die soziale Wirklichkeit erscheint aus der Sicht des normativen Paradigmas als objektiv vorgegeben, insofern die Existenz eines gemeinsamen Werte- und Symbolsystems angenommen wird und somit die Möglichkeit gegeben ist, eine einzelne Handlung in ein allgemeines kulturelles Handlungsmuster einzuordnen und damit eindeutig zu identifizieren. Aus der Perspektive des interpretativen Paradigmas ist es für die soziale Wirklichkeit und damit für den sozialwissenschaftlichen Forschungsgegenstand dagegen charakteristisch, „daß soziale Wirklichkeit durch Bedeutungszuschreibungen der Handelnden erst konstruiert wird und insofern einen interpretativen Charakter hat" (*Knobling* 1983, S. 113).

Diese unterschiedlichen Auffassungen führen zu unterschiedlichen methodologischen Konsequenzen: So hat – für Vertreter des interpretativen Paradigmas – sozialwissenschaftliche Beschreibung und Analyse in bezug auf den Kontext einer Handlung und sprachlichen Äußerung zu erfolgen und muß dem Umstand Rechnung tragen, daß der Kontext, in dem der Forscher sich bewegt, nicht automatisch dem seiner Forschungssubjekte entspricht.

Da die Handlungen des einzelnen Akteurs aus seinen Wahrnehmungen, Deutungen und Urteilsbildungen heraus entstehen, muß die sich aufbauende Handlungssituation quasi mit seinen Augen erfaßt werden; die Objekte müssen so ermittelt werden, wie sie sich dem Akteur darstellen: der Forscher muß die Welt vom Standpunkt des Forschungssubjektes aus sehen (*Wilson* 1973).

Damit sind die methodologischen Forderungen im Kontext des interpretativen Paradigmas für die zwei Phasen des sozialwissenschaftlichen Forschungsprozesses angedeutet. Die *Datenerhebung* als Exploration der sozialen Wirklichkeit hat zwei Zielen zu dienen:

Zum einen muß sie dem Forscher Kenntnisse über den durch die Forschungsfrage anvisierten Ausschnitt der sozialen Wirklichkeit vermitteln, zum anderen soll diese gleichsam „von innen" durchgeführte Erkundung der sozialen Welt sicherstellen, daß die Begrifflichkeit und die theoretischen Vorannahmen des Forschers in der empirischen Welt begründet sind.

Der am interpretativen Paradigma orientierte Forscher wird dabei im Rahmen der Datenerhebung Begriffe verwenden, die im Sinne von „sensitizing concepts" (*Blumer* 1954) lediglich seine Aufmerksamkeit auf ein Phänomen im Bezugsrahmen seiner Forschung lenken.

Hoffmann-Riem (1980) hat zwei zentrale methodologische Prinzipien einer als Exploration sich verstehenden Datenerhebung herausgearbeitet: das Prinzip der Offenheit und das der Kommunikation.

Das Prinzip der Offenheit besagt, daß die theoretische Strukturierung des Forschungsgegenstandes zurückgestellt wird, bis sich seine Strukturierung durch die Forschungssubjekte selbst — als Analyse von innen — herausgebildet hat.

Das zweite Prinzip besagt, daß der Zugang zu bedeutungsstrukturierenden Daten im allgemeinen nur dann gelingt, wenn der Forscher eine Kommunikationsbeziehung mit dem Forschungssubjekt eingeht und dabei das kommunikative Regelsystem des Forschungssubjekts in Geltung läßt (*Hoffmann-Riem* 1980, S. 346).

Für die *Datenauswertung* im Kontext des interpretativen Paradigmas gilt als zentrale methodologische Forderung, daß sie interpretativ zu erfolgen hat. Zwar erscheint als Bezugsrahmen der Auswertung der durch die Äußerungen des Forschungssubjektes selber eröffnete Auswertungskontext, doch sind die sprachlichen Äußerungen und Handlungen nicht als dinghaft gegeben, sondern interpretationsbedürftig, da Wort/Handlung und Bedeutung in keinem eindeutigen Bezug stehen und die Bedeutung durch die Rückführung der Äußerung/Handlung auf ihren Entstehungshintergrund erst erschlossen werden muß.

Durch diesen Prozeß der „dokumentarischen Methode der Interpretation" (*Garfinkel*) wird die Indexikalität einzelner Handlungen und sprachlicher Äußerungen aufgelöst, d. h. es wird versucht, die Bedeutung zu erfassen, indem die Äußerungen als „Dokument von", als „Hinweis auf" behandelt, als Ausdruck eines latenten Musters interpretiert werden.

Im Auswertungsverfahren hat sich der Forscher nicht nur als „teilnehmender", sondern auch als „distanzierter" Beobachter zu verhalten, insofern, als er neben der Rekonstruktion der von den Handelnden/Erzählenden sinnhaft geordneten sozialen Wirklichkeit auch versucht, Zusammenhänge aufzudecken, die den Handelnden selbst nicht bewußt sind, indem er das Datenmaterial auch in den Bezugsrahmen seiner Wissenschaft stellt und hier interpretiert und analysiert, wobei er die in diesem Kontext gebräuchlichen Regeln und Kategorien benutzt.

Um das Verfahren der dokumentarischen Methode der Interpretation im Rahmen einer Analyse von „innen" und „außen" durchführen und damit die Bedeutung einer Äußerung oder Handlung in der Alltagswelt und im sozial-wissenschaftlichen Bezugsrahmen bestimmen zu können, ist eine ausreichende Explikation beider Auswertungskontexte notwendig.

3. Ethnographie als Zugang zum Verstehen von Handlungen des Subjekts sowie spezifischer Lebenswelten

Fragestellungen und theoretische Ansätze qualitativ-interpretativer Forschung zeigen ein uneinheitliches Bild. Sie sind sich jedoch einig in der Ablehnung standardisierter Verfahren zur Erforschung der Sicht des Subjekts sowie der außerhalb des Individuums existierenden Strukturen. Als verbindendes Element dient ihnen die Bezugnahme auf den Verstehensbegriff. Er ist die Grundkategorie qualitativer Methodik (vgl. *Hopf* 1985).

Der klassischen empirischen Sozialforschung gelingt es nur in begrenztem Maße, Wissen über Alltagsgeschehnisse sowie Situationsdefinitionen und Deutungsmuster sinnhaft handelnder Subjekte zu generieren. Deshalb muß durch eine offene Vorgehensweise versucht werden, Zugang zu individuellen und kulturellen Lebenswelten zu gewinnen.

Durch diese Erweiterung der Methodik eröffnen sich der Integrationspädagogik über allgemeine entwicklungspsychologische und sozialisationstheoretische Erkenntnisse hinaus Forschungsmöglichkeiten, die es erlauben, Kinder und Jugendliche in ihrem Denken und Verhalten sowie in ihren lebensweltlichen Bezügen besser zu verstehen. Auf diese Weise kann es gelingen, Generalisierungen und Klassifizierungen, die in Begriffen und Zuschreibungen wie „behindert", „verhaltensgestört", „aggressiv" usw. zum Ausdruck kommen, zu überwinden und den Blick gezielter auf die soziale Wirklichkeit sowie auf die spezifischen Lebensprobleme des einzelnen zu richten und so das Subjekt als ganze Person zu verstehen, statt nur bestimmte Symptome zu sehen. Dadurch erhöht sich auch die Chance zur Überwindung von Ausgrenzungen und Etikettierungen.

Im Paradigma des Fremdverstehens (vgl. *Eberwein* 1987), d. h. in der kommunikativen und situativen Erschließung der Selbst- und Weltsicht anderer sowie in der Überwindung des Ethnozentrismus — beide stellen wichtige Voraussetzungen für gesellschaftliche Akzeptanz und Integration dar — liegt ein grundlegender Auftrag pädagogischer Wissenschaftsdisziplinen begründet. Die entscheidende Bedeutung dieses forschungsmethodischen Ansatzes besteht in der möglichst ganzheitlichen Erfassung und unverfälschten Beschreibung von Alltagswelten sowie der in diesen verschiedenen Welten enthaltenen subjektiven Erfahrungen. Dies bedeutet forschungspraktisch, sich ein Stück weit auf das Alltagsleben anderer einzulassen, sie in möglichst vielen Situationen zu erleben, um ihre Alltagspraktiken und Wissenssysteme kennenzulernen; denn „Reisen in die Kindheit ... auch in das Jugendalter, in die Freizeitwelt, den Alltag einer Arbeiterfamilie sind für uns alle ... wie Reisen in fremde Länder (*Mollenhauer* 1977, S. 47).

Wird für die pädagogische Forschung das Paradigma des Fremdverstehens zur leitenden Maxime, erfordert dies einen grundlegenden Wandel der Prioritäten von der Labor- zur Feldforschung; denn nur im Feld selbst sind die Voraussetzungen gegeben, soziale Wirklichkeit aus der Sicht der Betroffenen zu analysieren und zu verstehen. Während Experimente, Fragebögen, standardisierte Interviews, Ex-post-facto-Untersuchungen immer nur Teilaspekte einer oft künstlich herbeigeführten Situation oder Handlung erfassen, versucht die ethnographische Feldforschung natürliches Verhalten in der natürlichen Umwelt als komplexes Geschehen zu beobachten und zu erklären. Das ganzheitliche Verstehen von Subjekten und ihrer Lebenswelt als wissenschaftlicher Auftrag wird damit zur zentralen Zielsetzung der Integrationsforschung. Nur wenn wir in die Alltags- und Sinnwelt anderer „eindringen" und ihr Leben mit ihren Augen sehen lernen, haben wir die Chance, sie auch zu verstehen (vgl.*Eberwein* 1987). Ein Verstehensprozeß dieser Qualität setzt ganz bestimmte hermeneutisch-interpretative Verfahren voraus.

Methoden qualitativer Sozialforschung zeichnen sich durch drei wesentliche Vorzüge aus (*Hopf* 1979, S. 13): den Beitrag zu einer angemessenen Deskription von sozialen Feldern, zum hermeneutischen Verstehen sowie zur Hypothesen- und Theoriebildung. Diesen methodologischen Prinzipien entsprechen hinsichtlich der forschungspraktischen Umsetzung bestimmte qualitative Vorgehensweisen, in erster Linie Verhaltensbeobachtungen sowie Fallanalysen und verschiedene Formen offener, insbesondere narrativer und fokussierter aber auch problemzentrierter Interviews.

Interpretative Unterrichtsforschung grenzt sich also ab „von einer faktorenanalytischen Unterrichtsforschung mit ihren technologischen Implikationen einerseits und von einer Reduzierung unterrichtlichen Handelns auf die Befolgung schulförmiger Normen und Regeln andererseits. Ihr Gegenstand ist das ‚sinnhafte‘ individuelle Handeln in der alltäglichen Lebenssituation. Auf dieser symbolisch-interaktionistischen Grundlage wird Unterrichtstheorie als Theorie der Unterrichtssituation konzipiert" (*Heinze/Loser/Thiemann* 1981, S. 23).

Schüler werden in diesem Konzept nicht mehr auf bloße „Merkmalsträger" (*Loser*) reduziert, die durch IQ, Noten, Rangplatz, sozialen Status charakterisiert sind; sondern als emotionale und soziale Wesen gesehen, die bereits eine persönliche Geschichte aufweisen, bestimmte Sozialisationserfahrungen gesammelt haben, über Alltagswissen verfügen, bestimmte Situationsinterpretationen liefern usf. Integrationsforschung sollte also „nicht unter Rückgriff auf operationalisierte Korrelationshypothesen und objektivierende Meßverfahren die Realität der Schule einzufangen trachten, sondern durch fallorientierte Hermeneutik der im Schulalltag beobachteten Entwicklungen und Blockierungen, die durch den laufenden (und institutionalisierten) Diskurs der Beteiligten zunehmend besser verstanden werden können" (*Negt* 1980, S. 24). Das Vorgehen ist hierbei grundsätzlich beziehungsorientiert, was besagt, daß Problemkinder nicht in erster Linie „phänomenologisch" als Fall behandelt, sondern immer auch „in-Beziehung-zu", also in Beziehung zum Lehrer, zu Mitschülern, zur Organisationsform von Schule usw. gesehen werden.

Im Rahmen von Integrationsforschung tritt der einzelne Fall an die Stelle von Stichproben. Trotz einiger ungelöster methodischer Probleme sind besonders Einzelfallanalysen geeignet, das Subjekt, den Schüler, seine Erfahrungs- und Erlebniswelt ins Zentrum praktischer Forschungsarbeit zu rücken; jedoch nicht nur in Form einer phänomenologischen Deskription von Schülerverhalten. Unterrichtsforschung als subjektivitätsorientierte Sozialforschung hat ein besonderes Interesse an biographischen Fragestellungen, an Problemen individueller Lebens- und Lernbewältigung. Die Interpretation von Lehr-Lern-Situationen sollte immer auch eine Analyse der Lebenswelt des Schülers mit einschließen und als Grundlage unterrichtlicher Interaktionen gesehen werden. Dabei ist die Einsicht notwendig, daß der Forscher und das zu untersuchende Subjekt die soziale Wirklichkeit unterschiedlich definieren und interpretieren; deshalb darf die eigene Situationsdefinition nicht zum Ausgangspunkt empirisch-phänomenologischer Analysen gemacht werden.

Die Einengung durch naturwissenschaftliche Forschungsprinzipien und eine neopositivistische Methodologie sowie die Forderung nach experimentellen Kontrollgruppenvergleichen sollte durch eine vorwiegend an pädagogischen Problemsituationen, vor allem an der Person des Schülers und seinen sozialen Wechselbeziehungen orientierte Forschung, überwunden werden. Dieses Verständnis von Integrationsforschung steht in Einklang mit Maximen der Förderdiagnostik (vgl. *Belusa/Eberwein* in diesem Band). Durch eine Verbindung beider Ansätze können Lehrer in ihrem Bemühen unterstützt werden, das Lern- und Sozialverhalten von Schülern besser zu verstehen und Lernprozesse stärker individuumbezogen zu organisieren.

Literatur

Bergold, H. B./Flick, U. (Hrsg.): Ein-Sichten. Zugänge zur Sicht des Subjekts mittels qualitativer Forschung. Tübingen 1987.

Blumer, H.: What is wrong with Social Theory? In: American Sociological Review 14 (1954) S. 3–10.

Eberwein, H.: Probleme der Mehrebenenanalyse und Paradigmenverknüpfung in der Sonderpädagogik – Ansätze zu einem integrierenden Begriffs- und Theorieverständnis. In: Heilpäd. Forschung Bd. XI (1984a) S. 173–190.

Eberwein, H./Köhler, K.: Ethnomethodologische Forschungsmethoden in der Sonder- und Sozialpädagogik – Die Notwendigkeit einer interdisziplinären Kulturanalyse für die Integration von Randgruppen. In: Z. f. Päd. 30 (1984b) S. 363–380.

Eberwein, H.: Fremdverstehen sozialer Randgruppen/Behinderter und die Rekonstruktion ihrer Alltagswelt mit Methoden qualitativer und ethnographischer Feldforschung. In: Sonderpädagogik 15 (1985) S. 97–106.

Eberwein, H. (Hrsg.): Fremdverstehen sozialer Randgruppen. Ethnographische Feldforschung in der Sonder- und Sozialpädagogik. Grundfragen, Methoden, Anwendungsbeispiele. Berlin 1987.

Eberwein, H./Mand, J.: Deutungsmusteranalyse in der sonderpädagogischen Forschung. Zum methodischen Vorgehen bei der Befragung von Sonderschülern und deren Eltern. In: *Chassé, K. A. u. a.* (Hrsg.): Randgruppen 2000. Bielefeld 1992, S. 113–125.

Eberwein, H./Mand, J. (Hrsg.): Forschen für die Schulpraxis. Was Lehrer über die Erkenntnisse qualitativer Sozialforschung wissen sollten. Weinheim 1994.

Feyerabend, P.: Wider den Methodenzwang. Frankfurt 1981.

Flick, U. u. a.: Handbuch qualitativer Sozialforschung. Grundlagen, Konzepte, Methoden und Anwendungen. Weinheim 1990.

Garfinkel, H.: Das Alltagswissen über soziale und innerhalb sozialer Strukturen. In: *Arbeitsgruppe Bielefelder Soziologen* (Hrsg.): Alltagswissen, Interaktionen und gesellschaftliche Wirklichkeit 1 + 2. Opladen ^{5}1981, S. 189–261.

Garz, D./Kraimer, K. (Hrsg.): Qualitativ-empirische Sozialforschung. Konzepte, Methoden, Analysen. Opladen 1991.

Heinze, T./Loser, F. W. u. a.: Praxisforschung. München 1981.

Hoffmann-Riem, C.: Die Sozialforschung einer interpretativen Soziologie. Der Datengewinn. In: Kölner Z. f. Soz. u. Soz. Psych. 32 (1980) S. 339–372.

Hopf, C./Weingarten, E. (Hrsg.): Qualitative Sozialforschung. Stuttgart 1979.

Hopf, C.: Nichtstandardisierte Erhebungsverfahren in der Sozialforschung – Überlegungen zum Forschungsstand. In: *Kaase, M./Küchler, M.* (Hrsg.): Herausforderung der empirischen Sozialforschung. Mannheim (Zuma) 1985, S. 86–108.

Jüttemann, G. (Hrsg.): Qualitative Forschung in der Psychologie. Weinheim 1985.

Kade, S.: Methoden des Fremdverstehens. Bad Heilbrunn 1983.

Knobling, C.: Interaktionsprobleme im Altenheim. Würzburg 1983 (Diss.).

Küchler, M.: „Qualitative“ Sozialforschung – Ein neuer Königsweg? In: *Garz, D./Kraimer, K.* (Hrsg.): Brauchen wir andere Forschungsmethoden? Frankfurt 1983, S. 9–30.

Loser, F.: Konzepte und Verfahren der Unterrichtsforschung. München 1979.

Mead, G. H.: Geist, Indentität und Gesellschaft. Frankfurt 1980.

Mollenhauer, K.: Interaktion und Organisation in pädagogischen Feldern. In: Z. f. Päd., 13. Beih., Weinheim 1977, S. 39–56.

Negt, O.: Bericht des wiss. Begleitprojekts zum Schulversuch Glocksee in Hannover. Hannover 1980 (Mskr.).

Schütz, A./Luckmann, T.: Die Strukturen der Lebenswelt. Frankfurt 1978.

Schütze, A. u.a.: Grundlagentheoretische Voraussetzungen methodisch kontrollierten Fremdverstehens. In: *Arbeitsgruppe Bielefelder Soziologen* (Hrsg.): Alltagswissen, Interaktion und gesellschaftliche Wirklichkeit. Bd. 2. Reinbek 1973, S. 433–495.

Terhart, E. Interpretative Unterrichtsforschung. Stuttgart 1978.

Terhart, E.: Ethnographische Schulforschung in den USA. In: Z. f. Päd. 25 (1979) S. 291–306.

Wilson, T. P.: Theorien der Interaktion und Modelle soziologischer Erklärungen. In: *Arbeitsgruppe Bielefelder Soziologen* (Hrsg.): Alltagswissen, Interaktion und gesellschaftliche Wirklichkeit. Bd. 1. Reinbek 1973, S. 54–79.

Vorstellungen und Konzepte zur Weiterführung integrativer Entwicklungen

Alois Bürli

Integration Behinderter im internationalen Vergleich – dargestellt am Beispiel einiger europäischer Länder

1. Vorbedingungen und Schwierigkeiten eines Vergleichs

„... und wie steht es denn in Ihrem Land mit der Integration Behinderter?" – Wir alle kennen diese Frage, deren Beantwortung zahlreiche Rückfragen und Klärungen voraussetzt: Absprachen, was mit Integration gemeint sei, welche Integrationsaspekte miteinander verglichen werden sollen, wie diese Dimensionen erfaßbar und vergleichbar gemacht werden können. Und schließlich die obligate Relativierung, daß es selbstverständlich schwierig sei, dem internationalen Vergleich zuliebe diesbezügliche Aussagen für ein ganzes Land zu generalisieren, da doch die regionalen und lokalen Verhältnisse ganz unterschiedlich seien.

Was das Konzept der Integration betrifft, konzentriere ich mich im folgenden vor allem auf die Möglichkeiten im schulisch-erzieherischen Bereich, die uns dem Ziel der möglichst umfassenden Teilhabe des Behinderten am gesellschaftlichen Leben näher bringen. In Anlehnung an Konzeptualisierungen der OECD (vgl. 1981) geht es mir also um die Frage, wie dem Behinderten im Hinblick auf seine soziale Integration

– in einer möglichst wenig restriktiven Umgebung und
– in welchen institutionellen Formen eine Erziehung und Schulung gewährt werden kann, die
– seinen speziellen Bedürfnissen entspricht.

Integration im Sinne der Tendenz zur möglichst gemeinsamen Schulung und Erziehung von Behinderten und Nichtbehinderten ist nicht ein Alles- oder -Nichts-Phänomen, nichts Absolutes, kein einmal erreichter Zustand, sondern etwas Approximatives, ein Kontinuum, eine Denk- und Handlungsrichtung.

Beim Integrationskonzept, das ich meinen Ausführungen zugrunde lege, handelt es sich nicht nur um einen dimensionalen, sondern vor allem auch um einen *multidimensionalen Ansatz*: Integration ist also nicht nur entweder erreicht oder nicht erreicht; sie läßt sich auch nicht an einem einzigen Kennwort festmachen. In Analogie zur Intelligenzmessung kann es nicht darum gehen, einen „Integrationsquotienten" zu errechnen, sondern anhand eines „Integrationsprofils" gewisse relevante Faktoren und Gesichtspunkte abzuschätzen.

Für die gegenseitige Verständigung und für einen internationalen Vergleich reicht eine globale Umschreibung der Integration nicht aus. Die Definition ist so gut wie möglich zu operationalisieren und die *Kriterien der Integration* so zu formulieren, daß sie als Maßstab für die Beurteilung und den Vergleich dienen können.

Welche Parameter zur Beurteilung der Integration behinderter Kinder in einem Land gewählt werden könnten, habe ich bereits am Beispiel der Schweiz dargelegt (*Bürli* 1986). Ich habe dort den Integrationsstand danach zu beurteilen versucht,

— ob dezentralisierte Strukturen vorliegen oder angestrebt werden;
— ob durch Rechtsgrundlagen eine möglichst gemeinsame Schulung und Erziehung von Behinderten und Nichtbehinderten empfohlen oder ermöglicht wird;
— ob die Erziehung und Schulung Behinderter alleinige Aufgabe von Spezialisten und Professionellen ist;
— ob die involvierten Personen zu einer partnerschaftlichen Zusammenarbeit bereit und fähig sind;
— ob durch Maßnahmen der Prävention, Früherfassung und Früherziehung das Entstehen, bzw. die Auswirkungen der Behinderung minimalisiert und damit die gemeinsame Erziehung Behinderter und Nichtbehinderter erleichtert wird;
— ob die Regelschule durch ihre quantitativen und qualitativen Bedingungen und Veränderung die Aufnahme von behinderten Schülern ermöglicht oder erleichtert;
— ob Lernschwierigkeiten differenziert abgeklärt werden, um die geeignetsten Schulungs- und Erziehungsmaßnahmen einzuleiten;
— ob durch eine sorgfältige, individuell angepaßte Einschulung die vorzeitige, vorschnelle Aussonderung vermieden wird;
— ob ein differenziertes Angebot von Schulungs- und Erziehungsmöglichkeiten zur Verfügung steht und dabei, soweit es den besonderen Bedürfnissen des Behinderten entspricht, die offeneren Betreuungsformen den geschlosseneren vorgezogen werden;
— ob ausgesonderte Schüler grundsätzlich die Möglichkeit haben, wieder reintegriert zu werden;
— ob Hilfsmittel, Transport, Wohnverhältnisse und Architektur die möglichst gemeinsame Schulung und Erziehung von Behinderten und Nichtbehinderten ermöglichen und fördern.

Die gewählten Beurteilungsdimensionen lassen sich schematisch als *Profil* darstellen (vgl. Abbildung S. 381). Ihre möglichst genaue Umschreibung verbessert zwar die Aussage und die Vergleichbarkeit, vermag aber nicht alle Probleme der Beurteilungsgenauigkeit zu lösen. Vorerst einmal läßt sich die Einschätzung kaum quantifizieren und der subjektive Einfluß des Beurteilers nicht eliminieren. Sodann ist, worauf *Kobi* (1983) hingewiesen hat, darauf zu achten, ob es sich bei Aussagen zur Integration um Proklamationen und Wunschvorstellungen, um vereinzelte, lokal begrenzte Modellversuche oder um allgemeine Praxis handelt. Ich habe diese Realisationsstufen in mein Schema eingebaut; bei der konkreten Beurteilung fällt jedoch die Entscheidung schwer, um welches Realisierungsniveau es sich jeweils handelt.

2. Das Vergleichsmaterial

Nachdem wir uns grundsätzlich gefragt haben, welche Gesichtspunkte für einen internationalen Vergleich der Integration Behinderter in Frage kämen, geht es nun darum, die *Vergleichsländer* auszuwählen sowie die Fakten und Aussagen dieser Länder systematisch einander gegenüberzustellen.

Die Beschränkung auf europäische Länder drängte sich im vornherein auf, einerseits aus arbeitsökonomischen Gründen und angesichts der verfügbaren Quellen, andererseits aber auch, um im einigermaßen Vergleichbaren zu bleiben.

Selbstverständlich wäre es verlockend gewesen, sämtliche europäischen Länder in den Vergleich einzubeziehen und das z. T. reichlich vorhandene Material

SEPARATION	DIMENSION/TENDENZ	INTEGRATION
separativ	Zielrichtung in Recht und Planung	integrativ
zentral	Administrative und institutionelle Strukturen	dezentral
grosse Regelklassen hohe Sonderschulquoten	Schulstatistische Indikatoren	kleine Regelklassen niedrige Sonderschulquoten
mangelhaft	Unterstützung der Familie (durch Beratung, Entlastung, Finanzen, etc.)	genügend
mangelhaft	Ausbildung und Kooperation des Fachpersonals	genügend
mangelhaft, zu spät	Prävention, (Früh-)Erfassung	genügend, rechtzeitig
mangelhaft	Frühförderung	genügend
selektiv	Regelschule (ihre Ziele und Unterrichtspraxis)	individualisierend
ungenügend geschlossen	Schul- und Therapieangebote	genügend offen
ungenügend	Hilfsmittel	adäquat vorhanden
mangelhaft	Transportmöglichkeiten	genügend
unangepasst	Wohnen und Architektur	angepasst

Realisationsstufe:
proklamatorisch
modellhaft
praktiziert

auszuwerten. Allerdings haben solche voneinander unabhängige Darstellungen den Nachteil, daß sie von sehr verschiedenen Autoren stammen, nicht unter einem einheitlichen Gesichtspunkt (z. B. Integration) geschrieben wurden und zeitlich unterschiedlich weit zurückliegen. Einigermaßen vergleichbares Material findet sich bei *Klauer* und *Mitter* (1987) sowie in den Arbeiten der OECD (1980; 1982) und der Europäischen Gemeinschaft (*Jørgensen* 1980; *Mangin* 1983; Kommission 1986). In der Regel basieren diese international vergleichenden Studien auf nationalen Expertenberichten, die von verschiedenen Autoren nach möglichst einheitlichem Muster verfaßt wurden. Verschiedene Länder durch einen einzigen Autor besuchen und beschreiben zu lassen (vgl. *Jørgensen* 1980; *Bürli* 1985), bildet eine Ausnahme.

Es war für mich in diesem Kontext naheliegend, diesem Versuch eines europäischen Integrationsvergleichs die Arbeit einer *Europaratskommission* zu Grunde zu legen, in der ich während mehrerer Jahre Mitglied war und die ich in der Schlußphase präsidieren durfte. Die Beschränkung auf diese Quelle bringt zwar Restriktionen hinsichtlich der berücksichtigten Länder mit sich, erhöht aber auf der anderen Seite die Einheitlichkeit der Betrachtungsweise; zudem mußte ich die Aussagen nicht nur schriftlichen Dokumenten entnehmen, sondern sie stehen für mich in einem Bezug zu den Debatten in der Kommission.

Der Leitende Ausschuß für soziale Angelegenheiten des Europarates setzte vor einigen Jahren eine Expertenkommission zur Frage der Integration behinderter Kinder in Familie und Gesellschaft ein, die 1984 ihre Arbeit aufnahm. Das Mandat dieser Kommission bestand darin, eine Vergleichsstudie unter den Mitgliedstaaten des Europarates darüber durchzuführen, wie es um die optimale Integration behinderter Kinder (von Geburt bis zum 15. Altersjahr) im Rahmen der Familie und der Gesellschaft bestellt ist. Die *Zusammensetzung* der Kommission ergab sich aus je einem Vertreter folgender Länder: Österreich, Zypern, Dänemark, Frankreich, Niederlande, Norwegen, Spanien, Schweiz. Weitere dem Europarat angehörende Länder konnten ihre Beiträge schriftlich einreichen. Dies ist nur in beschränktem Ausmaß geschehen, so daß die Aussagen vor allem von den direkt in der Kommission vertretenen Ländern stammen.

Angesichts der unterschiedlichen politischen, wirtschaftlichen und konzeptionellen Ausgangslagen sowie der methodischen Schwierigkeiten, die solchen international vergleichenden Studien stets immanent sind, ging die Arbeit sehr langsam voran. Nach dem Ringen um einen Minimalkonsens bezüglich Integrationskonzept und Beschreibungskategorien übernahm jedes Kommissionsmitglied die Aufgabe, einen Bericht über sein Land zu verfassen. Der daraus entstandene *Gesamtbericht (Conseil/Council* 1987), in welchem auch Beiträge weiterer Mitgliedstaaten des Europarates Eingang fanden, wurde von der Kommission in ihrer letzten Sitzung im Dezember 1987 verabschiedet und dem Auftraggeber zur Genehmigung überreicht.

Wenn ich im folgenden darangehe, die wichtigsten Ergebnisse dieser Vergleichsstudie zu rekapitulieren, so bin ich mir aus all den genannten Gründen der Vorläufigkeit und Unvollständigkeit der Aussagen bewußt. Der Bericht ist ein *erster Versuch* eines Integrationsvergleichs und zeigt die großen methodischen Schwierigkeiten bei solchen Analysen auf, die allerdings in Zukunft noch reduziert werden könnten. Zum Beispiel konnten nicht von jedem Land zu allen Gesichtspunkten Aussagen eingebracht werden; Lücken im Text lassen aber noch nicht unbedingt auf Lücken im Integrationsangebot schließen. Ich habe aber konsequent davon abgesehen, bestehende Mängel durch anderweitige Informationsquellen auszuglätten.

3. Der Vergleich

Da ich mich ganz auf die Arbeit und die Ergebnisse der Europaratskommission beschränkte, kommen hier nicht alle Dimensionen der Integration zur Sprache, anhand derer verschiedene Länder miteinander verglichen werden könnten (vgl. Abschnitt 1). Vor der komparativen Darlegung der ausgewählten Aspekte werde ich jeweils eingangs thesenhaft das betreffende Integrationskriterium zu formulieren versuchen.

3.1 Rechtliche Verankerung des Integrationsgedankens

Die Integration Behinderter ist abhängig von der Einstellung der Gesellschaft. Diese schlägt sich u. a. nieder in den zu dieser Frage erlassenen rechtlichen Bestimmungen, in den gewählten Dienstleistungsstrukturen und in den zur Verfügung gestellten Finanzen.

Der Europarat hat bereits früher eine *Vergleichsstudie zur Gesetzgebung* über die Rehabilitation behinderter Menschen veranlaßt (Législation 1985). Darin findet sich auch ein besonderes Kapitel über soziale Rehabilitation und Integration (S. 203 ff.). Aus diesem Grunde machte die Expertengruppe zur Integration in ihrem Bericht nur summarische Angaben zur Behindertengesetzgebung. Der internationale Vergleich wird zudem dadurch erschwert, daß viele Staaten, vor allem jene mit einem föderalistischen Aufbau, ihre Verantwortlichkeiten sowohl auf nationalem wie regionalem Niveau gesetzlich geregelt haben.

Versucht man dennoch Vergleiche anzustellen, stellt man fest, daß das Ausmaß, der Ort sowie die Art und Weise der rechtlichen Verankerung je nach Land sehr verschieden gelöst wurden. Ebenso uneinheitlich ist das dabei zugrunde gelegte Konzept der Integration. Oft werden damit Vorkehrungen jeglicher Art im Interesse der Behinderten angesprochen und Integration sozusagen mit Recht auf gesellschaftliche Teilhabe gleichgesetzt. Am häufigsten wird das Ziel der sozialen Integration anvisiert. Jedoch eher selten finden sich direkte Aussagen zur gemeinsamen Schulung und Erziehung Behinderter mit Nichtbehinderten, auch wenn diesbezüglich ohne Zweifel in den meisten Ländern eine Tendenzwende stattgefunden hat.

In *Belgien* gibt es mehr als 75 Vorschriften über Maßnahmen zugunsten behinderter Personen mit dem Ziel, ihre soziale und berufliche Eingliederung zu fördern.

Dänemark hat seit dem 1. Januar 1980 keine separate Gesetzgebung für behinderte Personen mehr. Sozialdienste stehen den Behinderten nach den gleichen Kriterien zur Verfügung wie anderen hilfebedürftigen Gruppen. Die Sozialhilfe ist im Wohlfahrtsgesetz verankert; die Schulung behinderter Kinder ist, wie für alle Schüler, im Gesetz über öffentliche Erziehung geregelt. Nur für die Sonderschulung von Erwachsenen gibt es ein besonderes Gesetz.

In der Bundesrepublik *Deutschland* garantiert Artikel 10 des Sozialhilfegesetzes das Recht behinderter Menschen auf Integration in die Gesellschaft. Danach hat jede körperlich, geistig oder psychisch behinderte oder von Behinderung bedrohte Person den Anspruch auf Hilfe, die sie zur Behebung oder Erleichterung ihrer Behinderung und ihrer Folgen braucht. Dasselbe Gesetz sichert ferner den Behinderten einen Platz in der Gemeinschaft zu, der ihren Bedürfnissen und Fähigkeiten entspricht.

In *Großbritannien* enthält das Erziehungsgesetz von 1981 (in Kraft seit 1. April 1983) Aussagen zur Integration Behinderter. Zu den wichtigsten Prinzipien dieses Gesetzes gehören das Aufgeben der Kategorisierung nach Behinderungsart, die Befürwortung der schulischen Integration unter bestimmten Umständen sowie die größere Mitbeteiligung der Eltern. Ferner müssen nach diesem Gesetz alle Kinder, die möglicherweise besondere Erziehungsbedürfnisse haben, schulisch, medizinisch und psychologisch abgeklärt werden.

Italien weist auf das Gesetz Nr. 118 von 1971 hin, das für Personen mit angeborener oder erworbener Behinderung eine umfassende Integration in Schule und Gesellschaft vorsieht.

In *Norwegen* sind verschiedene Ministerien, regionale und lokale Regierungen und Ämter für die Konkretisierung der nationalen Integrationspolitik verantwortlich.

Schweden hat kein allgemeines Gesetz zur Absicherung der Rechte behinderter Personen. Entsprechende Abschnitte werden entweder in die betreffenden allgemeinen Gesetze integriert (z. B. Sozialhilfegesetz, Baugesetz), oder bei anderen

Gesetzen (Erziehungsgesetz, Arbeitsgesetz) wird es als selbstverständlich angesehen, daß die Behinderten eingeschlossen sind. Eine Ausnahme bildet das Gesetz von 1968 bezüglich geistig behinderter Personen.

In der *Schweiz* gibt es auf nationaler Ebene das Invalidenversicherungsgesetz. Sein Hauptziel ist die berufliche Eingliederung des Behinderten. Die Invalidenversicherung leistet u. a. auch Beiträge an die Sonderschulung und erleichtert indirekt durch gewisse Vorschriften die schulische Integration Behinderter. Die Schulung und Erziehung behinderter Kinder ist allerdings Sache der Kantone. Neuere kantonale Schulgesetzgebungen eröffnen immer mehr auch Möglichkeiten integrativer Schulung Behinderter.

Spanien verabschiedete 1985 ein Gesetz über die soziale Integration von behinderten Personen. Dieses enthält Vorschriften zur Prävention und Erfassung von Behinderten, zu Sach- und Geldleistungen, zur Sonderschulung, zur Sozialberatung sowie zur Integration in der Gesellschaft und am Arbeitsplatz.

Österreich hat Behindertenfragen in verschiedenen, sowohl in Bundes- wie Regionalgesetzen geregelt. Durch die Sozialgesetze der Länder soll jenen Menschen, die für die Lebensführung besondere Hilfe brauchen, diese zugesichert werden. Es wird darauf hingewiesen, daß Hilfen wie Hauspflege, Reinigungs- und Mahlzeitendienst, Betreuung und Beratung für behinderte Personen besonders wichtig sind.

Portugals Verfassung sieht vor, daß der Staat verpflichtet ist, eine nationale Politik für die Behandlung, Rehabilitation und Integration behinderter Personen zu verfolgen und für sie adäquate Schulungsmöglichkeiten zur Verfügung zu stellen.

Zypern hat Behindertenfragen in drei verschiedenen Gesetzen geregelt, nämlich im Gesetz über öffentliche Sozialhilfe, im Sozialversicherungsgesetz und im Sonderschulgesetz. Nur das letztgenannte betrifft behinderte Kinder.

3.2 Prävention und Früherfassung

Präventionsmaßnahmen verunmöglichen das Auftreten von Behinderungen (primäre Prävention) oder reduzieren deren Auswirkungen (sekundäre Prävention). Dadurch lassen sich die potentiell oder effektiv behinderten Kinder eher schulisch-erzieherisch sowie sozial integrieren. — Ebenso begünstigt ein frühzeitiges Erfassen der Behinderten zum Zwecke der möglichst frühen Förderung die schulische, erzieherische und soziale Integration.

Der Bericht der Europaratskommission konzentriert sich auf prä- und perinatale *Präventionsmaßnahmen*. Die dabei angesprochenen Probleme haben einen engen Bezug zur Unterprivilegierung, zur Armut und den weiteren Randgruppenerscheinungen in unseren Gesellschaften. Es stellt sich die Frage, wie anstelle eines passiven Bereithaltens von Dienstleistungen die ohnehin oft schon genug benachteiligten Familien durch aktive Information und Bildung angesprochen werden können, bevor, bzw. sobald ein behindertes Kind geboren wird. Zumindest wären vorgeburtliche Gesundheitspflege für Mutter und Kind sowie nachgeburtliche systematische Gesundheitskontrollen der Kinder im Hinblick auf Prävention und Behinderung sehr wichtig.

In *Belgien* obliegt die vor- und nachgeburtliche Prävention sowie die Verbesserung der Mutter-Kind-Wohlfahrt dem Amt für Geburt und Kindheit. Zur Zeit überlegen sich die Gesundheitsbehörden, die jetzigen Screening-Verfahren auf die vorgeburtliche Phase auszudehnen, ferner bei der Gesundheitserziehung auch die Jugendlichen einzubeziehen sowie die Ärzte auf die sozio-kulturellen Faktoren der Entstehung von Behinderung hinzuweisen.

In *Dänemark* werden die Ärzte, Hebammen und Spitäler von der nationalen Gesundheitsbehörde auf die Möglichkeiten von Präventivuntersuchungen sowie auf die Existenz von genetischen Beratungsstellen aufmerksam gemacht. Will die schwangere Frau ein voraussichtlich behindertes Kind gebären, kann sie dies in einer speziellen Geburtsabteilung tun, die mit einer pädiatrischen Klinik in Verbindung steht. Die betreffende Gemeinde wird über den voraussichtlichen Bedarf an Familienberatung, technischen Hilfsmitteln und Entlastungsdiensten informiert.

In der Bundesrepublik *Deutschland* wird an künftige Eltern eine Broschüre mit dem Titel „Unser Kind soll gesund sein − Das Vorsorgeprogramm für junge Eltern" abgegeben. Zudem ist ein Entwicklungskalender erhältlich, der Informationen über eine gesunde Entwicklung enthält und dadurch das frühe Erkennen von Entwicklungsabweichungen ermöglicht.

In *Frankreich* wird im Hinblick auf Prävention eine aktive Informationspolitik über Behinderungsfragen betrieben. Um aber nicht unnötige Ängste zu provozieren, richtet sich diese nicht generell an alle Familien, sondern in erster Linie an das Spitalpersonal. Ein weiteres Rundschreiben des Sozialministeriums wendet sich an Geburtsabteilungen und Eltern; es enthält Anleitungen und Hinweise für den Fall, daß ein behindertes Kind geboren wurde.

In *Großbritannien* steht Informationsmaterial zur Verfügung, wird aber nicht routinemäßig allen schwangeren Frauen abgegeben. Es existieren ein umfassendes Screening-Programm und genetische Beratungsstellen im ganzen Land. Zur Zeit wird überlegt, wie die voraussichtlich steigende Nachfrage nach pränatalen Untersuchungen am besten bewältigt werden kann. Eine Kommission der Regierung zu Fragen der Geburtshilfe hat auch Hinweise für die Pflege von behinderten Kleinkindern erarbeitet.

Die *Niederlande* unterscheiden sich insofern von vielen anderen Ländern, als hier eine lange Tradition der Hausgeburt besteht. Diese ist erst in neuerer Zeit wegen Risikoüberlegungen in Diskussion geraten.

In *Norwegen* gehört die Geburtshilfe zu den Familien-Gesundheitszentren, die ein Teil der Gesundheitsdienste der Gemeinden sind. Hier arbeiten Gesundheitsschwestern und Ärzte, je nachdem auch Hebammen, Physiotherapeuten, Zahnärzte, Sozialarbeiter und Psychologen. Primärziel dieser Zentren ist die Prävention von körperlichen und geistigen Schäden bei Kindern und die Förderung ihrer allgemeinen Gesundheit. Sie bieten deshalb auch Elternkurse, Check-ups, Familienplanung und Familienberatung an. Sie sind verpflichtet, behinderte Kinder den zuständigen Stellen und Fachleuten zu melden, damit die entsprechenden medizinischen, pädagogischen und sozialen Maßnahmen eingeleitet werden können.

Österreich hat einige arbeitsrechtliche Vorschriften zum Schutz schwangerer Frauen und Schutzmaßnahmen für Frauen und Kinder nach der Geburt erlassen. Eine Meldepflicht von behinderten Kindern besteht nicht, jedoch bieten der sogenannte Mutter-Kind-Paß und die damit verbundenen finanziellen Vergünstigungen einen guten Anreiz, während und nach der Schwangerschaft in regelmäßigen Abständen Check-ups durchführen zu lassen.

In der *Schweiz* ist die Früherfassung durch die Tatsache erschwert, daß sie auf Freiwilligkeit beruht und von der Sensibilität der Eltern und Fachleute abhängig ist. Allerdings sind gegen hundert Prozent der Wohnbevölkerung einer Krankenkasse angeschlossen, welche die Kosten für Schwangerschaftsuntersuchungen, Geburt und kinderärztliche Betreuung übernimmt. Behinderungsbedingte Kosten werden von der Invalidenversicherung übernommen. Bezüglich Präventions- und Früherfassungsprogrammen existieren höchstens Empfehlungen. Für die Eltern gibt es ferner „Elternbriefe" und Mütterberatungsstellen, die auf freiwilliger Basis sehr häufig benutzt werden.

3.3 Familienberatung und Elternschulung

Damit behinderte Kinder in ihren Familien bleiben können, müssen die Eltern und die Geschwister in ihrer Situation beraten sowie für ihre Aufgabe vorbereitet und geschult werden.

Wie die Vergleichsstudie zeigt, werden Familienberatung und Elternschulung in vielen Ländern Europas sowohl von öffentlichen Stellen wie von privaten Organisationen gewährleistet.

In *Dänemark* wird Wert darauf gelegt, daß die Eltern so umfassend als möglich über die Behinderung, über die besonderen Bedürfnisse des Kindes und die verfügbaren Hilfestellungen informiert werden. Dies kann nicht in einer einzigen Konsultation, eventuell auch nicht durch eine einzige Person geschehen. Die Bezirke sowie nationale und regionale Einrichtungen bieten zudem spezielle Elternschulungskurse an.

In der Bundesrepublik *Deutschland*, wie auch in vielen anderen Ländern, besteht die Tendenz, von einem rein medizinischen Ansatz weg zu einer umfassenden Betrachtungsweise zu kommen. Dabei dient als Leitidee, die Familien mit behinderten Kindern durch Informationen, Beratung, Schulung und Erfahrungsaustausch in erzieherischen Fragen kompetenter zu machen.

In *Großbritannien* wird die Ansicht vertreten, daß Familien mit behinderten Kindern an allen Entscheidungen, die das Wohl und die Entwicklung dieser Kinder betrifft, mitbeteiligt sein sollen. Die für eine gute Mitsprache nötigen Informationen müssen ihnen zur Verfügung gestellt werden. Diese sind bei sehr verschiedenen Stellen und Fachleuten (Ärzten, Krankenschwestern, Sozialdiensten, Selbsthilfegruppen, etc.) erhältlich.

In den *Niederlanden* spielen die Elternorganisationen eine wichtige Rolle in der Abgabe von spezifischen Informationen an Eltern behinderter Kinder. Dadurch sollen die erzieherischen Kompetenzen der Eltern und ihre Mitbeteiligung am Rehabilitationsprozeß gesteigert werden.

In *Norwegen* wird die Informations- und Beratungsfunktion vollumfänglich durch die Familiengesundheitszentren wahrgenommen.

Spanien wie auch Schweden bieten Elternschulungskurse an. Im übrigen werden in *Schweden* die Eltern behinderter Kinder mit den Frühberatungsstellen in Kontakt gebracht. Rehabilitations- und Behindertenorganisationen erfüllen eine wichtige Informationsfunktion. Familien- und Elternkurse werden von Sonderschulen aus lanciert. Die Gemeinde besorgt die Sozial- und Entlastungsdienste sowie die finanzielle Unterstützung.

In der *Schweiz* erhalten Eltern behinderter Kinder von verschiedenartigen Sozialberatungsstellen Betreuung und Beratung. Neben diesen Sozialberatungsstellen, die entweder von Gemeinden, Regionen, Betrieben oder Vereinigungen getragen werden, existiert ein Netz von Frühberatungsstellen, schulpsychologischen Diensten und Erziehungsberatungsstellen. In der Elternschulung sind zahlreiche private Organisationen, insbesondere auch die Elternvereinigungen, tätig. Sie werden finanziell von der Invalidenversicherung unterstützt.

3.4 Finanzielle Unterstützung der Familie

Damit behinderte Kinder in ihren Familien behalten werden, sollten die Eltern für ihren erzieherischen und pflegerischen Mehraufwand finanziell entschädigt werden. Die Familie sollte finanziell nicht schlechter wegkommen, wenn sie das Kind zu Hause behält, statt es in ein Heim zu geben, wo möglicherweise die Sozialversicherung alle Kosten trägt.

Alle Länder versuchen diesem Anliegen in irgendeiner Form Rechnung zu tragen. Aber diese Integrationshilfe ist in besonderer Weise im Zusammenhang mit anderen Maßnahmen eines Staates und auf dessen historischem und politischem Hintergrund zu sehen. Die finanzielle Hilfe für ein behindertes Kind ist nicht der einzige Indikator für die politische Integrationsbereitschaft.

Ganz allgemein betrachtet gibt es einerseits Länder, welche als Basis Kinderzulagen ausrichten, die dann im Falle eines behinderten Kindes erhöht werden (Belgien, Frankreich, Luxemburg, Österreich, Portugal, Spanien, Schweden). In anderen Ländern werden hingegen behinderungsbedingte Mehrkosten von den Sozialversicherungen, notfalls von der Sozialhilfe bezahlt (Bundesrepublik Deutschland, Niederlande, Schweiz). Zypern kennt keine allgemeinen Kinderzulagen, sondern lediglich solche für behinderte Kinder. Dänemark legt, abgesehen von allgemeinen Familienzulagen, das Schwergewicht auf die Gewährung praktischer Hilfen. Großbritannien sieht Zuschüsse für Pflege und Transport vor. — In vielen Ländern kommen Steuervergünstigungen hinzu.

Die unterschiedlichen Währungen und Lebenskosten sowie die kontinuierlichen Anpassungen der Beitragshöhe erschweren einen aussagekräftigen Vergleich; deshalb wird hier nicht weiter auf die Details der einzelnen Länder eingegangen.

3.5 Praktische Hilfen an die Familie

Damit behinderte Kinder in ihren Familien bleiben können, müssen deren Eltern zeitweise von ihrer Aufgabe entlastet bzw. darin praktisch unterstützt werden.

Hier kommen wir der harten Realität, welche die Präsenz eines behinderten Kindes in der Familie mit sich bringt, wohl am nächsten. Dabei handelt es sich bekanntlich vielfach um ohnehin unterprivilegierte Familien. Alle Vergleichsländer stellen einen bemerkenswerten Standard an medizinischen Dienstleistungen und pädagogischen Einrichtungen zur Verfügung. In diesem Abschnitt geht es aber um die verschiedenen Hilfestellungen, die das alltägliche Leben einer Familie mit einem behinderten Kind erleichtern können.

Eine wichtige integrative Funktion wird von vielen Ländern den *Ludotheken* zugeschrieben. Hier können geeignete Spielzeuge ausgeliehen werden, welche die Entwicklung des Kindes fördern. Hier treffen sich aber auch die verschiedensten Kinder mit ihren Eltern. Behinderte und nichtbehinderte Kinder lernen miteinander zu spielen. Die Eltern haben Gelegenheit, ihre erzieherischen Erfahrungen auszutauschen.

Als *weitere praktische Hilfen* an die Familien erwähnen einige Länder beispielsweise die technischen Hilfsmittel (Rollstühle, Prothesen, etc.), die Transportmöglichkeiten, die Beseitigung architektonischer Barrieren und die Anpassung der Baulichkeiten an die Bedürfnisse des Behinderten.

Dänemark übernimmt gewisse Zusatzkosten, wenn ein behindertes Kind zu Hause aufwächst. Diese beziehen sich auf besonderes Essen, Diät, Arzneimittel, Transport, Kursteilnahme, spezielle Kleider, Hygieneartikel, Lohneinbuße, Haushaltshilfen und Hausbetreuung.

In *Frankreich* gehen die praktischen Hilfen, aber auch die Elternberatung und Rehabilitation für Kinder im Alter von null bis sechs Jahren von den medizinisch-sozialen Früherfassungszentren (Centres d'action médico-sociale précoce, CAMPS) aus. Im Sinne einer Poliklinik nimmt sich ein multidisziplinäres Team (Spezialarzt, Therapeuten, Psychologen, Sonderschullehrer) der frühzeitigen Pflege und Behandlung von Behinderten an. Die Beratung der Eltern in ihrer wichtigen Funktion als Erzieher findet zu Hause oder im Zentrum statt. Für behinderte Kinder, die nicht in einer Spezialeinrichtung betreut werden, sind ab drittem Lebensjahr auch erzieherische und pflegerisch-therapeutische Rehabilitationsangebote zu Hause möglich. Dazu gehört der Beizug von Heimhelfern, welche Kinder mit schweren motorischen Behinderungen in ihren alltäglichen Verrichtungen unterstützen. Die dadurch entstehenden Kosten werden gemeinsam vom Staat, der Gemeinde sowie den Eltern getragen, die dafür spezielle Zuschüsse erhalten.

In *Großbritannien* hat der sogenannte Familienfonds dem Problem der Inkontinenz bei Schwerstbehinderten und den daraus entstehenden Folgekosten besondere Aufmerksamkeit geschenkt. Von ihm wurde der Ankauf und die Einrichtung einer großen Anzahl von Waschmaschinen finanziert.

In den *Niederlanden* gibt es die Privatinitiative „Familienberatung". Um zahlreiche Heimunterbringungen zu vermeiden, errichtete sie Tagesstätten und später auch Beratungsdienste für Familien, wo Eltern pädagogische Ratschläge, emotionale Unterstützung, aber auch praktische Hilfen in der Haushaltsführung und Kinderbetreuung erhalten können.

In *Norwegen* hat man, wie in vielen anderen Ländern, die integrative Funktion von Entlastungsangeboten für die Familie erkannt. Auf der einen Seite wird auf Wunsch Personal in die Familie geschickt, um die Eltern in ihren Haushaltsaktivitäten zu entlasten und/oder mit dem Kind zu arbeiten. Auf der anderen Seite können die Kinder vorübergehend aus den Familien genommen werden, damit die Eltern Urlaub nehmen können. Als Richtlinie für die Familienentlastung hat eine Kommission vor kurzem einen Abend wöchentlich, jedes zweite Wochenende und drei Wochen Ferien im Jahr empfohlen. Ab 1. Januar 1988 gehören Entlastungsdienste zum Pflichtangebot der Gemeinden.

In der *Schweiz* bestehen zum Teil schon seit vielen Jahren Entlastungsdienste; an anderen Orten sind sie erst im Entstehen begriffen. Helfer und Helferinnen übernehmen regelmäßig während einiger Stunden die Betreuung von Behinderten. Ferienlager werden vor allem von Fachverbänden und Elternvereinigungen unter Beizug von Freiwilligen und Fachleuten organisiert. Eine ähnliche Entlastungsfunktion haben die Freizeitgruppen. Weitere praktische Hilfen wie Hilfsmittel und Transporte werden von der Invalidenversicherung (mit-)finanziert.

3.6 Frühförderung und vorschulische Integration

In Früherziehungsprogrammen und vorschulischen Einrichtungen können behinderte Kinder gefördert werden, ohne sie erheblich von den nichtbehinderten zu trennen. Dadurch wird die spätere schulisch-erzieherische, aber auch die soziale Integration begünstigt.

Neben der Familie gehören die vorschulischen und schulischen Maßnahmen und Einrichtungen zu den wirkungsvollsten *Sozialisationsfaktoren* für ein Kind. Für ein behindertes Kind stellt der Eintritt in den Kindergarten oder in die Spielgruppe eine entscheidende Phase dar. In dieser Lebensphase können aber auch die Einstellungen nichtbehinderter gegenüber behinderten Kindern noch leicht beeinflußt und geformt werden. Für die Eltern bedeutet die Aufnahme ihres behinderten Kindes in eine Tagesstätte Erleichterung und Unterstützung.

Sozusagen *alle Länder* stellen ein breites Spektrum von vorschulischen Einrichtungen zur Verfügung, die vom Regelkindergarten über den Sonderkindergarten bis hin zu Heimeinrichtungen reichen. Was für die jeweilige Wahl und Zuweisung zu dieser oder jener Einrichtung den Ausschlag gibt, ist schwer zu ergründen.

In der Bundesrepublik *Deutschland* wird die traditionelle Sonderschulung sowohl im vorschulischen wie im schulischen Bereich zunehmend mit kritischen Augen beurteilt. Um das Maß, wieviel besondere Hilfe nötig und wieviel gemeinsame Erziehung möglich ist, besser beurteilen zu können, haben Bund und Länder sehr viel Geld in Schulversuche und Forschungsprojekte investiert. Nach dieser Forschungs- und Versuchsphase wird es wichtig sein, die Erfahrungen auf die konventionellen Einrichtungen zu übertragen und die rechtlichen, organisatorischen und administrativen Bedingungen integrativer Erziehung zu prüfen sowie das Personal entsprechend auszubilden. Für diejenigen Kinder, die trotz Zusatzhilfen nicht von der Regelschulung profitieren können, soll es auch künftig Sondereinrichtungen geben; diese sollen jedoch mit Regeleinrichtungen, aber auch mit den Eltern, Sozialhilfe- und Therapiestellen kooperieren.

Frankreich läßt trotz eindeutig integrativer Ausrichtung auch im Vorschulbereich Sondereinrichtungen gelten, dies vor allem für schwer- und schwerstbehinderte Kinder. Offene und halboffene Tagesstätten sollen aber immer mehr auch das Verbleiben in der Familie ermöglichen.

Norwegen setzt für Vorschulmaßnahmen eindeutig integrative Schwerpunkte. Die Gemeinden sind zum Beispiel verpflichtet, in ihrer Kindergartenplanung nach Möglichkeit auch die Aufnahme von behinderten Kindern vorzusehen. Begründet wird dies mit dem Hinweis auf die gute Entwicklungsförderung des Kindes durch den Kindergarten sowie die Unterstützungs- und Entlastungsmöglichkeiten für die Eltern. Hier sollen aber auch nichtbehinderte und behinderte Kinder miteinander umgehen und einander anerkennen lernen.

In der *Schweiz* gibt es folgende institutionelle Möglichkeiten der Förderung vorschulpflichtiger behinderter Kinder: Früherziehung im Rahmen von 1. Sonderschulen, 2. speziellen Früherziehungsstellen (Heilpädagogische Dienste, etc.) oder anderen pädagogischen Beratungs- und Therapiestellen, 3. Kindergärten, event. mit zusätzlicher externer Unterstützung (seltener in Sonderkindergärten). Unter bestimmten Voraussetzungen leistet die Invalidenversicherung Beiträge an die Förderung behinderter Kinder im Vorschulalter.

Zypern betrachtet seine vorschulischen Sondereinrichtungen nicht als segregativ, sondern als notwendige Grundlage für die spätere Integration in Schule, Arbeit und Gesellschaft.

3.7 Schulische Integration

Im Hinblick auf ihre gesellschaftliche Integration sollen behinderte Kinder soweit als möglich und unter Berücksichtigung ihrer besonderen erzieherischen Bedürfnisse gemeinsam mit den nichtbehinderten Kindern geschult und erzogen werden.

Auch wenn alle Länder die möglichst weitgehende gesellschaftliche Integration Behinderter befürworten, streben sie dieses Ziel nicht gleichermaßen durch das Mittel der *gemeinsamen Schulung* und Erziehung behinderter und nichtbehinderter Kinder an. Im konkreten Fall ist die schulische Integration abhängig von den Erfahrungen in vorschulischen Einrichtungen.

Frankreich hat mit zwei interministeriellen Rundschreiben von 1982 und 1983 die schulische und vorschulische Integration ermöglicht, um damit die Schulungsangebote zu erweitern und den Eltern eine Wahlmöglichkeit zu geben. Integration ist inzwischen in Einrichtungen für Kinder zu einer allgemeinen Leitlinie geworden. Diese Zielvorstellung wird in pragmatischer Weise und in unterschiedlichen Formen umgesetzt, zum Beispiel durch Integration einzelner Kinder in Regelklassen, kollektive Integration von kleinen Gruppen, Integration kleiner Gruppen lediglich für gewisse Aktivitäten. Jedes integrierte Kind erhält besondere Unterstützung, sei dies durch spezialisiertes Personal, zusätzliche materielle Ressourcen oder besondere Unterrichtsmethoden.

Großbritannien befürwortet im Erziehungsgesetz von 1981 die schulische Integration, wenn die Eltern dies wünschen, das Kind dadurch die nötige besondere Erziehung erhält, die Integration sich mit einer effizienten Förderung der übrigen Kinder verträgt und die finanziellen Mittel richtig eingesetzt werden.

Norwegen befürwortet grundsätzlich den Besuch der Schule vor Ort. Der Anteil von Schülern außerhalb der Regelschule ist gering (weniger als 1% der Schulpopulation). Das Spektrum der verschiedenen Sondereinrichtungen entspricht den unterschiedlichen Schweregraden der Behinderungen. Das norwegische Parlament setzt zur Zeit eine Vorschrift im Erziehungsgesetz in Kraft, welche die Aufnahme aller Kinder (ab 7. Lebensjahr) in der lokalen Schule vorsieht.

Österreich befürwortet ebenfalls grundsätzlich das Prinzip, daß die Pflichtschule wenn immer möglich in der Regelschule absolviert werden soll. Kinder, die aber infolge einer Behinderung dem Regelunterricht nicht zu folgen vermögen, haben eine ihren Fähigkeiten angepaßte Sonderschulung oder eine Sonderklasse innerhalb der Regelschule zu besuchen. Am Beispiel dieses Landes kann die Frage aufgeworfen werden, wie die Regelschule aussehen müßte, um behinderte Kinder behalten zu können und ihnen gerecht zu werden.

Die wünschbaren Formen von erzieherisch-schulischen Einrichtungen für behinderte Kinder, wie sie im Bericht der *Schweiz* dargestellt werden, gelten wohl für die meisten Länder. Danach können, kurz zusammengefaßt, behinderte Kinder geschult werden in 1) Regelklassen mit oder ohne besondere Unterstützung, 2) Regelklassen mit externer Beratung und Betreuung, 3) Sonderklassen innerhalb oder in Verbindung mit einer Regelschule, 4) Sonderschulen als Tagesschule oder mit Internat.

3.8 Neben- und außerschulische Integration

Die soziale Integration behinderter Kinder kann auch durch neben- und außerschulische Aktivitäten gefördert werden.

Offenbar aus der Überzeugung heraus, daß die Schule einen dominanten Integrationsfaktor darstellt, fehlen in den Länderberichten ausführliche Beschreibungen von integrativen Bemühungen außerhalb von Schule und Familie. Die entsprechenden Hinweise, teilweise schon in früheren Abschnitten angedeutet, beziehen sich auf freiwillige Organisationen, die Sportmöglichkeiten anbieten, Ferienlager oder andere Freizeitbeschäftigungen organisieren. Allgemein läßt sich vermuten, daß das soziale Zusammenleben von Behinderten und Nichtbehinderten in vielen Ländern selbstverständlicher geworden ist.

Literatur

Bürli, A.: Zur Integration behinderter Kinder in der Schweiz. Luzern (Schweizerische Zentralstelle für Heilpädagogik) 1986 (Reihe „aspekte" Nr. 18).
Bürli, A.: Zur Behindertenpädagogik in Italien, England und Dänemark. Fakten, Beobachtungen, Anregungen. Luzern (Schweizerische Zentralstelle für Heilpädagogik) 1985.
Conseil de l'Europe: Comité directeur sur la politique sociale; Comité d'experts sur l'intégration des enfants handicapés dans la famille et la société: Projet de rapport revisé. Strasbourg, Décembre 1987.
Council of Europe; Steering Committee for Social Affairs; Committee of Experts on the Integration of handicapped Children into their Family and Society: Revised draft report. Strasbourg, December 1987.
Jørgensen, J. S.: L'enseignement spécial dans la communauté européenne. Luxembourg (Office des Publications officielles de la CE) 1980.
Klauer, K. J. / Mitter, W. (Hrsg.): Vergleichende Sonderpädagogik. Berlin 1987 (Bd. 11 des Hb. Sonderpädagogik).
Kobi, E. E.: Praktizierte Integration: Eine Zwischenbilanz. In: Vierteljahresschrift für Heilpädagogik und ihre Nachbargebiete 52 (1983) S. 196–216.
Kommission der Europäischen Gemeinschaften: Stand der schulischen Eingliederung der Behinderten. Brüssel, 24. Oktober 1986 (Entwurf des Berichts).
Législation relative à la réadaption des personnes handicapées. Strasbourg (Conseil de l'Europe) 1985.
Mangin, G.: Die Behinderten und ihre Beschäftigung. Statistische Untersuchung der Lage in den Mitgliedstaaten der Europäischen Gemeinschaften. Luxembourg (Amt für amtliche Veröffentlichungen der EG) 1983.

OECD (Organization for Economic Co-operation and Development), Centre for Educational Research and Innovation: Financing, organization and governance of education for special populations.
- Country surveys of current practice. Paris (OECD) 1980 (Berichte über die einzelnen OECD-Länder).
- Overview report on cross-national project. Paris (OECD) 1982.
- *OECD*: Centre for educational research and innovation: The education of the handicapped adolescent. Integration in the school. Paris (OECD) 1981.

Ulf Preuss-Lausitz

Zur Verwirklichung flächendeckender Nichtaussonderung im Vorschul- und Schulbereich — Perspektiven integrativer Erziehung in den 90er Jahren

1. Wendezeit?

Seit Mitte der 80er Jahre sind immer mehr Eltern, Politiker, Verwaltungsbeamte und Wissenschaftler überzeugt, daß Modellversuche im Vorschul- und Schulbereich (zumindest der Primarstufe) hinlänglich zahlreich durchgeführt wurden; „Integration geht", das sei durch sie zureichend bewiesen. Es komme nun darauf an, Konzepte für ein „flächendeckendes Angebot in der Bundesrepublik" (*Lipski* 1987a) zu entwickeln. Gemessen an dieser Forderung scheint es verwirrend, daß immer noch Modellversuche beantragt und auch genehmigt werden, und zwar sowohl im Vorschul- als auch im Schulbereich. Ganz offenkundig steht diese nur scheinbar widersprüchliche Entwicklung in Zusammenhang mit den rechtlichen und politischen Bedingungen in den verschiedenen Ländern und Kommunen: In vielen Bundesländern ist selbst in den 90er Jahren die Rechtsform des „Modellkindergartens" bzw. des „Schulversuchs" die einzige, zumindest die günstigste Struktur, in der integrative Erziehung auch tatsächlich praktiziert werden kann, und in der Erzieher/innen, Lehrer/innen, Spezialisten und Eltern konkrete *Erfahrungen gewinnen* können. Damit wird im Prinzip der Sinn von Versuchen umgebogen: Modellversuche integrativer Pädagogik sollten ja herausbekommen, ob und wie dies am besten geht, und nicht, *nach* der Beantwortung dieser Fragen, die Rechtsform für vereinzelte Versuche abgeben. Aber diese Umnutzung der Rechtsform des Versuchs ist dort notwendig, wo die Politik sich bislang weigerte, ein allgemeines Recht auf gemeinsame Erziehung zu verankern.

Diese Weigerung hat einerseits in einigen Bundesländern abgenommen, in anderen — und gerade in den meisten der ehemaligen DDR — besteht sie nach wie vor. Fünf Bundesländer — Saarland, Berlin, Schleswig-Holstein, Hessen, Brandenburg, — haben es gesetzlich zum Bildungsauftrag der *allgemeinen* Schule erklärt, Kinder mit Behinderungen mit zusätzlicher (sonderpädagogischer) Förderung zu unterrichten und zu erziehen. In allen übrigen Ländern ist, trotz der Ausdehnung konkreter Ansätze gemeinsamer Erziehung in rot, rot-grün oder ampelregierten Ländern, der Schulversuch nach wie vor ein Instrument, um alle Beteiligten durch Erfahrung davon zu überzeugen, daß integrative Pädagogik nicht nur „geht", sondern auch überzeugend mitgetragen wird.

Die Vereinigung von BRD und DDR führt hier zu besonderen Widersprüchen. Erst jetzt wird erkennbar, wie konservativ die DDR-Sonderpädagogik war: Jeder konkrete Ansatz gemeinsamer Erziehung von Kindern mit und ohne Behinderungen wurde untersagt, ja selbst die Debatte darüber war unerwünscht. Orientiert an der sowjetischen „Defektologie", hatte die Ost-Sonderpädagogik zur Wende-Zeit etwa den Stand, der in der alten Bundesrepublik in den 60er Jahren bestand: individualistisch defektorientiert, organisatorisch separatistisch, guten Glaubens, daß zentrale Sonderschulen (oft mit Internaten) das Beste für die Kinder und die Gesellschaft seien. Kein Wunder, daß die konservativ regierten neuen Bundesländer (1992: Sachsen, Sachsen-Anhalt, Thüringen, Mecklenburg-Vorpommern) bruchlos an diese Tradition anknüpfen konnten und das separate Sonderschulsystem (mit der Umbenennung einiger Türschilder) fortleben ließen. Der Wunsch nach gemeinsamer Erziehung regt sich, wie das Beispiel Brandenburg zeigt (vgl. *Preuss-Lausitz* 1993 a), dort jedoch sehr schnell, wo der Staat Eltern und Lehrern Erfahrungen ermöglicht.

Auch für diese Eltern, Lehrer und Schulpolitiker/innen sollte der folgende Beitrag Anregungen liefern, wie sich die gemeinsame Erziehung entwickeln und zur generellen Festigung der Schule für alle Kinder beitragen kann.

2. Der Kindergarten und die Integration der Behörden

Schon im September 1985 haben die „Jugendminister" der Bundesrepublik in einem Beschluß die „vorhandenen Ansätze zur gemeinsamen Förderung und Erziehung in ihrer Vielgestaltigkeit" begrüßt und ihre weitere Entwicklung zu fördern versprochen (*Jugendminister* 1986, S. 2). Eine Reihe von Bundesländern hat Modellversuche im Kindergartenbereich gefördert. Auf einer auswertenden Konferenz des Bundesministeriums für Bildung und Wissenschaft vom März 1987 wurden die darin gemachten Erfahrungen erörtert und allgemeine Schlußfolgerungen gezogen. In den dabei untersuchten integrativen Kindergärten sind erstaunlich einhellige Erfahrungen gemacht worden. *Lipski*, der Leiter der wissenschaftlichen Begleitung zahlreicher Integrationsversuche im Vorschulbereich, faßt sie so zusammen:

„1. Gruppen mit integrativer Erziehung bieten günstige Voraussetzungen für einen normalen Umgang zwischen behinderten und nichtbehinderten Kindern. Je jünger die Kinder sind, desto geringer sind ihre Vorurteile gegenüber Behinderten und desto unbefangener gehen sie auf sie zu.

2. Die Befürchtung, daß Kinder wegen ihrer Behinderung in der Gruppe in eine benachteiligte Position geraten, hat sich nicht bestätigt. Auftretende Probleme unterschieden sich im allgemeinen nicht von denen anderer Kindergartengruppen.

3. Gruppen mit integrativer Erziehung bieten mehr Anregungen und Lernmöglichkeiten für alle Kinder und begünstigten den Erwerb sozialer Fähigkeiten.

4. Gemeinsames Leben und Lernen beschränkt sich in integrativen Gruppen allerdings häufig auf die Zeit im Kindergarten, da behinderte und nichtbehinderte Kinder meist nicht aus demselben Wohngebiet kommen" (*Lipski* 1987b, S. 21; vgl. auch den zusammenfassenden Bericht über die Entwicklung in den alten Bundesländern des DJI 1990, den Forschungsbericht von *Hössl* u. a. 1990 und die Untersuchung von *Klein* u. a. 1987; im übrigen bietet die abgeschlossene Reihe „Integration behinderter Kinder" und die abgeschlossene Zeitschrift „gemeinsam leben", beide DJI, eine Vielzahl weiterer Informationen für den Vorschulbereich).

Diese Ergebnisse wiesen in ihrem letzten Punkt zugleich auf die notwendige Betreuung behinderter Vorschulkinder in ihrem Wohngebiet hin: diese ist nur dann zu erreichen, wenn das *Prinzip der Wohnortnähe* (bzw. das Regionalisierungsprinzip oder der Stadtteilbezug) für gemeinsame Erziehung praktiziert wird; wenn also jedes, auch das behinderte Kind in den „Kindergarten um die Ecke" gehen kann.

Neben dem Prinzip der Wohnortnähe sind, wie die Modellversuche zeigen, besonders die Grundsätze der „Normalität" in der Mischung der Kinder und der „individuellen Förderung" zu beachten. „Normalität" bedeutet hier, daß der Anteil behinderter Kinder möglichst wenig über den Anteilen liegen sollte, die als besonders bzw. zusätzlich zu fördernde Vorschulkinder in der Altersgruppe angesehen werden. In der Regel umfassen integrative Kindergartengruppen 12 bis 15 Kinder, von denen drei bis fünf als behindert eingestuft sind.

Das *Prinzip* „individuelle Förderung" bedeutet, daß die für die behinderten Kinder zusätzlichen therapeutischen bzw. pädagogischen Hilfen in die integrative Gruppe hineingegeben werden, die Gruppe aber in jedem Fall real ständig von zwei Fachkräften geleitet werden muß; das heißt für die Stellenplanung, unter Berücksichtigung der zu berechnenden Urlaube, Krankheitsraten und Öffnungszeiten, von 2,5 bis 3 Stellen auszugehen.

Wie ließe sich nun die flächendeckende gemeinsame Erziehung im Kindergartenbereich bei Verwirklichung der individuellen Förderung, der Wohnortnähe und der Normalisierung denken? Wie die Zusammenstellung der Formen aus den alten Bundesländern (vgl. DJI 1990) zeigt, sind die Konzepte durchaus unterschiedlich. Es wird jedoch betont, daß nahe Einzugsgebiete, die Vermeidung einer Konzentration von Problemkindern auf einzelne Gruppen, die klare Strukturierung des Arbeitsbudjets der Mitarbeiter/innen und die Berücksichtigung der integrativen Pädagogik in der Aus- und Fortbildung der Erzieher/innen die wichtigsten Voraussetzungen für erfolgreiche Integration sind (DJI 1990, S. 30f.).

Am Beispiel Berlin und Hamburg läßt sich zeigen, wie die Umsetzung eines Gesamtkonzepts erfolgt. In Berlin wurde Ende 1986 beschlossen, ab 1987 in allen Bezirken integrative Kindergartengruppen zuzulassen und pro „behindertes" (nach BSHG definiertes) Kind 0,25 Stellen hinzuzugeben. Diese Gruppen sollen nicht mehr als 15 Kinder (also wie bei den übrigen Berliner Kita-Gruppen) umfassen. Sind z. B. in einer integrativen Gruppe zwei behinderte Kinder, so kommt also eine halbe Stelle zusätzlich zu der Regelausstattung (die 1,43 Stellen beträgt) hinzu. Bei vier behinderten Kindern wären es insgesamt 2,43 Stellen. Bei Aufnahme eines schwermehrfachbehinderten Kindes wird die integrative Gruppe auf 12 abgesenkt, der normale Erzieherschlüssel bleibt jedoch wie in der 15er Gruppe, und eine halbe Stelle kommt hinzu.

Tatsächlich werden für Integrationsgruppen in regulären Kindertagesstätten seit 1987 jährlich zusätzlich 3 Mio DM, je zur Hälfte für die bezirklichen und die Freien Träger, ausgegeben. Die Zahl der behinderten Kinder stieg in den westlichen Bezirken von 1986 rd. 70 bis 1992 auf rd. 790, in den östlichen Bezirken wurden schon 1991 rd. 580 Kinder mit Behinderungen in Regel-Kitas aufgenommen. Das Konzept der allmählichen Ausweitung hat sich also durchgesetzt, und entsprechend werden sich die Sonder-Kitas bei geringerem Bedarf umwandeln in allgemeine Integrations-Kitas.

Das zweite Lernfeld ist Hamburg. Dort wird seit 1988 schrittweise das Sonderkindertagesstättensystem umgewandelt (vgl. Kintertagesstättenbedarfsplan 1988).

Es wird ernst gemacht mit dem Anspruch, mit den Prinzipien Wohnortnähe, individuelle Förderung und Entspezialisierung die ganzheitliche Förderung der behinderten Kinder in der ‚Kita um die Ecke‘ zu verwirklichen. Ein umfassendes, systematisches Fortbildungsprogramm für alle Erzieher/innen bereitet schrittweise auf die neuen Aufgaben vor. Allerdings hat sich Hamburg entschlossen, auch für die Integrationsgruppen nicht wesentlich von der bisherigen Kita-Größe abzugehen: statt 22 Kinder in der Regel-Kitagruppe umfassen die Integrationsgruppen 20, wobei max. vier Kinder als behindert (im Sinne des BSHG) aufgenommen werden sollen. Den Integrationsgruppen sollen drei Stellen zugewiesen werden, damit real immer zwei Fachkräfte anwesend sind.

Es ist verständlich, daß diese Gruppen, die ohnehin unter pädagogischen Aspekten für Vorschulgruppen als zu groß angesehen werden müssen, von vielen Praktikern als zu umfangreich eingeschätzt werden. Allerdings muß beachtet werden, daß in Hamburg über 50% aller als „behindert" eingestuften Kinder Sprachprobleme haben. Wahrscheinlich wird es, wie dies auch aus den Modellversuchen deutlich wurde, auf eine vernünftige, ausgewogene Mischung in der Zusammensetzung der Gruppen ankommen.

Die Entscheidung über die Zuweisung in die wohnortnahe Integrationsgruppe wird in Berlin im Bezirk (bzw. vom jeweiligen Freien Träger) vorgenommen. Hamburg hat sich für eine zentrale gemischtfachliche Gruppe entschieden, aus Sorge vor einer „Inflation von Eingliederungsmaßnahmen" (Bürgerschaft 12/492, S. 18) bei einer weiterhin bezirklichen Zuweisung. So sinnvoll die Abkehr von einer rein fachärztlichen zugunsten einer gemischtfachlichen Grundlage der Bewilligung von BSHG-Mitteln ist, so sehr steht die Zentralisierung im Widerspruch zum Regionalisierungskonzept der gemeinsamen Erziehung. Nur bezirkliche, wohnortnahe, fachlich gemischte Gruppen können in Kenntnis der lokalen Einrichtungen und Personen, zusammen mit den Eltern, einen angemessenen Rehabilitationsplan entwickeln; denn dieser ist doch die Grundlage der Integration bzw. Nichtaussonderung.

Zusammenfassend läßt sich aus den beiden Beispielen Hamburg und Berlin und aus den Erfahrungen der übrigen Alt-Bundesländer für flächendeckende Nichtaussonderung im Vorschulbereich schließen, daß die *Konzeptionen* für Integrationsgruppen weitgehend entwickelt sind: mindestens doppelte Personalausstattung; Gruppengrößen zwischen 12 und 15 als Zielperspektive; kontinuierliche und umfassende Fortbildung für alle Fachkräfte im Rahmen der Arbeitszeit.

Strittig sind noch die Formen der Zuweisung. Dabei schält sich immer deutlicher heraus, daß eine *ganzheitliche Förderung auch eine integrierte, fachlich gemischte — möglichst wohnortnahe — Kommission* voraussetzt, damit die unterschiedlichen Kompetenzen und Erfahrungen in einen gemeinsamen Förderplan einfließen können. Vor allem scheint es häufig nötig, die medizinische bzw. therapeutische Förderung zu erweitern um familien- und wohnfeldbezogene, also um sozialpädagogisch-ökologische Unterstützung.

3. Die Perspektive der flächendeckenden gemeinsamen Erziehung in der Schule der 90er Jahre

Auch im Schulbereich hat sich flächendeckende, also über die einzelne Integrationsklasse oder -schule hinausgehende *allgemeine* Verankerung gemeinsamer Erziehung entwickelt (vgl. zum folgenden ausführlicher *Preuss-Lausitz* 1993a). Drei Länder-Gruppen lassen sich ausmachen: Bundesländer, die die gemeinsame Erziehung — bei Beibehaltung der Sonderschule — als Regelangebot der allgemeinen Schule, vor allem der Grundschule, gesetzlich absicherten (s. o.); Länder, die ohne solche Absicherung die gemeinsame Erziehung auf Antrag erheblich ausdehnten, wie Niedersachsen, NRW, Bremen u. a.; schließlich Bundesländer, die grundsätzlich gegen jede „zieldifferente" Integration sind und Sonderpädagogen nur im Rahmen von Beratung und ambulanter gelegentlicher Unterstützung für behinderte, ansonsten jedoch leistungsfähige Schüler in die allgemeine Schule einbeziehen, wie Bayern, bis 1992 auch Baden-Württemberg, und wie die erwähnten ostdeutschen Bundesländer außer Brandenburg. Offenkundig hängt die Ausdehnung integrativer Erziehung nicht nur von Erfahrungen und Wünschen, sondern in erster Linie von schulpolitischen Entscheidungen der Landesregierungen ab.

Drei Varianten der Organisation gemeinsamer Unterrichtung haben sich in den letzten 15 Jahren entwickelt:

— die Klasse mit 15 Kindern, von denen max. fünf behindert sind (das sog. Fläming-Modell, vgl. Projektgruppe 1988);
— die Klasse mit 20 Kindern, von denen zwei behindert sind (das sog. Uckermark-Modell, vgl. *Heyer* u. a. 1990);
— und die Einzelintegration, wobei je nach Behinderung bestimmte Stunden von Sonderpädagogen, Regelpädagogen oder Einzelfallhelfern hinzukommen und die Klassenfrequenz nicht oder nur unwesentlich abgesenkt wird.

In der ersten Gruppe sind ständig zwei Pädagogen vorgesehen, in der zweiten Gruppe nur teilweise (meist 1/3 bzw. 1/2 Sonderpädagogenstelle zusätzlich); in der dritten Gruppe hängt dies von den konkreten Behinderungen und Aushandlungen aller Beteiligten ab: die zusätzliche Unterstützung kann von 1 Stunde bis zu einer vollen Stelle reichen.

Bei tatsächlich flächendeckender gemeinsamer Erziehung unter Anwendung der Prinzipien der Wohnortnähe, Individualisierung und Normalisierung darf man davon ausgehen, daß in sozial durchschnittlich zusammengesetzten Wohngebieten rd. 5% aller Kinder eine ständige und weitere 5% eine ständige bis gelegentliche zusätzliche Unterstützung über die normale Förderung durch die „Regel"-Lehrer hinaus brauchen. Diese 10% Kinder haben zu 90% sozial bedingte Entwicklungsverzögerungen und Verhaltensprobleme, die zu Lernproblemen führen. In der alten Bundesrepublik waren 1984 darüber hinaus nur 0,52% aller 6–15jährigen wegen erheblicher körperlicher Behinderungen oder Seh- und Hörschäden in Sonderschulen, weitere 0,7% in Schulen/Klassen für geistig Behinderte (*Preuss-Lausitz* 1986, S. 102). Dieser geringe Anteil muß immer wieder bei der Planung flächendeckender gemeinsamer Erziehung genannt werden, da die Furcht vieler Lehrer und Eltern, es kämen evt. Kolonnen von körperlich beeinträchtigten, sinnesgeschädigten oder geistig behinderten Kindern auf sie zu, auf den realistischen Kern zurückgeführt werden muß. Die gleiche Furcht beherrscht gelegentlich Bauplaner und Kommunalpolitiker: zwar ist es richtig, künftige Schulgebäude nur noch Rollstuhlfahrer-gerecht zu bauen; aber bei einer allgemeinen wohnortnahen Beschulung aller Kinder mit Rollstühlen oder stärkeren motorischen Behinderungen würde im Durchschnitt etwa erst in jeder 20. Klasse solch ein Kind aufgenommen werden müssen. Für *dieses* Kind können kurzfristig auch andere als bauliche Lösungen gefunden werden.

Für flächendeckende Integration böte sich also das 18+2-Modell an; es entspricht am ehesten der „normalen" Häufung von pädagogisch relevanten Problemen. Es ist einerseits dem 15+5-Modell überlegen, als es eine ansonsten in der Lebenswelt der Kinder unnormale Häufung von Problemkindern vermeidet, und andererseits der Einzelintegration, weil die Frequenzsenkung *und* der größere Anteil (sonder)pädagogischer zusätzlicher Hilfe sowohl für die „Regel"-Lehrer, für die Sonderpädagogen als auch für die Klasse günstigere Kommunikations- und Lernbedingungen schafft.

Immer mehr Schulen orientieren sich an diesem wohnortnahen Normalitätskonzept. Die erste Schule dieser Art war die Berliner (sechsjährige) Uckermark-Grundschule, die 1982 mit Integration begann und seit 1988 das 18+2-Konzept in allen Jahrgängen und ihren drei Zügen realisiert hat (vgl. *Heyer* u. a. 1993). Die dort gemachten Erfahrungen (*Heyer* u. a. 1990, *Preuss-Lausitz* 1991) belegen, daß zum einen jene 8 Stunden pro Klasse (d. h. 4 pro „Gutachtenkind") *im allgemeinen* für die zusätzliche Förderung ausreichen, daß aber jede Schule flexibel innerhalb dieses Stundenrahmens auf besonders schwierige Situationen reagieren muß. D. h., es muß möglich sein, daß phasenweise der sonderpädagogische Einsatz stärker auf ein oder zwei Kinder konzentriert wird, während andere „nur" durch die „Regel"-Lehrer betreut werden, und daß diese Konzentration in gemeinsamer Planung aller Pädagogen (und der Schulleitung) verantwortet wird. Nur wenn extrem problematische und dauerhafte Behinderungen der gemeinsamen Lernsituation gegeben sind, muß der dort vorgesehene Förderrahmen überschritten werden. Die zusätzlichen Kosten lassen sich relativ genau angeben: sie liegen *nicht* in der Bewilligung sonderpädagogischer Lehrerstunden – sie werden ja im wesentlichen nur verlagert –, sondern in der ohnehin wünschenswerten Frequenzsenkung auf 20 Schüler (bzw. auf 18 sog. „Nichtbehinderte").

Für ein *flächendeckendes* Integrationskonzept zumindest im Grundschulbereich (einschließlich der Förderstufe) lassen sich folgende Empfehlungen formulieren:

— In die Schule werden *alle* Kinder des Wohnumfeldes aufgenommen; die Anmeldung *muß* bei der zuständigen Grundschule erfolgen, auch wenn eine medizinisch relevante Behinderung vorliegt. In einer Übergangszeit sollte den Eltern die Wahl zwischen noch vorhandener Sonderschule und der Regelschule überlassen werden. Dies setzt die Schaffung eines Rechtsanspruchs auf Wahl voraus.
— Liegt eine medizinisch relevante Behinderung oder eine pädagogisch bedeutsame Auffälligkeit vor, tritt nach der Anmeldung (also im Februar) eine gemischtfachliche Kommission (Förderausschuß) zusammen, die aus mindestens einem Sonderpädagogen, einem Sozialarbeiter, einem Schulpsycholo-

gen, dem Schulleiter, einem ‚Regel'-schullehrer und den Eltern besteht. Diese sollten nur einstimmig überstimmt werden können. Die Kommission erarbeitet auf der Grundlage einer Kind-Umfeld-Diagnose einen integrierten Förderplan für die therapeutische bzw. pädagogische zusätzliche Förderung und bespricht dies später mit dem/r aufnehmenden Klassenlehrer/in. Das Schulamt genehmigt die erforderlichen zusätzlichen Stunden.

— Der Sonderpädagoge der aufnehmenden Klasse entwickelt zusammen mit der Klassenlehrerin einen operationalisierten Förderplan, der zur Grundlage der konkreten Arbeit wird. In regelmäßigen Abständen wird dieses Konzept weitergeschrieben bzw. revidiert; dies geschieht unter Einbeziehung der Klassenkonferenz.

— Am Schuljahresende wird ein ganzheitlicher und auch außerschulische Entwicklungen und Förderung einbeziehender (Lern-)Entwicklungsbericht geschrieben und eine weiterführende förderdiagnostische Empfehlung für das nächste Schuljahr abgegeben. Sind quantitative Veränderungen nötig, entscheidet das Schulamt auf der Grundlage des Berichts und einer Stellungnahme der Schulleitung.

Diese schulbezogenen Maßnahmen müssen durch Fortbildungsmaßnahmen der beteiligten Lehrkräfte, Schulärzte, Schulpsychologen, aber auch der zuständigen Schulräte, Behindertenbeauftragten in der Sozialverwaltung usw. ergänzt werden. Da es um eine ganzheitliche Förderungskonzeption geht, müßte die Arbeit in der Schule verzahnt werden mit den Aufgaben von Beratungsstellen, speziellen Therapieeinrichtungen, den Behindertenämtern, den Gesundheitsämtern usw.

Aus diesen wenigen Empfehlungen wird deutlich, daß die Rolle der Sonderpädagogen einerseits weiterhin klassische sonderpädagogische Förderung umschließt, andererseits stärker kommunikative, beratende und außerschulische Aspekte enthält. Die Rolle wird gleichsam interessanter, individualistischer und komplexer. Es ist kein Zufall, daß aus vielen integrativ arbeitenden Schulen berichtet wird, manche Sonderpädagogen wollten wenigstens für einige Stunden ‚normalen Unterricht' machen, um sich so teilweise im herkömmlichen Erfahrungsfeld aufhalten zu können.

Der „Behinderten"-Begriff der Vorschule ist ein grundsätzlich anderer als der der Schule. Während im Vorschulbereich die rehabilitative Förderung und Finanzierung an die Paragraphen des BSHG bzw. an das KJHG gebunden sind, ist dies für Schüler/innen nicht der Fall: Der Behindertenbegriff war immer an die separate Sonderschule — als „Sonderschulbedürftigkeit" — gebunden. Bei Nichtaussonderung kann nun ein grundsätzlicher Wandel in der Betrachtung vollzogen werden: Nun ist es nicht mehr nötig, eine solche Bedürftigkeit zu konstituieren, die an eine Institution, sondern eine solche, die an die *ganzheitliche Unterstützung der Persönlichkeit* gebunden ist und die logischerweise die mit dieser Persönlichkeitsentwicklung verbundene schulische *und* außerschulische Umwelt mit einbezieht.

Damit verändert flächendeckende Integration einerseits die herkömmliche Schule, andererseits die Zusammenarbeit all jener, die mit und für ein behindertes Kind professionell arbeiten. Zum einen wird bei gemeinsamer Erziehung der Unterricht notwendigerweise binnendifferenzierter, d.h. stärker auf individuelle Interessen, Lerngeschwindigkeiten, physische, soziale und motorische Bedingungen Rücksicht nehmen müssen. Zum zweiten wird er grundsätzlich akzeptieren, daß von einem „durchschnittlichen Schüler" – auch bei den sog. Nichtbehinderten – heutzutage nicht mehr ausgegangen werden kann: Integration entspricht dem Individualisierungsprozeß in der Gesellschaft, der sich in der Schule allerdings noch zu wenig niederschlägt (vgl. *Preuss-Lausitz* 1988, 1993 b).

Schule wird auch dadurch lebensnäher, als integrativer Unterricht endgültig Abschied nehmen muß von einer einseitig kognitiven Orientierung und verstärkt handwerkliche, motorisch-sinnesorientierte, musische und soziale Lernprozesse ermöglichen muß; ohne dies würde Integration scheitern.

Zum zweiten wird – bei der Planung eines ganzheitlichen Entwicklungskonzepts für behinderte Kinder – der Blick über die Schule hinausgehen auf die Familiensituation, auf Familienhilfe, auf die Einbeziehung der Hortarbeit, die Unterstützung von Freizeitkontakten und -aktivitäten, auf die therapeutischen Hilfen und die realen Möglichkeiten der Kooperation im lokalen Umfeld. In den bisherigen Integrationsschulen hat sich gezeigt, daß für diese Blickerweiterung der Schule – d. h. konkret der Lehrkräfte – eine Art Beratungs- und Initiationsgruppe hilfreich ist; Leute, die erst einmal die notwendigen neuen Kontakte zu Kitas, Behörden, Ärzten, Therapeuten, den Freien Trägern im Kiez usw. eröffnen und den Nutzen solcher Zusammenarbeit nahe bringen. Oft haben diese Aufgaben Mitglieder von Wissenschaftlichen Begleitungen oder die zusätzlich eingestellten Sonderpädagogen übernommen.

Letztlich müssen sich jedoch alle Lehrerinnen und Lehrer das Wissen darüber aneignen, welche Möglichkeiten sich beispielsweise aus dem Kinder- und Jugendhilfegesetz (KJHG) oder dem Bundessozialhilfegesetz (BSHG) für die Eltern ergeben, wo in ihrer Kommune Beratungs- und Therapieeinrichtungen sind, was ein Anfallsleiden bedeutet, welche Anträge wo für einen Einzelfallhelfer gestellt werden müssen usw.: Lehrer-Tätigkeit schließt bei integrativer Pädagogik ein Stück weit auch sozialpädagogische Kenntnisse und Fähigkeiten ein.

Ich bin der Auffassung, daß bei einer allgemeinen, flächendeckenden Integration im Vorschul- und Schulbereich in jedem Stadtteil, in jeder Gemeinde ein Haus existieren sollte, das die Aufgabe hätte, die nichtaussondernde, integrative Arbeit zu organisieren, dafür sächliche und personelle Kapazitäten bereitzustellen, die verschiedenen Beteiligten zu beraten und an einer entsprechenden Fortbildung und Öffentlichkeitsarbeit mitzuwirken. Für lange Zeit werden die einzelnen, integrativ arbeitenden Kindertagesstätten und Schulen nicht allein gelassen werden können.

4. Pädagogische und bildungspolitische Perspektiven

Wer sich fragt, wie die integrative Entwicklung in 10 Jahren aussieht, der muß sich eingestehen, daß jede Antwort rein spekulativ wäre; sie hängt nicht zuletzt ja auch davon ab, was wir selbst wollen und versuchen durchzusetzen – und nicht nur von der Macht derjenigen, die die Arbeitsteilung zwischen Sonderschulsystem und allgemeiner Schule beibehalten wollen. Deshalb will ich abschließend einige Aufforderungen zum Handeln formulieren, die realisierbar sind und zugleich Orientierung im Alltag bieten.

1. Die *Sonderschule für Lernbehinderte* (die Hilfsschule der DDR, die Förderschule neuer Bezeichnung) könnte sofort − von unten her jahrgangsweise − auslaufen. Kinder mit Lern- und Entwicklungsverzögerungen lernen auf allen Ebenen gemeinsam mit anderen Kindern ohne solche Schwierigkeiten besser, und deren Familien − Ausländer, sozial Randständige, Bildungsferne − können nicht auf eine abstrakte Elternoption verwiesen werden.

2. Für alle übrigen Kinder mit besonderem (sonderpädagogischem) Förderbedarf sollte in allen Bundesländern das *Elternwahlrecht* als historische Übergangsphase eingeführt werden, nämlich solange es die Sonderschulen noch gibt. Und dies bedeutet: Auch auf dem Land muß umgehend auch für körperbehinderte, sinnesbehinderte und geistigbehinderte Kinder wohnortnah die Möglichkeit gemeinsamer Erziehung geschaffen werden. Da wissenschaftlich nachgewiesen ist, daß gemeinsame Unterrichtung auch für diese Kinder mindestens so fruchtbar ist wie Sonderschulerziehung, darf der Staat den Erziehungsberechtigten die Wahlmöglichkeit nicht vorenthalten, nur weil evt. manche Eltern zu weit weg (bzw. in anderen Bundesländern) von integrativen Möglichkeiten wohnen. Hier sind gleiche Optionschancen zu schaffen.

3. *An allen Grundschulen* wären feste Stellen für die Bereiche der Verhaltensauffälligen, der Sprachbehinderten und der Lern- bzw. Entwicklungsverzögerten einzurichten, um für diese Lernerschwernisse grundsätzlich die allgemeine Schule zu optimieren. Dies kann durch die Aufnahme entsprechender Sonderpädagogen geschehen. Langfristig sollte jedoch in der Lehrerausbildung die Möglichkeit eröffnet werden, daß anstelle eines zweiten Schulfaches auch sonderpädagogische Fachrichtungen studiert werden können, so daß wir die Trennung von „Sonderschullehrer" und „Grundschullehrer" bzw. „Fachlehrer mit zwei wissenschaftlichen Fächern" aufheben können, und zwar ohne Kompetenzverlust.

4. In allen Sonderschulen könnte schon jetzt ihr *Strukturwandel* in der Weise eingeleitet werden, daß sie − von unten her, jahrgangsweise − immer mehr normale Klassen einrichten, in denen auch einige Kinder mit Behinderungen, für die die Sonderschule eingerichtet war, aufgenommen werden. In einigen Jahren würde sich klären, vor allem in Verbindung mit den Elternoptionen, inwieweit noch Nachfrage nach eigenständigen Sonderschulen ohne Integrationsklassen vorhanden ist.

5. Gemeinsame Erziehung in wohnortnaher Perspektive zielt über den bloßen Unterricht hinaus. Deshalb sollten die für Menschen mit Behinderungen professionell arbeitenden Personen, Ämter, Kindertagesstätten, Jugendeinrichtungen, Therapeuten, Schulärzte usw. ebenso wie die Eltern und Lehrer einen Ort der Kooperation in der Region haben, wo sie sich beraten lassen und informieren können, und wo sie auch selbst beraten. Als solch einen Ort habe ich vor einiger Zeit das *„Förderzentrum"* (ein Ort ohne Schüler und Unterricht) vorgeschlagen (*Preuss-Lausitz* 1988). Nachdem dieser Begriff nun dazu mißbraucht wird, den Sonderschulen einen neuen Namen und erweiterte Aufgaben zu geben (Frühförderung, Ambulanzsystem, Unterricht, Förderausschüsse usw.), und daraus das Gegenteil dessen wird, was einst gemeint war − nämlich die Überwindung der Sondereinrichtung, nicht ihre Expansion −, muß um so deutlicher darauf hingewiesen werden, daß gemeinsame Erziehung nicht nur unter dem Dach der Schulbehörden organisiert werden kann. Beratungs- und Förderzentren in meinem

Verständnis sind Querschnittseinrichtungen zwischen Schule, Sozialbehörde, Jugendamt und Gesundheitsverwaltung. Sie sollten offen sein für freie Aktivitäten lokaler Elterninitiativen, Behindertenclubs, freier Lehrergruppen usw.

6. Gemeinsame Erziehung im *Sekundarbereich* braucht auf breiter Ebene eine Vielzahl von weiteren Erfahrungen. Das schließt den politischen Willen ein, im Fachunterricht innere Differenzierung zu verstärken und dafür die Lehrer fortzubilden.

7. In die *Lehrerausbildung* aller Lehrämter müßten umgehend integrationspädagogische Inhalte aufgenommen werden. Dies gilt auch für die Fortbildung – nicht nur der Lehrer, sondern auch der Schulräte, Schulärzte, Schulpsychologen usw. Die Ausbildung der Sonderpädagogen müßte durch integrationspädagogische Inhalte modifiziert werden. Langfristig wäre Sonderpädagogik als Teil der üblichen Lehrämter (Grundschullehrer, Studienräte, Lehrer für die Sekundarstufe I bzw. für Haupt- und Realschulen, die Berufsschulen usw.) zu integrieren.

8. Die Integration von Sonder- und allgemeiner Pädagogik darf nicht nur im Unterricht stattfinden, sie muß sich auch in *Schulaufsicht und Schulverwaltung* niederschlagen. Das kann sofort verwirklicht werden. Es darf nicht dabei stehen bleiben, daß die Schulaufsicht „Integration" den Aufsichtsbeamten für die Sonderschulen zuordnet, so als ob gemeinsame Erziehung in der Regelschule eine Dependance-Tätigkeit der Sonderschule sei.

9. Während zu Recht die Beschulung in der Sonderschule nicht an finanzielle Voraussetzungen gebunden wird (jedes Kind wird in die Sonderschule aufgenommen, wenn Eltern und Schulamt dafür optieren), bestehen für Integration *finanzielle Vorbehalte* in allen Bundesländern. Diese Ungleichheit muß ausgeräumt werden. Wenn schon Finanzdebatten geführt werden, wäre das extrem teure Sonderschulsystem, einschließlich der Taxikosten für weite Fahrten, und die volkswirtschaftliche Wirkung in differenzierten Studien ebenso zu prüfen wie die gern als teuer zitierte Integrationsmaßnahme.

10. Es sei mir erlaubt, auch im Rahmen dieses Beitrags, der in erster Linie für jetzige und künftige Lehrer geschrieben wurde, auch auf die weitere *wissenschaftliche Klärung offener Fragen* hinzuweisen, auch auf die Finanzierung und Durchführung von Forschung. Fragen könnten sein: Wie entwickelt sich ein Jugendlicher mit Behinderungen in seiner Geschlechtsrollen-Identität? Wie kann Fachunterricht in der Oberschule wirklich differenziert werden? Was lernen nichtbehinderte wirklich von behinderten Schülern? Kostet gemeinsame Erziehung wirklich mehr oder weniger als die Sonder(schul)erziehung? In welchem Umfang ist die zusätzliche personelle Ausstattung in allgemeinen Schulen tatsächlich hilfreich, und für wen?... – viele Fragen sollten vom bloßen Meinen und Glauben ins Wissen überführt werden.

Gemeinsame Erziehung – nicht nur der behinderten und nichtbehinderten Kinder, auch der ausländischen mit den deutschen, der leistungsstarken mit den leistungsschwächeren Schülern – ist in Deutschland noch längst nicht erreicht. Sie bricht sich immer wieder am Wunsch nach äußerer Differenzierung – die guten ins eine, die schlechten ins andere Töpfchen. Dennoch ist sie ein Teil sozial integrativer Modernisierung des Schulwesens. Sie wird jedoch nicht automatisch erfolgen. Wir müssen weiterhin gemeinsam dafür streiten. Was können Sie dazu beitragen?

Literatur

Bürgerschaft der Freien Hansestadt Hamburg; Mitteilung des Senats an die Bürgerschaft: Kindertagesstätten in Hamburg. Ausbau zu einem bedarfsgerechten integrativen Angebot (Kindertagesstätten-Bedarfsplan II), Drucksache 12/492, 1987.

Deutsches Jugendinstitut (DJI): Die Entwicklung integrativer Erziehung im Elementarbereich seit 1980. Eine Bestandsaufnahme. In: Gemeinsam leben, Heft 24/1990, S. 7–80.

Dudka, W.: Das Wilmersdorfer Förderzentrum. Berlin 1991 (Skript).

Heyer, P./Preuss-Lausitz, U./Zielke, G.: Wohnortnahe Integration. Gemeinsame Erziehung behinderter und nichtbehinderter Kinder in der Uckermark-Grundschule in Berlin. Weinheim 1990.

Heyer, P. u. a. (Hrsg.): 10 Jahre wohnortnahe Integration. Frankfurt/M. 1993 (AK Grundschule e. V.).

Hössl, A./Lipski, J./Pelzer, S.: Die Entwicklung integrativer Erziehung im Elementarbereich. Eine Bestandsaufnahme. Ergebnisse einer empirischen Untersuchung 1989/90. München (DJI) 1990.

Jugendminister: Bericht der Jugendministerkonferenz vom 19.9.1985. In: Deutsches Jugendinstitut (Hrsg.): Gemeinsam leben, Heft 17/1986, S. 2–14.

Klein, G. u. a.: Integrative Prozesse in Kindergartengruppen. DJI Materialien. Reihe Integration behinderter Kinder. München 1987.

Lipski, J.: Integrative Erziehung als Regelangebot. In: DJI-Bulletin Heft 6/1987, S. 6 f. (1987a).

Lipski, J.: Entwicklungen der gemeinsamen Betreuung von behinderten und nichtbehinderten Kindern in der Bundesrepublik. In: DJI: Gemeinsam leben, Sonderheft 2/1987, S. 17–22 (1987b).

Preuss-Lausitz, U.: Sonderschule – Schule in der Krise? In: *Rolff, H. G. u. a.* (Hrsg.): Jahrbuch der Schulentwicklung. Bd. 4, Weinheim 1986, S. 102–124.

Preuss-Lausitz, U.: Schule ohne Aussonderung als Weg aus der Krise unseres Bildungssystems? In: Diesterweg-Hochschule (Hrsg.): Zur Integration in der pädagogischen Praxis. Berlin 1988, S. 6–11.

Preuss-Lausitz, U.: Förderzentren für Integration. In: Berliner Lehrerzeitung, Heft 7–8/1988, S. 5–7.

Preuss-Lausitz, U.: Erforschte Integration. Das wohnortnahe Modell der Uckermark-Grundschule auf dem Prüfstand. In: Heilpäd. Forschung, Bd. XVII, H. 1, 1991, S. 50–60.

Preuss-Lausitz, U.: Wohin geht die Integrationsentwicklung in Deutschland? In: *Heyer, P. u. a.* (Hrsg.): a. a. O. 1993a, S. 30–37.

Preuss-Lausitz, U.: Die Schule der wohnortnahen Integration als Modell einer demokratischen Schule in der pluralistischen Gesellschaft? In: *Heyer u. a.* (Hrsg.) a. a. O. 1993b, S. 181–185.

Projektgruppe Integrationsversuch: Das Fläming-Modell. Weinheim 1988.

Hans Meister/Herbert Krämer

Innovation als Aufgabe, Voraussetzung und Wirkung integrativer Pädagogik

1. Innovation als individuelle und institutionelle Aufgabe

Es gibt viele Vorschläge zur effektiven Durchführung von Innovationen (vgl. *Herz* 1973; *Müller/Schienstock* 1978; Hameyer 1984). Wir betonen zwei Bezugspunkte pädagogischer Interaktionen:

— pädagogische Tätigkeit ist subjektiv sinnvolles Handeln;
— pädagogische Tätigkeit in Institutionen ist gesellschaftlich organisiert.

Beide Gesichtspunkte stehen in einem notwendigen Spannungsverhältnis, das nicht einseitig aufgelöst werden darf. Wir entscheiden uns deshalb für ein partizipatives Modell systemischer Innovation. Das heißt:

— Macht- und Zwangsstrategien behindern in integrativen Innovationen notwendige gemeinsame und individuelle Lernprozesse. Sie rufen Widerstände hervor, statt sie abzubauen. An ihre Stelle sollen *diskursive Kommunikations-, Beratungs- und Entscheidungsprozesse* treten. Um solche Prozesse zu ermöglichen, kann strategisches Handeln notwendig sein.
— Die Entwicklung von Akzeptanz und Empathie zwischen Behinderten und Nichtbehinderten erfordert die persönliche Kongruenz (Echtheit) auch der Erzieher. *Persönliche Entwicklung im Beruf* soll unterstützt werden. Selbstbestimmung der Mitarbeiter und Effizienz der Organisation sind beides notwendige Ziele der Arbeitsplatzgestaltung.
— Organisation und Verwaltung pädagogischer Einrichtungen entscheiden mit über das Ergebnis innovativer Anstrengungen. Pädagogische Tätigkeit kann nicht zentral organisiert werden. Sie ist auf sinnvolle situationsbezogene Entscheidungen angewiesen. Daher sind *kollegiale Formen der Beratung und Unterstützung* wichtig.
— Autonome Innovation nur nach pädagogischen Überlegungen bzw. außengeleiteter Wandel als passive Umweltanpassung sind beides unrealistische Vorstellungen. Innovation verstehen wir als *Bündel von Prozessen mit eigenen Spielräumen*, als aktiven Austausch mit der Umwelt. Auch integrative Innovationen haben nur relative Freiheit gegenüber politischen und ökonomischen Interessen. Deshalb sind sinnentstellende Grenzen und Verformungen zu erwarten.

2. Strukturmomente und Prozeß einer Innovation

Innovation als Prozeß in einem widersprüchlichen Feld braucht immer wieder kluge Entscheidungen auf vielen Ebenen,

— um Integration in lebendigen Formen zu verwirklichen, statt sie in vielen Schritten (z. B. in den rechtlichen und organisatorischen Regelungen) zur gleichzeitigen Anwesenheit im selben Raum verkommen zu lassen (*Zielklarheit*);
— um persönliche und institutionelle Unterstützung (durch Eltern, Beratungsdienste, Materialien, personelle Ausstattung, Fortbildung ...) zu sichern (*Ressourcen*);
— um Formen der Zusammenarbeit und Konfliktlösung aufzubauen (in Arbeitsgruppen, zwischen pädagogischen Mitarbeitern bzw. pädagogischen Einrichtungen ...) (*Kooperation*);
— um die Wertvorstellungen humanen Zusammenlebens in der gemeinsamen (persönlichen und sozialen) Kultur zu entwickeln und weiterzugeben, statt sie individueller Willkür oder pädagogischen und gesellschaftlichen „Notwendigkeiten" zu opfern (Akzeptanz und Wertschätzung in der Leistungsbeurteilung, emotionale Entwicklung im Zusammenleben, sinnvoller Umgang mit Lehrplänen ...) (*Werte*).

Keiner dieser Aspekte darf vernachlässigt werden. Alle vier lassen sich aber nicht unabhängig voneinander optimieren: Ressourcen von außen zu gewinnen und kollegial zusammenzuarbeiten bedeutet auch, sich dem Einfluß anderer in der Zielbestimmung von „Integration" auszusetzen; Zieldiskussionen können Zusammenarbeit gefährden; Organisationsziele reduzieren den Sinn humaner Wertsetzungen; die Vielfalt von Wertvorstellungen führt zur Kritik an Zielsetzungen ...

Im gemeinsamen Arbeitsprozeß kann man innovative Aufgaben plausibel in drei Bereiche einteilen, die man manchmal (mit Fort- und Rückschritten) zu einer Spirale ordnen kann: I. *günstige Bedingungen schaffen* (Information und Diskussion in Initiativgruppen; Schaffen einer Öffentlichkeit; Interessieren der Verwaltung; Fortbildungsangebote; Schaffung einer Infrastruktur für Eltern, Lehrer, Wissenschaftler ...); II. *Integrationsprozesse initiieren und unterstützen*, indem Probleme auf verschiedenen Ebenen handlungsnah formuliert und gemeinsam Lösungen gesucht und erprobt werden; III. *entwickelte Möglichkeiten zum regulären Bestandteil der Institutionen machen* (professionelle Verpflichtung entwickeln, rechtliche Regelungen schaffen ...; vgl. *Fullan* u. a. 1980).

3. Vorschläge zur Praxis integrativer Innovationen

3.1 Integrative Prozesse fördern

Integration ist ein Prozeß dialektischer Einigungen auf mehreren Ebenen (*Reiser* u. a. 1986; *Kron* in diesem Band):

— in der persönlichen Entwicklung zwischen Identifikation und Abspaltung, Verschmelzung und Entfremdung; ohne Andersartiges zu verteufeln oder zu verdrängen, werden Unterschiedlichkeit und Ambivalenz anerkannt und akzeptiert;
— in Interaktionen zwischen Autonomie und Interdependenz, Intimität und Isolierung; in Distanz und Nähe werden persönliche Beziehungen entwickelt;

— in Institutionen zwischen Regelungen undifferenzierter Gleichbehandlung und isolierender Separation; individuelle Teilnahme am gemeinsamen Tun ist Teil persönlicher und institutioneller Entwicklung;
— gesellschaftlich zwischen Gleichheit und Ungleichheit; Teilhabe an den gemeinsamen Lebensmöglichkeiten richtet sich nach den individuellen Bedürfnissen und diskursiv gerechtfertigten Regeln.

Auf diesen vier Ebenen und zwischen ihnen sollen Entwicklungen angeregt werden, so daß Akzeptanz und Empathie zwischen behinderten und nicht-behinderten Menschen nicht als aufgesetzte Leistung erscheinen, sondern als Ausdruck kongruenter Persönlichkeit bzw. (Organisations-) Kultur.

3.2 Leitlinien entwickeln

Anstrengungen um einen gemeinsamen und differenzierten Begriff von Integration sind innovationsfördernd. Die Verständigung über Maximen und Ziele sollte selbst kooperativ und integrativ sein (s. „Zielklarheit"). Arbeitsgruppen und Kommissionen, Hearings und Fachtagungen können Innovationen wirkungsvoll unterstützen und legitimieren, wenn sie in ihrer Zusammensetzung und Aufgabenstellung akzeptiert werden, wenn Fachkompetenz und Interessenvertretung zusammenkommen.

3.3 Ausgangslagen beachten und Wirkungen antizipieren

Die jeweilige Ausgangssituation (Einstellungen, Erfahrungen, Bedürfnisse der Menschen; Machtstrukturen und Ideologien der Institutionen) ist wahrzunehmen. Dabei können Techniken der Organisationsdiagnose (vgl. z.B. *Nevis* 1975) und der Kind-Umfeld-Diagnose (vgl. *Sander, Hildeschmidt* in diesem Band) zur kontinuierlichen Erfassung der beiderseitigen Bedarfslagen, zur Abschätzung von Wirkungen und Nebenwirkungen und bei pädagogischen Entscheidungen helfen.

3.4 Mit den Eltern zusammenarbeiten

Behinderte und die Eltern behinderter Kinder sind zunehmend kritischer gegenüber ausgrenzenden Maßnahmen in der Gesellschaft. Sie lernen, ihre Bedürfnisse zu artikulieren und mögliche Alternativen zum Sonderkindergarten und zur Sonderschule einzufordern. Die Zusammenarbeit von unmittelbar Betroffenen und von mittelbar betroffenen Erziehern, Lehrern, Sozialarbeitern, Ärzten usw. ist für das Gelingen innovativer Prozesse unabdingbar.

Für diese Zusammenarbeit müssen jeweils geeignete Formen gefunden und entwickelt werden. Erfahrungen von Initiativgruppen, Selbsthilfeeinrichtungen und vor allem von regionalen und überregionalen Elternvereinen liegen vor (*Rosenberger* in diesem Band). Auch wenn Initiativen zur Integration nicht von Elternvereinen ausgehen, sollte die Partizipation der Eltern von Anfang an gewährleistet sein.

3.5 Kleine Organisationseinheiten unterstützen

Als Adressaten und „Subjekte" von Innovationsbestrebungen haben sich kleine Organisationseinheiten (ein Kindergarten, eine Schule) bewährt. Es scheint günstig zu sein, die Autonomie solcher Institutionen zu wahren und zu stärken, zugleich aber auch deren wechselseitige Abhängigkeit und Kooperation mit anderen Systemen zu sehen. Zur Erhöhung der Integrations- und Lernfähigkeit einer Institution erscheinen uns systembezogene und kollegiale Beratung in der Schule und im Kindergarten (vgl. *Redlich* 1983; *Pieper/Schley* 1983) wirkungsvoll und unverzichtbar.

3.6 Funktionsträger einbeziehen

Funktionsträger an den Nahtstellen zwischen kooperativer Beratung und bürokratischer Entscheidung sollen frühzeitig und fortlaufend in die Maßnahmen einbezogen werden. Sie zu übergehen, kann als Bedrohung ihres Status im jeweiligen Kompetenzbereich erlebt und durch Machtbezeugung beantwortet werden. Umgekehrt können diese Funktionsträger den notwendigen organisatorischen Rahmen schaffen (Zeit für Beratungen, Unterstützung bei Kostenträgern, Serviceleistungen der Verwaltung, Aufbau von Kommunikationsmöglichkeiten, unbürokratische Regelungen ...). Da die Funktionsträger einerseits über Interpretations- und Entscheidungsspielräume und andererseits über erheblichen Einfluß auf die Kultur ihrer Einrichtungen verfügen (*Baumert/Leschinsky* 1987), sind sie wichtig für die Akzeptanz, Interpretation und Verbreitung integrativer Formen pädagogischer Arbeit.

Innovative Verwaltung braucht fachliche Beratung, um eine problemorientierte Sicht und eine förderliche Gewichtung von Unterstützung und Beratung gegenüber bloßer Kontrolle entwickeln zu können. Umgekehrt kann (Des-)Information ein effektives Mittel der verwaltungsinternen Machtpolitik sein und Innovationen sehr schädigen: Widersprüchliche Informationen verunsichern und erschweren Entscheidungen; Vorenthalten notwendiger Informationen schafft und erhält Abhängigkeiten und engt den partizipativen Gestaltungsspielraum ein.

3.7 Innovationsprozesse sollen nicht vereinzelten Mitarbeitern aufgebürdet werden

Innovatives Engagement gerade in helfenden Berufen kann zu Gefühlen des Ausgebranntseins führen, besonders wenn man sich mit den eigenen Anstrengungen im Berufsalltag alleingelassen fühlt. Kollegiale Arbeitsgruppen können

— professionelles Ethos entwickeln und Normen pädagogischer Arbeit adaptieren;
— allgemeine Ziele für bestimmte Situationen konkretisieren;
— in beruflichen Belastungen (Konflikten) unterstützen;
— fachliche Informationen und handwerkliche Tips anbieten;
— Kontakte (z.B. für Hospitationen) vermitteln;
— Problemfälle klären.

Anerkennung und Verstandenwerden, Trauer, Freude und Ärger, Erzählen und Feiern mit Kollegen gehören notwendig zu Innovationen. Hinzukommen muß die spürbare Unterstützung in der Alltagspraxis: Ideen für gemeinsame Tätigkeiten (Spiele), Tips für Materialien und zur Finanzierung, Unterstützung bei Konferenzen und Elternabenden ... mit Hilfe von Hospitationen, Sammlungen („Integrations-Werkstätten"), Readern, zentralen und regionalen Projektgruppen, (Video-)Dokumentationen ... Diese Einzelmaßnahmen sind für sich genommen sinnvoll. Im Zusammenhang tragen sie zur Organisationskultur (einer Einrichtung) bei. Selbstorganisierte Gruppen und Kollegien werden als mögliche Träger dieser Entwicklung unterstützt.

3.8 Konflikte produktiv bearbeiten

Neuerungen bedingen Konflikte und erfordern deren Bearbeitung. Unbearbeitete Konflikte können zu rigideren Sichtweisen, zu Abwehrprozessen und Verteidigungsaktionen führen. Bestehende Institutionen, organisatorische Strukturen und Machtverhältnisse werden infrage gestellt, labilisiert, ja sogar überflüssig. Als Gegenwirkungen sind Verfestigungen einzelner Strukturen, Kompensationen und neue Abgrenzungen zu erwarten.

Innovationsprozesse mit dem Ziel der Integration sind von der „Lernfähigkeit" und der Kommunikationsstruktur einzelner Einrichtungen sowie von der Konfliktfähigkeit betroffener Individuen abhängig. Die Vielfalt, Vielschichtigkeit und teilweise Widersprüchlichkeit von Aufgaben und Zielen erfordern sowohl subjektive Problembearbeitungskompetenz als auch kooperative Problemlöseformen in den einzelnen Einrichtungen (vgl. Organisationsentwicklung im Sinne von *Bulla* 1982; *Gebauer* 1984; *Rieckmann* 1982; *Sievers* 1977). Hilfen können die Schritte eines Problembearbeitungsprozesses mit dem Ziel einer „Konfliktlösung ohne Niederlagen" (*Gordon* 1977) bieten. Beratungs- und Fallbesprechungskonzepte (z. B. *Gudjons* 1977; *Christ* u. a. 1985) müßten in der jeweiligen Problemlage flexibel gehandhabt werden. Von Bedeutung sind dabei Perspektivenwechsel (z. B. in Rollen- und Simulationsspielen) und die Suche nach Alternativen. Integrative Pädagogik scheint ohne ein hohes Maß an Konfliktlösungspotential nicht denkbar; andererseits ist als Folge der Integration eine differenzierte Wahrnehmung und Bearbeitung von Konflikten zu erwarten.

4. Integration als Anstoß zu Innovationen

Die Integration behinderter Kinder und Jugendlicher braucht die Mitarbeit der Eltern, die Unterstützung durch Beratungsdienste und die Kooperation mit Sondereinrichtungen. Um nicht erneut Sondersituationen zu begünstigen, soll die Förderung interner, kooperativer Problemlöseformen in den einzelnen Einrichtungen (Organisationsentwicklung) Vorrang haben gegenüber der Zuordnung externer Kompetenzen.

Gegenüber den Erfordernissen zentraler Kontrolle und Steuerung erhalten weniger kontrollierbare persönliche Befähigungen der Mitarbeiter und dezentrale Kompetenzen der einzelnen Einrichtungen größeres Gewicht

- gegenüber dem studierbaren und kontrollierbaren Wissen: die persönlichen Möglichkeiten der Verarbeitung, der Phantasie und Sensibilität;
- gegenüber der leicht individuell zurechenbaren Verantwortlichkeit isolierter Lehrerarbeit: gemeinsame Verantwortung in der alltäglichen Kooperation, der fallbezogenen Beratung und Teamsupervision;
- gegenüber den Befehls- und Kontrollbefugnissen in der Autoritätsstruktur: Betonung der fachlichen und persönlichen Unterstützung nach den Erfordernissen der Situation;
- gegenüber den allgemein verbindlichen curricularen Zielen einer Schulform (-stufe): individuelle und veränderbare Zielsetzungen für die jeweiligen Schüler;
- gegenüber den allgemeinen Lehrplänen: individuelle Förderpläne;
- gegenüber der einseitigen Betonung kognitiver Förderung, standardisierter Überprüfung an (statistischen) Vergleichsgruppen und reglementierter Zensurengebung mit bürokratischer Aktenführung: Unterstützung der Persönlichkeitsentwicklung im sozialen Zusammenhang mit dem feed back individueller Fortschritte.

Diese Änderungen haben in vielen Formen der Integration eher den Rang von Akzentverschiebungen als den radikaler Neuerung.

Literatur

Baumert, J./Leschinsky, A.: Berufliches Selbstverständnis und Einflußmöglichkeiten von Schulleitern. In: Zeitschrift für Pädagogik 32 (1986) S. 247–266.
Bulla, H.: Probleme einer Organisationsentwicklung in der Schule. Frankfurt 1982.
Christ, K./Hildeschmidt, A./Meister, H./Sander, A./Theis, Ch. u.a.: Ökosystemische Beratung. Bericht aus dem Projekt „Integrationsorientierte Frühberatung". Arbeitsberichte aus der Fachrichtung Allgemeine Erziehungswissenschaft, Universität des Saarlandes. Saarbrücken 1986.
Fullan, M./Miles, M./Taylor, G.: Organization Development in schools: The state of the art. In: Review of Educational Research 1980, Vol. 50 No. 1, S. 121–183.
Gebauer, K.: Wie können erziehungsschwache Lehrerinnen und Lehrer (Schulkollegien) in einem durchorganisierten Schulsystem die Lebendigkeit von Kindern wahrnehmen und erhalten? In: *Valtin, R./Sander, A./Reinartz, A.* (Hrsg.): Gemeinsam leben – gemeinsam lernen. Behinderte Kinder in der Grundschule. Arbeitskreis Grundschule e. V., Frankfurt 1984, S. 267–284.
Gordon, T.: Lehrer-Schüler-Konferenz. Reinbek 1977.
Gudjons, H.: Fallbesprechungen in Lehrergruppen. Ein Leitfaden für gegenseitige Supervision und Beratung in der praxisnahen Lehrerfortbildung. In: Westermanns Pädagogische Beiträge 29 (1977) S. 373–379.
Hameyer, U.: Interventive Erziehungsforschung. In: *Lenzen, D.* (Hrsg.): Enzyklopädie Erziehungswissenschaft. Bd. 2. Stuttgart 1984, S. 145–181.
Herz, O.: Ansätze und Beispiele für Innovationsstrategien in den USA. In: Zeitschrift für Pädagogik 19 (1973) S. 583–601.
Müller, V./Schienstock, G.: Sozialwissenschaftliche Innovationstheorien (Schriftenreihe des Ifo-Instituts für Wirtschaftsforschung Nr. 98, Bd. 1). Berlin 1978.
Nevis, E.: Gestalt-„Awareness"-Prozeß in der Organisationsdiagnose. In: Gruppendynamik 14 (1983) S. 359–368.

Pieper, A./Schley, W.: Systembezogene Beratung in der Schule. Materialien aus der Beratungsstelle für Soziales Lernen am Fachbereich Psychologie der Universität Hamburg. Bd. 6. 1983.

Redlich, A.: Kooperative Gesprächsführung in der Beratung von Lehrern, Eltern und Erziehern. Materialien aus der Beratungsstelle Soziales Lernen am Fachbereich Psychologie der Universität Hamburg. Bd. 4. 1983.

Reiser, H./Klein, G./Kreie, G./Kron, M.: Integration als Prozeß. In: Sonderpädagogik 16 (1986) S. 115–122.

Rieckmann, H.: Was ist „Organisationsentwicklung" (OE) und wo kann sie helfen? In: Zeitschrift für Organisationsentwicklung 1 (1982) S. 269–275.

Sievers, B.: Organisationsentwicklung als Strategie der Integration von Schulreform und Lehrerfortbildung. In: *Aregger, K.* (Hrsg.): Lehrerfortbildung. Projektorientierte Konzepte und neue Bereiche. Weinheim 1976, S. 240–276.

Sievers, B.: Organisationsentwicklung als Problem. Stuttgart 1977.

Manfred Rosenberger

Elterninitiativen gegen die Aussonderung von Kindern

Es dürfte ein bislang einmaliges bildungspolitisches Phänomen in der Bundesrepublik Deutschland sein, daß sich Eltern derart massiv regional und überregional, nämlich auch landes- und bundesweit, in Bildungspolitik einschalten, wie dies in den letzten Jahren in der Frage „aussondernde oder nichtaussondernde Betreuung von Kindern mit besonderen Bedürfnissen" der Fall war und weiter zunehmend ist.[1] Hier soll eine erste Zwischenbilanz dieser Reforminitiative gezogen werden.

1. Wie sind die Initiativen entstanden und was ist ihre Zielsetzung?[2]

Zum fünften bundesweiten Treffen in Hamburg im Mai 1987 waren fast 1000 Vertreter von Initiativen aus allen Bundesländern und West-Berlin gekommen. Begonnen hatten diese Treffen zweieinhalb Jahre vorher im Oktober 1984 in Bremen in noch wesentlich kleinerem Rahmen: etwa 150 Teilnehmer repräsentierten damals 20 Elterninitiativen aus fast allen Bundesländern (Bayern war noch nicht vertreten). Bereits die Steigerung der Teilnehmerzahlen bei diesen Bundestreffen macht die gewaltige Entwicklung dieser Elternbewegung deutlich.

Die Keimzelle entwickelte sich Anfang der siebziger Jahre. Es war in Berlin nach der Studentenrevolte, als eine kleine Gruppe junger Eltern die Idee verwirklichte, auch „behinderte" Kinder in ihren „Kinderladen" aufzunehmen. In diesen privaten, aber zunehmend vom Staat finanziell unterstützten „Kinderläden" versuchten gleichgesinnte Eltern mit von ihnen angestellten Erzieherinnen und Erziehern ihre Vorstellungen von vorschulischer Erziehung als Alternative zu den staatlichen Kindergärten zu verwirklichen. In der Vorstellung dieser Elterngruppe war es nicht ausreichend, „behinderte" Kinder, die sie aus einer Kinderarztpraxis kannten, nur zu therapieren und in Sondereinrichtungen abzusondern. Aus dieser Überzeugung heraus machten sie sich auf die Suche nach Mitteln für Räumlichkeiten und Personal für ein auch mit Therapeuten versorgtes „Kinderhaus" in Berlin-Friedenau, damit auch Kinder mit besonderen Bedürfnissen dort betreut werden konnten. Die Suche war zwar mühsam, aber erfolgreich, und ab 1972 fand in diesem „Kinderhaus" mit starker Unterstützung durch die Eltern nichtaussondernde Erziehung statt.

Als die Kinder der ersten Gruppe Mitte der siebziger Jahre schulpflichtig wurden, schaffte es diese Elterninitiative auch, eine „Integrationsklassse" an der benachbarten Fläming-Grundschule durchzusetzen, allerdings erst im zweiten Anlauf; die erste Kindergruppe wurde noch von der Schulverwaltung „auseinandersortiert". Der 1975 eingerichteten ersten „Integrationsklasse" an einer staatlichen Schule (an einer Privatschule der 1968 gegründeten „Aktion Sonnenschein e. V." in München gab es bereits ab 1971 integrative Klassen) folgten in den nächsten Jahren zahlreiche andere, so auch mit großer Unterstützung durch die Berliner Elterngruppe in Schenefeld (Schleswig-Holstein) Anfang der achtziger Jahre.

Diese Elterninitiative war es, die, des vielen Reisens zu informationshungrigen Elterngruppen müde geworden, im Oktober 1984 zu einem Treffen nach Bremen einlud. Mit diesem ersten bundesweiten Treffen wurde die Vereinzelung der inzwischen recht zahlreichen, aber räumlich weit voneinander entfernten Initiativen aufgehoben. Das Gefühl, mit seinen Problemen nicht allein dazustehen, sondern eine Gemeinschaft mit vielen anderen Eltern zu bilden, war für viele damals sehr bewegend und ermutigend. Damit war die Grundlage zu einem bundesweiten Zusammenschluß gelegt.

Zum zweiten bundesweiten Treffen im Mai 1985 in Bonn, das unter der Schirmherrschaft des Bundespräsidenten stand, waren schon weit über 400 Teilnehmer aus allen Bundesländern gekommen, vorwiegend Eltern, die annähernd 100 Initiativen vertraten, aber auch viele Erzieher, Lehrer und Wissenschaftler. Im Mittelpunkt dieses Treffens standen die Themen „Integration — auch in der Schule!" und „Gründung einer Bundesarbeitsgemeinschaft".[3] Als programmatischer Name wurde „Gemeinsam leben — gemeinsam lernen / Eltern gegen Aussonderung behinderter Kinder" gewählt. Inzwischen engagierten sich auch zahlreiche Eltern „nichtbehinderter" Kinder, welche die Vorteile einer Erziehung ohne Aussonderung für alle Kinder erkannt hatten.

Grundlegend waren die Erfahrungen, die in den vergangenen Jahrzehnten mit Sondereinrichtungen im Kindergarten-, Schul- oder Berufsbereich gemacht wurden, die in aller Regel ihr Ziel, die Integration, nicht erreichen. Dies ist nicht verwunderlich, da es widersinnig ist, Gemeinschaft zwischen „Behinderten" und „Nichtbehinderten" stiften zu wollen, indem man die „Behinderten" von den „Nichtbehinderten" absondert. Zudem: wenn nicht ausgesondert wird, muß später nicht mühsam und oft ohne Erfolg versucht werden, zu integrieren.

Deshalb ist es konsequent, für Menschen mit besonderen Bedürfnissen eine Förderung zu verlangen, die sie nicht aussondert. Denn auch ein „behindertes" Kind ist ein Kind wie jedes andere. Es kann vielleicht nicht (so schnell) laufen, nicht (so gut) sprechen, nicht (so gut) hören, nicht (so gut) sehen, nicht (so gut) lernen wie andere Kinder, aber es ist ein menschliches Wesen, das wie alle Kinder einen Anspruch darauf hat, als vollwertiges Mitglied unserer familiären, schulischen, dörflichen oder städtischen Gemeinschaft respektiert und gefördert zu werden.

Gerade in Deutschland, wo vor nicht allzu langer Zeit die Aussonderung der „Behinderten" in Sondereinrichtungen oft bald auch ihren gewaltsamen Tod bedeutete, sollte sich die nichtaussondernde Sichtweise durchsetzen und überall zur Selbstverständlichkeit werden — nicht nur in „Modellversuchen".

Nach dem Treffen in Bonn wurden, wie dort verabredet, sehr zügig in allen Bundesländern Landesarbeitsgemeinschaften gegründet. Die Landesarbeitsgemeinschaften der alten Bundesländer sind inzwischen fast alle als gemeinnützige Vereine eingetragen[4], vor allem um aufgrund von Mitgliedsbeiträgen und Spenden über finanzielle Eigenmittel zu verfügen. Darüber hinaus erhält die Berliner Landesarbeitsgemeinschaft seit Mitte 1985 eine jährliche staatliche Förderung von etwa 18 000,– DM für Honorarkräfte und Sachmittel, und die Saarländische Landesarbeitsgemeinschaft baute 1986 über Drittmittel (ABM, Lottogelder) eine Geschäftsstelle sowie einen ambulanten Hilfsdienst für Integrationsmaßnahmen auf. Eine Tendenz zur Professionalisierung ist auch in Baden-Württemberg zu beobachten, wo seit 1989 eine kleine Geschäftsstelle in Reutlingen lokal und überregional arbeitet, sowie in Hamburg, wo die Landesarbeitsgemeinschaft Anfang 1992 ein Projekt zur beruflichen Eingliederung begonnen hat, finanziert aus Mitteln der Hauptfürsorgestelle und der EG.

Nachdem im Mai 1985 der Organisationsrahmen in Bonn abgesteckt worden war und sich entwickeln konnte, lag das Hauptaugenmerk darauf, ein Programm zu erstellen, mit dem deutlich werden sollte, was wir wollen. Nach Vorarbeiten in den Landesarbeitsgemeinschaften wurde beim dritten bundesweiten Treffen Anfang November 1985 in Saarbrücken die Grundstruktur des Programms erstellt. Bereits das Motto dieses Treffens „Gemeinsam leben – gemeinsam lernen in Kindergarten, Schule, Beruf und Alltag" machte die Erweiterung des Blickfeldes über Kindergarten und Schule hinaus deutlich.

Nach weiteren intensiven Beratungen in den Landesarbeitsgemeinschaften und bei Delegiertentreffen wurde das Programm beim vierten bundesweiten Treffen im Juni 1986 in Rüsselsheim verabschiedet. Dabei wurde auch der in Bonn vereinbarte Name um den Zusatz „behinderte Kinder" gekürzt, zum einen, um den problematischen Begriff „behindert" zu vermeiden, zum anderen, um deutlich zu machen, daß es auch um Jugendliche und Erwachsene geht.[5]

2. Was können Eltern in der Bundesrepublik heute schulpolitisch bewirken?

Schwerpunkt der Elternbewegung ist derzeit die Schule, da zum einen immer mehr Kinder mit besonderen Bedürfnissen im vorschulischen Bereich integrativ betreut werden und dann in die Regelschule übernommen werden sollen, zum anderen, weil eine nichtaussondernde schulische Erziehung wichtige Grundlagen legt für ein späteres Leben ohne Aussonderung im Beruf[6], beim Wohnen und in der Freizeit.

Eine zentrale bildungspolitische Forderung ist dabei, den Eltern die Wahlmöglichkeit zwischen Sonder- und Regelschule zu eröffnen, wie ja auch – übrigens nach gerichtlichen Auseinandersetzungen – den Eltern seit den sechziger Jahren die Wahl der Sekundarschule zugestanden wird. Zudem fordert ein Urteil des Bundesverfassungsgerichts vom 6. 12. 1972 eine gleichrangige Partnerschaft zwischen Schule und Elternhaus. Von einer solchen Partnerschaft ist allerdings nichts zu spüren, wenn Kinder auch gegen den erklärten Willen ihrer Eltern von der Schulverwaltung in Sonderschulen eingewiesen werden. Hier triumphiert die aus dem Grundgesetz (Art. 7, Abs. 1: „Das gesamte Schulwesen steht unter der Aufsicht des Staates.") abgeleitete Macht des Staates, verkörpert durch den aufgrund fragwürdiger Gutachten urteilenden Schulrat, über das ebenfalls im Grundgesetz (Art. 6, Abs. 2: „Pflege und Erziehung der Kinder sind das natürliche Recht der Eltern und die zuvörderst ihnen obliegende Pflicht.") verankerte

Elternrecht, über den Lebensweg ihrer Kinder auch in der Schule zumindest mitzubestimmen.

Inzwischen gibt es jedoch nur noch wenige Bundesländer, in denen dieses Prinzip noch ungebrochen herrscht (z. B. Bayern). In vielen Ländern wurden inzwischen auch durch die Aktivitäten unserer Landesarbeitsgemeinschaften neue gesetzliche Regelungen erarbeitet. Bahnbrechend wirkte dabei das im Juni 1986 novellierte Saarländische Schulordnungsgesetz, das im § 4, Abs. 1 erstmals festschrieb: „Der Unterrichts- und Erziehungsauftrag der Schulen der Regelform umfaßt grundsätzlich auch die behinderten Schüler." Allerdings muß dieser Auftrag nur bei ausreichend vorhandenen personellen und sächlichen Mitteln von der Schulverwaltung verwirklicht werden. Deshalb haben die Eltern kein Wahlrecht, sondern nur ein Antragsrecht.

Nachfolgende Schulgesetzänderungen bleiben sogar noch dahinter zurück, wenn — wie im hessischen „Gesetz zur Regelung der sonderpädagogischen Förderung in der Schule" von Anfang 1992 — die Rolle der Sonderschulen betont wird und nicht einmal die Mitwirkung der Eltern in den „Förderausschüssen" vorgesehen ist.

Lediglich die im Oktober 1990 von der rot-grünen Koalition in Berlin verabschiedete Schulgesetznovelle schreibt neben einer schrittweisen Ausweitung der integrativen Erziehung und der Einbeziehung der Eltern in die „Förderausschüsse" erstmals das uneingeschränkte Elternwahlrecht ab Schuljahr 96/97 fest.

In den Ländern, in denen sich noch keine Gesetzesänderung abzeichnet, versuchen die Landesarbeitsgemeinschaften unterhalb der parlamentarischen Ebene auf die Schulverwaltungen Einfluß zu nehmen. Ziel ist dabei, Verwaltungsvorschriften der oberen Schulaufsichtsbehörden zu erreichen, die nichtaussondernde Betreuung erleichtern. Zumindest sollte diese Betreuung durch Einzelfallentscheidungen ermöglicht werden.[7]

Diese inzwischen sehr zahlreichen Einzelfallentscheidungen beziehen sich zum einen auf „Integrationsklassen", in denen — kultusministeriell abgesegnet und in der Regel ausreichend ausgestattet — mehrere Kinder mit besonderen Bedürfnissen betreut werden, zum anderen auf „Einzelintegrationsmaßnahmen", wobei oft bestenfalls mit Duldung der unteren Schulaufsichtsbehörde einzelne Kinder nicht immer mit ausreichender Unterstützung in einer Regelklasse unterrichtet werden.[8] Voraussetzung dafür sind überdurchschnittlich engagierte Lehrerinnen und Lehrer sowie ebenso engagierte Eltern, die z. B. Transport- und Personalprobleme selbständig lösen, indem etwa aus Mitteln des Bundessozialhilfegesetzes („Eingliederungshilfe" nach §§ 39 ff.) oder über andere Träger (bei Zivildienstleistenden, ABM-Personal) zusätzliches Personal organisiert wird.

Gerade bei diesen „Einzelkämpfen" sind Unterstützung und Erfahrung der Landesarbeitsgemeinschaften sehr hilfreich (vgl. Anm. 2). Dabei stoßen die Eltern immer wieder auf Unwissenheit, Ängste und Abwehr bei Eltern „nichtbehinderter" Kinder, aber auch bei Fachleuten. Andererseits zeigen die Erfahrungen in den Modellversuchen eine außerordentlich hohe Schulzufriedenheit der Eltern, auch der Eltern „nichtbehinderter" Kinder; und auch die schulischen Leistungen „nichtbehinderter" Kinder sind mindestens ebenso gut wie in herkömmlichen Klassen. Die Folgerung, die daraus für die politische Basisarbeit zu ziehen ist, lautet: möglichst früh mit der Überzeugungsarbeit bei den anderen

Eltern, den Lehrerinnen und Lehrern, den Schulverwaltungsbeamten und den Kommunal- und Landespolitikern beginnen, denn dann sind die Chancen gut, daß zumindest im kleinen eine Schulreform stattfindet, die allen Kindern zugute kommt. Allerdings gilt die Regel: je größer die speziellen Probleme und Bedürfnisse des Kindes sind, desto größer ist die Gefahr des Scheiterns dieser Bemühungen, sofern keine ausreichende und kontinuierliche Unterstützung erfolgt. Hier ist der Staat gefordert zu helfen.

3. Wie geht es weiter?

Die Bundestreffen und die Entwicklung in den Landesarbeitsgemeinschaften zeigen, daß sich immer mehr Eltern, Fachleute und Politiker dieser Bewegung anschließen. Allerdings gilt es, noch viele einflußreiche Gegner in Politik, Verwaltung und Verbänden von der Richtigkeit dieses Konzeptes zu überzeugen. Dennoch: den Nichtaussonderungsgedanken wird man vielleicht etwas verzögern können, aufhalten läßt er sich nicht mehr. Es wird zur Selbstverständlichkeit werden, Menschen mit besonderen Bedürfnissen nicht mehr abzusondern, um ihnen zu helfen. Die zahlreichen Modellversuche haben eindrucksvoll gezeigt, daß die notwendigen Hilfen auch in Regeleinrichtungen zur Verfügung gestellt werden können, wovon alle profitieren – auch die „Nichtbehinderten". Jetzt ist es an der Zeit, daß Bundes- und Landesgesetzgeber die gesetzlichen Grundlagen schaffen, die eine nichtaussondernde Betreuung für alle in Kindergarten, Schule, Beruf und Freizeit ermöglichen – und zwar möglichst bald. Was jetzt noch die hart erkämpfte und für zu viele noch unerreichbare Ausnahme ist, muß zur Selbstverständlichkeit werden: gemeinsam lernen und gemeinsam leben.

Um dieses Ziel möglichst schnell zu erreichen, könnte es sinnvoll sein, die Arbeit der Elterninitiativen auf Landes- und Bundesebene professioneller zu gestalten, indem personell gut ausgestattete Geschäftsstellen Dokumentations-, Informations-, Beratungs- und Konzeptentwicklungsaufgaben übernehmen. Geldmangel und Angst vor übermächtig werdenden „Profi-Zentralen" lassen allerdings viele aktive Eltern noch davor zurückschrecken.

Mit leistungsfähigen Geschäftsstellen und ausreichenden finanziellen Mitteln hätte sich jedoch ab 1989/90 die durch den Beitritt der „DDR" zur Bundesrepublik eröffnende Möglichkeit besser nutzen lassen, in den fünf neuen Bundesländern eine prinzipiell nichtaussondernde Förderungsstruktur aufzubauen. Eher konservativ orientierte Verwaltungen, Politiker und Verbände mit finanzkräftigem professionellen Apparat etablierten jedoch – von wenigen Ausnahmen abgesehen – nahezu ungehindert die traditionellen, an Aussonderung orientierten Strukturen. Die Chance wurde vertan, das inzwischen als Irrweg der Entwicklung erkannte „Fördern durch Aussondern" von Anfang an zu vermeiden.

Beim 9. bundesweiten Elterntreffen im Mai 1991 in Berlin, wo man hoffte, die Eltern aus den neuen Bundesländern informieren und mobilisieren zu können, wurde die Misere deutlich: außer einer sehr aktiven Elterngruppe aus dem ehemaligen Ost-Berlin waren nur sehr wenige Eltern aus den neuen Bundesländern erschienen. Der lange und bittere Weg, über die Aussonderung zur Integration zu gelangen, den die Eltern in den alten Bundesländern seit den 60er Jahren gehen, wird auch den neuen Bundesbürgern nicht erspart bleiben.

1 Bei der letzten großen Bildungsreforminitiative Ende der sechziger und Anfang der siebziger Jahre, als es um die Gesamtschulen ging, waren nicht in erster Linie Eltern, sondern die damals reformwilligen Politiker und Lehrer die treibenden Kräfte.

2 vgl. hierzu auch: *Rosenberger, M.* (Hrsg.): Ratgeber gegen Aussonderung. Heidelberg 1988.

3 Seit Anfang 1987 gab es eine von der Bundesarbeitsgemeinschaft herausgegebene Zeitschrift mit den neuesten Informationen aus den Bundesländern und West-Berlin. Seit Anfang 1993 ist dieses BAG-INFO Teil der Zeitschrift „Gemeinsam leben. Zeitschrift für integrative Erziehung" (Luchterhand Verlag).

4 Die Vereinsgründungen erfolgten in Berlin und im Saarland 1984, in Hessen 1986, in Nordrhein-Westfalen 1987, in Hamburg 1988, in Baden-Württemberg und in Niedersachsen 1989, in Bayern 1993. In Schleswig-Holstein ist dies für den Herbst 1993 geplant.

5 Das Programm ist dokumentiert in *Rosenberger* (1988), S. 15–18; vgl. Anm. 2

6 Inzwischen haben die ersten integrativ geförderten Schüler/innen bereits die Schule verlassen, und ihre Eltern müssen auch im beruflichen Bereich Pioniere sein (z.B. in Bonn, Hamburg und Berlin).

7 Wichtige Problembereiche sind hierbei der Einsatz von Sonderpädagogen in Regelschulen, die rechtzeitige Weiterbildung der Lehrerinnen und Lehrer an Grund- und Oberschulen, die Schüler-Lehrer-Relation und der Einsatz von spezifischen Hilfsmitteln.

8 Was die Häufigkeit dieser Einzelfallentscheidungen für eine nichtaussondernde schulische Betreuung anbelangt, so ist ein deutliches Gefälle zwischen SPD/Grünen- und CSU-, CDU- bzw. CDU/FDP-regierten Bundesländern festzustellen.

Peter Heyer/Richard Meier

Zur Lehrerbildung für die integrationspädagogische Arbeit an Grundschulen

Vorbemerkungen

Aufgabe von Lehrern ist es, den heranwachsenden Menschen in seiner Lernentwicklung zu begleiten und zu unterstützen. Schule muß so angelegt sein, daß in ihr Kinder und Jugendliche einen guten, zweckmäßigen Ort für ihr Lernen haben, einen Ort, an dem sie die eigenen Lernwege zunehmend selbständig gehen können. In unserem Beitrag „Grundschule – Schule für alle Kinder"[1], haben wir beschrieben, wie sich eine Grundschule zur integrativen Schule entwickeln kann, die behinderte Kinder nicht aussondern muß. Eine Realisierung des Konzepts der nichtaussondernden Schule auf breiter Basis ist u. E. nur möglich, wenn sich die Lehrerbildung dieser Aufgabe stellt und auf die integrative pädagogische Arbeit vorbereitet.

Diese integrative Lehrerbildung kann weder von einer aussondernden allgemeinen Pädagogik noch von der Sonderpädagogik geleistet werden, sondern nur von einer die defizitäre Einseitigkeit beider Disziplinen überwindenden integrativen Pädagogik.[2]

Der folgende Beitrag kann zum gegenwärtigen Zeitpunkt kaum mehr als eine „Ideenskizze" zum Thema „Lehrerbildung für Grundschulen ohne Aussonderung" sein; zu viele Fragen sind offen und verlangen nach breiter Diskussion. Unser heutiges Sonderschulwesen und das allgemeine aussondernde Schulwesen haben wie die ihnen entsprechende Lehrerbildung eine mehr als hundertjährige Geschichte. Die dabei entwickelten Inhalte und Zielsetzungen der Lehrerbildung können nur in einem langwierigen Prozeß verändert werden. Wir legen deshalb eine in vier Stufen gegliederte Planskizze vor, deren erste drei Stufen auf gegenseitige Ergänzung und Erweiterung der beiden bisher getrennten Ausbildungsgänge angelegt sind, während die vierte Stufe eine integrierte Lehrerbildung für behinderte und nichtbehinderte Kinder im Grundschulalter umreißt. Das Nacheinander unserer Darstellung sollte nicht darüber hinwegtäuschen, daß wir im Interesse einer schnelleren Realisierung von mehr integrativer Schulpraxis eine gewisse Parallelität der vier Stufen bei der Weiterentwicklung der Lehrerbildung bzw. das Überspringen der 2. und/oder 3. Stufe durchaus für möglich halten, sofern dies politisch gewollt wird. Es darf nicht übersehen werden, daß es eine sich ausweitende integrative Schulpraxis gibt, für die integrativ ausgebildete Lehrer/innen dringend gebraucht werden.

Erste Stufe: Ergänzende Ausbildungsangebote für Lehrer/innen an Grund- und Sonderschulen

Unabhängig von der gemeinsamen schulischen Förderung Behinderter und Nichtbehinderter ist die Ausbildung der Lehrer/innen an Grund- und Sonderschulen dringend ergänzungsbedürftig, u.a. in folgender Hinsicht:

Die Grenzen zwischen Grund- und Sonderschulen sind fließend geworden. Einerseits werden weiterhin Kinder auf Sonderschulen überwiesen, weil sie den engen, formalen Leistungsvorstellungen der Grundschule nicht entsprechen. Andererseits bleiben Kinder in der Grundschule, die dort von Lehrern und Mitschülern nicht angenommen sind. Wegen nachhaltig wirksamer Lern- und Verhaltensprobleme sind sie eigentlich ausgegrenzt und kommen in ihrer Entwicklung nicht weiter. Daß sie nicht an eine Sonderschule überwiesen werden, hat nicht immer nur pädagogische Gründe. Lehrer/innen beider Schularten müssen eine ergänzende Ausbildung erhalten, damit sie Kindern mit solchen Problemmerkmalen, wie sie derzeit in beiden Schularten zu finden sind, gerecht werden können.

Über diese spezielle Aufgabe im Überschneidungsbereich beider Schultypen hinaus ist es für beide Lehrergruppen im Sinne einer besseren beruflichen Qualifizierung sinnvoll und notwendig, sich mit Teilaspekten des speziellen pädagogischen Wissens und Könnens der jeweils anderen Lehrergruppe auseinanderzusetzen.

Lehrer/innen an Grundschulen sollten ansatzweise in sonderpädagogische Inhalte eingeführt werden, in diagnostische Verfahren und didaktische Arbeitsmethoden der Sonderpädagogik, damit sie im Überschneidungsbereich pädagogisch sinnvoll tätig werden und auf kompetentere Weise Kinder bei Schwierigkeiten im Lernen, im Verhalten, in der Sprache und im psychomotorischen Bereich fördern können.[3] Diese ergänzende Ausbildung könnte zugleich dazu beitragen, daß weniger Kinder auf Sonderschulen überwiesen werden und Kinder, die trotz besonderer Schwierigkeiten auf ihrer Grundschule bleiben, dort nicht scheitern und ausgegrenzt werden, sondern voll angenommen sind.

Lehrer/innen an Sonderschulen, Sonderpädagogen sollten ansatzweise in Didaktik, Methodik und Lehrerplanstruktur der Grundschule eingeführt werden, damit sie für ihr eigenes Arbeitsrepertoire notwendige, vor allem methodische Erweiterungen erfahren und nachvollziehen können, welche Anforderungen an Kinder in Grundschulen gestellt werden.

Diese Ausbildungsangebote haben noch keinen direkten Bezug zur Integrationsarbeit. Sie dienen der gegenseitigen Information, der Fähigkeit zur Zusammenarbeit und zur Bereicherung des jeweiligen spezifischen Informations- und Fähigkeitsbestandes.

Konkret schlagen wir folgende Themen vor; sie sind von uns als Ergänzungsangebot gemeint, könnten natürlich zum Pflichtangebot weiterentwickelt werden:

Für Lehrer/innen an Grundschulen:

- zur Geschichte und Gliederung des Sonderschulwesens;
- zur Genese und Auswirkung von pädagogischen Problemsituationen;
- Einführung in die Diagnose von Lehr- und Lernproblemen;
- zur Phänomenologie und Biographie des „schwierigen Kindes";

- differenzierte Arbeit als Grundlage für die Förderung der individuellen Entwicklung im Grundschulunterricht;
- Zusammenarbeit zwischen Lehrer/innen an Grund- und Sonderschulen;
- schulische Unterstützung individueller Lernprozesse bei erschwerten Bedingungen, bezogen auf konkrete Inhalte (z. B. Sprachentwicklung, Lesenlernen, Mathematik).

Für Lehrer/innen an Sonderschulen:

- zur Geschichte und zur gegenwärtigen Situation der Grundschule;
- zur didaktischen und methodischen Struktur des Grundschulunterrichts;
- schulische Normen (Lehrplan, Stoffplan, geforderter Bestand an Wissen und Können) und individuelle Lernprozesse;
- differenzierter Unterricht als Grundlage für die Förderung individueller Lernprozesse.

Zweite Stufe: Ergänzende Wahlangebote für Lehrer/innen an Grund- und Sonderschulen zur integrativen Arbeit an Grundschulen

Das hier vorgelegte Konzept meint ein *Wahlangebot*[4] neben anderen: Jeder Studierende hat im Rahmen der Grundwissenschaften und der Didaktik aus mehreren Wahlangeboten eines auszuwählen und mit einer Prüfung abzuschließen. Eines der Wahlangebote ist:

„Integrative Pädagogik und Didaktik der Grundschule".
Wer dieses Wahlangebot wählt und darin eine Prüfung ablegt, erhält einen entsprechenden Nachweis im Zeugnis. Diese Lehrer/innen werden bei der Erteilung eines Lehrauftrages für Integrationsklassen bzw. bei der Einstellung an Integrationsschulen entsprechend berücksichtigt. Nach diesem Konzept gibt es also besondere „Integrationslehrer", die in Integrationsklassen und -schulen bevorzugt tätig werden. Das mag problematisch sein, ist aber als Schritt zur breiteren Umsetzung einer integrativen Praxis an Grundschulen sinnvoll.

Das Angebot wird für beide Gruppen, für Lehrer/innen an Grund- und Sonderschulen gemeinsam entwickelt. Es umfaßt, über die Semester verteilt, eine bestimmte Zahl von Wochenstunden, z. B. 16 Wochenstunden, so daß bei einem achtsemestrigen Studium je Semester eine Veranstaltung belegt wird; außerdem ist ein Praktikum an einer integrativ arbeitenden Grundschule bzw. in einer Integrationsklasse zu absolvieren. Vorschläge für Themen von Veranstaltungen in diesem Wahlbereich:

- Geschichte und Zielsetzung integrativer Unterrichtsarbeit;
- Lehrplan, Leistungsvorstellungen und integrative Unterrichtsarbeit;
- differenzierter Unterricht als Grundlage integrativer Arbeit;
- zur Didaktik und Methodik integrativer Unterrichtsarbeit;
- Unterstützung individueller Lernprozesse als Grundlage integrativer Unterrichtsarbeit;
- unterrichtspraktische Übungen zur integrativen Arbeit;
- Beobachtung und Bewertung individueller Lernentwicklungen;
- soziale Integration und Freizeitkontakte;
- organisationsstrukturelle Probleme integrativer Unterrichtsarbeit;
- Aufgabenstellungen, Rollenverhalten und Kooperation in der integrativen Unterrichtsarbeit;
- Zusammenarbeit zwischen Schule, Kindertagesstätte und Eltern.

Dritte Stufe: Pflichtangebot „integrative Pädagogik und Didaktik" für Lehrer/innen mit dem Schwerpunkt Grund- oder Sonderschule

In dieser Stufe müssen alle künftigen Lehrer/innen an Grund- und Sonderschulen *vor* jeder Spezialisierung auf einen Schwerpunkt der Behinderungen oder einen Sonderschultyp (Sonderpädagogen) bzw. auf Lernbereiche in der Grundschule (Fächerkombination der Lehrer/innen an Grundschulen) einen Pflichtschwerpunkt „integrative Schul- und Unterrichtsarbeit" studieren. Dieser Pflichtschwerpunkt wird von den künftigen Lehrer/innen an Grund- und Sonderschulen gemeinsam studiert; das gemeinsame Studium hat zum Ziel:

— Beide Gruppen werden in die integrative Arbeit eingeführt und verfügen im jeweils anderen Arbeitsbereich über die notwendige Grundinformation;
— beide Lehrergruppen sind zur Kooperation fähig und arbeiten auch dann mit integrationspädagogischer Tendenz, wenn sie nicht an einer integrativen Grundschule oder in einer Integrationsklasse tätig sind;
— Lehrer/innen beider Gruppen verfügen über eine Basiskompetenz, die hilft, Vorurteile gegenüber Kindern mit Behinderungen und besonderen Lernproblemen sowie ihre Ausgrenzung zu mindern;
— Lehrer/innen beider Gruppen können in der jeweils anderen Schule mitarbeiten.

Der Pflichtschwerpunkt läßt sich ähnlich organisieren wie das Wahlpflichtfach (vgl. zweite Stufe). Er sollte für beide Gruppen am Anfang des Studiums stehen; seine Angebote müßten so strukturiert sein, daß eine gemeinsame Grundkompetenz entwickelt wird.

Im Grundstudium zum Pflichtschwerpunkt könnten z.B. folgende gemeinsame Pflichtveranstaltungen für beide Gruppen angeboten werden:

— Zur Geschichte der Grund- und Sonderschule;
— Einheitlichkeit und Aussonderung als Motive pädagogischer und schulpolitischer Entwicklungen;
— zur Geschichte und Aufgabe integrativer Schularbeit;
— Elemente integrativer Arbeit;
— individuelle Lernprozesse und differenzierter Unterricht als Grundlage integrativer Arbeit;
— Beobachtung und Bewertung individueller Lernentwicklungen im integrativen Kontext;
— soziale Integration und Förderung der Leistungsentwicklung als gleichwertige Aufgaben schulischer Integration;
— Lehrplan und Leistungsnormen als Aufgabe und Problem integrativer Arbeit;
— didaktische und methodische Strukturkomponenten integrativer Arbeit;
— die Förderung der Fähigkeit des Kindes, eigene Lernwege zu gehen, als pädagogische Grundlage integrativer Schularbeit;
— Vorbereitung zum integrationspädagogischen Praktikum;
— Grundschulpraktikum für Sonderpädagogen;
— Sonderschulpraktikum für künftige Lehrer/innen an Grundschulen;
— gemeinsames Praktikum künftiger Sonderpädagogen und Lehrer/innen an Grundschulen in beiden Schultypen;
— Praktikum zur integrativen Arbeit an der Grundschule;

— Aufgabenverteilung, Rollenvielfalt und Kooperationsprobleme bei der integrativen Arbeit;
— methodische Übungen zur Entwicklung einer integrativen Didaktik;
— fachdidaktische Aspekte der integrativen Arbeit an Grundschulen.

Vierte Stufe: Ausbildung von Lehrerinnen und Lehrern für integrative Schulen unter Einbeziehung behinderungsrelevanter Inhalte

In dieser Stufe werden *alle* Lehrer/innen für ein allgemeines Schulwesen ohne Aussonderung ausgebildet. Die Zusammenlegung beider Studiengänge zur integrationspädagogischen Ausbildung der Lehrer/innen für alle Kinder im Grundschulalter verlangt:
1. daß alle Lehrer/innen in ihrer Ausbildung darauf vorbereitet werden, Kinder in ihrem individuellen Lernprozeß auch dann wirkungsvoll zu unterstützen, wenn sie beim Lernen, in ihrer Sprachentwicklung, im Verhalten und im psychomotorischen Bereich besondere Schwierigkeiten haben und
2. daß spezielle Fachrichtungen, die sich auf behinderungsspezifische Besonderheiten beziehen, als Teil der Fächerkombination im Rahmen der allgemeinen Ausbildung zum Lehrer an Grundschulen studiert werden können [5].
Zum ersten dieser beiden Punkte sind zu den vorangehenden Stufen Themenvorschläge für erforderliche Ausbildungsangebote genannt worden. Bei der auf dieser Stufe vorgesehenen Zusammenlegung beider Studiengänge sollten in diesem Zusammenhang die folgenden thematischen Schwerpunkte zu besonders wichtigen Ausbildungsinhalten werden:

— Didaktik und Methodik des gemeinsamen Unterrichts als Unterstützung individueller Lernprozesse in (auch leistungsmäßig) heterogenen Lerngruppen;
— Förderdiagnostik und Erarbeitung individueller Förderpläne;
— kooperatives Handeln im Berufsfeld Schule;
— Lernen unter erschwerten behinderungsabhängigen Bedingungen;
— Sprach- und Kommunikationsförderung bei erschwerten Bedingungen;
— Förderung im psycho-motorischen Bereich.

Für geradezu unerläßlich halten wir es, daß auch in den Fachdidaktiken damit begonnen wird, sich auf die Unterstützung des Lernens derjenigen Kinder zu beziehen, die beim Lernen, in ihrem Verhalten, in der Sprache und im psychomotorischen Bereich besondere Schwierigkeiten haben. Jegliche Fachdidaktik greift zu kurz, wenn sie dies nicht einschließt. Dies gilt für den vorfachlichen Unterricht der Grundschule gleichermaßen.
Zum anderen Punkt, zur Frage spezieller, behinderungsspezifischer Fachrichtungen als Element der allgemeinen Lehrerbildung, kann im Rahmen dieser Ideenskizze nur folgendes gesagt werden:
Für einzelne behindertenspezifische Probleme einer schulischen Förderung der Lernentwicklung von Kindern wird es auch in einem integrierten allgemeinen Schulwesen speziell ausgebildete Lehrer geben müssen, d. h. Lehrer/innen, die im Rahmen ihrer Fächerkombination auch ein Fach haben, das sich auf spezielle behinderungsspezifische Lernprobleme bezieht. Solche Fächer brauchen nicht mit den bisherigen sonderpädagogischen Fachrichtungen übereinzustimmen. Uns erscheint fraglich, ob es z.B. weiterhin ein spezielles Fach bzw. einen speziellen

fachlichen Schwerpunkt zur Lernbehinderten- bzw. zur Verhaltensgestörtenpädagogik geben muß. Die grundlegenden Wissensbestände dieser Disziplinen sollten zum Basiswissen aller Lehrer/innen an allgemeinen Schulen werden. Behinderungsspezifische Spezialfächer sollten sich auf die besonderen Lernprobleme kleinerer Schülergruppen beziehen, beispielsweise:

— Sprach- und Kommunikationsförderung bei blinden Kindern;
— Sprach- und Kommunikationsförderung bei gehörlosen Kindern;
— Sprachentwicklung bei hörstummen Kindern;
— Bewegungs- und Kommunikationsförderung bei extrem bewegungsbeeinträchtigten Kindern;
— Sprach- und Kommunikationsförderung bei Kindern mit extremen Beeinträchtigungen ihrer Gesamtentwicklung.

Wir können und wollen hier keine vollständige Auflistung solcher Bereiche vorlegen, die auch im Rahmen einer integrierten Lehrerbildung als spezielle Fächer erhalten bleiben müssen. Welche das sein müssen, kann nur nach breiter Diskussion entschieden werden. Uns war wichtig, darauf hinzuweisen, daß für ein allgemeines Schulwesen ohne Aussonderung eine integrierte Lehrerbildung unerläßlich ist und daß zur Überwindung der derzeitigen Zweiteilung des Schulwesens in ein allgemeines Schulwesen und ein vielfältig gegliedertes Sonderschulwesen die gleichzeitige Zusammenführung beider Studiengänge notwendig ist.

Anmerkungen

1 Vgl. den Beitrag in diesem Handbuch.
2 Zum Zusammenhang von schulischer Integration und integrierter Lehrerbildung vgl. *Eberwein, H.*: Konsequenzen der Integrationsentwicklung für die Sonderpädagogik. In: *Meißner, K./Heß, E.* (Hrsg.): Integration in der pädagogischen Praxis (Auf dem Wege zur Nichtaussonderung von Kindern u. Jugendlichen mit Behinderungen). Edition Diesterweg-Hochschule Band 3. Berlin 1988, S. 53–64.
3 Hierzu hat die Bildungskommission des Deutschen Bildungsrates bereits 1973 weitreichende Forderungen aufgestellt, von denen bisher fast nichts realisiert wurde. Vgl. *Deutscher Bildungsrat/Bildungskommission*: Zur pädagogischen Förderung behinderter und von Behinderung bedrohter Kinder und Jugendlicher. Stuttgart [3]1979, S. 128.
4 Gedacht ist an ein Angebot „unterhalb" eines Wahlfaches.
5 Vgl. *Heyer, P.*: Zur Aus- und Fortbildung von Lehrerinnen u. Lehrern für ein allgemeines Schulwesen ohne Aussonderung. In: *Meißner, K./Heß, E.* (Hrsg.): Integration in der pädagogischen Praxis. Berlin 1988, S. 70–77.

Hans Eberwein

Zur dialektischen Aufhebung der Sonderpädagogik

Mit der Forderung nach Integration Behinderter in allgemeine Schulen sowie in vorschulische Einrichtungen kommen auf die Sonderpädagogik in Theorie, Ausbildung und Praxis veränderte Zielsetzungen und Funktionen zu, die eine grundlegende Revision des traditionellen Selbst- und Aufgabenverständnisses dieser Wissenschaft zur Folge haben werden.

Die Integrationsentwicklung ist von der Sonderpädagogik nicht gewollt und nicht initiiert worden. Nach mehr als 15jähriger Diskussion hat sich jedoch der Integrationsgedanke zu einem zentralen bildungspolitischen Reformvorhaben ausgeweitet. Die Sonderpädagogik wird deshalb zunehmend mit dieser Frage konfrontiert. Einzelne Vertreter wissenschaftlicher Sonderpädagogik sind durch ihre Beteiligung an Integrationsversuchen seit mehreren Jahren eng mit dieser Thematik befaßt. Für diese Pädagogen wird ihre berufliche Tätigkeit immer mehr zu einem Problem der Glaubwürdigkeit, denn wer die Verwirklichung von Integration als eine unabdingbare gesellschaftspolitische und humane Aufgabe begreift, kann nicht gleichzeitig in einem separierten Institut für Sonderpädagogik die herkömmlichen Theorien zur Behinderung vertreten und Sonderschullehrer im traditionellen Sinne ausbilden. Diesen Kollegen/innen stellt sich in besonderem Maße die Aufgabe, sich gegen die weitere Tradierung und Verfestigung des bestehenden Sonderschulwesens zu engagieren sowie ihre bisherige Rolle in Frage zu stellen und neu zu definieren.

Die Sonderpädagogik insgesamt ist aufgefordert, den pädagogisch nicht begründbaren Anspruch auf Eigenständigkeit und nach einer Spezialdisziplin aufzugeben und sich für die Reintegration in die Allgemeine Erziehungswissenschaft zu öffnen; denn „die anthropologische Konstitution des Begriffs Sonderpädagogik dürfte ... der Vergangenheit angehören, weil ihre ungewollten Nebenwirkungen als schädlich erkannt sind ... Sonderpädagogik ist ... nicht frei vom Stigma der Segregation. Dem Gebot der Normalisierung obliegt es, den Behinderten als Ausprägung von Menschsein so zu nehmen, wie er ist" (*Bleidick* 1985, S. 261).

Aus dieser Erkenntnis lassen sich für die Sonderpädagogik und die sonderpädagogischen Ausbildungsinstitute nachstehende Zukunftsaufgaben ableiten:

1. Die verhängnisvolle, aufgrund veränderter Rahmenbedingungen heute nicht mehr zu rechtfertigende Trennung von Pädagogik und Sonderpädagogik muß durch die Integration „sonder"-pädagogischer Problemstellungen in die Allgemeine Erziehungswissenschaft überwunden werden. Dies bedeutet auf seiten der Pädagogik die Übernahme von Zuständigkeit und Verantwortung für einen Per-

sonenkreis, der in den letzten einhundert Jahren mit dem Ziel der Komplexitäts-reduktion ausgegrenzt und an eine „besondere" Pädagogik mit den bekannten negativen Folgen abgetreten wurde. Gleichzeitig muß die Sonderpädagogik ihren „Alleinvertretungsanspruch" aufgeben und gegenüber der Allgemeinen Pädagogik offen und gesprächsbereit sein.

Die Herausbildung von pädagogischen Subsystemen wie Sonderpädagogik und weiterer Para-Systeme wie Ambulanzpädagogik, mit ihrer Tendenz zu Verselbständigung, Abgrenzung und Eigenleben, verstärken Aussonderungstendenzen und erschweren die Durchsetzung integrativer Einrichtungen. Dies lehrt die Geschichte der Pädagogik. Es muß deshalb der Auffassung von *Speck* (1993, S. 152) widersprochen werden, daß der Konstitutionszweck eines eigenen Systems, nämlich zusätzliche und spezielle Hilfen zu leisten, wie im Falle einer Behinderung, nur dann gesichert sei, „wenn es seine Eigencharakteristika und seine Eigenkompetenz in Differenz zu anderen Systemen entwickeln und behaupten kann". Die Lösung kann nicht ein Verbund von mehreren pädagogischen Eigensystemen sein, mit der Gefahr des Konkurrierens und ständigen Auseinanderdriftens, sondern ein differenziertes Gesamtsystem, das keine Homogenität anstrebt, sondern der Vielfalt Raum läßt und deshalb keine Ausschlußkriterien entwickelt.

2. Die Institute für Sonderpädagogik sollten sich bemühen, aus ihrer (selbstverschuldeten) Isolierung herauszukommen und sich in interdisziplinäre Einrichtungen innerhalb der Universität zu integrieren. Das Ziel kann dabei nicht eine „integrative Sonderpädagogik" als eigenständiger Faktor innerhalb eines kooperativen Systems sein, sondern im dialektischen Sinne eine höhere Qualitätsstufe aus aussondernder Allgemeiner Pädagogik einerseits und Sonderpädagogik andererseits, also eine integrative *Pädagogik*, in der beide Pädagogiken aufgehoben sind, d. h. eine Synthese bilden.

3. Daraus folgt als längerfristige Perspektive zum einen die Auflösung sonderpädagogischer Ausbildungsinstitute und zum anderen die im Zuge der Integrations-Verwirklichung im Schulbereich sich ergebende Aufhebung von Sonderschulen. Als vordringliches Ziel muß die Abschaffung von Studiengängen zum „Lehramt an Sonderschulen" zugunsten einer allgemeinen, integrierten Lehrerbildung verwirklicht werden; denn schon heute zeigt sich in integrativen Grundschulen das Dilemma, daß die unterrichtliche Kooperation von Grundschullehrern/innen und Sonderschullehrern/innen aufgrund der verschiedenen Ausbildungsgänge, des unterschiedlichen Selbstverständnisses, der erworbenen Handlungskompetenzen und der gegenseitigen Erwartungshaltungen außerordentlich erschwert ist. Die Sonderschullehrer/innen sehen sich von ihrer Ausbildung her nicht in der Lage, den an sie gerichteten Ansprüchen zu genügen. Sie stehen einem Erwartungsdruck gegenüber, der sie in die Rolle eines Fachmanns für die Lösung schwieriger pädagogischer Situationen drängt, obgleich sie — sieht man von Hilfen bei organisch bedingten Beeinträchtigungen ab — kaum andere Mittel und Methoden zur Verfügung haben als andere Lehrer/innen auch. Gut ausgebildete Lehrer/innen in einer gut ausgestatteten, organisationsstrukturell veränderten allgemeinen Schule, die kooperatives Arbeiten gelernt haben und sensibilisiert sind für die Entstehung und Bewältigung von Lernschwierigkeiten und Problemsituationen, können Sonderschullehrer/innen überflüssig machen. Dies heißt freilich nicht, daß Lehrer/innen durch Schwerpunktsetzungen im Rahmen

ihres Studiums, etwa in Form eines Wahlfaches, keine Kompetenzen bspw. im Hinblick auf Kinder mit körperlichen oder Sinnesbeeinträchtigungen erwerben sollten. Aber dafür bedarf es keines „sonder"-pädagogischen Studiums mit dem Ziel „Lehramt an Sonderschulen". Diesbezügliche Qualifikationen sollten in allen Lehramtsstudiengängen erworben werden können.

Eine Befragung von Sonderschullehrern hat gezeigt, daß das bisherige Studium der Sonderpädagogik — sieht man von der erzeugten Bewußtseinsänderung im Hinblick auf Kinder mit Behinderungen ab — nicht in der Lage war, die für die Tätigkeit in Integrationsschulen erforderlichen Qualifikationen zu vermitteln. Eine Reform des Studiums der Sonderpädagogik bzw. eine Veränderung des Studiengangs erscheint deshalb sowohl in bezug auf Inhalte wie auch in methodischer Hinsicht dringend geboten. Da der Anteil der Sonderschullehrer, die nicht mehr an der herkömmlichen, separierenden Sonderschule tätig sind, ständig steigt, stellt sich in diesem Zusammenhang die Frage, ob sich nicht Studiengang und Bezeichnung „Lehrer an Sonderschulen" zum „Lehrer mit sonderpädagogischem Schwerpunkt" wandeln müßte, um so die Strukturveränderung und Lernortungebundenheit von Sonderpädagogik deutlich zu machen. An die Stelle des „klassischen" Sonderschullehrers muß ein Lehrer treten, der für die Allgemeine Schule ausgebildet ist, eine integrationspädagogische Grundausbildung besitzt und Sonderpädagogik als ein Wahlfach studiert. Im Rahmen des Wahlfaches entscheidet er sich für zwei „sonder"-pädagogische Fachrichtungen. Derartig ausgebildete Pädagogen können problemlos in einer Allgemeinen Schule unterrichten.

Das Wahlfach „Sonderpädagogik" sollte stärker in die allgemeine Lehrerausbildung integriert werden. Durch engere Zusammenarbeit von Hochschullehrern und Studenten verschiedener Lehrerstudiengänge könnte das Verständnis für das gemeinsame Anliegen der Integration wachsen. Zusätzlich sollten integrationspädagogische Inhalte allen Lehrern im Rahmen ihres Studiums vermittelt werden. Dadurch ließe sich u. a. auch der Wunsch von Sonderschullehrern, daß die Grundschullehrer ihr Bild vom Kind in Hinblick auf eine individuellere Sichtweise verändern und so zu einer damit eng verbundenen Gestaltung von offeneren, differenzierten Lernformen gelangen, eher erfüllen.

Da die von den befragten Sonderschullehrern eingeforderten Ausbildungsinhalte keine spezifischen sonderpädagogischen Fragestellungen beinhalten, müssen sie deshalb sowohl Gegenstand „Integrationspädagogischer Grundlagen" als auch Gegenstand des allgemeinen pädagogisch-psychologischen Studiums sein. Außerdem müssen sich die Fachdidaktiken der Aufgabe stellen, wie bestimmte fachspezifische Inhalte nicht nur dem „Normal"-Schüler, sondern auch dem intellektuell, sprachlich, körperlich oder sinnesbeeinträchtigten Kind vermittelt werden können.

Im übrigen sollten allen Lehrern im Rahmen ihres fachdidaktischen Studiums Grundinformationen über Aneignungsschwierigkeiten innerhalb ihres Faches vermittelt werden, damit sie bei bestimmten Schülern ggf. einen spezifischen Förderbedarf erkennen und darauf angemessen reagieren können, denn Unterrichten heißt, Schwierigkeiten beim Lernen zu diagnostizieren sowie adäquate Lernhilfen zu deren Überwindung anzubieten. Aufgrund anthropologischer und lernpsychologischer Erkenntnisse wissen wir heute, daß es keinen Schüler mit einer sich auf *alle* Lernbereiche erstreckenden Lernbehinderung gibt. Die Schwierigkeiten beziehen sich jeweils auf die Bewältigung spezieller Aufgabenstellungen in den einzel-

nen Fächern. Dies würde z. B. für Studierende des Faches Deutsch bedeuten, sich auch mit den Grundlagen des Spracherwerbs und seinen Beeinträchtigungen, beispielsweise Sprachentwicklungsstörungen bzw. -verzögerungen, zu befassen; oder im Fach Sport etwas über Psychomotorik und Körperkoordination zu erfahren.
4. Wie soll nun das allgemeine Lehrerstudium hinsichtlich integrationspädagogischer Inhalte verändert werden? Um das Ziel der Integration von Kindern mit Behinderungen in Allgemeinen Schulen erreichen zu können, bedarf es hierfür qualifizierter Lehrer, die den Integrationsprozeß einzuleiten und zu unterstützen vermögen. Die entsprechende Qualifizierung der in Schulen tätigen Pädagogen beginnt bereits während der ersten Phase der Lehrerausbildung an den Hochschulen und Universitäten. Schon hier sollten erste Curriculumbausteine für eine spätere Tätigkeit in integrativen Grundschulen vermittelt werden, denn eigentlich beginnt Integration bereits bei der Ausbildung von Lehrern. Integrationspädagogische Qualifikationen wurden jedoch bisher vorwiegend in der dritten Phase der Lehrerausbildung, d. h. im Rahmen von Lehrerfortbildung erworben.

An der Freien Universität Berlin wurden konkrete Vorschläge zur Veränderung des allgemeinen Lehrerstudiums erarbeitet. Integrationspädagogische Inhalte sollten danach in alle Lehramtsstudiengänge bereits in der ersten Phase der Ausbildung Eingang finden, und zwar je nach Studiengang sechs bis zwölf Semesterwochenstunden (SWS). Ziel ist es, Grundkenntnisse und Problembewußtsein für Fragen der gemeinsamen Erziehung und Unterrichtung von Kindern und Jugendlichen mit und ohne Behinderung zu vermitteln.

Im einzelnen sollte ein entsprechendes Curriculum folgende Ausbildungsinhalte enthalten:

1. Einführung in die Integrationspädagogik (1–2 SWS)
   − historische und gesellschaftspolitische Aspekte der Aussonderung sowie der Integrationsentwicklung
   − gemeinsames Lernen als pädagogische Zielsetzung
   − Behinderungszuschreibung (Etikettierung, Stigmatisierung, Vorurteile, Behinderte als „Objekte")
   − zum Selbst- und Fremdbild Behinderter
2. Zum Begriff und Phänomen Lernen/Verhalten (2–3 SWS)
   − lern- und verhaltenstheoretische Grundlagen
   − Ursachen für Lernerschwernisse
   − Entstehung von Verhaltensproblemen
   − pädagogisch-therapeutische Hilfen
3. Theorie und Praxis der Förderdiagnostik (4–6 SWS)
   − Förderdiagnostische Fragestellungen und Vorgehensweisen
   − Verhaltensbeobachtung
   − Diagnostische Verfahren in den Bereichen Wahrnehmung, Psychomotorik, Sprache
   − Kind-Umfeld-Diagnostik
   − Erstellen individueller Förderpläne und Lernentwicklungsberichte
4. Integrative Didaktik − Theorie und Praxis (4–6 SWS)
   − entwicklungspsychologische Grundlagen
   − Formen offenen Lernens (u. a. Freie Arbeit, Projektunterricht, Montessori- und Freinet-Pädagogik)

- Möglichkeiten der inneren Differenzierung und Individualisierung; Kennenlernen von didaktischen Materialien
- Koop-Unterricht/Teamteaching

Hauptsächlich der zweite Bereich umfaßt Grundlagen, die bisher vorwiegend von der Lernbehinderten- und Verhaltensgestörten-Pädagogik vertreten wurden. Diese beiden Fachrichtungen sollten als eigenständige „sonder"-pädagogische Disziplinen künftig wegfallen und Teil der Allgemeinen Pädagogik werden, da die dort zu behandelnden Fragestellungen Lehrer aller Schularten in erheblichem Umfang berühren.

An der Freien Universität Berlin z. B. wurden zwei Lehrstühle für Lernbehinderten- und Verhaltensgestörten-Pädagogik unter der Rubrik „Integrationspädagogik" Bestandteil der Grundschul-Pädagogik sowie der Allgemeinen Unterrichtswissenschaft im Fachbereich Erziehungs- und Unterrichtswissenschaften. Damit ist ein erster notwendiger Schritt getan im Hinblick auf die Reintegration der Sonderpädagogik in die Allgemeine Erziehungswissenschaft und eine wichtige Voraussetzung geschaffen für eine integrationspädagogisch orientierte Ausbildung *aller* Lehramtsstudierenden.

Mit diesem Konzept werden bereits in der ersten Ausbildungsphase die erforderlichen Grundbedingungen geschaffen, die Lehrer in die Lage versetzen, den Anforderungen und Erwartungen in Integrationsschulen zu genügen. Außerdem wird durch die enge Verzahnung von Allgemeiner Pädagogik und Sonderpädagogik eine flexiblere und breitere Verankerung „sonder"-pädagogischer Kompetenzen in den verschiedenen Lehramtsstudiengängen ermöglicht. „Sonder"-Pädagogik verliert so allmählich den Charakter des Besonderen. Sie wird mehr und mehr zu einem Element der Allgemeinen Pädagogik.

Die angesprochenen Korrekturen und Reformen stellen den ersten und wichtigsten Schritt auf dem Wege zu einer integrativen Pädagogik und Schule dar. Sie reihen sich in Bemühungen ein, die weit über das einzelne sonderpädagogische Institut und über lokale Maßnahmen hinausreichen, indem sie im Verbund mit Psychologie und Psychiatrie durch die Schaffung demokratischer und sozialer Strukturen für ausgegrenzte Mitglieder unserer Gesellschaft menschenwürdige, entstigmatisierte Verhältnisse herzustellen versuchen.

Die Sonderpädagogik hat sich aufgrund ihres Erkenntnisstandes der Verpflichtung zu stellen, eine historische Fehlentscheidung und -entwicklung zu korrigieren, die darin bestand, ein eigenständiges Sonderschulwesen und eine sonderpädagogische Anthropologie begründet zu haben. *Bleidick* (1988) spricht in diesem Zusammenhang von einem „Sündenfall", weil die Sonderanthropologie nach einer einheitlichen Sinndeutung des Leidens und des Defizits behinderter Menschen gesucht habe. Sie verkenne, daß die Sichtweise von Behinderten durch Nichtbehinderte und deren Einstellungen vermittelt sei. „Wir haben uns der anmaßenden Deutungen vom Sinn des Behindertseins zu enthalten, und wir können als Nichtbehinderte nicht verlangen, daß der Behinderte mit seinen Gebrechen fertig wird. Die Frage, was Behinderung bedeutet, ist selber fraglich" (S. 45). „Theorien der Behinderung wären anders, wenn sie von Behinderten selbst gemacht wären" (S. 44).

Eine erste Antwort darauf gibt der nachfolgende Beitrag von *Daoud-Harms.*

Bleidick, U.: Historische Theorien: Heilpädagogik, Sonderpädagogik, Pädagogik der Behinderten. In: *Bleidick, U.* (Hrsg.): Theorie der Behindertenpädagogik. Handbuch der Sonderpädagogik. Bd. 1. Berlin 1985, S. 253–272.

Bleidick, U.: Betrifft Integration: behinderte Schüler in allgemeinen Schulen. Berlin 1988.

Eberwein, H./Michaelis, E.: Welche spezifischen Qualifikationen brauchen „Sonder"-Pädagogen in Integrationsschulen? Ergebnisse einer Befragung in Berlin. In: Z. f. Heilpäd. 44 (1993) S. 395–401.

Speck, O.: Bedeutung und Kritik des ökologischen Ansatzes in der Heilpädagogik. In: Vierteljahresschrift f. Heilpäd. und ihre Nachbargeb. 62 (1993) S. 144–157.

Mounira Daoud-Harms

Arbeitsgegenstand oder Subjekt unserer Lebensgeschichte — Erfahrungen und Reflexionen zum Verhältnis von Betreuern/Experten und „Behinderten"

Ich habe erlebt und wissenschaftlich durchgearbeitet, was es für mich als zwischen zwei und sechs Jahren erblindetes Mädchen, für meine Eltern, meine Geschwister und meine Spielkameraden bedeutet hat, von einem unbesorgt heranwachsenden zu einem „behinderten" Kind zu werden, dessen menschliche Beziehungen und Entwicklungsbedingungen sich dadurch gravierend veränderten. Die frühe Trennung von den Eltern und Geschwistern, der Weg durch die Sondereinrichtungen von der Grundschule bis zum Abitur, die Freundschaften und die Auseinandersetzungen über die Lebensbedingungen unter uns „Behinderten" selbst, die Wahrnehmung der „nichtbehinderten" und „behinderten" Betreuer, Erzieher und Lehrer aus der Perspektive der Betreuten, der Wechsel aus den Sonderinstitutionen in die „Welt der Nichtbehinderten" im Studium und meine Stellung als berufstätige Frau und Ehepartnerin verdichten sich biografisch zu einem Bewußtsein über das Wesen von „Behinderung", das nicht zu gewinnen ist durch Berufserfahrungen vom Standpunkt des äußeren Beobachters.

1.

Aus der Lebenspraxis „Behinderter", aus meinen eigenen Erfahrungen und aus der wissenschaftlichen Analyse ergibt sich, daß „Behinderung" nicht durch den körperlichen Schaden bedingt ist, obwohl sie damit verbunden wird. Sie ist kein Merkmal des Organismus und keine Eigenschaft der Psyche oder der Persönlichkeit von Körpergeschädigten. Sie ist ein Merkmal der gesellschaftlichen Verhältnisse, unter denen wir zu leben gezwungen sind, womit wir als Subjekte konfrontiert werden und uns aktuell immer wieder neu auseinandersetzen müssen (*Daoud-Harms* 1986a).

Es geht mir nicht darum, die Körperschädigung zu verharmlosen oder zu leugnen, daß wir besondere Anstrengungen machen müssen, um unser Alltagsleben zu bewältigen unter gesellschaftlichen Bedingungen, die nicht auf unsere körperliche Konstitution eingerichtet sind. Es steht außer Zweifel, daß der Ausfall von Körperfunktionen mit Entbehrungen verbunden ist, die uns persönlich schmerzen und die wir psychisch verarbeiten müssen. Wir haben uns die Körperschädigung nicht ausgesucht. Sie ist gesellschaftlich erzeugt und kann auch nur durch die Verbesserung der Beziehungen der Menschen untereinander, durch die Veränderung der gesellschaftlichen Lebensformen allgemein und durch die Weiterentwicklung von Wissenschaft, Medizin und Technologie aufgehoben werden. Ich möchte deshalb aber auch keinen Zweifel daran lassen, daß die Körperschädigung und die damit verbundenen persönlichen Entbehrungen und individuellen Anstrengungen nicht die Behinderung unserer Lebenspraxis sind.

In Wirklichkeit besteht die Behinderung für uns darin, daß die Entwicklungsbedingungen unserer Persönlichkeit und unsere Zukunftsaussichten durch
„Nichtbehinderte" eingeschränkt werden, wenn sie uns auf das Merkmal der
Körperschädigung reduzieren. Wir werden von ihnen damit letztlich erst zu jener
Gruppe äußerlich identifizierbarer Menschen gemacht, die aufgrund ihrer indi-
viduellen körperlichen Merkmale als grundsätzlich entwicklungsbehindert deter-
miniert erscheinen. Die Reduktion auf einen organischen Mangel wird dann wie-
derum zur ideologischen Legitimation für die praktische Einschränkung unserer
Lebensbedingungen und unserer Tätigkeit. Der Ideologie von „Behinderung" als
Reduktion auf den Körperschaden entspricht dann die Behauptung, daß die
„Behinderten" die Entwicklungsmöglichkeiten der „Normalen" grundsätzlich
nicht erreichen könnten. Damit erscheint es so, als ob der in der Geschichte jedes
Individuums enthaltene Widerspruch zwischen Entwicklung und Einschränkung
verlagert wäre in den Unterschied zwischen „normalen" und „behinderten" Individuen. Folglich werden wir auf das Lebensziel beschränkt, durch die „Normalen" akzeptiert, d. h. geduldet zu werden.

Ein auf die Körperschädigung oder den „primären Defekt" beschränkter Begriff von „Behinderung" oder „sekundärer Anomalie" kann nur einen entsprechend verkürzten oder verkehrten Begriff von Integration als „Akzeptanz" der
„Behinderten" durch die „Nichtbehinderten" hervorbringen.

Mein wesentliches Interesse richtet sich darauf zu klären, wie Menschen mit
körperlichen Schädigungen zu selbstbewußten Individuen werden, die an der Bestimmung ihres eigenen und des gesellschaftlichen Entwicklungsprozesses teilnehmen, statt sich an der „Akzeptanz" und „Toleranz" der „Nichtbehinderten"
zu orientieren (*Daoud-Harms* 1986b).

2.

Ich wende mich daher einem Problem zu, an dem gerade die Experten-Diskus-
sion über „Integration" nicht vorbeigehen darf. Es ist das Verhältnis von professionellen Betreuern/Wissenschaftlern zu uns „Behinderten", die wir zugleich
deren Betreuungs- und Forschungs-Objekte und die Subjekte unserer eigenen
Entwicklung im gesellschaftlichen Zusammenhang sind. Untersucht man „Behinderung" als eine spezifische Form sozialer Verhältnisse und menschlicher Beziehungen, in denen körpergeschädigte Menschen in unserer Gesellschaft leben,
stellt man fest, daß diese Beziehungen durch die industrielle Produktionsweise
der bürgerlichen Gesellschaft wesentlich verändert worden sind. Die Dorf- und
Hausgemeinschaften und Großfamilien der Feudalgesellschaft werden in die
Kleinfamilien der industriellen und agrarischen Lohnarbeiter umgewandelt,
deren alltägliche Lebensweise in zunehmendem Maß durch die auf ganz verschiedene Arbeitsplätze und Arbeitszeiten verstreute Berufstätigkeit aller männlichen
und weiblichen Familienmitglieder vom Kindes- oder Jugend- bis zum Rentenal-
ter bestimmt wird (*Kuczynski* 1981). Versorgung, Betreuung und Pflege „behinderter" Familienmitglieder kann von so zersplitterten, durch die industrielle Arbeitsweise extensiv und intensiv beanspruchten Familien kaum noch bewältigt
werden. Sie werden selbst professionalisiert und zur lohnabhängigen Berufstätigkeit für Erzieher und Ausbilder, Sozialarbeiter und Pfleger, Betreuer und Ver-
wahrer. Darin ist als Möglichkeit enthalten, das Verhältnis von Individuen zueinander zu einem Verhältnis von Arbeitskräften und Arbeitsgegenständen zu ver-

kehren. Erziehung, Versorgung, Betreuung und Verwahrung verwandeln sich von Subjekt-Subjekt- zu Subjekt-Objekt-Beziehungen. Aus den Behindertenwerkstätten und -anstalten, aus der Heimerziehung und aus Sonderschulen wird diese Erscheinung in den verschiedensten Formen immer wieder berichtet.

Die gegenwärtige Debatte über integrative Erziehung hat auch bei mir die Hoffnung geweckt, daß es im Bereich der Behindertenpädagogik und der Sonderschulen nun zu einem Durchbruch in eine andere Richtung kommen könnte. Meine Erfahrungen und die Auswertung einiger Ergebnisberichte von Versuchsprojekten integrativer Erziehung lassen mich jedoch befürchten, daß wir „Behinderten" von Objekten der Betreuung nun zu Objekten der „Integration" werden (*Kulturpolitischer Ausschuß des Hessischen Landtages* 1985, *GEW* 1986).

Ein Anhaltspunkt dafür ist zunächst, daß mir bisher kein von „Nichtbehinderten" gestaltetes Projekt integrativer Erziehung in der Bundesrepublik bekannt geworden ist, an dem „Behinderte" in der Planung, Ausarbeitung, Durchführung und Auswertung in irgendeiner Form als Mitarbeiter und nicht als Projektgegenstand beteiligt worden wären. Die Experten suchen — wie ich feststellen mußte — vielmehr nach Gründen, uns daraus fernzuhalten.

Gegen diese Tendenz forderten mich eine Professorin und ein Professor für Behindertenpädgogik auf, mich an einer Fachhochschule auf eine ausgeschriebene Stelle für Heil- und Behindertenpädagogik zu bewerben, für die ausdrücklich eine Frau gesucht wurde. Sie begründeten das damit, sie wollten „Behinderte" dabei unterstützen, ihre berechtigten Ansprüche auf Selbstvertretung durchzusetzen, um „große Worte über Integration behinderter Menschen" nicht als „unverbindliche Phrase" stehen zu lassen. Gerade im Bereich der Behindertenpädagogik gäbe es nur wenige von Frauen besetzte Professuren und keine einzige, die von einer „behinderten" Frau eingenommen würde. Die Bereiche Sozialarbeit und Sozialpädagogik seien in besonderer Weise aufgerufen, „qualifizierte Beiträge zur Entwicklung der Praxis einer humanen Lebensrealisierung für als behindert geltende Menschen zu initiieren und mitzutragen."

Ich bewarb mich mit einer ausführlichen Begründung, in der ich auf meine langen persönlichen Erfahrungen bei der Integration von „Behinderten" in die Berufswelt verwies. Die Student/inn/en würden die seltene Möglichkeit erhalten, in der Person einer „behinderten" Hochschullehrerin sich nicht nur mit dem Problem der „Behinderung", sondern vor allem auch mit der „Integration" und der Stellung ihres späteren Arbeits-„Gegenstandes" als Subjekt in qualitativ neuer Weise unmittelbar auseinanderzusetzen.

Ich war überrascht zu erfahren, daß ich von der Fachhochschule dennoch nicht einmal zur Anhörung eingeladen wurde. Auf meine fernmündliche Nachfrage gab man mir zu, meine persönlichen Qualifikationen und Voraussetzungen für die zu besetzende Stelle seien bei den Kriterien zur Auswahl der Bewerber „sicherlich minderbewertet" worden. Meine Blindheit habe auch eine Rolle gespielt. Ich könnte z. B. „behinderte" Kinder beim Spielen nicht „beobachten"! Im übrigen weigerte man sich, mir die Kriterien für die Auswahl der Bewerber zur Anhörung mitzuteilen, obwohl es sich hier um eine Beamtenstelle im öffentlichen Dienst handelte, bei deren Besetzung aus grundsätzlichen rechtsstaatlichen und verfahrensrechtlichen Gründen den betroffenen Bürgern gegenüber die Entscheidung ausreichend begründet werden muß, damit sie die Wahrung ihrer Rechte für sich prüfen können. Auch ein Schreiben an die Schwerbehindertenvertretung und den/die Schwerbehindertenbeauftragte(n) der betreffenden Fachhochschule, in dem ich diese aufforderte, sich gemäß ihrem Auftrag für die Wahrung der Chancengleichheit einer „behinderten" Bewerberin einzusetzen, ist ganz unbeantwortet geblieben.

Den beiden Professoren, die mich bei der Bewerbung unterstützt hatten, blieb unverständlich, daß eine Frau, die selbst im „klassischen Sinn des Begriffs" behindert sei, ihre Qualifikation vom Studium über die Promotion bis zur pädagogischen Praxis ausgewiesen habe und diese durch individuelle Erfahrungen in diesem Bereich als selbst Betroffene absichern könne, von einer persönlichen Vorstellung und Anhörung ausgeschlossen worden sei. Damit werde eine „einmalige Chance" vertan, daß eine qualifizierte „behinderte" Frau stellvertretend „notwendige neue Maßstäbe für berufliche Ausbildung und Berufsarbeit im sogenannten Behindertensektor" hätte setzen können − Maßstäbe, die auf „authentischen Erfahrungen" beruhten, über die „nichtbehinderte Behindertenexperten" eben nicht verfügen könnten.

Im krassen Gegensatz zu diesem entschiedenen Engagement behielt letztendlich doch wieder die professionelle Attitüde der Betreuer und Experten die Oberhand. Die Berufungskommission ließ mich wissen, man habe sich „aufgrund meiner besonderen Situation" mit meinen Bewerbungsunterlagen befaßt. Ich dürfte versichert sein, daß diese Prüfung „sehr wohlwollend und unter Berücksichtigung eines hohen Maßes an menschlicher Betroffenheit" stattgefunden habe. Aufgrund des im Berufungsausschuß „einvernehmlich und auf rechtlicher Grundlage" festgelegten „Kriterienrasters", dessen Offenlegung mir weiterhin verweigert wurde, habe diese Prüfung den Berufungsausschuß „nicht in den Stand versetzen können, seine getroffene Auswahl zu verändern" und mich zur Vorstellung einzuladen. „Der gemeinsame Berufungsausschuß bedauert dies zwar gerade unter Berücksichtigung Ihrer persönlichen Behinderungsprobleme zutiefst, sah aber keine Möglichkeit zu einer anderen Entscheidung."

Obwohl man es als „Behinderte" nie leicht hat, eine Berufstätigkeit zu finden und sich darin weiterzuentwickeln, habe ich noch nie so viele Schwierigkeiten bekommen wie seit der Zeit, als ich über die Probleme der „Behinderung" und der Persönlichkeitsentwicklung von Körpergeschädigten promoviert und die Zusammenarbeit mit den Experten auf diesem Gebiet gesucht habe.

3.

Bei kritischer Prüfung meiner Erfahrungen und der verschiedener Kolleginnen und Kollegen läßt sich die Erkenntnis nicht mehr verdrängen, daß wir auch bei sich als fortschrittlich verstehenden Betreuern und Experten auf Widerstand stoßen, wenn wir das Betreuungsverhältnis nicht nur verbessern, d. h. der Entwicklung der allgemeinen Lebensbedingungen anpassen, sondern ganz aufheben und in Kooperationsbeziehungen zwischen Subjekten umwandeln wollen. Bisher kenne ich davon nur vereinzelte Ausnahmen. Die meisten Experten schränken „integrative Kooperation" ein auf die interdisziplinäre Zusammenarbeit von Pädagogen und Betreuern untereinander, um deren eigene „pädagogische Handlungsspielräume" zu erweitern.

Als ich in der Erwartung, Verständnis und Ziel der Integration würden sich nicht nur auf die räumlich zusammengefaßte, gemeinsame Betreuung und Unterrichtung von „behinderten" und „nichtbehinderten" Kindern in Kindergarten- und Grundschulgruppen beschränken, mein Interesse an einer Zusammenarbeit in einem Institut für Sonder- und Heilpädagogik vortrug, mußte ich mir sagen lassen, so wäre das nicht zu verstehen. Schließlich gäbe es keinen Grund für die Annahme, daß z.B. Körperbehinderte mehr von Lernbehinderung, Verhaltensstörung oder geistiger Behinderung verstehen würden als „Nichtbehinderte". Körperbehinderte hätten schließlich eine andere Persönlichkeit als diese.

Einige Fachleute gehen inzwischen soweit, uns in diesem Zusammenhang vorzuwerfen, wir würden selbst den Unterschied zu den „Nichtbehinderten" künstlich aufrechterhalten, nachdem sie ihn schon längst integrativ überwunden hätten, wenn wir auf unserer Betroffenheit und dem Gewicht unserer subjektiven Erfahrung bestehen. Für sie gäbe es keine Behinderten mehr.

Es gibt jedoch einen nach wie vor unaufgehobenen Unterschied: unsere persönliche Lebenserfahrung, Sensibilität und Bewußtheit davon, in unseren Entwicklungsmöglichkeiten durch andere eingeschränkt und behindert zu werden. Diese Tatsache zu leugnen, ist nur die Kehrseite davon, sie als naturgegeben und unabänderlich zu bezeichnen. Durch die falsche Gleichmacherei — „wir sind alle behindert" oder „für mich gibt es keinen Unterschied zwischen Behinderten und Nichtbehinderten" — verdrängt man jedoch die spezifischen Formen der gesellschaftlichen Einschränkung Körpergeschädigter und damit auch die Bedingungen ihrer Aufhebung. Aber auch die spezifischen Fähigkeiten, die wir entwickeln, wenn wir diese Lebenserfahrungen reflektieren und durcharbeiten, sind durch keine Professionalisierung der Betreuung zu ersetzen oder zu erreichen. Ohne unsere eigene bewußte Einflußnahme können wir daher unsere Stellung als Objekte nicht durchbrechen.

Sobald wir dieses Ziel ansprechen, entsteht zunächst mehr instinktiv als bewußt bei Betreuern und Experten, unabhängig von ihrer politischen Richtung, die Angst, ihre Bestimmungs-, Erziehungs- und Betreuungsmacht über uns abgeben zu müssen. Sie fürchten, den Inhalt und Gegenstand ihrer Berufsarbeit, die „Behinderten", zu verlieren, und sehen damit ihre Arbeitsplätze überhaupt in Gefahr. Unter dem Eindruck dieser Angst nehmen sie alle theoretischen Positionen der „Integration" bis hin zum Selbstvertretungsrecht auch der als behindert geltenden Subjekte wieder zurück und verwandeln sie in ihr Gegenteil.

Kern dieser Wende ist ein Verständnis von „Integration", das beschränkt ist auf die „Akzeptanz" der „Behinderten" durch die „Nichtbehinderten". Integrative Erziehung wird damit zur Einübung in die dreidimensionale Akzeptanz des „Anders-Seins", der „Schwäche" und des „Übels" in den „behinderten" Kindern erstens durch die „behinderten" Kinder selbst und ihre Eltern, zweitens durch die „nichtbehinderten" Kinder und deren Eltern und schließlich auch durch die professionellen Erzieher und Betreuer.

Hinter dieser Auffassung von Integration steht die Absicht, die Separierung und Diskriminierung der „Behinderten" zu beenden. Es ist jedoch ausgeschlossen, daß auf einer solchen Grundlage der Objektstatus der „Behinderten" als Arbeitsgegenstand ihrer Betreuer und Erforscher jemals aufgehoben werden kann.

4.

Experten, die unsere Persönlichkeit auf die Körperschädigung reduzieren und unsere Subjektivität darauf beschränken, daß wir uns als ihre Arbeitsgegenstände akzeptieren, instrumentalisieren uns, um ihre eigenen Existenzbedingungen zu sichern und ihr Selbstbewußtsein zu stärken. Jene Berufswissenschaftler, die die Menschen, über die sie forschen, nicht als sich selbst bestimmende Subjekte an Planung, Verlauf und Ergebnis ihrer Forschung beteiligen, bleiben „Kontrollwissenschaftler".

Unsere Behinderung können wir nur dann aufheben, wenn wir selbst unser Denken und Handeln von der entfremdeten Reduzierung auf den Körperschaden, auf den Objektstatus und die Akzeptanz lösen. Wenn auch die Betreuer/Experten uns als ihre Kooperationspartner begreifen, können sie mit uns gemeinsam daran arbeiten, daß wir unsere Fähigkeiten erweitern, um unsere Interessen zu vertreten und am wirtschaftlichen, kulturellen und politischen Leben selbstbestimmend teilzunehmen.

Literatur

Daoud-Harms, M.: Blindheit. Zur psychischen Entwicklung körpergeschädigter Menschen. Frankfurt/New York 1986a.
Daoud-Harms, M.: Die Theorie der „Integration" und die Praxis der „Behinderung". Diskussionsbeitrag aus der Sicht einer Betroffenen. In: Behindertenpädagogik 25 (1986b) S. 139–151.
Gewerkschaft Erziehung und Wissenschaft im DGB (Hrsg.): Gemeinsam leben lernen. Analysen, Modelle, Perspektiven zur Integration Behinderter. Fankfurt 1982.
Gewerkschaft Erziehung und Wissenschaft, Bezirksverband Nordhessen, Landesverband Hessen (Hrsg.): Gemeinsam lernen. Integration behinderter Schüler. Frankfurt 1984.
Kuczynski, J.: Die Geschichte des Alltags des deutschen Volkes 1600–1945. Köln 1981.
Kulturpolitischer Ausschuß des Hessischen Landtages: Ausschußvorlage 11/131 zu dem Antrag der Fraktion der Grünen betreffend Konzept zur Integration behinderter Kinder in die Regelschule, Drucks. 11/3073. Wiesbaden 1985.

Autorenverzeichnis

Prof. Dr. Andreas Bächtold, Universität Zürich, Institut für Sonderpädagogik, Hirschengraben 48, CH-8001 Zürich

Prof. Dr. Ernst Begemann, Universität Koblenz-Landau, Institut für Sonderpädagogik, Xylanderstr. 1, 76829 Landau/Pfalz

Annelie Belusa, Rektorin, Sybelstr. 60, 10629 Berlin

Dr. Alois Bürli, Schweizerische Zentralstelle für Heilpädagogik, Obergrundstr. 61, CH-6003 Luzern

Dr. Mounira Daoud-Harms, Dipl.Soz., Jean-Albert-Schwarz-Str. 6, 60488 Frankfurt

Prof. Dr. Helga Deppe-Wolfinger, J. W. Goethe-Universität Frankfurt, Institut für Sonderpädagogik, Senckenberganlage 15, 60325 Frankfurt

Prof. Dr. Dr. Lutz Dietze, Universität Bremen, Fachbereich Erziehungs- und Gesellschaftswissenschaften, Postfach 330440, 28334 Bremen

Prof. Dr. Hans Eberwein, Freie Universität Berlin, Institut für Grundschulpädagogik und Allgemeine Unterrichtswissenschaft, Königin-Luise-Str. 24–26, 14195 Berlin

Prof. Dr. Sieglind Ellger-Rüttgardt, Universität Hannover, FB Erziehungswissenschaften I, Bismarckstr. 2, 30173 Hannover

Prof. Dr. Georg Feuser, Universität Bremen, Studiengang Behindertenpädagogik, Postfach 330440, 28334 Bremen

Prof. Dr. Hans-Peter Füssel, Franz-Liszt-Str. 9, 28209 Bremen

Prof. Dr. Dr. h.c. Theodor Hellbrügge, Direktor des Kinderzentrums München, Lindwurmstr. 131, 80337 München

Renate Hetzner, Lehrerin und Sonderpädagogin, Achenbachstr. 12, 13585 Berlin

Peter Heyer, Wiss.Dir., Pädagogisches Zentrum, Uhlandstr. 96–97, 10717 Berlin

Prof. Dr. Hans Hielscher, Universität Hamburg, Institut für Schulpädagogik, v. Melle-Park 8, 20146 Hamburg

Alfred Hössl, Soz.M.A., Deutsches Jugendinstitut, Projektgruppe „Integration", Freibadstr. 30, 81543 München

Dr. Anne Hildeschmidt, Akad. Oberrätin, Universität des Saarlandes, FR Allgemeine Erziehungswissenschaft, Bau 8, 66123 Saarbrücken

Prof. Dr. Gerd Iben, J. W. Goethe-Universität Frankfurt, Institut für Sonderpädagogik, Senckenberganlage 15, 60325 Frankfurt

Prof. Dr. Karl Heinz Jetter, Universität Hannover, FB Erziehungswissenschaften I, Bismarckstr. 2, 30173 Hannover

Prof. Dr. Eduard W. Kleber, Bergische Universität Wuppertal, FB Erziehungswissenschaften, Postfach 100127, 42001 Wuppertal

Sabine Knauer, Lehrerin und wiss. Mitarbeiterin, Freie Universität Berlin, Institut für Grundschulpädagogik und Allgemeine Unterrichtswissenschaft, Königin-Luise-Str. 24–26, 14195 Berlin

Prof. Dr. Emil E. Kobi, Universität Basel, Institut für Spezielle Pädagogik und Psychologie, Elisabethenstr. 53, CH-4002 Basel

Herbert Krämer, M.A., Landesinstitut für Pädagogik und Medien, Beethovenstr. 26, 66125 Dudweiler

Dr. Gisela Kreie, Reuterweg 80, 60323 Frankfurt

Dr. Maria Kron, Dipl.Psych., Philipp-Schnell-Str. 101, 60437 Frankfurt

Prof. Dr. Hans-Peter Langfeldt, J. W. Goethe-Universität Frankfurt, Institut für Pädagogische Psychologie, Senckenberganlage 15, 60325 Frankfurt

Dr. Rainer Maikowski, Dipl.Soz., Pädagogisches Zentrum, Uhlandstr. 96–97, 10717 Berlin

Dr. Christel Manske, Holländische Reihe 61, 22765 Hamburg

Prof. Richard Meier, J. W. Goethe-Universität Frankfurt, Institut für Grundschulpädagogik, Senckenberganlage 15, 60325 Frankfurt

Prof. Dr. Hans Meister, Universität des Saarlandes, FR Allgemeine Erziehungswissenschaft, Bau 8, 66123 Saarbrücken

Prof. Dr. Andreas Möckel, Universität Würzburg, Lehrstuhl Sonderpädagogik I, Wittelsbacherplatz 1, 97074 Würzburg

Prof. Dr. Jakob Muth †, Ruhr-Universität Bochum, Institut für Pädagogik, Postfach 102148, 44721 Bochum

Wolfgang Podlesch, Psychologieoberrat, Pädagogisches Zentrum, Uhlandstr. 96–97, 10717 Berlin

Prof. Dr. Annedore Prengel, Universität-Gesamthochschule Paderborn, FB Erziehungswissenschaft, Postfach 1621, 33046 Paderborn

Prof. Dr. Ulf Preuss-Lausitz, Technische Universität Berlin, Institut für Erziehung, Unterricht und Ausbildung, Franklinstr. 28–29, 10587 Berlin

Dr. Helmut Quitmann, Smidtstr. 11, 20535 Hamburg

Dr. Erwin Reichmann-Rohr, Parkallee 295, 28213 Bremen

Prof. Dr. Helmut Reiser, J. W. Goethe-Universität Frankfurt, Institut für Sonderpädagogik, Senckenberganlage 15, 60325 Frankfurt

Manfred Rosenberger, Verein „Eltern für Integration", Stülerstr. 2, 10787 Berlin

Prof. Dr. Alfred Sander, Universität des Saarlandes, FR Allgemeine Erziehungswissenschaft, Bau 8, 66123 Saarbrücken

Prof. Dr. Jutta Schöler, Technische Universität Berlin, Institut für Erziehung, Unterricht und Ausbildung, Franklinstr. 28−29, 10587 Berlin

Prof. Dr. Franz Schönberger, Universität Hannover, FB Erziehungswissenschaften I, Bismarckstr. 2, 30173 Hannover

Prof. Dr. Erika Schuchardt, Universität Hannover, FB Erziehungswissenschaft I, Bismarckstr. 2, 30173 Hannover

Prof. Dr. Günther F. Seelig, Freie Universität Berlin, Institut für Psychologie, Habelschwerdter Alle 45, 14195 Berlin

Prof. Dr. Hans Wocken, Universität Hamburg, Institut für Behindertenpädagogik, Sedanstr. 19, 20146 Hamburg

Prof. Dr. Gitta Zielke, Universität-Gesamthochschule Paderborn, FB Erziehungswissenschaft, Postfach 1621, 33046 Paderborn

Personenregister

438

Stegemann, W.   215, 226
Stein, A.-D. 37 f.
Steinhorst, H.   295
Steinkamp, G.   329, 331
Stengers, I. 218, 226
Sticken, R. J.   143
Stoellger, N.   343, 348
Sucharowski, W.   302, 305, 330 f., 343, 348
Szabo, G. 33, 38

Tams, D.   355, 358
Tausch, A.   258
Tausch, R.   258
Taylor, G.   409
Tenorth, H. E.   98
Tent, L.   301, 306, 324 f., 331
Terhart, E.   363, 368, 376
Thalhammer, M.   97
Theis, C.   106, 409
Thieler, H. S.   143
Thies, L.   162, 167
Thimm, W.   94, 98, 177, 183
Thompson, E.   219, 226
Thust, W.   143
Tillmann, K.-J.   97
Trabandt, H.   90, 92
Treiber, B.   318, 320
Treinis, G.   366 f.
Trommsdorff, G. 38
Turkington, C.   345, 348

Ulich, D.   314
Ulich, K.   309, 314, 320, 331

Valtin, R.   164, 168, 171, 175, 332, 337, 339, 347, 409
Varela, F. J.   219, 226
Vaskovics, L. 33, 38
Vollbrecht, R.   363, 368
Voss-Rauter, H.   343, 347

Wachtel, P.   90, 92
Wagner, A. C.   167 f.
Walker, D. F.   361
Walter, H.   300, 306, 308, 314
Walter, P.   339

Walters, P.   218, 225
Wang, 324, 326
Watkins, B.   347
Watzlawick, P.   279, 282, 284, 330, 331
Weber-Falkensammer, H. 142
Wedekind, R.   98
Wegener, H.   100, 106
Wehrmann, I.   217, 225
Weinert, F. E.   318, 320
Weingart, P.   35, 39
Weingarten, E.   375
Weiss, C. H.   360, 363, 368
Weizsäcker, C. F. v.   182 f., 189, 194, 219, 224
Wellendorf, F.   330 f.
Wellenreuther, M.   360, 368
Wendeler, J.   320
Wertenbruch, W.   143
Weuffen, M.   265, 268
Wiedermann, H.   134, 143
Wilbrodt, H.   143
Willkomm, D.   351, 358
Wilson, T. P.   371, 376
Wissert, M.   370
Wittmann, W. W.   362, 366, 368
Wittrock, M.   90, 92
Wocken, H.   60, 97, 115, 281, 284, 291, 295, 300, 301 ff., 306, 313, 315, 318, 320, 323, 325, 327, 331, 336 f., 339, 343, 346, 348
Wöhler, K.   184, 188
Wölfert-Ahrens, E.   357
Wolfensberger, W.   36, 39, 177, 183, 212
Wolff, H. J.   126 f.
Wottawa, H.   361, 368
Wulf, C.   368
Wunderlin, A.   218, 225
Wünsche, K.   162, 168
Wygotski, L. S.   219 f., 222, 226

Zacher, H.   143
Zielke, G.   65, 68, 110, 115, 201, 277, 279, 284, 303, 305 f., 403
Zimmer, J.   166 ff.
Zimmermann, K. W.   168

Sachregister

447